Inheritance
and
Awakening

传承
与唤醒

乡村振兴背景下的设计探索
Design Exploration under the Background of Rural Revitalization

姚田　著

长江出版传媒　｜　湖北美术出版社

图书在版编目（CIP）数据

传承与唤醒：乡村振兴背景下的设计探索 / 姚田 著.
武汉：湖北美术出版社，2025. 4. -- ISBN 978-7-5712-
2655-8

Ⅰ．F320.3
中国国家版本馆CIP数据核字第2025FN1232号

责任编辑：王　炯
技术编辑：吴海峰
责任校对：周嘉欣
书籍设计：姚　田

传承与唤醒：乡村振兴背景下的设计探索
CHUANCHENG YU HUANXING: XIANGCUN ZHENXING BEIJING XIA DE SHEJI TANSUO

出版发行：长江出版传媒　湖北美术出版社
地　　址：武汉市洪山区雄楚大街268号B座
电　　话：（027）87679525　87679563
邮政编码：430070
印　　刷：武汉楚商印务有限公司
开　　本：889mm X 1194mm　1/16
印　　张：15
字　　数：260千字
版　　次：2025年4月第1版　2025年4月第1次印刷
定　　价：198.00元

前言

在历史长河中,乡村作为中华文化的摇篮,孕育了精神与文化,承载着乡愁与梦想。它像优美画卷铺展大地,蕴含伦理、经济、生态、礼俗及信仰等深厚价值内涵。乡村振兴浪潮下,传承文化遗产、唤醒乡村活力,成为我们这代人的时代使命。从案例分析到乡村设计方法论与系统建构的深入探索,正是本书试图跨越的关键鸿沟。我们紧跟国家战略的风向标,紧密围绕二十字方针的总要求,开展了广泛而深入的研究与实践,积累了丰富的第一手资料与宝贵经验。《传承与唤醒——乡村振兴背景下的设计探索》一书,正是在这样的时代背景下应运而生,旨在通过跨学科的路径探索与创新策略的制定,为乡村振兴贡献设计智慧与力量。

本书分为上下两篇,上篇"理论筑基,设计赋能乡村振兴之道",致力于构建设计介入乡村振兴的坚实理论框架。我们从认识论、方法论、实践论的三维视角出发,深入剖析乡村振兴的复杂性与设计介入的必要性,厘清了乡村振兴与设计的内在逻辑与关联,揭示了设计在推动乡村全面振兴中的独特价值与不可替代作用。通过本体论、价值论、实践论的层层递进,我们为设计赋能乡村振兴提供了坚实的理论基础与实践指南。下篇"实践深耕,设计点亮乡村发展蓝图",则以湖北省、四川省及河南省等地区乡村振兴的生动实践为蓝本,通过一系列鲜活的设计案例,展现了设计在产业振兴、文化传承等多个维度中的实际应用与显著成效。特别是武汉华夏理工学院青禾一村一品团队的实践探索,为乡村振兴提供了跨学科、跨专业、全方位、全过程的服务模式范例,展现了设计在激活乡村内生动力、促进乡村可持续发展方面的巨大潜力。

最后,要感谢那些为本书的出版做出过贡献的人。《传承与唤醒——乡村振兴背景下的设计探索》一书是教育部人文社科基金青年项目《新文科视野下"设计+"推动乡村振兴的策略和实践研究》(23YJC760143)的研究成果体现,也是我对乡村振兴理论与实践的一次全面而深刻的梳理与反思,更是对未来乡村振兴之路的美好展望与坚定信念。期待本书的出版与传播,能够激发社会各界对乡村振兴的广泛关注与深入思考,共同为构建美丽、和谐、繁荣的乡村贡献智慧与力量。

未来,我将继续探索,并持续实践。

姚田

青禾一村一品创始人

2025年3月1日于武汉

目录

理论筑基，
设计赋能乡村振兴之道

2023 教育部人文社科基金青年项目
《新文科视野下"设计+"推动乡村振兴的策略和实践研究》(23YJC760143)成果

第一章

设计赋能与乡村振兴

【方晓风】

无论如何，设计与乡村不再隔膜，

这是设计与乡村的双重希望和机会

第一节 乡村振兴的时代背景与意义

一、乡村振兴的战略地位

乡村振兴战略是习近平同志于2017年10月18日在党的十九大报告中首次提出的重大战略。该报告明确指出，农业农村农民问题是关乎国家经济与社会发展的根本性问题，因此，必须将解决"三农"问题作为全党工作的重中之重，并据此实施乡村振兴战略。进入新时代以来，习近平总书记以高瞻远瞩的战略眼光，将乡村振兴置于全党工作的核心位置，通过理论创新、实践探索与制度完善的有机结合，提出了一系列具有前瞻性和指导性的新理念、新战略，从而形成了习近平关于全面推进乡村振兴的深刻论述体系。这一论述体系不仅内容完备、逻辑严谨，深刻阐释了乡村振兴的历史必然性与实践路径，更为新时代"三农"工作提供了行动指南与思想引领。习近平总书记强调，从中华民族伟大复兴战略全局的高度来看，民族的复兴必然伴随着乡村的振兴。这一论断将乡村振兴与中华民族伟大复兴紧密相连，赋予了乡村振兴前所未有的重要地位，在我国"三农"发展进程中具有划时代的里程碑意义。鉴于我国作为农业大国的国情，重农固本是安定民心之基、治理国家之要。因此，实施乡村振兴战略，旨在以"三农"工作的确定性应对各种风险挑战的不确定性，为实现国家战略创造有利条件。

（一）从新农村建设到和美乡村的跨越

乡村是我国推进现代化强国建设的重要领域，历来受到全社会的高度关注。党中央先后提出了"新农村建设""美丽乡村建设""和美乡村"等一系列发展目标，这表明在不同的发展时期，乡村建设的侧重点不同。党的二十大更是对新时代乡村振兴战略实施做出了全新规划，明确提出"统筹乡村基础设施和公共服务布局，建设宜居宜业和美乡村"，进一步明晰乡村建设的内涵和目标。

	背景	目标	措施
新农村建设	党的十六届五中全会提出建设社会主义新农村。	通过一系列措施改善农村生产生活条件，提高农民生活水平。	加强农村基础设施建设，如道路、水利、电力、通信等。
	党的十七大进一步强调要统筹城乡发展。	推进社会主义新农村建设，为农村发展奠定政策基础。	提升农村公共服务水平，包括教育、医疗、文化等。 推动农村产业发展，促进农民增收。
美丽乡村建设	党的十八大提出城乡统筹协调发展，共建"美丽中国"。	把生态文明建设放在突出地位，实现经济发展与生态环境保护的协调统一。	注重生态环境保护，推动农村人居环境整治。 强调乡村特色与风貌保护，避免千村一面。
	2013年中央一号文件明确提出建设"美丽乡村"的目标，标志着美丽乡村建设全面启动。	加强农村生态建设、环境保护和综合整治，努力建设美丽乡村。	推动农村产业融合发展，提升乡村经济活力。
和美乡村建设	党的二十大对全面推进乡村振兴作出战略部署，提出要"建设宜居宜业和美乡村"。	和美乡村的建设目标体现了对乡村全面发展的追求，旨在通过综合性的措施，实现乡村的经济繁荣、生态优美、文化丰富、社会和谐与生活富裕，最终达到乡村全面振兴的战略目标。	和美乡村的建设，需要在产业、文化、生态、治理等多个领域持续发力，推动乡村全面振兴。

（二）从乡村振兴到全面乡村振兴

进入新时代，党的二十大报告再度强调了全面推进乡村振兴的战略意义，坚持城乡融合发展的核心理念，并持续推动乡村各领域实现全面振兴。乡村振兴战略不仅有效缩短了设计理念与乡村实践之间的距离，更为解决乡村发展面临的不平衡、不充分问题提供了切实可行的路径。通过构建协调乡村设计主体间性的机制、策略与价值评判体系，乡村振兴战略正逐步消除城乡壁垒，促进城乡共同迈向繁荣与发展的新阶段。

从乡村振兴到全面乡村振兴的转变，不仅是一个概念上的升级，更是一个系统而深远的发展过程。这一转变标志着中国农村发展迈入了一个全新的阶段，达到了前所未有的高度。2017年底，中央农村工作会议的召开，犹如一声春雷，正式拉开了乡村全面振兴的序幕，并设定了到2050年实现全面振兴的宏伟目标。这一目标的设定，不仅彰显了国家对乡村发展的高度重视，也为乡村的未来描绘了一幅美好的蓝图，激发了亿万农民投身乡村振兴的热情和动力。

习近平总书记在会上提出的中国特色社会主义乡村振兴道路，为乡村发展指明了方向，犹如一盏明灯照亮了前行的道路。这一道路内涵丰富，涵盖了城乡融合、共同富裕、质量兴农、绿色发展、文化兴盛、乡村善治及中国特色减贫等多个维度，既全面又具体，既具有前瞻性又具有可操作性。它要求我们在推进乡村振兴的过程中，必须注重城乡之间的协调发展，打破城乡二元结构，实现共同富裕；注重农业的质量效益，推动农业转型升级，走绿色发展之路；注重乡村文化的传承与创新，焕发乡村文化的新生机与活力，实现文化兴盛；注重乡村社会的和谐稳定，加强基层治理，实现乡村善治。同时，还要注重减贫工作的持续推进，确保乡村居民共享发展成果，不让一个人掉队。

《中共中央、国务院关于实施乡村振兴战略的意见》及《关于进一步深化农村改革扎实推进乡村全面振兴的意见》的相继出台，为乡村振兴提供了更为详尽的顶层设计与实施路径。这些文件和规划的制定，也为乡村振兴工作提供了明确的指导和有力的保障。它们从产业、人才、文化、生态到组织振兴等多个方面进行了全面的规划和部署，构成了一个完整的乡村振兴体系。这些规划和部署要求我们在推进乡村振兴的过程中，要注重产业的培育和发展，因地制宜发展特色产业，提升乡村经济的实力；注重人才的引进和培养，打造一支懂农业、爱农村、爱农民的"三农"工作队伍，为乡村发展提供强有力的人才支撑；注重文化的传承和创新，保护好乡村的历史文化遗产，提升乡村文化的软实力；注重生态环境的保护和治理，坚持绿色发展理念，实现乡村的可持续发展；注重组织的建设和优化，加强农村基层党组织建设，提升乡村治理的能力和水平。

"五个振兴"齐头并进，共同绘制出乡村振兴的宏伟蓝图。这一蓝图的实现，需要全社会的共同努力和持续奋斗。它不仅仅是一个经济发展的过程，更是一个社会全面进步的过程。我们坚信，在党和政府的坚强领导下，在全社会的共同努力下，我们一定能够实现乡村全面振兴，让乡村成为宜居宜业、和谐美丽的幸福家园，让广大农民群众在乡村振兴中拥有更多的获得感、幸福感和安全感。乡村振兴战略不仅是解决城乡发展不平衡问题的关键策略，更是推动乡村全面、有序、健康发展的价值追求。在新时代的征程上，我们有理由相信，随着乡村振兴战略的深入实施与不断完善，中国的乡村将绽放出更加璀璨的光芒。

发布时间	文件名称	主要观点和内容
2016年6月	《国务院办公厅关于发挥品牌引领作用推动供需结构升级的意见》	要发挥品牌引领作用；通过品牌打造，发展优质特色农业。
2018年1月	《中共中央、国务院关于实施乡村振兴战略的意见》	乡村振兴的重点是产业兴旺，要走一二三产业融合的发展道路。
2019年6月	《国务院关于促进乡村产业振兴的指导意见》	要推动产业融合发展，推进农业与文化、旅游、教育等产业融合，发展创意农业。
2021年2月	《中共中央、国务院关于全面推进乡村振兴加快农业农村现代化的意见》	提升农村基本公共服务水平，全面促进农村消费，加快完善县乡村三级农村物流体系，推动电子商务进农村和农产品出村进城，实现城乡生产与消费有效对接。
2022年2月	《中共中央、国务院关于做好2022年全面推进乡村振兴重点工作的意见》	促进一二三产业融合，重点发展创意设计、数字文化、文旅融合等8大领域。
2023年2月	《中共中央、国务院关于做好2023年全面推进乡村振兴重点工作的意见》	坚持农业农村优先发展，守好"三农"基本盘，加快建设农业强国，建设宜居宜业和美乡村。
2024年2月	《中共中央、国务院关于学习运用"千村示范、万村整治"工程经验有力有效推进乡村全面振兴的意见》	提出推进乡村全面振兴的"路线图"，强化科技和改革双轮驱动，以加快农业农村现代化推进中国式现代化建设。
2025年2月	《中共中央、国务院关于进一步深化农村改革扎实推进乡村全面振兴的意见》	粮食稳产保供、农业科技支撑、乡村基础设施完善、农村人居环境整治、文化产业赋能等。

二、乡村振兴的多维度解读

乡村振兴战略是中国共产党制定的一项重大战略。习近平总书记在一次重要讲话中指出,回溯三代,绝大多数中国人的根源均可追溯至农村地区。事实上,追溯三代,我们几乎都是农民出身,鲜有城市居民,这充分表明,中国在传统上是一个以农耕为主导的国家。因此,若要深入理解中国,首要之务便是深入了解乡村。要实现乡村的振兴,前提也是要深刻认识和理解乡村。

(一)乡村和农村的思辨

农村,这一社会学术语,最初源自美国农村社会学的研究,其核心在于描述一种以农业为主要经济活动,居民聚居于广阔地域上的社群形态。美国社会学家如桑德森、吉勒特及帕尔等,均强调农村社区中居民围绕农业展开的共同生活与事业合作,形成了一种基于共同兴趣和地域的紧密联系。在中国,20世纪30年代引入的农村社会学理论虽受外来经济渗透影响,但农业经济的主体地位与鲜明的"社区"特色依旧显著,体现了传统农村社会的稳定结构与深厚文化底蕴。这种结构不仅反映了农村社会的稳定和持续,也展现了其在经济、社会和文化层面的内在逻辑与发展规律,为促进农村社会的可持续发展提供了理论支持与实践指导。农村作为以农业为主导经济活动的社会结构,其社群形态与文化特征受到地理、经济、社会与文化等多方面因素的影响。通过深入分析农村社群的结构与文化特征,可以更好地理解农村社会的内在逻辑与发展规律,为促进农村社会的可持续发展提供理论支持与实践指导。

乡村,作为一个深深植根于中国社会学研究领域的重要概念,其内涵不仅局限于农业生产这一基本经济活动,更蕴含了丰富的社会文化意义。在中国特有的社会学理论视角下,乔启明先生将乡村定义为以市镇为中心,向其周边辐射所形成的居民共同生活与事业发展的区域。这一界定凸显了乡村与市镇之间紧密的经济联系,以及乡村社会内部市场活动所促进的社交互动传统。蔡宏进则更进一步地拓展了乡村社区的范围,将其视为一个包含城镇与村落在内的多元社区类型,从而强调了乡村概念的包容性与广泛性。在中国,乡村概念不仅涵盖了"三农"的核心内涵,更凸显了地区性、社会性和文化性的多重特征。在此基础上,乡村振兴战略提出了更为全面和深远的目标,它超越了传统的"新农村建设"理念,以"五位一体"总体布局为指导,全面涵盖了经济、政治、文化、社会和生态文明建设等多个方面,旨在实现乡村的全方位振兴。这一战略不仅为乡村经济社会的全面发展提供了行动指南,同时也是实现中华民族伟大复兴中国梦的关键组成部分。它对于促进社会公平、实现可持续发展具有重大而深远的影响。

乡村并非一个抽象的概念,其形态在我国呈现出多样化的特征,远不止于单一的农业形态。乡村中存在着多种"特色乡村",例如传统文化形态丰富的传统村落、采用特殊经营模式的村庄(如淘宝村)、由大型基础设施建设形成的移民村落、具有鲜明体制特色的村庄(如典型的集体经济所有制村庄),以及以旅游和商业形态为主的乡村(如乌镇)。这些不同类型的村庄在发展过程中遵循着各自的规律,有些是在政府引导下形成的,有些则是自然聚居的结果。以淘宝村为例,其形成便是随着农村电商平台的发展,相应产业逐渐聚集的结果。当然,也存在各种艺术村等其他类型的村落,它们各自有着独特的形成原因和发展规律。

展望未来,乡村将呈现出三种主要类型:城郊融合型、产业主导型和特色保护型。这些类型的乡村既可以通过单个行政村的精心打造来实现,也可以通过地缘相近、人缘相亲的多个行政村组团式或片区化的联合建设来形成。未来乡村的发展将注重城郊的融合与互助,依托城市的发展红利,实现优势互补和协同共进,共同描绘出一幅美好的乡村图景。

乡村类型	特征	典型案例
城郊融合型	（1）地缘经济优势：这些村庄由于地理位置靠近城市中心，会享受到城市扩张带来的经济利益和就业机会。 （2）城乡融合的社会结构：居民可能同时从事农业和非农业活动，形成了多元化的社会结构。 （3）土地利用的多样性与动态性：村庄土地利用类型多样，可能包括农田、住宅、工业区和商业设施等。 （4）基础设施与公共服务相对完善：与远离城市的农村地区相比，城区近郊及毗邻县城的村庄通常能够获得更为完善的基础设施。	湖北蔡甸竹林村位于武汉市蔡甸区的永安街道，是一个具有一定历史文化背景的村落，但常住人口较少，特别是45岁以下的中青年人口稀缺，显得尤为突出。 策略： 通过打造武汉知音艺术岛，吸引城里人追寻"采菊东篱下，悠然见南山"的意境。
产业主导型	（1）地缘经济优势：集聚不仅提升了产业的规模和效率，还促进了相关产业链的形成，增强了村庄的经济实力和市场竞争力。 （2）经济结构单一：主要依托某一特定产业作为支柱，例如农业、制造业或旅游业，形成了一种以该产业为核心的经济布局。 （3）对外部市场的依赖性：市场需求的增加或减少会直接影响村庄的经济发展和居民的收入水平。 （4）社区发展与产业深度融合：村庄的基础设施建设及文化活动等围绕主导产业展开，形成了以产业为核心的社区发展模式。	双坪村地处南漳山区，海拔较高，可达800多米，属于偏远山村。村庄位于山区，耕地较少。 策略： 通过一产带动多产，依靠香菇种植逐步脱贫致富。完善本地的香菇产业链，辐射带动周边县市的香菇交易，使香菇产品走出国门，进入东南亚市场。
特色保护型	（1）历史文化价值突出：拥有丰富的历史遗迹、传统建筑、非物质文化遗产等。 （2）自然环境独特：通常位于具有特殊自然景观或生态环境的地区，如风景名胜区、自然保护区或具有特殊地质地貌的地区。 （3）特色产业或资源基础：依托于某种特色产业或资源，如特定的农产品、手工艺品或旅游资源。	长阳土家族自治县的西南部，是一个地理和人文特色都十分鲜明的地方。 策略： 保护与传承清江画廊等自然景观，以及土家族的传统文化和习俗。

(二)多维度解读乡村振兴

乡村振兴战略作为一项多维度、全方位的发展规划，是旨在全面推进农村现代化的系统工程，其核心目标在于通过一系列综合性的发展举措，实现农村经济结构的转型升级与社会结构的优化调整。该战略广泛涵盖经济、社会、文化、生态等多个层面，着重于通过产业振兴、人才振兴、文化振兴、生态振兴以及组织振兴等关键领域的发展，以促进乡村地区的全面繁荣。它不仅聚焦于经济增长与产业转型，还深入涉及社会结构的优化、文化传统的保护与传承、生态环境的可持续利用，以及乡村治理体系的现代化等多个方面。因此，唯有从经济、社会、文化、生态四个维度进行深入解读与全面推进，全面理解乡村振兴战略的深刻内涵与具体要求，方能制定出科学合理的政策措施，有效推动乡村的全面振兴与可持续发展。

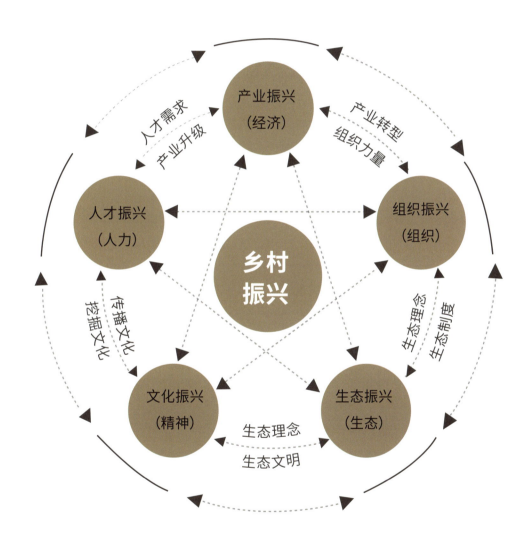

乡村振兴的多维度解读

经济维度	**产业升级与农民收入增长** 乡村振兴战略致力于推动农村经济的持续发展。这包括优化农业产业结构，提高农业生产效率，促进农民增收等措施。通过发展现代农业，引入新技术和新模式，提升农产品的产量和质量，从而增强农业的竞争力，为农民创造更多的就业机会和收入来源。
社会维度	**社会结构优化与公共服务提升** 乡村振兴战略注重提升乡村社会的整体福祉。这包括完善农村基础设施，提高公共服务水平，加强社会保障体系建设等。通过改善农村生产生活条件，提高农民的生活质量和幸福感。同时，还要加强乡村治理体系和治理能力现代化建设，促进农村社会和谐稳定。
文化维度	**文化传承与创新** 乡村振兴战略强调保护和传承乡村文化。乡村文化是中华文化的重要组成部分，具有独特的历史和文化价值。通过挖掘和保护乡村文化遗产，传承和弘扬乡村优秀传统文化，可以增强农民的文化认同感和归属感，促进乡村社会的全面进步和发展。
生态维度	**生态保护与可持续发展** 乡村振兴战略坚持绿色发展理念，注重保护和改善农村生态环境。这包括推广生态农业技术，减少化肥、农药使用量，保护农田水利和森林资源等。通过加强生态环境保护，实现农村经济与生态环境的协调发展，为农民创造宜居的生态环境，也为城市的可持续发展提供有力支撑。

"设计+"推动乡村振兴的模式

一、设计学科

随着国家乡村振兴战略的全面实施与深入实践，设计领域亦积极响应，构建了一套全新的、服务于乡村发展的设计体系。该体系旨在充分发掘乡村各项资源的潜在价值，重塑乡村人居环境，并显著提升乡村居民的生活品质与幸福感。

在设计领域积极响应乡村振兴战略的过程中，设计学科实现了自身的创新发展。那么，如何通过设计探索更为有效的乡村振兴路径？如何在乡村持续发展的过程中，充分发挥设计"软实力"的作用？又如何在乡村振兴的大背景下，加强设计学科的融合与创新呢？本章将从新文科的视角出发，深入探究设计如何赋能乡村振兴，并尝试构建"设计+"融合模式，以推动乡村振兴的实践路径和方法创新。从大数据、云计算等先进技术手段，结合设计学建设的规律和特点，帮助教师实现校地协同的育人实践教育模式，探索乡村振兴背景下设计学跨学科、跨专业、跨领域发展的新路径，从而有效推动设计学教育的跨界创新发展。

新文科理念最初由美国海勒姆学院（Hiram College）提出，其核心理念在于采用继承与创新、交叉与融合的策略，促进多学科间的深度交叉与整合。这一理念象征着教育范式的重大转变：从传统的学科导向转向需求导向，从专业分割走向交叉融合，以及从适应社会服务向引领社会发展的角色转变。新文科不仅展现了学科间的交叉与融合，更代表了一种应对现实世界复杂问题的新型研究教育模式，它打破了学科与跨学科之间的界限。总的来说，新文科凸显了人文性、价值性、交叉性（融合性）、系统性、时代性等关键特征。在新质生产力背景下，新文科通过继承与创新、交叉与融合、协同与共享等途径，推动学科间的交叉合作与整合，促进传统文科的现代化转型，实现从学科导向到需求导向的转变，以及从专业分隔到综合融通的进步。

乡村振兴作为一个复杂的系统工程，新文科的视野与设计思维的结合，为其提供了推动力量。新文科以乡村振兴为背景，将培养服务"三农"的设计人才作为重要目标，致力于使学生具备在"乡村"背景下开展设计创新创业活动的能力。在乡村振兴的实践中，设计学科在推动相关产业发展方面发挥着关键作用，逐步成为乡村振兴的重要方式和现实路径。

（一）"为人民服务"的设计

设计学在其发展历程中，始终强调其社会意义与公共属性。从19世纪的英国工艺美术运动，到20世纪初的俄国构成主义运动，再到包豪斯的现代设计理念，乃至二战后的社区营造与社会创新活动，都凸显了设计的社会属性。其中，"以人为中心"的设计、参与式设计、协同设计等理念，均基于人的生理和心理需求，旨在调动人的积极性、主动性和参与性。李砚祖曾指出，"人是设计的主体和根本"，强调了设计作为一门为人服务的学科的本质。将这种设计的民主性思维应用于我国的乡村文化建设中，是当代社会发展进步的必然趋势。

然而，在"设计下乡"的过程中，却出现了诸多误区。多元化的地域文化价值和本土智慧常常被忽视，未能转化为"地方性知识"并作为设计的依据。空间规划、旅游规划、产业规划等被割裂开来实施，伪劣产品横行，这些都反映了"乡村"被当作低级市场的现实。地方原创品牌在资本扩张的大潮中基本被湮灭，这种设计学科自身的分裂现象表明，以人和社会的全面发展为核心的设计思维方法——"为人民而设计"的系统方法尚未形成。因此，如何充分尊重本地居民的需求和意愿，发挥他们的主体性，让村民自己构想未来并参与设计，成为乡村振兴中迫切需要解决的问题。这个过程不仅仅要求设计学科自身工作方式的转变或设计能力的提升，更重要的是需要组织过程的转变和社会学等其他学科的实质性参与。只有这样，设计的内涵才会发生深刻的变化。人民的参与使他们拥有构建自己未来生活的话语权，从而才能产生行动与思想上的颠覆性变革。

（二）设计的开放性与学科边界

1972年，一位记者向美国著名设计师伊姆斯（Eames）提出了一个至关重要的问题："您是如何定义设计的范围？"伊姆斯的回答意味深长："那么，你认为问题的范围又该如何定义呢？"这一问答在探讨"乡村文化建设"这一复杂议题时，同样揭示了学科界限的模糊性。社会学倾向于采用描述性方法来探究乡村现象的本质问题和潜在资源，扮演着现象阐释的关键角色；而设计学则擅长深入表象之下，挖掘并阐释乡村社群技艺、地方性知识和本土智慧的深层含义，构建具有特色的文化叙事体系。与此同时，文化产业研究专注于将文化资源转化为经济价值，旨在激发乡村经济活力，推动其持续发展。文化人类学作为连接意义与价值的桥梁，为乡村文化建设提供了多维度的理论支持。然而，在这个多维度的框架下，设计学的功能和定位依然是一个不清晰且不断变化的问题。

英国设计委员会（Design Council）的智囊团RED在其著作《设计转型》中，对设计转型的概念进行了深入探讨，指出设计转型的核心在于重新界定设计议题和关键要素，并倡导跨学科合作，鼓励多元视角的汇聚，共同应对乡村文化建设中的复杂挑战。这一理念提倡设计过程应成为一个开放和包容的协作平台，汇聚不同学科背景的智慧和专长，促进知识与创新的跨界融合。

设计研究领域本身具有显著的跨学科特征，跨越工程、技术、人文、社会科学等多个领域，并不断向新兴的交叉学科领域拓展。特别是设计科学研究与"人工智能"、"信息系统"等前沿技术的深度结合，正在开辟新的研究方向。其应用范围已广泛涵盖工业产品、交通系统、数字媒体、艺术创新以及未来设计等多个领域，深刻地重塑了设计的本质和边界。这些观点都为理解设计学在乡村建设中的角色和定位提供了新的视角。

二、系统性设计思维

系统思维是一种基于系统理论与观点的思维方式，它指导我们对事物进行深入的分析与认识。该思维方式将事物视为一个系统，并从系统与其构成要素之间以及系统与外部环境的相互联系和相互作用中，综合地考察和认识研究对象。具体而言，系统思维包含以下几个核心要点：

①坚持将所有事物及工作视为一个整体系统来进行认识和把握，强调事物的系统性和整体性；

②深入分析系统的整体性特征、内部构成要素之间的关联性、系统各部分的耦合性以及系统运行的协同性，以全面揭示系统的内在规律和运行机制；

③在认识和把握系统的基础上，坚持统筹谋划，协同推进各项工作的实施，以实现系统的优化和整体效能的提升。

设计思维则是创新性思维在设计活动中的具体体现，它是一种以人为本的、旨在解决复杂问题的创新方法。设计思维不仅代表了创新性思维在设计领域的实际应用，还体现了设计师在认识和行动方式上的独特性，使他们能够区别于其他学术研究人员。

属性	时间	观点
模糊属性	1980年	布莱恩·劳森（Brain Lawson）提出"设计思维"，并强调设计进程具有模糊的属性。
认知方式	1980年	奈杰尔·克罗斯（Nigel Cross）提出设计思维是设计师的认知方式及特征：设计师通过创造性的思维方式，以"聚焦解决方案"的模式来解决"未明确定义的问题"，并使用"编码"进行续写、实现抽象需求和具象形式之间的转换。
抗解问题	1980年	理查德·布坎南（Richard Buchanna）指出设计思维可用于解决未被明确定义的抗解问题。
推理模式	1980年	吉斯·多斯特（Kees Dorst）提出设计思维的基本推理模式是溯因法，需要找出"什么"与"如何"两个未知项的同一性来达成价值的推理逻辑。
IDEO公司	1980年	蒂姆·布朗（Tim Brown）认为设计思维是"用设计者的感知与方法，整合人的需求、技术可行性和商业成功的要求"，并将设计过程视为灵感生成、构思阶段和实施阶段三者重叠的系统。
D.SCHOOL	2004年	D.School将设计思维的过程模型进一步总结为共情、定义、概念生成、原型、测试五个阶段。

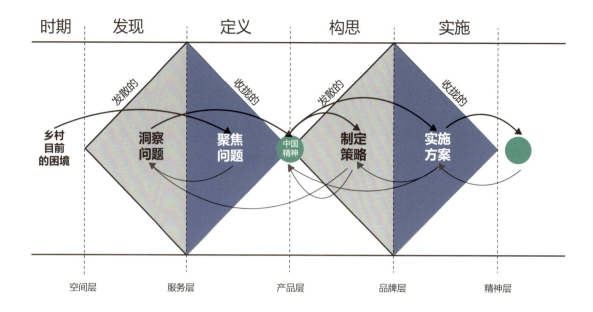

乡村振兴的设计流程

　　设计能力是决定设计作品输出质量的关键因素，它涉及设计师运用专业技能和知识以实现创意表达和问题解决的能力。而设计思维则是一种更深层次的认知过程，它决定了个体在面对问题时的思考方式和解决方案的创造性。2005年，英国设计协会提出了一种创新的设计模式双钻设计模型，该模型将设计过程划分为四个连续的步骤：发现（Discover）、定义（Define）、构思（Develop）、确定（Deliver）。乡村振兴的双钻设计流程中的"发现"与"定义"阶段，代表了对问题进行深入探索和精确界定的双发散—聚焦过程。在"发现"阶段，设计师通过广泛的调研和探索，发散性地识别问题的多个方面和潜在需求。随后，在"定义"阶段，设计师将焦点收敛，准确界定设计问题的核心和范围。"构思"与"确定"阶段则侧重于解决方案的创造性生成和精确实施。在"构思"阶段，设计师运用发散性思维，生成多种可能的解决方案。而在"确定"阶段，通过进一步的评估和测试，设计师将方案聚焦，选择并完善最终的设计方案。

　　设计交叉学科在乡村振兴建设中的应用，其精髓在于跨越传统学科界限，巧妙融合地理学、生态学、建筑学、社会学、经济学、文化学等多领域的知识体系与方法论，以一种前所未有的创新视角审视并解决乡村发展中面临的复杂问题。这种跨学科的方法论，不仅丰富了乡村振兴的理论基础，更在实践中催生出多样化的解决方案，促进了乡村全面振兴。

　　①空间层。深入理解乡村的地理、生态、建筑和社会空间特征。在第二次钻石阶段，广泛探索空间规划与设计，以促进乡村的可持续发展和提升居民生活质量。

　　②服务层。聚焦于识别乡村居民的服务需求和潜在的服务模式。在扩展阶段，创新服务设计，确保服务覆盖教育、医疗、养老等关键领域，以满足乡村居民的实际需求。

　　③产品层。针对乡村特有的资源和需求，设计符合当地文化和生活方式的产品。从原材料采购到生产、销售，确保产品设计与乡村经济的可持续发展相协调。

　　④品牌层。建立和推广乡村品牌，挖掘和传播乡村的文化价值和特色。通过品牌建设，增强乡村对外的识别度和吸引力，提升乡村产品的市场竞争力。

　　⑤精神层。围绕中国精神和乡村体系建设，挖掘乡村的传统美德和文化精神，将其融入乡村振兴的各个方面。通过教育、文化传播等手段，弘扬乡村精神，增强乡村居民

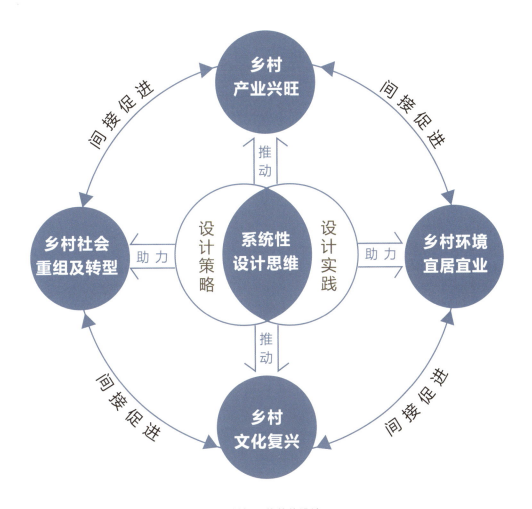

乡村振兴的整体设计

的文化自信。通过这种流程，乡村振兴建设能够更加系统和全面，不仅关注物质层面的改善，也重视文化和精神层面的传承与发展。

系统性设计思维在乡村振兴中的应用，深刻体现了其在推动乡村全面振兴中的核心作用与独特价值。这一思维模式不局限于传统的设计范畴，而是作为一种全面、综合的策略工具，被广泛应用于乡村发展的各个领域。通过跨学科资源的整合与优化，系统性设计思维有效对接了地方政府的发展规划与乡村产业的实际需求，实现了从宏观政策到微观实践的精准对接。

在应用过程中，系统性设计思维不仅注重产品创新设计与技术开发，更将服务系统的构建与优化纳入考量范围，旨在通过综合性的设计策略，促进乡村社会结构、经济模式与文化生态的全面升级与和谐共生。这种思维方式鼓励设计师深入乡村，采用陪伴式服务的方法，与乡村居民共同挖掘与塑造乡村的独特价值与文化内涵，进而推动乡村自我认同与价值体系的重构。

具体而言，在乡村振兴的实践中，系统性设计思维引导下的乡村产品设计，不仅聚焦于农特产品的传统范畴，更拓展至文化衍生品的创新开发，尤其是乡村文创产品的设计与推广。通过非遗品牌文创产品的开发与农特产品包装的文创化改造，设计思维与乡村文化的深度融合，不仅丰富了乡村产品的文化内涵与市场竞争力，也为乡村经济的多元化发展开辟了新的路径。这一系列创新举措，不仅促进了乡村产品的市场拓展与销售增长，更在深层次上推动了乡村文化的传承与创新，为乡村振兴注入了持久而强大的内生动力。

三、设计作为新质生产力赋能乡村振兴

乡村设计服务乡村振兴战略，关注"三农"问题，用设计实现生态资源价值兑现，用设计扮靓乡村人居环境，助力宜居宜业和美乡村建设。设计要传承当地文脉，增强当地人的文化认同感。习近平总书记提出要"望得见山，看得见水，记得住乡愁"。乡土传统文化是本地特有的地方感和鲜明的文化特色，承载着本地区的历史记忆和文化脉络，保存着本地区的乡土气息和民俗风情。乡村，不仅仅是物理意义上的自然村落，更是人类文明的重要载体。对乡村振兴，需要运用系统化的设计思维，综合乡村构成要素，构建立体化设计路径，不仅设计乡村的生态环境，更要挖掘乡村的特色，设计乡村的文化主题、产业结构、治理模式等，真正推动乡村可持续发展，实现乡村振兴。乡村振兴是一个系统问题。

设计介入乡村这一创造性活动，有助于探索新时期的乡村如何更好地融入城乡大循环，并在发展的同时，不被资本裹挟，保留乡村特色，摆脱乡村即落后的认知观念，有效激发乡村内生发展动力。在乡村建设从显性的基础设施、公共服务，逐渐走向隐性的产业现代化、乡风文明建设的背景下，乡村设计可以采用多元创新方式推动乡村产业、生态、文化价值的整体协调发展，实现乡村价值的延伸。因此，对量大面广的乡村设计实践活动进行价值判断刻不容缓，关系到阶段性经验总结和未来的实践价值导向。当前，已有部分学者对乡村设计的价值进行了思考。

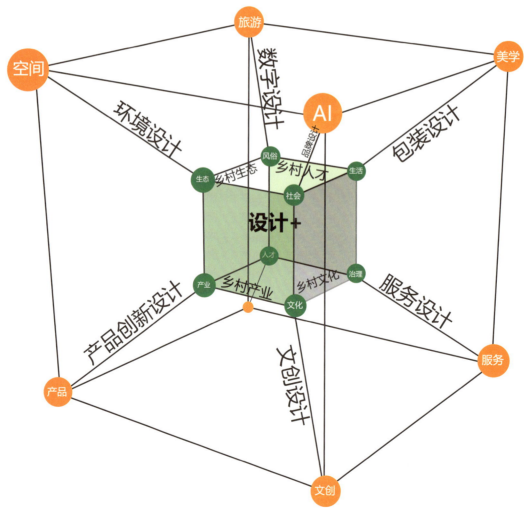

乡村四维空间构建

　　设计推动乡村振兴的本质是以设计思维解决乡村发展所面临的困境，其内核在于创新性价值的输出以及用系统的设计思维解决乡村难题，设计围绕"美好生活"，涵盖服务、产品、空间以及美学、文化的整合技术，有着多样性范式，可推动乡村产业集群向多维转化。"设计+"模式推动乡村振兴产业方向的多维度转化，由特色核心产业的"点"到围绕特色产业展开的第一、第二、第三产业的"面"，到以文化创意为核心的特色产业集群的"体"，再到以数字化为媒介、以情感体验与精神内核为价值引领的乡村四维空间构建，满足人民美好生活需要的同时构建宜居宜业和美乡村。

　　在创意设计的有效赋能下，乡村不再是远方游子"乡愁"的寄托之所，不再对城市现代化亦步亦趋，而是以独特的空间吸引力、文化认同和富有韵味的场所精神，形成强烈的村民自信与乡村期待。创意设计是指通过创意手段和设计手法对乡村的生活空间、文化空间、生产空间、生态空间进行统筹设计和综合利用，创造出具有空间吸引力、文化认同和场所精神的乡村形象，正确反映出村民对村庄发展的期待，最终树立起村民强烈的文化自信与产业自强。

　　乡村生活空间需要创意设计，过去有很多能让家族荣耀流传百年的老宅，而现在一些乡村地区农宅平均寿命只有15—20年，很多农宅被反复拆建，造成了很大的浪费。究其原因，是村民对更高生活水平有着朴实向往，但农宅院落营造缺少设计参照，满足不了新时代生活需求和审美发展。创意设计赋能乡村振兴，发掘乡村之美，重塑乡土价值，体现在能够结合当代的审美需求和乡土资源，设计出一系列为村民量身打造的生活空间场景，也创造出文化和旅游的产业发展空间。

　　乡村之美，美在生活方式，村庄的内生文化与村民生活自信所带来的可持续吸引力是乡村最宝贵的资源。近年来，随着农村人居环境整治提升行动不断推进，广大农村在人居环境和生活质量上有所提高，但一些乡村却呈现内生动力不足的问题。创意设计不单是在物质层面赋能，更是一场系统的乡村教育工程，在打造地方文化品牌和理想生活方式的过程中，不再单纯以城市风貌作为衡量标准，在此过程中使村民审美逐渐提高，增强其对乡村家园共同体的认同感，使乡风文化正气固本。

　　唤醒未来乡村的理想生活是创意设计赋能乡村振兴的愿景，农民主体参与、顶层力量驱动、全县域完整实践、政企校融合参与是创意设计赋能乡村振兴的保障。行走在建设中国特色社会主义现代化强国的乡村之路上，创意设计赋能乡村振兴一定大有可为。

　　设计不仅仅是一种美学或技术活动，它更是一种整合资源、解决问题和创造价值的综合能力。设计作为新质生产力，其核心在于通过创新思维和方法，推动产品和服务的优化，提升生活质量，促进经济和社会的可持续发展。2023年9月习近平总书记在黑龙江考察调研期间首次提到加快形成新质生产力。2023年12月召开的中央经济工作会议提出要以科技创新推动产业创新，特别是以颠覆性技术和前沿技术催生新产业、新模式、新动能，发展新质生产力。新质生产力的物质是创新，以创新型人才促发创新驱动。新质生产力中"新"的内涵表征为新技术、新模式，新产业、新业态，新领域、新赛道，新动能、新优势，"质"的内涵表征为物质、本质、品质、质量等方面。"新"的活力展现于新技术、新模式的引入，对应于"质"的物质层面升级，代表着生产力的物质基础与技术手段的革新；新产业、新业态的蓬勃发展，则映射出"质"的本质性变革，即生产结构与组织方式的根本性重塑，促进了经济体系内在质量的飞跃；新领域、新赛道的开辟，不仅是对"质"的品质追求的拓展，也是生产力发展方向与质量标准的新标杆，引领着创新前沿与质量高地的构建；而新动能、新优势的培育，则是"质"在质量层面的显著提升，体现为生产力效率与竞争力的双重增强，是推动社会全面进步与高质量发展的关键力量。这两大特质形成新的生产力，也正是推进乡村全面振兴的主要动力、手段及重要抓手。

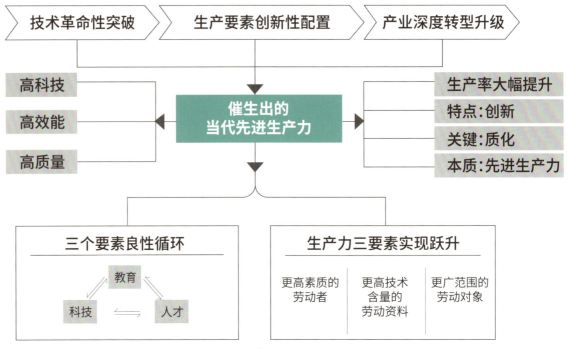

新质生产力

设计作为新质生产力赋能乡村振兴，可以从思维层、理念层、应用层和表现层四个层面进行深入阐述。在思维层，系统设计思维不仅要求设计者跳出传统框架，更需主动融入乡村的实际情境中，进行深度调研与访谈，确保设计方案真正贴近乡村需求与期望。这种"以人为本"的设计哲学，能够激发乡村内在活力，促进村民参与，形成自下而上的发展模式。同时，系统性设计思维还鼓励跨学科合作，如农业、建筑、社会学、信息等领域的师生共同参与，确保设计方案的科学性、可行性和可持续性。在理念层，生态理念不仅仅限于环境保护，它更是一种生活方式的倡导。设计应引导乡村居民树立绿色、低碳、循环的生产生活方式，通过推广生态农业、清洁能源、绿色建筑等措施，减少乡村对自然资源的依赖和破坏。此外，设计还应关注乡村文化的传承与创新，通过设计手段将传统文化元素与现代审美相结合，打造具有鲜明地域特色的乡村风貌，增强乡村的文化吸引力和竞争力。在应用层，数字技术的广泛应用为乡村振兴插上了翅膀。通过构建乡村数字平台，可以实现对乡村资源、环境、经济、社会等各方面的全面监测与分析，为科学决策提供依据。同时，数字技术还能促进农产品上行和工业品下行，拓宽销售渠道，提高农民收入。此外，利用物联网、人工智能等技术优化农业生产流程，提高生产效率和质量，也是设计赋能乡村振兴的重要体现。在表现层，乡土符号不仅是乡村文化的标识，更是乡村振兴的软实力。设计应深入挖掘乡村的文化底蕴，提炼出具有代表性和识别度的乡土元素，如传统建筑风格、地方民俗、手工艺品等，并通过创新设计将其融入现代生活。这样既能保留乡村的文化根脉，又能满足现代人对美好生活的向往，促进乡村文化与经济的融合发展。

设计作为乡村振兴中不可或缺的新质生产力，正以其创新驱动力和独特的视角，全面激发乡村的活力与潜力。它不仅在文化传承与创新上发挥作用，将传统文化与现代设计巧妙融合，还重视环境美化与生态保护，致力于提升乡村的生态环境质量。设计强调社区参与，确保发展方案贴近居民实际需求，同时通过改善基础设施和公共服务，提高居民的生活质量。

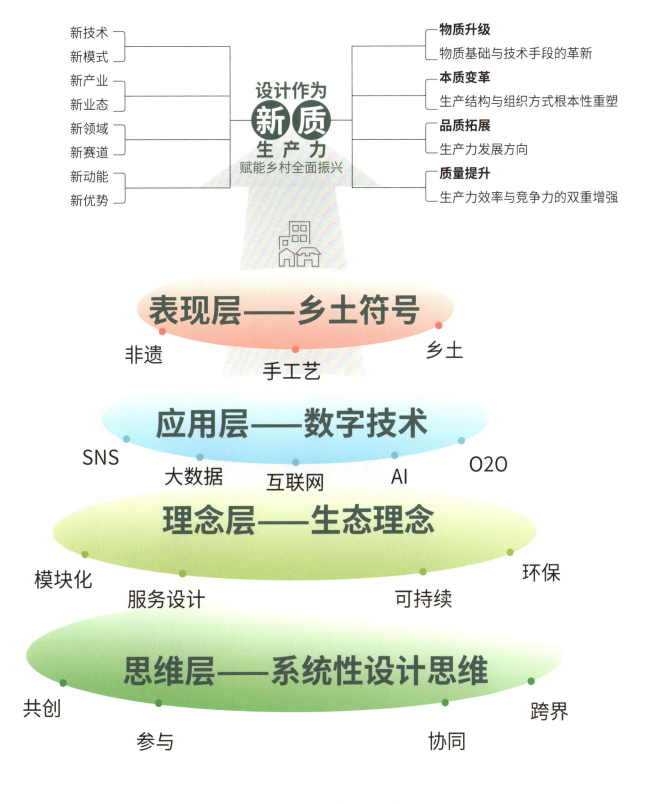

设计作为新质生产力赋能乡村全面振兴的路径

第二章

设计推动乡村振兴的策略

【习近平语录】

推动产业振兴

要把『土特产』这三个字琢磨透

第一节

产品层：土特产设计策略

乡村振兴的核心在于产业的繁荣与发展，其重要性不言而喻。党的二十大报告明确指出，需要着力培育乡村特色产业，以多元化的增收路径助力农民走向富裕之路。习近平总书记在《加快建设农业强国，推进农业农村现代化》中深刻指出，推进产业振兴的关键在于深刻理解和运用"土特产"这一核心理念。

习近平总书记强调："要落实产业帮扶政策，做好'土特产'文章。"即依托本地农业农村丰富的特色资源，不仅限于传统农业功能，更要开拓其多元化价值，实现农业、加工业、服务业等多产业的深度融合与协同发展。具体而言，要强化龙头企业的引领作用，补齐产业链条中的短板，激发新兴业态的活力，并着力打造具有鲜明地域特色和品牌影响力的农产品品牌。这一系列举措旨在全面推动乡村产业体系的转型升级，不仅提升农产品的市场竞争力，还增强了乡村经济的可持续发展能力，为乡村振兴注入强劲动力。

一、何为乡村"土特产"

在中国的传统文化中，"土特产"一词包含着丰富的意蕴，它专指那些蕴含鲜明地域标识的农产品与手工艺品。这些瑰宝不仅构筑了地方经济的基石，更是地域文化精髓与历史传承的生动展现。它们如同时间的信使，承载着世代人民的生活智慧与岁月记忆，架起了连接往昔与今朝的桥梁。随着乡村振兴战略的深入耕耘，"土特产"被赋予了新的生命与广度。

在新时代的浪潮中，"土特产"的概念边界被大大拓宽，不再拘泥于传统的物质形态，而是将乡村独有的自然风光、文化底蕴与人文情怀一并纳入其中。这一变化，使得乡村的物质与精神财富共同构筑了"土特产"的丰富内涵，既为乡村经济注入活力，也为乡村文化的弘扬与传播奠定了坚实基础。

如今，"土特产"已成为一个跨越经济与文化双重领域的符号，它不仅映射出乡村振兴战略的深远影响，更彰显了乡村在文化旅游、人文生态等多维度的独特魅力。这一转变，不仅提升了乡村的自我认知与文化自信，还促进了社会各界对乡村文化的深入认识与广泛认同，为乡村文化遗产的保护与传承开辟了新路径，让乡村的文化资源在时代的洪流中熠熠生辉。

中国广袤的疆域，多样的地理环境，孕育了无数独具特色的"土特产"。从南海的温润到北国的风雪，从江南的柔情到黄土的厚重，每一片土地都以其独特的自然资源与人文积淀，培育出各具风味的乡村之宝。这些"土特产"，作为乡村产业发展的宝贵财富，不仅丰富了市场供给，更提升了乡村的整体价值，成为乡村振兴道路上不可或缺的力量源泉。

具体来看，"土"讲的是基于一方水土，开发乡土资源。即由不同的地理、气候、土壤及文化等多种因素综合造就的乡村特定优势资源，即包括良好的自然生态资源，地方特色民俗文化、传统文化和非物质文化遗产等文化资源以及红色资源等。"特"讲的是突出地域特点，体现当地风情。即要跳出当地看当地，打造为广大消费者所认可、能形成竞争优势的特色。"产"讲的是真正建成产业、形成集群。即要延长农产品产业链，发展农产品加工、保鲜储藏、运输销售等，形成一定规模，把农产品增值收益留在农村、留给农村。具体到湖北，其土特产更是将"土""特""产"三者完美融合，展现了荆楚大地的独特魅力与丰富资源。

"土"在湖北，意味着依托这片肥沃的土地与独特的水文条件，深度挖掘乡土资源。从长江三峡的壮丽自然景观到神农架的原始森林秘境，从江汉平原的肥沃农田到武当山的道教文化圣地，湖北的自然生态资源与深厚文化底蕴交相辉映。如潜江的小龙虾，得益于长江水系的滋养与湖北人独特的养殖技术，成为享誉全国的特色美食；再如宜昌的宜红茶，依托当地优越的气候条件与悠久的制茶工艺，茶香四溢，深受茶友喜爱。此外，湖北还蕴藏着丰富的红色文化资源，如红安的革命历史遗迹，讲述着英雄辈出的故事，是红色旅游的重要目的地。

"特"在湖北，则体现在地域风情的独特展现与产品服务的差异化竞争上。武汉的热干面，以其独特的芝麻酱调味，成为江城早餐文化的代表；孝感的麻糖，以传统手工艺制作，香甜酥脆，承载着儿时的记忆与家的味道。这些土特产不仅反映了湖北的地域特色，更在激烈的市场竞争中凭借独特的口感与文化内涵脱颖而出，实现了错位发展。

"产"在湖北，则表现为产业集群的蓬勃兴起与全产业链的逐步完善。以潜江小龙虾为例，当地通过构建集养殖、加工、销售、物流、文化于一体的全产业链条，不仅提升了小龙虾的附加值，还带动了周边地区的经济发展，形成了具有鲜明地域特色产业集群。同样，恩施的富硒茶产业，依托当地丰富的硒资源与独特的制茶技艺，发展成为全国知名的茶叶品牌，推动了当地农业与旅游业的深度融合。

综上所述，湖北的土特产以其独特的"土""特""产"特性，展现了乡村振兴的生动实践，不仅丰富了市场供给，提升了地方经济的竞争力，更传承了湖北的文化精髓，增强了民众的文化自信与归属感。

"土特产"的特征分析

"土特产"是指那些根植于特定区域内，具有独特地理、文化和品质属性的产品。

特色鲜明性

1
"土特产"通常基于区域内特有的农业资源，经过精心开发成为具有地域标识的名优产品。这些产品不仅呈现了区域的地方特色，而且在品质上具有独特性，享有一定的市场知名度，能够满足特定目标市场的需求。

乡村独有性

2
"土特产"深植于乡村的资源禀赋和历史文化之中，体现了农业农村的地域特色和乡村价值。这些产品包括但不限于特色粮油、果蔬、畜禽、水产，以及乡村手工业如纺织、竹编、陶艺、木雕等，它们是乡土经济活动的重要组成部分。

农民主体性

3
"土特产"的发展强调农民的参与和主体地位。通过挖掘和发展这些特色产品，农民能够直接参与到产业链中，从而获得更多的经济收益和社会效益。

二、如何做好"土特产"文章

在乡村振兴的大背景下，如何将"土特产"转化为具有竞争力的品牌，是设计策略需要解决的关键问题。《齐民要术》说："顺天时，量地利，则用力少而成功多。任情返道，劳而无获。"做好"土特产"文章，关键是要依托农业农村特色资源，在"土"字上谋出路，在"特"字上求不同，在"产"字上下功夫。可以通过以下几个方面来实现这一目标：

(一)品牌定位

1.突出地域特色

在设计领域，尤其是针对乡村地区的产品设计，必须深入挖掘并充分利用当地独有的自然资源和文化特色，以此来塑造和推广别具一格的品牌形象。以我国云南省丽江地区的雪山茶为例，这种茶叶生长在环境恶劣、气候独特的雪山脚下，因此拥有其他茶叶无法比拟的品质。正是由于其独特的生长环境和高品质，雪山茶已经成为丽江地区旅游文化的一个重要组成部分，吸引了大量游客前来品尝和购买。这种利用地域特色进行产品设计的方法，不仅提升了产品的品质，还增强了产品的市场竞争力。

2.挖掘产品故事

地方特产不仅仅是物质商品，它们往往蕴含着丰富的地域文化和历史故事。通过将产品与其出生地的历史、文化、人物等故事相结合，可以赋予产品更深层的文化内涵，增强消费者对产品的认知和情感联结。以湖北地区为例，其土特产如恩施玉露茶、武汉鸭脖、孝感麻糖等，均可通过挖掘和讲述其背后的历史故事和文化传统，来提升产品的文化价值和市场吸引力。例如，恩施玉露茶，不仅以其独特的风味著称，更承载着恩施地区深厚的茶文化和民族传统。文化故事的融入不仅增加了产品的附加值，还提升了消费者的购买欲望。消费者通过产品故事能够更深入地了解产品的独特魅力，从而更愿意购买和体验这些具有文化内涵的地方美食。地方特产的文化赋能是一种有效的市场策略，它通过结合产品与地方故事，不仅增强了产品的独特性和识别度，还提升了消费者的购买体验和品牌忠诚度。

通过将产品与当地的历史、文化、人物等故事相结合，不仅可以增加产品的附加值，提升消费者的购买欲望，还可以促进当地旅游业的发展，提升当地知名度和美誉度。同时，这种文化故事也可以激发消费者的爱国情怀和地域自豪感，使他们更加热爱自己的国家和家乡，更加关注和支持本地产品。

3.明确目标客户

针对不同的目标客户群体，需要精心打造各具特色的品牌形象和营销策略。比如，针对高端消费者，我们可以塑造一个高品质、高附加值的品牌形象，满足他们的尊贵感和独特需求；而针对大众消费者，我们可以塑造一个性价比高的品牌形象，让他们感受到物超所值的魅力。这种精准差异化的品牌策略，不仅可以更好地满足不同消费者的个性化需求，还可以提升品牌在市场中的广泛覆盖率和竞争力。总之，只有深入了解并把握住各类消费者的心理和需求，才能打造出符合他们期望的品牌形象，从而实现企业的持续发展和市场份额的扩大。

地域符号挖掘的思路

（二）产品设计

1.提升产品品质

采用尖端技术和精细工艺，显著提高产品的品质与风味，充分迎合消费者对优质产品的渴望。以浙江安吉出产的竹笋为例，当地通过引入先进的科技手段对竹笋品种进行改良，成功实现了全年稳定供应，从而增强了产品的市场竞争力。这样的品质提升，不仅极大增强了产品在市场上的吸引力，也极大地提升了消费者的购买满意度。这种满意度的提升，反过来又促进了产品的市场销量的增长，形成了一个良性循环，对提升当地经济，促进产业升级都有积极影响。

2.创新产品包装

在现代社会，审美和消费需求日益提高，一款符合时代潮流的包装设计，能够极大地提升产品的颜值和档次，从而吸引更多消费者的目光。以我国贵州黔东南的刺绣为例，通过精心设计独特的包装盒，将精美的刺绣作品打造成高端的礼品，不仅提升了产品的附加值，也让消费者在赠送礼品时更有面子。这种包装创新，不仅在于其独特的外观设计，更在于其能够满足消费者对于审美和品质的双重追求。因此，这种包装创新不仅增加了产品的美观度，也提高了其市场竞争力，使产品在激烈的市场竞争中脱颖而出，受到广大消费者的喜爱。

3.拓展产品种类

对传统的土特产进行深度加工与创新，可以挖掘出更多元化的产品形态，从而更好地满足各类消费者的多样化需求。以云南的野生菌为例，除了将它们以新鲜状态销售之外，我们还可以通过现代工艺将它们加工成为如菌菇酱、菌菇汤等多种产品，从而在原有市场的基础上，进一步拓宽了其销售范围和市场潜力。这样的产品创新，不仅丰富了我们的产品线，使得我们的产品更加多样化，更具市场竞争力，同时也为品牌的长远发展注入了新的活力和动力。

（三）品牌推广

1.线上线下结合

在当前数字化时代，品牌推广的方式也与时俱进，不断创新。运用电商平台、社交媒体等线上途径进行品牌宣传，将信息迅速传达给广大网民，同时，也不忽视线下体验店、乡村旅游等传统方式，将二者有效结合，形成一种线上线下相互呼应、相互促进的联动推广模式。举例来说，山东寿光的蔬菜便是一个典型的案例。他们借助电商平台，实现了蔬菜从"农田到餐桌"的快速配送，让消费者能够品尝到最新鲜、最健康的蔬菜，这样的做法不仅丰富了消费者的购买选择，也提升了产品的附加值。此外，这种线上线下结合的推广方式，也让品牌的知名度得到了广泛的提升，消费者在享受便捷购物体验的同时，也对品牌产生了深刻的认同感。

2.打造乡村特色文化

将品牌深入融入乡村的文化活动以及旅游的线路当中，可以有效地提升品牌的知名度和影响力。例如，湖北恩施土家族苗族自治州的土家族文化，通过举办"女儿会"等传统节庆活动，不仅提升了当地的知名度和经济效益，同时也为当地乡村的发展注入了新的活力。这种将文化活动与旅游相结合的方式，不仅丰富了品牌的文化内涵，也使其在市场中更具吸引力。将品牌融入乡村文化活动和旅游线路，可以让游客更深入地了解和体验当地的文化，从而提升品牌的影响力和吸引力。同时，这种融合也为当地乡村的经济发展提供了新的契机，使乡村品牌在市场中更具竞争力。

3.建立品牌联盟

鼓励多个乡村共同携手，通力打造具有区域特色的品牌，通过这种合作方式，不仅能够凝聚各方的力量，形成强大的合力，还能在提升品牌影响力的同时，增强品牌的竞争力。以湖北恩施的富硒茶产业为例，该区域凭借得天独厚的硒资源优势和悠久的茶文化底蕴，已初步形成了一定的产业基础。若各乡村能够进一步加强合作，成立富硒茶品牌联盟，实现统一品牌形象的塑造与市场推广策略的制定，无疑将极大提升恩施富硒茶在全国乃至全球市场的知名度与美誉度。品牌联盟的建立，不仅能够拓宽恩施富硒茶的市场覆盖范围，提高品牌市场占有率，还能促进联盟内部各乡村之间的资源共享与优势互补。例如，有的乡村可能拥有优质的茶叶种植基地，而有的则擅长茶叶深加工或拥有便捷的物流渠道，通过联盟机制，这些资源可以得到有效整合与优化配置，从而实现整体效益的最大化。此外，品牌联盟还能促进乡村间的文化交流与融合，增强乡村间的凝聚力与归属感。在共同打造品牌的过程中，各乡村将更加紧密地联系在一起，形成一荣俱荣、一损俱损的命运共同体，为乡村全面振兴注入强大的动力。恩施富硒茶品牌联盟的成功构建，不仅将为湖北乃至全国的乡村品牌建设提供宝贵的经验借鉴，也将为乡村振兴战略的实施贡献一份力量，推动乡村经济社会的全面发展与繁荣。

三、乡村"土特产"发展策略之一村一品

（一）一村一品的政策梳理

乡村特色产业，作为乡村振兴战略的关键支柱，深植于乡村独有的自然资源沃土、丰富的文化传统底蕴及鲜明的地理标志之中，展现出强烈的地域特色与竞争力。这些产业不仅有效提升了乡村经济价值，还极大地增强了乡村文化自信，促进了生态平衡的维护。"一村一品"策略作为乡村振兴的璀璨明珠，倡导每个村落依据自身特色，精心培育一项或多项特色产业，构建起独具魅力的差异化发展模式。其核心在于，在特定区域内，以村庄为基本单元，深入挖掘并高效利用本地资源优势，通过规模化经营、标准化生产、品牌化塑造及市场化推广的全方位举措，打造出一个或多个市场潜力巨大、地域特色鲜明、附加值显著的主导产品及其产业链。

此战略深度融合了农业多功能开发理念，巧妙地将产业繁荣、生态保护、文化传承、人才汇聚与组织创新等要素融为一体，转化为推动农业农村发展的强劲动力。它不仅彰显了乡村的区域特色优势，还拓展了农业的多重功能，延长了产业链条，促进了农村第一产业、第二产业与第三产业的深度融合与协同发展，为乡村振兴开辟了广阔而多元的发展路径。

"一村一品"需立足村庄特色资源禀赋，以自然资源为基础，以能人引领为突破，通过组织保障、技术赋能、规模经营和政策支持形成发展合力。未来趋势是向更大区域拓展，农业向乡村产业转型，强调组织与技术双创新，强化品牌培育，并注重生态绿色可持续发展。以湖北省利川市堰塘村为例，该村依托1200亩高山茶园资源，构建"村民+村级合作社+市场主体"协同机制。村民以土地入股，合作社统筹标准化种植，市场主体引入生物质颗粒烤房技术，使烟叶加工效率提升40%，推动2024年三产融合产值突破1000万元。驻村工作队与村两委通过打通20公里产业路网、完善冷链仓储等基础设施，

● **2005年**
在陕西杨凌举行了首次"一村一品"国际研讨会

● **2006年**
中央一号文件第一次提到了"一村一品"，
推进"一村一品"，实现增值增效

● **2007年**
中央一号文件再次提出要大力发展特色农业，
支持"一村一品"发展

● **2007年2月**
农业农村部发布《农业部关于加快发展"一村一品"
的指导意见》，明确了发展一村一品的指导思想和
目标，并制定了"一村一品"建设的重点工作

● **2010年**
农业农村部发布《农业部关于推进"一村一品"强村
富民工程的意见》，实施"一村一品"强村富民工程

● **2013年**
农业农村部在《农业部办公厅关于印发2013年农
村经营管理工作要点的通知》中提出加快"一村一
品"专业村镇建设

● **2014年**
《2014年农村经营管理工作要点》中提出开展"一村
一品"示范村镇品牌建设试点

● **2017年**
农业农村部发布《农业部办公厅关于深入实施贫困
村"一村一品"产业推进行动的意见》，旨在充分发
挥"一村一品"在产业扶贫精准脱贫中的重要作用

● **2020年**
农业农村部印发《全国乡村产业发展规划（2020—
2025年）》，建设一批"小而精、特而美"的"一村一品"
示范村镇，形成一村带数村、多村连成片的发展格局

一村一品政策梳理

在全球视野下，乡村发展已成为各国共同追求的战略目标。从日本的"造村运动"（即"一村一品"），强调因地制宜地培育乡村特色；到韩国的"新村运动"，通过农产品品牌化展现自主协同的力量；再到美国纳帕谷乡村休闲小镇，以葡萄酒品牌为核心打造高端休闲体验；以及法国格拉斯小镇，将鲜花产业与浪漫文化完美融合，成为全球知名的浪漫胜地——这些国际典范无一不彰显了文化与品牌对于乡村转型的深远影响。设计在"一村一品"战略的实施中，可以发挥以下作用：

1.精准定位与特色挖掘

每个乡村都有其独特的文化和资源。以恩施土家族苗族自治州某乡村的富硒茶产业为例，该地区依托得天独厚的富硒土壤资源和适宜茶树生长的气候条件，结合当地土家族、苗族世代传承的种茶、制茶技艺，培育出了品质卓越、富含硒元素的特色茶叶，深受国内外消费者喜爱。在发展乡村特色产业时，该乡村首先进行了精准定位，深入挖掘了本地的富硒资源优势、独特的民族文化以及传统的制茶工艺，以此为基础，大力发展富硒茶产业，形成了具有鲜明地域特色的品牌，成功实现了"一村一品"的战略目标。这一过程不仅提升了乡村的经济价值，还增强了乡村的文化自信，为乡村振兴注入了新的活力。发展乡村特色产业，要进行精准定位，深入挖掘本地的历史文化、自然资源和传统技艺，以此为基础，发展具有地域特色的产业。

2.政策扶持与资源整合

政府应出台相关政策，为乡村特色产业提供财政、税收、金融等方面的支持。例如，设立专项基金提供低息贷款，减轻乡村产业发展的资金压力；实施税收减免政策，激发乡村企业和农户的积极性；并引导金融机构加大对乡村特色产业的信贷支持，降低融资难度和成本，从而有效降低乡村产业发展的门槛。同时，湖北各地应致力于整合乡村内外的优势资源，促进产业链上下游的紧密合作与协同发展。以湖北某乡村的茶叶产业为例，政府可引导当地茶农、茶叶加工企业、销售商以及科研机构等各方力量，共同建立茶叶产业园区或合作社，实现茶叶种植、加工、销售、研发等环节的有机结合。通过资源整合，不仅能够有效提升茶叶产业的附加值，还能带动相关配套产业的发展，形成完整的产业链条，推动乡村经济的多元化和可持续增长。

3.科技创新与人才培养

科技创新是提升乡村特色产业竞争力的关键。通过引进先进技术和管理经验，提升产业的科技含量。例如，利用物联网技术实现精准农业，提高农产品的质量和产量。同时，加强人才培养，吸引和留住乡村发展所需的各类人才。通过与高校、科研机构合作，建立人才培养基地，为乡村特色产业发展提供智力支持。

4.品牌建设与市场开拓

打造具有地域特色的品牌，提升产品知名度和市场竞争力。以湖北秭归县的柑橘产业为例，该地区凭借得天独厚的地理环境和气候条件，培育出了皮薄肉厚、汁多味甜的优质柑橘。为进一步提升产品附加值和市场竞争力，该乡村采取了一系列措施打造具有地域特色的品牌。

首先，该乡村成功注册了地理标志证明商标，将"秭归县柑橘"作为地域性品牌进行推广，这不仅增强了产品的身份认同感和地域特色，还为消费者提供了品质保证。通过品牌化运作，该地区的柑橘逐渐在市场上树立了良好的口碑，成为国内外知名的水果品牌。其次，该乡村积极拓展线上线下多渠道市场。在线上，利用电商平台、社交媒体等新媒体工具进行品牌宣传和产品推广，吸引更多消费者关注和购买；在线下，则通过参加各类农产品展销会、建立直供直销网络等方式，拓宽销售渠道，这种线上线下相结合的营销策略，有效提升了"秭归县柑橘"的品牌知名度和市场竞争力。

（二）一村一品的核心理念

"一村一品"作为乡村振兴的重要路径，深刻诠释了如何在广袤乡村大地上绘制出各具特色、充满活力的经济画卷。这一策略的核心，在于精准定位每个村落或几个相邻村落的独特地域性，依托其得天独厚的自然资源与深厚的文化底蕴，紧跟国内外市场需求趋势，推动农业产业向规模化、标准化、品牌化及市场化方向转型升级。其精髓不仅在于"村"与"镇"的地理标识，更在于"品"的打造——那些承载着地域灵魂、具备高度市场潜力与显著区域特色的主导产品及产业。在乡村经济发展的语境下，"一品"的概念指的是通过深入探索与细致分析，所确定的能够充分体现特定村庄独特性与差异化竞争优势的单一产品或服务。这一过程不仅要求避免随意选择，而且强调对村庄内在特性的深刻挖掘，包括但不限于其独特的地理位置、气候条件、历史沿革、文化传统等多元要素，这些均被视为识别并塑造该"一品"的关键线索。"一村一品"发展战略，其核心在于强调差异性与特色资源的挖掘与利用。它不仅仅是一种促进乡村经济发展的策略安排，更深层次上，它代表了对乡村文化、历史、生态等多元价值的尊重与传承，以及对乡村可持续发展路径的积极探索。

1.地域性的凸显

在"一村一品"的实施过程中，首要任务是深入挖掘并强化地域特色。无论是山川地貌的壮丽、气候条件的独特，还是历史传承的深厚、民俗文化的多彩，都应成为塑造品牌个性的重要元素。这种地域性的凸显，不仅能让产品具有不可替代的辨识度，还能激发消费者的地域情感共鸣，增强品牌忠诚度。

2.广告语设计

针对中高端市场，"一村一品"的广告语应体现出尊贵、雅致与独特性，如"源自自然的馈赠，一品一世界，一村一传奇"，这样的表述既符合中高端消费群体追求品质生活的心理需求，又巧妙地将地域特色与产品价值融为一体，让人心生向往。同时，要注重消费级市场与学院级市场的融合。在消费级市场中，"一村一品"的受众是追求品质生活的广大民众，他们偏爱具有故事性、文化底蕴的产品，消费习惯上倾向于选择那些能够彰显个性与品位的商品。而对于学院级市场而言，"一村一品"则成为研究乡村经济发展、文化传承与品牌创新的重要案例，它倡导的是一种回归自然、尊重传统的理念，鼓励人们从更高层次上理解和欣赏乡村之美。

3.农产品升级的四个阶段

"一村一品"计划引领农产品历经从农户直接销售的原生态1.0阶段，到简单包装提升商品属性的2.0阶段，再到注重包装设计与品牌塑造的3.0阶段，如今正迈向更高层次的4.0阶段。在此阶段，美学与文化附加价值成为核心要素。通过建立溯源体系，消费者能够追溯产品的生长环境、生产过程及其背后的文化故事，从而在品味美味的同时，获得精神上的愉悦与满足。这种高端策略不仅增强了农产品的市场竞争力，还有力促进了乡村文化的传承与发展。

具体实践包括以下几方面：一是提取乡村元素和乡村符号，并将其转化为富有乡村韵味的场景插画，以增加农产品包装的文化内涵；二是借鉴乡村石器、木器、陶器等传统器物的造型，使农产品包装结构更具亲和力；三是结合受众的审美心理，因地制宜地选择天然环保的包装材料，确保农产品包装符合绿色设计和可持续发展的理念。"一村一品"计划以村文化为引领，创新农产品包装，助力农产品销售，实现乡村文化振兴与产业振兴的同步发展。

(三)一村一品的实施策略

通过"一村一品"的实践，不仅能够提升乡村经济的竞争力与自给能力，更能够增强乡村社会的凝聚力与文化自信，为乡村振兴注入源源不断的内生动力。"一村一品"的核心理念是构建乡村经济繁荣与文化复兴的坚实基础，它蕴含了五个核心要素，共同驱动着乡村向特色化、现代化、可持续化方向迈进。

本土化	**深挖乡村独特资源** "一村一品"战略强调本土化，即深入挖掘每个乡村独有的自然资源、文化传统和社会特色。本土化的核心在于识别和发展乡村的比较优势，将这些优势转化为具有地域特色的产品或服务。例如，依托当地特有的农产品、传统手工艺或文化节庆，打造独一无二的品牌。
市场化	**提升产品全球竞争力** 市场化是"一村一品"战略的关键，旨在将本土特色产品推向更广阔的市场，包括全球市场。通过市场研究、品牌建设和营销策略，提升产品的市场竞争力和知名度。利用电子商务平台和国际贸易渠道，拓宽销售网络，实现产品的市场化和国际化。
自主性	**鼓励乡村居民主体参与** 自主性是"一村一品"战略的基石，鼓励乡村居民参与决策过程，发挥他们的主体作用。通过民主管理和社区参与，确保乡村发展项目符合居民的利益和期望。培养居民的自主发展能力，提高他们对项目规划和管理的参与度。
创新性	**探索产品和产业创新** 创新性是"一村一品"战略的动力，要求不断探索和实践新的发展模式、技术和产品。通过技术研发、产品设计和产业升级，提升产品和产业的附加值。鼓励跨界合作和创意思维，开发新市场和新需求，实现产业的可持续发展。
人才培养	**重视教育和培训** 人才培养是"一村一品"战略的基础，重视教育和培训，为乡村发展储备人才。通过建立教育体系和培训项目，提高乡村居民的技能和知识水平。培养具有创新精神和实践能力的人才，为乡村的长远发展提供人力资源支持。

第二节

精神层：『在地文化』的设计策略

　　在乡村振兴的宏伟蓝图中，精神层面的觉醒与重构占据着举足轻重的地位。自党的十九大明确提出"乡村振兴战略"以来，中国乡村治理的航向发生了深刻转变，由单一追求物质层面的精准脱贫，跃升至追求物质文明与精神文明双轮驱动、协同并进的新阶段，这不仅是中国式现代化道路的必然要求，也是对传统乡村价值与现代发展理念深度融合的积极探索。党的二十大报告及随后发布的中央"一号文件"，均将强化农业基础、推动乡村全面振兴作为核心任务，其中，乡村文化作为乡村振兴的灵魂与根基，被赋予了前所未有的战略高度。

一、乡村文化与在地文化

（一）乡村文化的历史积淀与挑战

　　乡村文化，作为乡村社群历经岁月沉淀与传承的独特文化形态，蕴含了根植于农业实践中的生存智慧、物质遗存、精神生活、伦理准则及审美情趣等丰富内涵。其形成与发展，是传统根基与现代元素交织作用的产物，展现出独特的经济基础支撑、社会规范框架、生态环境依托及多元建设主体的特征。在表现形式与具体内容上，乡村文化展现出广泛的多样性。核心而言，乡村文化深植于中国乡村的土壤之中，其本质属性在于其强烈的地域性，即"在地性"。研究揭示，正是这种注重本土根基的文化类型——乡村在地文化，构成了推动乡村文化复兴的坚实基石，其不可估量的价值正日益受到学术界的广泛认可与深入研究。具体而言，在地文化是与外来文化相对而言的概念，它紧密依附于乡村社会的肌理之中，随着乡土社会的历史变迁而自然孕育、发展并成熟，是一种融合了乡村自然环境、民俗风情、生活习俗等多元文明要素的有机整体。这种文化形态不仅展现出鲜明的地域色彩，还具备内生的生命力和自我发展的动力，以及与生俱来的自发性优势，为乡村文化的独特魅力与持续发展提供了不竭源泉。

《中共中央、国务院关于做好2022年全面推进乡村振兴重点工作的意见》中启动的文化产业赋能乡村振兴计划，正是这一战略导向下的具体实践，旨在通过文化的力量激活乡村治理的内生动力，为乡村的全面振兴注入不竭的文化源泉。然而，文化兴村的征途并非坦途，其面临的挑战复杂而深刻。

首先，乡村文化面临着"失根"的严峻挑战。传统生活方式的式微、习俗文化的边缘化，以及资本过度介入对传统伦理价值体系的冲击，共同构成了乡村文化存续的危机。这要求我们在保护乡土文化根脉的同时，创新文化传承方式，让传统文化在新时代焕发新生。

其次，乡村文化传承主体空心化的问题日益凸显。城镇化进程加速了乡村人口的流失，尤其是文化人才的流失，使得乡村文化传承陷入后继无人的困境。解决之道在于构建多元化的人才引进与培养机制，同时激发村民的文化自觉与参与热情，形成文化传承的内生力量。

再次，乡村文化建设的形式化与同质化问题不容忽视。部分乡村在文化建设中追求表面光鲜而忽视内涵建设，导致文化基础设施闲置浪费；同时，缺乏个性与特色的同质化建设模式，也削弱了乡村文化的独特魅力。因此，必须树立科学的文化发展观，坚持规划先行、因地制宜，深入挖掘和展现乡村文化的独特价值。

面对这些挑战，乡村文化建设更应坚定文化自信，从传统中汲取智慧与力量，充分利用非物质文化遗产等宝贵资源，复归乡土中国的文化底色。这不仅是对中华优秀传统文化的致敬与传承，更是自主开辟中国式现代化道路，建构中国自主话语体系的重要体现。通过乡村文化的全面振兴，我们有望构建一个物质富裕、精神富有、和谐美丽的中国特色社会主义乡村新图景。

(二)乡村在地文化的识别与提炼

在地文化，作为特定地域内独有的文化复合体，其构成复杂且多维，不仅涵盖了物质形态的文化遗产，还深入至精神信仰、历史传承与现代发展等多个层面。可以从以下两方面有效识别并提炼出在地文化的独特价值与特征。

1.寻找独特的"在地文化"

物质层面的在地文化主要体现在可以直观感知的文化资源上。这些资源包括但不限于人文景观、建筑艺术、雕塑作品、地标性建筑以及具有地域特色的服饰等。这些可见的实体不仅是文化传承的载体，更是文化认同的基础。例如，湖北，这片历史悠久、风景秀丽的土地，其物质层面的在地文化璀璨夺目。从壮丽的人文景观到精巧的建筑艺术，无不彰显着楚文化的独特韵味。黄鹤楼，作为武汉的标志性建筑，不仅以其飞檐翘角、气势恢宏的建筑美学令人叹为观止，更承载着"昔人已乘黄鹤去，此地空余黄鹤楼"的千古绝唱，是湖北乃至中国文化的重要象征。此外，荆州古城墙、武当山古建筑群等，都是湖北物质文化遗产的杰出代表，它们见证了历史的沧桑巨变，也承载了湖北人民对美好生活的向往与追求。在服饰方面，湖北的民间服饰同样丰富多彩，如土家族的传统服饰，以其独特的色彩搭配和精美的刺绣工艺，展现了土家族人民的勤劳智慧与审美情趣。这些服饰不仅是日常穿着的必需品，更是土家族文化的重要载体，传递着民族认同与自豪。

精神层面的在地文化则更多地体现在当地的文化信念和价值观上。这些信念和价值观往往是在长期的社会发展和历史积淀中形成的，包括风俗习惯、生活方式等。中国作为一个多民族国家，拥有56个民族，每个民族都有其独特的文化传统和生活方式。湖北的精神层面在地文化深植于楚文化的沃土之中，洋溢着浓郁的浪漫主义色彩与开放包容的精神特质。楚人崇尚自然，追求自由，这种精神在楚辞、楚乐、楚舞等艺术形式中得到了淋漓尽致的体现。同时，湖北也是革命老区，红安、大悟等地留下了无数革命先烈的足迹，红色文化成为湖北精神文化中不可或缺的一部分，激励着后人铭记历史、不忘初心、砥砺前行。在风俗习惯上，湖北各地也有着独特的节日庆典和民间活动，如端午节的龙舟竞渡、中秋节的赏月团圆等，这些活动不仅丰富了当地人的精神生活，也增强了社区的凝聚力和向心力。

历史层面的在地文化主要体现在一个地方的历史传承和历史遗迹上。这些遗迹和传承不仅包括历史遗留的景观和建筑，还涵盖了仪式、故事和传说等。历史具有巨大的文化能量，许多地方流传下来的故事和传说往往具有深刻的人性元素，这些元素不仅能够打动当地人，也能够触动世界各地的人们。如湖北历史悠久，文化底蕴深厚，历史层面的在地文化尤为丰富。从远古时期的屈家岭文化、石家河文化，到春秋战国时期的楚国文化，再到三国时期的荆州故事，湖北的历史遗迹和传说故事数不胜数。曾侯乙墓出土的编钟，以其精湛的铸造工艺和悠扬的乐音，被誉为"世界第八大奇迹"，是湖北乃至中国音乐史上的瑰宝。此外，赤壁之战的古战场、昭君出塞的故事发生地等，都是湖北历史文化的重要组成部分，它们不仅记录了历史的辉煌与沧桑，也传递了湖北人民坚韧不拔、勇于探索的精神风貌。

现代层面的在地文化则是在当代社会发展过程中形成的文化资源。近50年来，中国经历了翻天覆地的变化，虽然各地的发展在一定程度上趋于同质化，但每个地方仍然有着其独特的文化特色。例如，武汉作为"九省通衢"之地，其现代都市文化与传统文化交相辉映，形成了独特的"汉味文化"。无论是热干面的香飘四溢，还是江汉关的钟声悠扬，都让人感受到武汉这座城市的独特韵味。同时，湖北还积极推动文化创意产业的发展，如武汉设计之都的建设、东湖高新区的高科技文化氛围等，都体现了湖北在现代文化建设方面的积极探索与创新实践。此外，湖北的民俗旅游、乡村旅游等也蓬勃发展，为游客提供了深入了解湖北在地文化的窗口和平台。

2.选择合适的"在地文化"赋能品牌

在地文化作为一种独特的文化资源，其种类丰富，涵盖了从可见的自然资源和历史建筑到不可见的人文风俗、故事和传说等多个方面。这种多样性为品牌提供了广泛的选择空间，但并非所有文化资源都适合用于品牌建设。在地文化的提炼与应用是一个系统性且精细化的过程，需从多维度审慎考量。

首先，深度挖掘文化资源精髓。每寸土地都蕴藏着独特的文化宝藏，然而并非所有资源都能直接转化为品牌资产。关键在于深度剖析与挖掘，筛选出那些既具标志性又富含独特韵味的文化元素，作为品牌建设的核心素材。

其次，创造性转化文化元素。一旦锁定核心文化元素，需运用创新思维进行巧妙转化，使之无缝融入品牌及产品之中。这要求我们不仅深刻领悟文化元素的内涵，还要具备跨界融合的能力，将传统与现代、文化与商业巧妙结合，创造出既富有文化底蕴又符合市场需求的品牌表达。

最后，精心策划品牌传播策略。基于已定的文化元素及创意转化方案，接下来是策划一套高效精准的品牌传播策略。这涵盖精准定位传播渠道、精心构思传播内容、科学制定传播时间表等多个环节，旨在确保文化元素能够精准触达目标消费群体，实现品牌文化的深度渗透与广泛传播。

在选择在地文化进行品牌赋能时，需要考虑以下三个标准：

认知度	**选择具有广泛认知度的文化元素** 优先选择那些在全国范围内具有较高知名度的文化元素。这些元素通常具有较长的历史传承和广泛的社会影响力，能够迅速引起消费者的共鸣。例如湖北省拥有众多具有广泛认知度的文化元素，如黄鹤楼、长江三峡、楚辞等。这些元素不仅在中国国内家喻户晓，而且在国际上也具有一定的知名度。品牌在选择这些文化元素进行赋能时，能够迅速引起消费者的共鸣，提升品牌的认知度。
地域 关联性	**挖掘地域特色，避免同质化** 深入研究目标市场或品牌所在地的地域文化，挖掘其独特的文化元素和符号。这些元素应能够体现当地的历史、风俗、人文等特点，具有鲜明的地域特色。如湖北省的地域文化独具特色，如襄阳的三国文化、宜昌的巴楚文化交融、武汉的现代与历史交汇等。品牌在选择文化元素时，应深入挖掘这些地域文化的独特性，选择能够体现湖北特色的元素进行赋能。这样不仅能够增强品牌的地域关联性，还能使品牌在众多竞争者中脱颖而出。
产品 关联性	**确保文化元素与产品特性的契合** 品牌在选择文化元素进行赋能时，应确保这些元素与产品的特性相契合。以周黑鸭为例，该品牌将湖北的辣文化元素巧妙地融入产品之中，使得其产品具有鲜明的地域特色和独特的口感体验。周黑鸭的鸭脖、鸭翅等产品以其独特的辣味和麻味而闻名，这种口味与湖北人喜辣、喜麻的饮食习惯高度契合。这样能够使产品更加具有文化内涵和独特性，提升产品的附加值。

二、在地文化在乡村振兴中的价值

"在地文化"是指特定地区或社群所独有的文化特征和表达方式，包括景观、建筑、民俗文化、居住形态、生活方式以及宝贵的文化传承和历史资源。特色名人故居、庄园农场、博物馆、文化传承与教育机构，特色品牌美食、手工艺品、物产市集、风俗规矩、生活方式与特色企业，特色仪式节庆、展会赛事等，都属于"在地文化"的范畴。"在地文化"是中华大地特定区域内源远流长、独具特色、传承至今且仍在发挥作用的文化传统，有着深刻的地域烙印。扎根于地方各种属性特征和禀赋特色的"在地文化"，是一种凝练的内生动力，也是文旅开发的重要资源。"在地化"是对同质化现象的思考与探讨，"一方水土养一方人"，乡村具有极强的地域和复杂性，"在地化"包含了集体无意识的情感链接、精神认同和价值观念。就湖北省地区而言，湖北省人民政府针对乡村振兴，提出了"做大做强'荆楚农优品'"，大力发展地域文化等战略措施。通过品牌形象设计，建立品牌识别系统，有利于乡村品牌的发展建设和规范。在地文化的保护、传承和创新应用，对于乡村振兴具有重要的支撑作用，不仅能够丰富乡村居民的精神生活，还能够推动乡村经济社会的全面发展。

1.传承与保护乡村历史与文化

在地文化承载着乡村的历史与传统，通过挖掘和传承这些文化，可以保护和弘扬乡村的独特性和多样性。这有助于增强村民对乡村的认同感和归属感，进而促进乡村社会的和谐稳定。

2.促进乡村经济发展

在地文化可以与乡村旅游、文化创意等产业相结合，为乡村带来新的经济增长点。通过开发具有地方特色的文化旅游产品，吸引游客前来消费，从而带动乡村经济的整体发展。

3.提升乡村社会福祉

在地文化的传承与发展，不仅可以丰富村民的精神文化生活，还可以提高村民的文化素养和生活品质。同时，通过在地文化的熏陶和影响，有助于培养村民的良好道德风尚和社会责任感，进一步推动乡村社会的文明进步。

4.在地化IP是乡村振兴的新突破口

IP（Intellectual Property），即知识产权，是跨越法律边界至文化创意领域的核心要素，以其高度的辨识度、庞大的粉丝基础、强大的商业变现能力、广泛的跨媒介传播力及持久的生命力，成为内容创造与传播的基石。"在地化IP"则是对这一概念的深度挖掘与本土化实践，它致力于回归本土本真，作为地域文化的独特"名片"，深度融合了乡土情感、历史渊源、本土农产品、日常生活风貌及饮食文化精髓，全方位、多角度地展现当地独特风貌与特色风情。通过精心策划的IP设计，不仅能够显著提升乡村品牌的形象魅力，还能巧妙地将之与旅游业及经济发展紧密结合，激发乡村活力，促进多维度增长。这一过程不仅拓宽了品牌的产品线，更深化了其人文价值的内涵，为乡村的可持续发展开辟了新路径。

在构建在地化IP时，需敏锐捕捉并融合区域文化与农产品的内在联系，采用视觉、精神、体验"三位一体"的设计策略，打造既满足审美需求又富含文化底蕴，同时不失趣味性的产品体验。具体而言，IP的在地化创意过程，是通过对传统文化的深刻理解和感性表达，提炼并呈现其独特的美学价值；同时，借助现代设计手法与材料，赋予传统以新的形态与生命力，展现其理性之美。而场景化的故事讲述与创意内容的规模化传播，则进一步放大了地方特色，让区域文化在更广阔的舞台上绽放光彩，实现了传统文化与现代创意的完美融合与共生。

在地化IP作为一种文化和经济的双重载体，在乡村振兴中扮演着至关重要的角色。通过文化元素的创新性转化和创造性发展，不仅能够增强乡村的文化自信和认同感，还能够推动乡村经济的多元化发展，实现文化与经济的双赢。

自从乡村振兴战略实施以来，南漳县双坪村乡村振兴建设已取得多重成效。调研数据显示，双坪村农产品体系、旅游体系、文化内涵建设等方面仍存在不足。根据双坪村地域、文化、产品多方特色，采用解析、归纳、融合等方式，帮助当地香菇种植基地、龙头企业，提取相关文化元素，打造"三国菌"IP设计，以在地化IP创意拓展其在产品、空间、精神等层面的多重效应。

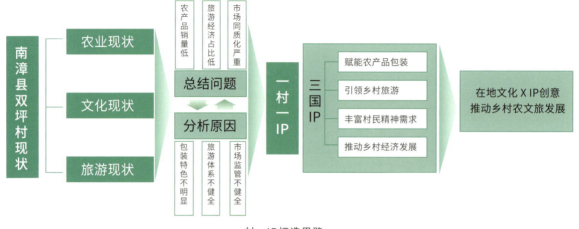

一村一IP打造思路

（1）了解乡村文化的基本构成

地域环境和自然资源决定了村民采用哪种生产方式从自然界中获取生存所需的材料，决定了村民们的生活方式，决定了乡村的景观。因此挖掘美丽乡村文化应该首先了解乡村所处的地域环境，从乡村村民的生产方式、生活方式和乡村景观三个方面入手。

（2）吃透隐藏在乡村背后的历史

每个村落的发展，背后都有着不为人知的历史、传说。这些村庄，或因为重大事件，或由于重要人物，从一个单纯的地理名词转而拥有了自己独特的意义，并成为时代变迁的标志。乡村文化的提炼，需要吃透这些隐藏在乡村背后的历史或人物，才能更好地选择符合且独特的文化属性，打造一个乡村的文化品牌。从荆楚大地的古老传说到近代革命的烽火，每一个村落都仿佛是一本厚重的史书，等待着我们去细细品读。有的村庄因历史上的重大战役而声名远扬，如黄冈的红安，那里曾是革命的摇篮，无数英雄儿女用鲜血和生命书写了可歌可泣的篇章；有的则因某位历史名人的足迹而熠熠生辉，比如宜昌的屈原故里，屈原的爱国情怀与不朽诗篇，让这片土地充满了文化的芬芳。

在提炼湖北省乡村文化的过程中，我们必须深入挖掘这些隐藏在乡村背后的历史故事与人物传奇，理解它们如何塑造了乡村的独特气质与风貌。只有这样，我们才能精准地把握乡村文化的精髓，选择出既符合乡村历史背景，又具有鲜明个性的文化属性，进而打造出一个既具有地方特色，又能引起广泛共鸣的乡村文化品牌。

（3）选择认同性强的文化符号

乡村，对于当地居民来讲，是一种生活环境，也是一种生命印记。对于游客而言，对一个乡村的认知，更多的是一种文化认知，想要了解一个村落的故事，需要对本土文化有一种认同性，才能真正融入，感知这份文化。因此，本土文化的重新塑造，需要提炼一种让村民认同，游客感知的文化符号，这种符号，应该是一种"来自生活而又高于生活"的东西，它可能是本土的建筑材料，可能是民族图腾，可能是生活素材。

第三节
品牌层：乡村品牌的设计策略

　　党的二十大报告明确指出："全面建设社会主义现代化国家，最艰巨最繁重的任务仍然在农村。"因此，如何在巩固脱贫攻坚成果的基础上，实现乡村的全面振兴，成为"十四五"期间农业农村工作的核心任务。其中，乡村企业品牌的建设被视为农业产业高质量发展的关键所在。当前，我国乡村面临的一大挑战是农业产业虽大但不强，品牌种类繁多但缺乏亮点。鉴于此，乡村企业作为乡村振兴战略的重要推动力量，其品牌塑造不仅关乎企业的生存与发展，更是乡村经济整体提升和乡村振兴目标实现的关键所在。本小节将从乡村企业品牌的角度出发，深入剖析品牌塑造的内在机理与所遇到的困难，旨在为数字技术与乡村振兴战略的深度融合、城乡一体化发展提供有益参考，进而推动乡村企业品牌的健康发展，助力乡村全面振兴。

一、乡村企业品牌塑造的内在机制

（一）品牌定位与乡村特色资源耦合

　　在2022年的中央农村工作会议上，习近平总书记深刻指出，我们需要做好"土特产"文章，强调乡村振兴的核心在于农业的蓬勃发展。农业要迈向强盛，势必要经历产业的转型升级，而在此过程中，农产品的品牌化无疑成为产业升级的关键手段。区域公用品牌，作为一种公共的信誉背书，它旨在构建消费者对品牌的普遍认知；而企业主体品牌或产品品牌则更加侧重于塑造品牌的独特性和差异化，以满足消费者的多元化需求。这正如国家品牌、行业品牌、企业品牌、产品品牌之间的层级关系，相辅相成，共同构建了一个完整的品牌生态。

　　乡村企业品牌塑造的内在机制是一个复杂而精致的系统，它涉及企业内部各种要素的相互关联和相互作用。这一机制要求企业在品牌定位、品牌形象、品牌文化和品牌传播等方面做出精准而有效的决策。品牌定位需要紧密结合乡村特色和市场需求，确保品牌与消费者之间的情感连接；品牌形象则要通过独特的视觉识别和品牌故事，使品牌在市场中脱颖而出；品牌文化要求企业深入挖掘乡村的历史、文化和传统，为品牌注入深厚的文化底蕴；品牌传播则需要通过多种渠道和方式，将品牌的价值和理念传递给更广泛的消费者。乡村企业在品牌塑造过程中，应充分挖掘和利用乡村特色资源，包括自然景观、历史文化、民俗风情等，将其融入品牌定位中，形成独特的品牌个性和差异化竞争优势。品牌定位与乡村特色资源的耦合，有助于提升消费者对品牌的认知度和认同感。政府政策对乡村企业品牌塑造具有直接的推动作用。通过制定优惠政策和提供财政支持，政府可以引导乡村企业加大品牌投入，提升品牌形象。例如"丽水山耕"这个品牌深入挖掘了丽水地区的山水资源和农耕文化，将其融入品牌定位和产品设计中。通过打造"丽水山耕"这一地域性品牌，成功地将丽水的自然美景和深厚的农耕文化传承下来，并转化为具有市场竞争力的产品和服务。这种品牌定位与乡村特色资源的耦合，不仅提升了消费者对品牌的认知度和认同感，也为乡村企业的发展注入了新的活力。

（二）品牌形象与乡村文化传承

品牌形象与乡村文化传承的深度融合，犹如一股强大的文化力量，为农产品披上了一袭独特而迷人的文化外衣，极大地丰富了农产品的精神内涵，并显著提升了其市场价值。这种深层次的结合，不仅让农产品在琳琅满目的商品中脱颖而出，成为消费者心目中的优选，更是为乡村文化的传承与发展铺设了一条宽广的道路。乡村，作为文化地理学上不可或缺的一环，它不仅仅是自然风貌的展现，更是历史记忆、民俗风情、乡土智慧的聚集地。正如云南省的璀璨明珠——"褚橙"，这一品牌的崛起，是对乡村文化传承与现代农业智慧交融的最佳诠释。褚时健先生，以其对土地的深情与对品质的执着，不仅将传统柑橘种植技艺的精髓与现代科技手段巧妙结合，培育出了口感鲜美、品质卓越的橙子，更在品牌构建中巧妙地融入了乡村文化的精髓，让每一颗"褚橙"都承载着故事，传递着情感。"褚橙"的成功案例启示我们，在打造农产品品牌时，必须深入挖掘并珍视乡村独有的文化资源。这包括但不限于古老的农耕智慧、独特的地理标识、丰富的民俗传说以及世代相传的手工艺等。通过巧妙的设计与创新，将这些宝贵的文化资源融入品牌形象之中，不仅能够增强品牌的辨识度与吸引力，更能让消费者在品尝美味的同时，感受到乡村文化的魅力，从而建立起深厚的情感连接。因此，未来的农产品的品牌塑造之路，应当是一条不断探索与融合的道路。我们需要以更加开放的心态，去拥抱乡村文化的多样性与独特性，将品牌形象与乡村文化传承紧密结合，共同创造出既具有市场竞争力，又富含文化内涵的农产品品牌。这样，我们不仅能够满足消费者日益增长的物质与精神需求，更能够为乡村的可持续发展注入新的活力与动力。

（三）品牌传播与乡村社会网络

在乡村振兴的大背景下，乡村企业的品牌传播策略与乡村社会网络紧密相连，共同构建了一个动态、互动的传播生态系统。乡村企业品牌化过程要持续五个维度：功能维度、社会维度、情感维度、认知维度和情景维度。

①功能维度。确保产品满足市场需求，是品牌传播的基础和前提。在乡村企业品牌化的道路上，需时刻将产品的实用性和功能性置于首位，通过创新设计与品质提升，重构乡村特色价值，驱动区域发展，精准回应城乡多层次的独特消费需求，为品牌传播注入持久活力与深远意义。

②社会维度。加强品牌与乡村社区的紧密联系，是品牌传播的重要一环。利用乡村独特社区性和文化性，挖掘传承乡村文化，融合品牌文化，打造地域特色品牌故事，创造乡村空间、产业、产品品牌价值，增强品牌个性魅力，显著提升市场竞争力。

③情感维度。激发消费者对品牌的情感共鸣，是品牌传播的核心和灵魂。通过讲述品牌故事、传递价值观，触动消费者内心，增强认同与归属感。需关注原乡人、归乡人、新乡人及旅乡人的多元情感需求，如怀旧、归属、创新、探索，构建品牌与消费者间牢固的情感联系。

④认知维度。提升品牌知名度和美誉度，是品牌传播的重要目标。乡村的认知价值扮演着举足轻重的角色，它涵盖了丰富的民族文化原型与特色、独特的生活方式以及深刻的价值观念。通过深入挖掘并传播这些乡村文化精髓，不仅能够为品牌赋予深厚的文化底蕴与独特魅力，还能有效提升品牌在目标受众心中的认知度与好感度，为品牌赢得更广泛的社会认可与信赖。

⑤情景维度。根据具体场景灵活调整品牌传播策略，是品牌传播的创新和突破。乡村企业应密切关注市场动态和消费者需求的变化，根据自然、建筑等不同场景和情境，灵活调整品牌传播策略和内容，以更加精准和有效的方式触达目标消费群体。

第一维度	功能层	重构乡村意义，获得区域发展，满足城乡多层次独特消费需求
第二维度	社会层	创造乡村空间、产业、产品等的品牌溢价
第三维度	情感层	满足四类消费者(原乡人、归乡人、新乡人、旅乡人)的多维情感需求
第四维度	认知层	乡村的认知价值，民族的文化原型与特色、生活方式、价值观
第五维度	情景层	场景输出：自然、建筑、人文、虚拟场景、艺术情景

乡村企业品牌传播的五个维度

二、乡村企业品牌塑造路径

(一)乡村企业品牌塑造促进产业升级

品牌塑造作为乡村企业发展的重要驱动力，其深远影响不仅体现在市场认知度的提升上，更关键的是它能够有效助力乡村企业实现产业升级和全面转型。这一过程，犹如为乡村经济引擎注入了一剂强心针，推动了传统生产模式向现代化、高效化的方向迈进。具体而言，品牌塑造促使乡村企业积极寻求并引入国内外先进的技术设备与管理理念。在技术层面，企业投资自动化、智能化的生产线，采用环保节能的生产工艺，不仅提高了生产效率和产品质量，还减少了资源消耗和环境污染，实现了绿色可持续发展。在管理层面，企业借鉴现代企业管理模式，优化组织结构，完善流程管理，强化内部控制，提升了整体运营效率和响应市场变化的能力。随着产品质量的显著提升和服务水平的不断优化，乡村企业逐渐摆脱了以往低附加值、低竞争力的困境，开始向高质量、高附加值的产品和服务转型。这种转型不仅体现在产品本身的创新升级上，如开发具有地方特色的农产品深加工产品、打造乡村旅游体验项目等，还体现在企业服务模式的创新上，如提供定制化服务、开展线上线下融合的销售渠道等。品牌塑造是推动乡村企业产业升级和转型的关键力量。它引导企业不断追求卓越，提升产品质量和服务水平，创新发展模式，从而在激烈的市场竞争中立于不败之地，为乡村经济的繁荣与发展贡献更大的力量。

(二)乡村企业品牌塑造助力乡村振兴

乡村企业的品牌塑造有助于推动乡村振兴。品牌化的企业可以吸引更多的资本、人才等资源流入乡村，促进乡村经济的繁荣和发展。

1.明确定位，凸显特色。乡村企业应明确自身的市场定位和目标消费群体，根据市场需求和自身实力制定合适的品牌策略。同时，要凸显乡村特色和文化内涵，形成独特的品牌形象。乡村企业应结合当地的文化资源，提炼出具有独特性和吸引力的品牌元素，形成差异化竞争优势。

2. 强化品质管理，提升产品价值。品质是品牌的基础。乡村企业应建立完善的质量管理体系和检测手段，确保产品质量的稳定性和可靠性。通过不断提升产品质量和价值，赢得消费者的信任和忠诚。

3. 创新营销策略和手段。利用互联网、社交媒体等新媒体平台开展品牌宣传和推广活动，提高品牌知名度和美誉度。同时，可以通过举办农产品展销会、文化节等活动吸引消费者的关注和参与。

4. 深化农文旅融合：结合当地的农业、文化和旅游资源，开发具有地域特色的农产品和旅游项目。通过农文旅的深度融合，创造更多的经济价值和社会价值，推动乡村企业的可持续发展和品牌形象的提升。

5. 加强合作与联盟。与上下游企业、行业协会等建立合作关系和联盟，共同打造区域特色品牌和产业集群。通过合作与联盟，实现资源共享、优势互补和协同发展，提升乡村企业品牌的市场竞争力和影响力。

品牌乡村的构建是一个系统工程，它涵盖了乡村区域公共品牌、乡村区域公用品牌、乡村企业品牌以及乡村个人品牌等多个层面。品牌生态系统的构建与发展是一个持续的过程，包括从单个品牌发展为品牌个体生态系统、品牌种群生态系统和品牌群落生态系统的进化过程。在构建品牌生态系统过程中，应注重与相关产业、政府机构、社会组织等的协同合作，共同打造良好的品牌发展环境。通过构建品牌生态系统，实现资源共享、优势互补、协同发展，推动乡村企业品牌的持续壮大。

(三)实证研究：湖北省南漳裕农菌业有限公司品牌塑造案例分析

1.背景分析

湖北省南漳裕农菌业有限责任公司（简称"裕农菌业"）是食用菌行业的佼佼者。自2020年起，在南漳县双坪村开展深入调研，对该企业品牌进行塑造，以提升裕农菌业的市场形象，加固其市场地位，并为企业带来持续的发展与升级。在2021年1—6月份，公司与当地企业签署了一份合作备忘录，并将其与当地的文化和特点相结合，充分利用设计创新对产业转型升级和乡村振兴的推动作用，为南漳县双坪村打造特色农产品品牌做出了贡献，并在当地进行了以"姑菇酱"为主题的"设计扶贫"活动。2022年至今，合作项目均取得了较好的市场成效与反响，双坪村的旅游景区、民宿、配套项目群等详细规划，得到了进一步完善与实施。

2.乡村品牌设计与塑造策略

基于对裕农菌业核心业务体系的深入剖析及其企业文化内涵的细致挖掘，以及市场细分与目标受众的精准定位，我们精心策划并实施了裕农菌业全新品牌形象的战略重塑。该策略以"香菇"这一核心产业元素作为视觉叙事的核心与灵魂，通过创意性的设计手法，将裕农菌业与悠久而深厚的农业传统紧密联结，构建了一个既承载历史积淀又彰显现代气息的品牌形象。

在视觉设计层面，我们巧妙地融入了农民草帽这一象征性元素，这一设计决策不仅深刻体现了裕农菌业对传统农业文化的尊重与传承，同时以现代设计语言进行再创造，赋予了其新的生命力，直观展现了企业在现代农业科技创新与可持续发展方面的蓬勃活力与前瞻视野。草帽元素的运用，成为连接过去与未来、传统与现代的桥梁，强化了品牌故事的叙述性和情感共鸣。

为确保品牌形象的一致性和连贯性，我们进一步构建了一套全面而系统的视觉识别体系（VIS）。该体系涵盖了企业标志的精细设计，其形态既体现了香菇的自然形态之美，又融入了现代设计的简洁与力量感；标准字体的选用与定制，确保了信息传递的清晰与品牌个性的统一；标准色彩体系的规划，通过色彩心理学原理的运用，强化了品牌形象的识别度与情感表达。这一系列视觉元素的有机结合，形成了裕农菌业独特的品牌视觉语言，确保了在不同媒介、不同场景下的品牌展现均能维持高度的辨识性和一致性。

3.乡村企业品牌包装设计

针对裕农菌业的主打产品"香菇"，在产品包装设计上，我们结合当地三国文化设计了"三国菌"IP形象，使产品在货架上脱颖而出，此款包装获2023年最受欢迎农产品包装。该包装采用环保材料，结合传统元素与现代设计风格。南漳县"水镜庄"是三国故事和三国文化的发祥地，也是水镜先生的隐居之所。在产业文化场景中，为了增加当地农产品销量，联合南漳县亮全兄弟食用菌专业合作社，通过"焦点小组"的研究方法，将公司马口罐香菇酱产品与当地特色"三国文化"和特色设计相结合，设计品牌形象、产品包装、IP形象、文案策划四个方面，以关羽、张飞、刘备、诸葛亮为主要IP形象，整体画风圆润饱满，四个人物形象均统一采取香菇元素，在人物面部表情、服饰穿着、色系上进行人物与口味的区分。用该四个人物形象，融合香菇元素，具备高度识别性，有着高度地域文化特色，同时加强了消费者的记忆点和与市场上其他三国形象的差异化。

"三国菌"包装

4.乡村企业品牌推广与实施

从宏观发展战略层面上来看，我国作为农业大国，传统村落建设多以农业生产为核心，具备良好的自然资源与丰富的文化价值。"以文促旅，以旅兴农"农旅一体化综合体是探索乡村振兴发展路径的重要举措。"农业+文创+旅游"融合模式的乡村发展路径，既具备了外在产业、文化、生态等条件的奠基，也是人民日益增长的精神文化内在需求。就湖北省地区而言，湖北省人民政府针对乡村振兴，提出了"做大做强'荆楚农优品'"，大力发展地域文化等战略措施。通过品牌形象设计，建立品牌识别系统，有利于乡村品牌的发展建设和规范。同时，以农产品包装为载体的企业品牌形象设计有益于地域文化的传播和品质的提升。以南漳县裕农菌业有限责任公司的品牌形象设计为例，能够融合农文旅，促进乡村振兴的发展。在品牌设计完成后，我们为裕农菌业制定了一套系统的品牌推广计划。通过线上线下相结合的方式，利用社交媒体、广告投放、公关活动等多种渠道，提高品牌知名度和美誉度。同时，我们还建议裕农菌业加强与客户的互动沟通，通过提供优质的产品和服务，增强客户黏性。

三、文创产品对乡村品牌的推动作用

文创产品能够传递文化价值、提升品牌形象以及促进经济发展，对乡村品牌具有重要的推动作用。通过持续的创新和创意开发，文创产品能够为乡村品牌带来更多的发展机遇和市场潜力。

(一)提升品牌文化内涵与附加值

1.增强文化认同感

文创产品通过深入挖掘乡村的历史、民俗、艺术等文化资源，将其转化为具有市场价值的文创产品。这些产品不仅承载着乡村的独特文化，还能激发消费者的情感共鸣，增强他们对乡村文化的认同感和归属感。例如，将乡村的民间故事、传说和神话融入文创作品中，使消费者在购买产品的同时也能感受到乡村文化的魅力。

2.提升品牌价值

文创产品以其独特的创意和设计，提升了乡村品牌的附加值。这些产品往往融合了传统与现代元素，既保留了乡村文化的精髓，又符合现代审美需求，从而提升了品牌的整体形象和价值。文创产品是乡村文化的重要载体，它们通过独特的设计和创意，将乡村的历史、传统、风俗和故事融入产品之中，有效传递乡村的文化价值。这种文化价值的传递不仅增强了乡村品牌的内涵和深度，也提升了消费者对乡村品牌的认同感和情感连接，从而增强了品牌的吸引力和竞争力。

(二)促进乡村经济多元化发展

1.拓宽经济来源

文创产品的开发和销售为乡村经济带来了新的增长点。通过文创产品的市场化运作，乡村可以吸引更多的游客和投资者，带动乡村旅游、餐饮、住宿等相关产业的发展，形成多元化的经济体系。通过文创产品的设计和推广，乡村品牌能够以新的形象出现在消费者面前。这些产品通常具有独特的美学特征和创意表达，有助于打破消费者对乡村传统产品的固有印象，为乡村品牌注入新鲜活力。同时，文创产品也能够作为品牌传播的媒介，提升品牌的知名度和影响力。

2.增加农民收入

文创产品的生产往往需要手工技艺和创意设计，这为乡村居民提供了更多的就业机会和收入来源。特别是对于那些具有传统手工艺技能的农民来说，他们可以通过制作和销售文创产品来增加家庭收入。

(三)推动乡村文化传承与创新

1.传承乡村文化

文创产品作为乡村文化的载体，通过市场化运作和广泛传播，有助于传承和弘扬乡村文化。这些产品不仅保留了乡村文化的传统元素，还通过现代设计手法进行创新和升华，使乡村文化在现代社会中焕发新的活力。

2.激发创新活力

文创产品的开发过程需要不断的创新和尝试。这种创新不仅体现在产品设计上，还体现在生产工艺、营销手段等多个方面。通过文创产品的开发，可以激发乡村居民的创新活力，推动乡村文化的创造性转化和创新性发展。

(四)实证研究："菇菇三国"案例分析

1.双坪村在地文化分析

双坪村是湖北省襄阳市南漳县东巩镇下辖村，入选第八批全国"一村一品"示范村镇名单。南漳双坪村的在地文化，不仅根植于其丰富的红色历史和绿色生态发展，更与当地的特色产业——香菇种植，以及襄阳深厚的三国文化紧密相连，形成了一个多维度、多层次的文化体系。

香菇产业文化。双坪村的香菇种植不仅是其经济发展的重要支柱，也构成了该村在地文化的一部分。香菇作为一种具有高经济价值的农产品，其种植技术、采摘习俗和加工工艺，都蕴含着丰富的农业文化和生活智慧。通过举办香菇节等活动，双坪村展示了香菇产业的独特魅力，促进了农业与文化的融合，增强了乡村文化的吸引力和影响力。

襄阳三国文化。南漳是楚文化的发祥地，是三国故事的源头，也是和氏璧的故乡，这里曾孕育出和氏璧的千秋史话。除此之外还包括高跷、剪纸、戏文、民俗文化城等，拥有众多与三国相关的历史遗迹和故事。双坪村在地文化中融入了襄阳的三国元素，通过文化活动、艺术创作和旅游开发等形式，让三国文化在当代乡村得以传承和创新。例如，通过戏剧、展览、主题旅游等方式，让村民和游客更深入地了解三国历史，体验三国文化的魅力。

红色文化与三国文化的融合。双坪村的红色文化与襄阳的三国文化相结合，形成了独特的文化景观。红色文化代表着革命精神和历史记忆，而三国文化则体现了古代智慧和英雄传奇。两者的融合，既展现了双坪村深厚的历史底蕴，也彰显了其文化创新的活力。

生态文化与历史文化的互动。依山傍水，有双坪香菇大市场、采摘园、食用菌种植大棚，还有狮子山、十姑洞、燕耳洞等景点。在推动绿色生态发展的同时，双坪村注重生态文化与历史文化的互动。通过绿色生态的实践活动，如香菇种植与森林保护，村里的自然环境得到了改善，为历史文化的传承提供了良好的生态环境。同时，历史文化的传承也为生态文化的发展注入了精神内涵。

2.市面上乡村文创产品分析

当前市面上的乡村文创产品普遍呈现出过于统一、单调乏味的趋势，缺乏与当地文化的深度融合，导致展现效果平平，难以触动人心。这些产品往往忽视了地域特色的挖掘与创新，仅停留在表面模仿与复制，未能真正体现乡村文化的独特魅力与丰富内涵，限制了其作为文化传播与经济推动力的潜力。

市场上的乡村文创产品

IP组合名:《菇菇三国》

缘由:

1. 双坪村以蘑菇售卖为主;

2. 在南漳县三国文化浓厚,传播度高;

3. 以文创+文旅的方式来带动乡村旅游。

构思:

1. 选取了三国里面的刘备、关羽、张飞、诸葛亮作为此次IP文创的主形象;

2. IP形象可爱生动,给人友好的感觉;

3. 为每个IP赋予不同的性格特点,使IP的形象特征更加饱满。

故事:

　　传说在东汉末年,一位隐士在南漳县双坪村种下了四颗非比寻常的孢子。在大自然的孕育里,吸收了充沛的精华,四颗小孢子最终幻化成四个小蘑菇人出现在了双坪村。他们身穿三国时期的不同服饰,性格迥异,在陌生的环境里他们充满了好奇、激动,随后在探索欲的促使下他们决定从这里开始,踏上了了解风土人情的旅游路线。

（1）人物形象设计

①刘备

设计理念：刘备重视民生，与民同乐，常常亲自到田间地里考察农事，了解民情。基于此，设计巧妙融入象征丰收与民生的麦子元素，旨在传达深厚的人文关怀与对民众福祉的深切关注。

性格：稳重、有耐心

②关羽

设计理念：关羽是忠义的化身，是一名武将，红和绿是他的主要颜色

性格：聪明、果敢、爱冒险

③张飞

设计理念：张飞疾恶如仇，豪勇无比，展现了真正男子汉的风采，豪爽的个性像烈火一样，用爆竹代表，势不可挡

性格特点：脾气火爆、仗义

④诸葛亮

设计理念：诸葛亮有勇有谋，军师，结合草船借箭的故事加以Q版进行创作

性格特点：有谋略、机智

（2）表情包设计

（3）地标元素提取

水镜庄　　　　　　　　春秋寨　　　　　　　玉印岩　　　　　文笔峰塔

（4）IP场景冰箱贴及包装设计

（5）盲盒包装设计

第四节
空间层·乡村空间与环境的改造设计策略

一、生态理念在乡村空间设计中的体现

在当前我国大力推进乡村振兴战略的大背景下，将生态理念贯穿于乡村发展的全过程，是确保乡村实现可持续发展的核心所在。具体到乡村空间设计方面，这不仅要求设计者充分考虑到当地居民的基本生活需求，提供舒适、便捷的生活空间，更要求在设计过程中，充分考虑到对乡村原有生态环境的保护与改善，力求实现人与自然环境的和谐共生。

这意味着在乡村空间设计中，我们需要遵循生态优先的原则，充分尊重和利用乡村的自然环境，避免无谓的破坏。比如，在规划新的住宅区、商业区和农业区时，应尽量保持乡村原有的地形地貌，避免大规模的开挖和填埋。同时，我们还可以通过种植本土植物、恢复原有的水系等方式，增加乡村的绿化面积，提升乡村的生态环境质量。

（一）保护自然生态

1.遵循自然地形地貌

在乡村空间规划的实践中，首要原则是严格遵循自然地形地貌，坚决遏制过度开发的行为。我们应致力于保持乡村的原生态自然风貌，最小程度地影响自然环境，从而有效维护乡村的自然景观。具体而言，我们可以充分利用现有的山体、河流等自然地形，避免大规模的土方作业，以此降低对生态环境的潜在干扰。

在乡村建设的布局与规划中，需根据地形地貌的特点进行科学合理的安排，确保建筑设计与自然环境和谐相融，满足居民的生活需求。例如，山体可以作为天然屏障，减轻风力的直接冲击，为居民营造更为舒适的生活环境。同时，河流资源也可得到合理利用，如利用水能作为能源供应，或通过河流的合理规划，形成优美的自然景观，提升乡村的整体环境质量。

此外，乡村建设中还应注重自然景观的保留与恢复，如草地、树林等。这些自然景观不仅能为乡村增添自然美感，还具备调节气候、涵养水源等生态功能。通过这样的举措，我们不仅能够保护乡村的自然环境，还能提升乡村的整体品质，实现人与自然和谐共生的目标。

2.保护植被和水资源

保护植被和水资源是乡村生态环境建设中的核心任务，对于维护生态平衡至关重要。在乡村规划中，应高度重视植被和水资源的保护工作，避免环境污染，确保乡村生态系统的健康稳定。

具体而言，应采取一系列科学有效的措施来保护和恢复乡村的植被和水资源。例如，设立生态保护区，对关键区域实施严格保护，限制开发活动，以维护生物多样性。同时，通过植树造林、水土保持等手段，增强乡村的植被覆盖，改善水资源状况，确保水资源的合理利用和有效保护。

在实际操作过程中，应结合乡村的具体实际情况，制定详细可行的保护措施。对于干旱地区，应加强水保林建设，促进湿地区域的恢复，提高植被覆盖率，增强水源涵养能力。在水源丰富的地区，应合理规划水资源利用，避免过度开发导致的水资源浪费。

3.合理利用自然资源

乡村空间设计中的生态理念体现，要求设计师在创作过程中深入考虑自然环境的保护和自然资源的合理利用。通过循环经济理念的实践和生态设计策略的实施，可以有效地促进乡村地区的可持续发展，实现经济、社会、环境的和谐统一。在乡村空间设计中，实施生态设计策略是实现生态理念的关键。这些策略包括但不限于：使用本地材料以减少运输过程中的碳排放；采用绿色建筑技术，如太阳能、风能等可再生能源的利用；设计生态友好的废水和固体废物处理系统；以及创造生物多样性的栖息地，如绿色屋顶和生态公园。

(二)营造生态环境

1.植树造林

提升绿化覆盖率是优化生态环境的有力举措。在规划布局中,我们应采取植树造林的方式,积极扩大乡村的绿色空间,以显著改善空气质量并有效调节气候。具体而言,我们在设计过程中应当考虑在乡村周边地带布置防护林带,以有效减少风沙的侵袭,进而保护农田的生态环境。

2.建设生态基础设施

生态基础设施是乡村可持续发展的重要基石。在规划设计中,应着重建设污水处理厂、垃圾处理厂等关键性生态设施,以切实改善乡村环境卫生状况。具体而言,设计过程中可引入先进的生态处理技术,将生活污水和农业废水经过有效处理转化为农业肥料,从而实现资源的循环利用,促进农业生产与环境保护的和谐共生。这一举措旨在减少污染排放,提升乡村环境质量,为乡村经济的绿色发展奠定坚实基础。

3.推广绿色建筑

绿色建筑是一种旨在减少能源消耗、降低环境污染并提高居住舒适度的建筑方式,它是实现可持续发展的重要手段。在建筑设计过程中,我们应当大力推广绿色建筑的理念,通过使用节能型材料和环保设计方案,以实现对能源的合理利用和节约。具体来说,在设计阶段,可以积极利用太阳能、风能等新型可再生能源,这样既可以降低对煤炭、石油等传统能源的依赖,也有助于减少温室气体排放,保护生态环境。此外,绿色建筑还应该注重生态环境的保护,比如通过合理规划,提高土地利用率,减少对自然环境的破坏。总的来说,绿色建筑是实现经济、社会和环境可持续发展的重要方式,值得我们大力推广和实践。

(三)融入生态元素

1.利用自然材料

在建筑设计领域,通过巧妙地运用诸如木材、石材、竹子等天然材料,不仅能够充分展现生态建筑的独特风格,而且还能在很大程度上降低对自然环境的负面影响。例如,在设计之初,就可以考虑使用本地的建筑材料,这样做不仅可以减少由于长途运输而产生的碳排放,还能在一定程度上支持当地经济的发展。此外,天然材料的应用,也有助于建筑的可持续性,这些材料往往可以循环利用,甚至可以在建筑寿命结束后的降解过程中对环境造成的影响降到最低。总的来说,采用自然材料进行建筑设计,不仅有利于减少环境压力,还能为建筑本身增添一份与自然和谐相融的美感。

2.融入自然景观

将自然景观融入建筑设计中,不仅能够提升乡村的空间美感,还能增强居民的归属感。具体来说,建筑设计时,可以充分考虑周围的山体、河流、森林等自然景观,与之相融合,打造一个和谐的生态景观。这样,居民在日常生活工作中,能够随时感受到自然的美,享受到自然的恩赐,从而增强他们对这个地方的认同感和归属感。此外,这种设计还有助于提高居民的生活质量,有益于他们的身心健康。因此,将自然景观融入建筑设计中,是一种值得推广的理念。

3.创造生态空间

创造生态空间是提升乡村居民生活质量的重要手段。为了实现这一目标，我们可以通过设计各种类型的生态空间，如湿地公园、森林公园、乡村公园等，为居民提供休闲娱乐的空间。湿地公园不仅能够美化环境，还可以为鸟类和其他生物提供栖息地，有助于保护生态平衡。森林公园则可以提供清新的空气和优美的自然风光，让居民在繁忙的生活中得到放松和舒缓。乡村公园则可以成为居民休闲、运动的场所，增进居民的健康和生活质量。例如，我们可以在乡村中心区域建设生态公园，这样既能满足居民的休闲需求，又能提升乡村的整体环境品质。通过这些设计，我们可以为乡村居民创造一个宜居、宜业的生态空间，提升他们的生活质量。

二、乡村公共空间与民居设计的创新

（一）乡村公共空间设计

1.多元化功能

乡村公共空间的设计应当充分考虑到其多功能性，以便满足村民们多样化的日常需求，包括但不限于生活、休闲、娱乐以及文化等方面。在多功能乡村公共空间中，村民不仅能够进行日常的交流和活动，还能享受到各种休闲娱乐项目，以及参与丰富多彩的文化活动。这样的设计理念能够使得公共空间成为村民们社交互动的重要场所，增进邻里之间的感情，提升社区的整体凝聚力。

以村广场为例，其设计应当围绕成为一个集休闲、娱乐、文化活动为一体的综合性空间。通过科学的规划和设计，使村广场成为村民们茶余饭后的理想去处，他们可以在这里散步、聊天、进行户外健身活动，或是参与社区组织的各种文娱活动。这样的设计不仅能够丰富村民的业余生活，还能够促进村民之间的交流与合作，增强社区的活力和凝聚力。

同时，通过增加村民的参与度和满意度，可以使得公共空间得到更好的利用和维护。例如，可以邀请村民们参与到广场的设计和规划过程中，让他们根据自己的实际需求和喜好来提出意见和建议，以确保公共空间的设计更加符合村民们的实际需求。此外，还可以通过定期举办各种活动来吸引村民们积极参与，例如文化节、运动会、音乐会等，让村民们能够在自己的社区中享受到高质量的文化娱乐体验。

综上所述，乡村公共空间的多功能设计对于满足村民的日常生活、休闲娱乐、文化活动等需求具有重要意义。通过科学规划和设计，可以使公共空间成为村民们重要的社交场所，增进邻里之间的感情，提升社区的整体凝聚力，同时也能提高村民的生活质量和满意度。

2.参与式设计

积极倡导和动员村民们投入乡村公共空间的概念规划与建设中，充分展现和尊重村民们的内心愿望与需求，共同创造一个充满关怀与温暖的公共领域。为了实现这一目标，可以在规划的初期阶段，通过组织村民大会、开展问卷调查等多种形式的互动，广泛搜集和整理村民们对于公共空间布局、功能、设施等方面的宝贵意见和建议。这样的做法可以确保设计团队充分理解并考虑到每位村民的切实需求和期望，从而在设计方案时能够尽可能地与村民的实际使用需求相吻合。通过这种自下而上的参与模式，不仅能够提升村民对公共空间规划与建设的参与度，而且还能促进村民之间的交流与沟通，增强社区的凝聚力，最终营造出既实用又充满社区特色的乡村公共空间。

3.体现乡村特色

将乡村独特的文化底蕴、丰富的历史传承以及美丽的自然风光这些元素深入融合到公共空间的设计理念之中，致力于塑造出一个既具有乡村风情又满足现代生活需求的公共空间。比如，在设计过程中，可以巧妙地将当地的民间传统习俗、历史传说等文化特色转化为公共艺术装置，以此提升公共空间的文化内涵和艺术气息。人们在享受公共空间带来的便利的同时，还能感受到乡村文化的魅力和历史的厚重感，进一步加深对乡村文化的认识和了解。同时，通过这种方式也能够将乡村的自然景观以艺术的形式呈现在公共空间中，使人们在城市生活中也能够感受到大自然的宁静与美好。

(二)乡村民居设计

1.节能环保

在构建民居的过程中，应当积极采用节能环保的材料，以此来设计既节能又环保的民居。这样的设计不仅可以降低能源的消耗，还能有效地减少对环境的污染。例如，在设计过程中，我们可以使用高效的保温材料和节能型窗户，以此来减少能源的浪费。这样的设计不仅有助于保护环境，还能提高能源的使用效率，对于推动可持续发展具有重要的意义。总的来说，采用节能环保材料，设计节能环保的民居，是我们推动绿色发展，构建美丽家园的重要举措。

2.舒适实用

在设计过程中，应该深入研究和充分理解村民的日常生活习惯和需求，以确保设计出的民居既舒适又实用，能够真正改善村民的生活质量。例如，我们可以在设计时充分考虑村民的作息时间、生活习惯以及社交需求等方面，为他们打造一个既符合个人喜好又满足集体需求的居住空间。

首先，我们需要为村民设计合理的居住空间。这包括合适的房间大小、布局和家具摆放等。我们应该根据村民的家庭成员数量和生活方式，为他们提供足够的居住空间，确保每个家庭成员都能有足够的私人空间和公共空间。此外，我们还应该考虑到村民的储物需求，为他们设计足够的储物空间，以便他们能够整齐地存放个人物品和杂物。

其次，我们需要为村民设计功能布局合理的民居。这包括合理的厨房、卫生间、客厅和卧室等空间的布局。我们应该考虑到村民的日常生活习惯，为他们设计一个既方便又舒适的居住环境。例如，我们可以将厨房和餐厅设计在一起，以便村民在烹饪和用餐时能够更加方便快捷。我们还可以将卧室和卫生间设计在相对私密的位置，以保护村民的隐私。最后，我们还需要考虑到村民的社交需求，为他们设计一个适合聚会和交流的空间。这可以是一个宽敞的庭院，也可以是一个公共活动区域。我们可以为村民提供一个舒适的环境，让他们能够在闲暇时与邻居和朋友一起交流、娱乐和放松。

3.传承乡村文化

在设计和规划过程中，应该秉持着保护和发扬乡村传统建筑风格的原则，让乡村的文化特色得以彰显，同时，这也是对乡村历史文化的传承和尊重。具体来说，可以通过采用传统的建筑元素和装饰手法，来保持乡村的历史风貌。这样的设计不仅能够让乡村居民感受到自己文化的独特性，同时也能够让外来者对乡村的文化有更深的了解和认识。通过这种方式，可以将乡村的历史文化传承下去，让后代能够了解到前人的智慧和努力。总的来说，保留乡村传统建筑风格，体现乡村文化特色，传承乡村历史文化，是我们应该一直坚持的理念。物理空间和精神空间都很重要。物理空间不仅是艺术作品的载体，更是创作者与观众沟通的桥梁。精神空间是通过艺术作品的植入，从而改变乡村和农民的精神面貌。

(三)案例分析:湖北省武汉市江夏区海洋村

　　湖北省武汉市江夏区海洋村的乡村空间设计，深刻体现了生态理念与可持续发展的愿景。通过精心规划和设计，该村成功地将丰富的自然资源如竹林和池塘融入乡村景观之中。同时，它巧妙地结合了传统与现代元素，创造出既具有乡土特色又满足现代生活需求的多功能空间。例如，民宿的设计保留了乡土民房的古朴外观，内部则采用了现代的设施和舒适的居住环境，实现了传统与现代的和谐共存。通过实施"六改"工程，村庄基础设施得到显著提升，极大地改善了村民的居住条件和生活质量。此外，海洋村还通过发展多元化的产业如高端民宿和有机农场，为村民提供了就业机会，促进了当地经济的繁荣。在文化层面，村庄在保留和尊重传统的基础上，不断创新，引入新的文化活动，增强了乡村的文化吸引力和活力。总体而言，海洋村的乡村空间设计不仅提升了村民的生活质量，也为乡村旅游业的发展提供了新的方向，成为乡村振兴的典范。

海洋村乡村设计

第五节

服务层：设计推动乡村服务业发展

在乡村振兴的大背景下，服务业的发展不仅能够为乡村带来新的经济增长点，还能为村民提供更好的生活服务。设计在推动乡村服务业发展中扮演着至关重要的角色，通过创新服务模式、提升服务质量、优化服务体验，设计能够为乡村服务业注入新的活力。

一、乡村旅游服务

(一)设计个性化旅游路线

乡村旅游服务的设计应当全面深入地考虑游客们纷繁多样的需求，努力打造与众不同的旅游体验，提供符合个性化需求的旅游路线。举例来说，可以创新性地推出一系列以体验乡村生活为特色的旅游路线，让游客们深入体验农耕文化和民俗文化等，从而让游客们在沉浸式的体验过程中，深切感受到乡村独有的魅力和风情。这样的定制化服务不仅能够极大提升游客们的旅游满意度，还能有效增强乡村旅游的吸引力和竞争力。

(二)开发特色旅游产品

乡村旅游产品的设计应当凸显乡村的独特魅力，深入挖掘并开发具备乡村特色的旅游产品。比如，充满田园风情的农家乐、独具特色的乡村民宿、吸引人的乡村手工艺体验活动以及新鲜的农产品采摘体验等，这些旅游产品不仅具备较强的吸引力，能够吸引游客前来体验，而且对于推动当地经济的发展也具有十分重要的作用。通过精心设计富有特色的旅游产品，可以有效提升乡村旅游的竞争力，提高游客的参与热情，使他们在旅游过程中获得更加丰富和深入的体验。

二、乡村电商服务

（一）搭建电商平台

在现代社会，随着互联网技术的飞速发展，电子商务已经成为推动农村经济发展的新引擎。乡村电商服务的设计应当充分考虑到如何高效搭建电商平台，这样能够有效地帮助广大农民朋友们将种植的农产品销售到全国各地，乃至世界各地。精心设计的电商平台不仅能够为农产品提供一个展示和销售的平台，还能够帮助农民朋友们拓宽销售渠道，从而实现收入的增加。

具体来说，我们可以构想并实施一套完善的农产品电商平台体系，这个平台应当具备农产品的在线销售功能，让消费者能够直接在平台上购买到新鲜的农产品，同时也可以提供农产品的推广服务，让更多的人了解并认可这些农产品。此外，这个平台还应当具备一些辅助功能，比如农产品的追溯系统，让消费者能够了解到农产品的生产、加工和运输过程，增加消费者对产品的信任度。同时，平台还应该提供一些农民朋友们的培训服务，帮助他们更好地利用电商平台销售产品，提升他们的电商技能。

（二）设计线上营销方案

线上营销在乡村电商服务体系中占据着不可或缺的核心地位。为了更好地发挥其作用，我们需要对线上营销方案进行精心设计和优化。这意味着，我们应该充分利用电商平台、社交媒体以及其他网络渠道，以多元化的方式对我们的产品进行广泛的推广，从而有效提升产品的销量。例如，我们可以在社交媒体平台上，通过发布短视频、直播等形式，生动地展示产品的独特之处和显著优势，以此吸引广大消费者的目光，激发他们的购买欲望。这样，不仅能够提高我们的产品知名度，还能促进乡村经济的发展。

（三）提供物流配送服务

物流配送是乡村电商服务中至关重要的环节。在设计物流配送服务时，应着重考虑如何确保乡村产品能够快速且安全地送达消费者手中。比如，可以通过构建乡村物流配送网络，提供高效率的物流服务，从而降低产品在运输途中的损耗率，提升消费者的购物体验和满意度。此外，还可以借助现代信息技术手段，如大数据、云计算等，对物流配送过程进行实时监控和管理，确保配送路径的优化和运输时间的缩短。这样一来，不仅能够提高物流配送效率，还能进一步满足消费者对于乡村产品新鲜、优质的需求。

三、乡村教育培训服务

（一）设计乡村人才培训课程

应当高度重视乡村教育培训服务的设计，精心打造符合乡村特色和需求的教育培训课程体系。比如，可以设置针对农业技术提升的培训课程，如现代种植技术、养殖技术、农产品加工与储藏等，帮助农民掌握更为先进的农业知识与技能，提升农业生产效率和产品质量。同时，应当注意到电子商务的兴起，为乡村经济带来的新机遇，设计电商技能培训课程，如网络营销、电商平台运营管理等，使农民能够适应并把握住电商时代的机遇，拓宽销售渠道，增加收入来源。此外，创业技能培训也是乡村经济发展的重要推动力，可以提供创业指导、项目规划、风险管理等方面的培训，鼓励和支持农民创业，激发乡村经济的活力和创造力。这样有针对性的培训课程设计不仅能够提升农民的专业技能和职业素养，还能够激发他们的创新精神和创业热情，进一步促进乡村经济的多元化和可持续发展。这样的教育培训服务，还有助于挖掘和发挥农民的潜力，增强乡村的整体竞争力和发展后劲，为实现乡村振兴战略目标提供坚实的人才支持和智力保障。

(二)建设乡村教育培训基地

乡村教育培训基地的建设对于提供优质的乡村教育培训服务具有至关重要的作用。在设计乡村教育培训基地时，应当注重其建设质量，确保其能够为农民提供便利的教育培训服务。例如，可以考虑建立乡村教育培训中心，为农民提供包括农业技术、电商技能、创业指导等方面的培训服务，以便农民能够更加方便地获取所需的教育培训服务。

为了更好地满足农民的需求，乡村教育培训基地的建设应当考虑到培训服务的多样性和全面性。除了提供基本的农业技术培训服务之外，还应当提供电商技能、创业指导、市场营销等方面的培训服务，以满足农民在多元化领域的教育培训需求。同时，乡村教育培训基地还应当提供灵活的学习时间和方式，以满足农民在农业生产、家庭生活等方面的实际需求。

此外，乡村教育培训基地的建设还应当注重其实用性和可持续性。在建设过程中，应当充分考虑农民的实际需求和使用习惯，确保培训基地的设施和设备能够满足农民的使用需求，并且能够在长期使用中保持良好的性能和稳定性。同时，乡村教育培训基地的建设还应当注重其可持续性，采用环保、节能的材料和技术，以降低建设和运营成本，同时减少对环境的负担。

乡村教育培训基地的建设是提升农民教育培训水平的关键，应当注重建设质量、培训服务的多样性和全面性、实用性和可持续性，以提供优质的教育培训服务，促进农民的自我发展和乡村的经济社会发展。

(三)鼓励乡村人才回流

乡村人才的回流是推动乡村发展的重要动力，这一点在我们的社会发展实践中已经得到了充分的证明。为了更好地促进乡村人才的回流，我们需要在设计相关政策时，注重对乡村人才的鼓励和支持，从而为乡村的发展提供强有力的智力支持。具体来说，我们可以通过多种方式来实现这一目标。首先，我们可以为乡村人才提供创业支持。这包括提供创业资金、技术指导、市场推广等支持，帮助乡村人才在乡村地区开展各类创业活动。通过这种方式，不仅可以激发乡村人才的创业热情，还可以促进乡村地区的经济发展。

其次，我们可以为乡村人才提供一系列的优惠政策。这些政策可以是税收减免、土地使用权优惠、贷款利率优惠等，旨在降低乡村人才在乡村地区发展的成本，提高他们的发展积极性。

此外，在推进乡村振兴战略的过程中，我们应着重提升乡村地区的教育和医疗资源水平，着力改善乡村生活环境，以增强其对外界的吸引力。当前，乡村振兴战略实施中不可忽视的一个现象是，学生培养体系与乡村振兴的实际需求之间存在明显的脱节。鉴于产业振兴、文化振兴、人才振兴、组织振兴、生态振兴这五大核心要求，艺术设计在助力乡村振兴时，已远远超越了单一的地域性创作范畴，它要求我们从根本上提升乡村的综合效益和竞争力。值得注意的是，当前存在的一个挑战是，许多拥有城市背景的人因长期生活在城市中，对乡村的了解和情感联结相对薄弱；而农村出身的大学生，在传统教育观念的引导下，往往将教育和求学视为摆脱农村生活、进入城市的重要途径，因此缺乏返回乡村发展的意愿。为了破解这一难题，我们必须采取有效措施，促进乡村人才的回流，确保乡村能够获得持续不断的智力支持，为乡村的全面发展奠定坚实基础。

总的来说，乡村人才的回流对于乡村发展具有重要意义，我们应该在政策设计、资源配置等方面，给予充分的重视和支持，以实现乡村的全面振兴和发展。

(四)案例分析：湖北省鄂州市岳石洪村

　　湖北省鄂州市岳石洪村的乡村设计体现了对传统与现代融合、生态保护与产业发展的重视。村庄设计依托其丰富的自然资源和深厚的文化底蕴，通过一系列创新举措和项目实施，实现了从传统矿区到现代景区的转型。村庄的森林资源和丰富的历史文化资源得到了精心保护和修复，如复垦工矿废弃地、整治桃花溪、修复古宅等，恢复了自然风貌和历史遗迹。基础设施的建设，包括改造民居，修建乡村大舞台、生态停车场、登山步道等，极大地提升了旅游公共服务能力。产业发展上，岳石洪村以旅游为主导，发展了农家乐、民宿、康养基地等业态，同时引入了盆景园、瑜伽馆、咖啡馆等新型旅游要素，丰富了游客体验。社区参与和共建方面，村民通过议事协商委员会等形式参与村庄规划和管理，实现了村民对村庄发展的共同决策。文旅融合上，村庄深入挖掘历史文化资源，打造了具有地方特色的文化旅游产品。环境整治与美化使村容村貌焕然一新，村民生活品质得到了提升。品牌建设与推广则通过各种渠道提升了岳石洪村的知名度和吸引力。整体而言，岳石洪村的乡村设计为乡村振兴提供了有力的支撑和示范，展现了一个具有隐逸气质的世外桃源。

岳石洪村的乡村设计

第三章

乡村记忆的创新性发展与创造性转化

【习近平语录】

在创造性转化创新性发展中

延续民族文化血脉

第
一
节

梳
理
：
乡
村
历
史
与
文
化

在国家现代化与乡村振兴战略深入实施的宏观背景下,乡村文化建设扮演着举足轻重的角色。自2017年中央农村工作会议明确提出中国特色社会主义乡村振兴道路以来,乡村文化的发展已被提升至国家战略的关键议程之中。继2018年中央一号文件着重强调农村文化繁荣与乡风文明的重要性后,2023年的中央一号文件更进一步凸显了乡村精神文明建设的核心地位。2024年的中央一号文件,首次明确提出推动"村超""村BA"等群众性文体活动的开展,此举不仅深刻体现了对乡村文化建设规律的精准把握,也充分展现了对农民群众追求美好生活的积极回应与深切关怀。乡村在国家整体发展中扮演着基础性的重要角色,其现代化进程对于推动国家整体进步具有至关重要的意义。针对乡村发展存在的"不平衡不充分"问题,乡村振兴战略应运而生,其核心目的在于推动乡村实现全面现代化,促使乡村摆脱对城市的从属地位,实现自主可持续发展。在这一宏观背景下,乡村文化场景的持续演变不仅生动反映了中国乡村现代化的历史轨迹,而且日益成为其独特文化表达的重要载体与生动体现。

一、乡村文化的多维梳理

文化可为乡村振兴赋予更为根本、深刻且持久的驱动力。诚如习近平总书记多年前于《文化是灵魂》一文中所述,文化之力量,或谓之构成综合竞争力之文化软实力,恒以"润物细无声"之方式融入经济、政治、社会诸力之中,成为经济发展之"助推器"、政治文明之"导航灯"、社会和谐之"黏合剂"。由此可见,文化在社会运行中的基础性效用尤为显著。

(一)历史与传承的维度

乡村文化,作为中华文化的深厚"底色",承载着民族的记忆与历史的积淀。党的二十大报告明确提出要"推进文化自信自强,铸就社会主义文化新辉煌",并着重强调了"坚守中华文化立场"的重要性。这不仅凸显了精神文化在国家发展中的核心地位,也引导我们深入思考"文化振兴"的真正含义,从而构成了乡村文化振兴的逻辑基石。文化自信与自强,其前提在于文化自觉。按照费孝通先生的观点,文化自觉是指生活在特定文化中的人对其文化有深刻的理解和认识,明了其起源、发展、特色及未来趋势。这种自觉是为了实现文化的自主,掌握文化发展的主导权,明确文化的前进方向。它体现了一个国家、一个民族对自身文化的深刻认识和高度认同。缺乏文化自觉,文化自信与自强便如无源之水,难以持久。

关于中国人应秉持的文化自觉,其核心在于深刻省思两个核心议题:"我们的根脉源自何方?我们又将如何前行?"这两个问题,如同灯塔一般,引领我们明确对自身民族与国家的认知与定位。习近平总书记的论述为我们指明了方向,中国悠久的农耕文明,其深厚与广博,正是构筑中华优秀传统文化的基石。华夏文明之所以能够穿越千年而不衰,其生命力深植于乡村之中。乡村文化,作为中华文化的深厚积淀与稳固基石,不仅承载着历史的记忆,更孕育了文化的灵魂。因此,理解并珍视乡村文化,是每一位中国人实现文化自觉的重要体现,也是我们对自身文化根源的深刻认同与尊重。

文化的本质,归根结底,映射了一个社会群体独特的生活方式,这种生活方式紧密关联于其生存与发展的环境背景。环境如同画布,而生活方式则是其上绘制的斑斓图景,不同环境孕育出各异的生活模式,进而塑造了各具特色的文化风貌。对于中国人而言,生活与土地之间存在着不可分割的纽带,费孝通先生曾精辟地总结说,中华文化深深扎根于土壤之中,是土地滋养了传统的中国文化。农业生产的节律与自然的韵律相和谐,使得中国人养成了敬畏自然、顺应天时的生活哲学。土地的稀缺性促使我们形成了知足常乐、克己复礼的品德,而土地的稳定性则铸就了我们安土重迁的情怀,进一步构筑了中国社会特有的"熟人社会"结构,这一切都深刻体现了中国文化与土地之间的深厚渊源。

综上所述,历经千年沧桑,农耕文明及其所孕育的乡村生活方式,宛如一股不竭的源泉,为中华民族输送了生产实践的智慧、人际交往的伦理以及社会治理的典范,这些元素共同编织了中华文化的独特遗传密码。乡村,作为这一文化脉络的起点与摇篮,持续滋养并推动着中华文化的演进与发展,塑造了今日中华文化体系的丰富内涵与独特风貌。因此,无论中华文化如何与时俱进,其深厚的文化根基始终牢固地扎在乡村的土壤之中。这一观点在梁漱溟先生的《乡村建设理论》中得到了深刻的阐述,乡村之建设,实则乃国家社会整体进步之关键所在,非仅限于乡村本身之发展。乡村不仅是中华文化的生命之根,更是民族复兴征程中不可或缺的重要支撑,民族的伟大复兴与乡村的全面振兴,二者相辅相成,共铸辉煌。

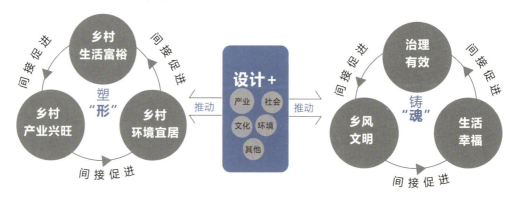

"设计+"助力乡村文化振兴

（二）社会与功能的维度

    乡村文化在维系乡村社会稳定、促进居民社会认同方面发挥着重要作用。在现代社会中，随着城市化进程的加速和现代化的推进，乡村社会面临着诸多挑战和变革。然而，乡村文化作为一种迥异于现代性的文化形态，以其深厚的历史底蕴和独特的价值观念，为乡村居民提供了精神寄托和归属感。乡村文化中的传统习俗、民间信仰、节庆活动等元素，都是乡村社会认同感和归属感的重要来源，它们将乡村社会的过去与现在紧密相连，为乡村提供了连续性和稳定性。同时，乡村文化还承载着丰富的社会规范和行为准则。这些规范和准则是在长期的历史发展过程中形成的，它们体现了乡村社会的道德观念和价值取向。在现代社会中，这些规范和准则仍然具有重要的指导意义，它们能够帮助乡村居民建立正确的价值观念，规范自己的行为举止，从而维护乡村社会的秩序和稳定。

    乡村文化在提供精神慰藉、促进心理健康方面也具有不可替代的作用。在现代社会中，随着生活节奏的加快和竞争压力的增大，人们面临着越来越多的心理压力和焦虑。而乡村文化以其恬淡闲适的生活方式、亲近自然的生活环境以及淳朴的民风民俗，为人们提供了一个远离喧嚣、回归自然的"精神家园"。在这里，人们可以暂时忘却城市的喧嚣和竞争的压力，享受乡村的宁静和美好，从而得到心灵的慰藉和放松。

    乡村文化还具有教育、娱乐、审美等多种功能。它通过口耳相传的方式传承着乡村社会的历史记忆和文化传统，让年轻一代了解乡村的历史和文化；它通过丰富多彩的民间艺术和娱乐活动，丰富着乡村居民的精神生活；它通过独特的自然景观和人文景观，让人们在欣赏美的同时感受到乡村的魅力。乡村文化在现代化阶段仍然具有重要的现实意义。它不仅承载着丰富的历史记忆和民族传统，为乡村社会提供了连续性和稳定性；同时它还以其独特的社会与功能价值平衡着现代性的冲击，为现代社会提供了一片宁静的"精神家园"。因此，我们应该更加重视乡村文化的保护和传承工作，让乡村文化在现代社会中继续发挥其独特的作用和价值。

（三）发展与创新的维度

发展与创新的纬度是乡村文化持续繁荣的关键所在。乡村文化并非一成不变，它如同一条流淌的河流，随着时代的变迁而不断发展和创新，展现出强大的生命力和适应性。在现代化进程的洪流中，乡村文化面临着前所未有的挑战和机遇。为了保持其独特魅力和时代价值，乡村文化必须不断适应新的社会环境和市场需求，进行自我更新和创造。这意味着要在传承中创新，在创新中发展，让乡村文化在现代化的大潮中焕发出新的光彩。

从历史发展来看，我国乡村文化在表达内容和形式上展现出丰富的差异性，每个乡村都拥有其独特的文化样式。乡村文化不仅是乡村振兴进程中的核心动力，更是创新的重要源泉。然而，近年来，随着同质化乡村的增多，不少乡村盲目跟风，打造所谓的地标建筑和主题乐园，导致乡村原生的地域文化特色逐渐丧失，乡土记忆也因此难以被唤醒。乡土记忆的唤醒，实质上是一个以连接民众内心情感为基础，对乡村中的物质文化记忆和非物质文化记忆进行设计、整合、传承与转化的过程。只有通过这样的方式，才能增强民众在乡土记忆中的文化获得感。同时，我们也要创新文化表现形式和传播方式，让乡村文化以更加生动、多样的方式呈现给世人。这可以包括利用现代科技手段进行文化传播，打造具有地方特色的文化品牌，以及举办丰富多彩的文化活动等。

1.乡村文化与旅游的结合

发展乡村旅游，将乡村文化与旅游产业相结合，吸引游客体验乡村文化的独特魅力。如湖北黄陂的木兰山，是中国传统文化中一个独特而鲜明的符号，以其深厚的历史背景、丰富的民间传说和独特的地域特色，为乡村旅游提供了丰富的资源。

（1）木兰文化主题旅游

木兰文化节：定期举办木兰文化节，通过戏剧、舞蹈、武术等多种形式展现木兰的英勇形象和崇高精神，吸引游客参与体验。

木兰传说体验游：开发以木兰传说为主线的旅游项目，如"木兰从军"角色扮演、"木兰射箭"体验等，让游客亲身体验木兰文化。

木兰文化展览：在木兰山等地设立木兰文化展览馆，展出与木兰相关的文物、图片和文献资料，让游客更深入了解木兰文化。

（2）木兰文化与乡村旅游的融合

木兰文化村落：在黄陂等地打造以木兰文化为主题的特色村落，保留和修复传统民居，展示木兰时期的乡村生活。

木兰文化美食：开发木兰文化特色美食，如"木兰宴"等，让游客在品尝地方美食的同时，感受木兰文化。

木兰文化手工艺品：鼓励当地居民制作以木兰为主题的手工艺品，如木兰刺绣、木兰剪纸等，既传承了传统手工艺，又丰富了旅游商品。

（3）木兰文化与自然景观的结合

木兰山自然探索：利用木兰山的自然景观，开发登山、徒步等户外活动，让游客在亲近自然的同时，感受木兰山的神秘与壮丽。

木兰文化生态园：建立木兰文化生态园，结合木兰文化和生态农业，让游客体验农耕文化，参与农事活动。

（4）木兰文化与现代旅游的结合

木兰文化数字体验：利用现代科技，如AR、VR技术，开发木兰文化数字体验项目，让游客在虚拟世界中体验木兰的传奇故事。

木兰文化主题民宿：发展以木兰文化为主题的民宿，从装修风格到服务项目都体现木兰文化特色，为游客提供独特的住宿体验。

2.乡村文化与教育的结合

将乡村文化融入教育体系，通过学校教育、社区教育等途径，培养人们对乡村文化的认同和兴趣。如黄陂二程书院不仅是理学文化的发源地，也是乡村旅游的重要资源。湖北大学的工会干部曾组织前往二程书院开展以"讲好家风故事，传承清廉家风"为主题的教育活动，通过参观家风馆，了解程氏家族等家庭、家教、家风故事，引导大家领悟中华民族传统家庭美德。二程书院还举办了"翰墨书年轮，墨语话英雄，墨香润黄陂"书法篆刻作品展，展出了获评作品以及特邀书法名家作品，为群众提供了感受传统文化魅力的机会。黄陂区与华中师范大学共建"二程讲堂"，邀请专家学者举办文化讲座，常态化开展活动以满足人民群众精神文化需求。黄陂区双凤中学组织学生走进二程书院，开展"走进二程书院，传承清廉美德"专题教育活动，通过参观学习，让学生更深入地了解二程文化，感受到清廉文化的内涵和重要意义。

3.乡村文化与产业的结合

发展以乡村文化为核心的特色产业，如手工艺品制作、特色农产品加工等，提升乡村经济的附加值。湖北省红安县以红安绣活和红安大布传统纺织技艺闻名，红安绣活和红安大布都是国家级和省级非遗名录项目，红安县文化和旅游局积极探索"传统文化+研学+民宿+文创+演艺+节庆"模式，将红安绣活、红安大布融入老百姓的日常生活和旅游各环节，提升了民间文化的创造力、传播力和影响力。

通过这样的发展与创新，乡村文化将焕发新的生机和活力，为乡村振兴提供强大的精神动力和文化支撑。乡村文化将成为乡村振兴的灵魂和纽带，连接着乡村的过去与未来，传承着乡村的历史与记忆。同时，它也将成为乡村与外界交流的桥梁和窗口，展示着乡村的独特魅力和时代风采。因此，我们应该高度重视乡村文化的发展与创新，为乡村振兴注入更多的文化内涵和时代元素。

二、乡村文化的分类

(一)乡村的物质文化

物质文化在乡村社会中承载着多重价值和深远意义。作为文化研究的一个重要分支，物质文化指的是在特定社会历史条件下，为了满足人类生存和发展需求而创造的物质产品及其所体现的文化特征。在乡村社会中，物质文化不仅承载着生产和生活的基本功能，更是乡村社会历史发展、社会结构和文化传统的重要反映。首先，它构成了乡村居民生产与生活的基础，对乡村的经济发展和社会稳定产生着直接影响。其次，物质文化作为乡村社会历史与文化传统的载体，通过其形态与功能，生动展现了乡村社会的文化特性和历史变迁的轨迹。最后，物质文化更是乡村社会可持续发展的重要资源，通过保护与合理利用，有力推动乡村的经济、社会与文化全面发展。

1.自然景观

乡村的自然景观，包括山川、河流、田野等，构成了物质文化的基础。这些景观不仅是自然资源的宝库，为乡村提供了丰富的物质条件，而且通过其独特的地理形态和生态环境，塑造了乡村的物质文化面貌。自然景观的保护和利用，是乡村可持续发展的关键，也是维护乡村物质文化遗产的重要方面。

2.空间肌理

乡村的空间肌理，涵盖了村落的布局、道路系统、公共空间等方面。这些空间元素不仅为乡村居民提供了日常生活的场所，而且通过其组织和形态，反映了乡村居民的社会关系和生活方式。空间肌理的研究，有助于深入理解乡村社会的社会组织和文化传承机制。

3.乡村建筑

乡村建筑，如土楼、四合院、吊脚楼等，是物质文化的重要组成部分。这些建筑不仅具有实用功能，而且通过其独特的建筑风格和装饰艺术，体现了乡村居民的审美观念和文化价值观。乡村建筑的研究，有助于揭示乡村社会的文化特征和历史变迁。

4.生产工具

乡村的生产工具，如农具、织布机等，是物质文化的重要体现。这些工具不仅直接参与了乡村的生产活动，而且通过其设计和使用方式，反映了乡村居民的生产技术和生活方式。生产工具的研究，有助于理解乡村社会的经济发展和科技进步。

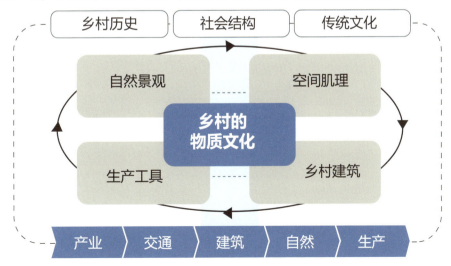

乡村的物质文化

(二)乡村的非物质文化

非物质文化遗产（Intangible Cultural Heritage, ICH）指的是在特定的社会历史背景下，由人类群体在长期社会实践活动中创造并世代相传的，以非物质形态存在的文化表现形式。这些文化表现形式丰富多样，涵盖节庆民俗、传统工艺、民间艺术、村规民约、宗族观念、宗教信仰、审美观念、价值观念等多个方面，共同构成了乡村社会的精神文化基石。

1.节庆民俗

乡村的节庆民俗，如春节、端午节、中秋节等，不仅是乡村非物质文化的重要组成部分，更是乡村社会文化生活的重要表现形式。这些节庆活动通过特定的仪式和习俗，不仅丰富了乡村居民的文化生活，而且在增强乡村社区凝聚力和文化认同感方面发挥着重要作用。

2.传统工艺

乡村的传统工艺，如织布、陶艺、木工等，是非物质文化遗产的重要组成部分。这些工艺不仅具有实用价值，而且通过其独特的技艺和创造性，体现了乡村居民的智慧和创造力。传统工艺的保护和传承，对于维护乡村文化的多样性和独特性具有重要意义。

3.民间艺术

乡村的民间艺术，如剪纸、刺绣、绘画等，是非物质文化遗产的重要组成部分。这些艺术形式不仅具有审美价值，而且通过其独特的表现手法和文化内涵，反映了乡村居民的生活和情感。民间艺术的保护和传承，有助于丰富乡村文化生活，提升乡村居民的文化素养。

4.村规民约

乡村的村规民约是乡村社会管理和文化传承的重要方式。这些规定不仅规范了乡村居民的行为，而且通过其特定的社会功能和文化内涵，体现了乡村的道德观念和价值观念。村规民约的保护和传承，对于维护乡村社会的和谐稳定和文化连续性具有重要作用。

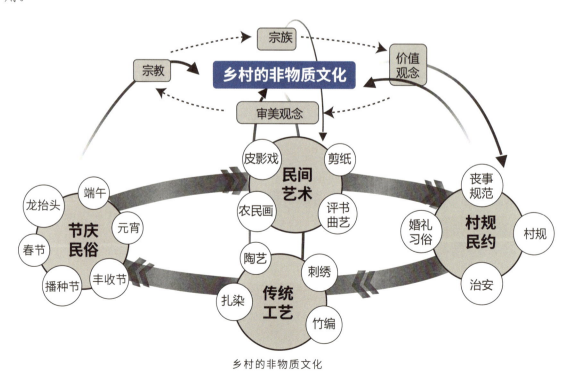

乡村的非物质文化

(三)乡村的物质类文化景观

它们是通过物质形态表现出来的文化景观，是乡村物质文化遗产的重要组成部分，具有不可替代的历史和文化价值。这些景观不仅见证了乡村社会的历史发展，而且通过其独特的形态和功能，反映了乡村社会的文化传承和生态智慧。

1.传统聚落景观

传统聚落景观是乡村物质文化景观中最为显著的部分之一。它们包括古建筑、传统民宿、乡村街道、特色村巷、牌坊、石窟、遗址等。这些景观不仅是历史的见证者，也是文化的传承者。古建筑通过其独特的建筑风格和装饰艺术，展现了乡村社会的历史变迁和文化发展。传统民宿和乡村街道则通过其日常生活的场所，反映了乡村居民的生活方式和社会关系。特色村巷和牌坊则通过其独特的空间布局和装饰艺术，展现了乡村社会的社会组织和文化认同。

2.古建筑

古建筑是传统聚落景观中的核心元素，它们通过其独特的建筑形式和装饰艺术，反映了乡村社会的历史和文化。古建筑的研究不仅有助于了解乡村社会的建筑技术和艺术风格，而且有助于揭示乡村社会的社会组织和文化价值观。

3.乡村街道与特色村巷

乡村街道和特色村巷是乡村聚落的社会空间，它们通过其独特的空间布局和装饰艺术，反映了乡村社会的社会组织和文化认同。乡村街道和特色村巷的研究不仅有助于了解乡村居民的社会互动和文化活动，更有助于揭示乡村社会的文化传承和社区凝聚力。

4.牌坊与石窟

牌坊和石窟是乡村聚落的文化象征，它们通过其独特的艺术形式和装饰艺术，展现了乡村社会的历史和文化。牌坊和石窟的研究不仅有助于了解乡村社会的宗教信仰和文化价值观，而且有助于揭示乡村社会的社会组织和文化认同。

5.遗址

遗址是乡村聚落的历史遗迹，它们通过其独特的历史背景和文化价值，反映了乡村社会的历史变迁和文化发展。遗址的研究不仅有助于了解乡村社会的历史事件和文化活动，而且有助于揭示乡村社会的文化传承和历史记忆。

6.农业生产景观

农业生产景观是乡村物质文化景观的重要组成部分。它们包括梯田、田园景观、特色农业景观、运河等。这些景观不仅反映了乡村的生产方式，而且通过其独特的形态和功能，构成了乡村独特的自然和人文景观。农业生产景观的研究不仅有助于了解乡村社会的生产技术和农业经济，而且有助于揭示乡村社会的生态智慧和文化传统。

(四)非物质文化景观

非物质文化景观是指通过非物质形态表现出来的文化景观，它们是乡村非物质文化遗产的重要组成部分，具有重要的文化和社会价值。

1.生产生活方式

生产生活方式，包括饮食、服饰、耕作方式、居住习惯等，是乡村非物质文化遗产的重要组成部分。这些方式不仅反映了乡村居民的生活方式，而且通过其特定的社会功能和文化内涵，体现了乡村的文化和传统。

2.风俗习惯

风俗习惯，包括宗教与祭祀活动、语言、节庆、庙会、礼仪、丧葬、婚嫁等，是乡村非物质文化遗产的重要组成部分。这些习惯不仅规范了乡村居民的行为，而且通过其特定的社会功能和文化内涵，增强了乡村社区的凝聚力和文化认同感。

3.精神信仰

精神信仰，包括宗教信仰、价值观念、世界观、图腾、村规民约和道德观念，是乡村非物质文化遗产的重要组成部分。这些信仰和观念不仅构成了乡村的精神文化，而且通过其特定的社会功能和文化内涵，影响了乡村居民的行为和生活方式。

第二节
解读：乡村记忆的符号化表达

　　每个乡村的发展历程都是一部深邃且丰富的历史长卷，其中蕴藏着众多鲜为人知的故事与传说。这些故事与传说，犹如时间长河中散落的珍珠，经由世代村民的口耳相传，逐渐积淀为该乡村独特的文化底蕴。正是这些历史的积淀与传说的流传，使得原本仅为地理名词的乡村，被赋予了超越地理范畴、富含深厚人文情感的独特意义。以乡村记忆为重要载体，依托地域、血缘、族体身份等核心要素构建的社会认同，以及围绕乡音、乡俗、乡情等基点形成的文化认同，共同构成了当代乡村社会治理中信任链接的原点。通过激活并传承乡村记忆，强化乡土共同体的历史与文化纽带，可以持续激发乡村治理的动力与活力，有效提升乡村治理的效能。

　　乡村记忆作为村落形成与发展进程中的核心构成要素，深刻反映了村民对过往生活的集体认知与历史记忆。它不仅是对历史事件的简单记载，更是乡村文化、精神风貌及社会变迁的生动体现。乡村记忆的表现形式多种多样，既包括书面的文化记载，如村志、族谱等文献资料，也涵盖实物形态的遗迹器物，如古建筑、传统手工艺品等文化遗产。此外，那些通过口头传承的方式流传下来的故事、歌谣、谚语等非物质文化遗产，同样构成了乡村记忆的重要组成部分，它们共同描绘了乡村丰富而多彩的文化图景。

　　这些乡村记忆的存在，不仅为村民提供了追溯历史根源、感受文化传承与延续的重要途径，也为外界提供了一个深入了解乡村、感受其独特魅力的学术窗口。通过保护与传承乡村记忆，我们能够促使更多人领略到乡村深厚的历史文化底蕴，进而推动乡村文化的繁荣与发展。

一、乡村记忆的物质载体

乡村记忆中的物质文化元素，这些"物"是乡村历史和文化传承的物理证据。从古老的农具、传统手工艺制品到具有地方特色的建筑和生活用具，这些物品不仅反映了乡村的生产生活方式，也体现了乡村居民与自然环境的互动关系。通过对这些物质载体的研究，可以更好地理解乡村社会的经济基础和文化特征。

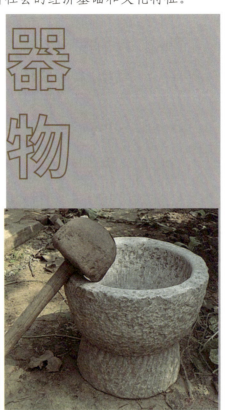

二、乡村记忆的空间场景

　　乡村记忆的发生地,即"场",是文化传承和社区活动的核心载体。乡村的公共空间,如中心广场、祭祀场所、市集和学校,远不止是物理的聚集地,它们是村民日常生活的社交中心,承载着丰富的集体记忆和情感纽带。中心广场作为乡村的心脏,不仅是节日庆典和社区活动的举办地,也是村民日常交流和社交的场所,其设计和布局反映了当地的文化特色和历史。祭祀场所如宗祠和庙宇,体现了村民的宗教信仰和精神生活,通过定期的祭祀活动,强化了对传统文化的传承和弘扬。乡村市集则是经济交易和社交互动的热点,促进了当地经济的发展,同时加强了村民之间的社会联系。学校作为教育和知识传播的基地,对培养村民后代和传承文化具有重要作用,也是社区活动和公共讲座的举办地。除此之外,茶馆、戏台、运动场等其他公共空间同样在乡村文化中占有一席之地,它们是村民社交、休闲、文化表演的主要场所,通过各种活动,增强了社区的凝聚力。这些空间共同构成了乡村记忆的丰富图景,成为连接过去和未来的桥梁,维系着村民的文化认同和情感联系。

学校

三、乡村记忆的符号表达

符号，作为乡村记忆不可或缺的非物质载体，以其独特而深邃的方式，跨越时空的界限，悄无声息地传递着乡村深厚的文化精髓与丰富多彩的生活方式。它们不仅是历史的见证者，更是文化的传承者，以一种无形的力量，将乡村的灵魂与情感编织进每一个细微之处。

首先，语言是乡村符号系统中最为直接且生动的表达方式。乡村的方言土语，蕴含着世代居民的智慧与情感，它们不仅是交流的工具，更是地域文化的独特标识。这些语言中的俗语、谚语、歌谣，如同一条条文化脉络，串联起乡村的记忆与故事，让外来者一听便能感受到那份淳朴与亲切。

其次，服饰作为乡村文化的外在展现，同样承载着丰富的符号意义。从色彩的选择到图案的设计，再到材质的运用，无不体现出乡村居民对自然的敬畏与和谐共生的理念。传统服饰上的刺绣、蜡染等工艺，不仅是技艺的传承，更是乡村文化与审美观念的集中体现，让穿戴者在举手投足间流露出对本土文化的自豪与认同。

再次，仪式作为乡村社会生活中的重要组成部分，也是乡村符号系统的重要表现形式。无论是节日庆典、婚丧嫁娶，还是农耕祭祀，各种仪式活动都蕴含着丰富的文化内涵和象征意义。它们通过特定的程序、动作和物品，如舞龙舞狮、祭祖拜神、吃团圆饭

民间艺术

视觉

元素提取

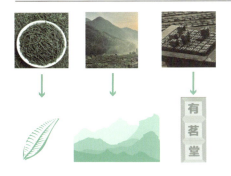

包装展开图

包装效果图

第五例
『韵』
随州金银花茶包装设计

乡村地址:湖北省随州市

设计理念:本次设计的主题是随州金银花茶,这款茶源自炎帝神农的故乡,它也是珍贵文物曾侯乙编钟的出土地。随州金银花茶以其独特的生长环境而闻名,在编钟的悠扬之声中绽放其芳华。我们的设计思路正是以编钟为核心元素,巧妙地将其与金银花相结合,展现出一种和谐共生的美感。

产品名称"韵·金银花"寓意深远,既象征着编钟的悠扬韵律,又体现了金银花茶的馥郁芬芳。在包装设计上,我们运用了精致的线条和图案,仿佛编钟的音符跃然纸上,与金银花的自然之美相互呼应。整体色调以清新自然为主,展现出产品的纯净与高雅。

此外,包装还巧妙地融入了随州的地域文化元素,如神农像、古老的农耕图案等,使得整个包装不仅具有视觉上的美感,更蕴含着深厚的文化内涵。我们希望通过这样的设计,让每一位消费者都能感受到随州金银花茶的独特韵味和深厚的文化底蕴。

创意设计:视传1212 邵晓玥

指导老师:姚田

完成时间:2023年

元素提取

包装盒结构

色彩选择

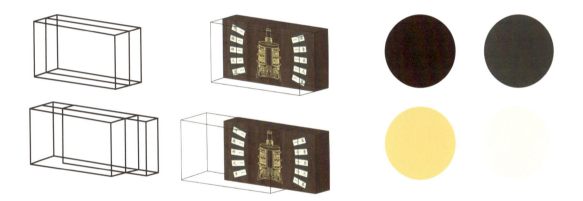

包装效果图

第六例
『每日青米』
羊楼洞砖茶包装设计

乡村地址：湖北省赤壁市

设计理念："每日青米"的包装设计灵感源于赤壁青砖茶深厚的历史文化底蕴和独特的产品特性。羊楼洞砖茶，作为万里茶道的起点，承载着丰富的历史内涵和独特的品质，是我们这款产品的核心灵魂。

产品名称"每日青米"与"每日亲密"谐音，寓意着通过品饮这款青砖茶，拉近人与人之间的距离，让亲朋好友间的欢聚时光更加温馨和美好。同时，我们也希望消费者能够每天享受到青砖茶带来的健康和愉悦。

在包装设计上，我们巧妙地融入了羊楼洞砖茶的元素，通过图案和色彩的运用，展现出其独特的魅力和品质。包装整体风格简约大气，既体现了产品的传统特色，又符合现代审美需求。

此外，我们还特别注重包装的实用性和环保性，采用可回收的环保材料制作，既美观又环保。同时，礼盒的设计也充分考虑了便携性和储存性，方便消费者携带和保存。

总之，"每日青米"的包装设计旨在通过独特的视觉呈现和寓意深远的名称，向消费者传递出赤壁青砖茶的历史文化、独特品质和健康价值，让消费者在品饮的过程中感受到温暖与亲密。

创意设计：视传1212 梁晨　丁韵　杨钰婷

指导老师：姚田

完成时间：2023年

第七例
『楚之韵』
宜都宜红茶包装设计

乡村地址:湖北省宜都市

设计理念:【在地文化】

巴楚文化:宜昌是早期巴楚文化的发祥地,两种文化在此交汇、碰撞。宜昌是楚国历史上杰出的政治家、文学家屈原的诞生地。楚文化在宜昌留下了深深的印迹。

三峡大坝:长江三峡,举世瞩目。宜昌,古称"夷陵",素有"三峡门户""川鄂咽喉"之称,是当今世界上最大的水利枢纽工程。宜都以两江为脉,既有码头商贸的开放基因,又承袭巴楚文化的深厚底蕴,形成"山水为形、人文为魂"的独特气质。

屈原:屈原出生于楚国,是中国历史上一位伟大的爱国诗人,"楚辞"的创立者和代表作家,被誉为"楚辞之祖",代表作有《离骚》《天问》等。

传统习俗:宜昌的风俗有土家舞狮、龙舟竞赛等。舞狮队穿街走巷,延续至正月十五。赛龙舟是为了纪念屈原而举行,体现了爱国主义和集体精神。

【地域环境】

气候情况:宜红茶区地处中亚热带湿润季风气候区内,四季分明,冬冷夏热,雨量充沛,雨热同季,暴雨甚多。山间谷地热量丰富,山顶平地光照充足。

土壤地貌:宜都市土壤类型以碳酸盐黄壤土为主,土层深厚,土壤结构好,碱解氮和速效钾含量丰富,速效磷中等,土壤质地疏松,通透性好,耕作层深厚,养分含量高。

创意设计:视传1215 陆欣怡 朱佳辰

指导老师:姚田

完成时间:2023年

视觉元素

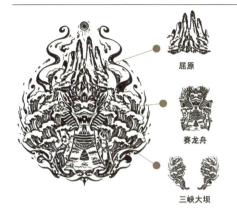

屈原

赛龙舟

三峡大坝

包装效果图

第八例 鹿苑黄茶包装设计

乡村地址：湖北省宜昌市远安县

品牌故事：相传古时，此地山林中常有鹿群出没，嗷嗷而歌，后有人围苑驯养，久之山名故称为鹿苑山，后此地建鹿苑寺，鹿苑寺种茶即为鹿苑茶。乾隆年间，鹿苑茶被选为贡茶，相传乾隆皇帝饮后，顿觉清香扑鼻，精神备振，饮食大增，并封其名为好茶。

设计理念：包装整体色调采用版画蓝，显得该产品高级，有艺术气息，包装灵感来源于抽屉抽拉造型和版画，描绘了远安鹿苑的风土人情，人杰地灵的美景。鹿苑黄茶的茶叶生长状态、环境构成包装封面，插画利用鹿苑县的地图进行留白设计，通过鹿苑黄茶看鹿苑，符合一村一品通过产品了解村庄的理念。将品牌logo及广告语填入其中，使得整个画面相得益彰。内盒包装提取画面六大元素，分为六小盒包装，分别为鹿、采茶茶农、晒茶茶农、鹿苑山及鹿苑茶，将远安鹿苑的名茶形象充分体现。广告语为"送鹿苑黄茶，把禄愿送达"，"鹿苑"同"禄愿"谐音，"禄"又有身体健康的意思，寓意着身体健康心想事成。

创意设计：视传1212 涂宇恒

指导老师：姚田

完成时间：2023年

视觉元素分析

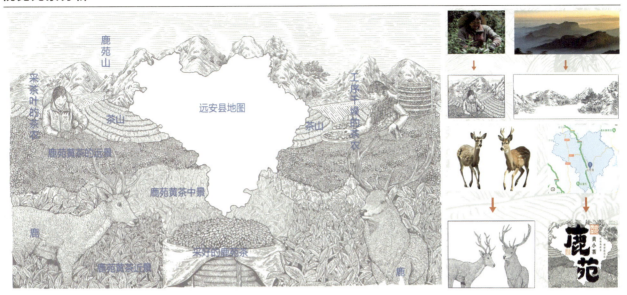

包装效果图

第九例
『葛娘娘』
葛根粉包装设计

乡村地址：湖北省随州市

设计理念：包装设计灵感源自古代宫廷中娘娘们的食盒，那是一种承载着深厚历史韵味与宫廷风格的容器。为了让产品焕发出现代魅力，我们巧妙地将食盒的经典造型与现代设计理念相结合，让古典与时尚在包装上和谐共存。

特别值得一提的是，我们根据湖北农产品葛根粉的特色，设计了独特的"葛娘娘"IP形象。这一形象不仅与产品紧密关联，还赋予了产品更多的文化内涵。在包装设计中，我们运用"葛娘娘"IP形象，将其巧妙地融入包装图案中，使得整个包装更具辨识度和吸引力。

在包装材质的选择上，我们选用了竹篓作为外包装，这不仅与古代食盒的材质相呼应，还体现了产品所使用的原生态材料的理念。竹篓内部则采用罐装形式，将葛根粉这一原生态材料精心包装，既保持了其天然特性，又提升了产品的整体质感。

整个包装设计以原生态为核心理念，旨在凸显产品的自然、纯净与高品质。通过运用古代食盒的设计元素、竹篓与罐装等包装形式的结合，以及"葛娘娘"IP形象的巧妙运用，我们成功地将传统与现代、古典与时尚完美融合，为消费者带来一款既实用又具有文化内涵的优质产品。同时，我们也希望通过这样的包装设计，让更多的人了解并喜爱湖北的农产品葛根粉，感受其独特的魅力。

创意设计：视传1212 杨学藻 张翔宇

指导老师：姚田

完成时间：2023年

元素提取

葛根　　　　　　娘娘　　　　　　印章

颜色提取

#adcaa4　　　　　　#efbbbd

包装设计

包装效果图

第十例
潜江半夏包装设计

乡村地址: 湖北省潜江市

设计理念: 该包装设计以当地地域文化为创作理念,以潜江当地的竹文化和皮影文化为灵感,创作了此次半夏的包装。包装外部结构为竹,内部为牛皮纸罐。纸罐外主视觉为半夏颗粒制作工艺,旨在促进潜江当地半夏的销售的同时宣传潜江当地地域文化以及中医药文化。

创意设计: 视传1212 汤子妍

指导老师: 姚田

完成时间: 2023年

元素提取

| 采摘 | 清洗 | 晾晒 | 切片 | 细磨 | 干燥 | 采摘半夏 |

包装设计

包装效果图

 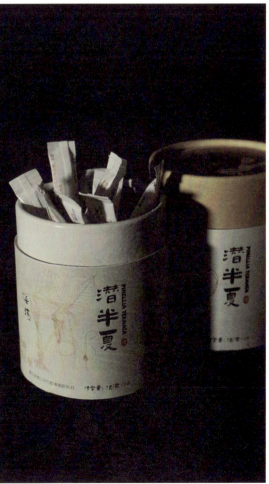

第十一例 『贵妃茶油』包装设计

乡村地址：湖北省恩施土家族苗族自治州来凤县翔凤镇老茶村

设计理念：本次包装设计为来凤县翔凤镇老茶村的山茶油量身打造，该品牌以"贵妃"为独特卖点，专门服务于女性消费者群体。在色彩选择上，我们精心挑选了红黄色调，这两种颜色不仅象征着女性的温柔与美丽，还承载着对美好生活的向往和追求。

在设计过程中，我们深入研究了恩施地区的传统民俗文化，并将其融入包装之中。恩施传统纹样西兰卡普的精致纹理、山茶花的自然之美，以及贵妃的优雅形象，都被巧妙地融入包装设计中。整个包装设计旨在将传统与现代相结合，将恩施地区的民俗文化与现代设计理念相融合，呈现出一种既具有民族风情又充满现代感的美感。我们希望通过这样的包装设计，能够让消费者更加深入地了解恩施地区的传统文化，同时也能够感受到贵妃茶油品牌所传递的美好生活愿景。

创意设计：视传1212 邹苗苗

指导老师：姚田

完成时间：2023年

元素提取

包装设计

包装效果图

第十二例 孝昌石臼糍粑包装设计

乡村地址： 湖北省孝感市孝昌县磨山村

项目背景： 【地理位置】

磨山村位于湖北省孝感市孝昌县王店镇东部，大别山南麓，北近大悟县、广水市，澴河水流经此处，磨山横亘南北，因出磨而得名，有着数千年的石艺。

【地域文化】

孝感糍粑的历史渊源可追溯至春秋战国时期，其起源是古人为了抵御饥荒，创造性地将糯米加工成糍粑，这一传统美食由此流传至今。时至今日，糍粑已不仅是一种食品，它更多地承载着人们对家乡味道的深情回忆，尤其在过年过节时，品尝一口软糯香甜的糍粑，成为人们回味乡愁、共享天伦之乐的美好习俗。

设计理念： 传统糍粑制作方法是将米放入石臼中反复捶打制作而成，相比于现代化机器生产，更加筋道爽滑，有嚼劲。以"石臼打出家乡味"为广告语，设计时突出制作方法的特别之处。

创意设计： 视传1215 黄韵雨

指导老师： 姚田

完成时间： 2023年

包装设计

包装材质

外包装材质选用了竹编的筐子

竹编是湖北的非物质文化遗产之一，部分会编织的居民可以通过编织竹筐来增加自己的经济收入。

运输过程中，竹编防压，抗摔，有效地节约了运输成本和损耗。

包装效果图

第十三例
『磨山椒』
孝昌手作椒包装设计

乡村地址：湖北省孝感市孝昌县磨山村

设计理念：以乡村振兴为背景，对湖北省孝感市磨山村的辣椒进行包装设计，带动乡村经济的发展，又以磨山的特色为背景进行包装，以"解乡愁，磨山椒""磨山风味，椒香四起"为品牌宣传标语，突出乡村品牌的特点，引起人们的共鸣。将磨山椒分为四个系列，分别为微辣、甜辣、酸辣、爆辣，体现出产品的多样性。品牌包装上展示了制作的四大工序，分别为采摘、晾晒、研磨、入坛，体现纯手工制作的特性，外包装也用了体现乡村特点的镂空小提篮，使得整个产品具有磨山乡村特色。

设计推导：

纯手工制作

麻绳　　　　　解乡愁，磨山椒　　　　　　　　　怎么体现磨山的特色

怎么让他提起来　　　　　　　磨山椒

将磨山村的文化"走"出去　　　竹棍

竹条

让包装土起来　　乡村振兴　　如何体现乡土气

故乡烟火气，尽在故乡情

磨山风味，椒香四起　　微辣、酸辣、甜辣、特辣　　磨山印记

创意设计：视传1215 赵柏雅　吴元聪

指导老师：姚田

完成时间：2023年

包装设计

包装材质

竹条   麻绳

包装文案

磨山风味，椒香四起
解乡愁，磨山椒

包装效果图

第十四例 南漳香菇黑木耳包装设计

乡村地址：湖北省襄阳市南漳县双坪村

项目背景：南漳县地处湖北省西北部，总面积3859千米。其地处汉水以南、荆山山脉以东的优越地理位置，决定了它在古代战争时代的地位。因为其山寨林立，被誉为"古山寨之乡"，同时也是"三国故事"的源头、"和氏璧"的故乡。 由于其自然地貌多变，素有"八山半水分半田"之说，但正是因为其独特的地貌和舒适的气候环境，非常适合菌类环境生长。

南漳黑木耳作为南漳当地的特色农产品，在其包装设计方案中需要充分考虑如何融入当地丰富的在地文化元素。运用在地文化的前提是尊重在地文化，南漳地方政府在政策方面也相当重视对当地文化的保护和传承。南漳作为一处具有悠久历史和深厚文化底蕴的县城，政府出台了一系列文化保护政策，鼓励并支持在当地特色农产品的包装设计中融入地方文化元素，以提升产品的地域特色和文化认同感。国家实施了一系列农产品推广政策，其中有地理标志认证、农产品品牌建设等，这些政策为南漳黑木耳的包装设计和推广提供了政策支持和市场保障。

设计理念：南漳源脉 山珍好礼

创意设计：姚田

完成时间：2024年

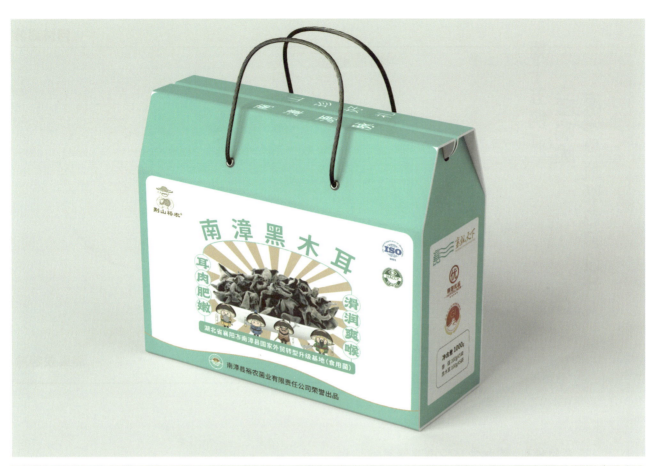

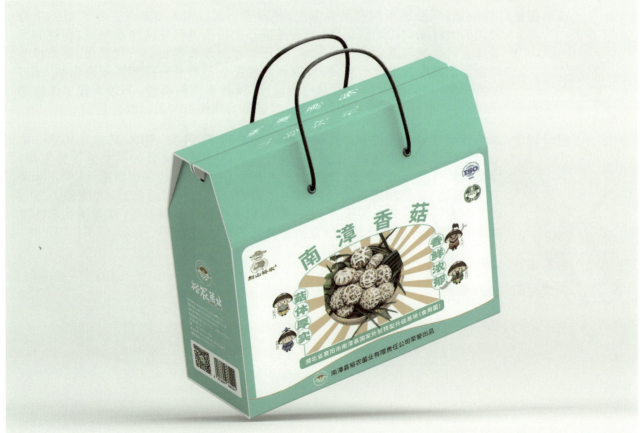

第十五例 『嘎嘣脆』南漳果蔬脆包装设计

乡村地址：湖北省襄阳市南漳县双坪村

项目背景："嘎嘣脆"果蔬脆系列产品的诞生，植根于当前社会对健康生活的广泛追求与崇尚的大健康时代潮流之中。此产品精心定位于健康休闲食品领域，旨在满足消费者对美味与健康的双重需求。它不仅是对传统零食的一次革新，更是该乡村企业积极响应市场需求，推动农产品深加工与产业升级的重要里程碑。通过创新技术，将新鲜果蔬转化为口感酥脆、营养丰富的零食，不仅丰富了市场选择，也有效提升了农产品的附加值，促进了当地经济的可持续发展。

设计理念：本设计灵感源自品尝果蔬脆时那令人愉悦的"嘎嘣脆"声响，巧妙地将这一生动拟声词融入创意核心。视觉上，设计采用两位活泼可爱的小女娃作为主角，她们面带微笑，动作灵动，传递出一种无忧无虑、轻松欢快的氛围，仿佛正沉浸于"嘎嘣脆"果蔬脆带来的极致美味体验中。搭配文案"香酥好味，吃到陶醉"，以夸张而富有想象力的语言，进一步强化了产品的美味感受，激发消费者的共鸣与购买欲望，让整个设计既富有童趣又不失吸引力。

创意设计：姚田 许莉

完成时间：2024年

第十六例 『故乡腊味』包装设计

乡村地址:湖北省孝感市孝昌县

设计理念:故乡腊味礼盒的包装设计巧妙融合了孝感的地域特色与文化底蕴,以董永文化为灵感,通过插画艺术展现了董永公园与清风亭的古典韵味,同时结合现代设计手法,引入年轻元素和80后夫妻回乡创业的温馨故事。礼盒采用天地盖形式,配以手拎腰封,整体以绿色为主调,凸显原生态和健康理念。材质上,外包装采用环保瓦楞纸,内包装选用荷兰白卡,既保证质感又降低生产成本。礼盒内精选原味、蜜汁味和炭烧味三种口味的腊肉,以满足不同年龄层消费者的口味需求,尤其是吸引年轻消费者的蜜汁味和炭烧味,更是对传统与创新的完美融合。通过这一设计,我们旨在传承孝感文化,展现品牌对美好生活的追求与愿景。

创意设计:视传1215 郑嘉丽 郝斯颖 陈逍

指导老师:姚田

完成时间:2023年

第十七例
『More 粒』
玉米汁包装设计

乡村地址：河南省新乡市凤凰区

项目背景：在当前全社会普遍关注大健康趋势的背景下，乡村企业深刻认识到天然、健康食材对于提升民众生活质量的重要性。基于此，该企业聚焦于当地农作物——玉米，这一富含丰富营养且广受喜爱的食材，决定对其进行深度开发与加工，旨在挖掘其潜在的健康价值。通过引进先进的生产工艺与精细的配方研发，乡村企业成功地将玉米转化为一款既保留了玉米原有营养，又便于日常饮用的玉米汁产品。

设计理念：产品名称"more粒"，巧妙融合了"more"（多）与"粒"双重意象，既直观传达了产品富含丰富玉米成分的特点，又强调了其源自真实玉米粒压榨的纯正与纯粹。名称发音上，"more粒"与"魔力"谐音，这一巧妙设计不仅易于记忆，更与广告语"天然谷粒，自然魔粒"形成完美呼应，寓意着产品如同拥有魔力般，源自自然，赋予消费者健康与活力。

创意设计：姚田

完成时间：2023年

第十八例
『高家畈』
山野土鸡蛋包装设计

乡村地址: 湖北省武汉市蔡甸区

项目背景: 蔡甸地势由中部向南北逐渐降低,中部多丘陵岗地,最高的九真山海拔263.4 米,被誉为"江汉平原第一峰"。蔡甸区作为全国著名的知音故里,文化底蕴深 厚,非遗传承兴盛。

设计理念: 在中国悠久的农耕文化中,饲养地方鸡的传统源远流长。它不仅承载着人们对 食物的朴素追求,更蕴含了对自然与健康的深刻理解。在这一背景下,"土"字 成为天然、纯净与安全的美好代言,它不仅仅是一个形容词,更是一种生活态 度与健康理念的体现。

随着现代社会对健康生活的日益重视,赠送土鸡蛋已成为一种寓意深远且充 满温情的健康之选。每一枚鸡蛋,都源自高家畈的广袤山野,那里空气清新,环 境纯净,为土鸡提供了自由奔跑与觅食的自然天地。这样的生长环境,确保了 每一枚土鸡蛋都蕴含着大自然的精华与母鸡的营养精华,是真正的健康之选。

包装设计以质朴的色调与细腻的线条,勾勒出高家畈山野的宁静与美好。同 时,包装上精心设计的健康寄语与心意卡,不仅让这份礼物更加贴心与个性 化,更让收礼人深刻感受到送礼者的真挚情感与对健康的美好祝愿。

创意设计: 视传1203 吕枚钦 廖袭燕

指导老师: 姚田

完成时间: 2022年

包装名称及广告语

元素提取

山野土鸡蛋

—— 山林间散养，蛋优质营养 ——

包装效果图

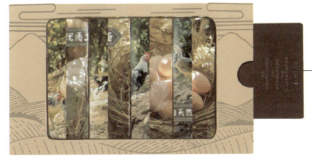

第一层

第二层

第十九例
『白野之韵』
新洲白茶包装设计

乡村地址：湖北省武汉市新洲区

项目背景：湖北省武汉市新洲区有丰富的白茶资源。然而，尽管新洲白茶品质上乘，其背后的文化价值却尚未得到充分的挖掘与弘扬，这在一定程度上限制了白茶产业的发展与产量的提升。新洲白茶不仅承载着地方的自然韵味与农耕智慧，更蕴含着深厚的文化底蕴与历史传承。因此，深入挖掘白茶的文化内涵，能激发当地茶农的积极性。

设计理念：此包装深受新洲地域文化中竹编艺术的启发，巧妙地融入了竹元素。这种设计不仅凸显了白茶的野性特质，还巧妙地结合了新洲竹编的传统技艺，使包装充满了浓厚的地域特色。白茶，一种生长在艰苦环境中的茶叶，其独特的野性与竹子的坚韧品质不谋而合。在色彩选择上，我们坚持采用竹子和白茶本身的深绿色调，这种颜色不仅代表了中国传统文化的精髓，更与白茶的口感和品质完美契合。图案设计方面，我们以竹子为灵感，通过线条和形状的巧妙组合，向消费者展示了白茶坚韧不拔的精神以及源自大自然深处的韵味。这种设计方式不仅突出了茶叶的传统风味，还为消费者带来了一种全新的视觉体验。

通过将新洲白茶包装与竹子的元素相结合，成功地打造了一款既具有独特魅力又充满视觉冲击力的茶包装。同时，也让消费者更加深入地了解新洲传统竹编文化的价值和魅力，进一步弘扬地方文化特色。

创意设计：视传1212 胡聪

指导老师：姚田

完成时间：2023年

元素提取

竹编　　　　竹子

材质提取

瓦楞纸　　　　竹片

包装颜色

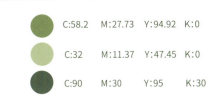

C:58.2　M:27.73　Y:94.92　K:0

C:32　M:11.37　Y:47.45　K:0

C:90　M:30　Y:95　K:30

包装设计

包装效果图

第二十例
『尤其甜』
红心猕猴桃包装设计

乡村地址：四川省乐山市马边彝族自治县

设计理念：由于此农产品为猕猴桃，故将包装整体色调确定为绿色。其包装结构选用天地盖形式，并且通过镂空设计，使选购者更加清晰地看到新鲜的猕猴桃，从而消除顾客对于购回水果不新鲜或水果品质参差不齐的疑虑，令人们能够放心购买，同时也使顾客产生更强烈的购买欲望。在包装的外部还运用了彝族纹样，营造出一种"来自高山的礼物"之感，这极大地拓宽了受众人群，不但可以供消费者自己购买享用，也能够作为礼物馈赠他人。采用彝族纹样，还能够增进大家对马边文化的了解，让大家发现马边。

创意设计：视传1203 江苗

指导老师：姚田

完成时间：2022年

产品名称及广告语

把你的维C加满

包装效果图

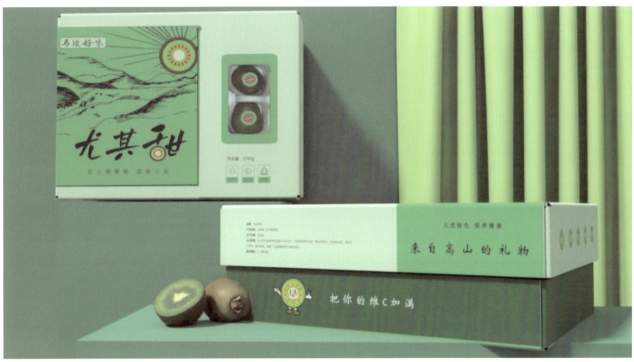

第二十一例 马边小凉笋包装设计

乡村地址： 四川省乐山市马边彝族自治县

项目背景： 马边彝族自治县位于四川盆地西南边缘小凉山区,地处横断山脉东部、四川盆地和云贵高原的过渡地带,属山地地貌,位于中亚热带季风气候带,年平均气温17.1℃左右,年平均日照时数942.3小时左右,且水利资源丰富,矿产资源丰富。此地与竹笋生长需要的环境——在土层深厚、微酸性或中性土壤的河岸、沙滩上,以及海拔500米以下的山脚下,喜温暖湿润气候完全符合。马边高山笋,生于矿物土,遍于高山林,采于彝族民,鲜香脆爽!

提高贫困地区经济发展

4

吸引消费者

提高地区知名度、增加旅游客流量

3

2

贫困区生产出优质的产品

1

通过包装设计赋予文化底蕴与故事以及更加美观的外包装

转变单一的自产自销的农业生产方式

创意设计： 视传1203 陈颖翔 方桂敏

指导老师： 姚田

完成时间： 2022年

包装名称及广告语

好物的含义

碗的形状

彝族纹样提取

大山的等高线，代表山地

结构设计(干笋)

腰封

竹编盒子

手提部分（笋状）

内部结构

底盒

马边高山笋，野生好新鲜

包装效果图

第二十二例 高原笋包装设计

乡村地址：四川省乐山市马边彝族自治县

项目背景：在壮丽辽阔的高原地带，隐藏着一种自然赋予的珍稀食材——高原笋，它源自四川省大风顶自然保护区周边未被污染的原始森林，这片区域因其独特的地理位置与卓越的生态环境，被誉为"中国野生动物植物基因库"。高原笋，作为这片神奇土地上的瑰宝，得益于高海拔、清新的空气与纯净的水源，生长环境极为优越，品质上乘，口感鲜美，是大自然赋予的原始珍馐。

紧邻这一自然宝藏的"云上苗岭"，依托其得天独厚的地理位置与丰富的自然资源，正积极探索以高原笋为核心元素的特色旅游项目。通过深入挖掘高原笋的文化内涵与营养价值，结合当地彝族文化的独特魅力，云上苗岭致力于打造一个集自然探索、文化体验与美食享受于一体的差异化旅游目的地，为游客带来一场心灵与味蕾的双重盛宴。

同时，高原笋的采摘与加工，也承载着彝族手工艺人的智慧与技艺。彝族毕摩世代传承的编织技术，不仅体现在"热布"等传统工艺品上，更融入高原笋的采摘与保存过程中，确保了这份来自深山的馈赠能够以最纯净、最原始的方式呈现给世人。高原笋不仅是大风顶自然保护区及周边地区的一张闪亮名片，更是推动当地经济发展、文化传承与生态旅游融合发展的新动力。

创意设计：视传1203 曾程翔 王蕊

指导老师：姚田

完成时间：2022年

包装材料

包装效果图

第二十三例 赣南脐橙包装设计

产品地址: 江西省赣州市南康区唐江镇卢屋村

设计理念: 本次包装设计是为赣南市卢屋村特产脐橙量身打造,卢屋村作为一座历史悠久的客家名村,其深厚的人文底蕴为脐橙增添了一抹独特的韵味。为此,我们特别设计了"赣小橙"这一可爱的IP形象,旨在与年轻消费者建立更为亲近的联系,让包装更加年轻化、时尚化。

在色彩上,采用了充满活力的橙黄色作为主题色,这种明亮而温暖的色调不仅能更好地展现脐橙的自然之美,还能让消费者在视觉上感受到脐橙的香甜滋味。同时,这种色彩也象征着活力与希望,寓意着卢屋村脐橙产业的蓬勃发展。在图案设计上,我们巧妙地融入了卢屋村的当地特色建筑元素,作为包装的点缀,既强调了产品的地域特色,又让消费者在品味脐橙的同时,感受到浓厚的客家文化氛围。

希望此次助农设计,不仅能够提升脐橙的市场竞争力,增加销量,还能为当地农户带来更高的收入,助力乡村振兴。

创意设计: 视传1204 李心如

指导老师: 姚田

完成时间: 2022年

第二十四例
『野菇娘』
香菇包装设计

乡村地址：湖北省襄阳市南漳县双坪村

项目背景：南漳香菇是湖北省襄阳市南漳县的特产，是当地的著名农产品之一。该地区土地肥沃，林木茂密，气候适宜，具有种植香菇的得天独厚的条件。

南漳是楚文化发祥地、三国故事源头、和氏璧的故乡、中国古山寨之乡。南漳县有文字记载的历史达3100多年，历史源远流长，文化积淀厚重，蕴藏了丰厚的历史、宗教、民俗、军事、建筑文化，这也使得这片古老的土地声名远播。

区别传统纪念品的枯燥，本设计用好包装讲好故事，将独特的自然风光，流传的神话故事转化为商品形态。摆脱农产品低端销售，二次营销推广。

品牌故事：传说很久以前十位仙姑居住洞内，故名"十姑洞"。"十姑洞"呈南北走向，坐北朝南，洞内高约数十米，深约千米。洞中有天，洞中有洞，洞中有水，水中有洞，洞内石笋林立，形态万千，或如嫦娥奔月，或如金猴探海，或如玉龙腾飞，或如少女婷婷，简直让人目不暇接、眼花缭乱，让人感觉似是走进了人间仙境。

创意设计：视传1215 李荔凤 张芷欣

指导老师：姚田

完成时间：2023年

第二十五例
苏坝水蜜桃产品包装设计

乡村地址: 四川省乐山市马边彝族自治县

项目背景: 苏坝水蜜桃作为特色农产品,拥有巨大的市场潜力。每年举办的苏坝水蜜桃采摘节,为产品的品牌推广和营销策划提供了宝贵契机。通过品牌形象设计,并将其与推广销售活动紧密融合,打造视觉统一的文字、图形以及吸引人的听觉体验,这是拓展苏坝农产品市场、促进产品销售的有效途径,也是推动乡村振兴的重要策略和方法。

设计理念: 包装设计采用插画风格,通过融入"苏坝"当地桃花源的场景、彝族、千亩桃源等元素,让品牌更加有亲和力并拉近其与采摘游客的距离,从而达到让游客"走进来",通过彝族特色文化与当地农产品相结合,实现"走出去"的效果。融合更多的彝族文化,产生特色的符号印记,是我们吸引客户的亮点,更能强化品牌效益。视觉上,也是较为贴近水蜜桃本身的颜色,整体上为绿色,体现出自然生态的感觉。希望通过本次包装设计实践,充分展示地方文化、提升包装品牌形象,让苏坝水蜜桃包装在同类产品中脱颖而出。

创意设计: 视传1182 张娜

指导老师: 梁黎

完成时间: 2021年

第二十六例 『虾稻间』大米包装设计

乡村地址：湖北省武汉市蔡甸区永安街道竹林村

设计理念：本作品以农产品伴手礼为定位，从水稻这一传统农作物出发，探寻其背后深厚的文化内涵与实用价值。当秋日的阳光洒满金黄的水稻田，人们辛勤地收获稻谷，随后将其精心处理并珍藏于稻仓之中，以此确保四季粮食的稳定供应。这一古老而智慧的存储方式，不仅展现了人类对自然规律的敬畏与顺应，更彰显了农业文明的深远影响。

福袋作为承载着吉祥、好运与福气的象征，其深厚的文化内涵与美好的寓意，与农产品伴手礼的定位相得益彰。为防止钱币或福气外泄，福袋的口部常被紧紧系住，这一细节不仅体现了人们对财富与福气的珍视，更赋予了福袋留住财运、系住幸福的特殊意义。同时，福袋的重复使用性也彰显了其环保与实用的双重价值，与现代农业倡导的可持续发展理念相契合。

本农产品伴手礼以水稻与福袋为设计灵感，融合了传统文化与现代审美，旨在为消费者带来一份既具实用性又富含文化韵味的礼物。通过这一设计，我们希望能够传承与弘扬中华优秀传统文化，让更多的人在品味美食的同时，感受到深厚的文化底蕴与美好寓意。

创意设计：视传1203 李晓雯 幸东升

指导老师：姚田

完成时间：2022年

包装设计

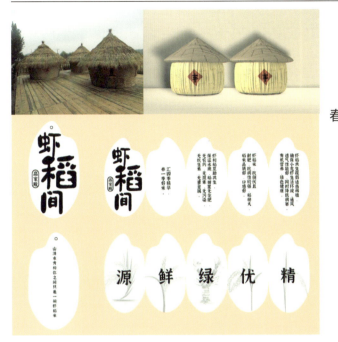

"虾稻共生"育一稻两虾，绿色生态种养技术；

一年仅收获一季稻、两期虾；

一场源于大自然原生态的接力赛；

春季高家畈人们辛勤劳作，水稻插秧、投放虾苗；

夏季稻米开花结穗，崭露头角，

待到秋季时，稻谷大丰收后；

小龙虾也开始了在稻田里的接力赛，

冬季过后，待到来年；

经过小龙虾耕耘过的土地愈加肥沃，

如此循环轮替，

孕育了自然原生态的高家畈虾稻米；

汇四季精华，养一季好米。

包装效果图

第二十七例 『老高家』土鸡蛋包装设计

乡村地址： 湖北省武汉市蔡甸区永安街道竹林村

项目背景： 通过调研发现竹林村土鸡蛋市场需求量大且价格平民化，同时村庄三面环湖的自然环境为其提供了独特优势。但现有包装未能充分展现产品特色与背后的故事。为满足消费者、竹林村及农民的不同需求，计划通过创新包装设计，融合文化元素与生态理念，提升产品附加值，促进该村旅游与生态农业的融合发展。

设计理念： 为了让土鸡蛋的包装成为消费者对竹林村记忆的载体，让质朴的土鸡蛋包装传播竹林村的地域风光，包装装饰图采用经处理的竹林村实景图，于是也就有了"湖边原生态，老高家土鸡蛋"通俗易懂的广告语。

有便宜省钱的运输包，有精致送人的礼盒

让土鸡蛋不土

传播竹林村地域风光

让包装成为消费者对竹林村记忆的载体

看着就是土鸡蛋的包装，质朴感

方便农民运输、贮存、销售

创意设计： 视传1203 王洁

指导老师： 姚田

完成时间： 2022年

包装品牌及产品名称

图形	含义		图形	含义
	田，湖泊			鸡冠、五个鸡蛋 ——热销皇冠			鱼塘、麦田 ——生态环境
	太阳				
	祥云			湖泊水纹 ——寓意财富			三面环湖 ——地区地貌
	丘壑				

包装结构

尝鲜装：蛋托结构，6枚/10枚   礼盒装:圆盒结构，15枚   运输装：纸箱+泡沫盒结构，50枚

包装效果图

第二十八例
『竹林田居』大米包装设计

乡村地址：湖北省武汉市蔡甸区永安街道竹林村

设计理念：该设计以中国水墨画风格为主题，以黑白色为主色调，画面中运用了虾和稻等元素，表现春种秋收等场景，方案一的形态上采取了战国铜利量器商鞅方升的特征，并结合其本身的作用，将把手处改为可以伸缩的出米口，使用pvc透明板留下一粒米形状的镂空，并在旁边标上刻度，增加包装的互动性。方案二采用四个小正方体组合起来的形态，上方是"春种一粒粟，秋收万颗子"的四张水墨插画，整体使用牛皮纸袋包裹真空米，包装加上腰封，成本低，且便于运输。

创意设计：视传1203 胡泊 王泽企

指导老师：姚田

完成时间：2022年

方案一

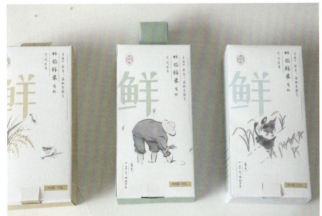

方案二

第二十九例 『香菇辣酱』包装设计

乡村地址：湖北省襄阳市南漳县双坪村

项目背景：基于前期"三国菌"香菇酱的成功，该企业发现出差与求学人群对便捷美食有高度需求。为响应市场，企业针对此群体，开发了新型小包装产品。该产品不仅保留了原有香菇酱的经典风味与营养价值，更在包装上力求轻便、易携，且注重保鲜密封。此举旨在满足特定消费需求，提升品牌认知，并为企业的可持续发展探索新路径。

设计理念：在人物元素的运用上，选择了三国时期的名将张飞作为形象代表。张飞以勇猛、豪放著称，其形象与辣酱辛辣、刺激的特性相契合，能够很好地传达出产品的口感特点。同时，张飞作为历史人物，也具有一定的文化价值，能够增加产品的文化内涵和吸引力。

在图案设计上，卡通风格的香菇和辣椒图案既符合产品的主题，又增加了包装的趣味性。香菇图案表明了产品的主料，而辣椒图案则直接点明了产品的口味。这种直观的图案设计能够让消费者在短时间内对产品产生深刻的印象。

创意设计：姚田

完成时间：2024年

第三十例 『金山火蒜』包装设计

乡村地址：广东省开平市

设计理念：金山火蒜是开平市闻名遐迩的土特产，栽培历史悠久，是主要的冬种作物之一。因蒜头晾干后用烟熏，致使蒜头的表皮形成棕色黑色，故称"火蒜"。火蒜的包装以网状及纸箱为主。这套包装既可以单独售卖又可以捆绑式售卖。外包装手提只采用两面，节约了材料成本。金山火蒜内包装使用抽屉式，外包装使用两块瓦楞纸将其固定，并在顶部瓦楞背面写上金山火蒜的特点、产地等。火蒜包装底，部采用插画形式，根据开平当地建筑特点将碉楼绘制在底部四个包装连起来就是一幅完整的插画。

创意设计：姚田 陆依超

完成时间：2020年

第三十一例 『广合腐乳』包装设计

乡村地址：广东省开平市

设计理念：包装设计深化开平碉楼与腐乳工艺的联系。在盒面上的插图图案中，巧妙地融合碉楼的建筑特色与腐乳的传统工艺，比如通过窗户的形状、材质等元素暗示腐乳的发酵过程或独特口感。

插图加入一些地方特色的细节元素，如开平的水乡、传统手工艺品等，以进一步凸显地域文化特色。

确保包装上每个小窗户都能轻松地抠出腐乳小盒子，同时保证盒子的结构强度和美观度。可以考虑在抠出位置设置易拉线或轻微的切割线来辅助消费者操作。

除了抠出腐乳小盒子外，还可以在盒盖或盒底设计一些有趣的互动元素，如拼图、小游戏等，增强礼盒的趣味性。

创意设计：姚田 张萌

完成时间：2020年

第三十二例
『屈稻』包装设计

乡村地址：湖北省京山市屈家岭

项目背景：湖北省屈家岭，享有长江中游地区最早新石器时代大型聚落遗址的美誉，其农耕文明历史源远流长。屈家岭出土的碳化稻谷已有五千年历史，是荆楚文明的重要见证。为了传承屈家岭文化，同时满足现代消费者对大米品质和包装设计的双重需求，特针对屈家岭大米设计全新包装。该包装将屈家岭文化元素与现代审美巧妙融合，旨在彰显文化底蕴，提升市场竞争力，为消费者提供独特购买体验。

设计理念：屈稻稀米茶、黄花粘大米及屈稻洋西早三款产品包装，分别以宁静蓝、温暖黄、高贵紫为主色调，灵感源自屈家岭的自然风光与文化底蕴，旨在传达产品的纯净、健康与珍稀特性。广告语"每一餐，都是回家吃饭"，温馨唤起消费者对家的情感共鸣，让每次用餐都成为心灵的归宿。

创意设计：视传1163 潘君燕 朱睿怡 王丹仪

指导老师：梁黎

完成时间：2020年

第三十三例 屈家岭矿物质水包装设计

乡村地址：湖北省京山市屈家岭

设计理念：屈家岭矿物质水的包装设计将经典矩形形态与独特的开窗式设计相结合，左右侧采用圆角矩形开窗，便于消费者提携。内部结构上，圆形开孔设计不仅固定了矿泉水瓶，同时顶部的开孔也起到了美化和稳定作用，满足了包装的结构和外观需求。色彩上，我们选择了与矿泉水特性相符的冷色调蓝绿色，传递出清新、纯净的感觉。外观上，山水插画与英文字母的结合，既展现了传统韵味又融入了现代元素，整体设计简洁而雅致，给人带来清新冷冽的视觉享受。

创意设计：视传1163　陈世达

指导老师：姚田

完成时间：2020年

屈家岭 QUJIALING
Mineral water
Every drop of water is a gift from nature
每一滴水都是来自于屈家岭的回馈

瓶身瓶贴 （矿泉水包装）

第三十四例
『屈物』白茶包装设计

乡村地址:湖北省京山市屈家岭

设计理念:在包装设计中,通过采用丰富的自然元素和细腻的图案,以及舒适的色调和简洁的排版来表达这一主题。例如,使用茶叶生长的自然环境——茶园、山水、云雾等元素,以及茶叶本身的形态和纹理来展现白茶的纯净与天然。同时,在色彩上选择柔和的色调,如淡绿、米白等,传递出闲适和宁静的感觉。

创意设计:视传1183 胡婷钦

指导老师:姚田

完成时间:2021年

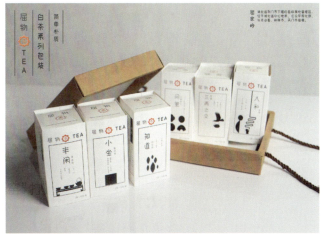

第三十五例
『小屈先生』
咸水花生包装设计

乡村地址：湖北省京山市屈家岭

设计理念：本包装设计旨在以"小屈先生"这一亲切、可爱的形象，将屈家岭花生的高品质和文化底蕴传递给消费者。整个设计追求简约而不失时尚，温馨而不失格调，力求在视觉上给消费者留下深刻的印象。

"小屈先生"是本次设计的核心元素，以一个穿着黄色衣服、戴着帽子、面带微笑的可爱小人形象出现。这一形象设计既体现花生的圆润、饱满特质，又富有亲和力，容易引起消费者的共鸣。

盒子正面印有"想吃花生就吃小屈先生"的宣传语，直接明了地传达了产品特点和品牌名称。侧面则标有"屈家粉""小屈先生""屈家岭咸水花生"字样，强调产品的品牌和产地。

创意设计：视传1163 李畅宇

指导老师：姚田

完成时间：2019年

第三十六例 南漳银杏果包装设计

乡村地址：湖北省襄阳市南漳县双坪村

设计理念：首先，强调地域特色和文化底蕴。通过"南漳特产"的字样，突出了产品的地域性，使消费者能够立刻联想到南漳这一地区丰富的农产品资源和独特的风土人情。

其次，包装注重与消费者的情感连接。产品名称"小杏运"和广告语"吃出'杏'运，开启'杏'运"巧妙地运用了"杏"字的谐音，寓意着食用银杏果能够带来好运和幸福。这种富有创意和趣味性的表达方式，能够引发消费者的共鸣和购买欲望。

最后，包装在视觉上采用了醒目的色彩和图案，以吸引消费者的注意力。黄色和绿色等自然色调的运用，既符合银杏果的自然属性，又给人一种清新、健康的感觉。同时，整体的布局和排版也体现了设计的精致和用心。

本次南漳银杏果的包装设计充分融合了地域特色、情感连接、信息呈现和视觉吸引力等要素，形成了一种独特而富有创意的设计理念。这种设计理念不仅有助于提升产品的品牌形象和市场竞争力，还能为消费者带来更好的购物体验。

创意设计：姚田

完成时间：2023年

第三十七例 张家港市凤凰山茶包装设计

乡村地址: 江苏省张家港市

设计理念: 本设计作品以张家港市凤凰山茶为核心,精心打造了一款礼盒装包装。礼盒外观简约大方,内含天地盖式结构的内盒,给人一种优雅与实用的完美融合之感。此外,礼盒内附有一张精心设计的卡片,上面详细介绍了张家港市特色凤凰山茶的历史、制作工艺与独特风味,旨在让收到礼盒的人能够更全面地了解并欣赏这款产品。

礼盒内部的设计同样别具一格,三个三棱柱式的侧面抽拉盒型巧妙地展现了凤凰山茶中的三种独特口味:草莓绿茶、青柠翠绿与蜜桃白茶。这种设计不仅使每种口味的茶叶得到了充分的展示,还为消费者带来了别具一格的取用体验。

每个口味茶叶的包装采用了透明的三角茶包,不仅方便消费者观察茶叶的品质与色泽,还能有效保持茶叶的新鲜度。每个包装内含10袋茶叶,充分满足了消费者的日常品饮需求。

为了迎合20—30岁年轻人群体的审美与养生需求,本包装设计打破了传统的色彩与样式限制,采用了小清新的设计风格。主色调为高级粉色、绿色与黄色,这些柔和而温暖的色彩不仅令人心情愉悦,还凸显了果茶所带来的甜美与温馨。此外,包装上还巧妙地运用了水果插花元素,进一步提升了产品的视觉吸引力,打动了众多年轻消费者的心。

创意设计: 视传1193 童艺

指导老师: 姚田

完成时间: 2022年

第三十八例

东义洲老米酒包装设计

乡村地址:湖北省麻城市

项目背景:首先,米酒是中国传统酿造饮品,具有深厚的历史和文化底蕴。随着消费者对健康、品质和口感的要求不断提高,米酒市场正迎来新的发展机遇。对于东义洲老米酒来说,抓住这一市场趋势,通过创新的包装设计来提升产品形象和市场份额,显得尤为重要。

其次,包装设计在现代商业中扮演着重要的角色。一个好的包装设计不仅可以提升产品的形象,吸引消费者的眼球,还能增加销售额。对于东义洲老米酒来说,传统的包装设计可能已经无法满足现代消费者的审美需求,因此需要进行创新和改进。此外,东义洲酒厂一直在寻求创新与突破,希望通过与专家团队的合作,共同探讨企业在未来发展中的新方向与新机遇。在此背景下,酒厂决定对老米酒的包装进行设计升级,以适应市场变化和消费者需求。

设计理念:东义洲老米酒包装设计的理念是在突出品牌特色和文化底蕴的基础上,追求实用性和便捷性,同时,包装上的字体和图案设计都体现出了传统中国文化的元素,既彰显了米酒的传统酿造工艺,又凸显了品牌的历史和文化内涵。这样不仅提升了产品的品牌形象和市场竞争力,也符合现代消费者的审美和需求。

创意设计:姚田　李娴

完成时间:2023年

实地调研

设计思路

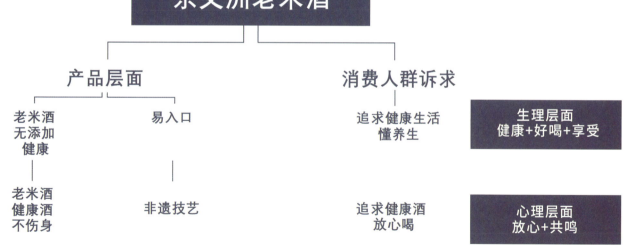

沟通汇报

元素提取

稻穗	杜鹃	金银花	山	传统酿造

素描插画

包装设计

包装效果图

乡村设计实践掠影

深入鄂州岳石洪村开展"青禾一村一品"设计助力乡村实践活动

"青禾一村一品"实践队黄陂行，探寻乡村振兴新路径

"青禾一村一品"实践队深入蔡甸区竹林村助力乡村振兴

"青禾一村一品"实践队助力"武汉知音文化艺术岛"项目筹备

"青禾一村一品"实践队于蔡甸高新村实践

"青禾一村一品"实践队于红安县八里湾公共空间美化

"青禾一村一品"实践队于湖北省长阳土家族自治县渔峡口镇实践

"青禾一村一品"实践队助力湖北省黄石市陶港镇一村一品建设

"青禾一村一品"实践队助力湖北省十堰市龙山镇龙山咀村"橘橙"之乡打造

"青禾一村一品"实践队助力武汉蔡甸区火焰村"十里莲花养心谷"升级

"青禾一村一品"实践队助力湖北省武汉市江夏区"瓷窑"打造

"青禾乡村行动"我为家乡做设计之陶港特色农文旅包装设计展

民國五年刻本　家譜綜目 307 頁　譜總目
2010 頁

**（江蘇江陰）三官馬氏宗譜十四卷首一卷補遺
四卷**

馬慶餘　馬凌雲等重修

民國十八年伏波堂刻本　家譜綜目 309 頁　譜
總目 1995 頁

繁陽馬氏宗譜十九卷

馬驥如纂

民國三十二年刻本　家譜綜目 309 頁　譜總
目 2017 頁

畢

（浙江）蘭溪畢氏宗譜六卷

畢鍾壬纂修

民國八年刻本　家譜綜目 310 頁

倪

（上海崇明）倪氏家乘不分卷

倪錫爵等纂修

民國十三年刻本　譜總目 2029 頁

（江蘇鎮江）丹徒倪氏族譜十四卷首一卷

倪思宏纂修　倪文濤編纂

民國十二年怡德堂刻本　家譜綜目 311 頁　譜
總目 2029 頁

（浙江蘭溪）倪氏宗譜七卷

纂修者不詳

民國十九年刻本　家譜綜目 311 頁　譜總目
2034 頁

（浙江蘭溪）龍門倪氏宗譜十卷

纂修者不詳

民國二十五年刻本　家譜綜目 311 頁　譜總
目 2034 頁

（浙江）蘭溪瀫西倪氏宗譜

纂修者不詳

民國三十六年刻本　家譜綜目 311 頁　譜總
目 2034 頁

徐

（山東淄博）徐氏世譜不分卷

徐承傑主編

民國二十三年刻本　譜總目 2125 頁

（吉林永吉）吉林永吉徐氏宗譜四卷

徐鼐霖續修

民國十九年刻本　家譜綜目 313 頁　譜總目
2044 頁

（江蘇興化）徐氏家譜十一卷附徐氏老譜備考

徐振書續修

民國二十六年刻本　家譜綜目 314 頁　譜總
目 2048 頁

（江蘇昆山）徐氏家譜不分卷

徐景星等纂修

民國三年昆山堂刻本　譜總目 2059 頁

（浙江餘姚）姚江菖蒲塘徐氏宗譜四卷

徐啓釗等修

民國二十五年雍肅堂刻本　家譜綜目 318 頁
譜總目 2072 頁

**（浙江餘姚）姚江眉山縣徐氏宗譜二卷首一卷
末一卷**

徐濠等重修

民國二十二年敦本堂刻本　家譜綜目 319 頁
譜總目 2072 頁

（浙江鄞縣）鄞西徐氏宗譜二卷

汪培經　汪崇幹纂

民國四年刻本　家譜綜目 319 頁　譜總目
2069

（浙江鄞縣）鄞西徐氏宗譜二卷

汪崇幹纂

民國二十六年刻本　家譜綜目 319 頁　譜總

目 2069

（浙江鄞縣）四明杜岙徐氏宗譜四卷
纂修者不詳
民國二十年刻本　家譜綜目 319 頁

（浙江金華）永清徐氏宗譜□□卷
纂修者不詳
民國十一年重修刻本　家譜綜目 321 頁

（浙江蘭溪）徐氏家乘八卷
纂修者不詳
民國二年刻本　家譜綜目 321 頁

（浙江）蘭溪半源徐氏宗譜三卷
纂修者不詳
民國三年刻本　家譜綜目 322 頁

（浙江蘭溪）湖川菇溪徐氏宗譜□□卷
纂修者不詳
民國十一年重修刻本　家譜綜目 322 頁

（浙江蘭溪）徐氏宗譜二十卷
纂修者不詳
民國十四年刻本　家譜綜目 322 頁

（浙江蘭溪）蓋竹徐氏宗譜四卷
徐紀雲重纂
民國十五年刻本　家譜綜目 322 頁

（浙江蘭溪）徐氏宗譜五卷
纂修者不詳
民國二十三年刻本　家譜綜目 322 頁

（浙江）蘭溪施旺徐氏宗譜一卷
纂修者不詳
民國二十六年修刻本　家譜綜目 322 頁

（浙江）蘭溪施旺徐氏宗譜三卷
纂修者不詳
民國二十八年續修刻本　家譜綜目 322 頁

（浙江蘭溪）徐氏宗譜二卷

纂修者不詳
民國二十九年刻本　家譜綜目 322 頁

（浙江蘭溪）東海徐氏宗譜七卷
徐來順重纂
民國二十九年刻本　家譜綜目 322 頁

（浙江蘭溪）珠帶式徐氏宗譜四卷
吳寶三修纂
民國二十九年刻本　家譜綜目 322 頁

（浙江）蘭溪徐氏宗譜十二卷
纂修者不詳
民國三十三年重纂刻本　家譜綜目 322 頁

（浙江蘭溪）樟林徐氏宗譜二十二卷
纂修者不詳
民國三十四年刻本　家譜綜目 322 頁

（浙江）蘭溪徐氏宗譜六卷
孫鹿鳴重纂
民國三十五年刻本　家譜綜目 322 頁

（浙江蘭溪）樂塘崇儒里徐氏宗譜九卷
水鍊重纂
民國三十六年刻本　家譜綜目 322 頁

（浙江）蘭溪徐氏宗譜四卷
邵春生纂修
民國三十七年刻本　家譜綜目 322 頁

（浙江浦江）浦陽徐氏宗譜六卷
纂修者不詳
民國二十九年刻本　家譜綜目 323 頁

（浙江常山）官莊徐氏宗譜二卷
魏紹斯重修
民國十七年刻本　家譜綜目 323 頁　譜總目 2086 頁

（浙江常山）旗峰徐氏宗譜八卷
纂修者不詳
民國六年刻本　家譜綜目 323 頁　譜總目

2085 頁

（浙江常山）隔街徐氏宗譜□□卷
纂修者不詳
民國八年刻本　家譜綜目 323 頁　譜總目
2085 頁

（浙江常山）上嘉源徐氏宗譜十二卷
徐俊重修
民國八年刻本　家譜綜目 323 頁　譜總目
2086 頁

（浙江常山）九峰徐氏宗譜八卷
徐集賢重修
民國十四年刻本　家譜綜目 323 頁

（浙江常山）九峰徐氏世傳宗譜八卷
王逢圖重修
民國十四年刻本　家譜綜目 323 頁　譜總目
2086 頁

（浙江常山）定陽猷閣徐氏宗譜十一卷
王逢圖續修
民國十四年刻本　家譜綜目 323 頁　譜總目
2085 頁

（浙江常山）定陽猷閣徐氏宗譜不分卷
徐秉公等重修
民國十四年刻本　家譜綜目 323 頁

（浙江常山）塘沿徐氏宗譜二卷
纂修者不詳
民國二十年刻本　家譜綜目 324 頁　譜總目
2086 頁

（浙江常山）徐氏宗譜六卷
徐士俊纂修
民國二十年刻本　家譜綜目 324 頁

（浙江常山）徐氏宗譜四卷首一卷末一卷
徐燮重修
民國二十五年刻本　家譜綜目 324 頁

（浙江常山）陳家徐氏宗譜六卷
徐燮續修
民國二十六年刻本　家譜綜目 324 頁　譜總
目 2086 頁

（浙江常山）賢良東湖徐氏宗譜□□卷
纂修者不詳
民國二十七年刻本　家譜綜目 324 頁　譜總
目 2086 頁

（浙江常山）瑶嶺徐氏宗譜三卷
劉宗盛重修
民國二十七年刻本　家譜綜目 324 頁　譜總
目 2086 頁

（浙江常山）金村徐氏宗譜三卷
洪張重修
民國二十八年刻本　家譜綜目 324 頁　譜總
目 2086 頁

（浙江常山）溪上徐氏宗譜六卷
徐占蘭續修
民國三十三年刻本　家譜綜目 324 頁　譜總
目 2086 頁

（浙江常山）定陽徐氏續修宗譜三卷
毛文瑞續修
民國三十四年刻本　家譜綜目 324 頁　譜總
目 2086 頁

（浙江常山）雷峰徐氏宗譜五卷
纂修者不詳
民國三十五年刻本　家譜綜目 324 頁　譜總
目 2084 頁

（浙江常山）東海徐氏宗譜□□卷
王文輝續修
民國三十七年刻本　家譜綜目 324 頁　譜總
目 2086 頁

（浙江松陽）斗潭徐氏宗譜三卷
毛琢成　楊遇春同纂

民國四年刻本　家譜綜目 325 頁

（浙江松陽）黃南徐氏宗譜二卷
徐慶福撰序
民國十六年刻本　家譜綜目 325 頁

（浙江海鹽）海鹽豐山徐氏重修家乘十八卷首一卷
徐丙奎等纂修
民國四年刻本　譜總目 2066 頁

（浙江黃岩）鳳陽徐氏宗譜十六卷首一卷末一卷
徐正言主修
民國十七年刻本　譜總目 2102 頁

（浙江麗水）東海郡徐氏宗譜四卷
纂修者不詳
民國三十六年刻本　譜總目 2105 頁

（安徽）徐氏族譜□□卷
纂修者不詳
民國間刻本　家譜綜目 325 頁

（江西南昌）徐氏宗譜十一卷首一卷
纂修者不詳
民國十七年南州堂刻本　譜總目 2120 頁

（江西樂平）南州徐氏族譜十二卷首一卷
徐炳福主修
民國二十八年刻本　譜總目 2120 頁

（江西宜豐）徐氏大成五修族譜五卷
徐明近主修
民國十年刻本　譜總目 2125 頁

（湖北新洲）徐氏宗譜八卷首二卷
纂修者不詳
民國五年刻本　家譜綜目 327 頁　譜總目 2127 頁

（湖北新洲）徐氏宗譜六卷
徐光炯續修
民國五年刻本　家譜綜目 327 頁　譜總目

2127 頁

（湖北新洲）徐氏宗譜□□卷
徐傳斌續修
民國二十七年刻本　家譜綜目 328 頁　譜總目 2127 頁

（湖北新洲）徐氏宗譜二十四卷首三卷
纂修者不詳
民國九年刻本　家譜綜目 328 頁　譜總目 2127 頁

（湖南長沙）徐氏三修支譜四卷首二卷
纂修者不詳
民國十六年東海堂刻本　譜總目 2129 頁

（湖南）澧縣徐氏族譜十七卷
崔駿纂
民國四年刻本　家譜綜目 328 頁　譜總目 2130 頁

（雲南師宗）師宗徐氏本支字派一卷
徐崟纂修
民國二十九年刻本　譜總目 2140 頁

徐氏家譜不分卷
徐景星等纂
民國三年昆山堂刻本　家譜綜目 331 頁

徐氏統宗世譜不分卷
徐呈洛纂
民國九年刻本　家譜綜目 331 頁

殷

（江蘇揚中）殷氏家譜□□卷
纂修者不詳
民國間刻本　家譜綜目 332 頁　譜總目 2149 頁

（湖北黃岡）黃岡殷氏宗譜
黃明旭等重修
民國四年楚珍堂刻本　家譜綜目 332 頁　譜總目 2153 頁

翁

（浙江常山）丹山翁氏宗譜四卷

徐燮重修

民國二十九年刻本　家譜綜目 333 頁　譜總
目 2157 頁

（浙江蘭溪）翁氏宗譜八卷

纂修者不詳

民國十四年刻本　家譜綜目 333 頁

郭

（江蘇揚中）郭氏家譜□□卷

纂修者不詳

民國間刻本　家譜綜目 335 頁

（福建南安）蓬島郭氏家譜□□卷

郭章等修

民國十九年刻本　家譜綜目 337 頁　譜總目
2178 頁

（福建）（郭氏）舊德述聞六卷

郭則澐纂修

民國二十五年福州郭氏蟄園校刻本　譜總目
2177 頁

（福建福州）福州郭氏支譜十卷首一卷

郭兆昌等纂修

民國十五年刻本　譜總目 2177 頁

（福建上杭）郭氏東壩公一脉譜十卷

雷熙春纂修

民國十一年刻本　譜總目 2179 頁

（河南）新鄉郭氏族譜十二卷

郭荃階　郭慶雲續修

民國四年孝思堂刻本　家譜綜目 337 頁　譜
總目 2187 頁

（湖北新洲）郭氏宗譜首四卷

郭子秀　郭席珍等續修

民國十六年刻本　家譜綜目 337 頁　譜總目
2187 頁

（湖北新洲）郭氏宗譜

郭雲漢續修

民國二十二年刻本　家譜綜目 337 頁　譜總
目 2187 頁

（湖北新洲）郭氏宗譜四十卷首十四卷

郭啓愛　郭可裕等四修

民國二十二年刻本　家譜綜目 338 頁　譜總
目 2187 頁

（湖北新洲）郭氏宗譜四卷首二卷

郭存瑜　郭宗林等創修

民國二十四年刻本　家譜綜目 338 頁　譜總
目 2188 頁

汾陽郭氏八修宗譜十二卷

郭衷棠等主修　郭衷儒等纂修

民國二十三年崇本堂刻本　家譜綜目 339 頁

（臺灣臺北）蓬島郭氏家譜副譜

郭章纂修

民國十九年刻本　譜總目 2201 頁

高

（江蘇泰州）續修高氏遷泰支譜一卷

纂修者不詳

民國十四年刻本　家譜綜目 434 頁　譜總目
2208 頁

（江西萍鄉）萍北大源頭高氏族譜□□卷

纂修者不詳

民國三年敦本堂刻本　家譜綜目 437 頁

（湖北黃岡）楚黃高氏宗譜三十五卷

高代敬　高久萬等三修

民國十八年刻本　家譜綜目 438 頁　譜總目
2224 頁

（湖北新洲）高氏宗譜十五卷首三卷

高緒煜三修

民國三十四年刻本　家譜綜目 438 頁　譜總目 2224 頁

（湖北新洲）高氏宗譜九十四卷首六卷

纂修者不詳

民國三十六年刻本　家譜綜目 438 頁　譜總目 2224 頁

（湖北黃岡）齊安高氏宗譜四卷

高能錦督修

民國四年安愚堂刻本　家譜綜目 438 頁　譜總目 2224 頁

（四川內江）高家坡高氏族譜四卷

高第纂修

民國八年刻本　家譜綜目 438 頁　譜總目 2229 頁

渤海高氏宗譜十卷

纂修者不詳

民國二十年江西臨川胡遂川刻本　家譜綜目 439 頁　譜總目 2235 頁

唐

（江蘇武進）毗陵唐氏家譜不分卷

纂修者不詳

民國間刻本　家譜綜目 341 頁

（浙江蘭溪）東魯唐氏族譜一卷

纂修者不詳

民國五年修刻本　家譜綜目 342 頁

（浙江常山）晉昌唐氏宗譜四卷

祝其三重修

民國六年刻本　家譜綜目 342 頁　譜總目 2246 頁

（浙江常山）球川里山唐氏宗譜八卷

纂修者不詳

民國二十二年刻本　家譜綜目 342 頁　譜總目 2246 頁

（湖北新洲）唐氏宗譜

唐江濤　唐秀清等重修

民國七年刻本　家譜綜目 343 頁　譜總目 2252 頁

（湖南湘潭）中湘唐氏朝支六修譜十四卷

唐澤耀重修

民國二十六年德本堂刻本　家譜綜目 343 頁　譜總目 2259 頁

（廣西灌陽）唐氏族譜五卷

（清）唐廷植等纂修

民國二十五年褥經堂刻本　家譜綜目 344 頁　譜總目 2265 頁

（廣東連山）唐氏族譜五卷

唐慶餘纂修

民國三十四年刻本　譜總目 2264 頁

（四川綿陽）綿西唐氏二修族譜十二卷首一卷

唐恭文　唐恭馨等修

民國十七年昌晉堂刻本　家譜綜目 344 頁 譜總目 2267 頁

（四川達縣）唐氏族譜不分卷

唐華山纂修

民國二十五年刻本　譜總目 2267 頁

凌

（浙江常山）凌氏宗譜七卷

纂修者不詳

民國十七年刻本　家譜綜目 345 頁　譜總目 2272 頁

陸

（上海崇明）陸氏大宗世譜

陸志銓　陸師泮纂修

民國四年務本堂刻本　譜總目 2287 頁

（江蘇武進）晉陵陸氏宗譜十二卷

陸世法　陸懋生修

民國九年懷忠堂刻本　家譜綜目 348 頁　譜總目 2289 頁

（江蘇吳江）平原松陵陸氏宗譜十二卷首一卷

陸乃普重編

民國十三年刻本　家譜綜目 350 頁　譜總目 2293 頁

（浙江餘姚）孝義陸氏宗譜七卷首三卷

陸今纂修

民國二十八年咸秩堂刻本　家譜綜目 350 頁　譜總目 2297 頁

（浙江海寧）海昌鵬坡陸氏宗譜三十卷

陸鶴翔等纂修

民國三年希賢祠刻本　家譜綜目 351 頁　譜總目 2295 頁

陳

（上海崇明）陳氏家乘不分卷

（清）陳瓚等纂修

民國元年怡善堂刻本　譜總目 2309 頁

（江蘇溧水）溧水陳氏續修宗譜

陳允鏊等纂修

民國十一年聚星堂刻本　家譜綜目 352 頁　譜總目 2309 頁

（江蘇丹陽）雲陽陳氏宗譜□□卷

陳琦重修

民國三十四年刻本　家譜綜目 354 頁　譜總目 2317 頁

（浙江海寧）海寧渤海陳氏宗譜二十八卷首一卷終一卷

陳賡笙修

民國二年至七年陳氏義莊刻本　家譜綜目 360 頁　譜總目 2334 頁

（浙江長興）陳氏宗譜□□卷

陳作舟　陳惟吾主修

民國六年刻本　家譜綜目 360 頁

（浙江蘭溪）陳氏宗譜

纂修者不詳

民國四年刻本　家譜綜目 362 頁　譜總目 2364 頁

（浙江蘭溪）潁川陳氏宗譜十四卷

纂修者不詳

民國七年刻本　家譜綜目 362 頁　譜總目 2364 頁

（浙江蘭溪）瀫南陳氏宗譜四卷

纂修者不詳

民國十三年刻本　家譜綜目 362 頁　譜總目 2364 頁

（浙江蘭溪）富春陳氏宗譜三卷

纂修者不詳

民國十四年刻本　家譜綜目 363 頁　譜總目 2364 頁

（浙江蘭溪）金鐘陳氏宗譜三卷

纂修者不詳

民國十九年刻本　家譜綜目 363 頁　譜總目 2364 頁

（浙江蘭溪）潁川郡陳氏宗譜三卷

纂修者不詳

民國二十二年刻本　家譜綜目 363 頁　譜總目 2364 頁

（浙江蘭溪）芝堰陳氏宗譜七卷

纂修者不詳

民國三十六年刻本　家譜綜目 363 頁

（浙江義烏）繡川陳氏宗譜三十八卷

陳傑仙纂修

民國三十七年刻本　譜總目 2372 頁

（浙江浦江）浦陽陳氏宗譜

陳志禎　陳志穆纂

民國二十三年刻本　家譜綜目 363 頁

（安徽黃山）仙源陳氏育麟譜不分卷

纂修者不詳

民國八年敦本堂刻本　譜總目 2426 頁

（福建邵武）陳氏族譜

陳道堯纂修

民國七年刻本　譜總目 2434 頁

（福建安溪）南斗東山祖陳氏族譜

陳朝棟纂修

民國二十八年刻本　譜總目 2438 頁

（江西興國）陳氏義門重修族譜

陳俊昌纂修

民國十五潁川堂年刻本　譜總目 2450 頁

（山東淄博）東鄒陳氏族譜一卷

陳諧纂修

民國五年刻本　譜總目 2458 頁

（山東曲阜）陳氏族譜六卷首一卷末一卷

陳之澍等修

民國十六年大字刻本　家譜綜目 370 頁

（河南開封）陳橋陳氏宗譜十卷末一卷

周世球　周人佐等修

民國三十七年光裕堂刻本　家譜綜目 370 頁

（湖北新洲）義陳宗譜十卷

陳先秉　陳濬川等修

民國四年刻本　家譜綜目 370 頁　譜總目 2462 頁

（湖北新洲）陳氏大成宗譜十二卷首三卷

陳受先　陳毓鑫等修

民國十六年刻本　家譜綜目 370 頁　譜總目 2462 頁

（湖北新洲）義門陳氏宗譜四卷

纂修者不詳

民國十九年刻本　家譜綜目 370 頁　譜總目 2462 頁

（湖北新洲）陳氏宗譜五卷

陳朗珊修

民國二十二年刻本　家譜綜目 370 頁　譜總目 2462 頁

（湖北新洲）陳氏宗譜六十五卷首二卷末一卷

陳爵封　陳本賜等修

民國二十三年刻本　家譜綜目 370 頁　譜總目 2462 頁

（湖北新洲）義門陳氏宗譜二十二卷首三卷

陳文彩等修

民國二十四年刻本　家譜綜目 370 頁　譜總目 2463 頁

（湖北新洲）陳氏宗譜十卷

陳彩臣修

民國二十六年刻本　家譜綜目 371 頁　譜總目 2463 頁

（湖北新洲）陳氏宗譜十二卷首一卷末二卷

纂修者不詳

民國二十九年刻本　家譜綜目 371 頁　譜總目 2463 頁

（湖北新洲）義門陳氏宗譜二十四卷

陳玉階修

民國三十三年刻本　家譜綜目 371 頁　譜總目 2463 頁

（湖北新洲）義門陳氏宗譜二十四卷

陳尚玨修

民國三十三年刻本　家譜綜目 371 頁　譜總目 2463 頁

（湖北新洲）花園陳氏宗譜三十卷首四卷

陳天銘　陳潔夫等修

民國三十六年刻本　家譜綜目 371 頁　譜總

目 2463 頁

（湖北新洲）陳氏宗譜十卷
陳本荃　陳期能修
民國三十六年刻本　家譜綜目 371 頁　譜總目 2463 頁

（湖北鄂州）鄂城義陽陳氏四修宗譜十八卷首二卷
陳大通　陳大眖編
民國三十七年陳氏崇本堂刻本　家譜綜目 371 頁

（湖北咸寧）陳氏宗譜不分卷
陳德瑞纂修
民國三十六年德星堂刻本　譜總目 2465 頁

（湖南）陳氏族譜十卷首四卷
陳名獻　陳天權纂
民國二十六年刻本　家譜綜目 372 頁

（湖南）陳氏四修族譜
陳名士修
民國二十三年三相堂刻本　家譜綜目 372 頁

（湖南湘潭）鐵爐陳氏四修族譜十二卷
陳景濤纂
民國十七年德星堂刻本　家譜綜目 373 頁　譜總目 2491 頁

（湖南湘潭）中湘太陽泉陳氏五修族譜十八卷
陳志瑛　陳發音總纂
民國十八年禎華堂刻本　家譜綜目 374 頁　譜總目 2492 頁

（湖南臨武）陳氏宗譜不分卷
陳應煇纂修
民國二十二年刻本　譜總目 2501 頁

（湖南江華）江邑陳氏族譜二十四卷
纂修者不詳
民國二十三年刻本　家譜綜目 375 頁　譜總

目 2502 頁

（廣東中山）鴉崗鄉陳氏族譜
陳啓蒙修
民國十年承厚堂刻本　家譜綜目 376 頁　譜總目 2518 頁

（廣東南海）南海鶴園陳氏族譜四卷
陳萬豫等纂修
民國八年貽燕堂刻本　家譜綜目 376 頁　譜總目 2521 頁

（廣東順德）陳氏族譜二十四卷
陳熾南纂修
民國十一年崇本堂刻本　家譜綜目 376 頁　譜總目 2521 頁

（廣東順德）陳氏紫光堂族譜四卷
陳淡泉修
民國三年紫光堂刻本　家譜綜目 376 頁　譜總目 2522 頁

（廣東始興）頓綱陳氏六修族譜不分卷
陳萬鈞纂修
民國十五年南雄陳成德堂刻本　譜總目 2509 頁

（廣東乳源）陳氏族譜九卷
陳國平纂修
民國三十六年刻本　譜總目 2509 頁

（廣東寶安）寶安縣松元厦陳氏族譜
陳高發纂修
民國十四年刻本　譜總目 2517 頁

（廣西鬱林）鬱林陳氏族譜六卷又三卷
陳隆恩纂修
民國六年鬱林明德堂刻本　家譜綜目 378 頁　譜總目 2525 頁

（四川郫縣）陳氏由閩入蜀潤周公派下支譜不分卷
陳國棟編

民國十五年鄞縣陳氏培德堂刻本　家譜綜目
379 頁　譜總目 2529 頁

（四川儀隴）陳氏族譜一卷
陳琦撰
民國十一年刻本　家譜綜目 380 頁　譜總目
2530 頁

（海南文昌）陳氏家譜十五卷
纂修者不詳
民國間德星堂刻本　譜總目 2526 頁

（海南陵水）陳氏家譜二卷
陳國深纂修
民國十一年德星堂刻本　譜總目 2526 頁

陳氏族譜一卷
（清）陳炳烜纂
民國元年刻本　家譜綜目 381 頁

鴉田陳氏八修族譜不分卷
纂修者不詳
民國十五年刻本　家譜綜目 382 頁

陳氏宗譜
陳應輝修
民國二十一年刻本　家譜綜目 382 頁

陳氏先德傳志
陳三立等撰
民國間刻本　家譜綜目 382 頁

陳氏家譜
纂修者不詳
民國間刻本　家譜綜目 383 頁

陶

（江蘇蘇州）陶氏家譜六卷
陶懷照　陶謀嘉等續修
民國九年刻本　家譜綜目 384 頁　譜總目
2588 頁

（湖北新洲）陶氏宗譜三十卷
陶旭齋　陶鳳笙合修
民國十八年刻本　家譜綜目 385 頁　譜總目
2595 頁

姬

（山東泰安）續修姬氏志八卷
姬茂祥等纂修
民國二十四年刻本　譜總目 2597 頁

孫

（遼寧遼陽）孫族家世録簡明册
孫恒耀等纂修
民國十年刻本　譜總目 2601 頁

（江蘇揚中）孫氏家譜不分卷
纂修者不詳
民國間刻本　家譜綜目 387 頁　譜總目 2604 頁

（浙江杭州）孫氏列代世系表一卷
孫炳奎纂修
民國九年杭州孫氏壽松堂刻本　家譜綜目
394 頁　譜總目 2610 頁

（浙江富陽）富春王洲孫氏宗譜十一卷
纂修者不詳
民國三十五年刻本　家譜綜目 388 頁

（浙江寧波）孫氏宗譜六卷
南廷祐纂
民國二十三年刻本　家譜綜目 388 頁　譜總
目 2614 頁

（浙江餘姚）洋溪孫氏宗譜十卷
孫寶琳　孫文興修
民國二十九年永思堂刻本　家譜綜目 389 頁
譜總目 2616 頁

（浙江餘姚）餘姚開元孫氏宗譜二十卷
孫金鶴等修
民國八年刻本　家譜綜目 389 頁　譜總
目

2617 頁

（浙江鄞縣）四明章溪孫氏越水公支譜六卷首一卷末一卷

周毓邠纂修

民國十八年刻本　家譜綜目 389 頁

（安徽舒城）龍舒孫氏宗譜十卷

孫熙澤纂修

民國十一年詒德堂刻本　譜總目 2630 頁

（江西樂平）秋洲孫氏家譜不分卷

孫瑞徵纂修

民國二十九年富春堂刻本　譜總目 2631 頁

（山東淄博）孫氏家譜不分卷

孫迺琨修

民國二十三年濟南刻本　家譜綜目 393 頁　譜總目 2633 頁

（山東淄博）唐家塢孫氏家譜四卷

孫懷修纂修

民國十年刻本　譜總目 2633 頁

（山東濟寧）孫氏族譜不分卷

孫鴻等纂修

民國八年刻本　譜總目 2636 頁

（湖北新洲）孫氏宗譜二十四卷

孫甚典三修

民國三十六年刻本　家譜綜目 393 頁　譜總目 2638 頁

（湖北新洲）孫氏宗譜不分卷

孫正華　孫正啓續修

民國三十七年刻本　家譜綜目 393 頁　譜總目 2638 頁

（河南洛陽）洛陽興隆寨孫氏重修家譜不分卷

孫鳳詔等纂修

民國二十八年刻本　譜總目 2637 頁

梅

（浙江松陽）汝南梅氏宗譜一卷

梅信寬主修

民國三十六年刻本　家譜綜目 395 頁　譜總目 2648 頁

（浙江縉雲）五雲梅氏宗譜十七卷

梅允升纂修

民國三十二年刻本　譜總目 2647 頁

（湖北新洲）梅氏宗譜六卷

梅韞輝修

民國五年刻本　家譜綜目 395 頁　譜總目 2649 頁

（湖北新洲）梅氏宗譜八卷

梅烈忠三修

民國七年刻本　家譜綜目 395 頁　譜總目 2649 頁

（湖北新洲）梅氏宗譜五卷

梅公仲纂

民國三十三年刻本　家譜綜目 395 頁　譜總目 2649 頁

（湖南寧鄉）寧鄉莓田梅氏世典

（清）梅英傑纂修

民國二十年刻本　譜總目 2649 頁

黃

（上海崇明）黃氏家乘不分卷

黃岳生纂修

民國三年亦政堂刻本　譜總目 2654 頁

（浙江餘姚）四明黃氏家譜三十六卷首一卷末一卷

黃嘉谷續修

民國十六年第九洞天彝叙堂刻本　家譜綜目 398 頁　譜總目 2664 頁

（浙江鄞縣）黃氏家譜

纂修者不詳

民國三年刻本　家譜綜目 398 頁

（浙江鄞縣）黃氏家譜

纂修者不詳

民國三十五年刻本　家譜綜目 398 頁

（浙江嵊縣）剡邑黃氏宗譜四卷首一卷

黃大本　黃本萬修

民國五年五桂堂刻本　家譜綜目 400 頁　譜總目 2673 頁

（浙江蘭溪）黃氏宗譜三卷

纂修者不詳

民國八年刻本　家譜綜目 400 頁

（浙江蘭溪）黃氏宗譜十六卷

黃受謙重修

民國十一年刻本　家譜綜目 400 頁

（安徽涇縣）雙井黃氏宗譜六卷

黃鷟纂

民國四年刻本　家譜綜目 402 頁　譜總目 2700 頁

（福建邵武）杭北黃氏族譜一卷

邱正基纂修

民國八年刻本　譜總目 2704 頁

（福建邵武）鵝藪禾坪黃氏世譜不分卷

黃厚培纂修

民國十二年刻本　譜總目 2704 頁

（福建晉江）金墩潘湖黃氏族譜不分卷

黃祖陽纂修

民國二十九年刻本　譜總目 2707 頁

（福建晉江）錦塘紫雲黃氏譜牒一卷

黃瑞庭纂修

民國九年刻本　譜總目 2707 頁

（江西南昌）黃氏族譜不分卷

黃文鷗主修

民國七年衍慶堂刻本　家譜綜目 406 頁

（江西武寧）黃氏六修宗譜不分卷

合族纂修

民國三十三年刻本　譜總目 2717 頁

（江西景德鎮）昌南三橋黃氏宗譜六卷首一卷

黃軒冕等纂修

民國四年永懷堂刻本　譜總目 2717 頁

（江西浮梁）黃氏宗譜二卷

黃瑞祖等纂修

民國十七年浮西朱萃和堂刻本　譜總目 2717 頁

（江西上高）湖溪黃氏族譜二卷

黃拱長主修

民國十九年敦睦堂刻本　譜總目 2727 頁

（江西宜豐）五鹽黃氏族譜不分卷

黃氏合族纂修

民國三年刻本　譜總目 2728 頁

（湖北新洲）史黃氏宗譜十卷

黃潤堃纂修

民國三十三年刻本　家譜綜目 62 頁　譜總目 2731 頁

（湖北武昌）黃氏宗譜三卷首三卷

（清）黃之鶴等纂修

民國二年九齡堂刻本　譜總目 2730 頁

（湖南湘潭）長湖黃氏族譜不分卷

黃文鷗主修

民國七年衍慶堂刻本　譜總目 2753 頁

（湖南湘鄉）箭樓黃氏族譜二十一卷首一卷末一卷

黃秋舫主修

民國二十年敦厚堂刻本　譜總目 2754 頁

（湖南永興）黃氏宗譜二十五卷附一卷

黃清寅纂修

民國三十二年江夏堂刻本　家譜綜目 410 頁
譜總目 2756 頁

（四川内江）黄氏族譜二卷
黄祖墀纂修
民國二年刻本　家譜綜目 413 頁　譜總目
2775 頁

（廣東）黄氏五修族譜不分卷
黄雲慶纂修
民國十七年刻本　譜總目 2759 頁

（廣東南雄）黄氏六修族譜一卷
黄金聲纂修
民國十五年刻本　譜總目 2762 頁

曹

（江蘇宜興）曹氏慶餘宗譜八卷
曹嘉三　曹德榮纂修
民國四年敬思堂刻本　家譜綜目 416 頁

（浙江嘉善）嘉善曹氏淳叙録一卷
曹葆辰　曹秉章纂述
民國二十二年刻本　家譜綜目 417 頁　譜總
目 2815 頁

（浙江長興）西山曹氏宗譜□□卷
纂修者不詳
民國三十六年三治堂刻本　家譜綜目 417 頁
譜總目 2815 頁

（浙江蘭溪）樂安曹氏宗譜十卷
纂修者不詳
民國三十六年刻本　家譜綜目 417 頁　譜總
目 2818 頁

（湖北新洲）曹氏宗譜六十八卷
曹承鑄修
民國十年刻本　家譜綜目 418 頁

（湖北新洲）曹氏宗譜十六卷
曹隆乾　曹高樂續修

民國十二年刻本　家譜綜目 418 頁　譜總目
2827 頁

（湖北新洲）曹氏宗譜六卷
曹錦章　曹元彩續修
民國十二年刻本　家譜綜目 418 頁　譜總目
2827 頁

（湖北新洲）曹梁宗譜十二卷
曹蘭亭　曹金璋三修
民國六年刻本　家譜綜目 418 頁　譜總目
2827 頁

（廣東番禹）重修禹山曹氏家譜四卷
曹秉濂重修
民國八年刻本　家譜綜目 419 頁　譜總目
2834 頁

盛

（浙江）蘭溪盛氏宗譜十卷
余雲行重修
民國二十五年刻本　家譜綜目 421 頁

常

（河南鄢陵）常氏家譜不分卷
常根成等纂修
民國三年刻本　譜總目 2850 頁

符

（四川宣漢）符氏族譜五卷
符錫祺修
民國十年刻本　家譜綜目 425 頁　譜總目
2866 頁

許

（浙江鄞縣）四明章溪許氏宗譜四卷
纂修者不詳
民國三十七年刻本　家譜綜目 428 頁

（浙江長興）許氏宗譜八卷

許仁初主修　許振朝協修
民國六年敦睦堂刻本　家譜綜目 429 頁　譜
總目 2878 頁

（浙江）蘭溪高陽許氏宗譜十二卷
纂修者不詳
民國十七年刻本　家譜綜目 429 頁

（浙江常山）靈川許氏宗譜二卷
纂修者不詳
民國十二年刻本　家譜綜目 429 頁　譜總目
2883 頁

（浙江建德）郭林許氏宗譜八卷
許思楠主修　許瑾珍等纂修
民國七年世美堂刻本　譜總目 2878 頁

（江西奉新）許氏族譜十三卷首一卷
許蔚隆　許蘭蒸等重修
民國二十六年高陽堂刻本　家譜綜目 431 頁
譜總目 2904 頁

（湖北新洲）許氏宗譜二十二卷
許家進續修
民國四年刻本　家譜綜目 432 頁　譜總目
2906 頁

（湖北新洲）許氏宗譜二卷
許顯榮　許哲盛等撰修
民國三十二年刻本　家譜綜目 432 頁　譜總
目 2906 頁

（湖南邵陽）邵陵許氏三修族譜二十二卷首二卷
許定琢　許定芳修
民國九年聚族堂刻本　家譜綜目 432 頁　譜
總目 2911 頁

（廣東乳源）許氏族譜十八卷
許學敷等纂修
民國六年粵乳大橋三鑒堂刻本　譜總目 2912 頁

上屯許氏五修族譜十四卷

許職曨修
民國十四年親倫堂刻本　家譜綜目 433 頁

商

（江蘇靖江）泗洲遷靖商氏宗譜六卷
商文烈　商耀南主修
民國十七年德新堂刻本　家譜綜目 439 頁
譜總目 2931 頁

章

（浙江金華）章氏宗譜三十卷
纂修者不詳
民國三十四年刻本　家譜綜目 442 頁　譜總
目 2945 頁

（浙江蘭溪）渡溪章氏宗譜□□卷
纂修者不詳
民國十七年刻本　家譜綜目 442 頁

（浙江蘭溪）章氏宗譜十二卷
纂修者不詳
民國二十五年刻本　家譜綜目 442 頁

（浙江蘭溪）章氏宗譜十五卷
纂修者不詳
民國三十五年刻本　家譜綜目 442 頁

（浙江常山）定陽章氏宗譜四卷
徐燮重修
一九四九年刻本　家譜綜目 442 頁　譜總目
2944 頁

（浙江余杭）章氏家譜四卷續增一卷
章炳宇纂修
民國十四年刻本　家譜綜目 440 頁　譜總目
2935 頁

（浙江龍泉）河澗郡章氏宗譜不分卷
章德根主修　楊介臣纂修
民國十七年刻本　譜總目 2950 頁

（湖北新洲）章氏宗譜十二卷

章錦坤修

民國三十四年刻本　家譜綜目 443 頁　譜總目 2955 頁

（湖南湘鄉）黃田章氏寵房支譜四卷首二卷

章俊斌等纂

民國十八年河間堂刻本　家譜綜目 443 頁　譜總目 2956 頁

全城章氏民國八年己未續修宗譜二十二卷

（清）章秀椿纂修

民國八年全城禮法堂刻本　家譜綜目 444 頁

全城章氏宗譜十八卷

章秋華　瞿振吉等彙修

一九四九年敦本堂刻本　家譜綜目 444 頁

康

（福建永春）鳳山康氏族譜

纂修者不詳

民國十四年刻本　譜總目 2964 頁

麻

（浙江松陽）麻氏宗譜十卷

纂修者不詳

民國三十六年刻本　家譜綜目 445 頁　譜總目 2959 頁

梁

（全國）梁氏世譜三十二篇

梁煥奎編纂

民國四年梁氏五橘堂刻本　家譜綜目 445 頁

（安徽桐城）梁氏四修宗譜二十五卷末三卷

梁星五　梁耀祖等編

民國十三年大景堂刻本　家譜綜目 446 頁　譜總目 2973 頁

（湖北新洲）梁氏宗譜八卷

梁耀雲修

民國三十四年刻本　家譜綜目 446 頁　譜總目 2977 頁

（廣東）梁氏族譜不分卷（千乘侯祠全書）

纂修者不詳

民國九年廣州正文堂刻本　家譜綜目 446 頁　譜總目 5104 頁

（福建晋江）詩山鳳坡梁氏族譜不分卷

纂修者不詳

民國十五年刻本　譜總目 2974 頁

（福建永春）桃源蓬萊巷鄉梁氏族譜不分卷

纂修者不詳

民國十八年刻本　譜總目 2974 頁

（海南瓊山）梁氏家譜

梁開楹纂修

民國二年瓊州善善堂刻本　譜總目 2987 頁

張

（河北景縣）景州棗林張氏族譜不分卷

張鴻熙等修

民國十一年刻本　家譜綜目 449 頁　譜總目 2994 頁

（遼寧桓仁）百世堂張氏譜册不分卷

張天御等纂修

民國三十二年刻本　譜總目 2996 頁

（江蘇靖江）張氏族譜不分卷

張氏三鳳堂編輯　何民俊撰

民國二十六年刻本　家譜綜目 451 頁　譜總目 3008 頁

（江蘇泰興）張氏家譜六卷

張進壽重修

民國三十五年刻本　家譜綜目 452 頁　譜總目 3008 頁

（江蘇丹陽）張氏家乘不分卷

張龍子重修

民國三十三年刻本　家譜綜目 453 頁　譜總目 3011 頁

（江蘇江陰）澄口璜村張氏宗譜七卷首一卷

張有九　張福金等纂

民國十七年刻本　家譜綜目 456 頁　譜總目 3022 頁

（江蘇常熟）古虞張氏宗譜三卷

張盛法　張運奇續修

民國九年刻本　家譜綜目 456 頁

（江蘇淮陰）淮陰張氏宗譜不分卷

張錦榮　張墀等纂修

民國十二年刻本　譜總目 3003 頁

（浙江富陽）富春常安張氏宗譜十二卷

纂修者不詳

民國十四年刻本　家譜綜目 457 頁　譜總目 3029 頁

（浙江蕭山）肅清張氏宗譜十六卷

張金坤　張慶培重輯

民國七年刻本　家譜綜目 457 頁　譜總目 3028 頁

（浙江餘姚）姚江白鶴橋張氏宗譜六卷首一卷末一卷

張錫能　張純粹修

民國二十七年留餘堂刻本　家譜綜目 458 頁　譜總目 3040 頁

（浙江餘姚）餘姚禾山張氏宗譜四卷

張福善　張烈煬修

民國十年百忍堂刻本　家譜綜目 458 頁　譜總目 3040 頁

（浙江平湖）張氏家乘十卷附錄一卷

張元善編

民國五年耕洲山莊刻本　家譜綜目 460 頁　譜總目 3032 頁

（浙江海鹽）海鹽張氏宗譜十卷首一卷附錄一卷

張元勳纂修

民國二十三年刻本　家譜綜目 460 頁　譜總目 3033 頁

（浙江上虞）古虞張氏宗譜三卷

張盛法纂修

民國九年承恩堂刻本　譜總目 3047 頁

（浙江金華）蓮池張氏宗譜四卷

纂修者不詳

民國三十年刻本　家譜綜目 462 頁　譜總目 3057 頁

（浙江蘭溪）清河張氏宗譜三卷

纂修者不詳

民國七年重修刻本　家譜綜目 462 頁　譜總目 3061 頁

（浙江蘭溪）西張清河張氏宗譜四卷

朱鳳梧重纂

民國八年刻本　家譜綜目 462 頁　譜總目 3061 頁

（浙江蘭溪）高元張氏宗譜六卷

纂修者不詳

民國十一年刻本　家譜綜目 462 頁　譜總目 3061 頁

（浙江）蘭溪三阜張氏宗譜六卷

纂修者不詳

民國十七年刻本　家譜綜目 462 頁

（浙江蘭溪）蘭溪張氏宗譜五卷

章鏜纂修

民國二十九年刻本　家譜綜目 462 頁　譜總目 3062 頁

（安徽合肥）張氏支譜十卷

張興業等纂修

民國六年皖江張炳勳刻本　譜總目 3087 頁

（安徽合肥）張氏續修宗譜六卷首一卷末一卷

張譜玉等纂修

民國七年徐存德堂刻本　譜總目 3088 頁

（安徽合肥）張氏宗譜五卷

張熏沐等纂修

民國十七年刻本　譜總目 3088 頁

（福建浦城）浦城張氏家譜四卷

鄭建烈纂修

民國三十七年刻本　譜總目 3098 頁

（福建泉州）後翁張氏族譜不分卷

張舜臣纂修

民國六年刻本　譜總目 3099 頁

（江西萬年）清河張氏宗譜

張文福等纂修

民國十七年刻本　譜總目 3111 頁

（湖北新洲）張氏宗譜二卷

纂修者不詳

民國四年刻本　家譜綜目 471 頁　譜總目 3136 頁

（湖北新洲）張氏宗譜三十二卷

纂修者不詳

民國四年刻本　家譜綜目 471 頁　譜總目 3136 頁

（湖北新洲）張氏宗譜十卷

張遠傳　張遠塲三修

民國三十三年刻本　家譜綜目 471 頁　譜總目 3136 頁

（湖北新洲）天流泉張氏宗譜二十二卷首一卷

張志鑫　張華東等四修

民國三十五年刻本　家譜綜目 472 頁　譜總目 3136 頁

（湖北新洲）張氏宗譜不分卷

張先斌重修

民國三十五年刻本　家譜綜目 472 頁　譜總目 3136 頁

（湖北新洲）張氏宗譜十三卷首四卷

張允中　張士俊等續修

民國三十六年刻本　家譜綜目 472 頁　譜總目 3136 頁

（湖北新洲）張氏宗譜三十一卷

張定周　張少堂合修

民國三十六年刻本　家譜綜目 472 頁　譜總目 3137 頁

（湖北新洲）張氏宗譜三十二卷

張文卿　張鳳翔合修

民國三十六年刻本　家譜綜目 472 頁　譜總目 3137 頁

（湖北新洲）張氏宗譜三十六卷首三卷

張星衢　張慶之續修

民國三十七年刻本　家譜綜目 472 頁　譜總目 3137 頁

（湖北新洲）張氏宗譜十六卷

張紹良　張桂籍等四修

一九四九年刻本　家譜綜目 472 頁　譜總目 3137 頁

（湖北黃岡）張氏宗譜二十一卷

張永興　張良逐等修

民國三十五年刻本　家譜綜目 472 頁　譜總目 3139 頁

（湖北廣濟）刊水張氏宗譜五十五卷首一卷

纂修者不詳

民國三十三年椎孝堂刻本　家譜綜目 472 頁　譜總目 3139 頁

（湖北崇陽）張氏宗譜不分卷

張德存總修

民國三十五年刻本　家譜綜目 472 頁　譜總目 3140 頁

（湖南臨澧）張氏三修族譜十五卷

張南凱纂

民國十五年刻本　家譜綜目 477 頁

（湖南桃源）張氏族譜十四卷

纂修者不詳

民國三十三年刻本　家譜綜目 477 頁　譜總目 3157 頁

（廣東曲江）張氏宗譜八卷

張逢吉　張謙尊等續修

民國十五年百忍堂序刻本　家譜綜目 477 頁

（廣東寶安）西溪張氏族譜不分卷

張本良等重修

民國二年述善堂刻本　家譜綜目 477 頁　譜總目 3187 頁

（廣東中山）張氏譜牒十卷

張光永等四修

民國二十年香山積厚堂刻本　家譜綜目 478 頁　譜總目 3188 頁

（廣東東莞）篁溪家譜一卷附錄二卷

張伯楨撰

民國四年東莞張氏刻《滄海叢書》本　家譜綜目 478 頁

（廣東東莞）西溪家乘不分卷

張本良等纂修

民國二年張瑞元堂刻本　譜總目 3186 頁

（廣東樂昌）曲樂張氏族譜三卷首一卷

張宇光等纂修

民國二十八年清河堂刻本　譜總目 3182 頁

（廣東南雄）南雄張氏初修聯譜

纂修者不詳

民國間清河堂刻本　譜總目 3182 頁

（四川郫縣）張氏族譜不分卷

張朝先等纂修

民國十八年郫西花園場張氏宗祠刻本　家譜綜目 479 頁　譜總目 3193 頁

（四川綿陽）綿西張氏五修族譜四卷首一卷

張煥堂纂修

民國十一年美升祠刻本　家譜綜目 480 頁　譜總目 3193 頁

（四川遂寧）遂寧張氏族譜四卷

張崇階等編

民國十三年刻本　家譜綜目 480 頁　譜總目 3194 頁

（四川高縣）張氏族譜二卷

張富源編修

民國十四年刻本　家譜綜目 480 頁　譜總目 3195 頁

（四川宣漢）梨東張氏譜書四卷

張得盛纂修

民國十八年刻本　譜總目 3195 頁

（山東淄博）張氏族譜一卷

張連文等纂修

民國九年刻本　譜總目 3120 頁

（山東桓臺）張氏譜系六卷附二卷末三卷增一卷續增一卷

纂修者不詳

民國十四年刻本　譜總目 3120 頁

（山東泰安）張氏家譜不分卷

張蔭鎬等纂修

民國五年刻本　譜總目 3124 頁

（河南新鄉）張氏族譜一卷

張興勇纂修

民國十一年永恩堂刻本　譜總目 3132 頁

（河南蘭考）儀封張氏家譜五卷

張瀾棟纂修

民國三十年刻本　譜總目 3133 頁

（海南文昌）遷瓊張氏家譜十一卷首一卷

張騰鵾　張步程纂修

民國七年刻本　家譜綜目 478 頁　譜總目 3191 頁

（臺灣）仙坡張氏家譜鑒湖分支不分卷

張伯英纂修

民國三十七年刻本　譜總目 3201 頁

（臺灣彰化）龍嶼張氏開基族譜

成龍堂重纂修

民國十八年刻本　譜總目 3220 頁

（臺灣彰化）龍嶼張氏族譜不分卷

柯禮崇纂修

民國十八年泉州振文司刻本　譜總目 3220 頁

（臺灣彰化）龍嶼張氏臺灣家譜十三世祖篤敬公派下

壽椿堂纂修

民國十七年刻本　譜總目 3220 頁

（臺灣彰化）龍嶼張氏臺灣家譜十五世祖四達公派下

壽椿堂纂修

民國十七年刻本　譜總目 3220 頁

（臺灣南投）張姓世譜不分卷

張聰憲纂修

民國十七年臺北刻本　譜總目 3223 頁

（臺灣雲林）長源堂張氏家譜不分卷

張金淵纂修

民國二十八年刻本　譜總目 3224 頁

東橋張氏族譜十二卷

張廣泰　張文梅等重修

民國十六年孝友堂重刻本　家譜綜目 482 頁

隗

（湖北新洲）隗氏宗譜不分卷

隗有敬　隗辛鐵續修

民國二十二年刻本　家譜綜目 484 頁　譜總目 3239 頁

敬

（四川宣漢）敬氏宗譜不分卷

纂修者不詳

民國二十八年刻本　譜總目 3254 頁

彭

（江蘇蘇州）彭宗譜十二卷首一卷

彭文傑　彭鍾岱重修

民國十一年衣言莊增補刻本　家譜綜目 487 頁　譜總目 3255 頁

（浙江常山）彭氏宗譜二卷

王逢圖纂修

民國十四年刻本　家譜綜目 487 頁　譜總目 3256 頁

（安徽）彭氏宗譜十一卷

纂修者不詳

民國六年刻本　家譜綜目 487 頁　譜總目 3257 頁

（江西新餘）秀灣彭氏重修族譜六卷首一卷末一卷

彭義藹纂修

民國三十七年延慶堂刻本　譜總目 3259 頁

（湖北新洲）彭氏宗譜四卷

彭禮學續修

民國三年刻本　家譜綜目 488 頁　譜總目 3265 頁

（湖北新洲）彭氏宗譜不分卷

彭信成重修

民國六年刻本　家譜綜目 488 頁　譜總目 3265 頁

（湖北新洲）彭氏宗譜七卷

張傳福創修

民國十三年刻本　家譜綜目 488 頁　譜總目 3265 頁

（四川宣漢）彭氏宗譜三卷

纂修者不詳

民國十五年刻本　譜總目 3288 頁

（雲南鶴慶）鶴慶彭氏宗譜不分卷

彭伸纂修

民國九年刻本　譜總目 3289 頁

淮陽彭氏宗譜二卷

朱佩珂續修

民國九年刻本　家譜綜目 492 頁　譜總目 3296 頁

葉

（浙江蘭溪）楊壙東阪葉氏宗譜十卷

葉渭清重纂

民國二十二年刻本　家譜綜目 494 頁　譜總目 3312 頁

（浙江蘭溪）葉氏宗譜三卷

纂修者不詳

民國三十五年刻本　家譜綜目 494 頁　譜總目 3313 頁

（浙江常山）南陽葉氏宗譜六卷首一卷末一卷

纂修者不詳

民國十八年刻本　家譜綜目 494 頁　譜總目 3309 頁

（浙江常山）南陽葉氏宗譜六卷

葉枝俊統修

民國二十年刻本　家譜綜目 494 頁　譜總目 3309 頁

（浙江常山）定陽葉氏宗譜四卷

徐燮續修

民國二十七年刻本　家譜綜目 494 頁　譜總目 3309 頁

（浙江寧波）葉氏宗譜八卷

華錦家修

民國十年崇本堂刻本　家譜綜目 495 頁

（浙江遂昌）葉氏宗譜十二卷

纂修者不詳

民國三十六年刻本　家譜綜目 495 頁　譜總目 3322 頁

（浙江遂昌）平昌獨山葉氏宗譜十卷首一卷

葉震百纂修

民國三十年刻本　譜總目 3322 頁

（浙江松陽）橫坑葉氏宗譜二卷

葉開駢　葉開馳等重修

民國十六年刻本　家譜綜目 495 頁　譜總目 3329 頁

（浙江松陽）葉氏家譜十五卷

黃八瑋序

民國十八年刻本　家譜綜目 495 頁

（廣東梅州）南陽葉氏宗譜不分卷

纂修者不詳

民國二十八年刻本　家譜綜目 499 頁　譜總目 3348 頁

（廣東梅州）葉氏族譜不分卷

纂修者不詳

民國八年刻本　譜總目 3348 頁

（廣東南雄）七星村下葉氏都督公裔譜牒一卷

纂修者不詳

民國十六年刻本　譜總目 3346 頁

（廣東南雄）葉氏仲華公房五修族譜不分卷

纂修者不詳

民國間刻本　譜總目 3346 頁

（廣東南雄）葉氏仲華公房六修族譜不分卷

纂修者不詳

民國間錦賢堂刻本　譜總目 3346 頁

（重慶長壽）葉氏族譜八卷

纂修者不詳

民國十一年刻本　家譜綜目 499 頁　譜總目
3352 頁

（四川蓬溪）蓬溪西鄉葉氏續修宗譜四卷

葉德生纂修

民國十四年刻本　譜總目 3352 頁

（福建建陽）溪山葉氏玉瑤分修支譜不分卷

葉道成纂修

民國二十二年南陽堂刻本　譜總目 3336 頁

萬

（安徽當涂）宛陵萬氏宗譜二十四卷末一卷

萬選纂修

民國十一年孝思堂刻本　家譜綜目 501 頁　譜
總目 3362 頁

（湖北新洲）萬氏宗譜十卷

萬永清修

民國五年敦厚堂刻本　家譜綜目 501 頁　譜
總目 3364 頁

（湖北新洲）萬氏宗譜十卷首四卷

萬開潤　萬孝全等續修

民國十七年刻本　家譜綜目 501 頁　譜總目
3364 頁

（湖北黃岡）萬氏宗譜十四卷首八卷

萬成勛督理　萬成巛總理

民國三十五年師孟堂刻本　家譜綜目 501 頁
譜總目 3365 頁

（湖北羅田）萬氏宗譜五卷

高旭樞修

民國十三年刻本　家譜綜目 501 頁　譜總目
3365 頁

董

（江蘇）銅山董氏分譜二卷

董士恩纂修

民國十九年北平刻本　家譜綜目 504 頁　譜
總目 3377 頁

（江蘇贛榆）董氏宗譜八卷

（清）董杏重修

民國十七年刻本　家譜綜目 504 頁　譜總目
3377 頁

（浙江富陽）富春董氏宗譜十五卷

纂修者不詳

民國二十五年刻本　家譜綜目 504 頁　譜總
目 3379 頁

（浙江鄞縣）董氏宗譜二卷

纂修者不詳

民國十一年刻本　家譜綜目 504 頁　譜總目
3381 頁

（浙江蘭溪）隴西郡董氏宗譜一卷

纂修者不詳

民國間刻本　譜總目 3386 頁

（浙江蘭溪）董氏宗譜

纂修者不詳

民國間刻本　譜總目 3386 頁

（安徽無爲）濡湏董氏宗譜

纂修者不詳

民國間青帷堂刻本　譜總目 3389 頁

（湖北新洲）董氏族譜八卷首二卷

董正啓　董自元等續修

民國二十六年刻本　家譜綜目 506 頁　譜總
目 3391 頁

覃

（湖南寧鄉）大櫧樹覃氏四修支譜十卷

覃文贊　覃盛斯纂修

民國十一年務滋堂刻本　家譜綜目 506 頁　譜
總目 3396 頁

揭

（湖北黃岡）黃岡揭氏宗譜三卷

揭繼仁　揭繼武等續修

民國九年刻本　家譜綜目 507 頁　譜總目 3400 頁

喻

（湖北新洲）喻氏宗譜十二卷

喻正榮　喻本堂等修

民國十八年刻本　家譜綜目 508 頁　譜總目 3402 頁

單

（浙江鄞州）四明同道單氏宗譜四卷

纂修者不詳

民國六年刻本　家譜綜目 509 頁　譜總目 3407 頁

（湖北新洲）單氏宗譜首一卷

單恩富　單恩棠等續修

民國二十四年刻本　家譜綜目 509 頁　譜總目 3409 頁

程

（河北懷來）懷來縣程氏族譜一卷

纂修者不詳

民國十七年刻本　家譜綜目 510 頁　譜總目 3412 頁

（浙江臨安）於潛程氏宗譜五卷

程志鵬主修　顧麗川纂修

民國三十七年燕翼堂刻本　譜總目 3416 頁

（安徽績溪）洪川修譜議事雜録不分卷

程蘭纂修

民國十一年敦睦堂刻本　家譜綜目 515 頁

（湖北新洲）程氏宗譜三卷

程文華　程淡義等續修

民國三年刻本　家譜綜目 519 頁　譜總目 3445 頁

（湖北新洲）程氏宗譜十卷首二卷

程毓靈　程明城等續修

民國三十四年刻本　家譜綜目 519 頁　譜總目 3445 頁

（湖北新洲）程氏宗譜六十卷

纂修者不詳

民國三十六年刻本　家譜綜目 519 頁　譜總目 3445 頁

（湖北新洲）程氏宗譜四十三卷

程德燧　程仲逵六修

民國三十六年刻本　家譜綜目 519 頁　譜總目 3445 頁

（湖北新洲）程氏宗譜五十一卷

程禮堂續修

民國三十六年刻本　家譜綜目 519 頁　譜總目 3445 頁

（湖北新洲）程氏宗譜二十五卷首五卷

程鏡清　程幼華續修

民國三十七年刻本　家譜綜目 519 頁　譜總目 3445 頁

程氏宗譜十卷

纂修者不詳

民國四年刻本　家譜綜目 521 頁

喬

（湖南澧縣）喬氏族譜八卷首一卷

喬逢庚等纂修

民國五年梁國堂刻本　譜總目 3451 頁

傅

（浙江常山）傅氏十一修族譜□□卷

纂修者不詳

民國十六年刻本　家譜綜目 523 頁　譜總目

3458 頁

（浙江龍游）賀莊清河傅氏宗譜不分卷
傅壽祺纂修
民國八年德潤堂刻本　譜總目 3458 頁

（四川遂寧）傅氏族譜初集前集一卷後集一卷
（清）傅汝翼　傅學彬撰
民國十二年清河堂刻本　家譜綜目 524 頁　譜總目 3476 頁

舒

（浙江）蘭溪午塘平陽五湖舒氏宗譜十八卷
邵昇重修
民國二十年刻本　家譜綜目 527 頁

（浙江蘭溪）舒氏家譜五卷
纂修者不詳
民國七年刻本　家譜綜目 527 頁　譜總目 3483 頁

（浙江蘭溪）舒氏家譜四卷
纂修者不詳
民國二十八年刻本　家譜綜目 527 頁　譜總目 3484 頁

（浙江蘭溪）舒氏宗譜六卷
舒紹基重修
民國二十六年刻本　家譜綜目 527 頁　譜總目 3484 頁

（安徽懷寧）懷寧舒氏宗譜□□卷
纂修者不詳
清末民國初刻本　家譜綜目 527 頁　譜總目 3485 頁

（湖北黃岡）岡邑舒氏宗譜□□卷
舒啓焜總理　舒明德　舒明焕纂修
民國九年梓溪堂刻本　家譜綜目 527 頁　譜總目 3486 頁

（湖北黃岡）岡邑舒氏宗譜□□卷

舒明良　舒可久纂修
民國三十五年梓溪堂刻本　家譜綜目 527 頁　譜總目 3486 頁

（湖南漵浦）舒氏和公通譜四十八卷
舒東楚等纂修
民國二十九年刻本　家譜綜目 528 頁　譜總目 3488 頁

（江西靖安）舒氏族譜二十八卷
合族纂修
民國三十七年雙峰堂刻本　譜總目 3486 頁

鄒

（江蘇丹陽）鄒氏宗譜十六卷
鄒雲如纂
民國十六年刻本　家譜綜目 528 頁

（浙江蘭溪）永邑鄒氏宗譜一卷
纂修者不詳
民國元年刻本　家譜綜目 529 頁　譜總目 3494 頁

（浙江常山）鄒氏宗譜不分卷
纂修者不詳
民國八年刻本　家譜綜目 529 頁　譜總目 3494 頁

（浙江常山）范陽鄒氏宗譜不分卷
程繼堯纂修
民國二十五年刻本　家譜綜目 529 頁　譜總目 3494 頁

（福建連城）閩汀龍足鄉鄒氏族譜
合族纂修
民國二年敦本堂刻本　譜總目 3496 頁

鄒氏族譜九卷首一卷
鄒忠善修
民國二十一年刻本　家譜綜目 530 頁　譜總目 3508 頁

童

（江蘇江都）維揚江都童氏支譜

童潤之二修

民國十六年刻本　家譜綜目 531 頁　譜總目 3531 頁

（江蘇常州）毗陵童氏宗譜十卷

童近忠等重修

民國三十六年樹滋堂刻本　家譜綜目 531 頁　譜總目 3531 頁

（浙江蘭溪）湯溪童氏宗譜五卷

纂修者不詳

民國元年刻本　家譜綜目 531 頁　譜總目 3535 頁

（浙江蘭溪）雁門童氏宗譜四十四卷

纂修者不詳

民國五年刻本　家譜綜目 531 頁　譜總目 3536 頁

（浙江）蘭溪童氏宗譜六十七卷

童燮海續修

民國六年刻本　家譜綜目 531 頁　譜總目 3536 頁

（浙江蘭溪）童氏宗譜四十卷

纂修者不詳

民國六年刻本　家譜綜目 531 頁　譜總目 3536 頁

（浙江蘭溪）鳳山童氏宗譜八卷

纂修者不詳

民國十一年刻本　家譜綜目 531 頁　譜總目 3536 頁

（浙江蘭溪）柳卜塘下童氏宗譜四卷

丁淼源重纂

民國二十一年刻本　家譜綜目 531 頁　譜總目 3536 頁

（浙江蘭溪）童氏宗譜十卷

纂修者不詳

民國二十九年刻本　家譜綜目 531 頁　譜總目 3536 頁

（浙江蘭溪）童氏宗譜四卷

纂修者不詳

民國三十年刻本　家譜綜目 531 頁　譜總目 3536 頁

（浙江常山）雁門童氏宗譜三卷

劉斯茂續修

民國三十四年刻本　家譜綜目 532 頁　譜總目 3534 頁

（湖北新洲）童氏宗譜三卷

童振福　童家旺續修

民國三十三年刻本　家譜綜目 532 頁　譜總目 3538 頁

（湖北）黃岡童氏宗譜二十二卷

童紹文重修

民國三十七年刻本　家譜綜目 532 頁

（湖北）黃岡童氏族譜二卷

童萬鐘纂修

一九四九年刻本　家譜綜目 532 頁

馮

（浙江蘭溪）馮氏宗譜一卷

馮金昌重修

民國七年刻本　家譜綜目 535 頁　譜總目 3517 頁

（湖北新洲）馮氏宗譜一卷

（清）馮鎮金　馮鎮文等續修

民國三十三年刻本　家譜綜目 535 頁　譜總目 3522 頁

（湖南長沙）善邑西湖馮氏三修族譜十卷末一卷

馮德錡等主修

民國二十二年大樹堂刻本　譜總目 3523 頁

（江西浮梁）湘湖馮氏宗譜八卷

（清）馮懋達等纂修

民國三十五景德鎮詹國輝刻本　譜總目 3520 頁

（廣東南雄）滇唱延溪大井坊馮氏六修族譜

馮朝信等纂修

民國間刻本　譜總目 3526 頁

（四川成都）馮氏族譜不分卷

馮文端纂修

民國十二年刻本　家譜綜目 536 頁　譜總目 3529 頁

湯

（上海崇明）湯氏家乘不分卷

（清）湯文球等纂修

民國十年忠義堂刻本　家譜綜目 540 頁　譜總目 3581 頁

（上海崇明）湯氏家乘二十卷

湯元愷纂修

民國十九年忠義堂刻本　譜總目 3581 頁

（安徽桐城）湯氏宗譜十八卷

湯仲伊纂

民國二十二年刻本　家譜綜目 539 頁　譜總目 3588 頁

中山湯氏宗譜□□卷

纂修者不詳

民國十二年重修刻本　家譜綜目 540 頁

溫

（江西新餘）南河溫氏重修族譜十三卷首一卷末一卷

溫紹嶠纂修

民國三十六年親睦堂刻本　譜總目 3601 頁

曾

（江蘇丹陽）雲陽殷塘曾氏宗譜二十卷

曾高騰主修

民國三十五年孝思堂刻本　譜總目 3542 頁

（浙江蘭溪）石坑曾氏宗譜三十八卷

纂修者不詳

民國十五年刻本　家譜綜目 542 頁

（浙江常山）曾氏宗譜□□卷

纂修者不詳

民國三年刻本　家譜綜目 542 頁　譜總目 3543 頁

（浙江常山）曾氏宗譜四卷

曾職員　曾紹曾重修

民國十四年刻本　家譜綜目 542 頁　譜總目 3543 頁

（浙江常山）前川曾氏宗譜□□卷

王朝佐重修

民國十四年刻本　家譜綜目 542 頁　譜總目 3543 頁

（浙江常山）武城曾氏重修族譜不分卷

鄭鳳池　曾繁仁續修

民國間刻本　家譜綜目 542 頁　譜總目 3544 頁

（江西新建）武城曾氏重修族譜不分卷

纂修者不詳

民國間刻本　譜總目 3552 頁

（湖北新洲）武城曾氏宗譜八卷

曾志益重修

民國十二年刻本　家譜綜目 544 頁　譜總目 3557 頁

（湖北新洲）武城曾氏重修族譜一卷

曾毓南　曾廣發重修

民國十九年刻本　家譜綜目 544 頁　譜總目 3557 頁

（湖北新洲）武城曾氏重修族譜不分卷

曾百容等續修

民國十九年刻本　家譜綜目 544 頁　譜總目
3557 頁

（廣東四會）武城曾氏重修族譜一卷

纂修者不詳

民國三十七年刻本　譜總目 3568 頁

（四川成都）曾氏通譜蜀支譜不分卷

曾啓濂　曾爾楷等修

民國三年成都曾氏墓祠刻本　家譜綜目 545
頁　譜總目 3569 頁

（福建平和）福建省古林曾氏族譜一卷

纂修者不詳

民國十四年刻本　譜總目 3550 頁

（福建平和）武城曾氏重修族譜二十卷首一卷
末十九卷

曾天爵等纂修

民國十四年刻本　譜總目 3550 頁

（福建平和）平和縣洋文田曾氏族譜一卷

曾天爵等纂修

民國十四年刻本　譜總目 3550 頁

（福建平和）武城曾氏重修族譜不分卷

纂修者不詳

民國間刻本　譜總目 3551 頁

（山東嘉祥）武城曾氏重修族譜不分卷

曾傳進纂修

民國間刻本　譜總目 3556 頁

閔

（湖北蘄春）蘄陽閔氏宗譜三十六卷

閔炳榮　閔華軒纂修

民國元年刻本　家譜綜目 548 頁　譜總目
3629 頁

賀

（河南嵩縣）賀氏族譜

纂修者不詳

民國十四年廣平堂刻本　譜總目 3632 頁

（浙江椒江）臨邑三山賀氏宗譜二十卷

賀翰銓　賀選編輯

民國十一年刻本　家譜綜目 548 頁　譜總目
3631 頁

（四川彭州）天彭賀氏族譜不分卷

賀維翰等纂修

民國十一年雍睦堂刻本　譜總目 3640 頁

楊

（河南西平）楊氏家譜不分卷

楊朝重等纂修

民國九年刻本　譜總目 3700 頁

（江蘇揚中）楊氏家譜□□卷

纂修者不詳

民國間刻本　家譜綜目 550 頁

（浙江鄞縣）楊氏支譜一卷

纂修者不詳

民國十七年刻本　家譜綜目 553 頁

（浙江上虞）新橋楊氏弘公房譜六卷首一卷末
一卷

楊鎮陶　楊幹鍠纂修

民國二十八年四知堂刻本　家譜綜目 554 頁

（浙江蘭溪）楊氏宗譜六卷

纂修者不詳

民國九年刻本　家譜綜目 554 頁

（浙江蘭溪）楊氏宗譜二卷

楊樟秋　楊玉佩纂

民國十年刻本　家譜綜目 554 頁

（湖北宜都）和州楊氏家譜十五卷

楊開椿等纂修

民國二十五年宜都徐文林刻本　譜總目 3702 頁

（湖南常德）楊氏族譜八卷首一卷

楊愈信等纂修

民國三十一年宏農堂刻本　譜總目 3710 頁

（廣東南雄）楊氏三修族譜一卷

楊泰交等纂修

民國二十四年南雄成德堂印務局刻本　譜總目 3727 頁

（廣東南雄）楊氏三修族譜

纂修者不詳

民國間刻本　譜總目 3727 頁

（四川浦江）楊氏族譜不分卷

楊建章　楊毓中續修

民國五年刻本　家譜綜目 561 頁　譜總目 3731 頁

（福建晋江）楊氏宗譜一卷

張氏惠成堂纂修

民國二十年平陽仁事齋刻本　譜總目 3686 頁

（福建連城）閩汀四堡里攀桂鄉宏農郡楊氏族譜

纂修者不詳

民國間親遜堂刻本　譜總目 3689 頁

弘農楊氏族譜八卷首一卷

楊學南重修

民國四年刻本　家譜綜目 564 頁　譜總目 3756 頁

楊氏族譜二卷首一卷

楊雪堂重修

民國二十八年刻本　家譜綜目 564 頁　譜總目 3756 頁

蓋

（山東萊陽）蓋氏族譜十二卷

蓋芳第等纂修

民國十八年追遠堂刻本　譜總目 3759 頁

雷

（全國）雷氏四修族譜三十二卷

纂修者不詳

一九四九年聚福堂刻本　譜總目 3772 頁

（浙江松陽）馮翊郡雷氏宗譜四卷

雷玉進主修

民國二十二年江西臨川胡遂生刻本　家譜綜目 567 頁　譜總目 3775 頁

（湖南桂陽）雷氏宗譜不分卷

雷裕堅等主修

民國十八年刻本　譜總目 3781 頁

（四川資陽）濱江雷氏六修支譜八卷首末各一卷

雷邦固纂修

民國十二年仕新講堂刻本　譜總目 3782 頁

（福建上杭）上杭縣雷氏梓福公家譜七卷

余良駿纂修

民國元年刻本　譜總目 3777 頁

蔡

（江蘇鎮江）丹徒蔡氏宗譜五卷

蔡人明等纂修

民國十二年蔡西山堂刻本　譜總目 3881 頁

（江蘇揚中）蔡氏家譜□□卷

纂修者不詳

民國間刻本　家譜綜目 573 頁　譜總目 3881 頁

（江蘇江陰）暨陽紫岩蔡氏宗譜六卷

蔡德容　蔡宏緒纂修

民國七年刻本　家譜綜目 574 頁

（浙江蘭溪）小漿蔡氏宗譜□□卷

纂修者不詳

民國三十五年刻本　家譜綜目 575 頁

（福建福州）河南蔡氏通譜十二卷

蔡滂等修

民國九年重刻本　家譜綜目 575 頁

（湖北新洲）蔡氏宗譜二卷

蔡中璜　蔡萃峰等續修

民國七年刻本　家譜綜目 576 頁　譜總目 3902 頁

（湖北新洲）蔡氏宗譜一卷

蔡少光　蔡興旺等續修

民國三十二年刻本　家譜綜目 576 頁　譜總目 3902 頁

（湖北新洲）蔡氏宗譜八卷首二卷

蔡天覺修

民國三十五年刻本　家譜綜目 576 頁　譜總目 3902 頁

（湖北公安）蔡氏家譜不分卷

蔡紹昕　蔡紹鈞纂修

民國十三年刻本　家譜綜目 576 頁　譜總目 3903 頁

（廣東雷州）蔡氏族譜一卷

蔡維瀚等纂修

民國三十年刻本　家譜綜目 577 頁　譜總目 3910 頁

蔣

（河北博野）蔣氏家譜八卷

蔣士銅纂修

民國四年居易堂、亦政堂、慎樞堂刻本　譜總目 3922 頁

（浙江蘭溪）蔣氏宗譜一百二十卷

纂修者不詳

民國二十年刻本　家譜綜目 582 頁

（江西新餘）庫塘蔣家蔣氏族譜十二卷

蔣起仁纂修

民國三十年三徑堂刻本　譜總目 3950 頁

（福建邵武）蔣氏五修族譜四十四卷首一卷末一卷

纂修者不詳

民國間刻本　譜總目 3949 頁

趙

（遼寧岫岩）趙氏譜蝶不分卷

趙振昌纂修

民國四年刻本　譜總目 3960 頁

（遼寧大連）趙氏傳世家譜書一卷

趙永正纂修

民國十九年刻本　譜總目 3960 頁

（江蘇鎮江）大港趙氏族譜十四卷

趙文麟修

民國四年刻本　家譜綜目 586 頁

（江蘇揚中）趙氏家譜

纂修者不詳

民國間刻本　家譜綜目 586 頁　譜總目 3966 頁

（江蘇常州）趙氏近支人丁冊一卷

趙毓森纂修

民國間刻本　譜總目 3967 頁

（江蘇常州）青山門趙氏支譜六卷首一卷

趙堉纂修

民國十七年崇禮堂刻本　家譜綜目 587 頁　譜總目 3968 頁

（江蘇昆山）趙氏家乘十六卷

趙詒琛等輯

民國八年刻本　家譜綜目 587 頁　譜總目 3970 頁

（江蘇昆山）新陽趙氏清芬錄三卷

趙詒琛編

民國六年義莊重刻本　家譜綜目 587 頁

（江蘇昆山）趙氏清芬錄再續題辭

趙詒琛編

民國十二年刻本　家譜綜目 587 頁

（浙江餘姚）濬儀趙氏玉蝶世譜十四卷

趙慶昌等纂

民國二年刻本　家譜綜目 588 頁

（浙江餘姚）濬儀趙氏宗譜□□卷

纂修者不詳

民國二十年刻本　家譜綜目 588 頁

（浙江象山）靈岩趙氏宗譜四卷

趙永繡纂

民國十七年刻本　家譜綜目 588 頁

（浙江上虞）箭山趙氏宗譜十九卷首一卷末一卷

趙宗元纂修

民國七年永思堂刻本　譜總目 3978 頁

（浙江）蘭溪南陽趙氏宗譜五十卷

纂修者不詳

民國十七年刻本　家譜綜目 589 頁

（浙江蘭溪）南陽趙氏宗譜六十卷

纂修者不詳

民國十七年刻本　家譜綜目 589 頁

（浙江蘭溪）南陽趙氏行譜五十二卷

纂修者不詳

民國十七年刻本　家譜綜目 589 頁

（浙江蘭溪）永昌趙氏宗譜十六卷

趙阿贊　趙植西等修

民國二十年刻本　家譜綜目 589 頁

（浙江浦江）浦陽趙氏家乘十卷

趙仲宣等纂修

民國三年刻本　譜總目 3984 頁

（浙江玉環）錢溪趙氏宗譜

纂修者不詳

民國二十六年刻本　譜總目 3986 頁

（山東安丘）景芝趙氏族譜不分卷

趙春城等纂修

民國十年刻本　譜總目 3993 頁

（河南項城）趙氏族譜四卷

趙如莪纂

民國二十五年刻本　家譜綜目 591 頁　譜總目 3996 頁

（湖南沅江）趙氏三修族譜六卷

趙本鐸纂修

民國二十九年完璧堂刻本　譜總目 3999 頁

箭山趙氏宗譜十九卷首一卷末一卷

趙宗元纂

民國七年永思堂刻本　家譜綜目 594 頁

趙氏族譜四卷

纂修者不詳

民國間刻本　家譜綜目 594 頁

裴

（江蘇泗陽）泗陽縣裴氏宗譜四卷

裴廷英纂修

民國二十二年綠野堂刻本　家譜綜目 595 頁　譜總目 4016 頁

廖

（廣東佛山）南海廖維則堂家譜十三卷

（清）廖衡平等纂修　（清）廖昇照等補

清道光二十八年刻民國初年補刻本　古籍總目 2872 頁

（廣東南海）南海廖維則堂家譜十二卷

廖暘谷等纂修

民國十九年廖維則堂刻本　家譜綜目 599 頁　譜總目 4045 頁

鄭

（湖北新洲）鄭氏宗譜二十六卷

鄭由三　鄭南山續修

民國三十二年刻本　家譜綜目 605 頁　譜總目 4110 頁

增修鄭氏族譜□□卷
纂修者不詳
民國間刻本　家譜綜目 607 頁

漆

（江蘇宜春）梅溪漆氏族譜六卷首一卷
漆望登等纂修
民國十四年刻本　譜總目 4133 頁

鄧

（浙江常山）隆興府鄧氏宗譜六卷
曾獲重修
民國四年刻本　家譜綜目 609 頁　譜總目 4139 頁

（湖北新洲）南陽鄧氏宗譜二十四卷
鄧執春　鄧安信等修
民國三十五刻本　家譜綜目 610 頁　譜總目 4147 頁

（湖北新洲）鄧氏宗譜十五卷
鄧八松　鄧茂陔等修
民國三十七年刻本　家譜綜目 610 頁　譜總目 4147 頁

（湖北崇陽）鄧氏大同宗譜十二卷
鄧開先總修　鄧森林纂修
民國二十五年刻本　家譜綜目 610 頁　譜總目 4148 頁

（湖南湘潭）湘潭嚴冲鄧氏五修族譜十五卷
鄧鏡祥纂修
民國二十六年執藝堂刻本　譜總目 4154 頁

（湖南桂東）桂東流源鄧氏南陽堂五修族譜不分卷
鄧飛黃等纂修
民國二十六年呂友文堂刻本　家譜綜目 611

頁　譜總目 4157 頁

（廣東南雄）南陽堂鄧氏聯修族譜不分卷
纂修者不詳
民國十年刻本　家譜綜目 611 頁　譜總目 4161 頁

（廣東三水）鄧朝儀大夫家譜不分卷
鄧維岳等修
民國八年廣州寶珍樓刻本　家譜綜目 611 頁

（廣東東莞）茶山鄧氏族譜十八卷
鄧儀輝重修
民國十六年刻本　家譜綜目 612 頁　譜總目 4162 頁

（四川眉山）鄧氏族譜不分卷
鄧炳曠　鄧鶴林等纂
民國三年刻本　家譜綜目 612 頁　譜總目 4165 頁

（福建寧化）南陽郡鄧氏族譜二卷
合族纂修
民國三十六年刻本　譜總目 4141 頁

瞿

（浙江常山）瞿氏宗譜九卷
纂修者不詳
民國二十六年刻本　家譜綜目 614 頁　譜總目 4170 頁

（廣東寶安）瞿氏族譜十八卷
（清）瞿宇簡等纂修
民國九年周溪慶遠堂刻本　家譜綜目 614 頁　譜總目 4171 頁

（廣東寶安）瞿氏族譜續編五十三卷
瞿富之纂修
民國九年周溪慶遠堂刻本　家譜綜目 614 頁　譜總目 4171 頁

熊

（浙江常山）熊氏宗譜五卷

徐燮重修

民國二十七年刻本　家譜綜目 614 頁　譜總
目 4172 頁

（湖北新洲）熊氏宗譜二十二卷首四卷

熊開疆　熊裕絡等修

民國八年刻本　家譜綜目 615 頁　譜總目
4175 頁

（湖北新洲）熊氏宗譜十一卷首二卷

馮民偉修

民國十三年刻本　家譜綜目 615 頁　譜總目
4175 頁

（湖北新洲）熊氏宗譜十六卷

熊瑞玲　熊敬三續修

民國二十六年刻本　家譜綜目 615 頁　譜總
目 4175 頁

（湖北新洲）熊氏宗譜十卷

熊志傑纂

清嘉慶元年修民國三十六年刻本　家譜綜目
615 頁　譜總目 4176 頁

（湖北新洲）熊氏宗譜四卷

熊泮階　熊得禄等修

民國三十六年刻本　家譜綜目 615 頁　譜總
目 4176 頁

（湖北新洲）熊氏宗譜六卷首四卷

（清）熊於鑒纂

民國三十六刻本　家譜綜目 615 頁　譜總目
4176 頁

（湖北新洲）熊胡氏宗譜四十卷首八卷

胡洪耀　胡嗣璈等修

民國三十六年刻本　家譜綜目 615 頁　譜總
目 4176 頁

（湖北新洲）熊氏宗譜四十三卷

熊仕藻　熊俊廷修

民國三十六年刻本　家譜綜目 615 頁　譜總
目 4176 頁

樊

（浙江常山）楊梅樊氏宗譜二卷

纂修者不詳

民國十二年刻本　家譜綜目 616 頁　譜總目
4216 頁

（浙江常山）何家派樊氏宗譜十三卷首一卷

何道岸重修

民國二十年刻本　家譜綜目 616 頁　譜總目
4216 頁

（浙江常山）繡溪樊氏宗譜十四卷首一卷末一卷

樊京全重修

民國三十六年刻本　家譜綜目 616 頁

樓

（浙江寧波）畫錦樓氏宗譜六卷

纂修者不詳

民國間刻本　家譜綜目 617 頁　譜總目 4187 頁

歐

（浙江常山）澄潭歐氏重修宗譜二卷

徐燮重修

民國三十五年刻本　家譜綜目 618 頁　譜總
目 4200 頁

歐陽

（江西萍鄉）萍西樟樹灣歐陽氏族譜

纂修者不詳

民國九年光遠堂刻本　譜總目 4203 頁

（湖南寧鄉）寧鄉歐陽氏譜三十七卷首一卷

歐陽勁筠等纂修

民國十九年渤海堂刻本　譜總目 4207 頁

（湖南寧鄉）寧邑歐陽氏五修族譜
纂修者不詳
民國間渤海堂刻本　譜總目 4207 頁

黎

（浙江蘭溪）蘭溪黎氏宗譜七卷
黎平祉纂修
民國二十七年刻本　家譜綜目 620 頁　譜總目 4220 頁

（廣東羅定）頭陂黎氏族譜七卷附山圖譜
黎星炳等纂修
民國八年刻本　譜總目 4227 頁

黎氏宗譜十三卷
黎國楨五修
一九四九年刻本　家譜綜目 621 頁　譜總目 4229 頁

樂

（湖南湘潭）湘潭樂氏三修族譜十二卷
（清）樂國仁　（清）樂國森修
民國十八年南陽堂刻本　家譜綜目 621 頁　譜總目 4231 頁

滕

（湖北新洲）滕氏宗譜
滕練成纂修
民國二十六年刻本　家譜綜目 622 頁　譜總目 4236 頁

劉

（山西洪洞）洪洞劉氏族譜十七卷首一卷
劉鍾英纂輯
民國三年刻本　家譜綜目 623 頁　譜總目 4240 頁

（山西洪洞）洪洞蘇堡劉氏宗譜二十卷首一卷末一卷

劉恒傑等纂修
民國二十一年刻本　譜總目 4240 頁

（山西沁縣）劉氏堯山族譜不分卷
楊壽椿纂修
民國二十年刻本　譜總目 4239 頁

（山東沂水）劉氏族譜不分卷
劉思田等纂修
民國六年刻本　譜總目 4315 頁

（江蘇鎮江）劉氏族譜十六卷
劉康遐修
民國四年五忠堂刻本　家譜綜目 625 頁

（浙江蘭溪）蘭溪椒石劉氏宗譜十一卷
劉潤釗纂
民國十年刻本　家譜綜目 629 頁　譜總目 4269 頁

（浙江蘭溪）劉氏宗譜六卷
纂修者不詳
民國間刻本　家譜綜目 629 頁　譜總目 4269 頁

（浙江常山）劉氏宗譜四卷
王逢圖纂修
民國十四年刻本　家譜綜目 630 頁　譜總目 4266 頁

（浙江常山）劉氏宗譜十四卷
王逢圖纂修
民國十五年刻本　家譜綜目 630 頁

（浙江常山）郭壙劉氏宗譜一卷
劉宗盛重修
民國十五年刻本　家譜綜目 630 頁　譜總目 4266 頁

（浙江常山）懷玉南豐慈田派劉氏宗譜九卷
纂修者不詳
民國十八年刻本　家譜綜目 630 頁　譜總目 4266 頁

（浙江常山）南豐慈田劉氏宗譜十卷

劉有海重修

民國十八年刻本　家譜綜目 630 頁　譜總目
4266 頁

（浙江常山）蕉塢劉氏宗譜三卷

劉宗盛重修

民國二十一年刻本　家譜綜目 630 頁　譜總
目 4266 頁

（浙江常山）定陽劉氏宗譜四卷

汪毓霖續修

民國二十三年刻本　家譜綜目 630 頁　譜總
目 4266 頁

（浙江常山）癸羊劉氏宗譜二卷

吳光烈重修

民國二十七年刻本　家譜綜目 630 頁　譜總
目 4266 頁

（浙江常山）鼓城劉氏族譜十二卷

纂修者不詳

民國二十八年刻本　家譜綜目 630 頁　譜總
目 4266 頁

（浙江常山）定陽劉氏宗譜二卷

劉成林　劉成谷重修

民國二十九年刻本　家譜綜目 630 頁　譜總
目 4266 頁

（浙江常山）定陽劉氏家譜三卷

徐鵬重修

民國三十年刻本　家譜綜目 630 頁　譜總目
4266 頁

（浙江常山）開陽劉氏宗譜十卷首一卷末一卷

姚亦椿續修

民國三十年刻本　家譜綜目 630 頁　譜總目
4266 頁

（浙江常山）開陽劉氏宗譜十卷首一卷末一卷

程良功續修

民國三十年刻本　家譜綜目 630 頁　譜總目
4267 頁

（浙江臨海）臺臨劉氏宗譜

汪旭旦修

民國二十二年刻本　家譜綜目 630 頁　譜總
目 4271 頁

（浙江湖州）南潯劉氏支譜六卷

（清）劉錦藻等纂修　劉承幹補録

民國間吳興嘉業堂刻本　譜總目 4257 頁

（安徽滁州）劉氏宗譜十七卷

（清）劉沅修

清康熙二十二年修民國三十五年劉氏祠堂重
刻本　家譜綜目 631 頁　譜總目 4280 頁

（福建將樂）劉氏族譜八卷

劉浣谷纂

民國二十年刻本　家譜綜目 632 頁　譜總目
4289 頁

（福建上杭）劉氏族譜七卷

劉大猷等纂修

民國十年刻本　譜總目 4291 頁

（江西都昌）彭城劉氏集成宗譜

劉咏梅等纂修

民國十一年浦溪義塾文會堂刻本　譜總目
4293 頁

（江西景德鎮）南陽劉氏宗譜七卷首一卷末一卷

劉第仁等纂修

民國三十五年報本堂刻本　譜總目 4294 頁

（江西萬安）五雲劉氏族譜二卷

劉采臣纂修

民國四年承玉堂刻本　譜總目 4310 頁

（河南正陽）黃臺劉氏族譜□□卷

劉時熙等修

民國九年刻本　家譜綜目 635 頁　譜總目

4319 頁

（河南新密）劉氏家譜二卷

劉錫齡　劉丙耀纂修

民國十二年刻本　譜總目 4316 頁

（湖北新洲）劉氏宗譜四卷

高楚　鵬程等續撰

民國七年刻本　家譜綜目 635 頁　譜總目 4320 頁

（湖北新洲）劉氏宗譜三卷

纂修者不詳

民國七年刻本　家譜綜目 635 頁　譜總目 4320 頁

（湖北新洲）劉氏宗譜二十卷首四卷

劉鍾淑創修

民國十三年刻本　家譜綜目 635 頁　譜總目 4320 頁

（湖北新洲）劉氏宗譜十卷

劉宗晏十二修

民國三十四年刻本　家譜綜目 635 頁　譜總目 4320 頁

（湖北新洲）劉氏宗譜□□卷

纂修者不詳

民國三十六年刻本　家譜綜目 635 頁　譜總目 4320 頁

（湖南）岩門劉氏續修族譜四卷

劉昌庭　劉振鐸纂修

民國六年刻本　家譜綜目 636 頁

（湖南湘鄉）白石劉氏四修族譜六卷

劉春池等纂修

一九四九年藜閣堂刻本　譜總目 4371 頁

（湖南漵浦）劉氏通譜六十四卷

劉生爵　劉漢秋修

民國二十六年刻本　家譜綜目 642 頁　譜總

目 4385 頁

（湖南臨澧）劉氏族譜三十五卷首五卷

劉運清修

民國三十五年刻本　家譜綜目 642 頁　譜總
目 4340 頁

（湖南澧縣）劉氏族譜八卷

周長典纂修

民國十三年刻本　家譜綜目 642 頁　譜總目
4340 頁

（廣東潮安）劉氏集注重修歷代族譜

（清）劉展程纂修

民國二年潮州豐順懋德堂刻本　譜總目 4394 頁

（四川中江）劉氏族譜不分卷

劉莌纂修

民國二十一年德陽刻本　譜總目 4401 頁

（四川內江）劉氏族譜十一卷

劉業從纂修

民國二十五年刻本　譜總目 4402 頁

（四川開江）劉氏族譜不分卷

劉方策纂修

民國二十七年刻本　譜總目 4402 頁

潘

（江蘇南京）古棠潘氏家譜不分卷

纂修者不詳

民國六年刻本　譜總目 4446 頁

（江蘇淮安）淮安潘氏續修宗譜

潘蘭璘續纂

民國十五年刻本　家譜綜目 644 頁　譜總目
4446 頁

（江蘇常州）毗陵永寧潘氏宗譜十八卷

潘經綸等纂修

民國十六年花縣堂刻本　譜總目 4447 頁

（江蘇蘇州）東匯潘氏族譜八卷首四卷末一卷
潘祖芬纂修
民國八年承志堂刻本　譜總目 4451 頁

（廣東南海）潘氏典堂族譜六卷
（清）潘繼李　（清）潘桂森等纂輯　潘耀華
重編
清同治六年刻民國十三年續刻本　家譜綜目
648 頁　譜總目 4476 頁

賴

（浙江象山）台西賴氏宗譜□□卷
賴鳳翔重修
民國二十九年刻本　家譜綜目 649 頁

（浙江蘭溪）賴氏宗譜二卷
纂修者不詳
民國二十六年刻本　家譜綜目 649 頁　譜總目 4483 頁

（浙江常山）賴氏宗譜四卷
賴炳山續修
民國三十六年刻本　家譜綜目 649 頁　譜總目 4483 頁

（浙江麗水）穎川賴氏宗譜二卷
賴乃後纂修
民國三十六年刻本　譜總目 4484 頁

（福建德化）侯卿賴氏六修族譜不分卷
陳國標纂修
民國三十四年刻本　譜總目 4486 頁

（江西興國）賴氏四修宗譜
纂修者不詳
民國元年刻本　譜總目 4490 頁

薛

（江蘇江陰）續修薛氏族譜九十六卷首一卷流
芳集十四卷附前譜案證四卷
薛矷五等纂修

民國四年崇禮堂刻本　譜總目 4507 頁

（福建泉州）薛氏族譜
薛文波纂修
民國二十八年刻本　譜總目 4511 頁

（廣東樂昌）薛氏族譜十五卷
薛光庭等纂修
民國二十年刻本　譜總目 4512 頁

蕭

（湖南長沙）長沙蕭氏族譜大芳公房
纂修者不詳
民國間敦本堂刻本　譜總目 4528 頁

（湖南長沙）長沙蕭氏族譜大潮公房
纂修者不詳
民國間敦本堂刻本　譜總目 4528 頁

（湖南茶陵）山田蕭氏六修支譜六卷首四卷
蕭卓庭　蕭紫林纂
民國二十年積慶堂刻本　家譜綜目 654 頁
譜總目 4535 頁

（湖南湘潭）湘潭西鄉景泉蕭氏族譜四卷
蕭孝璿等編
民國二年聚原堂刻本　家譜綜目 654 頁　譜總目 4536 頁

（福建明溪）蕭氏族譜四卷附補録一卷
蕭貞衢等纂修
民國六年刻本　譜總目 4517 頁

蕭氏族譜六卷首一卷
蕭衍泗纂
民國二十五年刻本　家譜綜目 655 頁

薩

（黑龍江）薩氏族譜二卷
蔡運升纂修
民國十四年刻本　譜總目 4563 頁

勵

（浙江象山）東溪勵氏宗譜五卷
屠耀台重修
民國二十一年刻本　家譜綜目 656 頁　譜總目 4564 頁

霍

（重慶綦江）霍氏族譜八卷
（清）霍重光等纂修
民國五年綦江浦河霍氏宗祠刻本　家譜綜目 657 頁　譜總目 4566 頁

操

（湖北新洲）操氏宗譜三十六卷
操光黃　操松山續修
一九四九年刻本　家譜綜目 657 頁　譜總目 4567 頁

駱

（浙江遂昌）駱氏宗譜不分卷
纂修者不詳
民國間刻本　家譜綜目 658 頁　譜總目 4504 頁

（廣東樂昌）樂昌柏沙駱氏族譜四卷
駱肇源主修
民國二十年刻本　譜總目 4504 頁

盧

（湖北黃岡）盧氏宗譜八卷首二卷
盧堯卿督理
民國元年敦本堂刻民國三十三年續刻本　家譜綜目 660 頁　譜總目 4585 頁

（四川眉山）盧氏族譜不分卷
盧士選纂修
民國刻本　家譜綜目 661 頁　譜總目 4589 頁

錢

（江蘇鎮江）潤州南珠錢氏族譜十卷
邵鳳翔等纂修
民國二年射潮堂刻本　譜總目 4594 頁

（江蘇無錫）錢氏宗譜三卷
錢一珠編
民國十四年錦樹堂刻本　家譜綜目 663 頁

（江蘇江陰）江陰北外五堡錢氏宗譜八卷首一卷
錢叙森等纂修
民國二十年射潮堂刻本　譜總目 4599 頁

（江蘇常熟）彭城錢氏世譜文傳八卷首一卷
錢時棣等修
民國二年刻本　家譜綜目 663 頁　譜總目 4593 頁

（江蘇常州）錢氏宗譜
錢慶祥等纂修
民國十年思本堂刻本　譜總目 4595 頁

（雲南昆明）錢氏族譜二卷
（清）錢灃纂
清乾隆間修民國二十三年刻方樹梅編《盤龍山人叢書》本　家譜綜目 666 頁　譜總目 4614 頁

錢氏宗譜二卷
（宋）林禹　范坰撰
民國十九年貽忠堂刻本　家譜綜目 667 頁

鮑

（浙江蘭溪）鮑氏宗譜十六卷
纂修者不詳
民國二年刻本　家譜綜目 668 頁

（浙江蘭溪）鮑氏宗譜八卷
纂修者不詳
民國三十三年續修刻本　家譜綜目 668 頁

諶

（湖北）諶氏五修家乘十二卷圖一卷
纂修者不詳
民國三十四年篤志堂刻本　家譜綜目 668 頁
譜總目 4632 頁

閻

（河南鄭州）閻氏家譜不分卷
閻萬選纂修
民國二十五年刻本　譜總目 4636 頁

璩

（浙江蘭溪）珠打貳璩氏宗譜四卷
璩佩蘭重纂
民國十四年刻本　家譜綜目 671 頁

韓

（上海崇明）韓氏家乘
纂修者不詳
民國三十年刻本　譜總目 4643 頁

（山東淄博）淄川韓氏世譜六卷
韓觀瀷等纂修
民國七年刻本　譜總目 4651 頁

（山東淄博）淄川韓氏邑乘五卷首一卷
韓振銘續輯
民國七年刻本　家譜綜目 673 頁　譜總目
4651 頁

（山東歷城）韓氏族譜不分卷
韓毓榮纂修
民國二十二年刻本　譜總目 4651 頁

（湖北新洲）韓氏宗譜三卷
韓濬等續修
民國三十四年刻本　家譜綜目 673 頁

（四川宣漢）韓氏宗譜一卷

韓艷如修
民國元年刻本　家譜綜目 674 頁　譜總目
4655 頁

（福建漳州）寶韓氏家譜不分卷
韓磊亭纂修
民國十五年刻本　譜總目 4649 頁

藍

（浙江遂昌）藍氏宗譜五卷
纂修者不詳
民國間刻本　家譜綜目 674 頁　譜總目 4661 頁

（浙江麗水）汝南郡藍氏宗譜七卷首一卷
藍紫庭纂修
民國三十一年刻本　譜總目 4658 頁

戴

（浙江杭州）戴氏遷杭族譜不分卷
戴兆鎏等續修
民國六年刻本　譜總目 4675 頁

（浙江杭州）戴氏遷杭族譜不分卷
戴兆田等續修
民國十七年刻本　譜總目 4676 頁

（浙江杭州）戴氏遷杭族譜不分卷
戴兆鑾等續修
民國三十二年刻本　譜總目 4676 頁

（安徽桐城）戴氏宗譜
纂修者不詳
民國十一年敬勝堂刻本　譜總目 4684 頁

（四川仁壽）四川仁壽縣戴氏十三宗支第一次會刊家譜不分卷
戴冕等纂修
民國元年刻本　家譜綜目 678 頁　譜總目
4696 頁

（廣東龍川）戴氏族譜不分卷

戴賢亨纂修
民國二十五年刻本　譜總目 4694 頁

戴氏四修族譜
戴楨盛等纂修
民國二十五年注禮堂刻本　譜總目 4698 頁

魏

（河北冀縣）魏氏家譜一卷
魏文忠　魏文厚纂修
民國十七年刻本　家譜綜目 679 頁　譜總目 4699 頁

（安徽桐城）皖桐魏氏宗譜二十八卷首一卷末三卷
（清）魏春南　（清）魏樂莊纂修
民國元年刻本　家譜綜目 680 頁　譜總目 4705 頁

（湖北黃岡）魏氏宗譜十八卷首四卷
魏道學　魏正讓等修
民國二十三年大名堂刻本　家譜綜目 680 頁　譜總目 4708 頁

（湖北崇陽）魏氏宗譜八卷
魏世臣總修　魏文鳳纂修
民國十五年刻本　家譜綜目 680 頁　譜總目 4709 頁

（湖南衡陽）衡陽魏氏五修宗譜四十卷首一卷
魏文軒等纂修
民國三年刻本　譜總目 4710 頁

（四川巴中）魏氏三修百字譜不分卷
纂修者不詳
民國七年刻本　譜總目 4712 頁

鍾

（湖北浠水）鄂郗鍾氏宗譜□□卷
纂修者不詳
民國三十六年刻本　家譜綜目 683 頁　譜總

目 4735 頁

（湖北崇陽）鍾氏家譜
鍾定鎮　鍾希禎總修
民國三十七年潁川堂刻本　家譜綜目 683 頁　譜總目 4735 頁

（湖南湘陰）鍾氏支譜三卷
鍾印梅等纂修
一九四九年潁川堂刻本　譜總目 4738 頁

（廣東始興）鍾氏敦睦堂六修族譜
纂修者不詳
民國間刻本　譜總目 4741 頁

（四川資中）四川資州西鄉大有場鍾氏族譜六卷首二卷
鍾肇芬編
民國元年資州鍾氏刻本　家譜綜目 684 頁　譜總目 4746 頁

（四川雲陽）鍾氏家乘十六卷
鍾漢章修
民國六年大宗堂刻本　家譜綜目 684 頁

（福建福鼎）潁川鍾氏宗譜不分卷
鍾慶英纂修
民國四年南港萃英齋刻本　譜總目 4726 頁

謝

（浙江常山）謝氏宗譜一卷
王逢圖纂修
民國十五年刻本　家譜綜目 687 頁　譜總目 4763 頁

（浙江常山）謝氏宗譜□□卷
劉宗盛重修
民國二十年刻本　家譜綜目 687 頁　譜總目 4763 頁

（浙江常山）謝氏宗譜不分卷
謝肇幹修

民國二十三年刻本　家譜綜目 687 頁　譜總目 4763 頁

（湖北新洲）謝氏宗譜四十四卷
謝鶴續修
民國三十三年刻本　家譜綜目 689 頁　譜總目 4780 頁

（廣東揭陽）謝氏宗譜十卷首一卷
謝保樵等纂修
民國二十八年刻本　譜總目 4796 頁

（山東章丘）謝氏支譜八卷首一卷末一卷
謝芳綸等編修
民國九年刻本　家譜綜目 692 頁　譜總目 4780 頁

繆

（江蘇武進）蘭陵繆氏世譜三十三卷舊德集六卷附錄九卷
繆錫疇纂修
民國五年刻本　譜總目 4820 頁

（江蘇武進）蘭陵繆氏世譜二十四卷首一卷
繆錫疇纂修
民國五年刻本　譜總目 4820 頁

（江蘇江陰）蘭陵繆氏世譜附錄得姓考一卷考古錄二卷
繆荃孫纂修
民國間刻本　家譜綜目 694 頁　譜總目 4821 頁

（江蘇江陰）蘭陵繆氏世譜一百二十四卷
繆荃孫纂修
民國五年刻本　家譜綜目 694 頁　譜總目 4821 頁

聶

（湖南澧縣）澧縣聶氏族譜六卷
宋雲清纂
民國三年刻本　家譜綜目 695 頁　譜總目

4828 頁

顏

（江西萍鄉）萍西扦嶺顏氏族譜一卷
孔鑄等纂
民國二十二年刻本　家譜綜目 698 頁　譜總目 4850 頁

（江西靖安）顏氏十四修宗譜不分卷
合族纂修
民國十一年惟琳堂刻本　譜總目 4850 頁

（湖南沅陵）顏氏族譜不分卷
顏邦俊等纂修
民國二十六年刻本　譜總目 4857 頁

蘇

（安徽休寧）新安蘇氏重修族譜十卷附三卷
蘇天祥等序
民國十八年刻本　家譜綜目 699 頁

（廣東）蘇氏族譜附武功書院世譜十卷附三卷
蘇天祥等增補
民國十八年德有隣堂據清光緒二十六年刻本補刻　家譜綜目 700 頁　譜總目 4877 頁

羅

（江蘇淮安）羅氏家乘不分卷
羅振鏞纂修
民國八年刻本　譜總目 4886 頁

（浙江鄞州）羅氏家譜二卷
羅香林纂修
民國十二年長生堂刻本　譜總目 4886 頁

（浙江餘姚）姚江梅川羅氏宗譜十五卷
羅懷生等續修
一九四九年報本堂刻本　家譜綜目 701 頁　譜總目 4887 頁

（浙江遂昌）羅氏宗譜不分卷

纂修者不詳

民國三十年刻本　家譜綜目 702 頁　譜總目 4890 頁

（安徽蕪湖）羅氏宗譜□□卷

纂修者不詳

民國六年崇本堂刻本　家譜綜目 702 頁　譜總目 4890 頁

（江西）豫章羅氏聯修族譜

羅祥麟　羅玉璜纂修

一九四九年振鏞堂刻本　譜總目 4895 頁

（山東淄博）羅氏世譜八卷

羅維檀等纂修

民國九年刻本　譜總目 4900 頁

（湖北新洲）羅氏宗譜五十二卷

羅若如　羅耀賓修

民國五年刻本　家譜綜目 703 頁　譜總目 4900 頁

（湖北新洲）釣魚台羅氏宗譜四十二卷首六卷

羅荃溪　羅薜裳續修

民國二十七年刻本　家譜綜目 703 頁

（湖北新洲）羅氏宗譜三卷

羅錦山　羅振國續修

民國三十五年刻本　家譜綜目 703 頁　譜總目 4900 頁

（湖北新洲）羅氏宗譜四十卷首一卷

羅守倫　羅在湖等合修

民國三十七年刻本　家譜綜目 703 頁　譜總目 4900 頁

（湖南）羅氏鎣房支譜九卷首三卷

羅鼎元總纂　羅人杰　羅瀛亭等協修

民國間羅氏光裕堂刻本　家譜綜目 703 頁

（湖南湘潭）雲湖鵝公壩羅氏三修房譜十卷

羅志鐔等纂修

民國九年永祭堂刻本　譜總目 4912 頁

（廣東）興寧東門羅氏族譜一卷

纂修者不詳

民國十一年刻本　家譜綜目 705 頁

（廣東）興寧東門羅氏族譜七卷

纂修者不詳

民國十五年刻本　家譜綜目 705 頁　譜總目 4921 頁

（廣東始興）羅氏重修族譜不分卷

羅展才纂修

民國五年刻本　譜總目 4921 頁

（四川彭州）羅氏族譜

（清）羅啟聰　（清）羅啟漳等纂

民國三年彭縣羅氏宗族刻本　家譜綜目 705 頁　譜總目 4926 頁

（重慶榮昌）羅氏族譜

羅朝泰修

民國五年刻本　家譜綜目 706 頁　譜總目 4925 頁

（四川中江）羅氏族譜不分卷

纂修者不詳

民國二年中江羅氏祠堂刻本　家譜綜目 706 頁　譜總目 4926 頁

（福建清流）清流里田豫章郡羅氏族譜六卷附男紅丁簿

羅炳南等主修

民國三十年汀州四堡刻本　譜總目 4891 頁

羅氏家譜

纂修者不詳

民國十二年刻本　家譜綜目 707 頁

羅氏族譜四卷

（清）羅元廷等纂修

民國二十年增修刻本　家譜綜目 707 頁

嚴

（浙江建德）天水嚴氏宗譜

纂修者不詳

民國元年刻本　家譜綜目 708 頁　譜總目 4936 頁

（浙江）蘭溪嚴氏宗譜五卷

纂修者不詳

民國二十二年刻本　家譜綜目 709 頁

（浙江蘭溪）天水嚴氏宗譜五卷

纂修者不詳

一九四九年刻本　家譜綜目 709 頁　譜總目 4940 頁

（浙江常山）嚴氏四修宗譜五卷

嚴樂泰四修

民國九年刻本　家譜綜目 709 頁　譜總目 4940 頁

（江西贛州）南贛嚴氏合修族譜

嚴積章主修

民國四年刻本　譜總目 4943 頁

（四川高縣）重修慶符嚴氏家譜上祠堂譜五卷下祠堂譜二卷

嚴樹深　嚴樹本纂修

民國二十三年刻本　家譜綜目 710 頁　譜總目 4947 頁

嚴氏家譜

纂修者不詳

民國間刻本　家譜綜目 710 頁

譚

（湖北新洲）譚氏宗譜四卷

譚仁愷　譚仁良等創修

民國三十六年刻本　家譜綜目 710 頁　譜總目 4950 頁

（江西萍鄉）萍城譚氏族譜

譚體嘉　譚舒申纂修

民國十三年刻本　譜總目 4949 頁

（湖南寧鄉）譚氏家譜二十五卷

譚漢泉　譚貢山主修　譚顯節纂修

民國十二年敦倫堂刻本　家譜綜目 711 頁　譜總目 4954 頁

（湖南澧縣）湖南澧縣譚氏族譜五卷

譚永霖纂修

民國三十五年齊郡堂刻本　譜總目 4954 頁

（湖南湘鄉）湘鄉塘灣譚氏續修宗譜八卷

（清）譚聲立　譚先念纂修

民國二十七年宏農堂刻本　譜總目 4958 頁

（湖南永順）譚氏族譜六卷

譚興漢等纂修

民國十六年刻本　譜總目 4964 頁

饒

饒氏重修族譜

纂修者不詳

民國六年刻本　家譜綜目 715 頁

權

（江蘇徐州）權氏族譜

纂修者不詳

民國八年刻本　家譜綜目 716 頁　譜總目 4983 頁

酈

（江蘇丹陽）雲陽酈氏宗譜十六卷

酈毓亮重修

民國二年注經堂刻本　家譜綜目 716 頁　譜總目 4983 頁

顧

（上海崇明）顧氏彙集宗譜九十六卷

顧竹梅等主修

民國十九年顧氏刻本　譜總目 4988 頁

（江蘇武進）顧氏族譜六卷

顧全寶　顧連甫六修

民國三年凝徽堂刻本　家譜綜目 717 頁　譜總目 4991 頁

（浙江杭州）北新里顧氏族譜六卷

顧全寶纂修

民國三年凝徽堂刻本　譜總目 4996 頁

龔

（江蘇常州）龔氏宗譜六卷

龔景泉等纂修

民國十六年積善堂刻本　譜總目 5002 頁

（浙江蘭溪）蘭溪龔氏宗譜四卷

龔啟源纂修

民國二年刻本　家譜綜目 721 頁　譜總目 5006 頁

（浙江蘭溪）大園龔氏宗譜六卷

纂修者不詳

民國二十二年刻本　家譜綜目 721 頁　譜總目 5006 頁

（江西新餘）高湖龔氏十一修族譜九卷首一卷末一卷

龔國熊纂修

民國三十七年冠夛堂刻本　譜總目 5009 頁

附録（祠譜、牌冊及考訂家族世系源流的著作等入附録）

（安徽歙縣）重建吳清山汪氏墓祠徵信録四卷

汪慰纂修

民國十四年刻本　譜總目 5060 頁

（廣東南海）怙德録不分卷

（清）黃任恒編

民國八年保粹堂刻本　譜總目 5100 頁

（福建漳浦）張氏重建中營始祖廟工程未完成竣預算表附民十九、二十年收支清冊

張隆古纂修

民國二十一年刻本　譜總目 5105 頁

（浙江諸暨）諸暨鄭氏十二公詩集

鄭辭創等纂修

民國十七年刻本　譜總目 5128 頁

（浙江海寧）錢氏考古録十二卷補遺一卷

錢保塘　錢國鑠編

民國六年海寧錢氏清風堂刻本　家譜綜目 665 頁　譜總目 5144 頁

政書類

夢談隨録二卷

（清）厲秀芳撰

民國六年刻本　總目 3234 頁

長元吳豐備義倉全案四續編七卷

潘灝芬輯

民國六年刻本　總目 3344 頁

重詳定刑統三十卷（又名宋刑統）

（宋）竇儀等撰

民國七年國務院法制局以天一閣抄本校刻本　總目 3412 頁

慶元條法事類八十卷開禧重修尚書吏部侍郎右選格二卷

（宋）謝深甫等纂修

民國三十七年燕京大學圖書館刻本　總目 3413 頁

唐明律合編三十卷

（清）薛允升撰

民國十一年徐氏退耕堂刻本　總目 3413 頁　販書 194 頁

山右讞獄記不分卷

（清）顧麟趾撰

民國十二年刻本　民國二十三年刻本　總目
3463 頁　法學古籍 161 頁

營造法式三十四卷看詳一卷

（宋）李誡撰

民國十四年武進陶氏刻本　總目 3464 頁

太平關稅則一卷

民國財政部編

民國三年寶元刻本　法學古籍 79 頁

河工器具圖説四卷

（清）麟慶撰

民國十五年刻本　總目 3478 頁

權衡度量實驗考不分卷

（清）吳大澂撰

民國四年羅振玉刻本　海王村 12 年春 550
朵雲軒 04 秋 371

退耕堂政書五十五卷

（清）徐世昌撰

民國三年刻本　總目 3512 頁　近代書目 45 頁

變法經緯公例論二卷

（清）張鶴齡撰

民國二年刻本　近代書目 179 頁　滬國拍 09
春 89

**沈刻元典章校補十卷札記六卷闕文三卷表格
一卷**

陳垣撰

民國二十年國立北京大學精刻本　販書 189 頁

漢律考七卷

程樹德撰

民國八年北京刻本　販書 194 頁　法學古籍
127 頁

集成刑事證據法不分卷

董康撰

民國三十一年董康刻本　卓德 13 春 3129

上海祀孔譜不分卷

范本榮輯

民國十四年刻本　歌德 11 年 6 月 2290

居官金鑑二卷

（清）知智山人編輯

民國十年刻本　今古齋 11 秋 300

詔令奏議類

韋奄奏疏一卷

（明）涂棐撰

民國五年豐城熊羅宿刻本　總目 3576 頁

寓燕疏草二卷

（明）錢桓撰

民國二年聽邠館刻本　總目 3590 頁

諫草二卷侯霓峰先生榮哀録一卷

（明）侯先春撰　榮哀録　不著撰人

民國六年刻本　法學古籍 27 頁

鄧和簡公奏議九卷

（清）鄧華熙撰

民國二十年刻本　總目 3630 頁　近代書目
42 頁

林文直公奏稿七卷

（清）林紹年撰

民國四年京師刻本　民國十六年刻本　總目
3631 頁　近代書目 44 頁

屠光禄奏疏四卷

（清）屠仁守撰

民國十一年潛樓刻本　總目 3635 頁　近代
書目 42 頁

蒿盦奏稿四卷

馮煦撰

民國十二年金壇馮氏刻本　總目 3636 頁　近

代書目 121 頁

澗于集奏議六卷

（清）張佩綸撰

民國七年豐潤張氏澗于草堂刻本　總目 3637 頁

陳文忠公奏議二卷

陳寶琛撰

民國二十九年閩縣螺江陳氏刻本　總目 3637
頁　近代書目 44 頁

養壽園奏議輯要四十四卷

袁世凱撰　沈祖憲編

民國二十六年袁克桓刻本　總目 3639 頁　近
代書目 46 頁

茹經堂奏疏三卷

唐文治撰

民國九年刻本　民國十五年刻本　總目 3640
頁　近代書目 47 頁

退廬疏稿四卷補遺一卷

胡思敬撰

民國二年問影樓刻本　販書 160 頁　法學古
籍 30 頁

注陸宣公奏議十六卷

（唐）陸贄撰　（宋）郎曄注　（清）馬傳庚評

民國八年望海堂刻本　海王村 09 年 48 期 493

地理類

叢編之屬

浙江圖書館叢書（蓬萊軒地理學叢書）三十種

（清）丁謙撰

民國四年浙江圖書館刻本　叢書綜録 655 頁
續四庫叢部 65 頁　總目 3652 頁

　第一集

　漢書匈奴傳地理考證二卷西南夷兩粤朝鮮
　傳地理考證一卷西域傳地理考證一卷

後漢書東夷列傳地理考證一卷南蠻西南夷
列傳地理考證一卷西羌傳地理考證一卷西
域傳地理考證一卷南匈奴傳地理考證一卷
烏桓鮮卑傳地理考證一卷

三國志烏丸鮮卑東夷傳附魚豢魏略西戎傳
地理考證一卷

晋書四夷傳地理考證一卷

宋書夷貊傳地理考證一卷

南齊書夷貊傳地理考證一卷

梁書夷貊傳地理考證一卷

魏書外國傳地理考證一卷西域傳地理考證
一卷外國傳補地理考證一卷

周書異域傳地理考證一卷

隋書四夷傳地理考證一卷

新唐書突厥傳地理考證一卷吐蕃傳地理考
證一卷回紇等國傳地理考證一卷沙陀傳地
理考證一卷北狄列傳地理考證一卷東夷列
傳地理考證一卷南蠻列傳地理考證一卷新
舊唐書西域傳地理考證一卷

新五代史四夷附録地理考證一卷

宋史外國傳地理考證一卷

遼史各外國地理考證一卷

金史外國傳地理考證一卷

元史外夷傳地理考證一卷

明史外國傳地理考證一卷西域傳地理考證
一卷

第二集

穆天子傳地理考證六卷中國人種所從來考
一卷穆天子傳紀日干支表一卷

晋釋法顯佛國記地理考證一卷

後魏宋雲西域求經記地理考證一卷

大唐西域記地理考證一卷附録一卷印度風
俗總記一卷

唐杜環經行記地理考證一卷

元耶律楚材西游録地理考證一卷

元秘史地理考證十五卷元秘史作者人名考
一卷元太祖成吉思汗編年大事記一卷元初

漠北大勢論一卷元史特薛禪曷思麥里速不
台郭寶玉等傳地理考一卷郭侃傳辨一卷
元聖武親征録地理考證一卷
元經世大典圖地理考證三卷附元史地理志
西北地一卷
元張參議耀卿紀行地理考證一卷
元長春真人西游記地理考證一卷
元劉郁西使記地理考證一卷
圖理琛異域録地理考證一卷

樊諫議集七家注五種附三種

（唐）樊宗師撰　樊鎮輯
民國十三年序紹興樊氏縣桐書屋刻本　叢書
綜録 676 頁　總目 3691 頁

　絳守居園池記注一卷　（元）趙仁舉　（元）
　吳師道　（元）許謙注　民國八年刻
　絳守居園池記注一卷　（明）趙師尹句解
　民國八年刻
　樊子二卷　（清）胡世安輯注　民國九年刻
　樊紹述集二卷　（清）孫之騄輯注
　絳守居園池記注一卷　（清）張子特箋注
　附
　樊集句讀合刻三種　（唐）樊宗師撰　樊鎮
　輯　民國十二年刻
　　樊宗師集一卷　（唐）樊宗師撰
　　絳守居園池記句讀一卷　（元）陶宗儀述
　　絳守居園池記句讀一卷　（元）趙仁舉定
　　（清）管庭芬述

望炊樓叢書五種

（清）謝家福輯
清光緒間吳縣謝氏刻民國十三年蘇州文學山
房彙印本　總目 3691 頁

　吳中舊事一卷　（元）陸友仁撰
　平江記事一卷　（元）高德基撰
　燼餘録二卷　（元）城北遺民（徐大焯）撰
　鄧尉探梅詩四卷　（清）謝家福輯
　五畝園小志一卷志餘一卷題咏一卷　（清）
　謝家福輯　志餘（清）凌泗輯　題咏（清）

謝家福輯
　附
　　桃隖百咏一卷　（清）凌泗輯　（清）謝家
　　福注
　　五畝園懷古一卷　（清）□□輯

總志之屬

方輿考證一百卷

（清）許鴻磐撰
民國間濟寧潘氏華鑑閣刻本　總目 3725 頁

雜志之屬

新增都門紀略六卷

（清）楊靜亭等編
清宣統二年刻民國六年印本　總目 3736 頁

舊京瑣記十卷

夏仁虎撰
民國間刻本　總目 3737 頁　近代書目 321 頁

留都見聞録二卷

（明）吳應箕撰
貴池先哲遺書本　民國三十七年金陵秘笈徵
獻樓刻本　總目 3753 頁

天津政俗沿革記十六卷

王守恂撰
民國間刻本　近代書目 198 頁　同方 15 春 315

白下瑣言十卷

（清）甘熙撰
清光緒十六年築野堂刻民國十五年江寧甘氏
修補印本　總目 3754 頁

長沙古物聞見記二卷

商承祚著
民國二十八年金陵大學中國文化研究所刻
本　拍賣古籍目録 93–00 年 708 頁

楓江漁唱刪存三卷

（清）徐世勳撰

民國四年刻本　總目 3761 頁

增訂南詔野史二卷

（明）楊慎輯　（清）胡蔚訂正

民國五年刻本　總目 3816 頁

專志之屬

曲阜游覽指南不分卷

（清）袁書鼎輯

民國間曲阜會文堂刻本　總目 3844 頁

南朝佛寺志二卷

（清）孫文川撰　陳作霖輯

民國間刻本　總目 3850 頁

敕建攝山棲霞禪寺同戒録一卷

釋惟德輯

民國十八年刻本　總目 3851 頁

靈谷禪林志十五卷首一卷

（清）甘熙輯　（清）謝元福增輯

清光緒十三年刻民國二十二年印本　總目 3852 頁

敕建金山江天禪寺同戒録一卷

民國十三年刻本　總目 3852 頁

常州萬壽清凉禪寺同戒録一卷

釋清凉輯

民國二十三年刻本　總目 3852 頁

江南蘇州府報恩講寺志一卷

（清）釋敏曦輯

民國十三年刻本　總目 3853 頁

江南蘇州府報恩講寺志一卷附續修蘇州府報恩寺志一卷

（清）釋敏曦輯　□□續輯

民國二十一年刻本　總目 3853 頁

蘇州府報恩塔寺志不分卷

（清）釋敏曦輯　（清）釋咏荷遞修

清光緒二十五年刻民國九年遞修本　海王村 10 年 50 期 369

蘇州報恩塔寺一卷續一卷

□□編

民國二十年刻本　總目 3853 頁

寒山寺志三卷

葉昌熾撰

民國十一年吳縣潘氏刻本　總目 3853 頁

招賢寺略記一卷

釋如幻輯

民國九年刻本　總目 3856 頁

湖隱禪院記事十卷

安仁輯

民國十年刻本　總目 3856 頁

廣壽慧雲寺志七卷

（清）丁丙　（清）孫峻輯

民國十七年玉照堂刻本　總目 3856 頁

蓮居庵志十卷

（清）孫峻輯　釋瞻明增訂

民國十九年刻本　總目 3856 頁

天童寺志十卷首一卷

（清）德介等纂

清刻民國印本　總目 3857 頁

天童寺續志二卷首一卷

釋蓮萍輯

民國九年天童寺刻本　總目 3857 頁

温陵開元寺志一卷

（明）釋元賢撰

民國十六年黃仲訓刻本　總目 3859 頁

洛陽伽藍記五卷

（北魏）楊衒之撰

民國四年董氏誦芬室影印及補刻本　經眼録 7 頁

洛陽伽藍記五卷

（北魏）楊衒之撰

民國二十二年洛陽石酉齋刻本　海王村 11
年秋 661

江西青雲譜志不分卷

黃翰魁編

民國九年住持徐雲岩刻本　總目 3864 頁

羅氏祠堂錄一卷

（清）羅振鏞輯

民國四年刻本　總目 3866 頁

槐南聖廟志一卷

李輿德編

民國五年刻本　總目 3871 頁

大洋洲蕭侯廟志八卷

（明）郭子章編　（清）郭必俊等重編

民國二十一年新淦蕭恒慶堂刻本　總目 3871 頁

重建吳清山汪氏墓祠徵信錄四卷

汪慰輯

民國十四年刻本　總目 3876 頁

浣花草堂志八卷首一卷末一卷

（清）何明禮輯

民國十二年刻本　總目 3882 頁

顧祠小志不分卷

吳昌綬撰

民國十一年吳氏雙照樓刻本　海王村 01 年
春 109

海昌勝迹志八卷

管元耀撰

民國二十一年海寧管氏靜得樓刻本　嘉德四
季 11 期 4106

淮陰縣豐濟倉志

纂修者不詳

民國十九年補刻本　江蘇總行 10 年 1 月 488

山水志之屬

靈峰志四卷補遺一卷

周慶雲撰

民國元年自刻本　總目 3901 頁

乍浦九山補志二卷

（清）李確撰

民國五年刻本　民國七年刻本　總目 3902 頁

重修普陀山志二十卷首一卷

（清）秦耀曾輯

清道光十二年刻民國四年修補印本　民國間
南海普陀山佛經流通處刻本　總目 3902 頁
滬國拍 05 春 164

孤嶼志八卷首一卷

（清）陳舜咨輯

民國二十三年刻本　總目 3906 頁

南岳志二十六卷增補二卷續增二卷

（清）李元度纂　（清）李子榮增補　（清）王
香餘續增

民國十三年刻本　總目 3920 頁　德寶 08 年
4 月 14

陰那山志六卷

（清）李閬中纂

民國十年刻本　總目 3921 頁

秀山志十八卷

（清）陳竑原纂　釋方略重輯

民國四年冬貴池劉氏唐石簃重精刻本　販書
續編 78 頁

羅浮志十五卷

（明）陳槤撰　陳伯陶補

民國九年刻本　總目 3922 頁

羅浮指南（原名羅浮補志）

陳伯陶著

民國九年刻本　卓德 13 秋 4400

上方山志十卷補遺一卷

溥儒輯

民國十九年刻本　鼎豐 99 春 345　萬隆 00 年 11 月 551　海王村 06 年春 278

南雁蕩山志十三卷首一卷

周喟輯

民國七年刻本　海王村 13 年春 1016　滬國拍 04 春 258

峨眉山志十二卷

（清）蔣超撰

清道光補刻民國十八年伏虎寺印光大師重修印本　卓德 12 周年慶 2082

縉雲山志不分卷

釋太虛等輯

民國三十一年漢藏教理院刻本　德寶 08 年 4 月 29

峨山志書全圖十二卷

（清）胡世安撰

民國十八年重刻本　保利 15 春 2632

白帶山志十卷首一卷

溥儒輯

民國三十七年刻本　萬隆 04 年春 124

東錢湖志四卷

（清）王商榮編

民國五年刻本　總目 3945 頁

豫河續志二十卷附黃沁河圖變遷考一卷

陳善同等纂

民國十五年河南河務局刻本　販書 174 頁

保安湖田志二十四卷

曾繼輝編

民國四年新化綴耕樓刻本　近代書目 191 頁

萬城堤防輯要二卷

徐國彬編

民國五年刻本　農業古籍 35 頁

金陵唐顏魯公烏龍潭放生池古迹考不分卷

檢齋居士輯

民國十九年眾香庵主刻本　今古齋 11 秋 543　德寶 12 年 9 月 307

游記之屬

愚齋東游日記一卷

盛宣懷撰

民國二十八年思補樓刻本　總目 4020 頁

形山北游記二卷附錄一卷

陸仁淵撰

民國十五年泰州形山書舍刻本　揚刻 334 頁

鄉國補游記三卷（普陀游記　雁蕩游記　天臺游記）

林甄宇著

民國六年永嘉林氏刻本　泰和 09 年 9 月 336　博古齋 10 年初夏 1402

恒岳游記三種（北岳游記　游中岳記　五臺山游記）

傅增湘撰

民國二十七年傅氏藏園刻本　工美 12 秋 658

衡廬日錄

傅增湘撰

民國二十四年藏園刻本　嘉德四季 17 期 3531（2009 年）

秦游日錄一卷　登太華記一卷

傅增湘撰

民國二十二年藏園刻本　嘉德四季 17 期 3532（2009 年）

藏園游記二卷

傅增湘撰

民國間刻本　嘉德四季 35 期 3863（2013 年）

峨眉紀游一卷

（清）樓藜然撰

民國元年刻本　博古齋 14 秋 1024

海内奇觀十卷

（明）楊爾增輯

民國三年刻本　嘉德四季 9 期 3063

方志類

天津市

[民國]天津縣新志二十七卷首一卷

高凌雯纂修

民國二十年金鉞刻本　方志目錄 23 頁　總目 4078 頁

河北省

[乾隆]永清縣志二十五篇

（清）周震榮修　（清）章學誠纂

民國十一年章氏遺書本　民國二十五年章氏遺書本　方志目錄 50 頁

[民國]定縣志二十二卷首一卷

何其章　呂復修　賈恩綬纂

民國二十三年刻本　方志目錄 54 頁　總目 4101 頁

[民國]容城縣志八卷

王蓮堂修　白葆端纂

民國九年刻本　方志目錄 53 頁　總目 4106 頁

[民國]交河縣志十卷首一卷

高步青　王恩沛修　苗毓芳　蘇彩河纂

民國六年刻本　方志目錄 62 頁　總目 4108 頁

[民國]鹽山新志三十卷（卷十三、十四未刻）

孫毓琇修　賈恩綬纂

民國五年刻本　方志目錄 61 頁　總目 4110 頁

[民國]獻縣志二十卷首一卷補遺一卷附詩文要錄三卷

薛鳳鳴修　張鼎彝纂

民國十四年刻本　方志目錄 64 頁　總目 4111 頁

[光緒]續修故城縣志十二卷首一卷

（清）丁燦修　（清）王堉德纂　（清）張煐續修　（清）范翰文續纂

清同治十二年修光緒十一年續修民國十年重印本　方志目錄 67 頁　總目 4114 頁

[民國]南宮縣志二十六卷

黃容惠修　賈恩綬纂

民國二十五年刻本　方志目錄 76 頁　總目 4116 頁

[民國]邯鄲縣志十七卷首一卷末一卷

畢星垣　張奉先修　王琴堂纂

民國二十二年邯鄲秀文齋刻本　方志目錄 69 頁　總目 4122 頁

[民國]邯鄲縣志十七卷首一卷末一卷

楊肇基修　李世昌纂

民國二十九年北京友文印書局刻本　方志目錄 70 頁　總目 4122 頁

山西省

[雍正]朔州志十二卷

（清）汪嗣聖修　（清）王霨纂

清雍正十三年刻民國二十五年補版重印本　方志目錄 86 頁　總目 4132 頁

[光緒]遼州志八卷首一卷

（清）徐三俊原本　（清）陳棟續纂修

清雍正十一年刻光緒十六年增刻民國十八年補版重印本　方志目錄 92 頁　總目 4144 頁

[民國]臨汾縣志續編八卷首一卷末一卷

（清）潘如海　（清）李榮和修　（清）實文藻（清）張榜花纂　（清）鄭裕孚增修

清光緒六年修民國十年增修刻本　方志目錄 106 頁　總目 4148 頁

[民國] 襄陵縣新志二十四卷

李世祐修　劉師亮纂

民國十二年刻本　方志目録 111 頁　總目
4150 頁

[民國] 鄉寧縣志十六卷首一卷

趙祖抃修　吳庚　趙意空纂

民國六年刻本　方志目録 112 頁　總目 4153 頁

[康熙] 隰州志二十四卷

（清）錢以壋纂修

清康熙四十九年刻民國補刻本　方志目録
108 頁　總目 4153 頁

[乾隆] 解州安邑縣志十六卷首一卷

（清）言如泗修　（清）呂瀓　（清）鄭必陽纂

民國十三年刻本　總目 4154 頁

[光緒] 安邑縣續志六卷首一卷

（清）趙輔堂修　（清）張承熊纂

民國十三年刻本　總目 4155 頁

[民國] 安邑縣志續輯一卷

鄭裕孚輯

民國十三年刻本　總目 4155 頁

[乾隆] 解州安邑縣運城志十六卷首一卷

（清）言如泗修　（清）熊名相　（清）呂瀓纂

民國十三年刻本　總目 4155 頁

吉林省

[光緒] 吉林通志一百二十二卷圖一卷

（清）長順　（清）訥欽修　（清）李桂林　（清）
顧雲纂

清光緒二十六年刻民國十九年印本　總目
4179 頁

上海市

[民國] 上海縣續志三十卷首一卷末一卷

吳馨　洪錫范修　姚文枬等纂

民國七年上海文廟南園志局刻本　方志目録
9 頁　總目 4193 頁

[嘉慶] 干巷志六卷首一卷

（清）朱棟纂

民國二十二年重印嘉慶六年柘湖丁氏鍾松山
房刻本　方志目録 14 頁　總目 4198 頁

[光緒] 青浦縣志三十卷首二卷末一卷

（清）汪祖綬等修　（清）熊其英　（清）邱式
金纂

清光緒五年尊經閣刻民國三十三年印本　總
目 4201 頁

[民國] 青浦縣續志二十四卷首一卷末一卷

于定等修　金咏榴等纂

民國二十三年陳海泉刻本　方志目録 16 頁
總目 4201 頁　保利 12 秋 9223

[民國] 南匯縣續志二十二卷首一卷

嚴偉　劉芷芬修　秦錫田纂

民國十八年刻本　方志目録 13 頁　總目 4203 頁

[民國] 崇明縣志十八卷

曹炳麟纂

民國十九年刻本　方志目録 22 頁　總目 4205 頁

華亭鄉土志

顧蓮編

民國四年刻素心簃全集本　方志目録 11 頁

江蘇省

[光緒] 溧水縣志二十二卷首一卷

（清）傅觀光等修　（清）丁維誠纂

清光緒九年刻民國四年印本　方志目録 343 頁
總目 4210 頁

[民國] 高淳縣志二十八卷首一卷

劉春堂修　吳壽寬纂

民國七年刻本　民國七年刻二十三年印本
方志目録 344 頁　總目 4210 頁

[咸豐] 邳州志二十卷首一卷

（清）董用威　（清）馬軼群修　（清）魯一同纂

清咸豐元年刻民國九年魯氏雙梧軒重印本

方志目録 372 頁　總目 4211 頁

[民國]邱志補二十六卷再補一卷

竇鴻年纂

民國十二年刻本　方志目録 373 頁　總目 4211 頁

[民國]銅山縣志七十六卷附編一卷

余家謨等修　王嘉銑等纂

民國十五年刻本　方志目録 371 頁　總目 4212 頁

山陽志遺四卷

(清)吳玉搢纂

民國十年刻楚州叢書第一集本　民國十一年淮安書局刻本　方志目録 364 頁 總目 4216 頁

[宣統]續纂山陽縣志十六卷附藝文志八卷

邱沅　王元章修　段朝端等纂

清宣統三年修民國十年刻本　方志目録 365 頁　總目 4216 頁

[咸豐]清河縣志二十四卷首一卷

(清)吳棠修　(清)魯一同纂

清咸豐四年刻同治元年補刻民國八年再補刻本　方志目録 366 頁　總目 4217 頁

[同治]清河縣志附編二卷

(清)吳棠修　(清)魯一同纂

清同治四年刻民國八年補刻本　方志目録 366 頁　總目 4217 頁

[同治]清河縣志再續編二卷

(清)劉咸修　(清)吳昆田纂

清同治十二年刻民國八年補刻本　方志目録 366 頁　總目 4217 頁

光緒丙子清河縣志二十六卷

(清)胡裕燕修　(清)吳昆田　(清)魯黉纂

清光緒五年刻民國十七年重刻本　方志目録 366 頁　總目 4217 頁

[民國]續纂清河縣志十六卷

(清)劉檉壽等修　范冕纂

民國十年修十七年刻本　方志目録 366 頁 總目 4217 頁

[光緒]安東縣志十五卷首一卷

(清)金元烺修　(清)吳昆田　(清)魯黉纂

清光緒元年刻民國二十年印本　方志目録 367 頁　總目 4218 頁

[民國]江都縣續志三十卷首一卷

錢祥保修　桂邦傑等纂

民國十五年刻本　民國二十六年重印本　方志目録 350 頁　總目 4222 頁

[民國]江都縣新志十二卷末一卷附補遺一卷

陳肇桑修　陳懋森纂

民國二十一年修二十六年刻本　方志目録 350 頁　總目 4222 頁

[民國]甘泉縣續志二十九卷首一卷

錢祥保修　桂邦傑纂

民國十年刻本　民國十年刻二十六年印本　方志目録 352 頁　總目 4223 頁

[民國]三續高郵州志八卷附新志補遺一卷前志正誤一卷

胡爲和　盧鴻鈞修　高樹敏纂

民國十一年刻本　方志目録 354 頁　總目 4224 頁

[宣統]泰興縣志續十二卷首一卷志補八卷志校六卷

王元章修　金鉽纂

民國二十二年刻本　方志目録 358 頁　總目 4227 頁

[至順]鎮江志二十一卷首一卷

(元)脫因修　(元)俞希魯纂

民國十二年如皋冒氏刻本　方志目録 339 頁 總目 4231 頁

[民國]丹徒縣志摭餘二十一卷

（清）李恩綬原纂　李丙榮續纂

民國七年刻本　民國七年刻二十年增補本　方志目錄341頁　總目4232頁

[民國]續丹徒縣志二十卷首一卷

張玉藻　翁有成修　高觀昌等纂

民國十九年刻本　方志目錄341頁　總目4232頁

[民國]丹陽縣續志二十四卷首一卷

胡爲和修　孫國鈞纂

民國十五年刻本　方志目錄342頁　總目4233頁

[光緒]丹陽縣志三十六卷首一卷

（清）劉誥　（清）凌焞等修　（清）徐錫麟　（清）姜璘纂

清光緒十一年鴻鳳書院刻民國十六年印本　方志目錄341頁　總目4233頁

[民國]丹陽縣志補遺二十卷

孫國鈞纂

民國十五年刻本　方志目錄342頁　總目4233頁

[民國]江陰縣續志二十八卷附江陰近事録三卷

陳思修　繆荃孫纂

民國十年刻本　方志目錄339頁　總目4238頁

[民國]光宣宜荆續志十二卷首一卷

陳善謨　祖福廣修　周志靖纂

民國十年刻本　方志目錄348頁　總目4239頁

[民國]鄉志類稿不分卷

葉承慶纂

民國二十三年洞庭東山旅滬同鄉會刻本　方志目錄321頁　總目4245頁

[同治]盛湖志十四卷首一卷末一卷志補四卷

（清）仲廷機修　（清）仲虎騰續纂

清同治十三年纂光緒二十六年續纂民國十四年

周慶雲刻本　方志目錄333頁　總目4247頁

[民國]昆新兩縣續補合志二十四卷首一卷

連德英修　李傳元纂

民國十二年刻本　方志目錄323頁　總目4249頁

[宣統]太倉州志二十八卷首一卷末一卷

王祖畬纂修

民國八年刻本　方志目錄325頁　總目4250頁

[民國]鎮洋縣志十一卷末一卷附録一卷

王祖畬纂

民國七年刻本　方志目錄325頁　總目4250頁

浙江省

[淳熙]嚴州圖經八卷

（宋）董弅修　（宋）喻彥先檢訂　（宋）陳公亮重修　（宋）劉文富訂正

民國二十二年誦芬室董氏刻本　方志目錄383頁　總目4263頁

景定嚴州續志十卷（仿宋本新定續志）

（宋）錢可則修　（宋）鄭瑤　（宋）方仁榮纂

民國二十三年誦芬室刻本　方志目錄383頁　總目4263頁　海王村07年春307

[光緒]分水縣志十卷首一卷末一卷

（清）陳常鏵　（清）馮圻修　（清）臧承宣等纂

清光緒三十二年刻民國三十年重印本　總目4265頁

[咸豐]南潯鎮志四十卷首一卷

（清）汪曰楨纂

民國間刻本　總目4269頁

[民國]南潯志六十卷首一卷

周慶雲纂

民國十一年刻本　民國十一年刻十七年補刻本　方志目錄402頁　總目4269頁

[民國]烏青鎮志四十四卷首一卷

盧學溥修　朱辛彝　張惟驤等纂

民國二十五年刻本　方志目録 403 頁　總目
4270 頁

[民國]梅里備志八卷
余霖纂
民國十一年閱滄樓刻本　方志目録 391 頁
總目 4274 頁

[民國]濮院志三十卷
夏辛銘纂
民國十六年刻本　方志目録 399 頁　總目
4279 頁

[光緒]重修嘉善縣志三十六卷首一卷
（清）江峰青修　（清）顧福仁纂
清光緒二十年刻民國七年重印本　方志目録
392 頁　總目 4280 頁

[光緒]定海廳志三十卷首一卷
（清）史致馴修　（清）陳僑　（清）黃以周纂
清光緒十一年黃樹藩刻光緒二十八年補刻民國
三年重印本　方志目録 415 頁　總目 4281 頁

[光緒]慈溪縣志五十六卷附編一卷
（清）楊泰亨　（清）馮可鏞纂　（清）劉一桂
校補
清光緒二十五年德潤書院刻民國三年重印
本　方志目録 413 頁　總目 4285 頁

[光緒]寧海縣志二十四卷首一卷
（清）王瑞成　（清）程雲驥修　（清）張濬等纂
清光緒十八年修二十八年刻民國四年重印本
方志目録 414 頁

[光緒]忠義鄉志二十卷首一卷
（清）吳文江纂
清光緒二十七年刻民國二十六年重印本
方志目録 410 頁　總目 4287 頁

[嘉慶]西安縣志四十八卷首一卷
（清）姚寶煃修　（清）范崇楷等纂
清嘉慶十六年刻民國六年桂鑄西補刻本
方志目録 432 頁　總目 4294 頁

[乾隆]溫州府志三十卷首一卷
（清）李琬修　（清）齊召南　（清）汪沆纂
清乾隆二十七年刻同治四年補版民國四年補
刻本　方志目録 435 頁　總目 4304 頁

[光緒]永嘉縣志三十八卷首一卷
（清）張寶琳修　（清）王棻　（清）孫詒讓纂
清光緒八年溫州維新書局刻民國二十四年劉景
晨補版印本　方志目録 435 頁　總目 4306 頁

[光緒]樂清縣志十六卷首一卷
（清）李登雲　（清）錢寶鎔修　（清）陳坤等纂
清光緒二十七年東甌郭博古齋刻民國元年高
誼校印本　方志目録 436 頁　總目 4305 頁

[乾隆]平陽縣志二十卷首一卷
（清）徐恕修　（清）張南英　（清）孫謙纂
清乾隆二十五年刻民國七年修鋟補刻本　方
志目録 437 頁　總目 4306 頁

[民國]平陽縣志九十八卷首一卷
王理孚修　劉紹寬纂
民國四年修十五年刻本　方志目録 437 頁
總目 4306 頁

[民國]景寧縣續志十七卷首一卷
吳呂熙修　柳景元纂
民國二十二年刻本　方志目録 439 頁　總目
4308 頁

安徽省

[乾隆]靈璧縣志略四卷首一卷附河渠原委三
卷河防録一卷
（清）貢震纂修
清乾隆二十五年此君草堂刻民國二十三年補
版重印本　方志目録 458 頁　總目 4314 頁

[民國]黟縣四志十六卷首一卷末一卷
吳克俊　許復修　程壽保　舒斯笏纂
民國十二年黟縣黎照堂刻本　方志目録 474
頁　總目 4331 頁

福建省

[民國]福建通志五十一總卷六百十一分卷
李厚基等修　沈瑜慶　陳衍等纂
民國二十七年刻本　方志目錄517頁　總目
4345頁

[民國]閩侯縣志一百零六卷
歐陽英修　陳衍纂
民國十九年修二十二年刻本　方志目錄519頁
總目4347頁

[乾隆]興化府莆田縣志三十六卷首一卷
（清）汪大經　（清）王恒等修　（清）廖必
琦　（清）林黌纂
清乾隆二十三年刻光緒五年潘文鳳補刻民國
十五年吳輔再補刻本　方志目錄530頁　總
目4359頁

[乾隆]泉州府志七十六卷首一卷
（清）懷蔭布修　（清）黃任　（清）郭賡武纂
清同治九年章倬標刻光緒八年補刻民國十六
年續補刻本　方志目錄533頁　總目4360頁

[道光]廈門志十六卷
（清）周凱等纂修
清道光十二年修十九年玉屏書院刻民國二十
年印本　總目4363頁

[乾隆]海澄縣志二十四卷首一卷
（清）陳鍈　（清）王作霖修　（清）葉廷推
（清）鄧來祚纂
清乾隆二十七年刻民國十五年印本　方志目
錄538頁　總目4365頁

江西省

[民國]南昌縣志六十卷首一卷
（清）江召棠修　魏元曠等纂
民國八年刻本　方志目錄480頁　總目4374頁

[同治]瑞昌縣志十卷首一卷

（清）姚暹修　（清）馬士傑等纂
清同治十年瀼溪書院刻民國四年增刻本　方
志目錄484頁　總目4376頁

[乾隆]信豐縣志十六卷
（清）游法珠修　（清）楊廷爲等纂
清乾隆十六年刻民國十年補刻本　方志目錄
510頁　總目4385頁

[道光]信豐縣志續編十六卷
（清）許燮修　（清）謝肇連　（清）張伊纂
清道光四年刻民國十年補刻本　方志目錄
510頁　總目4386頁

[同治]信豐縣志續編八卷
（清）李大觀修　（清）劉杰光等纂
清同治九年刻民國十年補刻本　方志目錄
510頁　總目4386頁

[民國]大庾縣志十六卷
吳寶炬修　劉人俊等纂
民國八年刻本　方志目錄515頁　總目4386頁

[民國]德興縣志十卷首一卷末一卷
沈良弼修　董鳳笙纂
民國八年刻本　方志目錄492頁　總目4392頁

[同治]興安縣志十六卷首一卷
（清）李寶暘修　（清）趙桂林纂
清同治十一年刻民國六年重印本　方志目錄
490頁　總目4394頁

[民國]弋陽縣志二十卷
汪樹德纂修
民國十四年刻本　方志目錄488頁　總目
4395頁

[民國]重修婺源縣志七十卷末一卷
葛韵芬等修　江峰青纂
民國十四年刻本　方志目錄491頁　總目
4397頁

[民國]鹽乘十六卷首一卷

胡思敬纂

民國六年刻本　方志目録 496 頁　總目 4406 頁

[民國]廬陵縣志二十八卷首一卷末一卷

王補　曾燦材纂

民國九年刻本　方志目録 505 頁　總目 4408 頁

山東省

[康熙]朝城縣志十卷

（清）祖植桐修　（清）趙昶纂

民國九年刻本　方志目録 304 頁　總目 4417 頁

[民國]朝城縣續志二卷

杜子楙修　賈銘恩纂

民國九年刻本　方志目録 304 頁　總目 4417 頁

[光緒]朝城縣鄉土志一卷

（清）袁大啓修　（清）吳玉書　（清）吳式基等纂

民國九年刻本　方志目録 305 頁　總目 4417 頁

[光緒]莘縣志十卷

（清）張明瑋修　（清）孔廣海纂

清光緒十三年刻民國二十二年重印本　方志目録 304 頁　總目 4418 頁

[宣統]茌平縣志二十八卷首一卷附編一卷

盛津頤修　張建楨纂　附編　趙又楊纂

清宣統三年修民國元年刻本　民國十五年增補重印本　方志目録 303 頁　總目 4419 頁

[民國]冠縣志十卷首一卷

侯光陸修　陳熙雍纂

民國二十三年刻本　方志目録 305 頁　總目 4420 頁

[民國]增訂武城縣志續編十五卷首一卷

王延綸修　王�銘纂

民國元年刻本　方志目録 264 頁　總目 4424 頁

[咸豐]慶雲縣志三卷首一卷末一卷

（清）戴絅孫　（清）崔光笏纂修

清咸豐五年刻民國二十三年重印本　方志目録 266 頁　總目 4426 頁

[民國]臨沂縣志十四卷首一卷

陳景星　沈兆禕修　王景祜纂

民國六年刻本　方志目録 286 頁　總目 4441 頁

[光緒]寧陽縣志二十四卷

（清）高陞榮修　黃恩彤纂

清光緒五年刻十三年增刻民國二十年補刻本　方志目録 292 頁　總目 4450 頁

[民國]續滕縣志五卷

崔公甫等修　高熙喆等纂　生克中　高延柳等續纂

民國二十三年修三十年刻本　方志目録 296 頁　總目 4443 頁

[光緒]滋陽縣志十四卷

（清）莫熾修　（清）黃恩彤纂　（清）李兆霖等續修　（清）黃師誾等續纂

清咸豐九年修光緒十四年續修刻民國二十九年金甲一補版重印本　方志目録 293 頁　總目 4445 頁

[民國]鄒平縣志十八卷

樂鍾垚　趙咸慶修　趙仁山纂

民國三年刻本　民國三年刻二十年重印本　方志目録 269 頁　總目 4454 頁

[民國]定陶縣志十二卷首一卷

馮麟淖修　曹垣纂

民國五年刻本　方志目録 301 頁　總目 4456 頁

[民國]續修鉅野縣志八卷首一卷

郁濬生修　畢鴻賓纂

民國十年刻本　方志目録 300 頁　總目 4457 頁

河南省

[雍正]河南通志八十卷

（清）田文鏡等修　（清）孫灝等纂

清雍正十三年刻道光六年補刻同治八年再補刻光緒二十八年續補刻民國三年河南教育司印本　方志目錄 555 頁　總目 4458 頁

[乾隆]續河南通志八十卷首四卷

（清）阿思哈　（清）嵩貴纂修

清乾隆三十二年刻光緒二十八年補刻民國三年河南教育司印本　方志目錄 555 頁　總目 4458 頁

[民國]鄭縣志十八卷首一卷

周秉彝修　劉瑞璘纂

民國五年刻本　方志目錄 556 頁　總目 4459 頁

[嘉靖]鞏縣志八卷

（明）周泗修　（明）康紹第纂

民國二十四年涇川圖書館刻本　方志目錄 563 頁　總目 4461 頁

[民國]鞏縣志二十六卷首一卷

楊保東　王國璋修　劉蓮青　張仲友纂

民國二十六年涇川圖書館刻本　方志目錄 564 頁　總目 4461 頁

[民國]河陰縣志十七卷

高廷璋　胡荃修　蔣藩纂

民國七年刻本　方志目錄 557 頁　總目 4462 頁

[光緒]重修靈寶縣志八卷

（清）周淦　（清）方胙勛修　（清）高錦榮（清）李鏡江纂

清光緒二年刻民國七年補刻本　方志目錄 602 頁　總目 4463 頁

[乾隆]偃師縣志三十卷首一卷

（清）湯毓倬修　（清）孫星衍　（清）武億纂

清乾隆五十四年刻民國二十八年補刻本　方志目錄 603 頁　總目 4466 頁

[民國]孟縣志十卷首一卷

阮藩儕修　宋立梧　楊培熙纂

民國二十一年刻本　方志目錄 569 頁　總目 4469 頁

[民國]續武陟縣志二十四卷

史延壽修　王士傑纂

民國二十年刻本　方志目錄 569 頁　總目 4470 頁

[乾隆]新鄉縣志三十四卷首一卷

（清）趙開元修　（清）暢俊纂

清乾隆十二年刻民國十年修補本　方志目錄 564 頁　總目 4472 頁

[民國]禹縣志三十卷首一卷

車雲修　王棽林纂

民國二十八年刻本　方志目錄 590 頁　總目 4487 頁

[民國]鄢城縣志三十卷

陳金臺　周雲纂修

民國二十三年刻本　方志目錄 586 頁　總目 4490 頁

[民國]商水縣志二十五卷

徐家璘　宋景平修　楊凌閣纂

民國七年刻本　方志目錄 581 頁　總目 4499 頁

[民國]淮陽縣志二十卷首一卷

嚴緒鈞修　朱撰卿纂

民國五年刻本　方志目錄 582 頁　總目 4500 頁

[民國]西平縣志四十卷首一卷末一卷附文徵八卷

李毓藻修　陳銘鑑纂

民國二十三年北平文華齋刻本　方志目錄 590 頁　總目 4501 頁

湖北省

[宣統]湖北通志一百七十二卷首一卷末一卷

呂調元　劉承恩修　張仲炘　楊承禧纂

清宣統三年修民國十年刻本　方志目錄 607 頁　總目 4504 頁

[民國]夏口縣志二十二卷首一卷附補遺一卷
侯祖畬修　呂寅東等纂
民國九年刻本　方志目録609頁　總目4504頁

[同治]襄陽縣志七卷首一卷
（清）楊宗時修　（清）崔淦纂　（清）吴耀斗
續修　（清）李士彬續纂
清同治十三年刻民國十九年印本　方志目録
635頁　總目4508頁

[光緒]續補興國州志三卷首一卷
（清）賀祖蔚修　（清）劉鳳綸纂
民國三十七年刻本　方志目録618頁　總目
4519頁

[嘉靖]沔陽志十八卷
（明）曾儲修　（明）童承叙纂
民國十五年沔陽盧氏慎始基齋校刻本　方志
目録625頁　總目4523頁

[同治]恩施縣志十二卷首一卷
（清）多壽修　（清）羅凌漢纂
清同治七年朱三恪校訂刻民國六年補刻
本　方志目録630頁　總目4528頁

[光緒]利川縣志十四卷首一卷
（清）黄世崇纂修
清光緒二十年鍾靈書院刻民國三年補刻
本　方志目録632頁　總目4529頁

[民國]咸豐縣志十二卷末一卷
徐大煜纂修
民國三年陳侃刻本　方志目録632頁　總目
4529頁

湖南省

[同治]臨湘縣志十三卷首一卷末一卷
（清）盛慶黻　（清）恩榮修　（清）熊興傑
（清）歐陽恩霖纂
民國十八年孫亞震刻本　方志目録642
頁　總目4539頁

[光緒]巴陵縣志六十三卷首一卷
（清）姚詩德　（清）鄭桂星修　（清）杜貴墀
等纂
清光緒二十六年刻民國三年曹作弼補版重印
本　方志目録642頁　總目4539頁

[同治]茶陵州志二十四卷
（清）福昌修　（清）譚鍾麟纂
清同治十年刻民國二十二年何培基增刻
本　方志目録646頁　總目4542頁

[同治]常寧縣志十六卷首一卷
（清）玉山修　（清）李孝經　（清）毛詩纂
清同治九年右文書局刻民國三十七年文賢書
局重印本　方志目録654頁　總目4545頁

[乾隆]清泉縣志三十六卷首一卷
（清）江恂修　（清）江昱纂
清乾隆二十八年刻民國二十三年衡陽圖書館
增刻本　方志目録652頁　總目4546頁

[同治]清泉縣志十卷首一卷末一卷
（清）王開運修　（清）張修府纂
清同治八年刻民國二十三年衡陽圖書館增刻
本　方志目録653頁

[光緒]零陵縣志十五卷附補遺一卷
（清）嵇有慶　（清）徐保齡修　（清）劉沛纂
清光緒二年刻民國二十年鄭桂芳吴文增增刻
本　方志目録655頁　總目4551頁

[民國]藍山縣圖志三十五卷
鄧以權　黎澤泰修　雷飛鵬纂
民國二十一年刻本　方志目録656頁　總目
4553頁

[民國]祁陽縣志十一卷
李馥纂修
民國十五年修二十年刻本　方志目録654頁
總目4553頁

廣東省

[宣統]番禺縣續志四十四卷首一卷
（清）梁鼎芬修 （清）丁仁長 （清）吳道鎔
等纂
清宣統三年刻民國二十年重印本 方志目錄
676頁 總目4564頁

[民國]增城縣志三十一卷首一卷
王思章修 賴際熙纂
民國十年刻本 方志目錄675頁 總目4565頁

[道光]永安縣三志五卷首一卷末一卷
（清）宋如楠 （清）葉廷芳修 （清）賴朝侶纂
清道光二年刻民國十九年重印本 方志目錄
685頁 總目4571頁

[光緒]嘉應州志三十二卷首一卷
（清）吳宗焯 （清）李慶榮修 （清）溫仲和纂
清光緒二十七年刻民國二十二年補刻本 方
志目錄687頁 總目4573頁

[光緒]惠州府志四十五卷首一卷
（清）劉溎年 （清）張聯桂修 （清）鄧掄斌
（清）陳新銓纂
清光緒七年刻民國六年補版重印本 方志目
錄684頁 總目4578頁

[民國]香山縣志續編十六卷首一卷
（清）厲式金修 （清）汪文炳 （清）張丕基纂
民國十二年刻本 方志目錄696頁 總目
4581頁

[民國]赤溪縣志八卷首一卷
王大魯修 賴際熙等纂
民國九年修十五年刻本 方志目錄699頁
總目4582頁

[民國]佛山忠義鄉志十九卷首一卷
汪宗準 冼寶幹等纂
民國十五年刻本 方志目錄677頁 總目
4584頁

[民國]順德縣志二十四卷附郭志刊誤二卷
周之貞 馮葆熙修 周朝槐纂
民國十八年刻本 方志目錄695頁 總目
4585頁

[民國]龍山鄉志十五卷
周廷幹修 溫肅 梅及容纂
民國十九年刻本 方志目錄696頁 總目
4585頁

[民國]陽江縣志三十九卷首一卷
張以誠修 梁觀喜纂
民國十四年刻本 方志目錄707頁 總目
4590頁

廣西壯族自治區

[民國]永福縣志四卷
（清）林光棟原本 劉興增修 李驥年增纂
民國六年刻本 方志目錄727頁 總目4600頁

[民國]灌陽縣志二十四卷首一卷
林蒂楨修 蔣良術纂
民國三年刻本 方志目錄726頁 總目4600頁

[民國]荔浦縣志四卷
顧英明修 曹駿纂
民國三年刻本 方志目錄727頁 總目4601頁

[民國]陸川縣志二十四卷首一卷末一卷
古濟勳修 呂濬堃 范晉藩纂
民國十三年刻本 方志目錄732頁 總目
4606頁

[光緒]新寧州志六卷首一卷
（清）戴煥南修 （清）張燦奎纂
民國三年刻本 方志目錄718頁 總目4608頁

海南省

[民國]瓊山縣志二十八卷首一卷
（清）徐淦等修 （清）李熙 （清）王國憲纂
民國六年刻本 方志目錄701頁 總目4614頁

[民國]文昌縣志十八卷首一卷

林帶英修　李鍾岳纂

民國九年刻本　方志目錄 702 頁　總目 4615 頁

重慶市

[民國]新修合川縣志八十三卷

鄭賢書等修　張森楷纂

民國十年刻本　方志目錄 776 頁　總目 4619 頁

[民國]江津縣志十六卷首一卷附志存一卷志餘一卷

聶述文等修　劉澤嘉等纂

民國十三年刻本　方志目錄 777 頁　總目 4620 頁

[光緒]四川綦江續志四卷

(清)戴綸喆纂修

民國四年刻本　民國二十七年刻本　方志目錄 742 頁　總目 4620 頁

[民國]巴縣志二十三卷

朱之洪等修　向楚等纂

民國二十八年刻本　方志目錄 741 頁　總目 4622 頁

[乾隆]大寧縣志四卷

(清)閻源清修　(清)焦懋熙纂

民國二十四年涂鳳書刻本　總目 4624 頁

[同治]增修萬縣志三十六卷首一卷

(清)王玉鯨　(清)張琴等修　(清)范泰衡等纂

清同治五年刻民國十五年補刻本　方志目錄 781 頁　總目 4625 頁

四川省

[民國]四川郡縣志十二卷

龔煦春纂

民國二十四年刻本　民國二十四年刻三十五年重校印本　方志目錄 738 頁　總目 4628 頁

[道光]新都縣志十八卷首一卷

(清)張奉書等修　(清)張懷泃等纂

民國三年刻本　方志目錄 746 頁　總目 4629 頁

[民國]温江縣志十二卷首一卷

張驥等修　曾學傳等纂

民國十年刻本　方志目錄 743 頁　總目 4630 頁

[光緒]增修灌縣志十四卷首一卷

(清)莊思恒修　(清)鄭珶山纂

清光緒十二年刻二十七年補刻民國三年楊端宇修鋟增補本　方志目錄 744 頁　總目 4631 頁

[嘉慶]金堂縣志九卷首一卷末一卷

(清)謝惟傑修　(清)陳一津　(清)黃烈纂

清嘉慶十六年刻道光二十四年楊得質補刻民國二年修版印本　方志目錄 740 頁　總目 4632 頁

[民國]金堂縣續志十卷首一卷

王暨英等修　曾茂林等纂

民國十年刻本　方志目錄 740 頁　總目 4632 頁

[民國]華陽縣志三十六卷首一卷

陳法駕　葉大鏘等修　曾鑑　林思進等纂

民國二十三年刻本　方志目錄 740 頁　總目 4633 頁

[民國]崇寧縣志八卷首一卷

陳邦倬修　易象乾　田樹勳等纂

民國十四年刻本　方志目錄 744 頁　總目 4633 頁

[民國]綿陽縣志十卷首一卷

蒲殿欽　袁鈞等修　崔映棠等纂

民國二十一年刻本　方志目錄 750 頁　總目 4636 頁

[民國]綿竹縣志十八卷

王佐　文顯謨修　黃尚毅等纂

民國九年刻本　方志目錄 756 頁　總目 4640 頁

[民國]南充縣志十六卷附圖一卷

李良俊修　王荃善等纂

民國十八年刻本　方志目録785頁　總目
4642頁

[光緒]廣安州新志四十三卷首一卷

（清）周克堃等纂

清光緒三十三年修宣統三年刻民國十六年重
印本　方志目録787頁　總目4644頁

[光緒]岳池縣志二十卷首一卷

（清）何其泰等修　（清）吳新德纂

清光緒元年刻民國二十六年重印本　方志目
録787頁　總目4644頁

[民國]遂寧縣志八卷首一卷

甘壽等修　王懋昭等纂

民國十八年刻本　民國二十三年重印本　方
志目録753頁　總目4646頁

[民國]蓬溪縣近志十四卷首一卷

（清）伍彝章等修　（清）曾世禮　（清）莊喜泉
等纂

民國二十四年刻本　方志目録754頁　總目
4646頁

[民國]潼南縣志六卷首一卷

王安鎮修　夏璜纂

民國四年刻本　方志目録754頁　總目4646頁

[光緒]內江縣志十六卷

（清）彭泰士修　（清）曾慶昌　（清）朱襄虞
等纂

清光緒三十一年刻民國三年增刻本　方志目
録759頁　總目4647頁

[民國]內江縣志十二卷

曾慶昌纂修

民國十四年刻本　方志目録759頁　總目
4648頁

[宣統]峨眉縣續志十卷圖一卷

（清）李錦成修　（清）朱榮邦等纂

清宣統三年刻民國二十四年補刻本　方志目

録775頁　總目4650頁

[民國]犍爲縣志六卷

陳謙等纂修

民國六年刻本　方志目録774頁　總目4650頁

[民國]榮縣志十七篇

廖世英等修　趙熙等纂

民國十八年刻本　方志目録761頁　總目
4652頁

[民國]富順縣志十七卷首一卷

彭文治　李永成修　盧慶家　高光照纂

民國二十年刻本　方志目録763頁　總目
4652頁

[同治]珙縣志十五卷首一卷

（清）姚廷章修　（清）鄧香樹纂

清同治八年刻光緒九年冉瑞桐、郭肇林增
刻民國二十二年王潔澄、黃廷儒補刻重印
本　方志目録768頁　總目4657頁

[民國]達縣志二十卷首一卷末一卷補遺二卷

藍炳奎等修　吳德準　王文熙　朱炳靈纂

民國二十二年刻本　方志目録788頁　總目
4659頁

[民國]樂至縣志又續四卷首一卷

楊祖唐等修　蔣德勳等纂

民國十八年刻本　方志目録759頁　總目
4662頁

[光緒]樂至縣鄉土志不分卷

（清）劉達德等編

清光緒三十二年修民國元年刻本　方志目録
759頁　總目4662頁

[民國]名山縣新志十六卷首一卷末一卷

胡存琮修　趙正和纂

民國十九年刻本　方志目録792頁　總目
4666頁

[民國]榮經縣志二十卷首一卷

賀澤等修　張趙才等纂

民國四年刻本　民國十八年王琢增刻本　方志目録 792 頁　總目 4666 頁

[民國]松潘縣志八卷首一卷
張典等修　徐湘等纂
民國十三年刻本　方志目録 795 頁　總目 4667 頁

[民國]西康
張蓬舟編
民國二十五年刻本　方志目録 797 頁　總目 4668 頁

[民國]鹽邊廳鄉土志不分卷
楊松年編
民國元年刻本　方志目録 794 頁　總目 4671 頁

[光緒]雷波廳志三十六卷首一卷
(清)秦雲龍修　(清)萬科進纂
清光緒十九年刻民國二十七年補刻本　方志目録 801 頁　總目 4672 頁

貴州省

[乾隆]黔南識略三十二卷
(清)愛必達纂修
民國三年刻本　方志目録 804 頁　總目 4673 頁

[道光]遵義府志四十八卷首一卷
(清)平翰等修　(清)鄭珍　(清)莫友芝纂
清道光二十一年刻光緒十八年補刻民國二十六年劉千俊續補刻本　方志目録 804 頁　總目 4674 頁

[民國]續遵義府志三十五卷
周恭壽修　趙愷　楊恩元纂
民國二十五年刻本　方志目録 804 頁　總目 4674 頁

雲南省

[康熙]雲南通志三十卷首一卷
(清)范承勳　(清)王繼文修　(清)吳自肅

(清)丁煒纂
清康熙三十年刻民國初年重印本　方志目録 819 頁　總目 4684 頁

[民國]昆明縣志不分卷
陳榮昌修　李鍾木纂
民國十四年刻本　方志目録 822 頁　總目 4686 頁

[光緒]永昌府志六十六卷首一卷
(清)劉毓珂等纂修
清光緒十一年刻民國二十五年重印本　方志目録 834 頁　總目 4695 頁

[乾隆]雲南騰越州志十三卷
(清)屠述濂纂修
清光緒二十三年刻民國二十年重印本　方志目録 835 頁　總目 4695 頁

[民國]龍陵縣志十六卷首一卷
張鑑安　修名傳修　寸開泰纂
民國三年修六年刻本　方志目録 835 頁　總目 4695 頁

[光緒]鎮雄州志六卷
(清)吳光漢修　(清)宋成基纂
清光緒十三年刻民國三十三年重印本　方志目録 825 頁　總目 4696 頁

陝西省

[隆慶]華州志二十四卷
(明)李可久修　(明)張光孝纂
民國四年王淮浦修補重印清光緒八年合刻華州志本　方志目録 179 頁　總目 4721 頁

[康熙]續華州志四卷
(清)馮昌奕修　(清)劉遇奇纂
民國四年王淮浦修補重印清光緒八年合刻華州志本　方志目録 179 頁　總目 4721 頁

[乾隆]再續華州志十二卷

（清）汪以誠修　（清）史荳纂

民國四年王淮浦修補重印清光緒八年合刻華州志本　方志目錄 179 頁　總目 4721 頁

[光緒] 三續華州志十二卷

（清）吳炳南修　（清）劉域纂

民國四年王淮浦修補重印清光緒八年合刻華州志本　方志目錄 179 頁　總目 4721 頁

[光緒] 蒲城縣新志十三卷首一卷

（清）李體仁修　（清）王學禮纂

清光緒三十一年刻民國二十六年重印本　方志目錄 180 頁　總目 4724 頁

[正德] 武功縣志三卷首一卷

（明）康海纂　（清）孫景烈評注

民國七年成都刻本　方志目錄 188 頁　總目 4731 頁

[乾隆] 郃陽縣全志四卷

（清）席奉乾修　（清）孫景烈纂

民國三十一年刻本　方志目錄 177 頁　總目 4725 頁

[光緒] 三原縣新志八卷

（清）焦雲龍修　（清）賀瑞麟纂

清光緒六年刻民國二十六年補刻本　方志目錄 167 頁　總目 4728 頁

[民國] 漢南續修郡志三十三卷首一卷

（清）嚴如熤原本　（清）楊名颺續纂

民國十三年刻本　方志目錄 198 頁　總目 4736 頁

[民國] 續修南鄭縣志七卷首一卷

郭鳳洲　柴守愚修　劉定鐸等纂

民國十年刻本　方志目錄 198 頁　總目 4736 頁

[光緒] 續修平利縣志十卷

（清）楊孝寬修　（清）李聯芳等纂

清光緒二十三年刻民國十年孫齊賢補刻本　方志目錄 203 頁　總目 4744 頁

甘肅省

[民國] 續修鎮番縣志十二卷首一卷

周樹清修　盧殿元纂

民國九年刻本　方志目錄 222 頁　總目 4751 頁

金石考古類

叢編之屬

湫漻齋叢書十種

陳準輯

民國間瑞安陳氏刻本　叢書綜錄 687 頁　總目 4785 頁

上善堂宋元板精鈔舊鈔書目一卷　（清）孫從添撰　民國十八年刻

鐵華館藏集部善本書目一卷　（清）蔣鳳藻撰　民國十九年刻

函青閣金石記四卷　（清）楊鐸撰

日照丁氏藏器目一卷　丁麟年輯　陳邦福補　民國二十年刻

泥封印古錄一卷　（清）胡琨撰

長安獲古編一卷附編目一卷　（清）劉喜海撰

癖玣堂收藏金石書目一卷　（清）凌霞撰

奕載堂古玉圖錄六卷　（清）瞿中溶撰　民國十九年刻

石鼓文考證一卷　（清）吳廣霈撰　民國二十年刻

舊館壇碑考一卷　（清）翁大年撰

嘉業堂金石叢書五種

劉承幹輯

民國間吳興劉氏刻本　叢書綜錄 688 頁　總目 4786 頁

閩中金石志十四卷　（清）馮登府輯

漢武梁祠堂石刻畫像考六卷附圖一卷　（清）瞿中溶撰

海東金石苑八卷補遺六卷附錄二卷　（清）劉喜海輯　劉承幹補

邠州石室録三卷　葉昌熾輯

希古樓金石萃編十卷　劉承幹輯

總志之屬

八瓊室金石補正一百三十卷袪偽一卷元金石偶存一卷目録三卷札記四卷

（清）陸增祥撰

民國十四年吳興劉氏希古樓刻本　總目 4802 頁

郡邑之屬

寰宇訪碑録校勘記二卷補寰宇訪碑録校勘記一卷

李宗顥集　文素松校補

民國十五年蓬廬精刻本　總目 4808 頁　販書 211 頁

京畿冢墓遺文三卷

羅振玉輯

民國間上虞羅氏刻本　總目 4810 頁

山右冢墓遺文二卷補一卷

羅振玉輯

民國間上虞羅氏刻本　總目 4811 頁

金陵冢墓遺文一卷

羅振玉撰

民國四年自刻本　總目 4812 頁

廣陵冢墓遺文一卷

羅振玉輯

民國四年自刻本　總目 4813 頁

兩浙冢墓遺文一卷補遺一卷

羅振玉輯

民國間上虞羅氏刻本　總目 4815 頁

石屋洞造象題名一卷龍泓洞造象題名一卷

羅振玉輯

民國四年上虞羅氏刻本　總目 4815 頁

越中金石記十卷越中金石目二卷

（清）杜春生撰

民國八年山陰吳隱刻本　總目 4816 頁

山左冢墓遺文一卷補遺一卷

羅振玉輯

民國間上虞羅氏刻本　總目 4819 頁

山左漢魏六朝貞石目一卷續一卷再續一卷補一卷

田士懿輯

民國十二年濟南刻本　總目 4819 頁

中州冢墓遺文一卷

羅振玉輯

民國間上虞羅氏刻本　總目 4822 頁

中州冢墓遺文補遺一卷

羅振玉輯

民國間上虞羅氏刻本　總目 4822 頁

鄴下冢墓遺文二卷補遺一卷

羅振玉輯

民國十二年上虞羅氏刻本　總目 4822 頁

鄴下冢墓遺文二編一卷

羅振玉輯

民國十二年上虞羅氏刻本　總目 4822 頁

芒洛冢墓遺文續編三卷

羅振玉輯

民國四年上虞羅氏刻本　總目 4822 頁

芒洛冢墓遺文補遺一卷

羅振玉輯

民國五年上虞羅氏刻本　總目 4822 頁

芒洛冢墓遺文續補一卷

羅振玉輯

民國六年上虞羅氏刻本　總目 4822 頁

芒洛冢墓遺文三編一卷

羅振玉輯

民國間上虞羅氏刻本　總目 4823 頁

芒洛冢墓遺文四編六卷補遺一卷

羅振玉輯

民國間上虞羅氏刻本　總目 4823 頁

東都冢墓遺文一卷

羅振玉輯

民國間上虞羅氏刻本　總目 4823 頁

襄陽冢墓遺文一卷補一卷

羅振玉輯

民國四年上虞羅氏自刻本　總目 4824 頁

西陲石刻録一卷後録一卷

羅振玉輯録

民國三年刻本　保利 12 秋 9259

蜀碑記十卷

（宋）王象之撰

民國三十年成都薛崇禮堂刻本　總目 4826 頁

蜀碑記補十卷

（清）李調元撰

民國三十年成都薛崇禮堂刻本　總目 4826 頁

金石之屬

攮古録金文三卷

（清）吳式芬撰

光緒二十一年吳重憙刻本　民國二年西泠印社重刻本　販書 204 頁　總目 4837 頁　文音訓書目 227 頁

殷虛文字類編

羅振玉考釋　商承祚類次

民國十二年商氏決定不移軒刻本　叢書廣録 636 頁　販書 211 頁　文音訓書目 220 頁

　殷虛書契考釋一卷　羅振玉撰
　殷虛文字待問編十三卷　商承祚録
　附檢字一卷

吉金文録四卷附編一卷

吳闓生輯釋　邢之襄校訂

民國二十二年邢氏刻本　文音訓書目 229 頁
海王村 12 年 60 期 342　博古齋 11 年秋 1251

十六長樂堂古器款識四卷

（清）錢坫輯

民國二十二年北平開明書局刻本　文音訓書目 224 頁　總目 4834 頁

十二硯齋金石過眼録十八卷續録六卷

（清）汪鋆撰

清光緒元年自刻民國二十年揚州陳恒和書林印本　總目 4854 頁

湖北金石志十四卷

（清）楊守敬撰

民國十年刻本　朵雲軒 02 春 563

石鼓文考一卷

（明）李中馥撰

民國四年刻本　總目 4857 頁

漢碑文範四卷附編一卷

吳闓生輯

民國十五年武強賀氏刻本　總目 4862 頁

漢武梁祠堂石刻畫像考六卷附圖一卷前石室畫像考一篇

（清）瞿中溶撰

民國十五年吳興劉氏希古樓刻本　販書續編 99 頁

漢武氏石室畫像題字補考一卷附考一卷

陸開鈞撰

民國十五年沔陽陸氏刻本　總目 4864 頁

唐三家碑録三卷

羅振玉輯

民國間上虞羅氏自刻本　總目 4870 頁

韓蘄王碑釋文一卷

（清）顧沅撰

民國間瑞安陳氏澉潊齋刻本　總目 4872 頁

旃檀佛像碑記小箋一卷

（清）丁傳靖撰

民國十七年寒匏簃刻本　總目 4872 頁

話雨樓碑帖目錄四卷

（清）王鯤撰

清道光十五年刻民國九年柳亞子印本　總目 4873 頁

涉園藏石目一卷

陶湘輯

民國十一年武進陶氏刻本　總目 4876 頁　江蘇刻書 525 頁

殷契通釋六卷

徐協貞撰

民國二十二年刻本　保利 07 春 2642

金石考工錄一卷

闞鐸著

民國間刻本　德寶 05 年 9 月 393

嘯堂集古錄二卷

（宋）王俅撰

民國間蘇州振新書局刻本　西泠 13 秋 189　嘉恒 11 秋 725

石例簡鈔四卷

黃任恒輯

民國十七年刻本　滬國拍 10 年 11 月六屆常規 387　嘉寶一品 11 秋 433

河南石志分類說略不分卷

關百益撰

民國二十五年寫刻本　琴島榮德 15 秋 1423

錢幣之屬

續遺篋錄四卷

秦寶瓚編

民國十五年晚紅軒刻本　總目 4884 頁

錢志新編二十卷

（清）張崇懿校輯

民國四年彩衣堂刻本　嘉德四季 37 期 3263

目錄類

觀古堂書目叢刊十五種（民國刻本四種）

葉德輝輯

清光緒二十八年至民國間湘潭葉氏刻本　叢書綜錄 684 頁　總目 4908 頁

秘書省續編到四庫闕書目二卷　宋紹興中改定　葉德輝考證　清光緒二十九年刻

古今書刻二卷　（明）周弘祖撰　清光緒三十二年刻

南雝志經籍考二卷　（明）梅鷟撰　清光緒二十八年刻

百川書志二十卷　（明）高儒撰　民國四年刻

萬卷堂書目四卷　（明）朱睦㮮撰　清光緒二十九年刻

絳雲樓書目補遺一卷　（清）錢謙益撰　清光緒二十八年刻

靜惕堂書目宋人集一卷元人文集一卷　（清）曹溶撰　清光緒二十八年刻

徵刻唐宋秘本書目一卷附考證一卷徵刻書啟五先生事略一卷　（清）黃虞稷　（清）周在浚撰　附　葉德輝撰　清光緒三十四年刻

孝慈堂書目不分卷　（清）王聞遠撰　民國十年刻

佳趣堂書目不分卷　（清）陸漻撰　民國八年刻

竹崦盦傳鈔書目一卷　（清）趙魏撰　清光緒三十年刻

結一廬書目四卷附錄一卷　（清）朱學勤撰　清光緒二十八年刻

別本結一廬書目一卷　（清）朱學勤撰　清光緒二十一年刻

求古居宋本書一卷附考證一卷　（清）黃丕

烈撰　考證　雷愷撰　民國七年刻

潛采堂宋人集目録一卷元人集目録一卷
（清）朱彝尊撰　清宣統三年刻

黄顧遺書四種

王大隆輯

民國二十二至二十九年秀水王氏學禮齋刻本
叢書綜録 685 頁　總目 4909 頁

　　蕘圃藏書題識續録四卷蕘圃雜著一卷
　　（清）黄丕烈撰　民國二十二年刻

　　蕘圃藏書題識再續録三卷　（清）黄丕烈撰
　　民國二十九年刻

　　思適齋集補遺二卷再補遺一卷　（清）顧廣
　　圻撰　民國二十五年刻

　　思適齋書跋四卷補遺一卷　（清）顧廣圻
　　撰　民國二十四年刻

四庫全書表文箋釋四卷

（清）林鶴年輯

民國九年廣州茂名林氏居思草堂刻本　總目
4910 頁　版本解題 52 頁

書舶庸譚九卷

董康撰

民國二十八年武進董氏誦芬室刻本　總目
4914 頁　版本解題 250 頁

壬子文瀾閣所存書目五卷

民國十二年浙江圖書館刻本　總目 4927 頁
版本解題 54 頁

補鈔文瀾閣四庫闕簡記録

張宗祥輯

民國十五年浙江圖書館刻本　經眼録 87 頁
版本解題 55 頁　滬國拍 09 年四屆常規 8

錢遵王讀書敏求記校證四卷佚文一卷序跋題記一卷附録一卷校證補遺一卷

管庭芬輯　章鈺補輯

民國十五年長洲章氏刻本　總目 4941 頁　版
本解題 169 頁

蕘圃藏書題識十卷補遺一卷附刻書題識一卷

（清）黄丕烈撰　繆荃孫等輯

民國八年金陵書局刻本　總目 4948 頁　版
本解題 125 頁

滂喜齋藏書記三卷滂喜齋宋元本書目一卷

（清）潘祖蔭藏　葉昌熾撰　陳乃乾輯

民國十七年潘承弼刻本　總目 4956 頁　版
本解題 136 頁

秦漢十印齋藏書目録四卷

（清）蔣鳳藻藏并編

民國間刻藍印本　總目 4958 頁

藝風藏書續記八卷

繆荃孫撰

民國二年江陰繆氏刻本　總目 4959 頁　版
本解題 146 頁

群碧樓善本書録六卷寒瘦山房鬻存善本書目七卷

鄧邦述藏并撰

民國十九年鄧氏刻本　總目 4964 頁　版本
解題 146 頁　江蘇刻書 482 頁

適園藏書志十六卷

張鈞衡撰

民國五年南林張氏刻本　總目 4964 頁

雙鑑樓善本書目四卷

傅增湘藏并撰

民國十八年藏園刻本　總目 4964 頁　版本
解題 150 頁

雙鑑樓藏書續記二卷

傅增湘藏并撰

民國十九年藏園刻本　總目 4964 頁　版本
解題 151 頁

傳書堂善本書目十二卷

蔣汝藻藏　王國維撰

民國間刻本　總目 4965 頁

平湖經籍志十六卷

陸惟鎏撰

民國二十七年平湖陸氏求是齋刻本　總目
4972 頁

金華經籍志二十四卷外編一卷存疑一卷辨誤
一卷

胡宗懋纂

民國十四年夢選樓刻本　總目 4973 頁

溫州經籍志三十六卷

（清）孫詒讓撰

民國十年浙江公立圖書館刻本　總目 4973
頁　版本解題 33 頁

福建藝文志七十六卷附錄四卷補遺一卷

陳衍撰

民國間刻本　總目 4974 頁

四庫湖北先正遺書提要四卷附札記一卷

盧靖輯

民國十一年沔陽盧氏刻本　總目 4974 頁　版
本解題 34 頁

續彙刻書目十卷閏集一卷

羅振玉編

民國三年連平范氏雙魚室刻本　總目 4976
頁　版本解題 226 頁

峭帆樓叢書書目一卷

趙詒琛撰

民國六年刻本　總目 4977 頁　江蘇刻書 495 頁

南獻遺徵箋一卷

鄭文焯輯　范希曾箋

民國二十年淮陰范氏刻本　總目 4981 頁　版
本解題 213 頁

石廬金石書志二十二卷

林鈞撰

民國十二年林氏寶岱閣刻本　總目 4986 頁
海王村 15 秋 996

夢坡室收藏琴譜提要一卷

周慶雲撰

民國間烏程周氏刻本　總目 4987 頁

琴書存目六卷別錄二卷

周慶雲編

民國三年夢坡室刻本　總目 4987 頁

嘉興藏目錄一卷續一卷藏逸經書標目一卷

□□輯　藏逸經書標目（明）釋道開編

民國九年北京刻經處刻本　總目 4990 頁

西諦所藏善本戲曲目錄一卷補遺一卷

鄭振鐸輯

民國二十六年刻本　總目 4994 頁

江南書局書目一卷淮南官書局書目一卷楚江
編譯官書局書目一卷

民國十年刻本　總目 4996 頁　版本解題 209 頁

蕘圃刻書題識一卷補遺一卷

（清）黃丕烈撰　繆荃孫等輯

民國八年金陵書局刻本　總目 4998 頁

留真譜二編八卷

（清）楊守敬輯

民國六年宜都楊氏刻本　總目 5000 頁　版
本解題 203 頁

楹書隅錄五卷續編四卷

（清）楊紹和撰

光緒二十年海源閣刻民國元年武進董氏補刻
本　販書 198 頁　版本解題 132 頁

福建版本志八卷

不著撰人姓名

近刻本　販書 201 頁

重編紅雨樓題跋二卷

（明）徐𤊹撰　繆荃孫輯

民國十四年刻本　販書續編 96 頁

國立北平圖書館善本書目四卷

趙萬里撰集

民國二十二年刻本　版本解題 64 頁　拍賣
古籍目錄 93-00 年 212 頁

省立第二圖書館書目續編六卷附一卷

江蘇省第二圖書館編

民國六年刻本　版本解題 82 頁　書刊拍賣
目錄 95-01 年 764 頁

省立第二圖書館書目三編七卷

江蘇省第二圖書館編

民國十年刻本　版本解題 83 頁　書刊拍賣
目錄 95-01 年 704 頁

成都志古堂校刊書目附四川存古書局書目

成都志古堂編

民國二十六年刻本　書刊拍賣目錄 95-01 年
818 頁

四庫未收書目提要五卷

（清）阮元撰

民國二十年雙流黃氏濟忠堂刻本　版本解題
57 頁　海王村 12 年 60 期 191

中學國文書目不分卷

章炳麟著

民國二十四年黃氏濟忠堂刻本　版本解題
158 頁　保利 10 秋 627

中國文學選讀書目不分卷

（清）吳虞編　儲皖峰校

民國二十三年成都茹古書局刻本　版本解題
161 頁

廣東圖書館藏書樓書目不分卷

廣東圖書館編

民國四年廣東圖書館刻本　泰和 14 年 1 月 609

郋園四部書敘錄附郋園刻板書提要　葉氏家集書目

（清）劉肇隅撰

民國十六年長沙葉氏觀古堂刻本　版本解題
199 頁

書目舉要一卷

周貞亮　李之鼎編

民國九年李氏宜秋館刻本　版本解題 201
頁　滬國拍 07 年二期常規 9　立達 11 春 120

天春園方志目不分卷

任鳳苞著

民國二十五年天春園刻本　三品堂 12 春 182　卓
德 13 秋 4410

全上古三代秦漢三國六朝文作者韵編五卷

閔孫奭編

民國二十年孫氏刻本　滬國拍 04 秋 242

義生堂書目提要

張驥撰

民國二十四年成都義生堂刻本　中醫聯目
795 頁

子部

總　類

諸子平議補録二十種

（清）俞樾撰

民國十一年雙流李氏念劬堂刻本　叢書綜録
703 頁　綜録續編 234 頁　總目 26 頁

　　鬻子一卷

　　鄧析子一卷

　　孫子一卷

　　文子一卷

　　公孫龍子一卷

　　鶡冠子一卷

　　鹽鐵論一卷

　　潛夫論一卷

　　論衡一卷

　　中論一卷

　　抱朴子一卷

　　文中子一卷

　　鬼谷子一卷

　　新語一卷

　　説苑一卷

　　韓詩外傳一卷

　　吳越春秋一卷

　　越絶書一卷

　　山海經一卷

　　楚辭一卷

門徑書叢刻十種

（清）徐仁鑄輯

民國十六年成都刻本　綜録續編 238 頁

　　長興學記一卷　康有爲撰

　　輶軒今語一卷

　　幼學通議一卷

　　時務學堂功課細章程一卷

　　讀春秋界説一卷

　　讀孟子界説一卷

　　讀西學書法一卷

　　教育一得一卷

　　威遠縣鎮西城樂群公書局啓一卷

　　湘潭小痞葉麻子行狀一卷

子書百家（百子全書、崇文書局匯刻百子、匯刻百子）

崇文書局輯

清光緒元年湖北崇文書局刻本　民國元年武
昌鄂官書處重刻本　日藏叢書 367 頁　叢書
綜録 695 頁

儒家類

　　孔子家語十卷　（三國魏）王肅注

　　孔子集語二卷　（宋）薛據輯

　　荀子三卷　（周）荀況撰

　　孔叢子二卷　（漢）孔鮒撰

　　新語二卷　（漢）陸賈撰

　　忠經一卷　（漢）馬融撰　（漢）鄭玄注

　　新書十卷　（漢）賈誼撰

　　鹽鐵論二卷　（漢）桓寬撰

　　新序十卷　（漢）劉向撰

　　説苑二十卷　（漢）劉向撰

　　揚子法言一卷　（漢）揚雄撰

　　方言十三卷　（漢）揚雄撰　（晋）郭璞注

　　潛夫論十卷　（漢）王符撰

　　申鑒五卷　（漢）荀悦撰

　　中論二卷　（漢）徐幹撰

傅子一卷　（晋）傅玄撰

文中子中説一卷　（隋）王通撰

續孟子二卷　（唐）林慎思撰

伸蒙子三卷　（唐）林慎思撰

素履子三卷　（唐）張弧撰

胡子知言六卷附録一卷疑義一卷　（宋）胡宏撰

薛子道論三卷　（明）薛瑄撰

海樵子一卷　（明）王崇慶撰

兵家類

風后握奇經一卷附握奇經續圖一卷八陣總述一卷　（漢）公孫宏解　續圖　（□）□□撰　八陣總述　（晋）馬隆述

六韜三卷　（周）吕望撰

孫子三卷　（周）孫武撰

吴子二卷　（周）吴起撰

司馬法一卷　（周）司馬穰苴撰

尉繚子二卷　（周）尉繚撰

素書一卷　（漢）黄石公撰（宋）張商英注

心書一卷　（漢）諸葛亮撰

何博士備論二卷　（宋）何去非撰

宋丞相李忠定公輔政本末一卷　（宋）□□撰

法家類

管子二十四卷　（周）管仲撰

晏子春秋八卷　（周）晏嬰撰

商子五卷　（周）商鞅撰

鄧子一卷　（周）鄧析撰

尸子二卷　（周）尸佼撰

韓非子二十卷　（周）韓非撰（□）□□注

農家類

齊民要術十卷雜説一卷　（北魏）賈思勰撰

術數類

太玄經十卷　（漢）揚雄撰

焦氏易林四卷　（漢）焦贛撰

雜家類

鶡子一卷補一卷　（周）鶡熊撰　（唐）逢行珪注補　（明）楊之森輯

計倪子一卷　（周）計然撰

於陵子一卷　（周）田仲撰

子華子二卷　（周）程本撰

墨子十六卷附篇目考一卷　（周）墨翟撰

尹文子一卷　（周）尹文撰

慎子一卷　（周）慎到撰

公孫龍子一卷　（周）公孫龍撰

鬼谷子一卷

鶡冠子三卷　（宋）陸佃撰

吕氏春秋二十六卷　（秦）吕不韋撰

淮南鴻烈集解二十一卷　（漢）劉安撰　（漢）高誘注

金樓子六卷　梁元帝撰

劉子二卷　（北齊）劉書撰

顏氏家訓二卷　（北齊）顏之推撰

獨斷一卷　（漢）蔡邕撰

論衡三十卷　（漢）王充撰

白虎通德論四卷　（漢）班固撰

風俗通義十卷　（漢）應劭撰

牟子（一名理惑論）一卷　（漢）牟融撰

古今注三卷　（晋）崔豹撰

聱隅子歔欷瑣微論二卷　（宋）黄晞撰

嬾真子五卷　（宋）馬永卿撰

廣成子解一卷　（宋）蘇軾撰

叔苴子八卷　（明）莊元臣撰

郁離子一卷　（明）劉基撰

空洞子一卷　（明）李夢陽撰

海沂子五卷　（明）王文禄撰

小説家雜事類

燕丹子三卷　（清）孫星衍校輯

玉泉子一卷　（唐）□□撰

金華子雜編二卷　（南唐）劉崇遠撰

小説家異聞類

山海經十八卷　（晋）郭璞撰

山海經圖贊一卷　（晋）郭璞撰

山海經補注一卷　（明）楊慎撰

神異經一卷　（漢）東方朔撰　（晋）張華注

海內十洲記一卷　（漢）東方朔撰

別國洞冥記四卷　（漢）郭憲撰

穆天子傳六卷　（晋）郭璞注

拾遺記十卷　（前秦）王嘉撰　（南朝梁）蕭綺録

搜神記二十卷　（晋）干寶撰

搜神後記十卷　（晋）陶潛撰

博物志十卷　（晋）張華撰　（宋）周日用（宋）盧□注

續博物志十卷　（宋）李石撰

述異記二卷　（南朝梁）任昉撰

道家類

陰符經一卷　（漢）張良注

關尹子一卷　（周）尹喜撰

老子道德經二卷　（周）李耳撰　（三國魏）王弼注

道德真經注四卷　（元）吳澄撰

莊子南華真經三卷札記一卷　（周）莊周撰

莊子闕誤一卷　（明）楊慎撰

列子二卷　（周）列禦寇撰

抱朴子內篇四卷外篇四卷　（晋）葛洪撰

亢倉子一卷　（周）庚桑楚撰

玄真子一卷　（唐）張志和撰

天隱子一卷　（唐）司馬承禎撰

無能子三卷　（唐）□□撰

胎息經疏一卷　（明）王文禄撰

胎息經一卷　（□）幻真先生注

至游子二卷　（明）□□撰

四種合刊

成都書局編

民國三年成都書局刻本　叢書廣録 650 頁

　管子校誤一卷　（清）楊升秀撰

　莊子校補一卷　劉師培撰

　呂覽辨土篇校注一卷呂覽任地篇校注一卷　吳調陽撰

　匡謬正俗校正一卷　謝無量撰

三教真傳

（清）天津觀禮堂編

民國二十二年天津聚文堂刻本　叢書廣録

651 頁

　孔教真理二十章

　佛教真經二十章附心經

　道教真派二十章附真言

子二十六論四卷

陳柱撰

民國二十四年陳氏十萬卷樓自刻本　工美 13春 223　保利 12 秋 8100

儒家類

儒學之屬

曾子四種

嚴式誨輯

民國九年渭南嚴氏孝義家塾成都刻本　叢書綜録 700 頁

　曾子十二篇讀本一卷　（北周）盧辯注（清）孔廣森補注

　重輯曾子遺書十四卷　嚴式誨輯

　曾子十篇注釋一卷　（清）阮元撰

　曾子問講録四卷　（清）毛奇齡撰

顏李學三種

（清）徐世昌輯

民國間天津徐氏刻本　叢書綜録 703 頁　販書 153 頁

　習齋語要二卷　（清）顏元撰

　恕谷語要二卷　（清）李塨撰

　顏李師承記九卷

荀子考證二十卷

（清）王念孫等撰

清末民國初刻本　總目 47 頁

潛子六卷

（宋）釋契嵩撰

民國五年成都文殊院刻本　總目 69 頁

彥明語録一卷

（宋）尹焞撰　張恕輯

民國十九年恒倫刻本　總目 81 頁

五子近思錄隨筆十四卷

（清）李元綱撰

民國十一年章丘孟雒川綠野堂刻本　新世紀 15 秋 413

朱子性理吟注釋二卷

（清）李熙和纂

民國四年刻本　總目 83 頁

朱子語類節要一卷

（清）左欽敏撰輯

民國三年刻尚志齋藏書本　總目 89 頁

朱子語類訓門人編輯要一卷

（清）左欽敏撰輯

民國三年刻尚志齋藏書本　總目 89 頁

朱子晚年定論二卷

（明）王守仁撰

清末刻民國間浙江圖書館遞修本　總目 105 頁

北溪字義啓蒙二卷補遺一卷

（宋）陳淳撰　（清）鮑心增重編

民國十三年刻本　海王村 09 年 46 期 360　今古齋 11 春 724

見羅先生斅學錄要十卷

（明）涂邦直等輯

民國十二年刻本　總目 115 頁

見羅李先生正學堂稿四十卷

（明）陳其志編輯

民國十二年刻本　總目 115 頁

則中語錄一卷

（明）馮奮庸撰　（明）張恕輯

民國十九年恒倫刻本　總目 128 頁

弘道書三卷附錄一卷

（清）費密撰

民國十三年韓國鈞刻本　怡蘭堂叢書本　渭

南嚴氏孝義家塾叢書本　總目 137 頁

榕村語錄續集二十卷

（清）李光地撰

民國間傅氏藏園刻雙鑑樓叢書本　總目 141 頁

朱止泉先生朱子聖學考略十卷

（清）朱澤澐撰　（清）高斌輯

民國二十四年劉啓瑞刻本　總目 143 頁

朱止泉先生朱子聖學考略十卷提要一卷正訛一卷

（清）朱澤澐撰　（清）高斌輯

民國十三年朱芾刻本　總目 143 頁

先儒粹言二卷

（清）馬鼇輯

民國九年吳江柳氏刻本　總目 147 頁

儒門語要六卷

（清）倪元坦輯

民國十三年鴻寶齋書局刻本　總目 151 頁

童子摭談一卷

（清）陳庚煥撰

民國三年聚星堂刻本　總目 152 頁

槐軒約言一卷

（清）劉沅撰

民國七年扶經堂刻本　民國二十二年西充鮮于氏特園刻本　總目 155 頁

子問二卷又問一卷

（清）劉沅撰　（清）劉崧雲等輯

民國二十二年西充鮮于氏特園刻本　總目 156 頁

俗言（槐軒俗言）一卷

（清）劉沅撰

民國十一年平遥李氏刻本　民國二十二年西充鮮于氏特園刻本　總目 156 頁

下學梯航一卷

（清）劉沅撰

民國二十二年西充鮮于氏特園刻本　總目
156 頁

正訛八卷

（清）劉沅撰

民國二十年致美樓刻本　民國二十二年西充
鮮于氏特園刻本　總目 156 頁

道學平議十卷

吳光耀撰

民國元年巴縣宗虞堂胡氏刻本　販書 221 頁

式古編五卷

（清）莊瑤輯

民國十一年刻本　總目 160 頁

新學商兌一卷

孫德謙　張采田撰

民國二十四年刻本　總目 171 頁

禮教之屬

學規七種一卷續編一卷

（清）賀瑞麟等纂

民國九年於陵養正堂刻本　總目 174 頁

聖祖仁皇帝庭訓格言類編一卷

（清）世宗胤禛述　（清）郭振墉輯

民國間湘陰郭氏清聞山館刻本　總目 179 頁

訓俗遺規類編四卷首一卷

（清）黃保康撰　（清）董乾瑋續輯

民國十六年刻本　總目 184 頁

**楊忠愍公傳家寶訓全集（楊忠愍傳家寶訓　楊
椒山公傳家寶訓）一卷**

（明）楊繼盛撰

清光緒十五年北京永盛齋刻字鋪刻民國十三
年印本（楊椒山公傳家寶訓）　總目 188 頁

治家格言繹義二卷

（清）戴翊清撰

民國八年體仁社刻本　民國十年刻本　總目
194 頁

治家格言繹義一卷

（清）戴翊清撰

民國七年明善堂刻本　總目 194 頁

傳家訓讀格言不分卷

（清）□□撰

民國八年刻本　海王村 09 年 46 期 355

澄懷園語四卷

（清）張廷玉撰　劉承幹注

民國間吳興劉氏嘉業堂刻本　總目 197 頁

家庭直講三卷

（清）陸韜輯

民國十三年吳兆元營口刻北平印本　民國十四
年刻本　民國十九年北平文德齋刻本　總目
198 頁

曾文正公家訓摘抄一卷

（清）曾國藩撰　（清）蔣兆奎輯

民國二十五年山東省垣刻本　總目 200 頁　中
安 11 春 151

劉止唐先生豫誠堂家訓不分卷

劉止唐撰　顏楷書

民國七年刻本　孔網拍賣 10-09-27

瑩山示兒語一卷

（清）郭玉珍撰

民國七年刻本　總目 202 頁

弟子箴言十六卷

（清）胡達源撰　（清）吳大澂評

民國七年成都志古堂刻本　總目 210 頁

四字男經

民國十年森記書局刻本　13-07-20 孔網拍賣

四字男經

民國三十六年張太和書局刻本　14-07-02 孔

網拍賣

四字女經
民國間刻本　14-07-02 孔網拍賣

明心寶鑑二卷
（明）范立本輯
民國二十三年刻本　15-10-13 孔網拍賣

人譜（人譜正篇）一卷
（明）劉宗周撰
民國九年成都國學研究會刻本　總目 217 頁

人譜類記增訂六卷
（明）劉宗周撰
民國九年成都國學研究會刻本　總目 218 頁

人譜類記六卷
（明）劉宗周撰
民國元年鄂官書處重刻本　總目 218 頁

裕昆要録一卷
（清）陳延益輯
清光緒十一年刻民國十五年黃嗣艾印本　總目 224 頁

勸孝詞百章
王德森撰
民國六年蘇州通和坊刻本　總目 226 頁

繪圖二十四孝歌
（元）郭居敬輯
民國十二年刻本　16-01-02 孔網拍賣

女二十四孝圖説
撰者不詳
民國間刻本　同方 15 秋 085

指謎語録一卷
（清）耦盧輯
民國十年刻詣穀堂叢刻本　總目 226 頁

遯圃詹言十卷

郭則澐輯
民國二十五年藝園刻本　總目 226 頁

明德新民編不分卷
民國二年刻本　15-01-11 孔網拍賣

新刊神童詩不分卷
題（宋）汪洙撰
民國間富文堂刻本　海王村 10 年 50 期 277

續神童詩
（清）戴槤撰
民國八年刻本　總目 227 頁

二論引端四卷
劉忠輯
民國二十七年義和書局刻本　孔網數據 13-08-12

增補二論典故最豁集四卷
劉鍾美輯
民國四年永元堂刻本　12-06-23 孔網拍賣

小學集解六卷
（清）張伯行輯注
民國六年鄂官書處刻本　總目 231 頁

尹氏小學大全五種
（清）尹嘉銓撰
清光緒二十五年刻民國六年印本　叢書綜録 702 頁　總目 232 頁
　小學義疏六卷首一卷
　小學或問四卷
　小學後編二卷
　小學考證一卷
　小學釋文二卷

養蒙三種
郭泰棣編
民國十九年潮陽郭氏輔仁堂刻本　叢書廣録 660 頁
　三字經一卷　唐趙德撰

三字經一卷　章炳麟重訂
三字經一卷　江謙增訂

名物蒙求一卷

（宋）方逢辰撰

民國間主一室刻本　總目 235 頁

三字經一卷

（宋）王應麟撰

民國間刻本　總目 235 頁

幼學須知句解（重訂幼學須知句解）四卷

□□輯

民國七年留餘堂增刻本　民國二十六年揚州
聚盛堂刻本　總目 238 頁

課子隨筆十卷

（清）張師載輯

民國十一年刻本　總目 242 頁

蒙訓（槐軒蒙訓）一卷

（清）劉沅撰

民國十一年成都扶經堂刻本　總目 243 頁

曹大家女誡四卷

（清）王相箋注

民國十二年巴川儒興堂刻本　總目 249 頁

訓女寶箴三卷（觀音大士降訓女寶箴）

呂咸熙編

民國十七年刻本　孔網已售 11-11-29

婦人一說曉一卷

（清）清麓洞主刪訂

清末民國初銅梁文淵閣刻本　總目 254 頁

女兒三字經

清末民國初刻本　總目 254 頁

女兒三字訓

撰者不詳

民國二年刻本　15-11-18 孔網拍賣

宣講拾遺（聖諭六訓）

民國十一年刻本　12-06-26 孔網拍賣

宣講新奇二卷

楊一子編

民國間潞府樂善堂刻本　同方 15 秋 054

宣講新錄

陳昭俊撰

民國十六年刻本　齋魯國拍 12 春 491　09-
07-28 孔網拍賣

禮文備錄十二卷

（清）管窺居士輯

民國六年森記書局刻本　11-05-09 孔網拍賣

繪圖詳注幼學問答六卷

撰者不詳

民國間刻本　真德 14 春 6470

幼兒經蒙童必讀不分卷

撰者不詳

民國十三年刻本　大馬 12 年 9 月 577

三字經注解備要不分卷

賀興思注解

民國七年合川會善堂慈善會刻本　12-12-22
孔網拍賣

三字經法帖不分卷

書者不詳

民國六年刻本　14-11-20 孔網拍賣

弟子規一卷

（清）李毓秀撰

民國十一年永元堂刻本　13-09-04 孔網拍賣

快樂集二卷附錄止休學說二卷

（清）石成金撰　李澄修選定

民國五年刻本　德寶 11 年 8 月 637

天津地理買賣雜字不分卷

劉濬哲編

民國九年天津文雅齋書局刻本　今古齋 13
春 017

君莫笑二卷

陸蔚奇撰

民國三十五年富記書局刻本　文音訓書目
212 頁

新刻改良增廣集句不分卷

撰者不詳

民國間綿陽聚豐堂刻本　10-06-28 孔網拍賣

六言雜字不分卷

撰者不詳

民國二十六年刻本　15-12-22 孔網拍賣

新選六言雜字不分卷

撰者不詳

民國二十三年澤記書局刻本　12-03-12 孔網
拍賣

正音包舉雜字不分卷

撰者不詳

民國十三年刻本　14-01-18 孔網拍賣

雜字音注便蒙讀本不分卷

撰者不詳

民國間刻本　14-07-02 孔網拍賣

珠璣雜字不分卷

撰者不詳

民國間虹村延古樓刻本　14-07-24 孔網拍賣

四言雜字不分卷

撰者不詳

民國間刻本　14-07-26 孔網拍賣

必須雜字不分卷

撰者不詳

民國五年刻本　14-11-02 孔網拍賣

新增大全雜字不分卷

邱先生著

民國十七年刻本　14-11-13 孔網拍賣

分類雜字不分卷

撰者不詳

民國十七年富記書局刻本　14-12-03 孔網拍賣

新增分類雜字不分卷

撰者不詳

民國二十二年澤記書局刻本　孔網數據 15-10-03

五言雜字不分卷

撰者不詳

民國六年刻本　孔網已售 06-02-21

新訂大全雜字不分卷

周作水校字

民國十七年刻本　孔網已售 10-06-04

詳注小學韵語不分卷

（清）羅澤南著

民國二十三年成都正古堂刻本　孔網已售
11-03-11

禮儀雜字不分卷

撰者不詳

民國十八年刻本　孔網已售 09-11-11

增補大全雜字旁音便讀不分卷

撰者不詳

民國三年務本堂刻本　孔網已售 11-03-10

南北京果不分卷

撰者不詳

民國三十年刻本　孔網已售 11-04-24

六字編裝不分卷

撰者不詳

民國三十三年韓文餘堂刻本　孔網已售 11-11-22

增廣易讀不分卷

撰者不詳

民國六年刻本　孔網數據 08-06-29

拾字各言雜字不分卷
撰者不詳
民國三年文成堂刻本　孔網數據 15-01-05

課兒字義錄二卷
趙鴻藻纂
民國三年趙中正堂刻本　海王村 06 年 36 期 218

言文對照初學論説精華不分卷
（清）陸保璿撰
民國三十年文星書莊刻本　14-06-11 孔網拍賣

新增幼學珠璣三卷
（明）程登吉撰　（清）周嘉彥參訂
民國十年義和書局刻本　12-10-26 孔網拍賣

花夜記（四言對相）
民國三年刻本　13-05-20 孔網拍賣

書式新裁不分卷
撰者不詳
民國四年森記書局刻本　11-05-22 孔網拍賣

隨身寶
撰者不詳
民國九年刻本　孔網已售 07-11-01

居家必讀大隨身寶
撰者不詳
民國十八年刻本　孔網已售 08-05-26

兵家類

武經七書（校正武經七書　重刻武經七書）
（宋）□□輯
民國十五年披縣張氏彌忍堂刻本　叢書綜錄
705 頁　總目 256 頁　兵書總目 65 頁
　　六韜六卷　（周）呂望撰
　　孫子三卷　（周）孫武撰
　　吳子二卷　（周）吳起撰

　　司馬法三卷　（周）司馬穰苴撰
　　尉繚子五卷　（周）尉繚撰
　　黃石公三略三卷　（漢）黃石公撰
　　唐太宗李衛公問對三卷　（唐）李靖撰

王壯武公兵書（一題兵書三種）
（清）王鑫輯
民國元年湖北官書處刻本　兵書總目 337 頁
兵書知見 374 頁
　　練勇芻言五卷　（清）王鑫撰　兵書總目
　　280 頁
　　操練洋槍淺言一卷　（清）馮國士　（清）
　　葛道殷撰　兵書總目 295 頁
　　用炮要言一卷　（清）葛道殷撰　兵書總目
　　295 頁

孫子釋證十三卷
劉文塵撰
民國十七年寬於一天下室刻本　總目 272 頁
兵書知見 318 頁

孫子十家注十三卷叙錄一卷遺説一卷
（清）孫星衍　吳人驥校　叙錄　（清）畢以
珣撰　遺説　（宋）鄭友賢撰
民國四年經元書室刻本　兵書總目 251 頁
兵書知見 81 頁

魏武帝註孫子三卷
（三國魏）曹操注
民國九年四川成都存古書局刻本　兵書知見
31 頁

少林寺拳經
□□編
清末民國初刻本　總目 308 頁

司馬法注一卷
武學愈撰
近培根堂刻本　販書 221 頁

讀史兵略四十六卷

（清）胡林翼撰

民國元年鄂官書處重刻本　兵書總目 282 頁

德國陸軍紀略四卷

（清）許景澄撰

民國十八年刻本　兵書總目 309 頁

權制八卷

（清）陳澹然撰

清光緒二十六年長沙刻本　民國十二年據長沙本重刻本　兵書總目 311 頁

孫子兵書附李衛公問對

（清）胡林翼選

民國十九年刻本　孔網已售 13-04-23

法家類

管子地員篇注四卷

（清）王紹蘭撰

清光緒十七年蕭山胡橘棻寄虹山館刻民國二十五年北平來薰閣書店印本　總目 334 頁

農家類

蠶桑簡編續錄

（清）楊名颺撰

民國二年劉二酉堂刻本　總目 360 頁

歷年豐歉圖不分卷

（漢）諸葛武侯著

民國十四年刻本　13-03-28 孔網拍賣

防旱記不分卷

撰者不詳

民國十四年刻本　孔網已售 08-06-29

醫家類

叢編之屬

醫統正脉全書四十四種

（明）王肯堂編

民國十二年北京中醫學社據朱文震原版修補印本　叢書綜錄 708 頁　總目 381 頁

重廣補注黃帝內經素問二十四卷遺篇一卷　（唐）啓玄子（王冰）注　（宋）林憶等校正　（宋）孫兆重改誤　遺篇　（宋）劉溫舒原本

黃帝素問靈樞經十二卷

鍼灸甲乙經十二卷　（晉）黃甫謐撰

中藏經八卷　（漢）華佗撰

脉經十卷　（晉）王叔和撰

難經本義二卷　（元）滑壽撰

注解傷寒論十卷　（漢）張機撰　（晉）王叔和編　（金）成無己注

傷寒明理論四卷　（金）成無己撰

新編金匱要略方論三卷　（漢）張機撰

增注類證活人書二十二卷　（宋）無求子（朱肱）撰

素問玄機原病式一卷　（金）劉完素撰

黃帝素問宣明論方十五卷　（金）劉完素撰

傷寒標本心法類萃二卷　（金）劉完素撰

瀏河間傷寒醫鑒一卷　（元）馬宗素撰

素問病機氣宜保命集三卷　（金）劉完素撰

瀏河間傷寒直格論方三卷　（金）劉完素撰（金）葛雍撰

張子和心鏡別集一卷　（元）常德編

河間傷寒心要一卷　（金）劉洪編

脉訣一卷　（宋）崔嘉彥撰

局方發揮一卷　（元）朱震亨撰

脾胃論三卷　（金）李杲撰

格致餘論一卷　（元）朱震亨撰

蘭室秘藏三卷　（金）李杲撰

內外傷辨三卷　（金）李杲撰

東垣先生此事難知集二卷　（元）王好古撰

湯液本草三卷　（元）王好古撰

醫經溯洄集一卷　（元）王履撰

外科精義二卷　（元）齊德之撰

醫壘元戎一卷　（元）王好古撰

海藏癜論萃英一卷 （元）王好古撰

丹溪先生心法五卷附錄一卷 （元）朱震亨撰

新刻校定脉訣指掌病式圖說一卷 （金）李杲撰

丹溪先生金匱鈎玄三卷 （元）朱震亨撰

醫學發明一卷 （元）朱振亨撰

活法機要一卷 （元）朱振亨撰

秘傳證治要訣十二卷 （明）戴原禮撰

證治要訣類方四卷 （明）戴原禮撰

儒學事親十五卷 （金）張從正撰

傷寒瑣言一卷 （明）陶華撰

傷寒家秘的本一卷 （明）陶華撰

殺車槌法一卷 （明）陶華撰

傷寒一提金一卷 （明）陶華撰

傷寒證脉藥截江綱一卷 （明）陶華撰

傷寒明理續論一卷 （明）陶華撰

武昌醫學館叢書八種

（清）柯逢時編

清光緒三十年至民國元年武昌醫學館刻本 叢書綜錄712頁 總目425頁 中醫聯目759頁

經史證類大觀本草三十一卷 （宋）唐慎微撰

大觀本草札記二卷 （清）柯逢時撰

本草衍義二十卷 （宋）寇宗奭撰

傷寒論 （漢）張機撰

傷寒總病論六卷 （宋）龐安時撰

類證增注傷寒百問歌四卷 （宋）錢聞禮撰

傷寒補亡論二十卷 （宋）郭雍撰

活幼心書三卷 （元）曾世榮撰

三字經合編六種

張驥輯

民國二十二年成都義生堂刻本 叢書綜錄712頁 中醫聯目772頁

醫學三字經二卷 （清）陳念祖撰

三字經湯方歌括二卷 張驥增輯

春溫三字訣一卷 （清）張子培撰

春溫三字訣方歌一卷 張驥輯

痢症三字訣一卷 （清）唐宗海撰

痢症三字訣歌括一卷 張驥輯

醫學初階四種

（清）嚴岳蓮編

清光緒三十四年至宣統元年渭南嚴氏刻民國十三年嚴式誨增刻本 叢書綜錄712頁 總目426頁 中醫聯目761頁

本經逢原四卷 （清）張璐撰

傷寒論淺注方論合編六卷 （清）陳念祖撰

金匱要略淺注方論合編十卷 （清）陳念祖撰

温病條辨六卷首一卷 （清）吳瑭撰

醫藥叢書十一種

裘慶元輯

民國五年至十年紹興裘氏刻本 叢書綜錄713頁 中醫聯目764頁

研經言四卷 （清）莫枚士撰

周氏易簡方集驗方合刻二卷 周憬輯

衛生易簡方一卷

周氏集驗方一卷

羅謙甫治驗案二卷 （元）羅天益撰

吳鞠通先生醫案四卷 （清）吳瑭撰

惜分蔭軒醫案四卷 周鎮撰

人參考一卷 （清）唐秉鈞撰

知醫必辨一卷 （清）李文榮撰

市隱廬醫學雜著一卷 王德森撰

徐批葉天士晚年方案真本二卷 （清）葉桂撰 （清）徐大椿評

周氏集驗方續編一卷 周憬輯

白喉證治通考一卷 張采田（爾田）撰

醫古微六種

張驥撰

民國二十四年雙流張氏義生堂成都刻本 叢書綜錄728頁 中醫聯目699頁

周禮醫師補注一卷

左氏秦和傳補注一卷

史記扁鵲倉公傳補注三卷

漢書藝文志方技補注二卷

後漢書華佗傳補注一卷

子華子醫道篇注一卷

蘭陵堂校刊醫書三種

蕭延平校

民國十三年黃陂蕭氏校刻本　叢書廣録 692 頁　中醫聯目 768 頁

　黃帝内經太素不分卷　（隋）楊上善撰注

　錢氏小兒藥證直訣附董氏小兒備急斑疹方論　（宋）錢乙撰　（宋）閻孝忠編

　小兒衛生總微論方　著者佚名

韓園醫學六種

（清）潘霨輯

清光緒間吳縣敏德堂重刻本　民國間蘇州振新書社挖版重印本　綜録補正 195 頁　中醫聯目 754 頁

　傷寒論類方四卷附長沙方歌括　（清）徐大椿編　（清）潘霨增輯

　醫學金針八卷　（清）陳念祖撰

　女科要略附産寶　（清）潘霨增編

　理瀹外治方要二卷附應驗諸方　（清）吳尚先撰

　外科症治全生集四卷　（清）王維德編

　十藥神書附霍亂吐泄方論　官藥局示諭夏令施診歌訣　（元）葛可久編　（清）潘霨校注

醫學五則

（清）廖雲溪輯

民國四年成都三府刻本　綜録補正 208 頁　中醫聯目 747 頁

　醫門初步（《醫方捷徑珍珠囊》的摘要）

　藥性簡要

　湯頭歌括

　切總傷寒

　增補脉訣

中西匯通醫書五種

（清）唐宗海撰

民國三年渝城澧州書屋刻本　中醫聯目 755 頁

　中西匯通醫經精義二卷

　金匱要略淺注補正九卷

　傷寒論淺注補正七卷

　血證論八卷

　本草問答二卷

衛生生理三字法訣合訂

趙避塵編

民國二十二年刻本　08-06-07 孔網拍賣

　衛生生理學明指

　衛生三字法訣經

圖注八十一難經辨真四卷圖注脉訣辨真四卷附脉訣附方

（明）張世賢圖注

民國十七年江陰寶文堂刻本　民國二十一年湘潭培根堂刻本　中醫聯目 711 頁

本草醫方合編

（清）汪昂編

民國元年經國治書局刻本　民國十四年重慶澹雅書局刻本　民國二十三年富記局刻本　中醫聯目 723-724 頁　孔網數據 10-08-30

　本草備要四卷

　醫方集解

徐氏醫書八種

（清）徐大椿編

民國十七年江陰寶文堂刻本　民國間上海千頃堂刻本　中醫聯目 728 頁

　難經經釋二卷

　神農百草經百種録

　醫貫砭二卷

　醫學源流論二卷

　傷寒類方

　蘭臺軌範八卷

　慎疾芻言

　洄溪醫案

徐靈胎十二種全集

（清）徐大椿撰

民國三十年寶慶富記書莊刻本　中醫聯目
728 頁

　　難經經釋二卷

　　神農百草經百種録

　　傷寒類方

　　醫學源流論二卷

　　醫貫砭二卷

　　蘭臺軌範八卷

　　慎疾芻言

　　洄溪醫案

　　洄溪道情

　　陰符經注

　　樂府傳聲

　　老子道德經二卷

婦嬰至寶三種

（清）徐尚慧編

民國八年聶慈德堂刻本　民國九年刻本　民
國十四年合肥王澤華刻本　中醫聯目 731 頁

　　達生編　（清）亟齋居士撰

　　種痘法　（清）毓蘭居士撰

　　福幼編　（清）莊一夔撰

達生編　遂生編　福幼編

（清）亟齋居士　（清）莊一夔等撰

民國七年揚州集賢齋刻本　民國二十三年九
燕堂刻本　中醫聯目 734 頁

醫門棒喝初集二集

（清）章楠編撰

　　醫論四卷

　　傷寒論本旨九卷

民國八年紹興刻本　中醫聯目 737 頁

醫學求是附醫案三十一種

（清）吳達撰

民國八年江陰方橋寶文堂書莊刻本　民國
二十二年虹橋寶記刻本　中醫聯目 752 頁

初集

　　治伏暑贅言

　　血証求源論

　　咳嗽詳求論

　　温暑異治辨

　　滋陰誤治辨

　　藻濕清源論

　　内經傷字解

　　外感寒温論

　　小兒瘄疹説

　　胃脘腹痛辨

二集

　　伏暑再論

　　霍亂贅言

　　治痢贅言

　　温暑藻濕辨

　　痰飲餘論

　　仲病餘論

　　傷風分内外因説

　　小兒急慢驚風論

　　小兒痘診論

　　平心論

　　救弊瑣言

　　救弊再言

　　運氣應病説

　　補藥誤病説

　　膏梁藜藿論

　　柴胡升降説

　　戒食生薯蕷説

　　録徐氏辨夾陰之非

　　録生生子血證治案

　　又春温治案

　　吐血證解

六譯館醫學叢書二十二種

廖平撰輯

民國二年至十二年成都存古書局刻本　中醫
聯目 763 頁

黃帝内經明堂一卷附錄一卷 （隋）楊上善注

黃帝内經太素診皮篇補證一卷附古經診皮名詞解一卷釋尺二卷附錄一卷

楊氏太素診絡篇補證三卷附病表一卷名詞解一卷

黃帝太素人迎脉口診補證二卷

楊氏太素三部九侯篇診法補證附十二經動脉表一卷

診骨篇補證一卷附中西骨格辨正一卷 （清）劉廷楨撰

診筋篇補證

營衛運行楊注補證

分方治宜篇

靈素五解篇　廖宗澤撰

平脉考内經平脉考

經脉考證

仲景三部九侯診法附傷寒淺注讀法

傷寒總論一卷附太素内經傷寒總論補證一卷太素四時病補證一卷瘧解補證一卷傷寒講義

傷寒評義

傷寒雜病論古本三卷

傷寒古本訂補

傷寒古本考

巢氏病源補養宣導法 （隋）巢元方等撰

難經經釋補證二卷總論一卷

脉學輯要評三卷

藥治通義輯要二卷 （日）丹波元堅撰　廖平節錄

汲古醫學叢書

張驥編

民國二十四年成都義生堂刻本　中醫聯目 774 頁

　　子目未詳

竹齋醫學叢書

黃維翰撰

民國間國新學社叢書刻本　中醫聯目 780 頁

　　子目未詳

綜論之屬

巢氏諸病源侯總論五十卷

（隋）巢元方等撰

民國元年湖北官書處刻本　中醫聯目 38 頁　雍和 13 春 3570

嵩崖尊生書十五卷

（清）景日畛撰

民國十七年江陰寶文堂刻本　中醫聯目 707 頁

元匯醫鏡五卷

（清）敲蹺道人撰

民國十八年北京永盛齋刻本　中醫聯目 709 頁

醫學集成四卷

（清）劉仕廉撰

民國三年成都博文堂校刻本　民國十年雙流劉氏刻本　民國十二年漢文書局刻本　民國十二年富記書局刻本　民國十二年光明山房刻本　中醫聯目 708 頁　孔網數據 14-10-29

扁鵲心書三卷附神方

（宋）竇材撰

民國十七年江陰寶文堂刻本　中醫聯目 317 頁

治法匯八卷

（明）張三錫撰　（明）王肯堂校

民國四年上無神川氏刻本　中醫聯目 325 頁

醫門初學萬金一統要訣十卷

（明）太醫院原本　（明）羅必煒參定

民國三十五年寶慶富記書局刻本　中醫聯目 329 頁

醫方捷徑指南全書二卷

原題（明）王宗顯編

民國四年刻本　中醫聯目 329 頁

醫宗說約六卷

（清）蔣示吉撰

民國十七年千頃堂刻本　民國十七年江陰寶
文堂刻本　中醫聯目 331 頁

辨證奇聞十卷

（清）陳士鐸撰　（清）錢松編

民國十七年寶文堂刻本　中醫聯目 333 頁

醫師秘籍二卷（又名醫學秘籍）

（清）李言恭撰

民國十四年復真書局刻本　中醫聯目 337 頁

醫學指要六卷

（清）蔡貽績編

民國十一年彭瑞廷刻本　中醫聯目 343 頁

醫宗備要三卷

（清）曾鼎撰

民國元年湖北官書處刻本　中醫聯目 343
頁　孔網數據 12-01-06

筆花醫鏡四卷（又名衛生便覽）

（清）汪涵暾撰

民國八年刻本　中醫聯目 345 頁　06-01-24
孔網拍賣

類證治裁八卷

（清）林佩琴撰

民國九年丹陽文星堂刻本　中醫聯目 347 頁

醫學一見能

（清）唐宗海撰

民國十三年成都博文堂刻本　民國十三年微
雲詞館刻本　中醫聯目 350 頁

醫方簡義六卷

（清）王清源撰

民國二十三年耕香齋圖書店刻本　中醫聯目
352 頁

醫綱總樞五卷

（清）陳珍閣撰

民國二年六經堂刻本　中醫聯目 353 頁

醫道還元九卷附奇症新方

（清）呂真撰

民國八年廣州華聯仙館刻本　中醫聯目 353 頁

醫學正旨三卷

蒲悉生撰

民國八年四川刻本　中醫聯目 359 頁

醫術擷華二卷

劉洪潮撰

民國十二年富文堂刻本　中醫聯目 359 頁

醫學崇正七卷

許宗正撰

民國二年刻許氏醫書五種本　中醫聯目 359 頁

醫學正軌（又名醫學正規）

原題（漢）華佗撰

民國四年、民國二十三年天津觀禮堂刻本　中
醫聯目 359 頁

醫學三字經合編二卷

（清）陳念祖撰　張驥校補

民國四年刻本　中醫聯目 359 頁

一囊春四卷

雷朋慶編

民國九年瀘州文匯堂刻本　中醫聯目 360 頁

醫門摘要二卷

孫澤霖撰

民國十六年長沙刻本　中醫聯目 361 頁

學醫醫書二卷

劉曉滄撰

民國十五年儒家園刻本　中醫聯目 361 頁

家庭醫學

秦伯未　方公溥主編

民國十九年刻本　中醫聯目 363 頁

璞真天機靈

著者佚名

民國間刻本　中醫聯目 367 頁

醫宗必讀十卷

（明）李中梓著

民國十三年刻本　12-03-29 孔網拍賣

醫經之屬

內經知要二卷

（明）李中梓輯注

民國十年寶文堂刻本　08-10-27 孔網拍賣

內經藥瀹十卷

張驥編

民國二十四年成都義生堂刻本　中醫聯目 14 頁

內經方集釋二卷

張驥著

民國二十二年成都義生堂刻本　中醫聯目 14 頁

黃帝八十一難經正本

張驥校補

民國二十六年成都義生堂刻本　中醫聯目 20 頁

圖注八十一難經辨真四卷

（明）張世賢注

民國初刻本　中醫聯目 21 頁

難經叢考

張驥編

民國二十七年成都汲古書局刻本　中醫聯目 25 頁

本草之屬

分類草藥性（附天寶本草）

□□輯

民國七年成都博文堂刻本　民國二十八年成都博文堂刻本　總目 538 頁　中醫聯目 179 頁　孔網已售　11-03-26

天寶本草

著者佚名

民國二十八年刻本　中醫聯目 193 頁

雷公炮炙論三卷附一卷

（南朝宋）雷斅撰　張驥輯

民國二十一年成都義生堂刻本　總目 552 頁　中醫聯目 203 頁

神農本草經經釋一卷

（清）姜國伊撰

民國二十年刻本　中醫聯目 159 頁

本草綱目五十二卷卷首一卷附圖二卷

（明）李時珍撰

民國間刻本　中醫聯目 163 頁

本經逢原四卷

（清）張璐撰

民國十三年渭南嚴氏成都刻本　販書續編 120 頁

生草藥性備要二卷

（清）何諫撰

民國間守經堂刻本　中醫聯目 172 頁

本草從新十八卷

（清）吳儀洛編

民國九年江陰寶文堂刻本　民國二十三年無錫日升山房刻本　中醫聯目 173 頁

本草便方二卷（又名草木藥性歌訣）

（清）劉善述撰

民國三年成都裴氏據芥子園藏版校刻本　中醫聯目 178 頁

尊經本草歌括二卷

許宗正撰

民國二年潼川許氏刻本　中醫聯目 195 頁

藥性韵語四卷附目疾方法

郭敬綸撰

民國十二年長沙郭氏家刻本　中醫聯目 195 頁

本草便讀四卷

（清）張秉成撰

民國十一年常州華新書社刻本　15-04-26 孔網拍賣

診法之屬

韓氏舌苔圖說

（清）劉紹漢　（清）張書坤輯

民國六年桂林經益堂刻本　總目 585 頁　中醫聯目 126 頁

驗舌辨證歌

陸庭琦撰

民國間刻本　中醫聯目 126 頁

脉訣新編全集四卷

劉本昌編

民國三十一年湘潭劉氏培根堂刻本　中醫聯目 111 頁

脉經十卷

（晉）王熙（叔和）撰

民國十九年成都姜氏刻本　民國二十年刻本　中醫聯目 105 頁

脉經選粹

何揖遜編

民國十年四川射洪縣刻本　中醫聯目 107 頁

脉訣秘旨

步連岐撰

民國七年步家樓刻本　中醫聯目 111 頁

奇經八脉考一卷脉決考證一卷

（明）李時珍撰

民國十七年江陰寶文堂刻本　中醫聯目 113 頁

三指禪三卷

（清）周學霆撰

民國二十二年稿城魏鳳山刻本　中醫聯目

117 頁

脉學啟蒙

許宗正撰

民國二年刻本　中醫聯目 120 頁

脉診便讀

（清）張秉成著

民國十七年上海千頃堂刻本　民國十七年江陰寶文堂刻本　中醫聯目 118 頁　12-08-23 孔網拍賣

李瀕湖脉學不分卷

（明）李時珍著

民國七年刻本　14-09-20 孔網拍賣

脉學歌括　三世醫稿

向壘煇著

民國十五年刻本　孔網已售 12-06-25

方論之屬

張仲景傷寒雜病論表識新編注釋九卷首一卷

（清）田啟榮撰

民國八年四川田氏刻本　總目 604 頁

傷寒雜病論十六卷

（漢）張仲景述　黃維翰校訂

民國二十八年張鈁刻本　經眼錄 175 頁　中醫聯目 42 頁　中山 13 春 442　工美 13-10 月 76 屆 1127

傷寒經方闡奧三卷首一卷

（清）何仲皋撰

民國二年成都何氏刻本　民國二年中醫學堂刻本　總目 632 頁　中醫聯目 87 頁

仲景大全書

余道善編

民國十八年大理樂真堂刻本　中醫聯目 44 頁

傷寒讀本二卷

（清）栗山痴叟撰

民國三年富順縣凝善書局刻本　中醫聯目
58 頁

傷寒論淺注補正七卷（附長沙方歌括　靈素集注節要）

（清）陳念祖注　（清）唐宗海補正

民國三年渝城瀛洲書屋刻本　民國十年望海堂刻本　中醫聯目 58 頁

讀過傷寒論十八卷

陳伯壇撰

民國十九年上海陳養福堂刻本　中醫聯目 61 頁　嘉德 15 秋 2143

傷寒論脉證式校補八卷

張驥校補

民國二十六年成都義生堂刻本　中醫聯目 62 頁

傷寒法眼二卷

（清）麥乃求撰

民國二十五年廣州登雲閣刻本　中醫聯目 80 頁

傷寒方經解一卷

（清）姜國伊注

民國二十年刻本　中醫聯目 87 頁

傷寒證方歌括

（清）慶恕撰

民國四年奉天作新書局刻本　中醫聯目 91 頁

金匱玉函經二注二十二卷附補方一卷十藥神書一卷

（元）趙以德衍義　（清）周揚俊補注

民國十年蘇州萃芬書屋校刻本　中醫聯目 93 頁　江蘇刻書 494 頁

金匱心典三卷

（清）尤怡集注

民國十七年江陰寶文堂刻本　民國十七年上海千頃堂書局刻本　民國二十三年無錫日升

山房刻本　中醫聯目 94 頁

金匱要略方論正本三卷

（漢）張機撰　題張驥校補

清末民國初成都張氏刻本　民國二十七年成都著者自刻本　總目 637 頁　中醫聯目 98 頁

痢症抉微

（清）熊家驥撰

民國四年江右黃毓麟刻本　總目 662 頁　中醫聯目 396 頁

眼科集成二卷

（清）陳善堂撰

民國九年重慶治古堂刻本　總目 693 頁　中醫聯目 576 頁

種子金丹全集

（清）周子椿輯

民國三十二年刻本　總目 770 頁　中醫聯目 471 頁

保赤全生錄（重刊保赤全生錄）二卷

（清）陳文傑輯

民國七年刻本　總目 814 頁　中醫聯目 516 頁

先醒齋醫學廣筆記三卷附一卷（又名還讀齋醫方匯編）

（明）繆希雍撰　（明）丁元薦編

民國八年繆曾湛校刻本　中醫聯目 325 頁

温病條辨六卷卷首一卷

（清）吳瑭撰

民國元年成都正古堂刻本　中醫聯目 372 頁

春温三字訣（附痢症三字訣　春病三字訣方歌　養生鏡　保生要旨　温熱贅言　痓病論）

（清）張汝珍撰

民國二十四年雙流張氏刻本　中醫聯目 375 頁

温病撮要

（清）曹華峰編

民國十二年刻本　中醫聯目 376 頁

温病條辨歌括（又名温病新編歌括）

劉本昌編

民國三十五年湘潭漣南鄉培根堂刻本　中醫聯目 383 頁

廣瘟疫論四卷附佛崖驗方

（清）戴天章撰

民國三年漢南邑善堂刻本　民國十年、民國十一年天津金氏校刻本　中醫聯目 386 頁

補注瘟疫論四卷

（明）吴有性撰　（清）洪天錫補注

民國十五年天津刻本　中醫聯目 387 頁

傷寒温疫條辨六卷（又名寒温條辨）附温病壞症

（清）楊璿撰

民國十七年上海千頃堂書局刻本　中醫聯目 387 頁

瘟疫條辨摘要（又名寒温條辨摘要）

（清）陳良佐晰義　（清）楊璿條辨　（清）呂田集録

民國三十四年上海中醫書局刻本　中醫聯目 388 頁

瘟疫論類編松峰説疫合刻

（清）劉奎撰

民國元年廣州老威大藥房刻本　中醫聯目 389 頁

疫診一得二卷

（清）余霖撰

民國間慈濟醫社刻本　中醫聯目 390 頁

寒疫合編四卷

（清）王光甸編

民國二十六年正古堂刻本　中醫聯目 391 頁

辨疫真機

黃煒元撰

民國三十二年天生館家刻本　中醫聯目 393 頁

秋瘟證治要略

曹炳章撰　徐友丞校

民國七年餘姚徐友丞校刻本　中醫聯目 393 頁

痢疾論四卷（又名痢症大全）

（清）孔毓禮編

民國八年謙益堂重刻本　中醫聯目 395 頁

痢症三字訣一卷

（清）唐宗海撰

民國二十四年雙流張氏刻本　中醫聯目 397 頁

金匱瘧病篇正義

惲毓鼎解

民國二年惲氏澄齋刻本　中醫聯目 397 頁

痧脹玉衡書四卷

（清）郭志邃撰

民國二十三年羊城居稽書莊刻本　中醫聯目 398 頁

痧症全書三卷

（清）王凱編

民國八年山西官書局刻本　中醫聯目 399 頁

急救異痧奇方（又名異痧雜証經驗良方）

原題（清）覺因道人編　（清）陳念祖評

民國十四年、民國二十四年寶慶富記書局刻本　中醫聯目 399 頁

痧症指微

（清）釋普净撰

民國三十年溧陽華聚玉刻本　中醫聯目 400 頁

霍亂論二卷

（清）王士雄撰

民國十年達縣刻本　中醫聯目 400 頁

霍亂論摘要

（清）朱湛溪編

民國八年刻本　中醫聯目 403 頁

鼠疫約編

（清）吳宣崇編　鄭奮揚參訂

民國十年高州福經堂刻本　中醫聯目 404 頁

症因脉治四卷

（明）秦昌遇撰　（清）秦之禎編

民國十一年上海儲悟岡刻本　中醫聯目 409 頁

痰火點雪四卷（又名紅爐點雪）

（明）龔居中撰

民國二年刻本　中醫聯目 418 頁

逆證匯錄

（清）高思敬撰

民國間刻本　中醫聯目 425 頁

濟陰綱目十四卷附保生碎事十四卷

（明）武之望撰

民國十七年上海千頃堂刻本　民國十七年江陰寶文堂刻本　中醫聯目 431 頁　江蘇刻書 512 頁　中漢 13 秋 923

傅青主女科二卷附產後編二卷（又名女科良方　女科全集）

（清）傅山撰

民國元年湖北官書處刻本　民國二十一年吳興沈氏刻本　中醫聯目 433 頁

竹林寺女科秘方

（清）竹林寺僧撰

民國二十三年抱遷氏刻本　中醫聯目 438 頁

婦科雜證

（清）文晟編

民國二十四年上海三星書局刻本　中醫聯目 440 頁

千金婦人良方注

張驥撰

民國二十四年張氏汲古堂刻叢書本　中醫聯目 447 頁

婦科易解

劉鎏撰

民國三十一年存養山房刻本　中醫聯目 448 頁

達生編

（清）亟齋居士撰

民國二年成都刻本　民國七年、民國十二年張紹春刻本　民國九年天津東馬路土齊南紙局刻本　民國西充鮮于氏特園刻本　中醫聯目 452 頁

達生編附痢疾奇方

（清）亟齋居士撰

民國八年刻本　中醫聯目 452 頁

達生編二卷

（清）亟齋居士撰

民國十八年刻本　中醫聯目 452 頁

續廣達生編

（清）亟齋居士著　（清）周呂筌續廣

民國二十九年慈善小補堂刻本　12-03-31 孔網拍賣

胎產心法三卷

（清）閻純璽撰

民國六年濟南文升齋刻本　中醫聯目 455 頁

大生要旨五卷

（清）唐千頃撰

民國十四年刻本　中醫聯目 458 頁

（增廣）大生要旨五卷

（清）唐千頃撰　（清）葉灝增訂

民國二年華陽張氏淵雅堂刻本　中醫聯目 459 頁

胎產秘書二卷（又名胎產金針）

（清）陳笏庵撰

民國七年合川會善堂慈善會刻本　民國十七年潁川刻本　中醫聯目 461 頁

男婦須知三卷附救急雜方
撰者不詳
民國十二刻本　08-11-04 孔網拍賣

濟世達生撮要
（清）李澤身撰
民國三年重慶治古堂刻本　中醫聯目 464 頁

增訂達生編三卷
禹鎮寰撰
民國十二年長沙同仁閣刻本　中醫聯目 467 頁

顱囟經二卷
（宋）著者佚名
民國十三年湖北蘭陵堂刻本　中醫聯目 471 頁

錢氏小兒藥證直訣三卷附錢仲陽傳　閻氏小兒方論　董氏小兒斑疹備急方論
（宋）錢乙撰　（宋）閻孝忠編
民國十一年刻本　民國十三年黃岡蕭氏蘭陵堂刻本　中醫聯目 472 頁

幼科鐵鏡六卷
（清）夏鼎撰
民國八年江陰源德堂刻本　民國九年貴池劉世珩刻本　中醫聯目 478 頁

幼科撮要
著者佚名
民國十一年海星堂刻本　中醫聯目 485 頁

保嬰要言八卷（又名保赤要言五卷）
（清）夏鼎撰　王德森編
民國六年刻本　民國八年蘇州笪錦和重刻本　民國十五年四明樂善堂刻本　中醫聯目 488 頁

幼科彙編五種
蕭紹渠輯
民國四年耕道堂刻本　叢書廣錄 703 頁　中醫聯目 490 頁
　幼幼集成　（清）陳復正撰

　達生篇　（清）亟齋居士撰
　遂生篇　（清）莊一夔撰
　福幼篇　（清）莊一夔撰
　引痘新法　（清）邱熺撰

幼科集腋
朱裕原編
民國二十五年蘇州刻本　中醫聯目 494 頁

幼科全集
著者佚名
民國間刻本　中醫聯目 495 頁

小兒保險書
況庚星撰
民國間四川三臺文芳齋刻本　中醫聯目 496 頁

痘疹傳心錄十六卷
（明）朱惠明撰
民國十五年古經閣承刻本　民國十五年廣州躬草堂據修敬堂刻本重印本　中醫聯目 500 頁

疹科
（明）孔弘攉撰
民國間雲南圖書館刻本　中醫聯目 501 頁

活幼心法九卷（又名活幼心法大全）
（明）聶尚恒撰
民國二十年無錫日升山房刻本　中醫聯目 501 頁

痘疹定論四卷
（清）朱純嘏編
民國十三年翰章書局刻本　中醫聯目 508 頁

麻科合璧附麻疹兼喉症說　白喉吹藥方（又名郁謝麻科合璧）
（清）楊開泰匯編
民國五年墊江譚氏刻本　民國十年合川會善堂慈善堂刻本　民國十八年重慶巴縣歐仲輝捐刻本　民國二十七年刻本　中醫聯目 510 頁　孔網已售 12-11-17

麻科活人全書四卷

（清）謝玉瓊撰

民國七年刻本　民國九年宜昌王氏等捐資刻本　民國十一年刻本　民國十四年刻本　民國二十一年刻本　民國二十二年萍鄉賀聚文堂刻本　民國二十四年許昌清善局刻本　中醫聯目 511 頁

麻疹闡注四卷

（清）張廉闡注

民國十七年刻本　中醫聯目 519 頁

痘疹摘要

著者佚名

民國十七年繼善堂刻本　中醫聯目 520 頁

治疹全書三卷附外編補遺

著者佚名　（清）錢沛增補

民國十年古大化里刻本　中醫聯目 522 頁

麻科活人四卷

（清）鄧曜南編

民國六年刻本　中醫聯目 526 頁

麻科易解附兒科雜治

劉桂蔬編

民國二十一年刻本　民國三十一年長沙刻本　中醫聯目 530 頁

遂生福幼合編（又名傳家至寶　保赤聯珠　千金至寶　莊氏慈幼二書）

（清）莊一夔撰

民國五年刻本　民國六年瑞州元齋刻本　中醫聯目 534 頁

外科症治全生集附金瘡鐵扇方（又名外科全生集）

（清）王維德編

民國元年漢口東璧垣刻本　民國四年成都尊古堂刻本　中醫聯目 541 頁

疔瘡五經辨

著者佚名

民國十一年紹興友文齋刻本　中醫聯目 554 頁

治癲狗咬方

著者佚名

民國九年杭州步善堂刻本　中醫聯目 555 頁

瘰癧花柳良方錄要

著者佚名

民國間廣州辛經堂刻本　中醫聯目 556 頁

治疗錄要

九一老人撰

民國間上海育普堂刻本　中醫聯目 556 頁

外科通用方

陸汝銜撰

民國四年成都刻本　中醫聯目 558 頁

歙西槐塘松崖先生眼科傳秘本

（明）程玠撰

民國元年醉墨莊刻本　中醫聯目 571 頁

重樓玉鑰二卷（又名重樓玉鑰喉科指南　喉科指南）

（清）鄭梅澗撰

民國四年天津同仁書局刻本　民國七年刻本　中醫聯目 585 頁　孔網數據 13-10-09

喉症全科紫珍集二卷（又名喉科紫珍全集　經驗喉科紫珍集　七十二種繪圖喉科全書　增補經驗喉科紫珍青囊濟世錄）

原題（清）燕山竇氏撰　朱翔宇編

民國八年富記書舍刻本　中醫聯目 586 頁

喉科心法二卷

（清）沈善謙撰

民國八年武林許氏刻本　中醫聯目 587 頁

喉科秘鑰二卷

（清）鄭西園撰　（清）許佐廷增訂

民國六年刻本　中醫聯目 588 頁

白喉治法忌表抉微（又名洞主仙師白喉治法
忌表抉微　白喉治法忌表述要　喉症治法忌
表抉微　喉症神效方　白喉瘟神方）

（清）耐修子輯注

民國三年四川成都精術館刻本　民國四年而
鸞閣刻本（附增刊各方）　民國六年刻本（附
經驗救急諸方、增刊各方）　民國八年榮縣甘
受和源號刻本　民國九年遂寧蔡氏刻本　民
國十年胡培源堂刻本　中醫聯目 598 頁

楊氏時疫白喉捷要

（清）楊石山撰

民國九年雍睦堂刻本　中醫聯目 600 頁　總
目 709 頁

白喉忌表治法吹藥合刊（又名仙傳白喉症三
法合刊）

（清）耐修子等撰

民國三年成都精術館刻本　中醫聯目 600 頁

白喉治法良方

彭桂航撰

民國三年鎮江楊恪軒刻本　中醫聯目 601 頁

疫痧草白喉捷要匯刻

（清）陳耕道　張紹修撰

民國八年鎮江隱草堂刻本　中醫聯目 602 頁

喉科集要不分卷

陳潤玉集

民國十六年刻本　09-09-19 孔網拍賣

經驗方二卷

（清）沈善兼輯

清光緒二十二年柞溪沈氏擇古齋刻民國九年
印本　總目 897 頁

原本丸散膏丹配製方

（清）凌奐撰

民國十七年上海中西醫藥局刻本　總目 904
頁　中醫聯目 308 頁

經方闡奧三卷

（清）何仲皋撰

民國二年成都中西醫學堂刻本　總目 910 頁
中醫聯目 233 頁

觀聚方要補十卷

（日）丹波元簡編

民國二十年江陰寶文堂刻本　海王村 08 年
42 期 8　博古齋 10 年春 1207

驗方新編十六卷

（清）鮑相璈編

民國四年依善堂刻本　中醫聯目 262 頁，中
山 12 迎春 342

驗方新編二十四卷

（清）鮑相璈編

民國十年杭縣顧松慶刻本　中醫聯目 263 頁

增廣驗方新編十八卷（又名增輯驗方新編　中
國名醫驗方集成）

（清）鮑相璈編　（清）張紹棠增輯

民國二十四年上海大達圖書供應社刻本（二
卷）　民國三十四年成都復興書局刻本（二
卷）　民國間端州景福洞主人刻本　中醫聯
目 263 頁

千金翼方三十卷

（唐）孫思邈撰

民國元年湖南益元書局刻本　民國元年漢文
書局刻本　中醫聯目 209 頁　恒昌 11 秋 169

旅舍備要方

（宋）董汲撰

民國二年四川成都存古書局校刻本　中醫聯
目 212 頁

千金寶要六卷

（宋）郭思編

民國間刻本　中醫聯目 213 頁

（增補）醫方捷徑四卷（又名醫方捷徑指南全書）

（明）王宗顯撰

民國三年博文堂刻本　民國三年成都三味堂刻本　民國四年刻本　中醫聯目221頁

本事方釋義十卷

（宋）許叔微撰　（清）葉桂釋義

民國九年祥記書局刻本　民國九年上海千頃堂書局刻本　中醫聯目227頁

景岳新方砭四卷

（清）陳念祖撰

民國間文淵閣刻本　中醫聯目228頁

群方便覽續編二卷

（清）郭懋筠撰

民國三年劉筠亭刻本　中醫聯目229頁

醫方叢話八卷附一卷

（清）徐士鑾編

民國十九年賈君玉據光緒十五年徐氏蜨園刻本補刻本　中醫聯目231頁

奇效海上良方

原題（唐）孫思邈撰

民國三年成都正古堂刻本　中醫聯目234頁

方論集腋二卷

謝清舫編

民國五年刻本　中醫聯目234頁

同急良方

原題（唐）孫思邈撰

民國十九年華北文社刻本　中醫聯目235頁

唐本千金方第一序例注

（唐）孫思邈撰　張驥集注

民國三十一年雙流張氏刻本汲古堂藏版　中醫聯目235頁

醫方藥性初學要訣六卷

（明）太醫院輯　（明）羅必煒參訂

民國九年森記書局刻本　孔網數據12-11-19

良朋匯集經驗神方五卷

（清）孫偉編

民國元年上海茂記書局刻本　中醫聯目245頁

壽世編二卷

（清）顧奉璋編

民國七年江西南昌乙照齋刻本　中醫聯目249頁

便易經驗集

（清）毛世洪編

民國六年漢口博文書局刻本　中醫聯目252頁

活人一術初編

（清）孫德鐘編

民國間刻本　中醫聯目259頁

匯集金鑒四卷

（清）僧本圓編

民國三年成都玉元堂刻本　民國二十二年成都正古堂刻本　中醫聯目260頁

易簡方便醫書六卷

（清）周茂五編

民國十六年漢口盛明文社刻本（十二卷）　民國十六年螺川周黻卿刻本　民國十七年吉安周錫恩刻本（十二卷）　中醫聯目269頁

歷驗奇方十六卷

（清）范偉亭鑒定

民國間刻本　中醫聯目269頁

急救應驗良方

（清）費山壽編

民國八年長沙童氏刻本　中醫聯目271頁

隨山宇方抄

（清）荔墻寒士編校

民國初年紹興裘氏刻本　中醫聯目272頁

濟世良方八卷

（清）朱靜一撰

民國八年湘潭和化文社刻本　中醫聯目 275
頁　滬國拍 10 春 108

經驗百方附洗眼方
著者佚名
民國間北京琉璃廠文馨齋刻本　中醫聯目
285 頁

內症通用方　外症通用方
陸汝銜編
民國四年成都鍾文虎刻本　中醫聯目 285 頁

博濟仙方
陳紹修編
民國八年廣州守經堂刻本　中醫聯目 286 頁

救世奇方四卷
著者佚名
民國十四年雲南騰衝縣至善壇刻本　中醫聯
目 288 頁　15-01-22 孔網拍賣

高璞真醫學集成附救世寶鏡
高璞真編
民國十四年北京永盛齋刻本　中醫聯目 288 頁

金不換良方二卷
李振鏞編
民國十六年黃縣西福盛刻本　中醫聯目 288 頁

錦囊秘本
姚文藻訂
民國二十年刻本　中醫聯目 291 頁

奇驗方
孫偉才編
民國二十四年成都刻本　中醫聯目 292 頁

藥方合編
張樹筠編
民國二十四年刻本　中醫聯目 293 頁

草藥性單方
文華書局編

民國間重慶文華堂書局刻本　中醫聯目 294 頁

救急便方
彭雪齋編
民國二十七年潭埠黃上游刻本　中醫聯目 294 頁

醫方捷要四卷
尹樂渠編
民國三十六年文新堂刻本　中醫聯目 296 頁

至寶丸散集十卷
著者佚名
民國三年刻本　中醫聯目 306 頁

藥品丸散說明功用
柳致和堂編
民國九年刻本　中醫聯目 307 頁

丸散全集
馮存心堂編
民國十一年刻本　中醫聯目 308 頁

藥方
著者佚名
民國十二年王氏存心堂刻本　中醫聯目 308 頁

改正丸散全集
安慶藥業公所編
民國十三年刻本　中醫聯目 308 頁

國民醫藥須知
陳存仁編
民國二十年千頃堂刻本　中醫聯目 309 頁

聶同壽堂丸散膏丹錄
聶同壽堂編
民國二十年玉山聶同壽堂刻本　中醫聯目
309 頁

醫方集解六卷
（清）汪昂撰
民國元年經國治書局刻本　民國十一年北京
文成堂刻本　民國十一年、十二年江陰寶文

堂刻本（二十一卷） 中醫聯目 224 頁

世補齋不謝方一卷
（清）陸懋修撰
民國十一年香光莊嚴室校刻本 中醫聯目 230 頁 三品堂 10 春 163 卓德 11 春 2169

濟世仙方不分卷
撰者不詳
民國十七年刻本 孔網已售 11–06–03

凌氏舊本六科良方
（清）凌曉五撰
民國三年潤澤堂刻本 孔網已售 10–09–25

湯頭歌訣
（清）汪昂撰
民國十五年掃葉山房刻本 民國三十五年上海鴻文書局刻本 11–02–17 孔網拍賣 中醫聯目 238 頁

錢存濟堂丸散膏丹全集
錢立緝編
民國二年、十三年上海編者刻本 中醫聯目 307 頁 萬隆 04 年春 213 德寶 12 年 9 月 134

京都頤齡堂藥目
樂咏西編
民國八年頤齡堂刻本 中醫聯目 307 頁 海王村 04 年 29 期 104

頤齡堂虔修諸門應症九散膏丹總目
頤齡堂樂家老藥鋪編
民國八年京都編者自刻本 中醫聯目 307 頁

宏濟堂藥目
著者佚名
民國十二年宏濟堂刻本 中醫聯目 308 頁 海王村 06 年 37 期 409

永仁堂藥目
永仁堂藥店編

民國二十二年京都永仁堂刻本 海王村 07 年 39 期 302

樂仁堂藥目
樂仁堂主人編
民國十九年天津樂仁堂刻本 中醫聯目 309 頁

達仁堂藥目
樂達仁編
民國二年京都達仁堂刻本 中醫聯目 307 頁 書刊拍賣目錄 95–01 年 282 頁

同仁堂藥目
（清）樂鳳鳴編
民國六年京都同仁堂刻本 民國十二年北京同仁堂刻本 中醫聯目 303 頁 海王村 07 年 38 期 111

萬全堂藥目
著者佚名
民國五年萬全堂刻本 中醫聯目 307 頁

同濟堂藥目
同濟堂編
民國十二年、二十一年、二十五年同濟堂刻本 中醫聯目 308 頁

樂壽堂藥目
樂壽堂編
民國十二年刻本 中醫聯目 308 頁

針灸推拿之屬

針灸大成十卷（又名針灸大全 衛生針灸玄機秘要）
（明）楊繼洲撰
民國二十一年北平老二酉堂刻本 中醫聯目 130 頁

針灸易學二卷
（清）李守先撰
民國間刻本 中醫聯目 132 頁

針灸便用圖考附本草説約（又名針灸便用）

（清）張希純撰　（清）蘇元箴編

民國三年刻本　中醫聯目 133 頁　海王村 07 年 39 期 280

太乙神針（又名雷火針　太乙針方　太乙神針方　太乙神針古方　經驗太乙神針方）

（清）范培蘭編

民國二年北京達仁堂刻本　民國八年湖北何錫番刻本　中醫聯目 147 頁

醫案醫話之屬

心太平軒醫案一卷

（清）徐錦撰

民國元年刻本　總目 964 頁　中醫聯目 639 頁

臨證指南醫案十卷附種福堂公選良方

（清）葉桂撰　（清）華岫雲編　（清）徐大椿評

民國十年紹興醫藥學報刻本　民國二十年、二十二年江陰寶文堂刻本　民國二十年上海千頃堂刻本　中醫聯目 631 頁　博古齋 14 季拍二期 903

醫案夢記

（清）徐守愚撰

民國九年紹興裴吉生刻本　中醫聯目 640 頁

評點馬氏醫案印機草

（清）馬俶撰　（清）周學海編

民國間刻本　中醫聯目 642 頁

王旭高臨証醫案四卷

（清）王泰林撰　方仁淵編

民國二十三年無錫日升山房刻本　中醫聯目 643 頁

聖餘醫案詮解六卷

（清）劉子維撰　李俊編

民國三十五年李重俊堂刻本　中醫聯目 644 頁　05–05–01 孔網拍賣

叢桂草堂醫案（叢桂草堂醫草）四卷

袁焯撰

民國四至五年江都袁氏自刻本　中醫聯目 649 頁　揚刻 329 頁　博古齋 13 年 9 月季 1682

葉天士醫案四卷

陸士諤編

民國十四年常州文化局刻本　中醫聯目 650 頁

（增補重編）葉天士醫案四卷

陸士諤編

民國十四年常州文化局刻本　中醫聯目 650 頁

醫案臨證方

章維周編

民國十七年刻本　中醫聯目 654 頁

洄溪醫案唐人法

黄恩榮撰

民國二十二年廣州黄幹南藥行刻幹廬叢書本　民國二十二年上海千頃堂刻本　中醫聯目 655 頁　廣東崇正 15 秋 1125

研經言四卷

（清）莫文泉撰

民國五年紹興醫藥學報社刻本　民國十二年杭州三三醫社刻本　中醫聯目 667 頁

醫理真傳四卷

（清）鄭壽全撰

民國十五年善成堂刻本　中醫聯目 668 頁　08–07–05 孔網拍賣

醫法圓通四卷

（清）鄭壽全編

民國十五年善成堂刻本　民國二十九年刻本　中醫聯目 668 頁

存存齋醫話稿二卷

（清）趙晴初撰

民國四年紹興裘氏刻本　中醫聯目 669 頁

分治異宜編

廖平撰

民國四年成都存古書局刻本　中醫聯目 672 頁

醫學一得（又名談醫考證集）

張壽頤撰

民國五年張氏叢刻本　中醫聯目 672 頁

醫古文選評

張驥編

民國間刻本　中醫聯目 674 頁

救人方法

劉曉滄撰

民國二十三年儒家園刻本　中醫聯目 685 頁

醫事叢刊二卷

黃維翰撰

民國二十八年張鈁南陽醫聖祠刻本　中醫聯目 688 頁

養生之屬

養生三要

（清）袁昌齡編

民國七年、八年、十一年鎮江袁氏潤德堂刻本　總目 995 頁　中醫聯目 614 頁　江蘇刻書 530 頁

十二段錦易筋經義

（清）潘霨輯

民國間常州日新書莊刻本　總目 1001 頁

素食衛生學

安貞撰

民國三年衛生學舍刻本　中醫聯目 615 頁

衛生要術（又名易筋經　八段錦合刻）

（清）潘霨編

民國間蘇州振新書社據清咸豐八年刻本重印　中醫聯目 620 頁

性命新書二卷

張友棟編

民國四年盤縣張氏京師刻本　中醫聯目 622 頁

性命法訣明指十六卷

趙避塵撰

民國二十二年北京龍華齋刻本　中醫聯目 623 頁　書刊拍賣目錄 95-01 年 48 頁

醫史之屬

左氏秦和傳補注

張驥補注

民國二十二年、二十四年成都張氏義生堂刻本　中醫聯目 695 頁

史記扁鵲倉公傳補注

張驥補注

民國二十二年、二十四年成都張氏義生堂刻本　中醫聯目 695 頁

後漢書華佗傳補注

張驥補注

民國二十四年雙流張氏刻本　中醫聯目 695 頁

子華子醫道篇注

（春秋）程本撰　張驥注

民國二十二年、二十四年成都義生堂刻本　民國成都義生堂刻本　中醫聯目 698 頁

漢書藝文志方技補注

張驥補注

民國二十二年成都義生堂刻本　中醫聯目 699 頁

周禮醫師補注

（漢）鄭玄注　（唐）賈公彥等疏　張驥補注

民國二十二年、二十四年成都義生堂刻本　中醫聯目 699 頁

天文算法類

大千圖說不分卷

江希張撰
民國九年濟南刻本　拍賣古籍目錄 93–00 年 750 頁

宣西通三卷
（清）唐仲冕撰
民國間刻本　總目 1024 頁

測量繪算合解三卷首一卷
（清）朱鎮撰
民國四年刻本　總目 1134 頁

指明算法
撰者不詳
民國六年寶慶文星莊刻本　13–01–11 孔網拍賣

術數類

太玄集注四卷
（宋）司馬光　（宋）許翰撰　（清）孫澍增補
清道光十一年成都青棠書屋刻民國元年印本
總目 1137 頁

地理辨正六卷
（清）蔣平階撰
民國十年漢文書莊刻本　10–05–01 孔網拍賣

地理辨正翼六卷
（清）蔣平階原注　（清）榮錫勳補翼
民國三年成都尚古鍾氏校刻　拍賣古籍目錄 93–00 年 587 頁

蔡子洪範皇極名數九卷首二卷
（清）張兆鹿注釋
清光緒二十三年刻民國十三年文善書局補刻本　總目 1142 頁

撼龍經批注校補
（唐）楊益撰　（清）高其倬批點
民國十二年刻本　朵雲軒 04 春 1382

命理探原八卷補遺一卷

袁阜撰
民國八年刻本　販書 244 頁

天官五星
廖瀛海纂著
民國二十三年富記書舍刻本　13–08–02 孔網拍賣

孔聖枕中秘記真本
撰者不詳
民國三年德華書局刻本　海王村 09 年 46 期 358　山東宏昇 12 春 1077

牙牌神數
撰者不詳
民國間刻本　博古齋 14 季拍二期 1141

欽定星命萬年合刻不分卷
民國間錫山日升山房刻本　14–01–04 孔網拍賣

李馥生氏望星樓正宗通書不分卷
（清）李靖臣編撰
民國二十六年刻本　14–03–14 孔網拍賣

星相一掌經不分卷
撰者不詳
民國間刻本　真德 15 春 3313

觀世音菩薩感應靈課
民國二十二年潮陽郭氏雙百鹿齋刻本　拍賣古籍目錄 93–00 年 606 頁　泰和 14 秋 771

藝術類

叢編之屬

藝術叢書四十五種
□□輯
民國五年保粹堂據清光緒中翠琅玕館版重編印本　叢書綜錄 748 頁

　書學
　御覽書苑菁華二十卷　（宋）陳思撰

張氏書畫四表四卷 （明）張丑撰

　法書名畫見聞表一卷

　南陽名畫表一卷

　南陽法書表一卷

　清河秘篋書畫表一卷

顏書編年録四卷 （清）黃本驥撰

藝舟雙楫六卷 （清）包世臣撰

玉臺書史一卷 （清）厲鶚撰

畫學

苦瓜和尚畫語録一卷 （清）釋道濟撰

畫訣一卷 （清）龔賢撰

雨窗漫筆一卷 （清）王原祁撰

東莊論畫一卷 （清）王昱撰

浦山論畫一卷 （清）張庚撰

山南論畫一卷 （清）王學浩撰

畫訣一卷 （清）孔衍栻撰

寫竹雜記一卷 （清）蔣和撰

繪事津梁一卷 （清）秦祖永撰

二十四畫品一卷 （清）黃鉞撰

畫筌析覽一卷 （清）湯貽汾撰

廣川畫跋六卷 （宋）董逌撰

惲南田畫跋四卷 （清）惲格撰

板橋題畫一卷 （清）鄭燮撰

冬心題畫五卷 （清）金農撰

　冬心先生畫竹題記一卷

　冬心畫梅題記一卷

　冬心畫馬題記一卷

　冬心畫佛題記一卷

　冬心自寫真題記一卷

小山畫譜二卷 （清）鄒一桂撰

無聲詩史七卷 （清）姜紹書撰

玉臺畫史五卷別録一卷 （清）湯漱玉撰

雜技

周櫟園印人傳三卷 （清）周亮工撰

飛鴻堂印人傳八卷 （清）汪啓淑撰

摹印傳燈二卷 （清）葉爾寬撰

紅朮軒紫泥法定本一卷 （清）汪鎬京撰

琴學八則一卷 （清）程雄撰

裝潢志一卷 （清）周嘉胄撰

桐堦副墨一卷 （明）黎遂球撰

南村觴政一卷 （明）張惣撰

物譜

錢譜一卷 （宋）董逌撰

墨表四卷 （清）萬壽祺撰

雪堂墨品一卷 （清）張仁熙撰

漫堂墨品一卷 （清）宋犖撰

觀石録一卷 （清）高兆撰

水坑石記一卷 （清）錢朝鼎撰

陶說六卷 （清）朱琰撰

陽羨茗壺系一卷 （明）周高起撰

獸經一卷 （明）黃省曾撰

虎苑二卷 （明）王穉登撰

洞山岕茶系一卷 （明）周高起撰

雜品

幽夢影二卷 （清）張潮撰

藏書紀要一卷 （清）孫從添撰

清秘藏二卷 （明）張應文撰

書畫之屬

神州論畫録五種

薛天沛編

民國三十三年成都薛氏崇禮堂刻本　叢書廣録 714 頁

　畫語録一卷 （清）釋石濤撰

　龔安節先生畫訣一卷 （清）龔賢撰

　畫筌一卷 （清）笪重光撰

　浦山論畫一卷 （清）張庚撰

　山靜居畫論二卷 （清）方薰撰

愛日吟廬書畫録四卷補録一卷續録八卷別録四卷

（清）葛金烺撰　補録 （清）葛嗣澎撰

清宣統二年至民國二年葛氏上海刻本　總目 1280 頁

愛日吟廬書畫續録八卷

（清）葛嗣澎撰

民國二年刻本　總目 1280 頁

愛日吟廬書畫別錄四卷

（清）葛嗣浵撰

民國二年葛氏刻本　總目 1280 頁

虛齋名畫續錄四卷補遺一卷

（清）龐元濟編

民國十四年龐氏家刻本　書刊拍賣目錄 95–01
年 94 頁　滬國拍 09 秋 90

名畫編目一卷畫錄識餘一卷畫話一卷

（清）羅振鏞撰

民國九年自刻本　販書 250 頁

選學齋書畫寓目筆記三卷

崇彝撰

民國十年刻本　販書 250 頁

清畫家詩史二十卷

李濬之輯

民國十九年刻本　販書 250 頁

知唐桑艾四卷

（清）宋伯魯撰

民國間海棠仙館刻本　德寶 12 年 9 月 203

箬溪藝人徵略三卷

（清）王修輯

近自刻巾箱本　販書 250 頁

初刻芥子園畫傳三集

（清）沈心友　（清）王概等輯

民國二十三年上海有正書局翻刻本　嘉德 05
秋 1143

鶴廬畫賸二卷鶴廬題畫錄二卷

（清）顧麟士撰

民國三十年元和顧氏刻本　江蘇刻書 488 頁
朵雲軒 10 秋 1185

十竹齋箋譜初集四卷

魯迅　鄭振鐸編

民國二十三年榮寶齋套印本　朵雲軒 05 秋
1999　保利 11 春 1999

詩婢家詩箋譜二卷

鄭伯英輯

民國三十四年成都鄭氏刻彩色套印本　德寶
06 年 2 月 62

北平榮寶齋詩箋譜二卷

榮寶齋編

民國二十四年榮寶齋木板水印本　卓德 12
周年慶 2317

元逸民畫傳一卷

（清）徐世昌輯

民國十四年退耕堂刻本　今古齋 10 春 148
卓德 12 秋 2355

蘭譜

撰者不詳

民國間刻本　卓德 13 秋 4270

墨蘭譜

撰者不詳

民國七年讀書齋刻本　朵雲軒 13 秋 3128

何世榮畫譜

民國十九年刻本　中漢 14 春 723

益州書畫錄一卷續編一卷補遺一卷附錄一卷

薛天沛撰

民國三十四至三十五年成都薛氏崇禮堂刻本
滬國拍 11 年 4 月七期常規 661

率月樓龍門

撰者不詳

民國間木刻雙鈎本　滬國拍 07 年 10 月二期
常規 526

校正原版初學滕王閣序摹本

（清）龔延澍書

民國十二年刻本　孔網數據 11–04–30

篆刻之屬

三續三十五舉一卷

馬光楣撰

民國十八年花使館刻本　德寶 10 年 11 月 325
滬國拍 11 春 321

音樂之屬

琴學叢書十種

楊宗稷輯

清宣統三年至民國十四年楊氏刻本　叢書綜
録 742 頁　總目 1461 頁

　琴粹四卷首一卷　楊宗稷輯　民國三年刻
　　琴操二卷　（漢）蔡邕撰
　　碣石調幽蘭一卷　（南朝陳）丘公明撰
　　古琴考一卷
　琴話四卷　民國二年刻
　琴譜三卷　民國三年刻
　　幽蘭減字譜一卷
　　幽蘭雙行譜一卷
　　流水簡明譜一卷
　琴學隨筆二卷　楊宗稷撰　民國八年刻
　琴餘漫録二卷　楊宗稷撰　民國八年刻
　琴鏡九卷首一卷　楊宗稷輯注　民國七年刻
　琴鏡補三卷　楊宗稷撰
　琴瑟合譜三卷　楊宗稷撰
　琴學問答一卷　楊宗稷撰
　藏琴録一卷　楊宗稷撰

琴學叢書續刊五種

楊宗稷編

民國間楊氏舞胎仙館自刻本　叢書廣録 716 頁
　琴瑟新譜四卷　楊宗稷撰
　琴鏡續四卷　楊宗稷注
　琴鏡釋疑一卷　虞和欽撰
　幽蘭和聲一卷　李濟撰
　聲律通考詳節一卷　（清）陳澧撰　楊宗稷
　詳節

馮氏樂書四種

馮水撰

民國十三年至民國十四年桐鄉馮氏北平刻
本　綜録續編 260 頁
　變徵定位考　馮水撰
　鐘擴鐘隧考　馮水撰
　白石道人琴曲古怨釋　（宋）姜夔撰　馮水釋
　琴均調弦　馮水撰

廣陵散譜不分卷

（晉）嵇康撰

民國十六年桐鄉馮水刻本　總目 1467 頁　販
書續編 152 頁

五知齋夢蝶譜一卷

（清）徐祺鑒定

民國二十一年汪孟舒刻本　總目 1474 頁

琴史補二卷續八卷

周慶雲撰

民國八年夢坡室刻本　販書 252 頁

晨風廬琴會記録二卷

周慶雲撰

民國十一年刻本　販書 252 頁

琴均調絃一卷

馮水撰

民國十四年刻本　販書 252 頁

游藝之屬

燈影録一卷

（清）孫正礽撰

民國十四年孫濬源輯刻本　民國二十三年水
南草堂刻本　總目 1523 頁　販書續編 184 頁

折枝雅故五卷

鞠襌氏著

民國三十四年藍印刻本　海王村 08 年 42 期 210

桃花泉奕譜二卷

（清）范世勳撰

清同治癸酉年敦仁堂刻民國二十四年江都錢氏榭潮堂印本　保利 12 秋 9380

雅趣字謎不分卷

撰者不詳

民國二十一年刻本　11-06-04 孔網拍賣

燈謎不分卷

（清）蔡克仁輯

民國十年杭州文元堂楊氏刻巾箱本　泰和 12 春 503

譜錄類

器用之屬

十六家墨説

吳昌綬輯

民國十一年仁和吳氏雙照樓刻本　叢書綜錄 744 頁　販書 265 頁

上冊

春渚記墨一卷　（宋）何薳撰

疇齋墨譜一卷　（元）張壽撰

墨譚一卷墨記一卷程君房墨贊一卷　（明）邢侗撰

墨苑序一卷　（明）焦竑撰

墨雜説一卷　（明）陶望齡撰

潘方凱墨序一卷　（明）顧起元撰

墨録一卷　（明）項元汴撰

論墨一卷　（明）張丑撰

説墨貽兄孫西侯一卷　（清）曹度撰

雪堂墨品一卷　（清）張仁熙撰

漫堂墨品一卷續墨品一卷　（清）朱㸓撰

硯山齋墨譜一卷　（清）孫炯撰

下冊

紀墨小言一卷補編一卷　（清）汪紹焻撰

百十二家墨録一卷　（清）邱學敏撰

借軒墨存一卷　（清）借軒居士撰

窳叟墨録一卷　（清）徐康撰

髹飾録二卷髹飾録箋證一卷

（明）黃成撰　（明）楊明注　髹飾録箋證　闞鐸輯

民國十六年朱啓鈐刻本　販書續編 163 頁　總目 1536 頁

硯小史四卷

（清）朱棟撰

清嘉慶五年樓外樓刻民國二十四年高氏寒隱草堂補刻本　販書 264 頁　總目 1543 頁

摘金仙館玉紀補一卷

（清）呂美璟撰

民國五年刻本　販書 261 頁

瓷史二卷

黃矞編

民國十六年刻本　販書 265 頁

奕載堂古玉圖録一卷

（清）瞿中溶撰

民國間瑞安陳準校刻本　販書續編 161 頁

花木鳥獸之屬

植物名實圖考三十八卷長編二十二卷

（清）吳其濬撰

清道光二十八年陸應穀刻民國八年山西官書局遞修本　總目 1573 頁

雜家類

公孫龍子注一卷校勘記一卷篇目考一卷附録一卷

（清）陳澧撰

民國十四年閏四月汪氏微尚齋刻本　販書 269 頁

淮南舊注校理三卷校理之餘一卷

吳承仕撰

民國十三年刻本　販書 270 頁

顏氏家訓七卷附校注一卷

（北齊）顏之推撰　（清）趙曦明注　（清）盧文弨補　校注　嚴式誨編

近渭南顏氏孝義家塾刻本　販書 270 頁

重刻封氏聞見記十卷

（唐）封演撰

民國十五年成都鳳翔封氏刻本　海王村 03 年 23 期 108

南村輟耕録三十卷

（元）陶宗儀撰

民國十二年陶氏影元刻本　拍賣古籍目録 93-00 年 180 頁　滬國拍 01 春 44

鸚林子五卷

（明）趙釴撰

民國二十五年仲秋粹園刻本　販書續編 170 頁

菜根譚不分卷

（明）洪應明撰

民國八年志古堂刻本　孔網已售 11-09-21

剡溪漫筆六卷

（明）孫能傳撰

清光緒十八年至民國九年刻本　總目 1707 頁

願香室筆記内編一卷外編一卷雜編一卷

（清）王佩華撰

民國十年重刻本　婦女著作考 233 頁

回陽録不分卷

民國十七年刻本　孔網已售 14-10-21

通源集四卷

（清）曹宗光撰　（清）許尚忠述編

民國十三年刻本　總目 1778 頁　清人詩文 1479 頁

負暄閑語二卷

周馥纂著

民國十一年秋浦周氏刻本　海王村 07 年 41

期 2

濠上雜著初集四卷

馬浮撰　張立民編

民國間復性書院刻本　總目 1788 頁

儵游浪語三卷

傅向榮著

民國十五年味果園刻本　近代書目 323 頁　保利 12 秋 8164　萬隆 03 年 12 月 432

燕譚隨筆不分卷

（清）何振義撰

民國五年刻本　泰和 11 春 1039

蒿盦隨筆四卷蒿叟隨筆五卷附遺囑

（清）馮煦撰

民國十六年門人蔣國榜刻本　近代書目 314 頁　滬國拍 10 春 334　卓德 11 春 2264

見聞瑣録前集六卷後集四卷

歐陽昱撰

民國十四年刻本　近代書目 318 頁

日知録集釋三十二卷刊誤二卷續刊誤二卷

（清）顧炎武撰　（清）黄汝成集釋

民國元年鄂官書處重刻本　嘉德四季 21 期 4794

日知録目次校記（日知録校記）一卷

黄侃撰

民國二十五年量守廬刻本　滬國拍 07 春 139　博古齋 10 年迎春 1238

純常子枝語四十卷

文廷式撰

民國三十二年澤存書庫刻本　近代書目 175 頁　江蘇刻書 473 頁　嘉德 03 春 1535

樸學齋筆記八卷

（清）盛大士撰

民國九年吳興劉氏嘉業堂刻本　販書 284 頁

南漘楛語八卷

（清）蔣超伯撰

清同治間兩罍山房刻民國二十二年揚州陳恒和書林印本　總目 1835 頁

石田野語二卷

（清）常茂徠撰

民國二十三年刻本　販書續編 173 頁

臆見隨筆二卷

（清）常茂績撰

民國二十三年刻本　販書續編 173 頁

竹軒摭録八卷

郭則澐輯

民國二十七年蜇園刻本　海王村 09 年 46 期 361

古書疑義舉例七卷補一卷續補二卷校録一卷

（清）俞樾撰　補　劉師培撰　續補　楊樹達撰　校録　馬叙倫撰

民國十三年長沙鼎文書社刻本　販書 278 頁　文音訓書目 486 頁

左盦雜著無卷數

劉師培撰

民國三年四川存古書局刻本　販書 279 頁

錢蘇齋述學一卷

錢文需撰

民國十三年蘇州錢氏家刻本　江蘇刻書 488 頁　販書 279 頁

劉向校讎學纂微一卷

孫德謙撰

民國十二年四益宧刻本　販書 279 頁　版本解題 253 頁　江蘇刻書 488 頁

師伏堂筆記三卷

（清）皮錫瑞撰

民國十九年長沙楊氏積微居刻本　近代書目 315 頁

龍川略志六卷龍川別志四卷

（宋）蘇轍撰

民國三十三年藏園影宋刻本　西泠 12 春 3164

泰和嘉成 15 春 1215

陳刻二種

（清）陳世修輯

清光緒元年至二年陳氏庸閒齋刻民國九年重修本　總目 1912 頁

還讀齋雜述十六卷

（清）宋伯魯撰

民國十二年海棠仙館刻本　近代書目 178 頁

平齋臆説二卷

何剛德撰

民國二十三年刻本　滬國拍 09 秋 196

止庵筆語一卷

（清）譚宗浚撰

民國十一年京師刻本　近代書目 314 頁　保利 11 秋 2778

言子書

李塏著

民國十四年萬古堂刻本　孔網數據 11-11-26

息戰不分卷

江希張著

民國十一年刻本　美三山 14 秋 2038

志餘隨筆六卷

高凌雯撰

民國二十六年刻本　近代書目 322 頁

敦煌掇瑣四十六卷

劉復編撰

民國十四年國立中央研究院歷史語言所刻本　嘉德 11 秋 85　真德 13 秋 7593

原人訂本（附哲俠辨　萬國公使議）

（清）陳澹然著　張廣建捐刻

民國二十二年合肥張氏刻本　泰和 10 春 64　嘉德四季 41 期 3189

格言聯璧不分卷

（清）金纓撰

民國十九年雙百鹿齋刻本　保利 13 秋 4104

類書類

龍文鞭影二卷二集二卷
（明）蕭良有撰　（清）李暉吉　（清）徐瓚輯
民國四年首都文成堂刻本　總目 2028 頁

三才略四種
（清）蔣德鈞輯
民國間刻本　總目 2031 頁

新刊歷代制度詳說十五卷
（宋）呂祖謙撰
民國十三年永康胡氏刻本　總目 2052 頁

新增幼學故事瓊林四卷首一卷
（明）程登吉撰
民國八年江陰寶記書莊刻本　總目 2056 頁

小說類

文言之屬

三水小牘二卷逸文一卷附錄一卷
（唐）皇甫枚撰　繆荃孫校補
民國十四年刻本　總目 2112 頁

樗散軒叢談十卷
（清）陳鏞撰
清末民國初蘇州青霞齋刻本　總目 2130 頁

竹西花事小錄一卷
（清）芬利它行者編
民國十九年松竹草堂刻本　總目 2140 頁

宋艷十二卷
（清）徐士鑾輯
清光緒十七年刻民國十九年增修本　總目 2142 頁

白門新柳記一卷補記一卷白門衰柳附記一卷
（清）許豫撰　補記（清）楊亨輯　白門衰
柳附記　（清）盦嬾雲撰
民國十九年松竹草堂刻本　總目 2145 頁

槐窗雜錄二卷
（清）王榮商撰
民國間刻本　總目 2146 頁

異苑十卷
（南朝宋）劉敬叔撰
民國六年成都存古書局刻本　總目 2155 頁

冶城客論一卷
（明）陸采撰
民國間刻本　總目 2169 頁

冶城客論一卷續一卷
（明）陸采撰
民國間刻本　總目 2169 頁

山中聞見錄十一卷
（清）彭孫貽撰
民國十三年羅氏刻本　總目 2177 頁

洞靈小志八卷
郭則澐撰
民國二十三年郭氏蜇園刻本　海王村 08 年秋 532

飛燕外傳一卷
題（漢）伶玄撰
民國二十三年文祿堂刻本　總目 2204 頁

飛燕外傳　漢雜事秘辛合刻
題（漢）伶玄撰
民國二十三年文祿堂刻本　書刊拍賣目錄 95–01 年 522 頁　歌德 12 年 12 月 435

白話之屬

躋春臺四卷
（清）劉省三輯
民國三年成文堂刻本　總目 2232 頁

紙糊燈龍不分卷

（清）不能道人撰

民國五年刻本　總目 2234 頁

繡像第一才子書（繡像三國志演義　增像三國演義）六十卷一百二十回

（明）羅本撰　（清）毛宗崗評

民國二年常熟顧氏小石山房刻本（繡像三國志演義）　總目 2244 頁

西游原旨二十四卷一百回

（清）劉一明解

民國二十一年會善堂刻本　總目 2313 頁

七真因果傳二卷二十九回

（清）黄永亮撰

民國三年重慶治古堂刻本　民國六年刻本　民國七年合川會善堂刻本　總目 2323 頁

重陽七真傳二卷九節

民國八年刻本　總目 2323 頁

洞冥記十卷三十八回

（清）吕惟一輯

民國十六年合川悔惺齋刻本　總目 2323 頁

金鐘傳八卷六十四回

天香居士正定詳解

民國五年刻本　保利 07 春 2870

繡像桃花庵

撰者不詳

民國四年刻本　海華宏 13 春 529

警世小説因果新編

司圖金仙編輯

民國十八年北平楊梅竹斜街永盛齋刻本　孔網已售 14-03-08

浪裏生舟四卷

民國三年成文堂刻本　民國四年重鐫新都鑫記書莊藏版　今古齋 09 秋 483　孔網已售

09-11-05

玉春園

王如韓撰

民國十五年刻本　15-10-30 孔網拍賣

道家類
先秦之屬

道德經評注二卷

題（漢）河上公撰

民國四年紫英山房刻本　總目 2329 頁

老子道德經解二卷

（明）釋德清撰

民國八年刻本　總目 2340 頁

老子故二卷

（清）馬其昶撰

民國九年秋浦周氏刻本　總目 2345 頁　販書 311 頁

老子衍二卷

李哲明撰

民國十二年武昌自然室刻本　販書 311 頁　海王村 07 年 41 期 13

道德真經指歸七卷叙目一卷

（漢）嚴遵撰　谷神子注

民國十一年大關唐氏詒蘭堂據明抄本刻本　販書續編 197 頁

篆文老子一卷

田潛篆書

民國九年文楷齋刻篆文本　拍賣古籍目録 93-00 年 801 頁　滬國拍 10 秋 282

道德經白話解説

江希張注

民國八年刻本　書刊拍賣目録 95-01 年 222 頁

新注道德經白話解説二卷

江希張注

民國九年刻本　14-07-23 孔網拍賣

南華真經正義三十三卷識餘一卷

（清）陳壽昌輯

民國二十五年來薰閣刻本　總目 2360 頁

莊子札記三卷

武延緒撰

民國二十一年武氏刻本　總目 2361 頁

莊子十卷

（晋）郭象注　（唐）陸德明音義

民國九年浙江圖書館刻本　海王村 10 年 53
期 459

莊子今箋

高亨著

民國二十四年河南開封岐文齋刻本　西泠 13
春 20　海王村 12 年 60 期 493

文始真經言外經旨二卷

（宋）陳顯微撰

民國間刻本　總目 2362 頁

關尹子注二卷

（宋）陳顯微撰

民國六年鄭觀應刻本　總目 2362 頁

道教之屬

道藏初編六種

民國間刻本　叢書綜錄 814 頁
　　常清靜經一卷
　　元道經一卷　（□）隱芝內秀注
　　西昇經一卷
　　五厨經一卷　（唐）尹愔注
　　文始經一卷　（周）尹喜撰
　　洞靈經一卷　（周）庚桑楚撰

古書隱樓藏書三十八種

（清）閔一得輯

民國間刻本　總目 2421 頁
　　碧苑壇經三卷首一卷末一卷　（清）施守
　　平撰
　　棲雲山悟元子修真辯難參證二卷　（清）閔
　　一得參證
　　陰符經玄解正義一卷　（清）閔一得撰
　　金丹四百字注釋一卷　（明）彭好古注解
　　（清）閔陽林釋義
　　太乙金華宗旨一卷　（清）蔣元庭輯
　　呂祖師三尼醫世說述一卷　（清）陶太定輯
　　（清）閔一得疏
　　讀呂祖師三尼醫世說述管窺一卷　（清）閔
　　一得撰
　　呂祖師三尼醫世功訣一卷　（清）沈一炳撰
　　（清）閔一得重述并注
　　皇極闔闢證道仙經三卷　（清）閔一得訂正
　　廖陽殿問答編一卷　（清）閔一得訂正
　　如是我聞一卷　（清）閔一得訂正
　　泄天機一卷　（清）閔一得纂
　　上品丹法節次一卷　（清）李德洽原述　（清）
　　閔一得續纂
　　養生十三則闡微一卷　（清）閔一得纂
　　管窺編一卷　（清）閔一得纂
　　天仙心傳三卷附錄一卷　（清）閔一得撰
　　天仙道程寶則一卷　（清）懶雲氏撰
　　天仙道戒忌須知一卷　（清）懶雲氏撰
　　二懶新話一卷　（清）閔一得撰
　　雨香天經咒注六卷　（清）閔一得撰
　　智慧真言注一卷　（清）閔一得撰
　　一目真言注一卷　（清）閔一得撰
　　增智慧真言一卷　（清）閔一得撰
　　祭煉心咒注一卷　（清）閔一得撰
　　瑣言續一卷　（清）閔一得撰
　　玄譚全集一卷　（明）張三丰撰
　　西王母女修正途十則一卷　（清）閔一得注
　　李祖師女宗雙修寶筏一卷　（清）閔一得訂
　　持世陀羅尼經法一卷　（清）閔真仙撰
　　陀羅尼經注一卷　（唐）釋玄奘譯　（清）

際蓮注

密迹金剛神咒注一卷 （清）閔一得撰

大悲神咒注一卷 （清）閔一得撰

清規玄妙二卷 （清）閔一得撰

就正録一卷 （清）陸世忱撰

與林奮千先生書一卷 （清）陸世忱撰

儗若思齋梅華答問一卷 （清）薛陽桂撰

還原篇闡微一卷 （清）閔一得口授 （清）

閔陽林述

翠虛吟一卷 （宋）陳泥丸真人撰

道祖真傳輯要

（清）陸奧輯

民國四年常州味腴齋刻本 總目 2425 頁

　道德經

　黃庭經外景

　黃庭經内景

　清静經

　陰符經

　玉樞經

　護命經

　日用經

　大通經

　赤文洞古經

　定觀經

　五廚經

　明鏡匣經

　金穀經

　文終經 （清）李西月注

　辨惑論

　感應經 （清）許修德注

北斗真經（太上玄靈北斗本命延生真經）

撰者不詳

民國二十七年刻本 15-11-13 孔網拍賣

三聖經直講不分卷

（清）悟真子撰

民國三年刻本 孔網已售 11-01-10

三聖經注釋不分卷

撰者不詳

民國二年刻本 孔網數據 10-09-21

三聖經不分卷

民國二十年刻本 15-12-26 孔網拍賣

重鐫清静經圖注（清静經圖注）不分卷

題混然子繪圖 題水精子注解

民國十三年刻本 總目 2455 頁

道教三字經不分卷

易心瑩撰

民國二十六年成都二仙庵刻本 孔網數據 13-11-11

太上感應篇圖説

民國八年興邑龍砂灣刻本 德州經偉 15 春 9201

太上感應篇箋注二卷

（清）慧棟撰

民國間曹氏復禮堂刻本 總目 2477 頁

太上感應篇集傳四卷

（清）惠棟箋 （清）俞樾纘義 （清）姚學塽注

民國二十年潮陽郭氏雙百鹿齋刻本 總目 2477 頁

太上感應篇律解不分卷

慎餘子注釋

民國二十四年刻本 15-12-04 孔網拍賣

太上三洞真經三卷

民國間刻本 博古齋 12 年春 0936

高上北極九皇化劫延壽大洞仙經三卷附禮請

民國間刻本 德寶 15 迎春 516

王母靈寶洞玄真經 王母靈寶洞玄寶懺

民國間刻本 德寶 15 迎春 520

陰騭果報圖注

（清）彭啓豐編

民國十一年慎獨山房刻本　卓德 15 春 1104

度劫仙經不分卷

純陽真人撰

民國十四年四川綿竹明倫堂刻本　15-01-08
孔網拍賣

太上老君清静真經注解

水精子注解

民國三年同慶堂刻本　12-04-10 孔網拍賣

**救世寶筏三篇（含十八勸　閨範要録　太上感
應篇）**

民國間刻本　德寶 07 年 7 月 574

感應篇經史摘典養正集評注八卷首一卷

（清）朱溶輯　（清）朱國榮續輯　（清）楊際
春訂

清光緒十四年淮南書局刻民國十四年重修朱
印本　總目 2480 頁

文昌孝經注釋一卷

湯萬煌注

民國間刻本　漢秦 11 夏 478

新頒中外普度皇經全部

民國十三年四川儒家儒教聯合會刻本　海王
村 09 年 46 期 327

新頒中外普度皇經全部

民國間天津太玄宮刻本　津國 14 年秋 330

新頒中外普度皇經

民國二十九年刻本　孔網已售 12-03-31

關帝明聖經注解三卷

（清）胡萬安撰

民國十九年郭氏輔仁堂刻本　總目 2486 頁

關帝明聖經注解三卷

（清）胡萬安撰

民國十年刻本　總目 2486 頁

起生丹四卷

（清）玉光子撰

民國十年北京永盛齋刻本　海王村 03 年 25
期 213

孫不二女功内丹次第詩注不分卷

陳櫻寧述

民國二十三年上海翼化堂刻本　海王村 10 年
52 期 589

司命感應靈經不分卷

民國二十二年刻本　09-09-24 孔網拍賣

司命本願真經不分卷

民國三十一年刻本　09-11-19 孔網拍賣

司命真經不分卷（司命感應靈經）

民國三十年刻本　孔網已售 13-09-14

率性洞情經（薛老夫子率性洞情寶經）

民國十九年刻本　14-10-15 孔網拍賣

太陰太陽雷祖三經合編

民國十八刻本　11-05-12 孔網拍賣

色戒録不分卷

撰者不詳

民國十二年刻本　孔網數據 12-11-11

竈君寶懺不分卷

撰者不詳

民國二十一年刻本　11-05-05 孔網拍賣

玉皇救劫經不分卷

民國十一年刻本　10-07-01 孔網拍賣

高上玉皇普渡尊經三卷附敬清册一卷

民國間刻本　德寶 14 秋 190

高上玉皇本行集經三卷

民國元年大理府彌祉劉家營文宮刻本　德寶
15 夏 295

文帝親解不分卷

民國七年刻本　14-09-03 孔網拍賣

金丹撮要語録不分卷

（清）悟真子集注

民國十一年刻本　海王村 12 年 58 期 181

新新集　新新集續編

民國七年刻本　民國十五年刻本　孔網數據
10-09-22

武聖帝君化民十二戒規不分卷

民國二十四年刻本　孔網數據 12-04-24

有緣再度六卷

黃鶴樓降著

民國十五年刻本　15-07-13 孔網拍賣

指迷復性全卷

撰者不詳

民國二年刻本　15-07-15 孔網拍賣

呂祖新喻因果録不分卷

民國九年刻本　孔網數據 13-02-17

竈王經懺不分卷

民國十一年姜氏刻本　孔網已售 10-09-23

盧公經懺不分卷

民國十七年刻本　14-12-31 孔網拍賣

武帝酬恩心懺不分卷

撰者不詳

民國三年刻本　13-12-10 孔網拍賣

地母珍珠寶懺不分卷

撰者不詳

民國十二年刻本　11-10-14 孔網拍賣

中皇經懺不分卷

民國二十九年刻本　15-01-05 孔網拍賣

地母經懺不分卷

撰者不詳

民國七年刻本　15-04-01 孔網拍賣

關聖帝君躲劫天章不分卷

撰者不詳

民國十二年合川會善堂慈善會刻本　孔網數
據 12-11-28

**增批道言五種（周易參同契　金丹大要　悟
真篇　就正篇　承志録）**

玉溪子增批

民國四年蓉城復真書局刻本　13-07-08 孔網
拍賣

參同契闡幽二卷

（清）朱元育撰

民國四年守經堂刻本　總目 2519 頁

參同契陳注三卷

（宋）陳顯微撰

民國七年廣陵刻本　販書續編 199 頁

百字碑注一卷

（清）劉一明撰

民國間夏復恒刻本　總目 2523 頁

五篇靈文一卷

金玉嘉注

民國三年成都二仙庵刻本　總目 2535 頁

張三丰真人無根樹詞一卷

（明）張三丰撰

民國間刻本　總目 2538 頁

老君碑留古字解不分卷

朱衣山人注

民國四年刻本　海王村 08 年 44 期 360

修真九要一卷

（清）劉一明撰

民國間刻本　總目 2546 頁

金仙直指性命真源一卷

（清）薛陽桂撰

民國十二年刻本　總目 2550 頁

丹道引真全集二卷

（清）悟真子補述

民國十二年教聖道會刻本　總目 2553 頁

度世金針（內收觀音修身詞　訓女俗歌等）

撰者不詳

民國十四年刻本　海王村 10 年 52 期 492

普天福主演玄法懺

民國十年文寶社刻本　海王村 07 年 41 期 215

大中秘竅不分卷

（清）王丹陽撰

民國間刻本　德寶 07 年 7 月 454

無生經不分卷

撰者不詳

民國七年刻本　14-09-21 孔網拍賣

修真要旨

（清）悟真子撰序

民國七年刻本　13-03-17 孔網拍賣

修真始末記二卷

守一真人著

民國十五年刻本　14-04-26 孔網拍賣

修真坤範不分卷

撰者不詳

民國十三年刻本　10-04-10 孔網拍賣

修道金丹不分卷

撰者不詳

民國五年刻本　孔網數據 14-05-02

小渡舟四卷

民國十年闡化文社刻本　15-04-30 孔網拍賣

直指玄珠二卷

撰者不詳

民國元年韓江德善堂刻本　15-12-06 孔網拍賣

救劫金丹十字經（高上玉皇本行十字經）

撰者不詳

民國四年刻本　15-07-06 孔網拍賣

開化引證不分卷

撰者不詳

民國十六年刻本　孔網已售 12-06-18

玉露金盤不分卷

撰者不詳

民國三年刻本　民國六年刻本　民國八年刻本　民國九年刻本　孔網數據 09-08-25

養真集二卷

題養真子撰

民國二年楊芝仙刻本　孔網數據 13-12-16

繪像呂祖八寶救世寶燈四卷

民國十年張家口光明仙壇刻本　萬隆 03 年 12 月 48　德寶 11 年 11 月 404

文帝丹桂籍圖說八卷首一卷

（清）毛金蘭輯

清同治、光緒間汪膏刻民國十一年黃聚德堂印本　總目 2571 頁

老君歷世應化圖說一卷

題令狐璋傳

民國二十五年成都二仙庵王伏陽刻本　總目 2573 頁

毅一子三卷外篇一卷

楊覲東撰

民國十年刻本　販書 314 頁

太上朝真斗科不分卷

民國八年杭州瑪瑙寺刻本　工美 13-10 月 76 屆 1052

文昌帝君功過格（又名古鏡重明錄）

民國十九年刻本　萬隆 04 年春 258

易知錄（文昌帝君功過格）

民國八年刻本　12-07-27 孔網拍賣

文昌帝君陰騭文不分卷
民國間精刻本　泰和 09 年 3 月 698

關帝古佛應驗明聖經注釋不分卷
民國十四年重刻本　今古齋 13 春 593

東岳妙經不分卷
民國間刻本　納高 10 年秋 3217

濟世保生録等五種 (神農五谷　五方土地　藥王濟世真經　彌勒度人)
三教聖人撰
民國二十七年普度壇刻本　孔網已售 12-12-24

濟世慈船不分卷
民國間刻本　德寶 07 年 7 月 362

輔世金圖十二卷
民國八年刻本　滬國拍 11 年 4 月七期常規 759

醒世金圖不分卷
闡化度緣壇降撰
民國二年刻本　15-02-10 孔網拍賣

群真集四卷續集八卷
民國九年最樂壇刻本　今古齋 08 迎春 228

繡像玉歷鈔傳不分卷
民國間祁縣修善壇刻本　德州經偉 14 秋 8201

玉歷鈔傳聖像詳解
(清) 施旭臣注
民國二年王文光大房刻本　德寶 10 年 10 月 147

三官經
民國十四年左安博化文社重刻本　津國 13 年春 76

救國四維經不分卷
民國五年吉安大化文社刻本　15-02-23 孔網拍賣

存正篇二卷
民國六年刻本　15-12-11 孔網拍賣

三召原人六卷
民國四年嶺南五聖宮刻本　11-07-01 孔網拍賣

莫奈何
民國十九年長沙善書流通處刻本　12-06-07 孔網拍賣

神訓旁注必讀不分卷
(清) 陳鴻儒校
民國二十七年衡陽接龍山樂善堂翻刻本　13-01-19 孔網拍賣

九陽關注解不分卷
飛龍先生注解
民國九年刻本　13-07-04 孔網拍賣

陸潛虛玄廬論批注
式一子萬啓型批注
民國四年刻本　15-06-27 孔網拍賣

闡道寶筏不分卷
民國七年刻本　孔網已售 10-12-02

還鄉記　覺迷靈丹　指路寶筏
民國五年刻本　孔網已售 12-06-06

游冥録不分卷
民國三十三年刻本　孔網已售 12-01-27

天律森嚴不分卷
民國十三年刻本　孔網已售 12-05-16

利幽十詁靈文不分卷
民國二十六年刻本　孔網數據 12-06-16

慈航補關不分卷
民國五年勸善壇刻本　孔網數據 13-12-18

濟世藥王明醫道經不分卷 (後附魔王救世經　釋結尊經)
撰者不詳
民國間刻本　今古齋 13 春 602

竈君真經不分卷

民國九年刻本　孔網數據 13-03-23

皇心印妙經不分卷

民國十九年至善堂刻本　15-04-01 孔網拍賣

雷神經不分卷

民國間長沙善書流通處刻本　09-09-24 孔網拍賣

雷神顯報不分卷

撰者不詳

民國十一年刻本　11-12-22 孔網拍賣

太上洞玄無極旻皇本行集經三卷

民國間刻本　德寶 15 迎春 530

關聖帝君大解冤經不分卷

民國九年刻本　15-02-03 孔網拍賣

修真寶筏不分卷

撰者不詳

民國九年刻本　15-08-16 孔網拍賣

太上說南北二斗真經不分卷

民國二十七年趙相儒捐資刻本　15-03-29 孔網拍賣

全真清規不分卷

陸道和撰

民國間刻本　嘉恒 10 夏 996

釋家類

彙編之屬

樓閣叢書

（清）釋妙空子（鄭學川）編

清咸豐九年刻清末民國初遞修本　清咸豐同治間宗鏡堂刻民國三年江北刻經處彙印本　總目 3202 頁　綜録續編 283 頁

　求生捷徑一卷　（清）洪自含　（清）鄭學川撰

　普救神針一卷　（清）鄭書海撰

百年兩事一卷　（清）鄭學川撰

身心性命一卷　（清）鄭學川撰

泗水真傳一卷　（清）鄭學川撰

西方清净音一卷　（清）鄭學川撰

如影觀一卷　（清）嚴一程撰

如影論一卷　（清）嚴一程撰

蓮邦消息一卷附憨山詩一卷

禮斗圓音一卷　（清）鄭學川輯

光明一心地藏寶懺一卷　□□輯

施食合璧一卷　（清）鄭學川輯

四十八鏡五卷　（清）鄭學川撰

　諸法十鏡一卷

　　有無鏡

　　心境鏡

　　事理鏡

　　隱顯鏡

　　真似鏡

　　兼獨鏡

　　斷續鏡

　　轉移鏡

　　成敗鏡

　　同異鏡

　一心十鏡一卷

　　同異鏡

　　成敗鏡

　　轉移鏡

　　斷續鏡

　　兼獨鏡

　　真似鏡

　　隱顯鏡

　　事理鏡

　　心境鏡

　　有無鏡

　讀書十鏡一卷

　　聖知鏡

　　聖業鏡

　　聖身鏡

　　聖音鏡

道德鏡

神仙鏡

圓聞鏡

圓思鏡

圓修鏡

圓證鏡

念佛十鏡一卷

回心鏡

往生鏡

道樹菩提鏡

妙蓮光影鏡

一花九鏡

光羅密鏡

爐香在鏡

鐘聲入鏡

戒香涵鏡

佛光滿鏡

放生八鏡一卷

寶鏡一卷

地鏡一卷

時鏡一卷

法鏡一卷

心鏡一卷

機鏡一卷

理鏡一卷

人鏡一卷

寶色燈雲一卷 （清）鄭學川撰

法界聖凡水陸大齋普利道場性相通論九卷
（清）鄭應房撰

佛說阿彌陀經論一卷 （後秦）釋鳩摩羅什
譯 （清）嚴鏡著論

花嚴小懺一卷 （清）西末子輯

花嚴大懺一卷（一名普光明觀法）（清）
嚴成撰

心鏡華嚴念佛圖一卷

五教說一卷 （清）蔣元亮撰

婆羅門書一卷 （清）嚴重輯

鏡影鐘聲一卷補一卷續一卷蓮修警策一卷

（清）釋妙空子書 補 （清）嚴密撰 續 蓮
修警策 （清）釋玉尺撰

虛空樓閣一卷 （清）釋妙空子撰

虛空樓閣懺一卷 （清）釋妙空子輯

樓閣真音一卷

虛空樓閣答問一卷 （清）海天精舍撰

樓閣音聲一卷 （清）釋妙空子訂

光明畫軸二十一贊及樓閣二十咏一卷補
一卷

虛空樓閣聯句一卷

佛經六種

清末民國初金陵刻經處刻本 總目 3205 頁

瑜伽師地論二卷

瑜伽真實品一卷 民國十年刻

造像量度經一卷經解一卷續補一卷

百法明門論解一卷論疏二卷

大乘五蘊論一卷 （唐）釋玄奘譯 民國四
年刻

大乘廣五蘊論一卷 （唐）釋地婆訶羅譯 民
國四年刻

竟無內外學

歐陽漸撰

民國十三至三十一年支那內學院蜀院刻本 叢
書廣錄 357 頁 綜錄續編 312 頁

內學

內學院院訓釋一卷

瑜伽師地論叙二卷

大涅槃經叙一卷

大般若經叙三卷

法相諸論序合刊一卷

藏要第一輯叙一卷

藏要經叙二卷

阿毗達磨俱舍論叙二卷

心經讀一卷

唯識研究次第一卷

唯識抉擇談一卷

五分般若讀一卷

內學雜著二卷

孔學

中庸傳一卷

孔學雜著一卷

文學

竟無詩文一卷

竟無小品一卷

糅古

楞伽疏決六卷

解節經真諦義二卷

解深密經圓測疏引存真諦說錄餘一卷

在家必讀內典二卷

經論斷章讀二卷

論語十一篇讀一卷

中庸讀一卷

大學王注讀一卷

孟子十篇讀二卷

論孟課一卷

毛詩課一卷

詞品甲一卷

詞品乙一卷

郭氏刊經叢書

民國間雙百鹿齋刻本　保利 11 春 1706

正信錄二卷　(清)羅聘撰　民國二十年刻

太上感應篇集傳四卷　(清)慧棟箋　(清)

俞樾纘義　(清)姚學塽注　民國二十年刻

天樂鳴空集三卷　(明)鮑宗肇撰　民國

二十年刻

金剛般若波羅蜜經　民國十九年刻

般若波羅蜜多心經

金剛證驗賦

觀世音菩薩經咒集刊

觀音靈驗記

淨土五經　民國二十二年刻

明聖經注解

三聖經誦本　民國二十年刻

佛說阿彌陀經要解　民國二十年刻

佛遺教三經藕益解合刻

(清)釋智旭解

民國二十三年潮陽郭氏雙百鹿齋刻本　嘉泰

10 秋 009　工美 12 秋 751

佛說四十二章經解

佛遺教經解

八大人覺經略解

**無畏三藏受戒懺悔文及禪門要法一卷治禪病
秘要經二卷禪法要解二卷**

(唐)釋善無畏撰　治禪病秘要經　(南朝宋)
沮渠京聲譯　禪法要解　(後秦)釋鳩摩羅什
等譯

民國十年金陵刻經處刻本　總目 3210 頁

拾玖經合編(附道經)

民國二十一年刻本　15-08-27 孔網拍賣

經藏之屬

入楞伽經遮食肉品

(東魏)釋菩提流支譯

清末民國初刻本　總目 3216 頁

心經七譯本

民國八年北京刻經處刻本　總目 3223 頁

摩訶般若波羅蜜大明咒經　(後秦)釋鳩摩
羅什譯

般若波羅蜜多心經　(唐)釋玄奘譯

般若波羅蜜多心經　(唐)釋法成譯

般若波羅蜜多心經　(唐)釋般若　(唐)
釋利言譯

普遍智藏般若波羅蜜多心經　(唐)釋法月譯

般若波羅蜜多心經　(唐)釋智慧輪譯

佛說聖佛母般若波羅蜜多經　(宋)釋施
護譯

佛說阿彌陀經

(後秦)釋鳩摩羅什譯

民國七年彀翁校刻唐寫本　彀翁藏書 8 頁

佛説阿彌陀經

（後秦）釋鳩摩羅什譯

民國間浙杭西湖慧空經房刻本　同方 13 春 194

南無蓮池海會佛菩薩佛説阿彌陀經

（後秦）釋鳩摩羅什譯

民國三年三寶經房刻本　孔網數據 15-01-02

諸法無形經二卷

（後秦）釋鳩摩羅什譯

民國間常州天寧寺刻本　新世紀 15 秋 681

五門禪經要用法一卷金剛頂瑜伽千手千眼觀自在菩薩修行儀軌經一卷

大禪師佛陀密多撰　釋曇摩蜜多譯

民國九年常州天寧寺刻經處刻本　嘉寶一品 11 秋 047

摩訶般若波羅蜜經三十卷

（後秦）釋鳩摩羅什　（後秦）釋僧叡譯

清末民國初揚州磚橋刻經處刻本　總目 3224 頁

摩訶般若波羅蜜鈔經五卷

（後秦）釋曇摩蜱　（後秦）釋竺佛念譯

清末民國初揚州磚橋刻經處刻本　總目 3225 頁

能斷金剛般若波羅蜜多經一卷

（唐）釋玄奘譯

民國二十三年三時學會刻本　海王村 08 年 44 期 403

金剛般若波羅蜜經（後附般若波羅蜜心經）

民國十五年天津曹氏刻本　海王村 01 年秋 101

金剛般若波羅蜜經

民國十六年北京前門外梁家園悟道社刻本　海王村 13 年 62 期 309

般若波羅蜜多心經

民國十三年天津刻經處刻本　弢翁藏書 19 頁

篆書金剛般若菠羅蜜經

田潛書

民國十年文楷齋刻本　海王村 08 年秋 444

嘉德四季 13 期 4168　保利 12 秋 8188

月燈三昧經十卷

（隋）釋那連提耶舍譯

民國十年天寧寺刻本　博古齋 14 年 4 月常 537

雷峰塔藏經（一切如來心秘密全身舍利寶篋印陀羅尼經一卷）

民國間翻刻本　嘉德 02 秋 1631　保利 07 秋 2247

大般涅槃師子吼七卷

（晉）釋曇無讖譯

民國間支那内學院刻本　總目 3241 頁

大方廣佛華嚴經入不思議解脱境界普賢行願品一卷

（唐）釋般若譯

民國二十二年刻本　工美 12 秋 752　東方大觀 14 秋 1700

大乘妙法蓮華經十卷

（後秦）釋鳩摩羅什譯

民國七年潤邑三元宮刻本　今古齋 10 年 21 期 323

妙法蓮華經七卷

（後秦）釋鳩摩羅什譯

民國間上海佛學書局刻本　經眼録 167 頁

妙法蓮華經授手卷七卷

（後秦）釋鳩摩羅什譯

民國二年刻本　嘉德四季 18 期 3584

佛説月上女經二卷

（隋）釋闍那崛多譯

民國二十二年潮陽郭氏雙百鹿齋刻本　嘉德四季 18 期 3580

菩提換骨真經不分卷

民國二年兩粵萬靈堂刻朱墨套印本　德寶 12

年 9 月 207

佛説首楞嚴三昧經三卷

（後秦）釋鳩摩羅什譯

民國五年江北刻經處刻本　孔網數據 15-08-22

金光明經八卷

（隋）釋闍那崛多等譯　（隋）釋寶貴　（隋）釋志德合

清末民國初刻本　總目 3242 頁

分別緣起初勝法門經二卷

（唐）釋玄奘譯

民國十八年北平文楷齋刻本　書刊拍賣目錄 95-01 年 61 頁

梵女首意經一卷

（西晉）釋竺法護譯

民國元年揚州周楚江刻本　琴島榮德 15 秋 1233

法句經二卷附釋一卷

尊者法救撰　（三國吳）釋維祇難等譯

民國間歐陽競無刻本　德寶 14 年 8 月 366

佛説十善業道經附果報見聞録

（唐）釋實叉難陀譯

民國二十四年雙百鹿齋刻本　保利 10 秋 584

法句譬喻經四卷

（西晉）釋法炬　（西晉）釋法立譯

民國二十七年蜀藏刊經處刻本　三品堂 11 秋 265

商主天子所問經一卷

（隋）釋闍那崛多譯

民國十一年北京刻經處刻本　海王村 11 年 56 期 266 號

佛説當來變經一卷

（西晉）釋竺法護譯

民國九年常州天寧寺刻經處刻本　孔網已售

12-11-01

那先比丘經三卷

失譯

民國八年常州天寧寺刻經處刻本　孔網已售 12-12-30

律藏之屬

十誦律六十一卷

（後秦）釋弗若多羅　（後秦）釋鳩摩羅什譯

清末民國初刻本　總目 3255 頁

優波離問經一卷　根本説一切有部戒經一卷

（南朝宋）釋求那跋摩譯　（唐）釋義净譯

民國九年常州天寧寺刻經處刻本　孔網已售 12-06-08

根本説一切有部戒經一卷

（唐）釋義净譯

民國二十年支那內學院刻本　博古齋 14 年 4 月常 533

大莊嚴經論十五卷

題天竺馬鳴菩薩造　（後秦）釋鳩摩羅什譯

清末民國初常州天寧寺刻本　總目 3261 頁

論藏之屬

金剛仙論十卷附金剛經論本釋對讀表

民國二十一年刻本　總目 3262 頁

佛母般若波羅蜜多圓集要義釋論四卷

三寶尊菩薩造　（宋）釋施護等譯

民國二十年支那內學院刻本　總目 3262 頁

大般涅槃經玄義發源機要六卷大般涅槃經疏三德指歸一百卷

（宋）釋智圓述

民國十一年刻本　嘉德四季 31 期 4774

中論頌□卷顯揚聖教論頌□卷

天竺龍樹菩薩造　（後秦）釋鳩摩羅什譯　顯

揚聖教論頌　天竺無著菩薩造　（唐）釋玄奘譯
民國二十九年支那內學院蜀院刻本　總目
3262 頁

雜阿含經論四十卷
無著菩薩造　（唐）釋玄奘譯
民國二十八年蜀藏編刻處刻本　德寶 14 年 8
月 250

寶積經瑜伽釋一卷
民國三十二年支那內學院蜀院刻本　總目
3263 頁

止觀門論七十七頌一卷六門教授習定論一卷
（唐）釋義淨譯
清末民國初金陵刻經處刻本　總目 3264 頁

陳那四論一卷
陳那菩薩造　（唐）釋義淨譯
民國二十一年支那內學院刻本　總目 3265 頁

阿毗達磨品類足論十八卷
尊者世友造　（唐）釋玄奘譯
民國八年刻本　真德 14 春 6366

阿毗達磨俱舍論本頌會譯不分卷
天竺婆藪槃豆（天親菩薩）造　（南朝陳）釋
真諦　（唐）釋玄奘譯
民國二十五年支那內學院刻本　總目 3266 頁

阿毗達磨順正理論辨業品十二卷
外國尊者眾賢造　（唐）釋玄奘譯
民國二十二年支那內學院刻本　總目 3266 頁

順正理論辯本事品八卷
外國尊者眾賢造　（唐）釋玄奘譯
民國二十五年支那內學院刻本　總目 3266 頁

密藏之屬

金剛頂瑜伽略述三十七尊心要一卷
（唐）釋不空撰
民國十四年刻本　總目 3267 頁

金剛頂經六種（金剛頂部行儀六種）
（唐）釋不空譯
民國十四年北京刻經處刻本　歌德 12 年 12
月 478　萬隆 09 年春 3021　泰和 11 春 1392
　　金剛頂經一字頂輪王瑜伽一切時處念誦成
　　佛儀軌
　　金剛頂經瑜伽觀自在王如來修行法
　　金剛頂經觀自在王如來修行法
　　金剛頂瑜伽他化自在天理趣會普賢修行念
　　咏儀軌
　　普賢金剛薩埵略瑜伽念誦儀軌
　　金剛頂勝初瑜伽普賢菩薩念誦法經

密咒圓因往生集一卷
（唐）釋智廣　（唐）釋慧真編集　（唐）釋金
剛幢譯
民國五年金陵刻經處刻本　10-03-02 孔網拍
賣　金陵刻經 185 頁

大悲心陀羅尼經附千手千眼法寶真言圖
（唐）伽梵達磨譯
民國十七年柏香書屋刻本　朵雲軒 01 秋 459

不空心要一卷
（唐）釋不空撰
民國十四年支那內學院刻本　總目 3267 頁

大準提焚修悉地懺悔玄文不分卷
夏道人集
民國九年宏慈廣濟寺刻本　泰和 15 秋 1259
嘉德四季 11 期 4217

佛說大方等大雲請雨經
（隋）釋闍那崛多等譯
民國三年刻本　卓德 12 秋 2185

藥師瑠璃光如來本願功德經附《郭子彬行
述·傳贊》
（新羅）釋太賢撰　（唐）釋玄奘譯
民國二十二年雙百鹿齋刻本　滬國拍 05 春 68

藥師瑠璃光如來本願功德經

（新羅）釋太賢撰　（唐）釋玄奘譯

民國七年蔚州西鄉暖泉華嚴寺刻本　海王村
10 年 51 期 99

佛説十吉祥經

（宋）釋法賢譯

民國間江北刻經處刻本　孔網數據 10-09-23

大陀羅尼圓滿神咒經

民國十七年刻本　嘉德 01 春 679

大佛頂首楞嚴大悲陀羅尼咒

民國五年山西廣邑廉善堂刻本　德州經偉 14
秋 8865

千手千眼大悲心陀羅尼咒

民國間衡陽文華善書局刻本　今古齋 11 秋 532

精繪全圖大悲神咒不分卷

民國三十年贛縣田村新興刊刷社刻本　歌德
12 年 12 月 112　今古齋 14 秋 338

疑僞之屬

占察善惡業報經二卷

（隋）釋菩提登譯

民國二十五年北京刻經處刻本　06-10-22 孔
網拍賣

地藏菩薩本願經三卷

題（唐）釋實叉難陀譯

清末民國初刻本　總目 3281 頁

地藏菩薩本願經三卷附地藏菩薩像靈驗記

（唐）釋實叉難陀譯

民國三十六年雙百鹿齋刻本　泰和 12 年 6 月 817

佛説十往生阿彌陀佛國經一卷

民國間揚州藏經院刻本　總目 3282 頁

梵綱經廬舍那佛説菩薩心地戒品菩薩戒本一卷

（後秦）釋鳩摩羅什譯

民國三十四年華嚴精舍刻本　博古齋 14 年 4

月常 584

高王觀世音經一卷

清末民國初刻本　民國七年友益堂刻本　總
目 3284 頁　孔網拍賣 11-01-17

（梵文）大佛頂如來放光悉怛多鉢怛囉陀羅尼會譯

（唐）釋不空　（唐）釋般刺密帝譯　釋常净注

北京刻經處民國間刻本　總目 3289 頁　金
陵刻經 261 頁

觀世音菩薩尋聲救苦普門示現圖

民國十八年刻本　拍賣古籍目録 93-00 年 527 頁

觀世音菩薩普門品示現圖

民國十七年刻本　山東經偉 13 春 1282

觀音真經一卷（高王觀世音經）

民國十二年長沙善書流通處刻本　09-09-24
孔網拍賣

撰述之屬

佛説般若波羅蜜多心經贊二卷般若波羅蜜多心經疏一卷

（唐）釋圓測撰　般若波羅蜜多心經疏　（唐）
釋慧净撰

民國十三至十四年支那内學院刻本　總目
3291 頁

勝鬘經述記四卷

（唐）釋窺基述　（唐）釋義令記

民國五年金陵刻經處刻本　總目 3291 頁　金
陵刻經 194 頁

勝鬘師子吼一乘大方便方廣經疏鈔六卷

（唐）釋明空撰

民國八年金陵刻經處刻本　總目 3292 頁

維摩詰所説經義記十六卷

（隋）釋慧遠撰

民國十年金陵刻經處刻本　總目 3292 頁

說無垢稱經疏二十二卷
（唐）釋窺基撰
民國七年金陵刻經處刻本　總目 3293 頁

楞伽阿跋多羅寶經宗通三十卷
（明）曾鳳儀撰
民國六年金陵刻經處刻本　總目 3294 頁

觀楞伽阿跋多羅寶經記十八卷補遺一卷
（南朝宋）釋求那跋陀羅譯　（明）釋德清筆記
清光緒三十一年金陵刻經處刻民國補刻本　總目 3294 頁

解深密經疏三十四卷
（唐）釋圓測述
民國十一年金陵刻經處刻本　總目 3295 頁

解深密經疏十卷
（唐）釋圓測述
民國間金陵刻經處刻本　總目 3295 頁

大乘密嚴經疏十卷
（唐）釋法藏撰
民國八年金陵刻經處刻本　總目 3295 頁

大般若波羅蜜多經般若理趣分述贊六卷
（唐）釋窺基撰
民國六年金陵刻經處刻本　總目 3296 頁

佛說金剛般若波羅密經義疏六卷
（後秦）釋鳩摩羅什譯　（隋）釋吉藏疏
民國六年金陵刻經處刻本　總目 3296 頁

金剛般若經贊述四卷
（唐）釋玄奘譯　（唐）釋窺基注
民國六年金陵刻經處刻本　總目 3296 頁

金剛決疑一卷般若波羅蜜多心經直說一卷
（明）釋德清撰
清末民國初南京刻經處刻本　總目 3299 頁

金剛經鋑銛句解二卷
（清）王澤洼撰

民國十三年漢口同善社刻本　總目 3299 頁

金剛經會解了義二卷心經解一卷
（清）徐昌治撰
民國八年豐山徐氏義莊刻本　民國八年刻本　總目 3300 頁

金剛般若波羅蜜經直解四卷
（清）釋續法撰
民國十九年揚州刻經流通處刻本　總目 3300 頁

金剛經注解二卷
（清）蛻黯輯
民國十七年上海文瑞樓刻本　總目 3305 頁

金剛經注解四卷
（清）蛻黯輯
民國十七年蒲江李家鈺刻本　嘉德 14 秋 1931

金剛經一卷
（清）釋圓通解
民國十年刻本　總目 3305 頁

萬緣金剛般若波羅蜜經集解不分卷
民國二十年刻本　總目 3305 頁

萬緣金剛般若波羅蜜經集解一卷
增德輯
民國間刻本　總目 3306 頁

萬緣金剛般若波羅蜜經集解附感應圖說
民國十二年刻本　嘉德四季 11 期 4220

般若心經五家注五種五卷附紫柏老人心經說一卷
金陵刻經處輯
清同治至民國初金陵刻經處、長沙刻經處刻金陵刻經處印本　總目 3306 頁
　般若波羅密多心經疏一卷　（唐）釋玄奘譯（唐）釋靖邁注
　般若波羅密多心經略疏一卷　（唐）釋法藏譯
　般若波羅密多心經注解一卷　（唐）釋玄奘

譯　（明）釋宗泐　釋如玘注

般若波羅密多心經直説一卷　（明）釋德清撰

般若波羅密多心經釋要一卷　（清）釋智旭述

紫柏老人集一卷　（明）釋真可撰

般若波羅密多心經幽贊二卷

（唐）釋窺基撰

民國五年金陵刻經處刻本　總目 3306 頁

金剛般若波羅密經解注二卷

王定柱注

民國間北平文楷齋刻本　鼎晟 08 年 8 月 001

金剛感應錄不分卷

（清）白通撰

民國間北平刻本　鼎晟 08 年 8 月 002

金剛般若波羅蜜經次詁一卷

（清）馬其昶撰

民國十一年刻本　販書 300 頁

金剛般若略義

（元）釋明本述

民國間金陵刻經處刻本　德寶 13 年 1 月 434

呂祖直解金剛經

題呂洞賓撰

民國十年龍雲齋重刻本　泰和 08 秋 1124

大方廣佛華嚴搜玄記六十卷

（晉）釋佛陀跋陀羅譯　（唐）釋智儼撰記

民國十五年天津刻經處刻本　總目 3308 頁

大方廣佛華嚴探玄記一百二十卷

（唐）釋法藏撰

民國十五年金陵刻經處刻本　總目 3309 頁

華嚴經傳記三卷

（唐）釋法藏撰

民國十八年天津刻經處刻本　總目 3309 頁

大方廣佛華嚴經疏鈔會本二百二十卷

（唐）釋實叉難陀譯　（唐）釋澄觀撰

清末民國初南京刻經處刻本　總目 3310 頁

大方廣佛華嚴經海印道場十重行願常偏禮懺儀四十二卷

（唐）釋慧覺輯

民國二十六年刻本　保利 10 秋 395

大方廣佛華嚴經著述集要

（清）楊文會輯

清同治八年至民國六年如皋刻經處、雞園刻經處、長沙刻經處、金陵刻經處等刻本　總目 3311 頁

華嚴一乘十玄門一卷　（唐）釋智儼撰

華嚴五十要問答二卷　（唐）釋智儼撰

華嚴經旨歸一卷　（唐）釋法藏撰

修華嚴奧旨安盡還源觀一卷　（唐）釋法藏撰

華嚴經義海百門一卷　（唐）釋法藏撰

華嚴一乘教義分齊章四卷　（唐）釋法藏撰

華嚴經明法品內立三寶章一卷　（唐）釋法藏撰

華嚴流轉章　（唐）釋法藏撰

華嚴緣起章　（唐）釋法藏撰

解謎顯智成悲十朋論一卷　（唐）李通玄撰

略釋新華嚴經修行次第決疑論四卷　（唐）李通玄撰

大華嚴經略策一卷　（唐）釋澄觀撰

三聖圓融觀門一卷　（唐）釋澄觀撰

華嚴法界玄鏡三卷　（唐）釋澄觀撰

答順宗心要法門一卷　（唐）釋澄觀撰　（唐）釋宗密注

注華嚴法界觀門一卷　（唐）釋宗密撰

原人論一卷　（唐）釋宗密撰

華嚴金師子章解一卷　（唐）釋法藏撰　（宋）釋净源解

大方廣佛華嚴經要解一卷　（宋）釋戒環輯

大方廣佛華嚴經吞海集三卷　（宋）釋道通撰

法界觀披雲集一卷　（宋）釋道通撰

賢首五教儀開蒙一卷　（宋）釋續法輯

法界宗五祖略記一卷 （宋）釋續法輯

佛説觀無量壽佛經義疏二卷
（隋）釋慧遠撰
民國十一年北京刻經處刻本　總目 3312 頁

釋觀無量壽佛經疏記一卷
（唐）釋法聰撰
民國十七年成都昭覺寺刻本　總目 3313 頁

阿彌陀經義記一卷
（隋）釋智顗説　（唐）釋灌頂記
民國七年金陵刻經處刻本　總目 3314 頁

佛説阿彌陀經義記一卷
（隋）釋智顗説　（唐）釋灌頂記
民國十年北京刻經處刻本　總目 3314 頁

佛説阿彌陀經義記一卷佛説阿彌陀經義述一卷
（隋）釋智顗説　（唐）釋灌頂記　佛説阿彌
陀經義述　（唐）釋慧净撰
民國十年北京刻經處刻本　總目 3314 頁

佛説阿彌陀經通贊疏三卷
（唐）釋窺基撰
民國四年金陵刻經處刻本　總目 3314 頁

佛説阿彌陀經疏鈔擷一卷
（後秦）釋鳩摩羅什譯　（明）釋袾宏疏鈔　（清）
徐槐廷删輯疏鈔
清末民國初北京刻本　總目 3315 頁

金光明經疏十二卷
（隋）釋智顗説　（唐）釋灌頂録
民國七年金陵刻經處刻本　總目 3316 頁

金光明最勝王經疏二十六卷
（唐）釋義净譯　（唐）釋慧沼疏
民國六年金陵刻經處刻本　總目 3316 頁

妙法蓮華經義記二十二卷
（南朝梁）釋法雲撰
民國七年金陵刻經處刻本　總目 3316 頁

妙法蓮華經玄論十卷
（唐）釋吉藏撰
民國十二年北京刻經處刻本　總目 3317 頁

妙法蓮華經義疏三十卷
（唐）釋吉藏撰
民國間天津刻經處刻本　總目 3317 頁

妙法蓮華經游意二卷
（唐）釋吉藏撰
民國十二年天津刻經處刻本　總目 3317 頁

妙法蓮華經玄贊四十卷
（唐）釋窺基撰
民國九年金陵刻經處刻本　總目 3317 頁　金
陵刻經 191 頁

妙法蓮華經觀世音菩薩普門品文句一卷
（隋）釋智顗説　（唐）釋湛然撰記　（宋）釋
遵式釋頌
民國十年北京刻經處刻本　總目 3321 頁

十不二門指要鈔二卷
（宋）釋知禮撰
民國二十七年周叔迦自刻本　德寶 13 年 9
月 286

維摩詰所説經折衷疏六卷
（明）釋大賢撰
民國間金陵刻經處刻本　德寶 14 年 8 月 366

净土百咏一卷
十願室主人撰
民國間刻本　卓德 13 春 2591

金七十論三卷
（南朝陳）釋真諦譯
民國十四年支那内學院刻本　博古齋 14 年 4
月常 522

首楞嚴直指十卷首一卷
（唐）釋般剌密諦譯　（清）釋函昰疏

民國間刻本　博古齋 14 年 4 月常 523

佛說四十二章經疏抄九卷

（清）釋續法輯

民國五年常州天寧寺刻經處刻本　總目 3323 頁

佛說四十二章經疏抄十卷

（清）釋續法輯

民國間刻本　總目 3323 頁

圓覺經大疏釋義鈔二十六卷

（唐）釋宗密述

民國十六年天津刻經處刻本　總目 3324 頁

大方廣圓覺脩多羅了義經近釋三卷

（明）釋通潤撰

清末民國初刻本　總目 3325 頁

圓覺運珠一卷梵綱戒光一卷

（清）釋淨挺（徐繼恩）撰

民國十八至十九年成都昭覺寺刻本　總目 3325 頁

四分律拾毗尼義鈔四卷

（唐）釋道宣撰

民國二十年天津刻經處刻本　總目 3326 頁

四分律含注戒本疏行宗記十六卷

（宋）釋元照撰

民國十三年天津刻經處刻本　總目 3326 頁

梵綱經古迹記六卷

（新羅）釋太賢輯

民國八年金陵刻經處刻本　總目 3327 頁

梵綱經菩薩戒本疏四卷

（唐）釋義寂撰

民國十一年北京刻經處刻本　總目 3327 頁

肇論新疏三卷

（元）釋文才述

民國間刻本　泰和 10 年 7 月 210

藏要叙經

歐陽漸撰

民國二十九年支那內學院刻本　卓德 13 春 2636

十地經論義記二十四卷

（隋）釋慧遠撰

民國九年金陵刻經處刻本　總目 3328 頁

中觀論疏二十六卷附中論科判一卷

（唐）釋吉藏撰

民國三至四年金陵刻經處刻本　總目 3328 頁

中論序疏二十六卷

（唐）釋吉藏撰

民國三年金陵刻經處刻本　總目 3329 頁

十二門論疏四卷

（唐）釋吉藏撰

民國四年金陵刻經處刻本　總目 3329 頁

十二門論序疏四卷

（唐）釋吉藏撰

民國間金陵刻經處刻本　總目 3329 頁

百論疏十六卷

（唐）釋吉藏撰

民國二年北京刻經處刻本　總目 3329 頁

百論疏十四卷

（唐）釋吉藏撰

民國七年金陵刻經處刻本　總目 3329 頁

大乘掌珍論疏

（唐）□□撰

民國間金陵刻經處刻本　總目 3329 頁

瑜伽師地論略纂三十四卷

（唐）釋窺基撰

民國十三年支那內學院刻本　總目 3329 頁

瑜伽師地論記一百卷

（唐）釋遁倫撰

民國十一年金陵刻經處刻本　總目 3329 頁

大乘百法明門論疏二卷
(唐)釋義忠撰
民國二十四年支那內學院刻本　總目 3330 頁

大乘百法明門論本事分中略録名數開宗義記四卷
(唐)釋曇曠撰
民國九年金陵刻經處刻本　總目 3330 頁

大乘百法明門論本地分中略録名數解一卷
(唐)釋窺基撰
民國五年金陵刻經處刻本　總目 3330 頁　金陵刻經 185 頁

大乘百法明門論本地分中略録名數疏二卷
(唐)釋窺基撰
民國五年金陵刻經處刻本　金陵刻經 185 頁

辯中邊論述記六卷
(唐)釋窺基撰
民國元年江西刻經處刻本　民國三年江西刻經處刻本　總目 3330 頁

大乘阿毗達磨雜集論述記三十卷
(唐)釋窺基撰
民國八年金陵刻經處刻本　總目 3330 頁　金陵刻經 196 頁

大乘阿毗達磨集論別釋七卷
釋清净述
民國二十三年三時學會刻本　鼎豐 98 秋 510

攝大乘義章卷第四十一卷
(唐)釋道基撰
民國二十五年支那內學院刻本　總目 3330 頁

唯識三十論要釋一卷
(唐)□□撰
民國十四年支那內學院刻本　總目 3331 頁

唯識三十頌詮句
釋清净述　(唐)釋玄奘譯

民國十四年北京文楷齋刻本　泰和 11 春 1189

成唯識論別鈔六卷
(唐)釋窺基撰
民國六年金陵刻經處刻本　民國間金陵刻經處刻本　總目 3331 頁

成唯識論掌中樞要八卷
(唐)釋窺基撰
民國六年金陵刻經處刻本　總目 3331 頁

成唯識論掌中樞要三卷
(唐)釋窺基撰
民國十四年三時學會刻經處刻本　總目 3331 頁

成唯識論料簡四卷
(唐)釋窺基撰
民國五年金陵刻經處刻本　民國六年金陵刻經處刻本　總目 3331 頁

成唯識論疏十卷
(唐)釋圓測撰
民國二十四年支那內學院刻本　總目 3331 頁

成唯識論義蘊十卷
(唐)釋道宣撰
民國十一年北京刻經處刻本　總目 3331 頁

成唯識論掌中樞要記一卷
(唐)釋智周撰
民國二十二年支那內學院刻本　總目 3331 頁

成唯識論了義燈記□卷
(唐)釋智周撰
民國二十一年支那內學院刻本　總目 3332 頁

成唯識論演秘七卷
(唐)釋智周撰
民國間三時學會刻本　總目 3332 頁

成唯識論演秘釋三卷
(唐)釋如理撰
民國二十二年支那內學院刻本　總目 3332 頁

成唯識論四緣述記義演六卷

（唐）釋如理撰

民國十五年支那內學院刻本　總目 3332 頁

成唯識論述記義演十二卷

（唐）釋如理撰

民國十五年支那內學院刻本　總目 3332 頁

成唯識論述記義演一百卷

（唐）釋如理撰

民國十八年支那內學院刻本　民國間支那內學院刻本　總目 3332 頁

成唯識論述記鈔秘蘊一百二卷

（唐）釋靈泰等撰

民國十九年支那內學院刻本　總目 3332 頁

成唯識論述記鈔秘蘊一百二十卷

（唐）釋窺基述記　（唐）釋靈泰疏鈔　（唐）釋智周演秘　（唐）釋道邑義蘊

民國間刻本　總目 3332 頁

注成唯識論□□卷

（唐）□□撰

民國十四年支那內學院刻本　總目 3332 頁

成唯識論學記十二卷

（新羅）釋太賢集

民國二十一年刻本　德寶 09 年 11 月 347

成唯識論音響補遺十卷

（清）釋智素撰

民國七年揚州藏經院刻本　總目 3333 頁

因明正理門論述記三卷

（唐）釋神泰撰

民國十二年支那內學院刻本　總目 3334 頁

因明入正理論疏四卷

（唐）釋文軌撰

民國十四年支那內學院刻本　總目 3334 頁

因明入正理論續疏二卷

（唐）釋慧沼撰

民國二十二年支那內學院刻本　總目 3334 頁

八識規矩頌注發明三卷

（明）釋普泰注　（清）釋本金發明

民國八年三寶刻經處刻本　民國八年刻本　總目 3334 頁

八識規矩頌注發明六卷

□□撰

民國八年寧波文光齋刻本　總目 3334 頁

阿毗達摩俱舍論記一百卷

（唐）釋普光撰

民國十一年金陵刻經處刻本　總目 3335 頁

異部宗輪論述記三卷

（唐）釋窺基撰

民國元年江西刻經處刻本　總目 3335 頁　金陵刻經 266 頁

遺教經論住法記二卷附佛垂般涅槃略説教誡經（佛遺教經）一卷

（宋）釋元照撰　佛垂般涅槃略説教誡經（佛遺教經）　（後秦）釋鳩摩羅什譯

民國十一年北京刻經處刻本　總目 3335 頁

大乘起信論疏解彙集八種

清光緒十一年民國十五年金陵刻經處刻本　總目 3335 頁

　大乘起信論一卷　（南朝陳）釋真諦撰

　大乘起信論一卷　（唐）釋實叉難陀譯

　釋摩訶衍論十卷　（後秦）釋筏提摩多譯

　大乘起信論義記七卷大乘起信論別記一卷　（唐）釋法藏撰

　大乘起信論疏記會本六卷　（新羅）釋元曉撰

　大乘起信論纂注二卷　（明）釋真界撰

　大乘起信論直解二卷　（明）釋德清撰

　大乘起信論裂綱疏六卷　（清）釋智旭撰

大乘起信論裂綱疏（起信論裂綱疏）六卷

（清）釋智旭撰

清末民國初金陵刻經處刻本　清光緒至民國
間金陵書局刻本　總目 3337 頁

釋摩訶衍論通玄鈔十六卷

（遼）釋志福撰

民國九年北京刻經處刻本　總目 3337 頁

釋摩訶衍論贊玄疏二十卷

（宋）釋法悟撰

民國九年北京刻經處刻本　總目 3337 頁

大悲咒注像不分卷

民國十七年刻本　滬國拍 04 秋 99

十一面神咒心經義疏

（唐）釋慧沼撰

民國八年金陵刻經處刻本　總目 3338 頁

藥師本願經古迹二卷

（新羅）釋太賢撰

民國九年北京刻經處刻本　總目 3338 頁

藥師瑠璃光如來本願功德經智燈疏二卷

（清）釋智生撰

民國十一年湖北釋慧朗刻本　總目 3338 頁

佛說仁王護國般若波羅密經疏八卷

（唐）釋吉藏撰

民國八年刻本　總目 3339 頁

仁王經疏十二卷

（唐）釋圓測撰

民國十九年支那內學院刻本　總目 3339 頁

仁王護國般若波羅蜜多經疏七卷

（唐）釋良賁撰

民國九年北京刻經處刻本　總目 3339 頁

楞嚴經擊節一卷

（明）釋大韶撰

民國十八年成都昭覺寺刻本　總目 3342 頁

大佛頂如來密因修證了義諸菩薩萬行首楞嚴經
開蒙十卷

（清）釋通智撰

民國十六年揚州藏經院刻本　總目 3345 頁

大佛頂首楞嚴經灌頂疏（楞嚴經灌頂疏）二十
六卷

（清）釋續法撰

民國十一年魯心齋刻本　總目 3345 頁

大佛頂如來密因修證了義諸菩薩萬行首楞嚴
經易知錄十卷

（清）釋果仁撰

民國間刻本　嘉德四季 41 期 3299

楞嚴咒疏一卷

（清）釋續法輯

清末民國初刻本　總目 3345 頁

密教綱要四卷

（日本）權田雷斧著　王弘願譯

民國八年潮安刻經處刻本　嘉德 13 秋王 2827

遠什大乘要義問答三卷

（晋）釋慧遠問　（後秦）釋鳩摩羅什答

民國十九年中國佛教歷史博物館刻本　總目
3346 頁

大乘法苑義林章記二十卷錄存不入章抉擇記
一卷

（唐）釋窺基撰　錄存不入章抉擇記　（唐）
釋智周撰

民國四至五年金陵刻經處刻本　總目 3347 頁

大乘法苑義林章補闕八卷

（唐）釋慧沼撰

民國十三年支那內學院刻本　總目 3347 頁

大乘入道次第章一卷

（唐）釋智周撰

民國九年北平刻經處刻本　民國三十二年華
嚴刻經處刻本　總目 3347 頁

華嚴經内章門等雜孔目八卷

（唐）釋智儼集

民國十年金陵刻經處刻本　總目 3347 頁

華嚴三昧章一卷

（清）釋法藏撰

民國六年金陵刻經處刻本　總目 3348 頁　金陵刻經 186 頁

華嚴一乘教義分齊章四卷

（唐）釋吉藏撰

清末民國初刻本　清末民國初金陵刻經處刻本　總目 3348 頁

華嚴一乘分齊章義苑疏十卷

（宋）釋道亭撰

民國十二年釋密寬刻本　總目 3348 頁

華嚴一乘分齊章復古記六卷

（宋）釋師會撰

民國十二年南京佛經流通處刻本　總目 3348 頁

大乘玄論五卷

（唐）釋吉藏撰

民國十二年北京刻經處刻本　總目 3349 頁

隨自意三昧一卷

（南朝陳）釋慧思撰

民國七年北京刻經處刻本　總目 3349 頁

隨自意三昧一卷觀心誦經法

（南朝陳）釋慧思撰　觀心誦經法　（隋）釋智顗説

民國八年北京刻經處刻本　總目 3349 頁

大乘止觀法門宗圓記十二卷

（宋）釋了然撰

民國十四年天津刻經處刻本　總目 3349 頁

摩訶止觀義例隨釋六卷

（唐）釋湛然義例　（宋）釋處元釋

民國十四年揚州衆香庵刻本　總目 3350 頁

法運志略十四卷

（宋）釋志磐撰

民國十四年支那内學院刻本　總目 3352 頁

天台傳佛心印記一卷

（元）釋懷則撰

民國四年常州天寧寺刻經處刻本　總目 3352 頁

天台傳佛心印記注二卷

（明）釋傳燈撰

民國十二年杭州刻經處刻本　總目 3352 頁

性善惡論六卷

（明）釋傳燈撰

民國十三年杭州刻經處刻本　總目 3352 頁

教觀綱宗一卷

（清）釋智旭撰

清末民國初南京刻經處刻本　總目 3352 頁

勸發菩提心集五卷

（唐）釋慧沼撰

民國十一年金陵刻經處刻本　民國間刻本　總目 3353 頁

能顯中邊慧日論七卷

（唐）釋慧沼撰

民國二十一年支那内學院刻本　總目 3353 頁

相宗史傳略録

梅光羲輯

清末民國初刻本　總目 3353 頁

贊法界頌釋一卷

（清）釋續法撰

民國七年天津刻經處刻本　總目 3354 頁

賢首五教儀科注四十八卷首二卷

（清）釋續法輯并注　（清）釋真立輯

民國十五年常州天寧寺刻經處刻本　民國間刻本　總目 3355 頁

賢首五教儀法相數釋四十八卷

（清）釋續法輯并注

民國六年新都縣寶光寺刻本　總目 3355 頁

受菩薩戒儀一卷附南岳大師誓願文
民國二十五年北京刻經處刻本　總目 3356 頁

净心誠觀法一卷
（唐）釋道宣撰
民國八年北京刻經處刻本　總目 3356 頁

菩薩戒羯磨記一卷
（新羅）釋遁倫撰
民國八年金陵刻經處刻本　總目 3356 頁

沙彌律儀要略增注一卷
（清）釋弘贊注
民國八年揚州藏經院刻本　總目 3357 頁

律學發軔三卷
（清）釋元賢撰
民國十一年天津刻經處刻本　總目 3358 頁

半月誦菩薩戒儀式注一卷
（清）釋弘贊注
民國十一年北京刻經處刻本　民國間孫鴻猷
刻本　總目 3359 頁

傅大士集四卷布袋和尚傳一卷文殊菩薩示現錄一卷
（南朝梁）傅翕撰　（宋）樓穎輯　布袋和尚
傳　（明）釋如惺撰　文殊菩薩示現錄　（明）
釋覺源輯
民國十二年刻本　總目 3361 頁

三大士實錄
（南朝梁）傅翕　（明）釋如惺撰　（宋）樓穎
（明）釋覺源輯
民國十四年金陵刻經處刻本　叢書廣錄 453
頁　總目 3361 頁
　傅大士集四卷
　布袋和尚傳一卷
　文殊菩薩示現錄一卷

明州天童覺和尚法語一卷
（宋）釋正覺撰　（宋）釋普崇輯
民國十二年濟南佛經流通處刻本　總目 3364 頁

潙山大圓禪師警策一卷
（唐）釋靈祐撰　（明）釋大香注
民國十二年杭州刻經處刻本　總目 3365 頁

禪關策進一卷
（明）釋袾宏輯
清末民國初刻本　總目 3367 頁

揹黑豆集八卷首一卷
（清）平聖臺（火蓮居士）輯并頌注　（清）心
圓（破戒居士）拈頌別并注
清末民國初刻本　總目 3372 頁

御製揀魔辨異錄八卷
清世宗胤禛撰
清末民國初揚州藏經院刻本　總目 3373 頁

大珠禪師語錄二卷
（唐）釋慧海撰
民國六年常州刻經處刻本　總目 3377 頁

白雲守端禪師語錄二卷
（宋）釋守端撰
民國十五年常州天寧寺刻經處刻本　總目
3378 頁

宏智禪師廣錄八卷
（宋）釋正覺撰　（宋）釋宗法等輯
民國十年揚州藏經院刻經處刻本　總目 3379 頁

天目中峰禪師垂示法語一卷
（元）釋明本撰　（元）釋慈寂輯
民國二十年揚州眾香庵刻本　總目 3380 頁

慧文正辯佛日普照元叟端禪師語錄四卷
（元）釋行端撰　（元）釋法琳輯
民國八年常州天寧寺刻本　總目 3381 頁

南岳山茨際禪師語錄四卷

（清）釋通際撰　（清）釋達尊等輯

民國九年常州天寧寺刻經處刻本　總目 3384 頁

雪嶠禪師語録十卷

（清）釋圓信説　（清）釋弘歇等輯

民國間常州天寧寺刻經處刻本　總目 3384 頁

天濤雲禪師語録一卷

（清）釋際雲撰　（清）釋了信輯

民國十二年常州天寧寺刻經處刻本　總目 3385 頁

破山明禪師語録二十一卷

（清）釋海明撰　（清）釋印巒輯

民國二十年成都昭覺寺刻本　總目 3386 頁

南岳繼起和尚語録五卷

（清）釋弘儲撰　（清）釋濟璣輯

民國間支那内學院刻本　總目 3386 頁

丹霞澹歸釋禪師語録三卷

（清）釋今釋撰　（清）釋今辯輯

民國間支那内學院刻本　總目 3387 頁

鐵舟海禪師語録二十卷

（清）釋行海撰　（清）釋智超輯

民國十一年常州天寧寺刻經處刻本　總目 3388 頁

法乳樂禪師語録四卷

（清）釋超樂撰　（清）釋明達　（清）釋明融輯

民國十一年常州天寧寺刻經處刻本　總目 3388 頁

宗鑑指要一卷

（清）釋性音撰

民國八年長沙上林寺刻經處刻本　總目 3389 頁

宗鑑指要一卷

（清）釋性音撰

民國三十年華嚴刻經處刻本　11-08-13 孔網拍賣

道圓仁禪師語録二卷

（清）釋道圓撰　（清）釋源明編

民國十一年常州天寧寺刻經處刻本　總目 3389 頁

蓮峰源禪師語録二卷

（清）釋超源撰　（清）釋印明輯

民國九年刻本　總目 3390 頁

了凡聖禪師語録六卷

（清）釋際聖撰　（清）釋了弘　（清）釋了貞輯

民國十一年常州天寧寺刻經處刻本　總目 3390 頁

六益謙禪師語録一卷

（清）釋了謙説　（清）釋語通録

民國十四年常州天寧寺刻經處刻本　總目 3391 頁

沛靈源禪師語録二卷

（清）釋沛靈説　（清）釋顯一輯

民國十一年常州天寧寺刻經處刻本　總目 3391 頁

如鑑澄禪師語録二卷

（清）釋達澄説　（清）釋悟徹　（清）釋悟成輯

民國十一年常州天寧寺刻經處刻本　總目 3391 頁

常州天寧净德月禪師語録四卷

（清）釋了月説　（清）釋達傳　（清）釋達如記

民國十一年常州天寧寺刻經處刻本　總目 3391 頁

方聚成禪師語録三十卷首一卷方聚成禪師語録年譜不分卷

（清）釋悟成説　（清）釋真光等輯　方聚成禪師語録年譜　（清）釋真净撰

民國九年常州天寧寺刻經處刻本　總目 3392 頁

正一明禪師語録一卷

（清）釋悟明説　（清）釋虞濟録

民國十四年常州天寧寺刻經處刻本　總目
3392 頁

志學通禪師語録十卷

（清）釋悟通　（清）釋真耀編

民國十二年常州天寧寺刻經處刻本　總目
3392 頁

滄海慧禪師語録一卷

（清）釋達慧説　（清）釋悟通等編

民國十四年常州天寧寺刻經處刻本　總目
3392 頁

寄禪安禪師語録一卷

釋敬安撰

民國四年刻本　總目 3393 頁

徹悟禪師語録二卷

（清）釋際醒説　（清）釋了亮集

民國間仿宋刻本　真德 12 秋 559

明湖語録六卷

（清）冶山居士撰

民國元年中春鮑島餐霞軒刻本　販書續編
191 頁　德寶 15 春 198

永嘉祖師語録集二卷（禪宗永嘉集）

（唐）釋玄覺撰

民國四年刻本　德寶 11 年 2 月 413

六祖大師法寶壇經一卷

（唐）釋慧能説　（唐）釋法海録

民國十八年金陵刻經處刻本　11–12–11 孔網
拍賣

宗門参禪打七規（超脱真銓）

民國四年刻本　孔網已售 10–12–25　07–6–
23 孔網拍賣

净土古佚十書三十一卷

金陵刻經處編

清光緒十九年至民國三年金陵刻經處刻本　總

目 3397 頁

佛説無量壽經義疏六卷　（三國魏）釋康僧
鎧譯　（隋）釋慧遠疏

佛説觀無量壽佛經疏四卷　（唐）釋善導輯

佛説阿彌陀經通賛疏三卷　（唐）釋窺基撰

佛説阿彌陀經義疏一卷　（宋）釋元照撰

無量壽經優婆提舍願生偈注二卷附無量壽
經優婆提舍願生偈一卷略論安樂净土義一
卷賛阿彌陀佛偈一卷　（東魏）釋雲鸞撰

無量壽經優婆提舍願生偈　天竺婆數槃豆
（天親、世親）菩薩撰　（東魏）釋菩提流支
（菩提留支）譯　略論安樂净土義　賛阿彌
陀佛偈（東魏）釋曇鸞撰

安樂集二卷　（唐）釋道綽撰

游心安樂道一卷　（新羅）釋元曉撰

西方要決釋疑通規一卷　題（唐）釋窺基撰

釋净土群疑論六卷　（唐）釋懷感撰

念佛鏡二卷　（唐）釋道鏡　（唐）釋善道撰

觀念阿彌陀佛相海三昧功德法門一卷

（唐）釋善導撰

清末民國初刻本　民國十一年北京刻經處刻
本　總目 3398 頁

念佛鏡二卷

（唐）釋道鏡　（唐）釋善道輯

民國三年金陵刻經處刻本　民國三十年金陵
刻經處刻本　總目 3398 頁

念佛鏡一卷

（唐）釋道鏡　（唐）釋善道輯

民國二年南洋佛經流通處刻本　總目 3398 頁

釋净土群疑論六卷

（唐）釋懷感撰

民國二年金陵刻經處刻本　民國六年金陵刻
經處刻本　民國十三年長沙經書印刷處刻
本　總目 3398 頁　金陵刻經 182 頁

裴相發菩提心文一卷

（唐）裴休撰

清末民國初刻本　總目 3399 頁

西方要決科注二卷

題（唐）釋窺基撰

清末民國初刻本　總目 3399 頁

廬山復教集二卷

（元）釋果滿輯

民國十三年建德周氏影刻本　總目 3400 頁

天樂鳴空集三卷

（明）鮑宗肇撰

民國二十年潮陽郭氏刻本　總目 3401 頁

净土生無生論注一卷

（明）釋傳燈撰　（明）釋正寂注

民國十三年杭州刻經處刻本　總目 3402 頁

西方公據一卷

（清）彭紹升輯

民國五年福州鼓山涌泉寺刻本　山東經偉 13 春 1181

入佛問答二卷

（清）江沅撰

民國三年揚州藏經院刻本　民國五年揚州藏經院刻本　總目 3405 頁

入佛問答二卷

（清）江沅撰

民國十一年北京佛經流通處刻本　保利 13 春 3147

徑中徑又徑徵義三卷

（清）張師誠輯　（清）徐槐廷徵義

民國十年海鹽徐氏刻本　10-08-26 孔網拍賣

廣弘明集四十卷

（唐）釋道宣集

民國元年揚州周楚天刻本　海王村 11 年秋 541

大宋僧史略三卷

（宋）釋贊寧撰

民國二十二年支那內學院刻本　總目 3412 頁

觀世音經咒持驗紀二卷首一卷

（清）周克復輯

民國八年北京刻經處刻本　總目 3415 頁

慈心寶鑑一卷

（清）沈英輯

民國十二年北京文德齋刻本　總目 3415 頁

華嚴感應緣起傳一卷首圖一卷

（清）釋弘璧輯

民國十五年江北刻經處刻本　總目 3416 頁

歷史感應統紀四卷

許止净輯

民國十九年佛教慈幼院刻本　海王村 12 年秋 601

安士全書

（清）周夢顏撰

民國七年揚州藏經院刻本　博古齋 11 年春 1134　卓德 13 秋 4663

略叙傳大毗盧遮那成佛神變加持經大教相承傳法次第記一卷略叙金剛界大教王師資相承傳法次第記一卷

（唐）釋海雲撰

民國九年北京刻經處刻本　總目 3420 頁

蓮宗諸祖略傳一卷

（清）釋貫通輯

民國間揚州藏經院刻本　總目 3420 頁

天台九祖傳二卷

（宋）釋志磐撰

民國七年揚州衆香庵經房刻本　總目 3420 頁

佛教初學課本一卷注一卷

（清）楊文會撰

民國十九年金陵刻經處刻本　總目 3422 頁

金陵刻經 201 頁

佛教中學古文課本四卷
（清）楊文會輯
民國間金陵刻經處刻本　總目 3422 頁

開元釋教録二十卷
（唐）釋智昇撰
民國間刻本　真德 12 秋 673

名僧傳鈔
（南朝梁）釋寶唱撰
民國二十六年刻本　11–11–13 孔網拍賣

名人祖德録不分卷
丑先難編輯
民國十四年長沙善書流通處刻本　12–09–26 孔網拍賣

增訂佛祖道影四卷
虛雲和尚輯
民國二十四年福建鼓山涌泉寺刻本　卓德 13 春 2609

歷游天竺記傳（法顯傳）
（晋）釋法顯撰
民國二十一年刻本　保利 07 秋 2317

南海寄歸内法傳四卷
（唐）釋義净撰
民國十四年葉恭綽施資刻本　德寶 12 年 11 月 49

西藏民族政教史六卷
釋法尊撰
民國二十九年刻本　海王村 13 年 63 期 144

五大部直音二卷
清光緒至民國間瑪瑙經房刻本　總目 3426 頁

大悲咒正音
（清）蓮胎居士正音
清同治三年刻民國印本　總目 3427 頁

景祐法寶録略出一卷
（元）釋慶吉祥等輯
民國十四年支那内學院刻本　總目 3429 頁

至元法寶録勘同總録略出一卷
（元）釋慶吉祥等輯
民國二十一年支那内學院刻本　總目 3429 頁

藏逸經書標目一卷
（明）釋道開編
民國七年北京刻經處刻本　總目 3430 頁

天竺別集三卷
（宋）釋遵式撰
民國十年北京刻經處刻本　總目 3432 頁

山房夜話二卷
（元）釋明本撰
民國十二年天津刻經處刻本　總目 3433 頁

戒殺放生文一卷附放生義一卷
（明）釋袾宏等撰
清末民國初刻本　總目 3435 頁

勸發菩提心文
清末民國初刻本　總目 3435 頁

焦氏支談
（明）焦竑撰
民國三年成都文殊院刻本　總目 3437 頁

修真集（佛家十六條規程）
撰者不詳
民國十二年刻本　孔網數據 16–01–02

修真真解不分卷
撰者不詳
民國元年刻本　15–12–04 孔網拍賣

五百羅漢尊號一卷
（明）高道素録
民國十四年常州天寧寺刻本　新世紀 15 秋 129

法相學

王恩洋述

民國三十一年華嚴刻經處刻本　德寶 13 年 1
月 385

性相五要

民國二十五年北京刻經處刻本　德寶 13 年 9
月 416

虎禪師論佛雜文一卷續一卷二續一卷

楊度撰

民國間楊度刻本　朵雲軒 11 秋 1898　德寶
11 年 6 月 407

東語西話不分卷

（元）釋明本撰

民國十二年天津刻經處刻本　德寶 13 年 1
月 434

祀佛表文不分卷

民國十四年刻本　孔網已售 13-06-17

慈航普度不分卷

退安祖原本

民國四年刻本　孔網已售 13-07-03

大乘意講繞棺散花科儀不分卷

撰者不詳

民國三年刻本　孔網數據 13-03-13

苦厄鏡二卷

釋如常述

民國三十二年刻本　孔網已售 10-03-17

律部顯明燈調伏藏大海心要廣解八卷

智慧幢述　釋能海譯

民國三十五年成都近慈寺刻本　博古齋 14
年 4 月常 517

二課合解七卷首一卷

興慈法師撰

民國十年揚州藏經院刻本　博古齋 14 年 4

月常 565

菩提心戒釋義不分卷

黃覺述

民國十一年湖南同善分社刻本　13-01-11 孔
網拍賣

大悲心咒持誦簡法不分卷

徐文霨述

民國二十年天津刻經處刻本　13-12-10 孔網
拍賣

萬佛經不分卷

民國三十五年刻本　14-01-18 孔網拍賣

大悲緣起四十八願文

釋來果述

民國間刻本　德寶 14 年 2 月 210

嘉興藏經值畫一

撰者不詳

民國九年北京刻經處刻本　孔網數據 15-04-10

宗門十規論　宗門武庫合刻

（五代）釋文益撰　（宋）釋道謙編

民國十八年天津刻經處刻本　山東經偉 13
春 1185

玉佛心經不分卷

民國十六年羑山至善佛堂刻本　15-01-24 孔
網拍賣

請聖禮本不分卷

民國二十九年刻本　15-07-12 孔網拍賣

禮念彌陀道場懺法十卷

（元）王子成輯

民國九年北京刻經處刻本　總目 3439 頁

禮地藏菩薩懺願儀一卷

（清）釋智旭撰

清末民國初揚州藏經院刻本　總目 3441 頁

水陸儀軌五種

□□輯

清同治八年至民國十三年刻本　總目 3443 頁

觀音經懺不分卷

民國二十九年刻本　15-01-01 孔網拍賣

大悲觀音寶懺不分卷

民國九年大石庵刻本　海王村 08 年 43 期 233

南無天元妙法真言普度幽顯玄音寶懺三卷請禮一卷

民國十四年刻本　德寶 12 年 2 月 198　海王村 12 年 59 期 443

慈悲梁皇寶懺（慈悲道場懺法）十卷

（南朝梁）武帝蕭衍撰

民國間寧邑金沙蓮華寺刻本　卓德 13 秋 4719

慈悲梁皇寶懺（慈悲道場懺法）十卷

（南朝梁）武帝蕭衍撰

民國二十二年六和堂刻本　孔網數據 14-06-21

大悲懺儀合節不分卷

撰者不詳

民國間浙杭西湖慧空經房刻本　同方 13 春 181

往生净土懺願儀不分卷

（宋）釋遵式撰

民國八年北京刻經處刻本　山東經偉 13 春 1200

慈悲三昧水懺三卷

（唐）釋知玄述作

民國十四年浙省西湖昭慶慧空經房刻本　海王村 15 年 68 期 363

救母血湖懺不分卷

民國二十二年祁縣刻本　15-07-09 孔網拍賣

觀音本行經懺不分卷

民國十七年刻本　孔網已售 08-02-21

禪門日誦一卷

（清）釋默持輯

民國十五年浙杭昭慶慧空經房刻本　德寶 09 年 11 月 354

決定生西日課

歐陽柱（了一居士）輯

民國十九年刻本　孔網數據 09-08-04

附《金陵刻經處研究》一書所記民國刻本，爲以上未收錄

佛説護諸童子陀羅尼經一卷

（東魏）釋菩提流支譯

民國三年金陵刻經處刻本　金陵刻經 182 頁

菩提心論教相記二卷

（日本）釋亮汰述

民國三年金陵刻經處刻本　金陵刻經 182 頁

觀楞伽記補遺一卷（簡稱楞伽補遺）

（明）釋德清撰

民國三年金陵刻經處刻本　金陵刻經 182 頁

真心直説一卷

（高麗）釋知訥撰

民國三年金陵刻經處刻本　金陵刻經 182 頁

妙法蓮華經合論二十卷

（宋）釋惠洪撰

民國三年金陵刻經處刻本　金陵刻經 182 頁

百喻經二卷

（南朝齊）釋求那毗地譯

民國三年金陵刻經處刻本　金陵刻經 183 頁

大乘大極地藏十輪經十卷（簡稱地藏十輪經）

（唐）釋玄奘譯

民國三年金陵刻經處刻本　金陵刻經 183 頁

大乘成業論一卷

世親菩薩造　（唐）釋玄奘譯

民國四年金陵刻經處刻本　金陵刻經 183 頁

略述法相義三卷

（日本）聞證輯

民國四年金陵刻經處刻本　金陵刻經 183 頁

佛説阿彌陀經疏三卷

（新羅）釋元曉述

民國四年金陵刻經處刻本　金陵刻經 184 頁

大乘五蘊論一卷

世親菩薩造　（唐）釋玄奘譯

民國五年金陵刻經處刻本　金陵刻經 184 頁

世親攝論釋叙一卷

歐陽漸撰

民國五年金陵刻經處刻本　金陵刻經 184 頁

攝大乘論釋十卷

世親菩薩造　（南朝陳）釋真諦譯

民國五年金陵刻經處刻本　金陵刻經 184 頁

成實論叙一卷

歐陽漸撰

民國五年金陵刻經處刻本　金陵刻經 184 頁

觀彌勒菩薩上生兜率天經疏四卷（又名觀彌勒菩薩上生兜率天經贊　彌勒上生經瑞應疏）

唐窺基撰

民國五年金陵刻經處刻本　金陵刻經 184 頁

攝大乘論無性釋十卷

無性撰　（唐）釋玄奘譯

民國五年金陵刻經處刻本　金陵刻經 185 頁

佛地經論七卷

親光菩薩造　（唐）釋玄奘譯

民國五年金陵刻經處刻本　金陵刻經 185 頁

佛説净業障經一卷

失譯

民國五年金陵刻經處刻本　金陵刻經 185 頁

佛藏經四卷

（後秦）釋鳩摩羅什譯

民國五年金陵刻經處刻本　金陵刻經 185 頁

成實論二十卷

訶梨跋摩造　（後秦）釋鳩摩羅什譯

民國五年金陵刻經處刻本　金陵刻經 185 頁

辯中邊論三卷

世親菩薩造　（唐）釋玄奘譯

民國六年金陵刻經處刻本　金陵刻經 186 頁

成唯識寶生論五卷（一名二十唯識順釋論）

護法菩薩造　（唐）釋義净譯

民國六年金陵刻經處刻本　金陵刻經 186 頁

決定藏論三卷

（南朝陳）釋真諦譯

民國六年金陵刻經處刻本　金陵刻經 186 頁

菩薩地持善戒經會譯二十卷

（晋）釋曇無讖譯

民國六年金陵刻經處刻本　金陵刻經 186 頁

佛説大乘聖無量壽決定光明王如來陀羅尼經一卷（簡稱決定光明王陀羅尼經）

（宋）釋法天譯

民國六年金陵刻經處刻本　金陵刻經 186 頁

瑜伽集要救阿難陀羅尼焰口軌儀經一卷（簡稱瑜伽集要陀羅尼經）

（唐）釋不空譯

民國六年金陵刻經處刻本　金陵刻經 187 頁

阿彌陀佛大思維經一卷

民國六年金陵刻經處刻本　金陵刻經 187 頁

佛説莊嚴王陀羅尼咒經一卷（簡稱佛説莊嚴王陀羅尼經）

（唐）釋義净譯

民國六年金陵刻經處刻本　金陵刻經 187 頁

佛説聖多羅菩薩經一卷

（宋）釋法賢譯

民國六年金陵刻經處刻本　金陵刻經 187 頁

大方廣普賢所説經一卷

（唐）釋實叉難陀譯

民國六年金陵刻經處刻本　金陵刻經 187 頁

十地經論十二卷

天親菩薩造　（東魏）釋菩提流支等譯

民國六年金陵刻經處刻本　金陵刻經 187 頁

大方廣佛華嚴經入法界品四十二字觀門一卷（簡稱入法界品四十二字觀門）

（唐）釋不空譯

民國六年金陵刻經處刻本　金陵刻經 187 頁

佛説興起行經二卷

（後漢）釋康孟詳譯

民國六年金陵刻經處刻本　金陵刻經 187 頁

大莊嚴法門經二卷

（隋）釋那連提耶舍譯

民國六年金陵刻經處刻本　金陵刻經 187 頁

大乘遍照光明藏無字法門經一卷

（唐）釋地婆訶羅譯

民國六年金陵刻經處刻本　金陵刻經 187 頁

大乘同性經二卷（又名一切佛行入智毗盧遮那藏説經）

（隋）釋闍那耶舍譯

民國六年金陵刻經處刻本　金陵刻經 187 頁

中本起經二卷

（後漢）釋曇果　（後漢）釋康孟祥譯

民國六年金陵刻經處刻本　金陵刻經 188 頁

大阿羅漢難提密多羅所説法住記一卷

（唐）釋玄奘譯

民國六年金陵刻經處刻本　金陵刻經 188 頁

佛説大乘莊嚴寶王經四卷

（宋）釋天息災譯

民國六年金陵刻經處刻本　金陵刻經 188 頁

仁王般若念誦法一卷

（唐）釋不空譯

民國六年金陵刻經處刻本　金陵刻經 188 頁

大佛頂首楞嚴經合論十卷

釋德洪造論　（宋）正受會合

民國六年金陵刻經處刻本　金陵刻經 188 頁

菩薩處胎經八卷

（後秦）釋竺佛念譯

民國六年金陵刻經處刻本　金陵刻經 188 頁

佛性論四卷

天親菩薩造　（南朝陳）釋真諦譯

民國六年金陵刻經處刻本　金陵刻經 188 頁

優婆塞戒經七卷

（晋）釋曇無懺譯

民國六年金陵刻經處刻本　金陵刻經 188 頁

大乘廣百論釋論十卷

聖天本　護法菩薩釋　（唐）釋玄奘譯

民國六年金陵刻經處刻本　金陵刻經 188 頁

妙臂菩薩所問經四卷

（宋）釋法天譯

民國六年金陵刻經處刻本　金陵刻經 189 頁

那先比丘經二卷（爲南傳《彌蘭王問經》之異譯）

那先造　失譯

民國六年金陵刻經處刻本　金陵刻經 189 頁

大藏秘要五卷

釋元度輯

民國七年金陵刻經處刻本　金陵刻經 189 頁

思惟略要法一卷

（後秦）釋鳩摩羅什譯

民國七年金陵刻經處刻本　金陵刻經 189 頁

央掘魔羅經四卷

（南朝宋）釋求那跋陀羅譯

民國七年金陵刻經處刻本　金陵刻經 189 頁

楞伽經句義通説要旨一卷（簡稱楞伽要旨）

（明）陸西星撰

民國七年金陵刻經處刻本　金陵刻經 190 頁

勝鬘經疏鈔六卷

（日本）聖德太子疏　（唐）釋明空鈔

民國八年金陵刻經處刻本　金陵刻經 190 頁

雜集論述記叙一卷

歐陽漸撰

民國八年金陵刻經處刻本　金陵刻經 190 頁

御録經海一滴二十卷

清世宗編著

民國八年金陵刻經處刻本　金陵刻經 190 頁

在家律要廣集十三卷

（清）釋智旭輯

民國八年金陵刻經處刻本　金陵刻經 190 頁

大事須知

孫傳祝撰

民國九年金陵刻經處刻本　金陵刻經 190 頁

禪宗决疑集一卷

（元）釋智徹撰

民國九年金陵刻經處刻本　金陵刻經 190 頁

唯識二十論會譯二卷

（唐）釋玄奘譯　（南朝陳）釋真諦譯

民國九年金陵刻經處刻本　金陵刻經 190 頁

集諸法寶最上義論一卷

善寂菩薩造　（宋）釋施護譯

民國九年金陵刻經處刻本　金陵刻經 191 頁

大乘阿毗達磨集論八卷

無著菩薩造　（唐）釋玄奘譯

民國九年金陵刻經處刻本　金陵刻經 191 頁

撰集百緣經十卷

（三國吳）釋支謙譯

民國九年金陵刻經處刻本　金陵刻經 191 頁

阿毗達磨發智論二十卷

（唐）釋玄奘譯

民國九年金陵刻經處刻本　金陵刻經 191 頁

大寶廣博樓閣善住秘密陀羅尼經三卷

（唐）釋不空譯

民國九年金陵刻經處刻本　金陵刻經 191 頁

大乘瑜伽金剛性海曼殊室利千臂千鉢大教王經十卷（簡稱曼殊千臂千鉢經）

（唐）釋不空譯

民國九年金陵刻經處刻本　金陵刻經 191 頁

轉經行道願往生净土法事贊二卷（簡稱法事贊）

（唐）釋善導撰

民國九年金陵刻經處刻本　金陵刻經 191 頁

華嚴七字經題法界觀三十門頌注三卷（簡稱華嚴七字經法界觀頌注）

（宋）釋本嵩頌　（元）釋琮湛注

民國九年金陵刻經處刻本　金陵刻經 192 頁

羅湖野録三卷

（宋）釋曉瑩撰

民國十年金陵刻經處刻本　金陵刻經 192 頁

禪秘要法經四卷

（後秦）釋鳩摩羅什譯

民國十年金陵刻經處刻本　金陵刻經 192 頁

净土捷要一卷

（明）釋德清撰

民國十年金陵刻經處刻本　金陵刻經 192 頁

華嚴孔目章一卷

（唐）釋智儼集

民國十年金陵刻經處刻本　金陵刻經 192 頁

禪法要解經二卷

（後秦）釋鳩摩羅什譯

民國十年金陵刻經處刻本　金陵刻經 192 頁

續集古今佛道論衡五卷（又稱佛道論衡經）

（唐）釋道宣撰

民國十年金陵刻經處刻本　金陵刻經 192 頁

蘇婆呼童子請問經四卷

（唐）釋輸波迦羅譯

民國十年金陵刻經處刻本　金陵刻經 192 頁

雜寶藏論十卷

民國十年金陵刻經處刻本　金陵刻經 192 頁

法華普門品疏四卷（即《觀音義疏》）

（隋）釋智顗說

民國十年金陵刻經處刻本　金陵刻經 192 頁

西方發願文注一卷

（清）釋實賢注

民國十年金陵刻經處刻本　金陵刻經 192 頁

佛說最上根本大樂金剛不空三昧大教王經七卷（簡稱不空三昧大教王經）

（宋）釋法賢譯

民國十一年金陵刻經處刻本　金陵刻經 192 頁

現證三昧大教王經三十卷

（宋）釋施護譯

民國十一年金陵刻經處刻本　金陵刻經 193 頁

瑜伽焰口施食要集一卷

（清）釋一雨輯

民國十三年金陵刻經處刻本　金陵刻經 193 頁

集諸經禮懺儀四卷

（唐）釋智昇撰

民國十四年金陵刻經處刻本　金陵刻經 193 頁

大般涅槃經疏七十卷

（隋）章安頂撰

民國二十年金陵刻經處刻本　金陵刻經 193 頁

阿彌陀經要解一卷

（後秦）釋鳩摩羅什譯經　（清）釋智旭解

民國二十一年金陵刻經處刻本　金陵刻經 193 頁

佛說梵綱經校正二卷

（後秦）釋鳩摩羅什譯

民國二十三年金陵刻經處刻本　金陵刻經 193 頁

净土論二卷

（唐）釋迦才撰

民國間金陵刻經處刻本　金陵刻經 193 頁

西齋净土詩四卷

（明）釋梵琦編

民國間金陵刻經處刻本　金陵刻經 193 頁

佛說甘露陀羅尼咒一卷

（唐）釋實叉難陀譯

民國間金陵刻經處刻本　金陵刻經 194 頁

沙彌十戒威儀錄要

（清）釋智旭輯

民國間金陵刻經處刻本　金陵刻經 194 頁

瑜伽師地論釋一卷

最勝子等造　（唐）釋玄奘譯

民國六年金陵刻經處研究部刻本　金陵刻經 194 頁

三具足經優波提舍一卷

天親菩薩造　（東魏）釋毗目智仙等譯

民國六年金陵刻經處研究部刻本　金陵刻經 194 頁

寶髻經四法優波提舍一卷

天親菩薩造　（東魏）釋毗目智仙譯

民國六年金陵刻經處研究部刻本　金陵刻經 195 頁

轉法輪經優波提舍一卷

天親菩薩造　（東魏）釋毗目智仙譯

民國六年金陵刻經處研究部刻本　金陵刻經 195 頁

遺教經論一卷

天親菩薩造　（南朝陳）釋真諦譯

民國六年金陵刻經處研究部刻本　　金陵刻經
195 頁

勝思惟梵天所問經論五卷

（東魏）釋菩提流支譯

民國六年金陵刻經處研究部刻本　　金陵刻經
195 頁

涅槃經本有今無偈論（又稱涅槃四出偈）

天親菩薩造　（南朝陳）釋真諦譯

民國七年金陵刻經處研究部刻本　　金陵刻經
195 頁

妙法蓮華經優波提舍二卷

婆藪槃豆釋　（東魏）釋菩提流支　共曇林等譯

民國七年金陵刻經處研究部刻本　　金陵刻經
195 頁

攝大乘論本三卷

無著菩薩造　（唐）釋玄奘譯

民國七年金陵刻經處研究部刻本　　金陵刻經
195 頁

佛說無上依經二卷

（南朝陳）釋真諦譯

民國七年金陵刻經處研究部刻本　　金陵刻經
196 頁

金剛針論一卷

釋法稱造　釋法天譯

民國七年金陵刻經處研究部刻本　　金陵刻經
196 頁

彌勒菩薩所問經論九卷

（東魏）釋菩提流支譯

民國八年金陵刻經處研究部刻本　　金陵刻經
196 頁

法集明數論一卷

（宋）釋施護譯

民國九年金陵刻經處研究部刻本　　金陵刻經
196 頁

佛說出生菩提心經一卷

（隋）釋闍那崛多譯

民國九年金陵刻經處研究部刻本　　金陵刻經
196 頁

道德經注二卷

（宋）蘇轍撰

民國十年金陵刻經處研究部刻本　　金陵刻經
196 頁

金剛般若波羅蜜經破取著不壞假名論二卷

功德施菩薩造　（唐）釋地婆訶羅譯

民國十一年金陵刻經處研究部刻本　　金陵刻
經 197 頁

集神州三寶感通錄六卷

（唐）釋道宣撰

民國十一年金陵刻經處研究部刻本　　金陵刻
經 197 頁

佛說華手經十四卷

（後秦）釋鳩摩羅什譯

民國十一年金陵刻經處研究部刻本　　金陵刻
經 197 頁

雜阿毗曇心論十四卷

法救尊者造　（南朝宋）僧伽跋摩譯

民國十一年金陵刻經處研究部刻本　　金陵刻
經 197 頁

能斷金剛般若經二卷

（唐）釋玄奘譯

民國十一年金陵刻經處研究部刻本　　金陵刻
經 197 頁

金剛般若波羅蜜經論三卷

無著菩薩造　（隋）釋達摩笈多譯

民國十一年金陵刻經處研究部刻本　　金陵刻
經 197 頁

金剛頂瑜伽中發阿耨多羅三藐三菩提心論一卷

（唐）釋不空譯

民國十一年北京刻經處刻本　金陵刻經 262 頁

十門辯惑論二卷

（唐）釋復禮撰

民國十年北京刻經處刻本　金陵刻經 263 頁

大明釋教匯門標目四卷

（明）釋寂曉撰

民國二十年天津刻經處刻本　金陵刻經 264 頁

大毗盧遮那成佛神變加持經七卷

（唐）釋善無畏譯

民國間江西刻經處刻本　金陵刻經 265 頁

諸教類

基督教之屬

天主教經文

□□輯

清末民國初刻本　總目 3456 頁

聖經析義

□□輯

清末民國初刻本　總目 3458 頁

重刻畸人十篇二卷

（意大利）利瑪竇撰

清道光二十七年刻民國間印本　總目 3460 頁

代疑論

（葡萄牙）陽瑪諾撰

清末民國初刻本　總目 3461 頁

三山論學記一卷

（意大利）艾儒略撰

清末民國初刻本　總目 3462 頁

主教緣起四卷

（德國）湯若望撰

清末民國初刻本　總目 3463 頁

不得已辯

（意大利）利類思撰

清末民國初刻本　總目 3464 頁

聖教日課三卷

（意大利）龍華民編譯

清末民國初刻本　總目 3477 頁

巳亡者日課經

（意大利）利類思譯

民國間刻本　海王村 11 年 55 期 321

亡者日課三卷

民國二十三年刻本　海王村 12 年 58 期 165

聖傷經默想規程附光榮規則

□□撰

清末民國初刻本　總目 3478 頁

默想指掌

□□輯

清末民國初刻本　總目 3482 頁

悔罪經解

□□輯

清末民國初刻本　總目 3483 頁

聖心規條

（法國）馮秉正譯

清末民國初刻本　總目 3486 頁

盛世芻蕘五篇

（法國）馮秉正著　（清）楊多默輯

民國間仁愛聖所刻本　海王村 12 年 57 期 336

真理便讀三字經一卷

（英國）楊格非撰

民國八年刻本　總目 3489 頁

耶穌降世傳

□□輯

民國十九年上海美華書館刻本　總目 3501 頁

伊斯蘭教之屬

指南要言(清真指南要)四卷
(清)馬注撰　(清)馬德新(復初)輯
民國八年北京萬全書局刻本　總目 3511 頁

天方三字經不分卷
馬文夢輯
民國元年楊氏刻本　總目 3511 頁

清真釋疑一卷
(清)金天柱撰
民國十年北京清真書報社刻本　總目 3511 頁

會歸要語
(清)馬德新(復初)撰
清末民國初刻本　總目 3512 頁

雜學音義不分卷
楊正安注
民國九年河南新鄉楊竹坪刻本　總目 3514 頁

教義宣傳說齋戒
馬德實撰
民國二十一年北京清真書報社刻本　總目 3514 頁

清真女子四字經
(清)余成龍撰
民國十三年寶真堂刻本　總目 3515 頁

初學入門一卷(阿漢文)
金樹軒編譯
民國三年回教聯合會總部刻本　總目 3515 頁

醒謎錄要不分卷
蕭德珍譯撰
民國五年刻本　總目 3515 頁

清真指引不分卷
李向亭　韓遠九撰
民國六年蕪湖清真寺刻本　總目 3515 頁

清真易知錄五卷
李向亭撰
民國八年蕪湖清真寺刻本　總目 3516 頁

正教須知一卷(阿漢文)
金澍田譯
民國間金守金刻本　總目 3516 頁

赫聽真經(阿漢文)
民國七年回教俱進會振學社刻本　海王村 09 年 46 期 339

天經至寶(阿漢文)
馬聯元翻譯
民國間雲南刻本　07-08-11 孔網拍賣

修真蒙引六十篇
(清)伍遵契撰
民國十年北京清真書報社刻本　總目 3516 頁

禮書五功義(天方五功釋義)一卷
(清)劉智撰
民國間復德堂刻本　總目 3516 頁

清真摘要二種二卷
□□輯
民國二十一年真經公司天津刻本　總目 3518 頁
　乜帖講義一卷　馮國祥輯
　清真啓蒙一卷　□□輯

清真必讀不分卷
楊正安撰
清末民國初南京清真寺刻本　民國間刻本　民國間刻馬氏恒書堂印本　總目 3518 頁

穆民必讀不分卷
楊正安編
民國七年鎮江西大寺清真學校楊氏刻本　總目 3518 頁

清真教考一卷
(清)孫可庵撰　(清)沈懋中輯
民國十年北京清真書報社刻本　總目 3519 頁

民間宗教之屬

泰山東嶽十王寶卷二卷二十四品

（明）悟空撰

民國十年北京宏文齋刻本　總目 3524 頁

報恩寶卷

（清）廖帝聘撰

民國二十二年刻本　總目 3525 頁　寶卷 15 頁

衆喜寶卷（衆喜粗言寶卷）五卷

（清）陳衆喜撰

民國六年杭州普善堂刻本　民國十年杭州西湖高麗寺刻本　民國十七年黃岩普利堂刻本　民國十八年謝氏尚德齋刻本　總目 3526 頁　寶卷 374 頁

五聖宗寶卷

（清）劉佐臣撰

民國六年莊阿務善堂刻本　總目 3527 頁　寶卷 281 頁

觀音濟度本願真經二卷

（清）彭德源撰

民國十四年北京宏文齋刻本　總目 3528 頁

觀音十二圓覺（十二圓覺　十二圓覺寶經）

（清）彭德源（涵古）撰

民國元年刻本　民國二年重慶瀛洲書屋刻本　總目 3529 頁

觀音夢授真經注解不分卷

（清）悟真子注

民國六年刻本　孔網已售 11-03-17

修真寶傳

□□撰

民國十六年常郡樂善堂刻本　總目 3529 頁

修真寶傳因果（修真寶傳因果全集　修真寶傳因果全部）

□□撰

民國七年成都泉記書社刻本　總目 3530 頁

修真全傳（修真寶鏡）

□□撰

民國十二年刻本　15-11-08 孔網拍賣

彌勒尊經不分卷

撰者不詳

民國四年刻本　14-03-15 孔網拍賣

圓明一理書不分卷

（明）蕭覺齋著

民國十三年刻本　13-05-15 孔網拍賣

九品蓮臺二卷

（清）蓮航居士輯

民國十三年揚州藏經院刻本　總目 3530 頁

皈一艦舟四卷

民國十九年山東濟南府刻本　05-06-15 孔網拍賣

中皇救劫真經不分卷

民國八年月永豐神化文社刻本　孔網數據 15-02-06

五公救劫寶經（大聖五公菩薩救度衆生五公歌符經）

民國二十八年李善堂刻本　德寶 11 年 2 月 621

彌勒顯聖救劫新文不分卷

民國五年刻本　15-12-11 孔網拍賣

五公聖經不分卷

民國三十一年刻本　孔網數據 10-01-26

五公天形圖首妙經不分卷

民國元年刻本　15-01-31 孔網拍賣

五公末劫經不分卷

撰者不詳

民國二年刻本　13-11-14 孔網拍賣

理門弘明集

撰者不詳

民國八年天津西根老公所刻本　今古齋 14 年
29 期 032

觀音菩薩觀香圖

民國十一年刻本　09-06-19 孔網拍賣

皇極主人新降十劫真經不分卷

撰者不詳

民國二十一年刻本　孔網已售 11-11-03

儒宗合璧不分卷

撰者不詳

民國三年刻本　海王村 12 年 59 期 413

祖派源流不分卷

民國七年刻本　同方 15 秋 349　12-08-06 孔
網拍賣

新訂化世歸善四卷

撰者不詳

民國十三年刻本　海王村 10 年 50 期 359

看破世界不分卷

香花道人編

民國間刻本　海王村 10 年 52 期 518

大梵王經不分卷（天元古佛救劫大梵王經）

民國三年刻本　15-04-11 孔網拍賣

菩薩靈官救劫聖諭不分卷

撰者不詳

民國二年刻本　15-04-11 孔網拍賣

諸聖合經不分卷

民國十年刻本　15-04-17 孔網拍賣

三教收圓三集

民國十六年刻本　11-07-01 孔網拍賣

天牖不分卷

民國十一年刻本　15-01-27 孔網拍賣

聖凡合一不分卷

黃龍真人叙

民國三年刻本　14-03-07 孔網拍賣

濟世傳

撰者不詳

民國八年刻本　11-05-05 孔網拍賣

群仙畢集

撰者不詳

民國四年刻本　孔網已售 12-01-27

新學類

青年學則不分卷

周馥昌輯

民國三十年成都學道街茹古書局刻本　德寶
14 年 2 月 148

岳池縣立女子師範學校校志不分卷

岳池縣立女子師範學校編

民國十六年刻本　15-06-27 孔網拍賣

西藥略釋四卷

（美國）嘉約翰校正　孔繼良譯撰

民國三年刻本　海王村 12 年 57 期 159　今古
齋 12 春 356

民生關鍵

撰者不詳

民國十一年刻本　10-01-14 孔網拍賣

集部

楚辭類

屈原賦注七卷通釋二卷附音義三卷
（清）戴震著　音義　（清）汪梧鳳撰
民國十三年建德周氏刻本　弢翁藏書 17 頁　滬國拍 07 秋 228

九歌圖
（明）陳洪綬繪
民國間海上經學院刻本　德寶 06 年 6 月 181

別集類

漢魏六朝之屬

陶詩彙注四卷首年譜一卷末詩話一卷
（清）吳瞻泰輯　（清）許印芳重校
民國三年雲南刻本　販書續編 203 頁

陶淵明集十卷
（晉）陶潛撰
民國二年愛廬陶氏依汲古閣影宋鈔本刻本　泰和 10 秋 920　鼎晟 07 春 041

唐五代之屬

寒山子詩集（寒山子詩）一卷豐干拾得詩一卷
（唐）釋寒山子撰　豐干拾得詩　（唐）釋豐干　（唐）釋拾得撰
民國間建德周氏影宋刻本　總目 56 頁

李長吉詩集四卷外集一卷跋一卷
（唐）李賀撰　（清）吳汝綸評注
民國十一年武強賀氏刻本　經眼錄 91 頁　保

利 11 春 2049

韓翰林集三卷補遺一卷附香奩集三卷
（唐）韓偓撰　（清）吳汝綸評注
民國十二年武強賀氏刻本　經眼錄 93 頁　海王村 02 年秋 241

玉川子詩集（玉川子詩注）五卷
（唐）盧仝撰　（清）孫之騄注
民國十二年刻本　經眼錄 108 頁　泰和 10 秋 1056　納高 11 年春 3381

杜詩鏡銓二十卷附錄一卷讀書堂杜工部文集注解二卷
（唐）杜甫撰　（清）楊倫輯
民國二年廣州登雲閣刻本　海王村 13 年春 625　嘉德四季 23 期 5103

陸宣公全集二十六卷
（唐）陸贄撰　董士恩增輯
民國三十年儀宣閣刻本　販書續編 205 頁

樊紹述遺文一卷
（唐）樊宗師撰　張庚輯
民國十四年綿絳書屋刻本　書刊拍賣目錄 95–01 年 717 頁

宋代之屬

東坡先生和陶淵明詩四卷
（宋）蘇軾撰
民國十一年黃藝錫等京師刻本　總目 235 頁

柯山集五十卷附拾遺十二卷續拾遺一卷附張文潛先生年譜一卷

（宋）張耒撰　拾遺　（清）陸心源輯　續拾遺
（清）□□輯　張文潛先生年譜　邵祖壽編
民國十八年刻本　總目 263 頁

鴻慶居士集補遺十卷

（宋）孫覿撰　繆荃孫校輯
民國刻朱印本　總目 282 頁

張魏公集十卷首一卷紫岩居士易傳一卷

（宋）張浚撰
清刻民國十一年綿竹圖書館印本　總目 298 頁

慈湖先生遺書二十卷首一卷補編一卷附慈湖先生年譜二卷

（宋）楊簡撰　慈湖先生年譜　（清）馮可鏞輯　（清）葉意深編
清光緒間寧波林氏大酉山房刻民國十九年慈溪馮氏毋自欺齋印本　總目 341 頁

澗谷遺集四卷首一卷末一卷

（宋）羅椅撰
民國六年廬陵羅嘉瑞刻本　總目 406 頁　販書續編 207 頁

心史二卷

（宋）鄭思肖撰
民國二十二年支那內學院刊本　保利 09 秋 4428

友林乙稿一卷

（宋）史彌寧撰
民國二十三年江都秦氏石藥簃影宋刻藍印本　經眼錄 106 頁

徐公文集三十卷末一卷

（宋）徐鉉著
民國八年南陵徐乃昌影宋明州本重刻本　嘉德 01 春 728　海王村 11 年春 498

豫章先生遺文十二卷

（宋）黃庭堅撰
清乾隆四十五年婺源汪大本嵂崒山房覆宋刻民國十一年如皋祝氏補刻本　海王村 12 年秋 467

和靖尹先生文集十卷附錄一卷

（宋）尹焞撰
民國二年據明嘉靖本覆刻本　嘉德四季 11 期 4330

增廣箋注簡齋詩集三十卷胡學士續添簡齋詩箋正誤一卷無住詞一卷簡齋詩外集一卷附錄一卷校勘記一卷

（宋）陳與義撰　（宋）胡穉箋
民國九年蔣國榜湖上草堂刻本　江蘇刻書 483 頁　滬國拍 07 秋 366　西泠 14 春 2014

龍川文集三十卷附辨偽考異二卷附錄二卷

（宋）陳亮撰
民國元年湖北官書處刻本　朵雲軒 10 秋 1137　海王村 14 年 67 期 180

頤堂先生文集五卷

（宋）王灼撰　（宋）王傅編
民國間影宋刻本　拍賣古籍目錄 93-00 年 180 頁　海王村 14 年 66 期 299

竹齋先生詩集三卷附錄一卷

（宋）裘萬頃撰
民國十年刻本　萬隆 01 年秋 204　海王村 09 年秋 492

郟溪集二十八卷補遺一卷續補遺一卷

（宋）鄭獬撰
民國八年無倦齋刻本　中安 07 秋 949　真德 13 秋 7277

金元之屬

剡源集三十卷首一卷附佚詩六卷佚文二卷

（元）戴表元撰　（清）孫鏘編
清光緒二十一年奉化孫鏘刻民國七年印本　總目 438 頁

新編翰林珠玉六卷

（元）虞集撰

民國間傅增湘影元刻本　總目 464 頁　海王村 09 年春 553

虞文靖公道園全集六十卷（詩稿八卷詩遺稿八卷在朝文稿十七卷應制文錄六卷歸田文稿十四卷文外稿七卷）

（元）虞集撰

民國元年存古書局補刻本　百衲 15 春 155

滋溪文稿三十卷

（元）蘇天爵撰

民國間天津徐氏刻本　總目 488 頁

顧氏玉山草堂雅集十八卷

（元）顧瑛撰

民國二十四年武進陶湘寫刻本　總目 507 頁

雁門集編注十四卷附卷一卷倡和錄一卷別錄一卷

（元）薩都拉撰　（清）薩龍光編注

民國十三年福州慶遠堂刻本　販書續編 208 頁

影洪武本程雪樓集三十卷（楚國文憲公雪樓程先生文集）

（元）程鉅夫撰

民國十四年涉園陶氏刻本　德寶 07 年 11 月 334

玉井樵唱三卷

（元）尹廷高著

民國二十年尹氏重校刻本　歌德 09 年 11 月 2222　三品堂 10 秋 104

明代之屬

遜志齋集三十卷拾遺十卷續拾遺一卷附錄一卷

（明）方孝孺撰

民國十七年寧海胡氏味善居刻本　總目 558 頁

後樂堂文別集一卷

（明）黃福撰

民國六年後樂堂刻本　總目 562 頁

重刊雞肋集十卷補遺一卷校勘記一卷首一卷

（明）王佐撰

民國五年美山王氏刻本　總目 598 頁

王文莊公集十卷校勘記一卷席上囈語一卷

（明）王鴻儒撰　張嘉謀校　席上囈語　（明）王鴻漸撰

清末民國初河南官書局刻本　總目 632 頁

南覽錄一卷

（明）崔桐撰

民國二十八年馮氏景岫樓刻本　總目 653 頁　江蘇刻書 531 頁

羅司勳文集八卷外集一卷

（明）羅虞臣撰

清末民國初刻本　總目 723 頁

井丹先生文集十九卷附錄一卷

（明）林大春撰

民國二十四年潮陽郭氏雙百鹿齋刻本　總目 771 頁

見羅先生正學堂稿四十卷

（明）李材撰

民國元年豐城李氏刻本　總目 793 頁

呂新吾先生遺集

（明）呂坤撰

民國間呂祥刻本　總目 802 頁

高子遺書十二卷附錄一卷年譜一卷

（明）高攀龍撰　年譜　（明）華允誠編

民國十一年補刻本（書後附民國年重刊跋文）　保利 12 春 748

高子別集八卷

（明）高攀龍撰

民國十五年唐文治刻本　總目 864 頁

妙遠堂詩鈔五卷

（明）馬之駿撰

民國十九年南陽張氏陶然齋刻本　總目 909 頁

洀美堂詩集九卷

（明）楊文驄撰

民國二十四年貴陽陳夔龍刻本　民國間陳氏
金陵刻本　總目 956 頁

山水迻四卷附錄一卷

（明）楊文驄撰

民國間刻本　總目 956 頁

釣璜堂存稿二十卷交行摘稿一卷徐闇公先生遺文一卷

（明）徐孚遠撰　陳乃乾輯

民國十五年金山姚氏懷舊樓刻本　總目 962
頁　清人別集 1883 頁　清人詩文 28 頁

瀨園遺集十二卷

（明）嚴首昇撰

清末民國初刻本　總目 966 頁

榮木堂詩集十二卷文集六卷附陶密庵先生年譜一卷

（明）陶汝鼐撰　陶密庵先生年譜　梅英傑編

民國十七年溈嶠遺書館刻本　總目 974 頁
清人別集 1983 頁　清人詩文 34 頁

陶密庵先生遺集十卷附陶密庵先生年譜一卷

（明）陶汝鼐撰　陶密庵先生年譜　梅英傑編

民國十七年溈嶠遺書館刻本　總目 974 頁

萬年少詩文補遺一卷

（明）萬壽祺撰　羅振玉輯

民國二十一至二十二年銅山董士恩北平刻隰
西草堂集本　總目 974 頁　清人詩文 43 頁

隰西草堂集十二卷

（明）萬壽祺撰

民國二十二年重刻本　清人別集 25 頁　書
刊拍賣目錄 95–01 年 88 頁　清人詩文 43 頁

重訂祝子遺書六卷首一卷末一卷

（明）祝淵撰　祝廷錫輯

民國六年非樓刻本（杭州翰墨齋刻）　總目
987 頁

呂半隱詩集三卷

（明）呂潛撰

民國二十六年成都沈氏梧齋刻本　清人別集
386 頁　清人詩文 90 頁

晚聞堂集十六卷（山中吟草二卷戊寅草一卷卯午草一卷未戌草一卷辛亥草一卷辰未草一卷方外草一卷雜文五卷山居瑣談一卷元丘素話一卷訪道日錄一卷）

（明）余紹祉撰

民國十五年刻本　清人別集 957 頁

徐太拙先生遺集八卷

（明）徐振芳撰

民國二十三年徐氏家刻本　清人別集 1891 頁
清人詩文 25 頁

危太樸文集十卷雲林集二卷（是書又稱《說學齋稿》,後附危太樸雲林集補遺一卷續補二卷詩跋一卷附錄一卷）

（明）危素撰　後附　（清）鮑廷博輯

民國二年嘉業堂劉氏刻本　海王村 08 年春 306

六如居士全集七卷

（明）唐寅撰

民國十二年常州樂善堂刻本　德寶 07 年 5
月 139

太師誠意伯劉文成公集二十卷（誠意伯文集）

（明）劉基撰

民國五年刻本　海王村 08 年 42 期 108　德寶
11 年 8 月 376

埽庵集不分卷

（明）譚貞默撰

民國二十三年譚新嘉刻本　博古齋 14 春 1055

即山先生文鈔二卷詩鈔一卷附蓼泣集一卷

（明）沈承撰　附　（明）薄少君撰

民國十三年刻本　卓德 13 春 3179

清代之屬

清前期

霜紅龕集四十卷

（清）傅山撰

清咸豐四年山西晋陽書院刻民國元年補刻本
民國二十五年刻　清人詩文 58 頁　清人
別集 2250 頁

定山堂詩集四十三卷詩餘四卷文集六卷

（清）龔鼎孳撰　龔心釗重輯

民國十三年龔氏瞻麓齋刻本　販書續編 239
頁　清人別集 2089 頁

一硯齋詩集十六卷

（清）沈荃撰

民國五年封文權刻本　民國十一年華亭封氏
刻本　總目 1108 頁　經眼錄 104 頁　清人
別集 1019 頁　清人詩文 168 頁

默庵遺稿八卷

（清）馮舒撰

清末民國初常熟翁之廉刻本　總目 1020 頁

不得已集四卷

（清）李獻箴撰

民國七年刻本　總目 1024 頁　清人別集 827
頁　清人詩文 26 頁

笠洲詩草八卷

（清）瞿源洙撰

民國三年繼述堂刻本　清人別集 2461 頁

笠洲儷體不分卷附補遺

（清）瞿源洙撰

民國三年繼述堂刻本　清人別集 2461 頁

静虚樓吟草一卷

（清）江蟾香撰

民國五年聽邠館刻食舊德堂家集本　婦女著
作考 289 頁　清人別集 572 頁

石莊先生詩集二十七卷（橄游草一卷青玉軒
詩七卷頤志堂詩八卷自甲寅草至辛酉草菊佳
軒詩十一卷）

（清）胡承諾撰

民國五年沈觀齋刻本　民國八年沈觀齋重刻
本　總目 1038 頁　清人別集 1591 頁　清人詩
文 57 頁

西齋集十四卷自删詩稿二卷

（清）吳暻著

民國二十三年鹽山劉氏䃮印齋刻本　清人別
集 861 頁　泰和 10 秋 1063

白測魚詩一卷

（清）白孕彩撰

民國二年平遥王氏刻小傳我詩附　總目 1066 頁

陋軒詩十二卷續一卷

（清）吳嘉紀撰

清嘉慶間繆中刻道光二十年夏嘉穀、民國五
年徐閏輝補修本　總目 1077 頁　清人別集
920 頁

陋軒詩六卷詩續二卷

（清）吳嘉紀撰

民國五年丹徒楊氏絕妙好辭齋刻本　民國九
年丹徒絕妙好辭齋刻本　民國十九年楊程祖
重刻本　清人別集 920 頁

懷仁堂遺稿徵存十二卷

（清）許三禮撰

民國八年告天樓刻本　總目 1113 頁　清人
別集 596 頁　清人詩文 176 頁

江泠閣文集四卷續編二卷補遺一卷詩集十二
卷首一卷詩餘小令一卷續編一卷外集一卷補
遺一卷

（清）冷士嵋撰

民國九年橫山草堂刻本　總目 1119 頁　清人別集 976 頁

己畦集二十二卷原詩四卷詩集十卷詩集殘餘一卷

（清）葉燮撰

民國間葉氏夢篆樓刻本　總目 1125 頁　清人別集 305 頁

姜先生全集三十三卷首一卷（湛園未定稿十卷西溟文鈔四卷真意堂佚稿一卷湛園藏稿四卷湛園雜記四卷湛園題跋一卷湛園詩稿三卷詩詞拾遺一卷葦間詩集五卷）

（清）姜宸英撰

民國十九年寧波大西山房刻本　清人別集 1669 頁　清人詩文 196 頁　同方 13 秋 244　博古齋 15 年 2 期 751

若園詩一卷渡江草一卷

（清）耿念劬撰

民國十二年刻本　清人詩文 211 頁

胡畸人詩一卷

（清）胡庭撰

民國二年平遙王氏刻小傳我詩附　總目 1147 頁　清人詩文 219 頁

獨漉堂詩集十六卷文集十五卷續一卷

（清）陳恭尹撰

民國八年廣東超華齋重刻本　清人別集 1307 頁　清人詩文 223 頁　工美 13 秋 482

學山詩稿十卷

（清）葉舒穎撰

民國八年葉氏刻本　清人詩文 224 頁

忘庵遺詩輯存一卷續輯一卷誦芬拾遺一卷

（清）王武撰　王季烈輯

民國十八年王季烈刻本　總目 1155 頁

荔香堂詩集三卷首一卷

（清）簡于言撰

民國二十一年廣東刻本　總目 1180 頁　販書續編 239 頁　清人別集 2322 頁

漱玉亭詩集（歸雲草）一卷附贈行詩

（清）釋超淵撰

民國五年新昌胡氏重刻本　總目 1183 頁　清人別集 2488 頁　清人詩文 269 頁

柴村詩集五卷（鍾山草一卷西堂草一卷閩游草一卷嶺南草一卷晚香草一卷）

（清）釋傳逽撰

民國十一年刻本　總目 1183 頁　清人別集 2473 頁　清人詩文 269 頁

瑞竹亭合稿六卷附錄一卷

（清）王愈擴　（清）王愈融撰

民國十年梅岡王氏本仁堂刻本　總目 1195 頁　清人別集 180 頁　清人詩文 285 頁

中江紀年詩集四卷

（清）袁啓旭撰

民國十一年敦睦堂重刻本　清人詩文 318 頁

翠滴樓詩集六卷

（清）馮雲驤撰

民國二十五年山西書局據乾隆清暉堂本補刻本　清人詩文 319 頁

願學堂詩集二卷

（清）蔣魯傳撰

民國二十五年刻本　總目 1242 頁　清人詩文 353 頁

雪堂詩賦四卷

（清）傅作楫撰

民國九年守墨齋刻本　總目 1257 頁　清人別集 2255 頁　清人詩文 373 頁

分干詩鈔四卷

（清）葉舒璐撰

民國七年吳江葉氏願學齋刻本　總目 1277

頁　清人別集 316 頁　清人詩文 401 頁

江干詩集四卷外集一卷

（清）余京撰

民國十三年余長春刻本　總目 1280 頁　清人別集 951 頁　清人詩文 404 頁

愧庵遺集不分卷

（清）楊甲仁撰

民國十三年刻本　總目 1287 頁　清人別集 707 頁　清人詩文 414 頁

愧庵遺著集要五卷

（清）楊甲仁撰

民國十年刻本　民國二十二年刻本　總目 1287 頁　清人別集 707 頁　清人詩文 414 頁

止泉外集五卷

（清）朱澤澐撰

民國十四年刻本　總目 1288 頁

魯田遺文一卷（劉魯田先生遺文）

（清）劉汶撰

民國間刻本　總目 1294 頁　清人別集 500 頁清人詩文 424 頁

蛻翁草堂全集八卷

（清）倪蛻撰

民國三年雲南省圖書館刻本　總目 1296 頁

松筠詩鈔（汲古亭詩鈔）一卷

（清）成光化撰

民國十四年刻本　民國二十二年寶應成氏刻本　總目 1307 頁　清人別集 377 頁　清人詩文 441 頁

自然堂遺詩三卷

（清）黃寬撰

民國十五年黃文藻京師刻本　總目 1330 頁　清人別集 1996 頁

賞雨茆屋小稿一卷

（清）符曾撰

民國十三年吳用威影刻本　總目 1358 頁　清人別集 2107 頁

夏觀川詩集（菜根精舍詩草十二卷續草四卷）

（清）夏力恕撰

民國四年孝感夏氏虹莊刻澴農遺書本　總目 1363 頁

菜根堂文集十卷

（清）夏力恕撰

民國四年孝感夏氏虹莊刻澴農遺書本　總目 1363 頁

鋤經餘草十六卷續草四卷

（清）王文清撰

民國十三年刻九溪遺書本　民國三十年王氏後裔重刻本　總目 1369 頁　清人別集 104 頁

培園詩集一卷

（清）錢本誠撰

民國四年聽邠館重刻本　總目 1376 頁　清人別集 1819 頁

陳石間詩三十卷附錄一卷

（清）陳景元撰

民國十七年榮文祚雪石齋刻本　總目 1378 頁清人別集 1317 頁　清人詩文 541 頁

陰静夫先生遺文二卷

（清）陰承方撰

民國十一年刻本　民國二十四年重刻本　總目 1407 頁　清人別集 620 頁　清人詩文 580 頁

渚陸鴻飛集一卷

（清）吳焯撰　吳用威校輯

民國十三年吳用威刻本　販書續編 242 頁　清人別集 855 頁　海王村 08 年春 304

秋聲館吟稿一卷

（清）符之恒撰　（清）汪沆等輯

民國十三年錢塘吳氏刻本　總目 1425 頁　清

人別集 2107 頁　清人詩文 602 頁

黃竹山房詩鈔六卷補鈔一卷田盤紀游一卷

（清）金玉岡撰　（清）金鉞選録

民國二十二年刻本　總目 1443 頁　清人別集 1422 頁　清人詩文 623 頁

石帆詩集八卷補遺一卷

（清）張曾撰

民國八年廣州余富文齋刻本　總目 1451 頁

課選樓遺詩一卷

（清）陳蕊珠撰

民國初刻課選樓合刻本　總目 1454 頁　清人別集 1325 頁

芸書閣剩稿一卷

（清）金至元撰

民國十七年金氏刻本　民國二十二年金氏刻本　總目 1460 頁　清人詩文 648 頁

井遷文集七卷詩集六卷

（清）吳直撰

清道光三十年吳逢盛刻民國十九年印本　總目 1465 頁　清人別集 844 頁

蝶花庵詩鈔一卷附詩餘一卷

（清）錢荃撰

民國五年聽邠館刻食舊德堂家集本　總目 1467 頁　清人別集 1808 頁

虛舫剩集二卷

（清）萬友正撰

民國三十年刻本　總目 1467 頁　清人別集 24 頁

燕石齋詩草一卷

（清）吳興炎撰

民國九年吳其轅刻本　總目 1481 頁　清人別集 886 頁　清人詩文 673 頁

聽秋山館遺稿不分卷

（清）柳樾撰

民國二十六年刻本　總目 1486 頁　清人詩文 680 頁　清人別集 1612 頁

十誦齋詩集四卷

（清）周天度撰

民國三十三年刻本　清人詩文 687 頁

瑶華道人詩鈔十卷御覽集一卷

（清）弘旿撰

清光緒間刻民國三十一年新河馮氏補刻本　總目 1494 頁　清人別集 365 頁

戴東原集十二卷

（清）戴震撰　（清）臧在東　（清）顧子述增輯

清宣統二年渭南嚴氏孝義家塾成都刻民國十六年補刻本　總目 1497 頁

汪子遺書二十卷

（清）汪縉撰

民國間潘氏補刻本　總目 1501 頁

汪子全集十九卷

（清）汪縉撰

民國三年蘇州瑪瑙經房彙印本　總目 1501 頁　清人別集 987 頁

汪子文録十卷詩録四卷遺詩五卷讀佛祖四十偈私記一卷

（清）汪縉撰

清光緒八年彭祖賢刻民國十五年彭清鵬補刻本　總目 1501 頁

林於館詩集二卷

（清）查昌業撰

民國二十五年天津金氏刻本　總目 1513 頁

辛齋詩草一卷

（清）錢軾撰

民國五年聽邠館刻食舊德堂家集本　總目 1543 頁　清人別集 1810 頁　清人詩文 751 頁

尊聞居士集八卷

（清）羅有高撰 （清）彭紹升編

民國十四年重刻本（增尊聞居士集初續一卷再續一卷） 總目 1549 頁 清人別集 1399 頁

敦艮齋遺書十七卷

（清）徐潤第撰

民國二十二年山西書局補刻本 總目 1562 頁 清人詩文 773 頁

西陂類稿五十卷補遺一卷

（清）宋犖撰

民國六年宋恪棠刻本 清人別集 1061 頁 嘉德四季 11 期 4324

清中期

炅齋詩集一卷

（清）胡睿烈撰

民國二十五年天津金氏刻本 總目 1572 頁

寫韵樓詩集五卷首一卷末一卷

（清）吳瓊仙撰

民國二十二年烏程龐氏刻本 清人別集 911 頁 婦女著作考 316 頁

静香書屋詩草不分卷

（清）史汝楫撰

民國元年常州史耜孫花嶼讀書堂刻本 總目 1574 頁 清人別集 328 頁 清人詩文 787 頁

書臺詩鈔一卷

（清）袁燮和撰

民國十一年鎮江鏡古書屋刻本 總目 1579 頁 清人別集 1758 頁 清人詩文 792 頁

傳經閣遺稿一卷

（清）周素貞撰

民國十二年季冬重刻本 販書續編 294 頁 清人詩文 802 頁

錢南園遺集七卷

（清）錢灃撰

民國間刻本 總目 1588 頁 清人詩文 803 頁

十栗堂詩鈔四卷

（清）葉蓁撰 （清）楊雲津訂 （清）紀昀編

民國十一年説蓮池館校印本 總目 1605 頁

述古堂文集十二卷

（清）錢兆鵬撰

民國元年湖北官書局重刻本 總目 1606 頁 清人別集 1822 頁 清人詩文 826 頁

杏花天館詩文存一卷

（清）柳淦撰

民國二十六年刻本 總目 1606 頁 清人別集 1612 頁 清人詩文 827 頁

徒洲文集五卷

（清）王鑾撰

民國十四年刻本 民國二十三年刻本 總目 1612 頁 清人詩文 834 頁

嚴東有詩集十卷（歸求草堂詩集六卷秋山紀行集二卷金闕攀松集一卷玉井攀蓮集一卷）

（清）嚴長明撰

民國元年郎園刻本 販書 394 頁 清人別集 665 頁

衣德樓詩文集十卷

（清）徐秉文撰

民國九年謝國杰刻天台謝氏世德堂叢書本 民國間檇溪居士校刻本 總目 1616 頁 清人別集 1885 頁 清人詩文 839 頁

虹橋詩稿不分卷

（清）朱廷芝撰

民國二十五年刻本 清人詩文 874 頁

玩草園集二卷

（清）劉揆撰

民國間沔陽盧氏慎始基齋北京刻本 總目 1618 頁

師荔扉詩集二十七卷附錄一卷 （缺卷三、七、九、十二、二十一）

（清）師範撰

民國十一年雲南圖書館刻本　販書 401 頁

南園吏隱詩存一卷

（清）蒲忭撰

民國二十年淮陰徐氏刻本　總目 1653 頁　清人別集 2311 頁

悔生文集八卷詩鈔六卷

（清）王灼撰

民國二十五年張皖光補刻本　總目 1660 頁　清人別集 51 頁　清人詩文 889 頁

游道堂集四卷

（清）朱彬撰

民國五年寶應朱氏宜禄堂重刻本　民國十五年寶應朱氏宜禄堂再重刻本　揚刻 329 頁　清人別集 404 頁

簡莊綴文六卷

（清）陳鱣撰

清光緒間蔣氏心矩齋刻民國十五年杭州抱經堂補修本　總目 1669 頁　清人別集 1255 頁　清人詩文 901 頁

夢亭遺集二卷附錄一卷

（清）方學周撰

民國二年方氏誦芬樓家刻本　清人別集 237 頁　總目 1697 頁

吟秋山館詩鈔八卷

（清）謝宗善撰

民國十五年刻本　總目 1707 頁　清人別集 2300 頁　清人詩文 940 頁

企崔山房文集二卷

（清）梅英傑撰

民國二十二年長沙刻本　總目 1712 頁　近代書目 134 頁　清人詩文 946 頁

蘭臺遺稿一卷續編一卷附芸暉小閣吟草一卷

（清）彭希涑撰　附 （清）顧輼玉撰

民國九年補刻本　總目 1735 頁　清人別集 2156 頁　清人詩文 951 頁

芸暉小閣吟草一卷

（清）顧輼玉撰

民國刻蘭臺遺稿本附　清人別集 1799 頁

悔學堂集三卷

（清）江式撰

民國間刻本　清人詩文 958 頁

甌香書屋詩鈔四卷

（清）錢宗穎撰

民國四年聽邠館刻本　總目 1740 頁　清人別集 1828 頁　清人詩文 976 頁

聲玉山齋詩集十卷

（清）鄒熊撰

民國十三年鄒航甫補修刻本　清人詩文 981 頁

松田文集二卷

（清）陳紀撰

民國十二年靜遠堂刻本　總目 1764 頁　清人詩文 1003 頁

六硯草堂詩集四卷

（清）延君壽撰

民國二十三年刻本　總目 1766 頁　清人別集 467 頁　清人詩文 1006 頁

芳皋棄餘錄四卷

（清）劉潯撰

民國十九年致福樓刻塡篋集本　民國二十二年鮮于氏特園刻本　總目 1780 頁　清人別集 508 頁

念堂詩草五卷

（清）崔旭撰

民國二十二年崔氏刻本　總目 1784 頁　清人別集 2100 頁

秦雲堂文集二卷駢體文集二卷詩集十八卷詞集三卷

（清）孫爾準撰

清光緒三十三年孫庭壽刻民國六年印本　總目 1807 頁

蕉聲館文集八卷詩集二十卷詩補遺四卷詩續補一卷

（清）朱爲弼撰　詩續補　朱景邁輯

民國八年朱景邁東湖草堂刻本　總目 1811 頁　清人別集 422 頁　清人詩文 1058 頁

榆蔭樓詩存一卷

（清）奚疑撰

民國五年周氏刻本　07-06-04 孔網拍賣

大古山房詩鈔不分卷

（清）丁啓賢撰

民國三十三年丁壯猷刻本　總目 1834 頁　清人詩文 1081 頁

悦雲山房駢體文存四卷

（清）劉敦元撰

民國五年天津徐氏刻本　總目 1842 頁　清人別集 549 頁

魯岩所學集十五卷補遺一卷交游記一卷餘事稿二卷

（清）張宗泰撰

民國二十年張氏模憲堂刻本　總目 1845 頁　販書 443 頁　清人別集 1160 頁　博古齋 13 年 9 月季 1446

復園詩集六卷文存一卷

（清）劉基定撰　（清）廖樹蘅刪

民國十七年潙嶠遺書館刻本　總目 1846 頁　近代書目 79 頁　清人詩文 1096 頁

欲起竹間樓存稿六卷

（清）梅成棟撰

民國十二年天津志局彙刻本　民國二十二

年天津金氏刻本　總目 1854 頁　清人別集 2057 頁　清人詩文 1106 頁

吴侍讀全集二十三卷

（清）吴慈鶴撰

民國十二年刻本　清人詩文 1118 頁

竹韵樓詩鈔二卷琴趣一卷

（清）王淑撰

清道光十一年刻民國十三年增刻本　總目 1863 頁　清人別集 69 頁

歐陽氏遺書一卷

（清）歐陽直撰

民國間成都茹古書局刻本　總目 1890 頁　清人詩文 1145 頁　清人別集 1382 頁

綺望樓遺詩一卷

（清）錢宗韓撰

民國五年聽邠館刻食舊德堂家集本　總目 1890 頁　清人詩文 1145 頁

留村文集四卷

（清）黄瑞撰

民國二年海隅沈氏刻本　總目 1898 頁　清人詩文 1155 頁

方坡遺詩不分卷

（清）陸志堅撰

民國十年刻本　總目 1899 頁

衍石齋晚年詩稿五卷

（清）錢儀吉撰　錢振聲輯

民國二十一年刻本　總目 1913 頁　販書 453 頁　清人別集 1820 頁

定廬集四卷

（清）錢儀吉撰

民國四年刻本　販書 453 頁　清人別集 1820 頁　近代書目 81 頁

五州山民遺稿不分卷

（清）韓葆琛撰

民國間刻本　總目 1919 頁

紅蕉館詩鈔六卷附竹韵樓詩鈔二卷琴趣詞一卷

（清）周光緯撰

清道光間刻民國十三年增刻本　總目 1933 頁　清人別集 1458 頁　清人詩文 1191 頁

詩舲詩録六卷詩外四卷續稿二十卷

（清）張祥河撰　（清）耿道冲重編

民國八年刻本　清人詩文 1193 頁

金粟如來詩龕集四卷

（清）翁時襬撰

民國五年福州刻本　清人詩文 1208 頁

陶龕詩集十二卷

（清）羅信南撰

民國四年刻本　總目 1951 頁　清人別集 1402 頁　清人詩文 1210 頁

評月樓遺詩三卷

（清）陳三陛撰

民國九年柳亞子補刻本　總目 1954 頁　清人別集 1256 頁　清人詩文 1214 頁

寄樵山館詩鈔六卷

（清）吳越壽撰

民國二十年刻本　總目 1957 頁　清人詩文 1218 頁

浣心處詩草不分卷

（清）鄭若檀撰　王子壽等評

民國十四年吉昌書局刻本　總目 1962 頁　清人別集 1501 頁　清人詩文 1222 頁

有獲齋文集六卷附録一卷

（清）李道平撰

民國二十三年安陸陳氏念園刻本　總目 1965 頁　清人別集 825 頁

有獲齋文集十卷附録一卷

（清）李道平撰　李聲德編

民國十年安陸李氏刻本　販書 474 頁　總目 1965 頁　清人詩文 1226 頁

玲瓏山館詩集一卷

（清）陳梓撰

民國十二年涵江圖書館刻本　總目 1981 頁　清人別集 1241 頁　清人詩文 1244 頁

仕國弦歌録四卷

（清）夏寶晉撰

清道光十二年未能齋刻民國二十二年王守義印本　總目 1986 頁

補蘿書屋詩鈔四卷

（清）李飛英撰　陳樹均輯

民國四年太平陳氏刻本　總目 1995 頁　清人別集 763 頁　清人詩文 1258 頁

積石文稿十八卷詩存四卷繪餘編一卷

（清）張屨撰

清光緒二十年刻民國十七年補修本　總目 2007 頁

南池唱和詩存一卷

（清）張屨　（清）張海珊撰

清光緒二十年刻民國十七年補修本　總目 2007 頁

寡過未能齋詩集二卷

（清）常煜撰

民國十二年長治公款局刻本　總目 2015 頁　清人別集 2097 頁　清人詩文 1278 頁

蔗初吾生草二卷

（清）何順之撰

民國十一年何氏知訓堂刻本　總目 2024 頁　清人別集 943 頁　清人詩文 1287 頁

中峰古文鈔四卷附青羊詩集一卷

（清）馬一山撰

民國元年刻本　總目 2025 頁　清人別集 33 頁

容拙齋文鈔一卷

（清）張舒撰

民國四年張鶴第刻本　總目 2026 頁　清人別集 1097 頁　清人詩文 1290 頁

五湖漁莊圖題詞四卷

（清）葉承桂撰

民國元年刻本　總目 2027 頁　清人別集 314 頁

法古齋詩鈔一卷

（清）何振銑撰

民國八年橫山草堂刻本　總目 2030 頁　清人別集 945 頁　清人詩文 1296 頁

退密齋吟稿一卷

（清）徐繼畬撰

民國三年闇然堂刻本　總目 2039 頁　清人別集 1892 頁　清人詩文 1305 頁

夢鷗閣題詞一卷詩鈔一卷

（清）許銓撰

道光二十六年刻民國九年柳繩祖補刻本　清人別集 592 頁　總目 2039 頁

燼餘集二卷

（清）羅鳳藻撰

民國十一年羅駿聲導江精舍刻本　總目 2040 頁　清人別集 1397 頁　清人詩文 1306 頁

思補齋詩鈔二卷附試帖存稿一卷

（清）徐廣縉撰

民國六年徐崇慎刻本　總目 2055 頁　清人別集 1867 頁　清人詩文 1323 頁

雲悦山房偶存稿六卷附存一卷

（清）楊維屏撰

民國元年福州鼓樓前陳良輔刻坊刻本　總目 2058 頁

紅樓夢戲咏

（清）楊維屏撰

民國元年雲悦山房寫刻本　清人別集 728 頁

李文清公詩集不分卷

（清）李棠階撰

民國十一年刻本　總目 2064 頁　清人別集 823 頁　清人詩文 1332 頁

靮録齋稿四卷

（清）夏燁如撰

民國二年夏勤邦刻本　民國二十四年刻本　總目 2076 頁　清人別集 1767 頁　清人詩文 1345 頁

浩然堂詩集六卷

（清）江開撰

民國五年江氏敦悦堂刻本　清人詩文 1363 頁

石泉集四卷

（清）郭柏蔭撰

民國十八年刻本　民國二十三年侯官郭氏家集彙刻本　總目 2094 頁　清人別集 1945 頁

天開圖畫樓試帖二卷

（清）郭柏蔭撰

民國間刻本　民國十八年刻本　民國二十三年侯官郭氏家集彙刻本　總目 2094 頁　清人別集 1945 頁

妙蓮華室詩詞鈔不分卷

（清）王增年撰　王守恂選

民國十一年刻本　總目 2097 頁　清人詩文 1369 頁

柳橋詩鈔一卷

（清）崔晨撰

民國二十二年崔氏海雲書屋刻本　總目 2101 頁　清人別集 2101 頁　清人詩文 1372 頁

瘦春仙館詩剩一卷

（清）魯蘭仙撰

民國八年刻本　總目 2105 頁　清人別集 2261

頁　清人詩文 1377 頁

擷清書屋遺稿二卷

（清）蔣予檢撰

民國六年睢陽蔣氏刻本　總目 2109 頁　清人別集 2190 頁　清人詩文 1381 頁

立誠軒文稿一卷古今體詩一卷

（清）呂賢基撰

民國二年呂美璟上海刻本　總目 2111 頁　清人別集 388 頁　清人詩文 1383 頁

洪樂集二卷

（清）徐韋撰

民國二年夜月樓刻本　清人詩文 1385 頁

通甫集外文二卷

（清）魯一同撰

民國二十五年淮陰徐氏刻本　總目 2124 頁　近代書目 92 頁　清人詩文 1396 頁

秋綺軒遺詩一卷

（清）王敬義撰

民國十三年新城王氏刻養真室集附　總目 2125 頁　清人詩文 1397 頁

猶得住樓詩稿不分卷

（清）李媞撰

民國四年周浦柢社刻本　總目 2129 頁　清人詩文 1402 頁

焚餘草一卷

（清）張琚撰

清同治二年刻民國十五年重刻本　總目 2137 頁　清人別集 1096 頁　清人詩文 1411 頁

蓮品詩鈔一卷

（清）王敬熙撰

民國十二年刻本　總目 2140 頁　清人別集 173 頁　清人詩文 1416 頁

巢經巢逸詩一卷

（清）鄭珍撰

民國二十一年金陵盧氏飲虹簃刻本　總目 2144 頁　清人別集 1487 頁　清人詩文 1418 頁

朱九江先生集注十卷

（清）朱次琦撰　張啓煌注

民國十九年刻本　總目 2148 頁　清人別集 431 頁　清人詩文 1424 頁

一樹梅花老屋詩三卷

（清）姚濟撰　（清）張文虎刪定

民國二十二年松韵草堂刻本　總目 2149 頁　清人詩文 1425 頁

碧螺山館詩鈔八卷附補遺一卷

（清）金蘭撰

民國十年吳縣柳宗棠重修補刻本　總目 2157 頁　清人別集 1411 頁

鍥不舍齋文集四卷詩一卷

（清）李祖望撰　（清）李肇僑輯

民國十三年李氏半畝園刻本　總目 2173 頁　販書 481 頁　清人別集 809 頁　清人詩文 1450 頁

陳東塾遺詩一卷

（清）陳澧撰　汪兆鏞輯

民國二十年刻本　總目 2176 頁

雲來山館詩鈔六卷

（清）張興烈撰

民國四年刻本　總目 2179 頁　清人別集 1141 頁　清人詩文 1456 頁

遣愁山房詩稿不分卷

顧匡籌撰

民國十三年補刻本　嘉泰 11 春 088　博古齋 13 年秋 0294

芋香館集一卷外集一卷附刊一卷（劍潭遺詩二卷）

（清）楊文照撰　朱啓鈐輯

民國十七年紫江朱啓鈐刻本　清人別集 705
頁　總目 2188 頁　經眼錄 39 頁　清人詩文
1463 頁

楊孝廉詩鈔一卷

（清）楊履泰撰

民國二十一年刻京江後七子詩鈔本　總目
2188 頁

花隱庵遺詩一卷遺詩補一卷詞一卷詞補一卷

（清）潘希甫撰

民國八年潘志發刻本　總目 2188 頁　清人
別集 2411 頁　清人詩文 1464 頁

劉伯純徵君詩鈔一卷

（清）劉炳勳撰　（清）周伯義輯

民國二十一年刻京江後七子詩鈔本　總目
2188 頁

張廣溪集四卷

（清）張登桂撰

民國間刻本　總目 2193 頁　清人詩文 1469 頁

學古堂遺詩一卷

（清）陳階撰

民國元年刻本　總目 2193 頁　清人別集
1230 頁　清人詩文 1469 頁

辟蠹軒詩稿四卷

（清）傅夢夏撰　（清）傅振海編　（清）譚獻
刪定

民國十一年刻本　總目 2194 頁　清人詩文
1470 頁

江忠烈公後集一卷補遺一卷

（清）江忠源撰

民國六年清聞山館刻本　總目 2196 頁　清
人別集 568 頁

江忠烈公遺集文錄一卷補遺一卷再補遺一卷詩
錄一卷補遺一卷再補遺一卷附錄一卷首一卷

（清）江忠源撰

民國二十四年新寧縣教育局刻本　總目 2196
頁　清人別集 568 頁　清人詩文 1473 頁

播川詩鈔五卷遺詩一卷

（清）趙旭撰

清同治六年趙彝懋刻民國六年增修本　總目
2199 頁　清人別集 1530 頁　清人詩文 1476 頁

瓶隱山房詩鈔十二卷詞鈔八卷

（清）黃曾撰

道光二十七年刻民國十年補刻本　販書續編
281 頁　清人別集 1998 頁　清人詩文 1479 頁

篤志堂文稿二卷

（清）褚景昕撰

民國十一年刻本　總目 2204 頁　販書 500
頁　清人別集 2338 頁　清人詩文 1481 頁

初桃齋詩集二卷

（清）程梯功撰

民國二年刻本　總目 2210 頁

寄萍小草詩集一卷

（清）余廷治撰

清咸豐十一年至民國四年刻本　總目 2212
頁　清人別集 956 頁　清人詩文 1488 頁

無逸道人存稿一卷

（清）瞿元霖撰

民國二十二年刻本　總目 2221 頁　清人詩
文 1496 頁

瀋源堂詩集五卷

（清）童顏舒撰

民國十二年刻本　總目 2226 頁　清人別集
2267 頁　清人詩文 1501 頁

養雲樓集二十五卷

（清）謝鶴年撰

民國十三年稻香書屋刻本　總目 2227 頁　清
人別集 2306 頁　清人詩文 1502 頁

養雲樓古文鈔不分卷駢文鈔不分卷

（清）謝鶴年撰

民國間稻香書屋刻本　總目 2228 頁　清人詩文 1502 頁　清人別集 2306 頁

夬齋詩集七卷（省愚詩草一卷味道軒詩鈔一卷夬齋近稿一卷藤寮初稿一卷藤寮續草一卷浮家小草一卷悲秋集一卷）

（清）張爾耆撰

民國三年刻本　總目 2232 頁　清人別集 1129 頁　清人詩文 1506 頁

夬齋雜著二卷

（清）張爾耆撰

民國七年刻本　總目 2232 頁　清人別集 1129 頁　清人詩文 1506 頁

桐華山館詩鈔二卷

（清）劉炳奎撰

民國二十一年刻二徵君詩鈔本　總目 2238 頁　清人詩文 1513 頁

古杼秋館遺稿文二卷詩一卷

（清）侯楨撰

清光緒二十三年無錫吳氏禮讓堂刻民國四年增修本（增文補遺五篇）　總目 2241 頁　清人別集 1630 頁　清人詩文 1515 頁

帶耕堂遺詩五卷吳中判牘一卷首一卷附蒯公子范崇祀錄一卷

（清）蒯德模撰　程光甲編

民國十八年蒯壽樞等江寧刻本　總目 2243 頁　清人詩文 1517 頁

結鐵網齋詩集十卷補鈔一卷

（清）汪元治撰

民國九年刻本　清人別集 993 頁　總目 2252 頁　清人詩文 1527 頁

邢莊剩草一卷

（清）汪元沼撰

民國九年刻結鐵網齋詩集本附　清人別集 993 頁

暉吉堂詩集十三卷（暉吉堂詩集八卷北湖集山中集各二卷宦游詩存一卷）

（清）林溥撰

民國十二年刻本　民國十七年林肇莘等刻本　總目 2253 頁　清人別集 1360 頁　清人詩文 1528 頁

含光石室詩草四卷

（清）趙崧撰

民國七年貴陽陳夔龍花近樓刻本　總目 2256 頁　清人別集 1534 頁　清人詩文 1531 頁

秋蟪吟館詩鈔七卷（然灰集一卷椒雨集一卷殘冷集一卷南棲集一卷奇零集一卷壹弦集二卷）

（清）金和撰

民國五年上元金氏刻本　總目 2259 頁　販書 491 頁　清人別集 1413 頁　清人詩文 1534 頁

張明經詩鈔一卷

（清）張正廉撰　（清）周伯義選

民國二十一年刻京江後七子詩鈔本　總目 2260 頁　清人別集 1126 頁　清人詩文 1535 頁

滄勤室詩六卷補遺一卷

（清）傅壽彤撰　朱啓鈐輯

民國六年朱啓鈐刻本　民國十六年紫江朱氏涉園北京刻本　總目 2261 頁　清人別集 2255 頁　清人詩文 1536 頁

滄勤室詩六卷補遺一卷再補遺一卷

（清）傅壽彤撰　朱啓鈐輯

民國十六年紫江朱氏涉園北京刻二十五年增修本　總目 2261 頁　清人別集 2255 頁　清人詩文 1536 頁

西漚待商稿二卷

（清）丁彭年撰

民國五年葛嗣澎澉江刻本　總目 2262 頁　清

人別集 12 頁　清人詩文 1537 頁

道腴室遺稿二卷

（清）江懷廷撰

民國十六年江瀚刻本　總目 2267 頁　清人別集 568 頁　清人詩文 1543 頁

懷研齋文稿一卷吟草一卷

（清）呂錦文撰

民國三年呂美璟刻本　總目 2267 頁　清人別集 392 頁

仰蕭樓文集一卷附國朝經學名儒記一卷

（清）張星鑑撰

民國五年刻本　清人別集 1165 頁　總目 2269 頁　清人詩文 1544 頁

壽筠簃詩草一卷

（清）陳麗芳撰

民國十四年姚洪淦刻本　總目 2270 頁　販書續編 295 頁　清人別集 1288 頁　婦女著作考 606 頁　清人詩文 1545 頁

有新意齋詩集四卷

（清）彭桂馨撰

民國十一年刻本　總目 2270 頁　清人別集 2161 頁　清人詩文 1545 頁

蒼梧山館集八卷

（清）劉煒華撰

民國十二年竟陵建中堂刻本　總目 2271 頁　清人別集 536 頁　清人詩文 1546 頁

綠夫容閣詩集四卷

（清）汪大辰（汪存）撰

民國二十八年刻本　總目 2272 頁

紅粟山莊詩六卷詩續六卷詩餘一卷詩補遺一卷

（清）朱寶善撰　朱崇官輯

同治九年福州刻民國二年朱崇官續刻本　同治九年福州刻民國十四年朱崇官續刻本　清人別集 437 頁　總目 2278 頁　揚刻 333 頁

清人詩文 1553 頁

紅粟山莊詩補遺一卷

（清）朱寶善撰

民國間刻本　總目 2278 頁　清人詩文 1553 頁

題鳳館詩錄一卷

（清）朱鑑成撰

民國刻思舊集本　總目 2278 頁

解布衣詩鈔一卷

（清）謝爲幹撰　（清）周伯義選

民國二十一年刻京江後七子詩鈔本　總目 2282 頁　清人詩文 1557 頁

賭棋山莊餘集五卷

（清）謝章鋌撰

民國十四年刻本　總目 2283 頁　清人詩文 1557 頁

柏井集六卷

（清）汪昶撰

民國三年重刻本　總目 2284 頁　清人別集 981 頁

古香閣詩初稿四卷附海棠香國詞一卷

（清）陳環撰

民國六年刻本　總目 2288 頁　清人別集 1233 頁

斂齋詩稿四卷

（清）陸元文撰

民國十五年陸氏重刻本　清人別集 1208 頁　三品堂 10 秋 327

清後期

天瘦閣詩錄一卷

（清）李士棻撰

民國刻思舊集本　總目 2291 頁

知求知齋遺集六卷附錄二卷

（清）李乙然撰

民國二十一年刻本　清人別集 760 頁　清人詩文 1573 頁

醉墨山房僅存稿文集一卷詩稿一卷詩話一卷公牘一卷

（清）李璠撰

民國三十六年孫道洋刻本　清人別集 758 頁　近代書目 117 頁

倚雲樓詩鈔不分卷

（清）劉月娟撰

民國元年刻本　雍和 11 春 2747　卓德 13 夏 2151

夏劍門詩鈔一卷

（清）夏銘撰　（清）周伯義選

民國二十一年刻京江後七子詩鈔本　總目 2300 頁　清人別集 1763 頁　清人詩文 1574 頁

鏡中樓吟草一卷

（清）盛問渠撰

民國十一年重刻本　婦女著作考 642 頁　清人詩文 1575 頁

石溪詩存二卷

（清）馮銈撰

民國三年靈萱室刻本　總目 2301 頁　清人別集 348 頁　清人詩文 1575 頁

訒齋遺稿七卷

（清）褚維垕撰

清光緒二十七年刻民國五年重印刻本　總目 2303 頁　清人詩文 1578 頁

墨花吟館詩鈔一卷

（清）嚴辰撰

民國刻思舊集本　總目 2306 頁

綠槐草堂詩集二卷

（清）蔣鈜撰

民國十八年蔣氏梧蔭樓刻本　總目 2311 頁　清人別集 2183 頁　清人詩文 1585 頁

焦東閣詩存一卷

（清）周伯義選

民國二十一年刻京江後七子詩鈔本　總目 2315 頁　清人別集 1462 頁　清人詩文 1588 頁

陶樓文鈔十四卷

（清）黃彭年撰　章鈺編

民國十二年章鈺等刻本　總目 2317 頁　清人別集 2038 頁　清人詩文 1590 頁

梯雲館詩鈔一卷

（清）張端撰

民國七年羊城墨寶樓刻本　總目 2317 頁　清人別集 1100 頁　清人詩文 1590 頁

荔莊詩存一卷

（清）陳銘珪撰

民國間陳氏荔莊刻本　總目 2318 頁　清人詩文 1592 頁

金陵百咏一卷

（清）湯濂撰

民國十三年南京李光明莊刻本　總目 2318 頁　清人別集 575 頁　清人詩文 1592 頁

海雲閣詩鈔一卷

（清）葉衍蘭撰

民國十七年葉恭綽刻本　總目 2319 頁　清人別集 315 頁　清人詩文 1592 頁

希戡山房詩存三卷

（清）劉代英撰

民國二十年潙嶠遺書館刻本　總目 2319 頁　清人別集 521 頁　清人詩文 1593 頁

存悔齋詩鈔四卷

（清）林其年撰

民國三十年武平林氏刻本　清人別集 1372 頁　清人詩文 1602 頁

清麓文集約鈔二十一卷

（清）賀瑞麟撰

民國十六年刻本　總目 2329 頁　清人別集 1715 頁　清人詩文 1603 頁

嶰麓草堂吟草一卷

（清）季儁常撰

民國九年九芷堂刻本　總目 2339 頁　清人別集 1408 頁　清人詩文 1614 頁

鰈硯廬詩鈔二卷附聯吟集一卷

（清）嚴永華撰

民國八年北平重刻本　清人別集 667 頁　清人詩文 1617 頁

一松軒詩稿二卷

（清）錢桂森撰

民國十年徐世昌刻本　清人別集 1831 頁　清人詩文 1631 頁

静觀堂剩稿二卷

（清）趙繼元撰

民國十一年白下静觀草堂刻本　總目 2360 頁　清人別集 1559 頁　清人詩文 1635 頁

偷閑小草（惜曠軒詩集）二卷

（清）亢樹枬撰

民國十五年亢氏衣懷堂刻本　總目 2361 頁　清人詩文 1636 頁

琴鶴山房遺稿八卷

（清）趙銘撰

民國十一年金兆蕃校刻本　總目 2364 頁　清人別集 1534 頁　清人詩文 1639 頁

白香亭詩三卷（詩集二集和陶詩一卷）

（清）鄧輔綸撰

民國九年都梁補刻本　清人別集 257 頁　清人詩文 1639 頁

白香亭詩二卷和陶詩一卷

（清）鄧輔綸撰

民國九年湖南武岡寶樹堂刻本　歌德 09 年 5 月 188　真德 13 秋 7021

垂香樓文草八卷詩稿一卷

（清）馬時芳撰

民國十三年夏月鈞陽慶怡堂刻本　販書續編 284 頁　清人別集 38 頁

鵲泉山館集八卷（詩七卷詞一卷）

（清）潘觀保撰

民國三年刻本　總目 2365 頁　清人別集 2411 頁

寒松閣老人集不分卷

（清）張鳴珂撰

民國間蘇州交通圖書館刻本　總目 2373 頁

竹山堂詩稿二卷詞稿一卷

（清）潘祖同撰

民國七年吳縣潘氏刻本　總目 2374 頁　清人別集 2415 頁　清人詩文 1647 頁

竹山堂文賸一卷詩補一卷

（清）潘祖同撰

民國二十五年潘承典等歲可堂刻本　總目 2374 頁　清人別集 2415 頁　清人詩文 1647 頁

初日山房詩集六卷

（清）張之杲撰

民國五年孫爾田刻本　清人別集 1113 頁　清人詩文 1651 頁

知過齋詩文集不分卷

（清）詹崇撰

民國七年刻本　總目 2380 頁　清人別集 2323 頁　清人詩文 1653 頁

瓶廬詩稿八卷

（清）翁同龢撰　（清）翁斌孫輯

民國八年邵松年武昌刻本　總目 2384 頁　清人別集 1910 頁　清人詩文 1657 頁

説雲樓詩草二卷

（清）郭式昌撰

民國十八年刻本　民國二十三年侯官郭氏

家集彙刻本　清人別集 1939 頁　清人詩文
1657 頁

見在龕集二十二卷附補遺一卷

（清）濮文暹撰

民國六年濮良至刻本　總目 2386 頁　清人
別集 2458 頁　江蘇刻書 517 頁　清人詩文
1659 頁

陟瞻齋集不分卷

（清）方毓昭撰

民國三十七年遲讀齋刻本　總目 2387 頁　清
人別集 242 頁　清人詩文 1659 頁

朵雲樓詩稿二卷附錄二卷

（清）席彬撰

民國十七年壯學廬刻本　總目 2388 頁　清
人別集 1950 頁　清人詩文 1661 頁

雙桐書屋詩賸七卷

（清）李應莘撰

民國十五年刻本　清人別集 791 頁　清人詩
文 1674 頁　津國 12 年 9 月 7

澧西草堂集（澧西草堂文集）八卷

（清）柏景偉撰

民國十三年金陵思過齋刻本　總目 2392 頁
近代書目 112 頁

桃塢百咏一卷

（清）凌泗撰

民國十三年刻本　清人別集 1965 頁

莘廬遺詩六卷補遺一卷浮梅日記一卷詩餘一卷文一卷

（清）凌泗撰

民國三年沈廷鏞刻本　清人別集 1965 頁　清
人詩文 1675 頁　總目 2401 頁

吟香室詩草續刻一卷

（清）楊蘊輝撰

民國四年粵東留香齋刻本　總目 2402 頁　清

人詩文 1676 頁

漱方齋文鈔一卷

（清）鄭知同撰

民國三年花近樓刻巢經巢全集附　總目 2402 頁

梧竹軒詩鈔十卷附剩稿一卷

（清）徐兆英撰

清光緒二十七年刻民國八年增修本　總目
2405 頁

湘綺樓詩四卷

王闓運撰

民國間成都鳳鳴堂刻本　總目 2409 頁

湘綺樓詩十八卷

王闓運撰

民國間抄及刻本　總目 2409 頁

湘綺樓詩鈔五卷

王闓運撰

民國二十二年成都志古堂刻本　總目 2409
頁　清人詩文 1682 頁

才叔遺文一卷附詩餘一卷

（清）管樂撰

民國十七年刻本　總目 2417 頁　近代書目
113 頁　清人詩文 1690 頁

頤情館詩鈔二卷詩外一卷詩續鈔一卷

（清）宗源瀚撰

民國八年宗舜年刻本　總目 2419 頁　清人
別集 1516 頁　清人詩文 1691 頁

浮漚集六卷外集二卷

（清）夏家鏞撰

民國間江寧夏氏刻本　總目 2420 頁　清人
別集 1769 頁　清人詩文 1692 頁

臧雪溪詩集三卷附問秋館菊錄一卷霜圃識餘二卷

（清）臧穀撰

民國五年長沙刻本　總目 2422 頁　揚刻 329
頁　清人詩文 1693-1694 頁

思益軒舣存三十六咏一卷

（清）傅丙鑑撰

民國十三年刻本　總目 2425 頁

懷湘閣詩鈔一卷附詞一卷

（清）濮文湘撰

民國十六年刻本　總目 2426 頁　清人別集
2457 頁　清人詩文 1697 頁

拙叟遺稿（王拙叟集）三卷

（清）王晉煦撰

民國十二年淳裕義莊刻本　總目 2427 頁　清
人別集 160 頁　清人詩文 1698 頁

訥庵類稿四卷

（清）李恩綬撰

民國十三年冬心草堂刻本　總目 2427 頁　販
書 486 頁　清人別集 811 頁　清人詩文 1699
頁

**佩秋閣遺稿四卷（詩稿二卷駢體文稿一卷詞
稿一卷）**

（清）吳苣撰

清光緒元年刻光緒十四年補刻民國十一年印
本　總目 2428 頁　清人別集 849 頁

蕙襟集十二卷

（清）馮秀瑩撰

民國九年馮恕刻本　總目 2430 頁　清人詩
文 1702 頁

童蒙養正詩選三卷

（清）王錫元撰

民國二十年合肥王揖唐補刻本　總目 2431
頁　清人詩文 1703 頁

狷夏堂詩集四卷

（清）李仕良撰

民國十四年刻本　總目 2432 頁　清人別集

775 頁　清人詩文 1704 頁

鴻軒詩稿四卷

（清）李慎儒撰

民國十九年刻本　總目 2437 頁　清人別集
828 頁　清人詩文 1709 頁

知止軒文草二卷

（清）朱鎮撰

清宣統二年至民國四年存古堂刻本　總目
2440 頁　清人別集 412 頁　清人詩文 1712 頁

朱都轉遺集不分卷

（清）朱慶元撰　朱士煥輯

民國二十七年刻本　總目 2445 頁　清人別集
430 頁　清人詩文 1716 頁

**青學齋集三十六卷孟子劉熙注一卷裕後錄二
卷附李孝廉遺著一卷**

（清）汪之昌撰　（清）汪開祉輯錄　胡玉縉
編定　附　李福撰

民國二十年新陽汪氏青學齋刻本　總目 2445
頁　販書 501 頁　清人別集 992 頁　清人詩
文 1716 頁　近代書目 115 頁

**竹軒詩存一卷文存一卷附學古堂遺詩鈔一卷
小蕙女弟遺稿一卷**

（清）陳惟德撰

民國元年刻本　總目 2449 頁　清人別集 1313
頁　婦女著作考 588 頁　清人詩文 1719 頁

次園詩存六卷

（清）蔣彬若撰

民國初蔣兆蘭補刻本　總目 2449 頁　清人
詩文 1720 頁

蠹餘詩稿一卷

（清）鄧錫禎撰

民國二十五年東莞鄧念慈校刻本　總目 2454
頁　清人別集 258 頁　清人詩文 1724 頁

悚齋遺書（于中丞遺書）十八卷（奏議十卷日

記八卷）

（清）于蔭霖撰　于翰篤編

民國十二年北京刻本　總目 2455 頁　清人別集 20 頁　清人詩文 1724 頁

石蓮闇詩十卷附詞一卷樂府一卷

吳重熹撰

民國五年刻本　總目 2455 頁　販書 499 頁　清人別集 903 頁　清人詩文 1725 頁

童溫處公遺書六卷（稟牘三卷書札二卷批牘一卷）首一卷

（清）童兆蓉撰

民國間童氏桂蔭書屋刻本　總目 2457 頁　清人別集 2265 頁　清人詩文 1727 頁

青草堂集十二卷二集十六卷三集十六卷補集七卷

（清）趙國華撰

清同治光緒間豐潤趙氏刻民國十二年修補本　總目 2457 頁　清人別集 1553 頁　清人詩文 1728 頁

希古堂文存八卷詩存十卷駢文二卷尺牘二卷詞存二卷

（清）黃炳堃撰

民國二十年粵東刻本　總目 2461 頁　清人別集 2031 頁　清人詩文 1731 頁

希古堂稿不分卷

（清）黃炳堃撰　黃鶴燦編

民國間刻本　總目 2461 頁　清人詩文 1731 頁

醉庵詩鈔十一卷

（清）蔡清澄撰

民國間刻本　總目 2463 頁　清人別集 2349 頁　清人詩文 1732 頁

延壽客齋遺稿四卷

（清）魏迺勷撰

民國十七年刻本　民國十九年刻本　民國二十

二年德州魏氏刻本　民國二十八年刻本　總目 2463 頁　清人別集 2453 頁　清人詩文 1733 頁

吳漚烟語不分卷

張上龢撰

民國四年錢塘張氏刻本　總目 2465 頁　清人別集 1112 頁　清人詩文 1735 頁

潛廬詩存四卷補遺一卷

（清）周善祥撰

民國八年維揚鶴書堂刻本　總目 2468 頁　清人別集 1477 頁　清人詩文 1738 頁

交養軒詩集一卷

（清）金澤撰

民國二十一年蘇州斟門曲石精廬刻本　總目 2468 頁　清人別集 1413 頁　清人詩文 1738 頁

小蕙女弟遺稿一卷

（清）陳惟賢撰　陳惟德選

民國元年刻竹軒詩存附　總目 2471 頁　清人別集 1313 頁　清人詩文 1740 頁

竹如意館遺集十四卷

（清）熊松之撰

民國二十一年刻本　總目 2472 頁　清人別集 2379 頁　清人詩文 1741 頁

知止齋詩集四卷

（清）儲實撰

民國初刻本　總目 2472 頁　清人詩文 1742 頁

常懍懍齋文集二卷

（清）朱之榛撰

民國七年家刻本　民國十一年東湖草堂刻本　總目 2473 頁　清人別集 418 頁　清人詩文 1743 頁

小游船詩一卷

（清）辛漢清撰

清光緒二十八年刻民國十七年印本　總目 2473 頁　清人別集 973 頁　清人詩文 1743 頁

吴摯甫尺牘續編不分卷

（清）吴汝綸撰

民國間刻本　總目 2474 頁　清人別集 885
頁　清人詩文 1743 頁

珠泉草廬詩後集二卷

（清）廖樹蘅撰

民國十三年刻本　總目 2477 頁　清人詩文
1746 頁

陶廬雜憶一卷續憶一卷補咏一卷後憶一卷五
憶一卷六憶一卷

（清）金武祥撰

清光緒二十四年至民國八年江陰金氏刻本　光
緒至民國刻粟香室叢書本　總目 2484 頁

陶廬七憶不分卷

（清）金武祥撰

民國十二年刻本　工美 13 年 75 屆 1073

狷叟詩删存四卷

（清）許涏祥撰

民國十一年刻本　總目 2485 頁　清人別集
613 頁　清人詩文 1754 頁

素心簃集四卷詩二卷補遺一卷

（清）顧蓮撰　高燮輯

民國二年金山高氏寒隱草堂刻本　總目 2486
頁　清人別集 1774 頁　清人詩文 1755 頁

誦芬堂詩草一卷文存一卷

（清）鄧蓉鏡撰

民國二十三年鄧氏誦芬堂刻本　清人別集
257 頁　總目 2492 頁　清人詩文 1762 頁　泰
和 13 春 996

王文貞文集十卷別集四卷制義一卷詩存二卷
附年譜四卷

王祖畬撰　唐文治編輯

民國十一年王保譓溪山書院刻本　總目 2494
頁　近代書目 121 頁　清人詩文 1763 頁

介石齋集七卷

何炳堃撰

民國十五年刻本　總目 2494 頁　清人詩文
1764 頁

味雪堂遺集二卷（味雪堂遺草文一卷詩一卷）

（清）林賀峒撰

民國二十二年刻本　總目 2495 頁　清人別
集 1374 頁　清人詩文 1764 頁

滄秋館遺詩一卷附詩補一卷

（清）林毓麟撰

民國十一年華陽霜甘閣刻本　總目 2495 頁
清人別集 1377 頁　清人詩文 1764 頁

滄如集不分卷

（清）林毓麟撰

民國十九年刻本　總目 2495 頁　清人詩文
1765 頁

曠廬詩續集二卷補遺二卷

（清）白永修撰

民國十三年逸園北京刻本　總目 2497 頁　清
人別集 339 頁　清人詩文 1767 頁

湘雨樓詩三卷

（清）張祖同撰

民國十二年刻本　總目 2499 頁　販書 499
頁　清人別集 1168 頁　清人詩文 1768 頁

岑鹿齋詩集一卷

（清）廖雪圃撰

民國七年傲雪廬刻本　總目 2500 頁　清人
詩文 1769 頁

柯園詩草四卷

（清）劉洪度撰

民國十四年長沙刻本　清人別集 542 頁　清
人詩文 1769 頁

招隱山房詩鈔十二卷

（清）戴啓文撰

民國十五年杭州鶴廬刻本　總目 2500 頁　清人別集 2440 頁　清人詩文 1770 頁

存悔堂文稿四卷附入蜀紀程一卷入桂紀程一卷

（清）何嗣焜撰

民國六年武昌刻本　國圖藏本附入蜀紀程一卷　中科院藏本附入桂紀程一卷　總目 2502 頁　清人別集 947 頁　清人詩文 1771 頁

桐鄉勞先生遺稿八卷附韌叟自訂年譜一卷

勞乃宣撰　陶葆廉輯

民國十六年盧學溥京師刻本　總目 2503 頁　販書 500 頁　清人別集 674 頁　近代書目 121 頁　清人詩文 1772 頁

歸來吟二卷

勞乃宣　勞乃寬合撰

民國五年刻本　清人別集 674 頁

蒿盦類稿三十二卷續稿三卷

（清）馮煦撰

民國三年刻本　總目 2503 頁　清人別集 350 頁　販書 495 頁　近代書目 121 頁　清人詩文 1773 頁

蒿盦類稿三十二卷續稿三卷奏稿四卷

（清）馮煦撰

民國二年刻本　總目 2504 頁　清人別集 350 頁

蒿盦雜俎一卷

（清）馮煦撰

民國十二年刻本　總目 2504 頁　清人別集 350 頁　清人詩文 1773 頁

杏廬遺集文鈔八卷詩鈔二卷詞鈔一卷集外文一卷集外詩一卷

（清）諸福坤撰

民國十一年刻本　清人別集 1974 頁　總目 2504 頁　清人詩文 1773 頁

弘肅文存一卷詩存一卷

（清）諸寶鏞撰

民國十二年刻杏廬遺集本附　清人別集 1975 頁

烟霞草堂文集十卷附錄一卷

（清）劉光蕡撰

民國四年刻本　民國七年三原王氏思過齋蘇州刻本　總目 2504 頁　販書 498 頁　清人別集 525 頁　清人詩文 1773 頁

芸香草一卷

（清）張桂叢撰　張琴編

清光緒間刻民國八年四川綿竹補刻本　總目 2507 頁　清人詩文 1775 頁

紅藤館詩三卷附舊德錄一卷

（清）朱善祥撰

民國九年刻本　總目 2508 頁　清人別集 450 頁　清人詩文 1776 頁

貞孝先生遺墨（老芥土苴）五卷

（清）吳受福撰

民國二十二年郭起庭刻本　總目 2508 頁　清人詩文 1777 頁

愚齋存稿初刊一百卷附補遺一卷愚齋東游日記一卷

盛宣懷撰

民國十九年盛氏思補齋刻本　近代書目 121 頁　朵雲軒 11 秋 1890

缶廬集五卷（詩集四卷別存一卷）

（清）吳俊卿撰

民國十二年刻本　清人詩文 1777 頁　近代書目 122 頁　拍賣古籍目錄 93–00 年 180 頁

歸山文牘不分卷

張世英撰

民國五年刻本　總目 2509 頁　清人別集 1126 頁　清人詩文 1778 頁

蜩翼盦遺詩二卷

陸法言撰

民國八年硯石山房刻本　總目 2509 頁　清

人別集 1217 頁　清人詩文 1778 頁

藝風堂文續集八卷外集一卷漫存三卷
繆荃孫撰
清宣統二年刻民國二年印本　總目 2510
頁　江蘇刻書 511 頁　清人別集 2385 頁

藝風堂文別存三卷
繆荃孫撰
民國二年刻本　清人別集 2385 頁

藝風堂文漫存十二卷（辛壬稿三卷癸甲稿四卷乙丁稿五卷）
繆荃孫撰
清宣統二年刻民國二年印本　總目 2510
頁　江蘇刻書 511 頁　清人別集 2385 頁

藝風堂詩存四卷碧香詞一卷
繆荃孫撰
民國二十八年燕京大學圖書館刻本　德寶 10
年 6 月 549

完穀山房集四種不分卷（館課詩鈔　館課賦鈔　課蒙草　囈語詩存）
（清）白遇道撰
民國六年刻本　總目 2511 頁　清人別集 340
頁　清人詩文 1780 頁

懷亭詩錄六卷續錄六卷三錄一卷
（清）蔣學堅撰
民國初刻本　總目 2521 頁　清人詩文 1788 頁

王古愚遺集四卷
（清）王振堯撰
民國十三年刻本　總目 2522 頁　清人詩文
1789 頁

思古齋詩鈔一卷附楚水詞一卷
（清）柯劭慧撰
民國十七年雙照樓刻本　總目 2522 頁　清
人別集 1603 頁　婦女著作考 429 頁　清人
詩文 1789 頁

今悔庵文一卷詩一卷詞一卷補錄一卷
（清）張慎儀撰
民國十年成都刻本　總目 2523 頁　清人詩
文 1790 頁

惜陰軒遺詩不分卷
（清）唐宗海撰
民國二十年刻本　總目 2526 頁　清人別集
1960 頁　清人詩文 1794 頁

魯叟詩存三卷
（清）黃嗣東撰
民國元年刻本　總目 2527 頁　清人別集 2041
頁　清人詩文 1794 頁

述志堂文存一卷詩存一卷
（清）胡贊采撰
民國五年刻本　總目 2531 頁　清人別集 1600
頁　清人詩文 1798 頁

采薇僧集不分卷
（清）釋采薇撰
民國六年刻本　總目 2536 頁　清人別集 2478
頁　清人詩文 1802 頁

張文厚公文集四卷賦鈔二卷
（清）張亨嘉撰
民國八年刻本　總目 2536 頁　清人別集 1148
頁　清人詩文 1803 頁

奇觚廎文集二卷外集一卷
葉昌熾撰
民國二年刻本　清人別集 312 頁

奇觚廎文集三卷外集一卷
葉昌熾撰　潘仲午輯
民國十年潘氏江蘇刻本　總目 2537 頁　販書
498 頁　清人詩文 1803 頁　清人別集 312 頁

奇觚廎詩集三卷前集一卷補遺一卷
葉昌熾撰
民國十五年刻本　總目 2537 頁　清人別集

312 頁　清人詩文 1803 頁

無長物齋詩存五卷

劉炳照撰

民國四年刻本　總目 2537 頁　清人詩文 1804 頁

知足知不足齋文存一卷

陳燦撰

民國十一年刻本　總目 2541 頁　清人詩文 1807 頁

星辛庵雜著三卷

楊鳳藻撰

民國二十一年刻本　總目 2542 頁　清人別集 704 頁　清人詩文 1808 頁

玩止水齋遺稿四卷

(清)李輔耀撰

民國十年刻本　清人詩文 1810 頁　保利 15 秋 461

籀廎述林十卷

(清)孫詒讓撰

民國五年刻本　總目 2545 頁　清人別集 643 頁　清人詩文 1811 頁

澗于集十八卷(詩四卷文集二卷奏議六卷書牘六卷)

(清)張佩綸撰　張志潛輯

民國間張氏澗于草堂刻本　總目 2546 頁　販書 496 頁　清人別集 1157 頁　清人詩文 1813 頁

澗于集二十卷(奏議六卷電稿一卷譯署函稿一卷古今體詩四卷文集二卷書牘六卷)

(清)張佩綸撰

民國七至十五年張氏澗于草堂刻本　總目 2546 頁　清人別集 1157 頁

滄趣樓律賦一卷

(清)陳寶琛撰

民國三十年閩縣螺江陳氏刻本　總目 2547

頁　清人別集 1298 頁

滄趣樓詩集十卷附聽水齋詞一卷

(清)陳寶琛撰

民國二十五年刻本　民國二十七年福建陳懋復文楷齋天津刻本　清人別集 1298 頁　經眼錄 69 頁　保利 11 春 2105

船司空齋詩錄四卷

胡薇元撰

民國元年成都刻本　總目 2552 頁　清人別集 1600 頁

授經室文定一卷

胡薇元撰

民國四年閏曰修等成都刻本　總目 2552 頁　清人別集 1600 頁

賀先生選著五卷

(清)賀濤撰

民國間刻本　總目 2555 頁

賀先生文集四卷尺牘二卷

(清)賀濤撰　(清)徐世昌編

民國三年徐世昌京師刻本　總目 2555 頁　販書 493 頁　清人別集 1712 頁

賀先生書牘二卷

(清)賀濤撰

民國九年北京刻本　總目 2555 頁　販書 493 頁　清人別集 1712 頁

石筼軒詩初集二卷二集二卷三集二卷

(清)鄧元鏸撰

民國四年刻本　總目 2556 頁　清人別集 252 頁

石筼軒詩四集六卷

(清)鄧元鏸撰

民國七年成都刻本　總目 2556 頁　清人別集 252 頁

海日樓詩集(海日樓詩)二卷(壬癸稿一卷甲

乙稿一卷）

沈曾植撰

民國間刻本　總目 2560 頁　清人別集 1052 頁

海日樓詩集六卷

沈曾植撰

民國間刻本　總目 2560 頁　清人別集 1052
頁　清人詩文 1826 頁

寐叟乙卯稿一卷

沈曾植撰

民國六年四益宧刻本　總目 2560 頁　清人
別集 1052 頁　清人詩文 1826 頁

蓼園詩鈔五卷續鈔二卷

柯劭忞撰　廉泉編

民國十二年刻本　總目 2561 頁　販書 499
頁　清人別集 1602 頁　清人詩文 1826 頁

松菊齋文録二卷附詞續録

（清）李炳靈撰

民國五年刻本　總目 2564 頁　清人別集 808
頁　清人詩文 1829 頁

思舊集不分卷

高凌霨撰

民國十六年天津高凌霨蒼檜簃刻本　總目
2565 頁　清人詩文 1830 頁

風月廬詩稿一卷

（清）徐焕謨撰

民國二年徐氏愛日館刻本　總目 2570 頁　清
人別集 1894 頁　清人詩文 1836 頁

風月廬剩稿一卷

（清）徐焕謨撰

民國三年刻本　總目 2570 頁　清人詩文
1836 頁

木石庵詩選二卷

（清）曹潤堂撰　高錫華選

民國十年刻本　總目 2570 頁　清人別集 2074

頁　清人詩文 1836 頁

復選木石庵詩二卷

（清）曹潤堂撰　高錫華選

民國十年刻本　總目 2570 頁　清人別集 2074
頁　清人詩文 1836 頁

讀書堂集十三卷附注三卷

簡朝亮撰　梁應揚注

民國十九年刻本　總目 2572 頁　販書 500 頁
清人別集 2323 頁　清人詩文 1837 頁

讀書堂續集二卷

簡朝亮撰

民國間刻本　總目 2572 頁　清人詩文 1837 頁

慎節堂詩鈔五卷

（清）朱紹成撰

民國十五年刻本　總目 2573 頁　清人別集
439 頁　清人詩文 1838 頁

東游小草二卷

（清）姚灼撰

民國十五年五桂堂刻本　總目 2574 頁　清
人別集 1689 頁　清人詩文 1840 頁

卧雲樓詩集不分卷

（清）梅焯雲撰

民國十四年長沙刻本　總目 2575 頁　清人
別集 2058 頁　清人詩文 1840 頁

退園遺集八卷

（清）魏景桐撰

民國元年刻本　民國十一年刻本　總目 2577
頁　清人別集 2455 頁　清人詩文 1842 頁

容膝軒文稿八卷

（清）王榮商撰

民國間增刻本　總目 2577 頁　近代書目 127
頁　清人詩文 1843 頁

陶廬文集十七卷

王樹枏撰

民國三年刻本　總目 2578 頁　清人詩文 1843 頁

陶廬文集十二卷

王樹枏撰

民國四年刻本　總目 2578 頁　清人詩文 1843 頁

陶廬文集四卷

王樹枏撰

民國五年刻本　總目 2578 頁　販書 495 頁　清人別集 151 頁

陶廬詩集八卷詩續集十卷

王樹枏撰

光緒十三年至民國六年刻本　販書 495 頁

陶廬文集七卷詩續集九卷外篇一卷

王樹枏撰

民國六年刻本　清人別集 151 頁

陶廬百篇四卷

王樹枏撰

民國十四年吉林成氏十三古槐館刻本　總目 2578 頁　清人別集 152 頁

滄庵文存二卷

吳道鎔撰

民國二十六年汪宗等刻本　總目 2579 頁　清人別集 914 頁　清人詩文 1845 頁

滄庵詩存一卷

吳道鎔撰

民國二十六刻本　孔網數據 14-01-10　同方 14 春 211

八指頭陀詩集十卷詩續集八卷文集一卷詞一卷

（清）釋敬安撰

民國八年北京法源寺刻本　總目 2582 頁　販書 512 頁　清人別集 2489 頁　清人詩文 1847 頁

寒翠居吟草一卷

（清）楊志濂撰

民國十九年永思堂自刻本　總目 2583 頁　清人別集 714 頁　清人詩文 1847 頁

求實齋類稿十二卷續編六卷

（清）蔣德鈞撰

民國初刻本　總目 2583 頁　清人詩文 1848 頁

遂思堂詩存四卷附詩餘一卷

（清）吳忠詰撰

民國元年刻本　總目 2584 頁　清人別集 895 頁　清人詩文 1849 頁

烹茶吟館詩草不分卷

（清）魏君侅撰

民國元年長沙刻本　總目 2585 頁　清人別集 2452 頁　清人詩文 1850 頁

拙安堂詩集不分卷

（清）田文烈撰

民國十五年漢陽田氏刻本　總目 2585 頁　清人別集 322 頁　清人詩文 1850 頁

壽愷堂集三十卷補編一卷

周家禄撰

民國元年海門周氏刻本　清人別集 1472 頁　近代書目 122 頁

槃庵詩鈔二卷

周家謙撰

民國十七年紫篷山房刻本　總目 2586 頁　清人別集 1473 頁　清人詩文 1851 頁

素位齋詩文存二卷

（清）趙佃撰

民國八年趙氏京師刻本　總目 2588 頁　清人別集 1531 頁　清人詩文 1853 頁

凍青集八卷（詩在四卷、詩補二卷、留別集、朋舊詩各一卷）

（清）石壽齡撰

民國二年刻本　民國四年刻本　總目 2588

頁　清人別集 282 頁　清人詩文 1853 頁

秋水集不分卷悼亡詩二十首附朝華詞一卷

（清）吳虞撰　附　胡薇元撰

民國二年吳氏愛智廬刻本　總目 2589 頁　清人別集 856 頁　清人詩文 1854 頁

吳虞文録二卷附秋水集一卷

（清）吳虞撰

民國二十五年成都吳氏愛智廬刻本　清人別集 856 頁　今古齋 10 春 15　泰和 09 年 3 月 7

花雨山房詩選二卷

（清）凌大壽撰

民國二年武昌刻本　總目 2590 頁　清人別集 1966 頁　清人詩文 1855 頁

花萼交輝閣集八卷

（清）曹福元撰

民國七年刻本　販書 498 頁　清人別集 2077 頁　清人詩文 1855 頁

邃經堂詩文存二卷

（清）傅大璠撰

民國二十一年沔陽廬氏刻本　總目 2592 頁　清人詩文 1856 頁

海棠仙館詩鈔二十三卷詩餘一卷

（清）宋伯魯撰

民國十三年宋氏陝西刻本　清人別集 1069 頁　總目 2594 頁　清人詩文 1858 頁

平齋詩存三卷續編三卷

何剛德撰

民國間刻本　總目 2594 頁　清人別集 936 頁　清人詩文 1859 頁

平齋詩存再續編二卷

何剛德撰

民國間刻本　總目 2594 頁　清人別集 936 頁　清人詩文 1859 頁

平齋詩存三續編一卷

何剛德撰

民國二十四年刻本　總目 2594 頁　清人詩文 1859 頁

話夢集二卷

何剛德撰

民國十四年刻本　清人別集 936 頁　書攤 157 頁　清人詩文 1859 頁

晚菘齋遺著一卷

（清）周慶賢撰　周慶雲輯

民國四年夢坡室刻本　總目 2595 頁　清人詩文 1860 頁　販書續編 290 頁　清人別集 1460 頁

靈峰先生集十一卷

夏震武撰

民國刻本　民國十年刻本　總目 2595 頁　清人別集 1770 頁

靈峰集十六卷

夏震武撰

民國間刻本　總目 2595 頁

枸櫞軒詩鈔二卷詩餘一卷

（清）何桂珍撰

民國三年刻本　民國十四年上虞俞氏刻本　清人別集 944 頁　總目 2598 頁　婦女著作考 293 頁　清人詩文 1863 頁

怡園詩草一卷

（清）郭青撰

民國三年刻本　清人詩文 1863 頁

兼漱齋雜著存略一卷

（清）張立森撰

民國三年刻本　總目 2599 頁　清人詩文 1863 頁

阜江詩文集不分卷

（清）曾學傳撰

民國十三年溫江阜江學社刻本　總目 2599
頁　清人別集 2281 頁　清人詩文 1864 頁

蘭陵集一卷
謝鼎鎔撰
民國三年刻本　總目 2600 頁　清人詩文
1865 頁

望雲山房文集三集詩集三卷館課賦三卷館課詩二卷館課詩別卷一卷
（清）安維峻撰
民國三年刻本　總目 2601 頁　清人別集 585
頁　清人詩文 1866 頁

抱潤軒文集二十二卷
（清）馬其昶撰
民國十二年刻本　販書 499 頁　清人詩文
1866 頁

退耕堂集六卷目録一卷
（清）徐世昌撰
民國間天津徐氏刻本　總目 2603 頁　清人
別集 1872 頁　清人詩文 1867 頁

退耕堂題跋四卷退耕堂文存一卷退耕堂硯銘一卷含芬集一卷
（清）徐世昌撰
民國二十年退耕堂刻本　德寶 07 年 11 月 322

水竹村人集十二卷目録一卷
（清）徐世昌撰
民國七年天津徐氏刻本　民國十二年天津
徐氏刻本　總目 2603 頁　清人別集 1873
頁　清人詩文 1867 頁

水竹村人詩選二十七卷
（清）徐世昌撰
民國二十年天津徐氏退耕堂刻本　總目 2603
頁　清人別集 1872 頁　清人詩文 1867 頁

歸雲樓集十六卷目録一卷
（清）徐世昌撰

民國十六年天津徐氏刻本　總目 2603 頁　清
人別集 1873 頁　清人詩文 1867 頁

歸雲樓題畫詩四卷
（清）徐世昌撰
民國十七年退耕堂刻本　清人別集 1873 頁　經
眼録 164 頁　清人詩文 1867 頁

海西草堂集二十七卷附題畫詩十卷
（清）徐世昌撰
民國二十五年天津徐氏退耕堂刻本　總目 2603
頁　清人別集 1873 頁　清人詩文 1867 頁

退園外集不分卷
（清）徐世昌撰
民國二十年刻本　總目 2603 頁　清人別集
1873 頁　清人詩文 1867 頁

復盦文類稿八卷文續稿四卷文外稿二卷鬻字齋詩略四卷詩續一卷公牘四卷
（清）曹允源撰
清光緒二十二年至民國十一年刻本　總目
2604 頁　清人別集 2066 頁

畫虎集文鈔一卷
（清）敦崇撰
民國間刻本　總目 2605 頁　清人別集 2262 頁

瓠庵集十八卷續集八卷續集録遺二卷
（清）曾廉撰
清宣統三年至民國十三年曾氏會輔堂刻
本　總目 2605 頁　清人別集 2270 頁　清人
詩文 1869 頁

瓠庵續集四卷附録遺二卷
（清）曾廉撰
民國十三年刻本　總目 2605 頁　清人別集
2270 頁

歸牧集一卷
（清）費念慈撰
民國十七年陶湘刻本　總目 2605 頁　清人

別集 1687 頁　清人詩文 1869 頁

趙魯庵先生集九卷

（清）趙天錫撰　岑錫祥輯

民國五年浮石澹志書屋刻本　總目 2605 頁
清人別集 1540 頁　清人詩文 1869 頁

青蕤庵詩四卷

蔣兆蘭撰

民國二十九年金陵刻本　總目 2605 頁　清
人別集 2193 頁　清人詩文 1869 頁

求放心齋文集四卷附補遺一卷

（清）劉孚京撰

民國六年湘潭袁思亮刻本　總目 2606 頁　清
人詩文 1870 頁

蕭閒堂集五卷

（清）蕭道管撰

民國間侯官陳氏刻本　總目 2606 頁　清人
別集 2052 頁　清人詩文 1870 頁

劬庵文稿四卷官書拾存四卷聯語一卷辛亥殉節錄六卷

羅正鈞撰

民國九年羅氏養正齋刻本　叢書廣録 353 頁
總目 2606 頁　清人別集 1398 頁　清人詩文
1870 頁

圭復齋詩集十六卷

（清）王啓原撰

民國四年刻本　總目 2607 頁　清人別集 136
頁　清人詩文 1871 頁

癯仙遺稿一卷

（清）田維壽撰

民國十三年漢陽田氏刻本　總目 2607 頁

湖天吟稿不分卷

（清）何烈撰

民國四年刻本　總目 2607 頁　清人別集 929
頁　清人詩文 1871 頁

蚓園詩鈔三卷

（清）陳際盛撰

民國四年成都蚓園家塾刻本　總目 2608
頁　清人別集 1292 頁　清人詩文 1872 頁

菉園詩鈔二卷

（清）鄔淦源撰

民國四年長沙刻本　總目 2609 頁　清人別
集 969 頁　清人詩文 1873 頁

歲寒詩稿三卷

王德森撰

民國間刻本　總目 2610 頁　清人別集 187
頁　清人詩文 1874 頁

歲寒文稿八卷

王德森撰

民國十八年昆山市隱廬刻本　總目 2610
頁　清人別集 187 頁　江蘇刻書 494 頁　清人
詩文 1874 頁

松鄰遺集（松鄰文集四卷詩集四卷詞二卷）

吳昌綏撰　吳蕊圓輯

民國十八年刻本　總目 2610 頁　販書 501 頁
清人別集 895 頁　清人詩文 1875 頁

梅祖盦雜詩一卷松鄰書札二卷

吳昌綏撰

民國十四年吳定刻本　總目 2610 頁　清人
別集 895 頁　清人詩文 1875 頁

澎湖遺老集四卷

金蓉鏡撰

民國十七年刻本　總目 2611 頁　清人別集
1431 頁　清人詩文 1875 頁

澎湖遺老續集四卷

金蓉鏡撰

民國二十年刻本　總目 2611 頁　清人別集
1431 頁　清人詩文 1875 頁

石遺室文集十二卷詩集三卷補遺一卷

陳衍撰

清光緒三十一年至民國間武昌刻本　　總目
2612 頁　清人別集 1237 頁

石遺室文集十二卷文續集一卷文三集一卷文四集一卷詩集十卷詩補遺一卷詩續集二卷

陳衍撰

清光緒至民國間刻本　　總目 2612 頁　清人別集 1237 頁　清人詩文 1876 頁

石遺室詩續集六卷

陳衍撰

民國二十四年刻本　　總目 2612 頁　清人別集 1237 頁　清人詩文 1876 頁

大鶴山人詩集二卷

鄭文焯撰　王闓運評

民國十二年蘇州振新書社刻本　　總目 2613 頁　清人別集 1496 頁　清人詩文 1877 頁

還讀我書齋詩鈔四卷外集五卷附一卷

鍾元贊撰

民國十三年刻本　　總目 2613 頁　清人別集 1621 頁　清人詩文 1878 頁

還山草不分卷

（清）江峰青撰

民國八年刻本　　總目 2614 頁　清人別集 570 頁　清人詩文 1878 頁

南蟬樓詩集七卷

李瀚昌撰

民國十年長沙刻本　　總目 2615 頁　清人別集 837 頁　清人詩文 1879 頁

星輝樓詩鈔不分卷

（清）周善登撰

民國五年研華堂刻本　　總目 2615 頁　清人別集 1477 頁　清人詩文 1879 頁

素園桑者詩集不分卷

（清）唐國珍撰

民國二十年刻本　　總目 2616 頁　清人別集 1960 頁　清人詩文 1880 頁

遯盦遺稿不分卷

（清）黃圭撰

民國五年刻本　　總目 2616 頁　清人別集 1990 頁　清人詩文 1880 頁

嘯月山房文集不分卷

（清）黃道傳撰

民國間刻本　　總目 2616 頁　清人別集 2040 頁　清人詩文 1880 頁

延江生詩集十三卷詞一卷

（清）趙懿撰

民國六年成都穆川堂刻本　　總目 2618 頁　清人別集 1538 頁　清人詩文 1881 頁

閑居十八年剩草不分卷

（清）劉瀛撰

民國十八年刻本　　總目 2618 頁　清人別集 509 頁　清人詩文 1881 頁

覆瓿草二卷

（清）劉其清撰

民國五年申江刻本　　清人別集 533 頁　清人詩文 1881 頁

竹居外錄不分卷

（清）張士珩撰

民國元年刻本　　總目 2620 頁　清人別集 1110 頁　清人詩文 1884 頁

勞山甲錄一卷

（清）張士珩撰

民國元年豹島餐霞軒刻本　　總目 2620 頁

弢樓遺集三卷

（清）張士珩撰

民國十二年合肥張氏京師刻本　　總目 2620 頁　清人別集 1110 頁　清人詩文 1884 頁

竹居小牘十二卷

（清）張士珩撰

民國三年竹居刻本　清人別集 1110 頁　近代書目 68 頁　海王村 13 秋 1007

茹茶軒文集十一卷

（清）張錫恭撰

民國十二年華亭封氏簣進齋刻本　總目 2620 頁　清人別集 1192 頁　經眼錄 118 頁

藝蘭室文存一卷附錄一卷

（清）陳寶璐撰

民國二十九年閩縣螺江陳氏京師刻本　總目 2620 頁　清人別集 1299 頁　滬國拍 09 春 2

花近樓詩存初編三卷續編二卷四編二卷八編二卷

陳夔龍撰

民國間刻本　總目 2620 頁　清人別集 1328 頁　清人詩文 1885 頁

讀易草堂文集二卷

韋湯生撰

民國十一年刻本　總目 2621 頁　清人別集 2212 頁

說經堂詩錄一卷

（清）楊銳撰

民國刻思舊集本　總目 2621 頁

遯庵遺集二十六卷

楊凌閣撰

民國十四年郟縣汝溪山房刻本　總目 2621 頁　清人詩文 1886 頁　清人別集 726 頁

金粟齋遺集八卷附詞一卷首一卷帶耕堂遺詩五卷首一卷吳中判牘一卷崇祀錄一卷

蒯光典撰　遺詩　蒯德模撰

民國十八年江寧刻本　販書 500 頁　近代書目 130 頁　清人詩文 1886 頁　總目 2621 頁

鄔陽吟草一卷

（清）沈秉彝撰

民國六年刻本　總目 2622 頁　清人別集 1039 頁　清人詩文 1887 頁

夢選樓文鈔二卷詩鈔二卷

胡宗楙撰

民國二十五年胡氏天津刻本　總目 2622 頁　清人別集 1590 頁　清人詩文 1887 頁

夢醒齋詩草一卷

（清）許恂撰

民國六年合肥慈善堂刻本　總目 2623 頁　清人別集 591 頁　清人詩文 1888 頁

淼亭詩鈔三卷

（清）喻啓焜撰

民國六年刻本　總目 2624 頁　清人詩文 1888 頁

未能寡過齋詩初稿不分卷續編不分卷

楊叔懌撰

民國十二年刻本　民國二十三年鄞縣張壽鏞刻本　總目 2624 頁　清人別集 718 頁　清人詩文 1889 頁

清醒閣詩鈔不分卷

（清）楊慶陶撰

民國六年楊氏刻本　總目 2624 頁　清人別集 712 頁　清人詩文 1889 頁

蒲門剩草不分卷

（清）蔣寶英撰

民國六年刻本　總目 2624 頁　清人別集 2197 頁　清人詩文 1889 頁

獨樹草堂詩稿二卷

（清）劉景武撰

民國六年刻本　總目 2625 頁　清人詩文 1889 頁　清人別集 549 頁

泉山遺集不分卷

（清）謝興儒撰

民國六年式南堂刻本　總目 2625 頁　清人別集 2296 頁　清人詩文 1889 頁

二陟草堂文稿十二卷
（清）鶴齡撰
民國六年刻本　總目 2626 頁　清人別集 2422 頁　清人詩文 1890 頁

默庵詩存六卷
王舟瑤撰
民國六年自刻本　總目 2626 頁　販書 495 頁　清人詩文 1890 頁

樹蕙齋文剩一卷
（清）呂伯平撰
民國八年蘇州四本軒刻本　總目 2626 頁　清人別集 388 頁　清人詩文 1891 頁

鳴堅白齋詩存十二卷附補遺一卷
沈汝謹撰
民國六年刻本　民國十年安吉吳氏刻本　總目 2627 頁　清人別集 1036 頁　清人詩文 1891 頁

亭秋館詩鈔十卷附詞鈔四卷外集一卷
許禧身撰
民國元年京師刻本　總目 2629 頁　婦女著作考 567 頁　清人別集 614 頁　清人詩文 1892 頁

亭秋館附錄八卷
許禧身撰輯
民國元年京師刻本　總目 2629 頁

瓠園文存九卷
（清）楊世藩撰
民國十年新化振新書社刻本　總目 2632 頁　清人別集 706 頁　清人詩文 1893 頁

憶庵集二十八卷
楊承禧撰
民國四年江夏楊氏刻本　總目 2632 頁　清人別集 720 頁　清人詩文 1893 頁

冬青館詩存一卷
韓蔭楨撰
民國十八年天津高凌雯刻本　總目 2632 頁　清人別集 2209 頁　清人詩文 1894 頁

顧漁溪先生遺集四卷
顧璜撰
民國二十五年北平文楷齋刻本　總目 2633 頁　清人別集 1778 頁　清人詩文 1894 頁

碧湖集二卷
（清）釋永光撰　溥儒輯
民國二十一年萃錦園刻本　總目 2633 頁　清人別集 2470 頁　清人詩文 1894 頁

紅樓夢排律詩不分卷
（清）高凜豐撰
民國七年惜紅軒刻本　總目 2634 頁　清人別集 1933 頁　清人詩文 1895 頁

懺昔樓詩存一卷
袁克權撰
民國間刻本　總目 2634 頁　清人別集 1753 頁　清人詩文 1895 頁

愛菊堂詩集不分卷
陶天德撰
民國七年刻本　總目 2634 頁　清人詩文 1896 頁

愛菊堂文集不分卷
陶天德撰
民國七年刻本　總目 2634 頁　清人詩文 1896 頁

鵝山全集不分卷
趙增瑀撰
民國二十二年成都天水碧齋刻本　總目 2635 頁　清人別集 1563 頁　清人詩文 1896 頁

鵝山詩鈔六卷
趙增瑀撰

雪泥一印草不分卷

王照撰

民國十四年刻本　總目 2636 頁　清人別集 74 頁　清人詩文 1897 頁

三草刪存三種（雪泥一印草、下里吟草、照膽台吟草不分卷）

王照撰

民國二十年刻本　總目 2636 頁

航泊軒吟草刪存不分卷

王照撰

民國二十年刻本　總目 2636 頁　清人別集 74 頁　清人詩文 1897 頁

猛庵文略二卷

李葆恂撰

民國六年刻本　總目 2637 頁　清人詩文 1898 頁

蜂腰館詩集四卷詞一卷

范鍾撰

民國八年張允亮北京刻本　總目 2637 頁　販書 499 頁　清人別集 1345 頁　清人詩文 1898 頁

吾廬詩稿二卷

步其浩撰

民國二十一年刻本　總目 2637 頁　清人別集 839 頁　清人詩文 1898 頁

節庵先生遺詩六卷

（清）梁鼎芬撰　余越園編

民國十二年沔陽盧氏慎始基齋刻本　總目 2638 頁　販書 499 頁　清人詩文 1899 頁

瀞園集六卷（疏一卷文三卷詩二卷）

趙啟霖撰

民國十三年武昌刻本　民國二十年二魯軒刻本　總目 2639 頁　清人別集 1552 頁　清人

詩文 1900 頁

夢影庵遺稿六卷（文二卷詩三卷詞一卷）

（清）嚴以盛撰

民國三年刻本　總目 2640 頁　清人別集 666 頁　清人詩文 1901 頁

養真草廬詩集二卷

（清）孔繼芬撰

民國八年孔昭度廣州刻本　總目 2640 頁　清人別集 265 頁　清人詩文 1901 頁

子固齋詩存一卷媵仙遺詩一卷

（清）田維翰撰　媵仙遺詩　（清）田維壽撰

民國十三年漢陽田氏刻本　總目 2640 頁　清人別集 325 頁　清人詩文 1902 頁

留璞堂詩集二卷

（清）李紳撰

民國八年郴州刻本　總目 2641 頁　清人別集 742 頁　清人詩文 1903 頁

二州山房遺集二卷

（清）柯劭憝撰

民國間刻本　總目 2642 頁　清人詩文 1903 頁

孝泉詩鈔四卷

胡用賓撰

民國間德陽刻本　總目 2643 頁　清人詩文 1904 頁

賞雨草堂詩稿三卷文稿二卷

（清）胡景程撰

民國八年刻本　總目 2643 頁　清人別集 1597 頁　清人詩文 1904 頁

刪餘詩草一卷

（清）陳廣昌撰

民國八年刻本　總目 2644 頁　清人別集 1259 頁　清人詩文 1905 頁

嘯雪軒詩草十九卷文集二卷

湯汝和撰

民國十二年刻本　總目 2644 頁　清人別集
578 頁　清人詩文 1905 頁

嘯雪軒詩草十三卷

湯汝和撰

民國間刻本　總目 2645 頁　清人別集 578 頁

橘園詩鈔六卷附聯偶一卷

曾國才撰

民國八年曾氏刻本　總目 2645 頁　清人別
集 2277 頁　清人詩文 1905 頁

達可齋文初集八卷附證學十卷

傅守謙撰

民國八年自刻本　總目 2645 頁　販書 498
頁　清人別集 2254 頁　清人詩文 1905 頁

遜庵詩集四卷

鄒崢撰

民國八年刻本　總目 2645 頁　清人別集 962
頁　清人詩文 1906 頁

潁濱居士集十卷附錄一卷

竇蔭蒸撰

民國十七年商南蔡會文堂刻竇氏四隱集本
總目 2647 頁　清人別集 2335 頁　清人詩文
1907 頁

虛齋文集八卷詩稿十五卷

陳榮昌撰

民國間刻陳氏全書本　總目 2650 頁　清人
別集 1301 頁　清人詩文 1909 頁

桐村駢文二卷

陳榮昌撰

民國七年刻本　清人別集 1301 頁

海藏樓詩八卷

鄭孝胥撰

民國三年武昌刻本　總目 2650 頁　清人別
集 1500 頁　清人詩文 1910 頁

海藏樓詩九卷（前八卷爲影印）

鄭孝胥撰

民國間影印及刻本　總目 2650 頁　清人詩
文 1910 頁

海藏樓詩十卷

鄭孝胥撰

民國十三年武昌增修本　總目 2650 頁　清
人詩文 1910 頁

海藏樓詩十三卷

鄭孝胥撰

民國三至二十五年武昌刻本　總目 2651 頁
清人詩文 1910 頁

龍潭文存不分卷

劉海涵撰

民國二十年李氏其文齋刻本　民國刻龍潭精
舍叢刻本　總目 2651 頁　清人別集 544 頁
清人詩文 1910 頁

聽雨軒詩存一卷

劉桂華撰

民國二年刻本　總目 2651 頁　清人別集 543
頁　清人詩文 1910 頁

素庵文稿二卷

王珏撰

民國九年刻本　總目 2652 頁　清人別集 57
頁　清人詩文 1911 頁

雙清書屋吟草一卷

王樾撰

民國十一年刻本　總目 2652 頁　清人別集
82 頁　清人詩文 1911 頁

葛園居士詩集不分卷

李孝先撰

民國間家刻本　清人詩文 1911 頁

挹湘閣集二卷

馮爲鑒撰

民國九年桃園寶新書社刻本　總目 2654 頁
清人別集 353 頁　清人詩文 1913 頁

紫藤花館詩草四卷詞鈔一卷

（清）廖基植撰
民國十四年長沙刻本　總目 2654 頁　清人
別集 2362 頁　清人詩文 1913 頁

課餘草六卷附補遺一卷

儲玉藻撰
民國二十二年海陵儲氏余樓書屋刻本　總目
2654 頁　清人別集 2244 頁　清人詩文 1914 頁

丁潛客遺詩一卷

丁仁長撰
民國十八年廣州翰元樓刻本　總目 2655 頁
清人別集 6 頁　清人詩文 1915 頁

養真室集（養真室詩存三卷,詩後集、文存、文後集、文乙集各一卷,詞二卷）

王嘉詵撰
民國十三年彭城王開孚刻本　總目 2655 頁
清人別集 183 頁　清人詩文 1915 頁

印光法師文鈔四卷附錄一卷

釋印光撰
民國十二年刻本　嘉德四季 11 期 4221

己巳紀游詩草一卷

汪兆鏞撰
民國十九年刻本　總目 2656 頁　清人別集
999 頁　清人詩文 1915 頁

敝帚集不分卷

（清）周慶森撰　周慶雲輯
民國三年刻本　總目 2656 頁　清人詩文
1916 頁

蛻私軒集五卷

姚永璞撰
民國十年周明泰刻本　總目 2656 頁　清人
詩文 1916 頁

東游草一卷

徐紹楨撰
民國二年廣州刻本　總目 2657 頁　清人別
集 1888 頁　清人詩文 1917 頁

南歸草三卷

徐紹楨撰
民國十二年廣州刻本　總目 2657 頁　清人
別集 1888 頁　清人詩文 1917 頁

學壽堂詩燼餘草一卷

徐紹楨撰
民國十三年刻本　總目 2657 頁　清人別集
1888 頁　清人詩文 1917 頁

一山詩存不分卷

章梫撰
民國間刻本　總目 2657 頁　清人別集 2114
頁　清人詩文 1917 頁

一山文存十二卷

章梫撰
民國七年刻本　總目 2657 頁　清人別集
2114 頁　清人詩文 1917 頁　販書 498 頁

瞻麓堂詩鈔八卷

廖基棫撰
民國二十三年長沙刻本　總目 2657 頁　清
人別集 2363 頁　清人詩文 1917 頁

逃園拾殘集一卷

宋輔仁撰
民國六年成都刻本　總目 2658 頁　清人別
集 1073 頁　清人詩文 1918 頁

闇齋遺稿六卷附祭文哀辭

師表撰
民國十年成都刻本　總目 2659 頁　清人別
集 382 頁　清人詩文 1919 頁

蟄廬文略二卷

（清）黃錫朋撰

民國八年都昌黄氏家塾刻本　清人別集 2042
頁　清人詩文 1919 頁　雍和 10 秋 190

鶡山樵隱詩鈔四卷

（清）黄錫朋撰

民國八年都昌黄氏家塾刻本　清人別集 2042
頁　清人詩文 1919 頁

培梧山房詩稿六卷

彭鳳文撰

民國十年廣州刻本　總目 2660 頁　清人別
集 2150 頁　清人詩文 1919 頁

春海堂詩鈔不分卷

廖潤鴻撰

民國四年寧鄉縣志局刻本　總目 2660 頁　清
人別集 2362 頁　清人詩文 1919 頁

臥雲東游詩鈔十二卷

題静圓撰

民國十年刻本　總目 2660 頁　清人別集
2476 頁　清人詩文 1920 頁

雪篇寶詩剩一卷

謝祖熹撰

民國十年刻本　總目 2660 頁　清人別集
2302 頁　清人詩文 1920 頁

六齋無韵文集二卷

（清）宋衡撰

民國二年刻本　總目 2661 頁　販書 496 頁
清人詩文 1920 頁

李安浦遺著二卷

（清）李福撰

民國二十年汪氏青學齋刻本　總目 2661
頁　清人別集 753 頁　清人詩文 1921 頁

横山鄉人類稿十三卷

陳慶年撰

民國十三年横山草堂刻本　總目 2662 頁　清
人別集 1281 頁　江蘇刻書 514 頁　清人詩

文 1922 頁

滄園詩集二卷文集二卷附録二卷

（清）虞景璜撰

清宣統三年至民國三年虞和欽刻本　總目
2662 頁　清人別集 2320 頁　清人詩文 1922 頁

宜園詩文集四卷

丁錫奎撰

民國四年宜園刻本　總目 2663 頁　清人別
集 13 頁　清人詩文 1922 頁

復見心室詩草不分卷附雜著一卷

王宣猷撰

民國十一年刻本　總目 2663 頁　清人別集
157 頁　清人詩文 1923 頁

花隱庵揉存草不分卷

汪星煊撰

民國十一年刻本　總目 2664 頁　清人詩文
1923 頁

耘心軒詩集二卷浙游小草一卷文集一卷

莊士源撰

民國二十二年刻本　總目 2665 頁　清人詩
文 1924 頁

繭叟近稿不分卷

夏時濟撰

民國四年湖南官書局刻本　總目 2665 頁　清
人別集 1766 頁　清人詩文 1924 頁

陳慶笙茂才文集補遺一卷

陳樹鏞撰

民國二十三年刻本　總目 2666 頁　清人別集
1301 頁　清人詩文 1925 頁

湘湄詩話二卷

彭蔭南撰

民國十一年岳陽刻本　總目 2666 頁　清人
詩文 1925 頁

泉清閣詩草一卷

楊惠卿撰

民國二十一年刻蝶社叢刊本　總目 2667 頁　清
人別集 729 頁　清人詩文 1926 頁

守闕齋詩鈔不分卷

（清）劉肇隅撰

民國二十三年刻本　總目 2667 頁　清人別
集 556 頁　清人詩文 1926 頁

觀海堂文鈔不分卷

（清）劉肇隅撰

民國間刻本　總目 2667 頁　清人詩文 1926 頁

覆瓴文存十一卷

謝玉芝撰

民國八年鎮海書社刻本　總目 2667 頁　清
人別集 2295 頁　清人詩文 1926 頁

覆瓴文存三集八卷

謝玉芝撰

民國十一年刻本　總目 2667 頁　清人別集
2295 頁　清人詩文 1926 頁

槼園文鈔二卷槼園駢體文鈔一卷槼園詩鈔二
卷槼園詞鈔一卷

（清）張錫麟撰

民國二十一年刻本　近代書目 130 頁　雍和
嘉誠 13 秋 4264

平養堂詩集六卷

王龍文撰

民國十一年刻本　總目 2668 頁　清人詩文
1927 頁

平養堂文存十六卷疏稿一卷詩存二卷聯存一
卷附錄一卷

王龍文撰

民國九年蕭子基刻本　總目 2668 頁　清人
別集 110 頁　清人詩文 1927 頁

范伯子文集十二卷附一卷詩集十九卷附蘊素

軒詩稿五卷

范當世撰　附　姚倚雲撰

民國二十一年至二十二年漸西徐氏刻本　清
人別集 1350 頁　販書 493 頁

蘊素軒詩稿五卷

姚倚雲撰

民國二十二年漸西徐氏校刻范伯子詩集附
總目 2668 頁　清人別集 1708 頁　販書 493
頁　清人詩文 1927 頁

循園詩鈔八卷

楊文鍇撰

民國十八年長沙刻本　總目 2670 頁　清人
別集 705 頁　清人詩文 1929 頁

宜園詩集八卷

孟守廉撰

民國十二年蘇州鄭子蘭刻本　總目 2670 頁
清人詩文 1929 頁

白雲山館詩鈔十七卷

袁璠撰

民國十二年刻本　總目 2671 頁　清人別集
1749 頁　清人詩文 1930 頁

自怡集三卷

（清）董正撰

民國十二年刻本　清人別集 2168 頁　清人
詩文 1930 頁　總目 2671 頁

劉氏傳家寶詩鈔不分卷

劉元慶撰

民國二十五年刻本　總目 2672 頁　清人別
集 514 頁　清人詩文 1930 頁

王仁安集三十八卷

王守恂撰

民國十年刻本　總目 2672 頁　清人詩文
1931 頁

王仁安續集十二卷

王守恂撰
民國十六年天津金氏刻本　清人別集 128 頁

王仁安三集六卷
王守恂撰
民國二十二年天津金氏刻本　清人別集 128 頁

王仁安四集四卷
王守恂撰
民國二十六年天津金氏刻本　清人別集 128 頁

仁安續筆記二卷後附乙丑避暑小記
王守恂撰
民國十六年刻本　11–10–13 孔網拍賣

志庵遺稿十卷（文稿四卷詩稿六卷）
（清）王式通著　王蔭泰編
民國二十七年王氏家刻本　經眼錄 61 頁　清人別集 115 頁　清人詩文 1931 頁　德寶 06 年 6 月 184

澹堪詩草（澹庵詩草）一卷
成多禄撰
民國四年吉林成氏刻本　民國四年吉林成氏刻十一年增刻本　總目 2673 頁　清人詩文 1932 頁

澹堪詩草三卷
成多禄撰
民國三年刻本　總目 2674 頁　清人別集 377 頁　清人詩文 1932 頁

三江濤聲一卷
周慶雲撰
民國三年刻本　總目 2675 頁　清人別集 1459 頁　清人詩文 1933 頁

孟坡詩存十二卷
周慶雲撰
民國九年刻本　清人別集 1460 頁

孟坡詩存十四卷

周慶雲撰
民國二十二年刻本　總目 2675 頁　清人別集 1460 頁　清人詩文 1933 頁

觀古堂詩文集二十二卷
葉德輝撰
民國六至民國二十年長沙葉氏刻本　總目 2676 頁　清人別集 318 頁

郎園詩文集二十七卷
葉德輝撰
民國十八年刻本　總目 2676 頁　清人別集 318 頁　清人詩文 1934 頁

觀古堂詩集五卷詩錄一卷
葉德輝撰
民國二年郎園刻本　總目 2676 頁　清人詩文 1934 頁

觀古堂詩錄（觀古堂詩集）六卷
葉德輝撰
民國二年郎園刻本　民國六年刻本　總目 2676 頁　清人別集 318 頁　清人詩文 1934 頁

郎園詩鈔十六卷
葉德輝撰
民國二年刻本　民國八年刻本　清人別集 318 頁

山居文錄二卷
葉德輝撰
民國十一年刻本　販書 498 頁　清人詩文 1934 頁

果齋前集不分卷別集不分卷
（清）劉爾炘編
民國三至十一年刻本　總目 2677 頁　清人別集 521 頁　清人詩文 1935 頁

丙丁吟二卷
鄧爾慎撰
民國九年廣州刻本　孔網數據 13–08–27

海棠香館詩集初集二卷續集二卷

朱子鏞撰

民國二十九年刻本　總目 2678 頁

則一道人遺稿二卷

任恢道撰

民國十三年尚志齋刻本　總目 2678 頁　清人別集 473 頁　清人詩文 1936 頁

即山文鈔不分卷

沈承君撰

民國十三年刻本　總目 2678 頁　清人詩文 1936 頁

槃監齋遺稿二卷遺詩一卷

匡履福撰

民國十四年貴陽金氏十梅館刻本　總目 2679 頁　販書 500 頁　清人別集 371 頁　清人詩文 1936 頁

曉晴軒遺稿二卷

吳漢章撰

民國十一年四川新文閣刻本　總目 2679 頁　清人詩文 1936 頁

井字山人詩存四卷

（清）夏葆彝撰

民國八年刻本　總目 2679 頁　清人詩文 1937 頁

東齋詩鈔一卷詩續鈔一卷文鈔二卷文續鈔一卷

孫光庭撰

民國間刻本　總目 2679 頁　清人別集 639 頁　清人詩文 1937 頁

復禮堂述學詩十五卷

曹元弼撰

民國二十五年刻本　總目 2680 頁　清人別集 2064 頁　清人詩文 1937 頁

復禮堂文集十卷

曹元弼撰

民國六年刻本　總目 2680 頁　販書 497 頁　清人別集 2064 頁　清人詩文 1937 頁

半逸山人詩草六卷文集六卷

曹伯榮撰

民國十至十三年雙柏堂刻本　總目 2680 頁　清人別集 2069 頁　清人詩文 1937 頁

弢庵遺稿三卷

黃應周撰

民國十三年刻本　總目 2680 頁　清人別集 2018 頁　清人詩文 1938 頁

廿四花風館詩鈔一卷詞鈔一卷

陳昭常撰

民國十九年刻本　總目 2680 頁　清人詩文 1938 頁　清人別集 1302 頁

仲松堂詩集三卷

童錫笙撰

民國十三年長沙刻本　總目 2681 頁　清人別集 2267 頁　清人詩文 1938 頁

漢鶖生詩前集八卷後集二卷

趙怡撰

民國四年趙恒成都穆川堂刻本　總目 2681 頁　清人別集 1531 頁　清人詩文 1938 頁

見真吾齋詩鈔八卷

裴汝欽撰

民國十二年灌城刻本　總目 2681 頁　清人別集 2353 頁　清人詩文 1938 頁

守愚詩存十二卷

鄭基智撰

民國十三年半樓主刻本　總目 2681 頁　清人詩文 1938 頁

夢春詩鈔五卷末一卷

謝濤撰

民國十三年刻本　總目 2681 頁　清人別集 2291 頁　清人詩文 1939 頁

粵游詩草一卷

戴廣春撰

民國十三年雄溪刻本　總目 2681 頁　清人別集 2436 頁　清人詩文 1939 頁

浣薇軒夢餘吟草一卷

（清）李恒撰

民國三十四年李氏重刻本　清人詩文 1940 頁

罋勤齋詩殘稿不分卷

（清）吳國榛撰

民國十五年百嘉室刻本　總目 2683 頁　清人別集 894 頁　清人詩文 1940 頁

十髮居士集七十卷（石巢詩集十二卷楚望閣詩集十卷湘社集四卷鹿川文集十二卷鹿川詩集十六卷美人喜壽盦詞集六卷定巢詞十卷）

程頌萬撰

清光緒二十一年至民國十七年寧鄉程氏鹿川閣刻本　總目 2684 頁　販書 490 頁　清人詩文 1941 頁　清人別集 2234 頁　叢書綜錄 577 頁

石巢畫石詩一卷

程頌萬撰

民國間刻本　總目 2684 頁　清人別集 2234 頁　清人詩文 1941 頁

弢齋詩錄一卷

程頌萬撰

民國間刻本　總目 2684 頁　清人別集 2234 頁　清人詩文 1941 頁

伯茀詩錄一卷

（清）壽富撰

民國刻思舊集本　總目 2684 頁

秋雨年華之館叢脞書一卷興算學議一卷

（清）譚嗣同撰

民國元年長沙刻本　總目 2685 頁　近代書目 137 頁

惺默齋詩四卷附文一卷詞一卷

汪兆銓撰

民國八年刻本　民國十二年廣州超華齋刻本　總目 2686 頁　清人別集 999 頁

葰楚齋詩集不分卷

汪兆銓撰

民國十二年廣州刻本　總目 2686 頁　清人別集 999 頁　清人詩文 1944 頁

屈翁詩稿十二卷附泰西新史雜咏一卷

李世伸撰

民國十四年刻本　總目 2687 頁　清人別集 773 頁　清人詩文 1944 頁

一通集不分卷

李懋培撰

民國十四年廣州光東書局刻本　總目 2687 頁　清人別集 836 頁　清人詩文 1944 頁

褒碧齋詩詞丙丁戊稿二卷

陳銳撰

民國間刻本　總目 2689 頁

逸廬文集一卷

陳運溶撰

民國四年刻本　總目 2689 頁　清人別集 1286 頁　清人詩文 1946 頁

碧鸚鵡軒詩存一卷

馮飛撰

民國十四年刻本　總目 2689 頁　清人別集 344 頁　清人詩文 1946 頁

花麗村人詩集二卷

諶鴻鍫撰

民國十四年刻本　總目 2691 頁　清人詩文 1948 頁

逋居士集一卷平原村人詞一卷

沈惟賢撰

民國二十八年杭州刻本　清人別集 1048 頁

245

總目 2693 頁　清人詩文 1950 頁

洞易齋遺詩不分卷

胡念祖撰

民國十八年胡氏刻本　總目 2694 頁　清人別集 1590 頁　清人詩文 1951 頁

小竹里館吟草八卷附樂静詞一卷

俞陛雲撰

民國十七年刻本　總目 2694 頁　清人別集 1646 頁　清人詩文 1951 頁

小竹里館吟草第九卷

俞陛雲撰

民國間刻本（此卷九爲單印本）　津國 14 年秋 327

鄭學齋文存甲集二卷

孫雄撰

民國十年刻本　總目 2695 頁　清人別集 629 頁　清人詩文 1951 頁

石琴廬詩集十三卷

張之漢撰

民國十七年瀋陽張氏北平刻本　總目 2696 頁　清人別集 1113 頁　清人詩文 1952 頁

黛韵樓遺集八卷（詩集四卷詞集二卷文集二卷）

薛紹徽撰

民國三年刻本　清人別集 2426 頁　經眼録 67 頁　清人詩文 1953 頁　滬國拍 11 秋 122

唾庵詩集九卷文集一卷

羅傑撰

民國四年北京自刻本　總目 2697 頁　清人別集 1394 頁　清人詩文 1953 頁

遺園詩集十六卷

徐橪撰

民國間成都閬存齋刻本　總目 2698 頁　清人別集 1863 頁　清人詩文 1955 頁

雙溪草堂詩集一卷

黃肇鼎撰

民國二十五年刻本　總目 2699 頁　清人別集 2043 頁　清人詩文 1955 頁

鐵史詩存四卷

黃應遠撰

民國十五年長沙刻本　總目 2699 頁　清人別集 2018 頁　清人詩文 1955 頁

運甓草堂詩鈔六卷

陶一鳴撰

民國十五年上元劉氏校刻樣本　總目 2699 頁　清人別集 1979 頁　清人詩文 1955 頁

晚秀堂詩鈔一卷

楊楨撰

民國十五年成都存古書局刻本　總目 2699 頁　清人詩文 1955 頁　清人別集 693 頁

抑抑堂集十五卷附甦餘日記一卷

吳涑撰

民國十二年清江碧山堂刻本　總目 2700 頁　清人別集 848 頁　清人詩文 1956 頁

惕齋遺集四卷前一卷續集二卷補遺一卷首末二卷

（清）周蘊良撰

民國二十四年周氏誦清芬館刻本　總目 2701 頁　清人別集 1480 頁　清人詩文 1957 頁

毅庵類稿一卷

曹佐熙撰

民國四年刻本　總目 2701 頁　清人別集 2069 頁　清人詩文 1958 頁

稼溪詩草三卷文存二卷

黃維翰撰

民國十年南昌刻本　總目 2702 頁　清人別集 2037 頁　清人詩文 1958 頁

游仙詩一卷

張鴻撰

民國二十二年刻本　總目 2702 頁　清人別
集 1094 頁　清人詩文 1958 頁

存素軒文稿一卷詩稿二卷

陳時若撰

民國十七年刻本　總目 2702 頁　清人別集
1289 頁　清人詩文 1959 頁

島居遺稿二卷

葉泰椿撰

民國十八年刻本　總目 2702 頁　清人別集
315 頁　清人詩文 1959 頁

補過齋文牘初編三十二卷續編十四卷三編六卷

楊增新撰

民國十至二十三年新疆駐京公寓刻本　總目
2702 頁　清人別集 733 頁　清人詩文 1959 頁

厚莊文鈔三卷詩鈔二卷

劉紹寬撰

民國八年楊氏刻本　總目 2703 頁　販書 498
頁　清人別集 539 頁　清人詩文 1959 頁

秋海棠詩一卷

陳沆撰

民國六年刻四色套印本　總目 2704 頁　清
人別集 1231 頁　清人詩文 1961 頁

滋樹室詩集二卷

（清）李經達撰

民國十二年上海刻本　總目 2705 頁　清人
詩文 1962 頁

安樂鄉人詩集（藥夢詩）四卷附藥夢詞一卷

金兆蕃撰

民國二十年刻本　總目 2706 頁　清人別集
1425 頁　清人詩文 1963 頁

甌山詩詞十卷

金兆蕃撰

民國二十八年刻本　清人別集 1425 頁

安樂鄉人詩四卷續集一卷七十後詩一卷藥夢詞二卷續集一卷七十後詞一卷

金兆蕃撰

民國三十二年刻本　清人別集 1425 頁

還粹集四卷

高向瀛撰

民國二十七年萃樓福州刻本　總目 2706 頁
清人別集 1925 頁　清人詩文 1963 頁

青郊詩存六卷

梁煥奎撰

民國元年梁氏家刻本　民國三年刻本　總目
2706 頁　清人別集 2137 頁　清人詩文 1963 頁

戊戌詩存一卷

陳止撰

民國九年刻本　總目 2707 頁　嘉德四季 13
期 5177　同方 15 秋 010

群碧樓詩鈔四卷

鄧邦述撰

民國十九年刻本　總目 2708 頁　清人別集
253 頁　清人詩文 1965 頁

忞日草廬詩集五卷

林東郊撰

民國十年刻本　總目 2709 頁　清人別集
1365 頁　清人詩文 1967 頁

禮本堂詩集十二卷

林景綬撰

民國七年刻本　總目 2709 頁　清人詩文
1967 頁

樹萱館詩草一卷

邱錫彤撰

民國八年刻本　總目 2710 頁　清人別集 338
頁　清人詩文 1967 頁

稻香齋詩集十一卷

周永年撰

民國十七年刻本　總目 2710 頁　清人别集 1456 頁　清人詩文 1967 頁

頤壽堂遺稿一卷

周清鑑撰

民國十七年刻本　總目 2710 頁　清人别集 1475 頁　清人詩文 1967 頁

退庵遺文二卷駢文集六卷遺詩二卷遺詞一卷詩集附録一卷行述一卷

（清）胡體晋撰

民國三年胡天演素園刻本　總目 2710 頁　清人别集 1585 頁　清人詩文 1967 頁

濠隱存稿一卷詩詞一卷附都門紀變百咏一卷

莊禮本撰

民國三十一年刻本　總目 2710 頁　清人别集 488 頁　清人詩文 1967 頁

環翠續構集六卷（文鈔二卷詩鈔三卷雜鈔一卷）

葛鍾秀撰

民國元年刻本　清人詩文 1968 頁

叙異齋文集八卷

趙衡撰　徐世昌輯

民國二十一年天津徐世昌北京刻本　總目 2712 頁　清人别集 1536 頁　清人詩文 1969 頁

瑟園詩録四卷詞録一卷

劉富槐撰　劉方煒編

民國十五年刻本　總目 2712 頁　清人别集 550 頁　清人詩文 1969 頁

存誠山房集十一卷

竇以冔撰

民國十七年商南蔡會文堂刻竇氏四隱集本　總目 2713 頁　清人别集 2333 頁　清人詩文 1970 頁

瘦東詩鈔十卷

沈其光撰

民國十八年沈氏瓦粟齋刻本　總目 2716 頁　清人詩文 1973 頁

瘦東詩鈔十卷附書簡一卷贈答一卷

沈其光撰

民國十六年刻本　清人别集 1038 頁

碧漪詩草二卷

沈屠申撰

民國十八年刻本　總目 2716 頁　清人别集 1048 頁　清人詩文 1973 頁

拾零編文集不分卷

李聘吾撰

一九四九年刻本　總目 2717 頁　清人别集 827 頁　清人詩文 1973 頁

疏園詩二編二卷

余誼密撰

民國十八年宜城刻本　總目 2717 頁　清人别集 958 頁　清人詩文 1973 頁

繩武齋遺稿一卷

陳成侯撰

民國六年刻本　總目 2718 頁　清人别集 1276 頁　清人詩文 1974 頁

拙園詩集四卷附編一卷

鄧毓怡撰

民國十八年任丘籍忠寅刻本　總目 2719 頁　清人别集 258 頁　清人詩文 1975 頁

磐園詩集六卷

羅潤璋撰

民國十六年刻本　總目 2720 頁　清人别集 1403 頁　清人詩文 1975 頁

闇公詩存六卷

（清）丁傳靖撰

民國二十四年白雪庵刻本　總目 2720 頁　清人别集 8 頁　清人詩文 1976 頁

持庵集四卷

華焯撰

民國十二年海粟庵刻本　總目 2721 頁　清人別集 476 頁　清人詩文 1977 頁

覃研齋詩存三卷

趙椿年撰

民國二十四年自刻本　總目 2721 頁　清人別集 1562 頁　清人詩文 1978 頁

浩山集十二卷

(清)歐陽述撰

民國五年歐陽氏小畫舫齋刻本　總目 2722 頁　清人別集 1382 頁　清人詩文 1978 頁

徐悔齋集十八卷

徐繼孺撰

民國二十四年大梁刻本　總目 2723 頁　清人別集 1893 頁　清人詩文 1979 頁

獨誦堂遺集六卷

(清)李佳撰

民國十年閔爾昌刻本　總目 2725 頁　清人別集 741 頁　江蘇刻書 528 頁　清人詩文 1982 頁

李剛己先生遺集五卷附錄一卷

李剛己撰

民國六年南宮李氏都門刻本　總目 2729 頁　清人別集 781 頁　清人詩文 1985 頁

城隱廬詩鈔一卷

吳興讓撰

民國二十三年刻本　總目 2729 頁　清人別集 886 頁　清人詩文 1985 頁

雲淙琴趣二卷

邵章撰

民國十九年邵氏倬庵刻本　總目 2729 頁

雲淙琴趣三卷

邵章撰

民國十九年邵氏倬庵刻二十四年增修本　總目 2729 頁　清人別集 1330 頁　清人詩文 1985 頁

雲淙琴趣(卷三)

邵章撰

民國二十四年邵氏倬庵刻本(前二卷已于民國十九年先行刊印,此卷三刻于民國二十四年,爲單刻本)　保利 13 春 3114

耐庵詩稿不分卷

胡元倓撰

民國三十年刻本　總目 2729 頁　清人別集 1577 頁　清人詩文 1986 頁

華蕊樓遺稿一卷

(清)徐熙珍撰

民國五年烏程周氏夢坡室刻本　總目 2730 頁　清人別集 1900 頁　婦女著作 479 頁　清人詩文 1986 頁

倚山閣詩二卷淡月平芳館詞一卷

章華撰

民國二十年刻本　總目 2730 頁　販書 501 頁　清人別集 2113 頁　清人詩文 1986 頁

雲海樓詩存五卷附雷塘詞一卷

閔爾昌撰

民國十三年刻本　總目 2730 頁　清人別集 974 頁　江蘇刻書 528 頁　清人詩文 1987 頁

蓮雲庵詩文集不分卷

韓德銘撰

民國五年刻本　總目 2731 頁　清人別集 2211 頁　清人詩文 1988 頁

瘦庵詩集一卷附外集一卷

羅惇曧著

民國十七年葉恭綽刻本　總目 2731 頁　販書 501 頁　清人別集 1404 頁　清人詩文 1988 頁

青陽文集五卷

吳鏞撰

民國十二年刻本　總目 2731 頁　清人別集 862 頁　清人詩文 1988 頁

雅確文編四卷

徐震撰

民國二十一年刻本　總目 2732 頁　清人詩文 1988 頁

彊廬詩鈔十六卷

曾炎權撰

民國元年刻本　總目 2732 頁　清人詩文 1988 頁

韵荃精廬詩文鈔十二卷

卜世藩撰

民國十三年刻本　總目 2732 頁　清人詩文 1989 頁

清寂堂詩録五卷

林思進撰

民國四年華陽林氏霜柑閣刻本　民國十年華陽林氏霜柑閣刻本　民國二十八年華陽林氏霜柑閣刻本　總目 2733 頁　清人別集 1373 頁　清人詩文 1990 頁

清寂堂詩續録二卷

林思進撰

民國二十八年林氏霜柑閣刻本　總目 2733 頁　清人別集 1373 頁　清人詩文 1990 頁

清寂文乙編不分卷

林思進撰

民國二十三年林氏霜柑閣刻本　總目 2733 頁　清人別集 1373 頁　清人詩文 1990 頁

清寂堂聯語不分卷

林思進撰　林祖毅輯録

民國二十五年刻本　嘉德四季 19 期 3443（2009 年）

吳游集一卷

林思進撰

民國二十四年成都沈氏梧龕刻本　總目 2733 頁　清人別集 1373 頁　清人詩文 1990 頁

和謝康樂詩一卷

冒廣生撰

清末民國初刻本　總目 2734 頁

嘯盦詩詞稿不分卷

夏仁虎撰

民國九年刻本　民國十四年刻本　總目 2735 頁　清人別集 1765 頁　清人詩文 1991 頁

嘯盦詩存四卷

夏仁虎撰

民國九年刻本　總目 2735 頁　清人別集 1765 頁

嘯盦詩存六卷

夏仁虎撰

民國十四年江寧夏仁虎刻本　總目 2735 頁　清人別集 1765 頁

嘯盦詩存（枝巢編年詩稿）十三卷

夏仁虎撰

民國九年刻本　民國二十三年刻本　總目 2735 頁　清人別集 1765 頁　清人詩文 1991 頁

嘯盦文稿二卷

夏仁虎撰

民國十八年刻本　總目 2735 頁　清人別集 1765 頁

嘯盦文稿四卷

夏仁虎撰

民國十八年刻本　總目 2735 頁　清人詩文 1991 頁

詩債一卷附寫秋篇菊花百咏

邢棻撰　附　邢錦生撰

民國十一年邢氏成都天香室刻本　民國二十二年刻本　清人別集 372 頁　總目 2738 頁　清人詩文 1993 頁

天香室詩卷二卷詩餘一卷附詩債一卷

邢錦生撰　附邢棻撰

民國二十二年邢氏成都刻本　清人別集 373 頁

空山人遺稿四卷

吳庚撰　趙忻年輯

民國七年刻本　總目 2738 頁　清人別集 845
頁　清人詩文 1993 頁

芥滄館詩集六卷文存三卷

（清）黃兆枚撰

民國十二年長沙羅博文堂刻本　清人別集
2015 頁　近代書目 141 頁　德寶 11 年 2 月 264

芥滄館補刊六種

（清）黃兆枚撰

民國間長沙蔣氏文德堂刻本　總目 2739 頁
清人詩文 1994 頁　清人別集 2015 頁

醒齋遺集詩一卷文一卷

何允孝撰

民國六年刻寄漚遺集附　總目 2742 頁　清
人別集 935 頁　清人詩文 1997 頁

韵廬自娛詩詞草二卷

（清）繆華撰

民國十四年刻本　婦女著作考 766 頁　清人
別集 2382 頁　清人詩文 1999 頁　滬國拍 11
春 002

自怡室詩存一卷

蘇奐撰

民國間刻本　總目 2743 頁　清人詩文 1999 頁

愛日軒詩草一卷

竇以燕撰　竇蔭蒸編

民國十七年商南蔡會文堂刻本　總目 2744
頁　清人別集 2333 頁　清人詩文 2000 頁

聲齋詩稿一卷詞稿一卷

夏慶緩撰

民國夏仁沂刻本　清人別集 1766 頁　總目
2744 頁　清人詩文 2000 頁

六慎齋詩存不分卷

徐金銘撰

民國間刻本　總目 2744 頁　清人詩文 2000 頁

俍山遺集（俍山文集三卷詩存一卷）

章錫光撰

民國十一年章氏琴鶴軒刻本　總目 2745 頁
清人別集 2120 頁　清人詩文 2001 頁

沚庵詩鈔二卷

蒲殿俊撰

民國二十三年北平文華齋刻本　總目 2747 頁
清人別集 2312 頁　清人詩文 2003 頁

壺西草堂詩鈔二卷附錄一卷

蒲殿俊撰

民國二十三年廣安刻本　總目 2747 頁　清
人別集 2312 頁　清人詩文 2003 頁

名山詩集五卷

錢振鍠撰

民國十五年瑞安刻本　總目 2748 頁　清人
別集 1831 頁

名山七集文四卷詩一卷

錢振鍠撰

民國間刻本　清人別集 1832 頁

孕雲盦詩一卷

涂同軌撰

民國二十三年家刻本　總目 2750 頁　清人
別集 1971 頁

竹閒吟榭集十卷

徐行恭撰

民國十八年杭州刻本　總目 2750 頁　清人
別集 1878 頁

韞玉樓遺稿一卷

徐咸安撰

民國二年張氏適園刻本　總目 2750 頁　清
人別集 1889 頁　清人詩文 2004 頁　婦女著

作考 473 頁

也足齋梅花詩一卷
劉英撰

民國十三年刻本　總目 2751 頁　清人別集 500 頁　清人詩文 2005 頁

耐庵詩存一卷附錄一卷
潘亨毅撰

民國十七年潘氏刻本　總目 2752 頁　清人別集 2411 頁　清人詩文 2007 頁

待月樓詩存三卷
徐明熙撰

民國二十五年刻本　總目 2754 頁　清人別集 1885 頁　清人詩文 2008 頁

天梅遺集十六卷附錄一卷
高旭撰

民國二十三年刻本　總目 2755 頁　清人別集 1914 頁　清人詩文 2009 頁

恐高寒齋詩二卷
袁勵準撰

民國十九年袁氏家刻本　總目 2755 頁　清人詩文 2009 頁

青島紀游詩不分卷
袁勵準撰

民國間恐高寒齋刻朱印本　總目 2755 頁　清人別集 1753 頁　清人詩文 2009 頁

凹園詩鈔二卷詞一卷
黃榮康撰

民國十年刻本　總目 2755 頁　清人別集 2029 頁　清人詩文 2010 頁

篁溪存稿不分卷
張伯楨撰

民國二年刻本　總目 2756 頁　清人別集 1146 頁　清人詩文 2010 頁

張滄海壓妝詩一卷
張伯楨撰

民國十三年刻本　滬國拍 11 春 322

困齋文集四卷詩集四卷
籍忠寅撰

民國二十一年籍氏刻本　總目 2756 頁　清人別集 2462 頁　清人詩文 2010 頁

編苕詩鈔八卷
王佩箴撰

民國十四年梁垣馬集文齋刻本　總目 2756 頁　清人別集 143 頁　清人詩文 2011 頁

冰壺室詩草四卷
常懷俊撰

民國二十三年刻本　總目 2757 頁　清人別集 2097 頁　清人詩文 2011 頁

寫定樓遺稿不分卷
馮江撰

民國十年刻本　總目 2757 頁　清人別集 345 頁　清人詩文 2011 頁

逸塘詩存不分卷
王揖唐撰　李元暉編

民國二十六至二十九年刻合肥義門王氏續修宗譜稿附　民國三十年刻本　總目 2757 頁

北江文集十二卷詩集五卷
吳闓生撰

民國十二年文學社刻本　民國二十三年文學社刻本　總目 2758 頁　販書 500 頁　清人別集 904 頁　清人詩文 2012 頁

北江詩草五卷
吳闓生撰

民國十二年文學社刻本　總目 2758 頁

北江先生文集七卷
吳闓生撰

民國十三年刻本　總目 2759 頁　清人別集

904 頁

吹萬樓文集十八卷憤悱録一卷
高燮撰
民國三十年金山高氏刻本　清人別集 1919 頁
清人詩文 2013 頁

蒼虬閣詩集十卷
陳曾壽撰
民國十七年刻本　民國二十七年刻本　民國
二十九年北平湖北學會刻本　總目 2760 頁　清
人別集 1319 頁　清人詩文 2013 頁

甓盦詩録四卷
李稷勳撰
民國十五年刻本　清人詩文 2014 頁　海王
村 11 年 55 期 9

黄山樵唱不分卷
朱師轍撰
民國二十一年燕京刻本　總目 2761 頁　清
人詩文 2015 頁

雄白集三卷
（清）張宗瑛撰
民國六年都門刻本　總目 2762 頁　清人別
集 1160 頁　清人詩文 2016 頁

雄白詩集一卷
（清）張宗瑛撰
民國二十年刻雄白日記附　總目 2762 頁　清
人別集 1160 頁　清人詩文 2016 頁

覺廬詩稿二卷
何振岱撰
民國二十七年福州陳炳昌刻本　總目 2763
頁　清人別集 945 頁　清人詩文 2016 頁

楓江漁唱删存三卷首一卷
（清）徐世勳撰
民國四年刻本　總目 2763 頁　清人別集
1873 頁

楓江漁唱删存五卷
（清）徐世勳撰
民國間刻本　總目 2763 頁　清人別集 1873
頁　清人詩文 2017 頁

吕緒承遺集七卷（留我相庵詩草四卷詞一卷花月平分館綺語二卷）
（清）吕光辰撰
民國元年刻本　總目 2763 頁　清人詩文 2017
頁　清人別集 387 頁

視昔軒遺稿五卷（視昔軒文二卷兜香閣詩二卷碧夢盦詞一卷）
徐樹錚撰
民國二十年刻本　總目 2764 頁　清人別集
1889 頁　經眼録 96 頁　清人詩文 2018 頁

爰居閣詩十卷附續集
梁鴻志撰
民國二十七年北平文楷齋刻本　總目 2767
頁　清人別集 2139 頁　清人詩文 2020 頁

龍顧山房詩集十二卷（虚船詞一卷披香集一卷艾眉集一卷結霞集二卷寒碧集三卷蘭遂集一卷楮窗集一卷袖驪集二卷）
郭則澐撰
民國十七年栩樓刻龍顧山房全集本　總目
2767 頁　清人別集 1940 頁　經眼録 128 頁

龍顧山房詩集十五卷
郭則澐撰
民國二十一年栩樓刻龍顧山房全集本　總目
2767 頁　清人詩文 2021 頁

龍顧山房詩集不分卷
郭則澐撰
民國二十五年栩樓刻龍顧山房全集本　總目
2767 頁

龍顧山房詩續集六卷（蓼蟲集二卷葵堂集二卷戒香集一卷邛亭集一卷）

郭則澐撰

民國二十一年栩樓刻龍顧山房全集本　總目
2767 頁　經眼錄 128 頁

龍顧山房詩餘六卷（瀟夢詞一卷鏡波詞一卷絮塵詞一卷苹雪詞一卷冰罍詞一卷漚影詞一卷）附潛思盦詩叢一卷

郭則澐撰　附　郭可誠撰

民國十三年郭氏栩樓刻本　經眼錄 128 頁
清人詩文 2021 頁

龍顧山房詩續集不分卷

郭則澐撰

民國二十五年栩樓刻龍顧山房全集本　總目
2767 頁

庚子詩鑑四卷補一卷

郭則澐撰

民國二十九年蟄園刻三十年增修本　總目
2767 頁

龍顧山房駢體文鈔七卷

郭則澐撰

民國二十五年栩樓刻龍顧山房全集本　總目
2767 頁

白華草堂詩六卷附玉尺樓詩一卷

張默君撰

民國二十三年刻本　總目 2768 頁　清人別
集 1165 頁　清人詩文 2021 頁

鈍安詩不分卷

傅熊湘撰

民國三年刻本　總目 2769 頁　清人別集 2257
頁　清人詩文 2022 頁

鈍安詩八卷

傅熊湘撰

民國十三年刻本　總目 2769 頁　清人別集
2257 頁　清人詩文 2022 頁

西北吟一卷

鄧家彥撰

民國二十四年刻本　總目 2769 頁　清人別
集 256 頁　清人詩文 2022 頁

左盦集八卷

劉師培撰

民國十七年北京修綆堂刻本　總目 2770 頁
販書 496 頁　清人別集 524 頁　清人詩文
2024 頁

左盦詩一卷

劉師培撰

民國二十年華陽林氏清寂堂刻本　販書 496
頁　清人別集 524 頁

金閶紀事不分卷

柳遂撰

民國十一年刻本　清人別集 1612 頁　海王
村 10 年 53 期 677

仲温遺稿二卷

（清）安之瑄撰

民國三年刻本　總目 2771 頁　清人詩文
2025 頁

澄廬詩集十二卷

鄒魯撰

民國二十五年刻本　總目 2772 頁　清人別
集 963 頁　清人詩文 2026 頁

漢硯唐琴室遺詩一卷絮烟樓詞一卷

俞玫撰

民國十八年刻本　總目 2772 頁　清人詩文
2026 頁　清人別集 1637 頁

孝烈詩甄二卷

（清）劉静宜撰

民國五年刻本　總目 2774 頁　清人別集 554
頁　清人詩文 2027 頁

蓮心室遺稿一卷

俞富儀撰

民國十八年刻本　總目 2774 頁　清人別集
1647 頁　婦女著作考 414 頁　清人詩文 2028 頁

劬盦文稿初編一卷二編一卷三編一卷四編一卷官書拾存四卷聯語一卷

羅正鈞撰

民國九年羅氏養正齋刻本　販書 498 頁

茹經堂文集六卷

唐文治撰

民國十五年刻本　販書 500 頁　清人別集
1956 頁

茹經堂文集六卷二編八卷

唐文治撰

民國十五年至十六年刻本　清人別集 1956 頁

頌橘廬詩存十六卷附毅父詩草

曾克耑撰　附　曾永闔撰

民國三十六年成都茹古書局刻本　清人別集
2276 頁　海王村 08 春 312　海王村 10 年秋 666

頌橘廬詩文存二十八卷

曾克耑撰

民國三十六年刻本　清人別集 2276 頁

毅父詩草一卷

曾永闔撰

民國三十六年刻本　清人別集 2273 頁　海
王村 08 春 312

蟄吟草一卷

申辛簃撰

民國八年刻本　同方 15 秋 002

大潛山房詩鈔一卷（一名行閒餘事）

（清）劉銘傳撰

民國十一年上海刻本　清人別集 546 頁　近
代書目 154 頁

嘯月山房文集八卷

（清）陳銘鑑撰

民國二十六年至二十七年陳銘鑑刻本　清人
別集 1312 頁　海王村 08 年秋 524

幸盦文集四卷詩存二卷

（清）馬長齡撰

民國二十年自刻本　清人別集 35 頁　近代
書目 149 頁

讀好書齋詩文鈔二卷

（清）劉咸烉撰

民國十六年成都扶經堂刻本　民國三十年刻
本　清人別集 540 頁　近代書目 144 頁

幻雲詩草四卷

（清）何氏撰

民國五年刻本　清人別集 927 頁　婦女著作
考 295 頁

愛日堂前集八卷

（清）張元際撰

民國十七年愛日堂刻本　清人別集 1117 頁
近代書目 125 頁

古餘薌閣集一卷

（清）慕昌溎撰

民國十八年南皮張氏代興堂刻本　清人別集
2339 頁　婦女著作考 724 頁

農禪詩鈔三卷

（清）農禪撰

民國三十七年杭州刻本　清人別集 2474 頁

澹園遺稿一卷

柯鴻年撰

民國十八年刻本　經眼錄 85 頁　同方 15 秋
003（前半部分用珂羅版印制名家題辭真迹，
後半部分詩集用木刻印制）

不匱室詩鈔八卷

胡漢民撰

民國二十一年刻本　書刊拍賣目錄 95–01 年
199 頁

過江集一卷附讀詩雜感四十首

高凌雯撰

民國十一年刻本　清人別集 1929 頁　海王村 06 年 34 期 100　今古齋 14 年 29 期 1

無恙初稿不分卷

楊無恙撰

民國二十二年武進董氏誦芬室刻本　江蘇刻書 526 頁　拍賣古籍目錄 93-00 年 743 頁

養復園詩集不分卷

程潛撰

民國三十一年醴陵程氏重慶刻本　清人別集 2222 頁　書刊拍賣目錄 95-01 年 106 頁　敬華 06 秋 994

隨山館詩簡編四卷

（清）汪瑔撰

民國三十二年陳群澤存書庫重刻本　民國三十六年刻本　清人別集 985 頁　海王村 10 年春 670

涵象軒詩集六卷附涵象軒詞一卷

李葆光撰

民國二十四年北平刻本　海王村 12 年秋 657

庚嬌寓詩一卷

吳吾撰

民國十四年辛夷館刻本　海王村 12 年 57 期 65　清人別集 841 頁

蠲戲齋詩前集一卷蠲戲齋詩編年集一卷闕寇集一卷附芳社詞勝

馬浮撰

民國三十六年刻本　海王村 07 年 40 期 10　德寶 13 年迎春 284

栖碧山人吟稿三卷

（清）劉煥撰

民國二十三年杭州渭文齋刻本　海王村 07 年秋 12　嘉恒 10 春 318

聆風簃詩八卷附聆風簃詞一卷

黄濬撰

民國三十年侯官黄氏刻本　清人別集 2001 頁　海王村 09 年春 565　西泠 13 春 151

屏廬文稿四卷

金鉞撰

民國三十一年天津金氏刻本　清人別集 1414 頁

肅忠親王遺稿一卷

（清）善耆撰

民國十七年刻本　清人別集 2267 頁　海王村 11 年 55 期 2

題江南曾文正公祠百咏一卷

（清）朱孔彰撰

民國二十四年朱師轍金陵補刻本　清人別集 423 頁　近代書目 154 頁　保利 12 春 713

憐心集四卷

朱天目撰

民國五年寫刻本　保利 12 秋 8229

回風堂詩四卷前錄二卷

馮开撰

民國二十六刻本（部分木刻、部分油印）　清人別集 344 頁　德寶 08 年 7 月 264

穉瀰詩集六卷附錄一卷

（清）毛澂撰

民國十六年刻本　清人別集 205 頁　卓德 11 秋 2380

梅溪詩選不分卷

張嘉謀撰

民國三十六年陶然齋刻本　歌德 09 年 11 月 2420

吳白屋先生遺書二十卷附錄一卷

吳芳吉撰　周光午輯

民國二十三年湖南長沙段文益堂刻本　清人別集 888 頁　博古齋 11 年春 1140　泰和 12

年 9 月 451

南海先生詩集四卷

康有爲撰

民國間刻本　泰和 09 年 3 月 164　華辰 11
秋 1904

瓢滄詩稿四卷

趙金鑑撰

民國十三年刻本　清人別集 1554 頁　雍和
11 春 2907

墨庵駢文甲集附補刻

（清）宋慈袞撰

民國十年刻本　清人別集 1075 頁

達廬詩錄四卷

馮善徵撰

民國十四年刻本　民國十六年南通馮氏景岫
樓刻本　清人別集 360 頁　嘉恒 10 春 3

戊辰銷夏百一詩附己己銷夏懷人詩

錢葆青撰

民國二十年武昌刻本　清人別集 1834 頁　同
方 13 春 011

音塵集不分卷（新文學綫裝木刻）

卞之琳撰

民國二十五年文楷齋刻本　書攤夢尋 23 頁

冬眠曲及其他（新文學綫裝木刻）

林庚撰

民國二十五年北平風雨詩社刻本　書攤夢尋
23 頁　嘉恒 10 春 2

總集類

叢編之屬

**漢魏六朝百三名家集（漢魏六朝一百三家集）
一百一十八卷**

（明）張溥輯

民國七年四川官印局刻本　叢書綜錄 825 頁

賈長沙集一卷　（漢）賈誼撰

司馬文園集一卷　（漢）司馬相如撰

董膠西集一卷　（漢）董仲舒撰

東方大中集一卷　（漢）東方朔撰

漢褚先生集一卷　（漢）褚少孫撰

王諫議集一卷　（漢）王褒撰

漢劉中壘集一卷　（漢）劉向撰

揚侍郎集一卷　（漢）揚雄撰

漢劉子駿集一卷　（漢）劉歆撰

馮曲陽集一卷　（漢）馮衍撰

班蘭臺集一卷　（漢）班固撰

東漢崔亭伯集一卷　（漢）崔駰撰

張河間集二卷　（漢）張衡撰

漢蘭臺令李伯仁集一卷（李蘭臺集）（漢）
李尤撰

東漢馬季長集一卷　（漢）馬融撰

東漢荀侍中集一卷　（漢）荀悅撰

蔡中郎集二卷　（漢）蔡邕撰

東漢王叔師集一卷　（漢）王逸撰

孔少府集一卷　（漢）孔融撰

諸葛丞相集一卷　（三國蜀）諸葛亮撰

魏武帝集一卷　（三國魏）武帝曹操撰

魏文帝集二卷　（三國魏）文帝曹丕撰

陳思王集二卷　（三國魏）曹植撰

陳記室集一卷　（漢）陳琳撰

王侍中集一卷　（漢）王粲撰

魏阮元瑜集一卷　（三國魏）阮瑀撰

魏劉公幹集一卷　（三國魏）劉楨撰

魏應德璉集一卷　（三國魏）應瑒撰

魏應休璉集一卷　（三國魏）應璩撰

阮步兵集一卷　（三國魏）阮籍撰

嵇中散集一卷　（三國魏）嵇康撰

魏鍾司徒集一卷　（三國魏）鍾會撰

晋杜征南集一卷　（晋）杜預撰

魏荀公曾集一卷　（晋）荀勖撰

傅鶉觚集一卷　（晋）傅玄撰

晋張司空集一卷（張茂先集）（晋）張華撰

孫馮翊集一卷　（晋）孫楚撰

晋摯太常集一卷　（晋）摯虞撰

晋束廣微集一卷　（晋）束晢撰

夏侯常侍集一卷　（晋）夏侯湛撰

潘黄門集一卷　（晋）潘岳撰

傅中丞集一卷　（晋）傅咸撰

潘太常集一卷　（晋）潘尼撰

陸平原集二卷　（晋）陸機撰

陸清河集二卷　（晋）陸雲撰

晋成公子安集一卷　（晋）成公綏撰

晋張孟陽集一卷　（晋）張載撰

晋張景陽集一卷　（晋）張協撰

晋劉越石集一卷　（晋）劉琨撰

郭弘農集二卷　（晋）郭璞撰

晋王右軍集二卷　（晋）王羲之撰

晋王大令集一卷　（晋）王獻之撰

孫廷尉集一卷　（晋）孫綽撰

陶彭澤集一卷　（晋）陶潛撰

宋何衡陽集一卷　（南朝宋）何承天撰

宋傅光禄集一卷　（南朝宋）傅亮撰

謝康樂集二卷　（南朝宋）謝靈運撰

顔光禄集一卷　（南朝宋）顔延之撰

鮑參軍集二卷　（南朝宋）鮑照撰

宋袁陽源集一卷　（南朝宋）袁淑撰

謝法曹集一卷　（南朝宋）謝惠連撰

謝光禄集一卷　（南朝宋）謝莊撰

南齊竟陵王集二卷　（南朝齊）蕭子良撰

王文憲集一卷　（南朝齊）王儉撰

王寧朔集一卷　（南朝齊）王融撰

謝宣城集一卷　（南朝齊）謝朓撰

齊張長史集一卷　（南朝齊）張融撰

南齊孔詹事集一卷　（南朝齊）孔稚珪撰

梁武帝御製集一卷　（南朝梁）武帝蕭衍撰

梁昭明太子集一卷　（南朝梁）蕭統撰

梁簡文帝御製集二卷　（南朝梁）簡文帝蕭綱撰

梁元帝集一卷　（南朝梁）元帝蕭繹撰

江醴陵集二卷　（南朝梁）江淹撰

沈隱侯集二卷　（南朝梁）沈約撰

陶隱居集一卷　（南朝梁）陶弘景撰

梁丘司空集一卷　（南朝梁）丘遲撰

任中丞集一卷　（南朝梁）任昉撰

王左丞集一卷　（南朝梁）王僧孺撰

陸太常集一卷　（南朝梁）陸倕撰

劉戸曹集一卷　（南朝梁）劉峻撰

王詹事集一卷　（南朝梁）王筠撰

劉秘書集一卷　（南朝梁）劉孝綽撰

劉豫章集一卷　（南朝梁）劉潛撰

劉庶子集一卷　（南朝梁）劉孝威撰

庾度支集一卷　（南朝梁）庾肩吾撰

何記室集一卷　（南朝梁）何遜撰

吳朝請集一卷　（南朝梁）吳均撰

陳後主集一卷　（南朝陳）後主陳叔寶撰

徐僕射集一卷　（南朝陳）徐陵撰

沈侍中集一卷　（南朝陳）沈炯撰

江令君集一卷　（南朝陳）江總撰

陳張散騎集一卷　（南朝陳）張正見撰

高令公集一卷　（北魏）高允撰

温侍讀集一卷　（北魏）温子昇撰

邢特進集一卷　（北齊）邢劭撰

魏特進集一卷　（北齊）魏收撰

庾開府集二卷　（北周）庾信撰

王司空集一卷　（北周）王褒撰

隋煬帝集一卷　（隋）煬帝楊廣撰

盧武陽集一卷　（隋）盧思道撰

李懷州集一卷　（隋）李德林撰

牛奇章集一卷　（隋）牛弘撰

薛司隷集一卷　（隋）薛道衡撰

漢魏六朝百三名家集（漢魏六朝一百三家集）一百一十八卷

（明）張溥輯

民國十三年湖南古書流通處刻本　海王村 14 秋 1029

　　子目同上

建安七子集

（清）楊逢辰輯

民國十五年刻本　綜錄補正 232 頁

　孔文舉集一卷　（漢）孔融撰

　陳孔璋集一卷　（漢）陳琳撰

　王仲宣集一卷　（漢）王粲撰

　徐偉長集一卷　（漢）徐幹撰

　阮元瑜集一卷　（漢）阮瑀撰

　應德璉集一卷　（漢）應瑒撰

　劉公幹集一卷　（漢）劉楨撰

明清八家文鈔二十卷

（清）徐世昌輯

民國二十年天津徐氏刻本　叢書廣錄 757 頁
總目 2808 頁

　歸震川先生文鈔二卷　（明）歸有光撰

　方望溪先生文鈔二卷　（清）方苞撰

　姚姬傳先生文鈔二卷　（清）姚鼐撰

　梅伯言先生文鈔二卷　（清）梅曾亮撰

　曾滌生先生文鈔四卷　（清）曾國藩撰

　張濂卿先生文鈔二卷　（清）張裕釗撰

　吳摯甫先生文鈔四卷　（清）吳汝綸撰

　賀松坡先生文鈔二卷　（清）賀濤撰

十家宮詞十二卷

田中玉刊

民國二十二年臨榆田氏影宋刻本　海王村 98
春 209

　宮詞三卷　宋徽宗趙佶撰

　宮詞一卷　（宋）宋白撰

　宮詞一卷　（唐）王建撰

　宮詞一卷　（五代）花蕊夫人撰

　宮詞一卷　（宋）王珪撰

　宮詞一卷　（宋）胡偉撰

　宮詞一卷　（五代）和凝撰

　宮詞一卷　（宋）張公庠撰

　宮詞一卷　（宋）王仲修撰

　宮詞一卷　（宋）周彥質撰

三唐人集

（清）馮焌光輯

民國二十二年寒匏窟刻本　叢書綜錄 834 頁

　李文公集十八卷補遺一卷附錄一卷　（唐）
李翱撰

　皇甫持正文集六卷補遺一卷　（唐）皇甫湜撰

　孫可之文集十卷　（唐）孫樵撰

三唐人集

繆荃孫輯

民國四至五年江陰繆氏刻本　叢書綜錄 834 頁

　歐陽行周文集十卷附校記一卷　（唐）歐陽
詹撰　校記繆荃孫撰

　孫可之文集十卷　（唐）孫樵撰

　皇甫持正集六卷附校記一卷　（唐）皇甫湜
撰　校記繆荃孫撰

宋人集六十一種

李之鼎輯

民國間南城李氏宜秋館刻本　叢書綜錄 842
頁　續四庫叢部 141 頁

甲編

　寇忠愍公詩集三卷　（宋）寇準撰　民國四
年刻

　都官集十四卷　（宋）陳舜俞撰　民國三年刻

　金氏文集二卷　（宋）金君卿撰　民國三年刻

　陶邕州小集一卷輯補一卷　（宋）陶弼
撰　民國三年刻

　藏海居士集二卷　（宋）吳可撰　民國三
年刻

　大隱居士集二卷　（宋）鄧深撰　民國三
年刻

　蘭皋集二卷　（宋）吳錫疇撰　民國三年刻

　秋堂集三卷補遺一卷附錄一卷　（宋）柴望
撰　民國三年刻

　柳塘外集二卷　（宋）釋道璨撰　民國三
年刻

　古梅吟館五卷遺稿一卷　（宋）吳龍翰
撰　民國三年刻

　鐵牛翁遺稿一卷　（元）何景福撰　民國三
年刻

崧庵集六卷 （宋）李處權撰 民國四年刻

竹齋先生詩集四卷 （宋）裘萬頃撰 民國三年刻

宋學士徐文惠公存稿五卷附錄一卷 （宋）徐經孫撰 民國三年刻

嘉禾百咏一卷 （宋）張堯同撰 民國三年刻

待清軒遺稿一卷 （宋）潘音撰 民國四年刻

雁山吟一卷 （宋）吕聲之撰 民國四年刻

説劍吟一卷 （宋）吕定撰 民國四年刻

西塍稿一卷續稿一卷海陵稿一卷 （宋）宋伯仁撰 民國四年刻

棣華館小集一卷 （宋）楊甲撰 民國四年刻

乙編

元獻遺文一卷補編三卷 （宋）晏殊撰 民國六年刻

慶湖遺老詩集九卷拾遺一卷後集補遺一卷 （宋）賀鑄撰 民國五年刻

北湖集五卷 （宋）吴則禮撰 民國六年刻

馮安岳集十二卷 （宋）馮山撰 民國四年刻

寧極齋稿一卷 （宋）陳深撰 民國四年刻

慎獨叟遺稿一卷 （宋）陳植撰

默齋遺稿二卷增輯一卷 （宋）游九言撰 民國六年刻

三餘集四卷 （宋）黄彦平撰 民國五年刻

無爲集十五卷附校記一卷 （宋）楊傑撰 校記 李之鼎撰 民國九年刻

簡齋詩外集一卷 （宋）陳與義撰 民國七年刻

燕堂詩稿一卷 （宋）趙公豫撰 民國九年刻

月洞吟一卷 （宋）王鎡撰 民國九年刻

康範詩集一卷附錄一卷 （宋）汪晫撰 民國九年刻

北游詩集一卷 （宋）汪夢斗撰 民國九

年刻

莆陽知稼翁文集十一卷詞一卷附錄一卷附校記一卷 （宋）黄公度撰 民國九年刻

丙編

濟南集八卷 （宋）李廌撰 民國十年刻

德隅堂畫品一卷 （宋）李廌撰 民國十年刻

洛陽九老祖龍學文集十六卷附錄一卷 （宋）祖無擇撰 民國十年刻

安晚堂詩集六十卷（原缺卷一至五、十三至六十）補編二卷輯補一卷 （宋）鄭清之撰 民國十年刻

蒙隱集二卷 （宋）陳棣撰 民國十年刻

敝帚稿略八卷補遺一卷 （宋）包恢撰 民國十年刻

祖英集二卷 （宋）釋重顯撰 民國十年刻

倪石陵書一卷 （宋）倪樸撰 民國十年刻

張大家蘭雪集二卷附錄一卷 （宋）張玉孃撰 民國九年刻

勿齋集二卷 （宋）楊至質撰 民國九年刻

骳稿一卷 （宋）利登撰 民國十年刻

東山詩選二卷 （宋）葛紹體撰 民國十年刻

郴江百咏一卷補遺一卷 （宋）阮閲撰 民國十年刻

華亭百咏一卷 （宋）許尚撰 民國十一年刻

九華詩集一卷 （宋）陳岩撰 民國十年刻

釋希旦詩一卷 （宋）釋希旦撰

聖宋九僧詩一卷補遺一卷 （宋）□□輯 民國十年刻

寒松閣集三卷附錄一卷 （宋）詹初撰 民國十年刻

丁編

咸平集三十卷首一卷 （宋）田錫撰 民國十二年刻

伊川擊壤集二十卷外詩一卷 （宋）邵雍撰 民國十一年刻

伐檀集二卷 （宋）黃庶撰 民國十二年刻

宋著作王先生文集八卷 （宋）王蘋撰 民國十一年刻

湖山集十卷輯補一卷 （宋）吳芾撰 民國十一年刻

獻醜集一卷 （宋）許棐撰 民國十二年刻

須溪先生四景詩集四卷補一卷 （宋）劉辰翁撰 民國十一年刻

騷略三卷 （宋）高似孫撰 民國十二年刻

西江詩派韓饒二集

沈曾植輯

清宣統二年姚埭沈氏刻本 叢書綜録844頁

陵陽先生詩四卷附校勘記一卷 （宋）韓駒撰 校勘記 傅增湘撰 民國四年刻

倚松老人詩集二卷 （宋）饒節撰

元人選元詩五種

羅振玉輯

民國四年連平范氏雙魚室刻本 叢書綜録851頁 續四庫叢部145頁

河汾諸老詩集八卷 （元）房祺輯 據元本景刻

國朝風雅七卷雜編三卷 （元）蔣易輯 據元本景刻

大雅集八卷 （元）賴良輯 （元）楊維禎評點 據景明洪武本景刻

敦交集一卷 （元）魏士達輯 據舊鈔本景刻

偉觀集一卷 （元）□□輯 據舊鈔本景刻

詩慰三十四種

（清）陳允衡輯

民國二十九年毗陵董氏刻本 叢書綜録856頁

初集

四溟山人集選一卷詩說一卷 （明）謝榛撰

澗上集選一卷 （明）王留撰

謝堂集選一卷 （明）吳夢暘撰

林孝廉集選一卷 （明）林章撰

雪鴻集選一卷 （明）謝三秀撰

岳歸堂集選一卷岳歸堂遺集選一卷鵠灣集選一卷 （明）譚元春撰

溉園集選一卷 （明）萬時華撰

鼇峰集選一卷 （明）徐𤊻撰

松圓浪淘集選一卷耦耕堂集選一卷 （明）程嘉燧撰

不已集選一卷 （明）黎祖功撰

河邨集選一卷 （明）戴重撰

嶧桐後集選一卷 （清）劉城撰

汉上集選一卷 （明）程可中撰

石臼後集選一卷 （明）邢昉撰

自娛齋集選一卷 （明）聞啓祥撰

蓮鬚閣集選一卷 （明）黎燧球撰

涉江集選一卷 （明）潘之恒撰

昔耶園集選一卷 （明）余正垣撰

唾餘集選一卷 （明）梅士勛撰

幾社集選一卷 （明）周士勳撰

二集

作朋集選二卷 （明）嚴調御 （明）嚴武順 （明）嚴敕撰

渚宮集選一卷 （明）王啓茂撰

潭庵集選一卷 （明）湯開先撰

褐塞軒集選一卷 （明）舒忠讜撰

樸草選一卷 （明）于奕正撰

天爵堂集選一卷 （明）薛崗撰

樓約齋集選一卷 （明）汪應蕘撰

時術堂集選一卷 （明）方其義撰

王學人遺集選一卷 （明）王玄度撰

棗堂集選一卷 （明）釋行溥撰

續集

梁一儒詩一卷 （明）梁一儒撰

馮明期詩一卷 （明）馮明期撰

沈師昌詩一卷 （明）沈師昌撰

楊惟休詩一卷 （明）楊惟休撰

易堂九子文鈔

（清）彭玉雯輯

清道光十七年刻民國十四年印本　叢書綜録869頁　總目 2887 頁

彭躬庵文鈔六卷　（清）彭士望撰
丘邦士文鈔二卷　（清）丘維屏撰
魏伯子文鈔一卷　（清）魏際瑞撰
魏叔子文鈔五卷　（清）魏禧撰
魏季子文鈔一卷　（清）魏禮撰
李咸齋文鈔一卷　（清）李騰蛟撰
林確齋文鈔一卷　（清）林時益撰
彭中叔文鈔一卷　（清）彭任撰
曾青藜文鈔一卷　（清）曾燦撰

龍泉師友遺稿合編

李樹屏輯

清光緒二十年刻民國七年印本　叢書綜録867頁

龍泉園集十二卷　（清）李江撰
龍泉園語四卷
龍泉園詩草一卷文草一卷尺牘一卷題跋一卷
蘭陽養疴雜記一卷
見聞録一卷
鄉塾正誤一卷
問青園集十三卷　（清）王晉之撰
山居瑣言一卷
溝洫私議一卷圖説一卷
貢愚録一卷
問青園課程一卷附雜儀學規條規
問青園語一卷
問青園詩草一卷文草一卷題跋一卷尺牘一卷手帖一卷家書一卷遺囑一卷

王章詩存合刻二種

劉承幹輯

民國十五年吳興劉氏刻本　叢書綜録871頁

默盦詩存六卷　王舟瑶撰
一山詩存十一卷　章梫撰

微尚齋叢刻

汪兆鏞輯

清宣統至民國間番禺汪氏微尚齋刻本　叢書綜録872頁

桐花閣詞一卷補遺一卷　（清）吳蘭修撰　清宣統二年刻
憶江南館詞一卷　（清）陳澧撰　民國三年刻
誦芬録一卷　汪兆鏞撰
微尚齋詩二卷　汪兆鏞撰　清宣統三年刻
雨屋深鐙詞一卷　汪兆鏞撰　民國元年刻
樞窗雜記四卷　汪兆鏞撰　民國三十二年排印

元尚居彙刻三賦

王秉恩編

民國間王氏自刻本　叢書廣録806頁

卜魁城賦一卷　（清）英和撰
新疆賦一卷　（清）徐松撰
西藏賦一卷　（清）和寧撰

通代斷代之屬

樂府詩集一百卷

（宋）郭茂倩編

民國元年鄂官書處刻本　朵雲軒 08 春 704

玉臺新咏十卷札一卷

（南朝陳）徐陵輯

民國二十一年徐乃昌影刻明趙均小宛堂覆刻宋本　海王村 09 年春 550　經眼録 30 頁

桐城吳先生評選瀛奎律髓四十五卷

（元）方回選　（清）吳汝綸評

民國十七年南宮邢氏刻本　海王村 13 年春 637

千家詩二卷附繡像二十四孝圖説

（宋）謝枋得　（清）王相選

民國四年刻本　09-06-22 孔網拍賣

古詩鈔二十卷附目四卷

（清）吳汝綸選

民國十七年武強賀氏刻本　海王村 03 年春 239

古今詩範十六卷
吳闓生評選
民國十九年文學社刻本　海王村 01 年秋 252

歷朝七絕正宗不分卷
袁勵準選
民國二十一年袁氏恐高寒齋刻本　嘉德四季
23 期 5382

古詩賞析二十二卷
（清）張玉穀選
民國十四年蘇州振新書社刻本　博古齋 11
年秋 1341　恒昌 11 春 76

弦歌選二卷
王銘新輯
民國四年成都王銘新家刻本　孔網數據 14–
03–17

歷代僧伽詩鈔一卷附雲水齋詩鈔
（清）釋靈傑　（清）釋梵輝編
一九四九年福州西禪寺刻本　博古齋 14 年 4
月常 4

文章軌範七卷
（宋）謝枋得輯
民國元年鄂官書處刻三色套印本　海王村 14
年 66 期 385

古文觀止十二卷
（清）吳楚材　（清）吳調侯編選
民國九年森記書局刻本　孔網已售 12–08–27

古文範上篇二卷下篇二卷
吳闓生輯
民國十六年文學社刻本　販書 516 頁

古文四象五卷
（清）曾國藩編
民國十八年刻本　海王村 06 年秋 304

古文典範二十五卷
（清）徐世昌編　吳闓生評點
民國間刻本　中國書店藏板

證璧集初編四卷
況周頤輯
民國十三年刻本　販書 516 頁

唐宋八大家類選十四卷首一卷
（清）儲欣評選
民國元年鄂官書處刻本　保利 10 秋 595　博
古齋 15 年 2 期 654

桐城先生評點唐詩鼓吹十六卷
（金）元好問編　（清）吳汝綸評
民國十四年南宮邢氏刻本　海王村 05 年 32
期 4

唐風定二十二卷
（明）邢昉輯
民國二十三年貴陽邢氏思適齋刻本　海王村
08 年春 311　博古齋 07 年首屆 354

松陵集十卷
（唐）皮日休撰　（唐）陸龜蒙撰
民國二十年陶湘涉園刻本　江蘇刻書 524 頁
經眼錄 5 頁

九僧詩一卷
（宋）釋希晝等撰
民國間建德周氏刻本　總目 3013 頁

國朝詩十卷外編一卷補六卷
（清）吳翌鳳選
民國二十一年新陽趙氏刻本　販書 520 頁

**晚晴簃詩匯二百卷總目二卷目一卷姓氏韻編
一卷**
（清）徐世昌輯
民國十八年退耕堂刻本　販書 522 頁

晚清四十家詩鈔三卷

吳閩生評選

民國十三年文學社刻本　經眼錄 89 頁　西泠 11 春 2628

永安磚研唱和集不分卷

（清）徐福謙編

民國三十一年語溪徐氏叢刻本　保利 14 春 3810

同心集三卷斗西詩草一卷

湯汝和輯

民國九年刻本　14-02-22 孔網拍賣

白下愚園題景七十咏一卷

（清）胡光國　（清）胡恩爕合撰

民國七年刻本　清人別集 1582 頁　清人別集 1594 頁

歲朝唱和集一卷附錄三卷補遺一卷

李宣倜等撰

民國十七年李宣倜刻本　海王村 08 年秋 528　翰海 10 秋 718

郡邑之屬

永嘉詩人祠堂叢刻十二種附一種

冒廣生輯

民國四年如皋冒氏刻本　叢書綜錄 878 頁　續四庫叢部 510 頁

　　永嘉集一卷　（唐）釋元覺撰

　　永嘉證道歌一卷　（唐）釋元覺撰

　　儒志編一卷　（宋）王開祖撰

　　芳蘭軒集一卷　（宋）徐照撰

　　二薇亭集一卷　（宋）徐璣撰

　　葦碧軒集（一名西巖集）一卷　（宋）翁卷撰

　　清苑齋集一卷　（宋）趙師秀撰

　　瓜廬詩一卷　（宋）薛師石撰

　　蒲江詞一卷　（宋）盧祖皋撰

　　霽山先生集五卷拾遺一卷末一卷　（宋）林景熙撰

　　五峰集十卷補遺一卷　（元）李孝光撰　補

遺　冒廣生輯

　　柔克齋詩輯一卷　（元）高明撰　冒廣生輯附

　　二黃先生集　冒廣生輯

　　　鮮庵遺稿一卷　（清）黃紹箕撰

　　　縵庵遺稿一卷　（清）黃紹第撰

永嘉四靈詩四卷跋一卷補一卷札一卷

□□輯

民國十四年南陵徐乃昌影宋刻本　海王村 07 年秋 7

　　芳蘭軒集一卷　（宋）徐照撰

　　二薇亭集一卷　（宋）徐璣撰

　　葦碧軒集一卷　（宋）翁卷撰

　　清苑齋集一卷　（宋）趙師秀撰

天津詩人小集十二種

高凌雯輯

民國二十五年天津金氏刻本　叢書綜錄 873 頁　續四庫叢部 475 頁

　　欸乃書屋乙亥詩集一卷　（清）張霨撰

　　履閣詩集一卷　（清）張坦撰

　　秦游詩一卷　（清）張壎撰

　　讀書舫詩鈔一卷　（清）胡捷撰

　　卜硯山房詩鈔一卷後集一卷　（清）周焯撰

　　炅齋詩集一卷　（清）胡睿烈撰

　　青蜺居士集一卷　（清）丁時顯撰

　　林於館詩集二卷　（清）查昌業撰

　　蕉石山房詩草一卷　（清）康堯衢撰

　　欲起竹間樓存稿六卷　（清）梅成棟撰

　　韵湖偶吟一卷後集一卷　（清）劉錫撰

　　醉茶吟草二卷　（清）李慶辰撰

遼東三家詩鈔

劉承幹輯

民國間吳興劉氏刻本　叢書綜錄 873 頁

　　睫巢集六卷後集二卷　（清）李鍇撰　民國七年刻

　　雷溪草堂詩一卷　（清）長海撰　民國九

年刻

大谷山堂集六卷 （清）夢麟撰 民國七
年刻

遼東三家集

榮文祚編

民國十七年刻本 叢書廣録 811 頁

鹿蘋齋詩稿一卷文稿一卷賦稿一卷 （清）
榮文達撰

隅夢草堂詩草六卷 （清）房毓琛撰

看雲聽濤館詩一卷 （清）劉春烺撰

芋城三子詩合存

（清）高崇瑞輯

民國二十五年華亭封氏簀進齋刻本 叢書綜
録 875 頁

破窗風雨樓詩一卷 （清）姜榕撰

海門遺詩一卷 （清）沈夢書撰

愚谷遺詩一卷 （清）朱鐸撰

京江七子詩鈔

（清）張學仁輯

清道光九年丹徒張氏刻本 民國七年高觀昌
等刻本 叢書綜録 876 頁

澹雅山堂詩鈔一卷 （清）應讓撰

簾波閣詩鈔一卷 （清）吳樸撰

野雲詩鈔一卷 （清）鮑文逵撰

弢庵詩集一卷 （清）顧鶴慶撰

種竹軒詩鈔一卷 （清）王豫撰

三山草堂集一卷 （清）錢之鼎撰

青苔館詩鈔一卷 （清）張學仁撰

西泠三閨秀詩

（清）西泠印社主人輯

清光緒二十三年錢塘丁氏刻民國三年西泠印
社印本 叢書綜録 877 頁

新注朱淑真斷腸詩集十卷補遺一卷後集七
卷 （宋）朱淑真撰 （宋）鄭元佐注

孫夫人集一卷 （明）楊文儷撰

臥月軒稿三卷附録一卷 （清）顧若璞撰

粵兩生集

朱祖謀輯

民國十年歸安朱氏刻本 叢書綜録 881 頁

弱盦詩二卷詞一卷 潘之博撰

蛻盦詩一卷詞一卷 麥孟華撰

天津文鈔七卷

華光鼎輯

民國九年金氏刻本 販書 523 頁 近代書目
76 頁

竹里詩萃續編八卷

祝廷錫輯

民國十一年刻本 販書 528 頁

潯溪詩徵四十卷補遺一卷詞徵二卷

周慶雲輯

民國六年夢坡室刻本 販書 529 頁

容城耆舊集四卷

龔耕廬輯

民國十一年自刻本 販書 529 頁

東莞詩録六十五卷

張其淦輯

民國十三年東官張氏寓園刻本 販書 529 頁

蛟川耆舊詩補十二卷

（清）王榮商編

民國七年刻本 販書續編 309 頁

明清鹽山詩鈔十二卷

賈恩綏輯

民國二十四年賈氏家刻本 泰和 14 秋 832

褉湖詩拾八卷首一卷

徐達源輯

民國九年柳棄疾刻本 德寶 11 年 8 月 585

人天酬唱集一卷續集一卷

成都詩人撰

民國十二年成都刻本 同方 13 秋 171

青城詩文集

嚴楷　趙熙等撰

民國三十四年四川青城山常道經書社刻本

孔網已售 10-06-19

烏尤山詩三卷

陳衍等撰　釋傳度輯

民國二十六年嘉定烏尤寺刻本　保利 11 春
1688　嘉德四季 37 期 3352

氏族之屬

三謝詩（謝靈運　謝惠連　謝朓）

（宋）唐庚輯

民國間影刻宋嘉泰本　書刊拍賣目録 95-01
年 591 頁　雍和 12 春 4291

毗陵周氏五世詩集五種附一種

周述祖輯

民國二十五年毗陵周氏學樂堂刻本　叢書綜
録 888 頁

　鷗亭詩草四卷　（清）周溱撰

　海上篇一卷　（清）周情撰

　夫椒山館集二十二卷　（清）周儀暐撰

　餐芍華館詩集八卷蕉心詞一卷　（清）周騰
　虎撰

　春瀑山館詩存一卷　（清）周世澂撰

　附

　先德小識一卷　（清）周騰虎撰

李氏詩詞四種

李道河等編輯

民國四年嘉興李氏自刻本　叢書廣録 831 頁

　秋棠山館詩鈔一卷詞鈔一卷　（清）李鏞撰

　晚香樓詩稿二卷詞鈔一卷　（清）楊淑清撰

　意眉閣詩稿一卷詞鈔一卷　濮賢娜撰

　霞綺樓僅存稿一卷　（清）李道漪撰

聊城楊氏三代詩文集三種

楊承訓編

民國九年海源閣家刻本　叢書廣録 836 頁

　退思廬文存一卷　（清）楊以增撰

　儀晋觀堂詩鈔三卷　（清）楊紹和撰

　歸瓻齋詩詞鈔一卷　（清）楊保彝撰

天津金氏家集五種

金鉞輯

民國間刻本　叢書綜録 889 頁

　黃竹山房詩鈔六卷　（清）金玉岡撰　民國
　二十年刻

　黃竹山房詩鈔補一卷附田盤紀游一卷　（清）
　金玉岡撰　民國二十三年刻

　致遠堂集三卷　（清）金平撰　民國十年刻

　善吾廬詩存一卷　（清）金鉞撰　民國九
　年刻

　芸書閣賸稿一卷　（清）金至元撰　民國
　二十一年刻

慎行堂三世詩存三種

徐寶炘　徐寶華輯

清咸豐至民國間刻本　叢書綜録 891 頁

　疏影山莊吟稿一卷　（清）徐人傑撰　清咸
　豐八年刻

　卧梅廬詩存二卷詩餘一卷　（清）徐師謙
　撰　民國九年刻

　荷香水亭吟草一卷己壬叢稿一卷　（清）徐
　森撰　民國九年刻

小桃源詩集三種

秦鈺輯

民國十三年烏程秦氏刻本　叢書綜録 891 頁

　松石廬詩存一卷雜文一卷筆記一卷　（清）
　秦文炳撰

　玉壺天詩録一卷　秦福基撰

　春暉閣紅餘吟草一卷　孟錦香撰

松陵陸氏叢著十一種

陸明桓輯

民國十六年蘇齋刻本　叢書綜録 894 頁　續
四庫叢部 557 頁

　辛夷花館詩賸一卷守瓶文賸一卷花村詞賸

一卷　（清）陸日嚤撰

西村詞草二卷　（清）陸日章撰

夢逋草堂劫餘稿九卷補遺一卷文謄一卷　（清）陸日愛撰

誦芬館詩鈔二卷　（清）陸亙昭撰

少蒙詩存二卷　（清）陸亙煇撰

思嗜齋詩謄一卷文謄一卷　陸廷楨撰

溉釜家書一卷　陸廷楨撰

陸氏詩謄彙編一卷文謄彙編一卷　陸明桓輯

古柏重青圖題識一卷　（清）陸日愛輯

壽萱集一卷　（清）陸日愛輯

咏梨集試帖二卷　（清）吟嘯樓主人　撰
（清）安拙廬主人續

黃氏家集初編五種

（清）黃家鼎輯

清光緒十七年四明黃氏補不足齋刻本　民國七年刻本　叢書綜錄 896 頁

墨舫謄稿一卷　（清）黃繩先撰

東井詩鈔四卷文鈔四卷　（清）黃定文撰

垂老讀書廬詩草二卷雜體文一卷　（清）黃定齊撰

古干亭詩集六卷文集二卷　（清）黃桐孫撰附

菁山詩鈔一卷　（清）黃式祐撰

嶺外雜言一卷　（清）黃桐孫撰

蒯氏家集四種

蒯壽樞輯

民國十八年合肥蒯氏江寧刻本　叢書綜錄 897 頁

金粟齋遺集八卷首一卷附錄一卷　（清）蒯光典撰

帶耕堂遺詩五卷首一卷　（清）蒯德模撰

蒯公子範歷任治所崇祀錄一卷　程先甲輯

吳中判牘一卷　（清）蒯德模撰

壞簏集二種

（清）劉沅輯

民國二十二年西充鮮于氏特園刻本　叢書綜錄 898 頁　總目 3130 頁

芳皋棄餘錄四卷　（清）劉澤撰

止唐韵語存六卷　（清）劉沅撰

二蕭集二種

蕭有作輯

民國十八年刻本　叢書綜錄 899 頁

齋志長懷詩集一卷聯語一卷　（清）蕭誠齋撰

蕭齋詩集一卷聯語一卷　蕭有作撰

瞿氏詩草三種

瞿啓甲輯

民國二十五年刻藍印本　叢書綜錄 901 頁

墨莊詩草一卷　（清）瞿詒謀撰

吹月填詞館謄稿三卷　（清）瞿紹堅撰

鐵琴銅劍樓詞草一卷　（清）瞿鏞撰

經進三蘇文集事略六種

羅振常輯

民國間上海蟫隱廬刻本　叢書綜錄 901 頁

老泉先生文集十二卷附考異一卷　（宋）蘇洵撰　（宋）郎曄注　考異　羅振常撰　民國十七年刻

經進嘉祐文集事略一卷附考異一卷　（宋）蘇洵撰　（宋）郎曄注　羅振常輯佚并撰考異　民國九年刻

老泉先生文集補遺二卷　（宋）蘇洵撰　羅振常輯

經進東坡文集事略六十卷附考異四卷補遺一卷續補一卷　（宋）蘇軾撰　（宋）郎曄注　考異　羅振常撰　民國九年刻

經進欒城文集事略一卷附考異一卷　（宋）蘇轍撰　（宋）郎曄注　羅振常輯佚并撰考異　民國九年刻

郎氏事輯一卷　羅振常輯　民國九年刻

瑞安南堤項氏叢書二種

項驤輯

民國二十五年瑞安項氏刻本　綜錄續編 333 頁

且甌集九卷
水仙亭詞集二卷

景江鮑氏課選樓合稿

鮑長叙輯
民國六年景江鮑氏重刻本　綜錄續編 340 頁
　起雲閣詩鈔四卷　（清）鮑之蘭撰
　清娛閣詩鈔六卷　（清）鮑之蕙撰
　三秀齋詩鈔二卷　（清）鮑之芬撰

于湖謝氏三世遺詩三種

謝宗師輯
民國十三年武昌省城家刻本　叢書廣錄 820 頁
　退茲堂遺詩一卷　謝登雋撰
　萱壽軒遺詩草一卷　謝葆和撰
　可無詩存一卷　謝立本撰

守約堂遺詩彙鈔四種

潘鍾華編
民國十四年一間蒼借廬刻本　叢書廣錄 829 頁
　聞亦不解軒詩存一卷　（清）潘庭栒撰
　存吾春室逸稿一卷附詩餘一卷　（清）潘自疆撰
　須曼那館遺稿一卷　（清）潘其祝撰
　守約堂事略一卷

李氏閨媛詩鈔三種

民國三十六年李氏家刻本　叢書廣錄 831 頁
　倚香閣詩鈔不分卷　俞鏡秋撰　婦女著作考 414 頁
　夢餘吟草不分卷　李恒撰
　養雲樓軼詩不分卷　李萃撰　婦女著作考 338 頁

佛香酬唱初集二集三集

（清）黃丕烈等著　（清）潘敦先輯
民國十一年刻本　海王村 07 年秋 11

完璞齋吟薇閣喬梓詩集二卷

余鳳書　余銓桂合著
民國十年余祖馨刻本　清人別集 954 頁　德

寶 07 年 2 月 88　工美 12 年 74 屆 7

尺牘之屬

新選分類仕商尺牘不分卷

撰者不詳
民國元年刻本　孔網數據 15-07-10

詩文評類

宋人詩話九種

陶湘刻
民國間陶湘涉園刻本　泰和 10 春 52
　司馬溫公詩話一卷
　庚溪詩話二卷
　竹坡老人詩話三卷
　六一居士詩話一卷
　東萊呂紫薇詩話一卷
　珊瑚鈎詩話三卷
　劉攽貢父詩話一卷
　後山居士詩話一卷
　許彥周詩話一卷

六朝麗指一卷

孫德謙撰
民國十二年四益宧刻本　販書 545 頁

鍾嶸詩品注三卷

陳延傑注
民國三十六年成都志古堂刻本　保利 10 秋 585

淮海先生詩詞叢話一卷

秦國璋輯
民國三年無錫秦嘉會堂刻本　泰和 13 年 3 月 576

吳氏評本昭昧詹言二十一卷

（清）方東樹著　吳闓生評
民國間武強賀氏刻本　海王村 02 年 21 期 169
保利 11 春 1506　泰和 10 春 65

閩川閨秀詩話續編四卷
丁芸編
民國三年京師刻本　販書 544 頁

詩譜詳説八卷
（清）許印芳撰
民國三年雲南圖書館刻本　販書 544 頁

十朝詩乘二十四卷
郭則澐纂
民國二十四年栩樓刻本　清人別集 1940 頁
經眼録 126 頁　博古齋 08 年秋 1546

愚園詩話四卷
（清）胡光國撰
民國九年巾箱刻本　販書 544 頁

辛白論文一卷
陳懷孟撰
民國十四年潁川書舍刻本　販書 545 頁

香石詩話一卷
（清）黄培芳撰
民國四年求在我軒刊朱墨套印本　販書續編
320 頁

雲樵詩話二卷（又名雲樵外史詩話）
（清）繆焕章撰
民國七年藝風堂刻本　販書續編 321 頁

文微不分卷
林紓口述　朱義冑纂述
民國十三年景宋刻本　嘉恒 10 春 24

詞　類

叢編之屬

彊村叢書一百七十七種
朱祖謀輯并撰校記
民國十一年歸安朱氏刻本　叢書綜録 906 頁
　雲謡集雜曲子一卷　（唐）□□輯

尊前集一卷附校記　（宋）□□輯
樂府補題一卷　（元）陳恕可輯
中州樂府一卷附校記　（金）元好問輯
天下同文一卷補遺一卷附校記　（元）□□輯
金奩集一卷　（唐）温庭筠撰
宋徽宗詞一卷　宋徽宗撰
范文正公詩餘一卷　（宋）范仲淹撰
附
　忠宣公詩餘一卷　（宋）范純仁撰
張子野詞二卷補遺二卷附校記　（宋）張
先撰
樂章集三卷續添曲子一卷附校記　（宋）柳
三變（永）撰
小山詞一卷附校記　（宋）晏幾道撰
南陽詞一卷　（宋）韓維撰
臨川先生歌曲一卷補遺一卷附校記　（宋）
王安石撰
韋先生詞一卷　（宋）韋驤撰
紫陽真人詞一卷　（宋）張伯端撰
東坡樂府三卷　（宋）蘇軾撰
山谷琴趣外篇三卷附校記　（宋）黄庭堅撰
龍雲先生樂府一卷　（宋）劉弇撰
淮海先生長短句三卷附校記　（宋）秦觀撰
東堂詞一卷附校記　（宋）毛滂撰
寶晉長短句一卷附校記　（宋）米芾撰
竹友詞一卷　（宋）謝薖撰
畫墁詞一卷　（宋）張舜民撰
北湖詩餘一卷　（宋）吳則禮撰
片玉集十卷附校記　（宋）周邦彦撰（宋）
陳元龍集注
東山詞殘一卷（存卷上）（宋）賀鑄撰
賀方回詞二卷附校記　（宋）賀鑄撰
東山詞補一卷附校記　（宋）賀鑄撰
頤堂詞一卷　（宋）王灼撰
虛靖真君詞一卷　（宋）張繼先撰
陽春詞一卷　（宋）米友仁撰
浮溪詞一卷　（宋）汪藻撰
苕溪樂章一卷　（宋）劉一止撰

赤城詞一卷 （宋）陳克撰

阮户部詞一卷 （宋）阮閱撰

華陽長短句一卷 （宋）張綱撰

鄱陽詞一卷 （宋）洪皓撰

龜溪長短句一卷 （宋）沈與求撰

無住詞一卷 （宋）陳與義撰 （宋）胡穉箋

相山居士詞一卷 （宋）王之道撰

樵歌三卷附校記 （宋）朱敦儒撰

飄然先生詞一卷 （宋）歐陽澈撰

灊山詩餘一卷 （宋）朱翌撰

松隱樂府三卷補遺一卷 （宋）曹勛撰

屏山詞一卷 （宋）劉子翬撰

浮山詩餘一卷 （宋）仲并撰

王周士詞一卷 （宋）王以寧撰

澹齋詞一卷 （宋）李流謙撰

鄮峰真隱大曲二卷詞曲二卷附校記 （宋）
史浩撰

蓮社詞一卷補遺一卷 （宋）張掄撰

南澗詩餘一卷 （宋）韓元吉撰

盤洲樂章三卷附校記 （宋）洪适撰

漢濱詩餘一卷補遺一卷 （宋）王之望撰

芸庵詩餘一卷 （宋）李洪撰

雲莊詞一卷 （宋）曾協撰

澹軒詩餘一卷 （宋）李吕撰

文簡公詞一卷 （宋）程大昌撰

雪山詞一卷 （宋）王質撰

誠齋樂府一卷 （宋）楊萬里撰

平園近體樂府一卷 （宋）周必大撰

石湖詞一卷補遺一卷附校記 （宋）范成大撰

和石湖詞一卷 （宋）陳三聘撰

松坡詞一卷附校記 （宋）京鏜撰

渭川居士詞一卷附校記 （宋）吕勝己撰

簫臺公餘詞一卷 （宋）姚述堯撰

介庵琴趣外篇六卷補一卷附校記 （宋）趙
彥端撰

竹屋癡語一卷 （宋）高觀國撰

龍洲詞二卷補遺一卷附校記 （宋）劉過撰

竹齋詞一卷 （宋）沈瀛撰

玉蟾先生詩餘一卷續一卷 （宋）葛長庚
（白玉蟾）撰

方舟詩餘一卷 （宋）李石撰

白石道人歌曲六卷歌詞別集一卷附校記
（宋）姜夔撰 附舒藝室餘筆一卷 （清）
張文虎撰

澗泉詩餘一卷附校記 （宋）韓淲撰

客亭樂府一卷 （宋）楊冠卿撰

稼軒詞補遺一卷附校記 （宋）辛棄疾撰

康範詩餘一卷 （宋）汪晫撰

應齋詞一卷 （宋）趙善括撰

浦江詞稿一卷附校記 （宋）盧祖皋撰

定齋詩餘一卷 （宋）蔡戡撰

丘文定公詞一卷 （宋）丘崈撰

省齋詩餘一卷 （宋）廖行之撰

南湖詩餘一卷附校記 （宋）張鎡撰 附張
樞詞一卷 （宋）張樞撰

鶴林詞一卷 （宋）吳泳撰

笑笑詞一卷 （宋）郭應祥撰

徐清正公詞一卷 （宋）徐鹿卿撰

東澤綺語一卷 （宋）張輯撰

清江漁譜一卷 （宋）張輯撰

默齋詞一卷 （宋）游九言撰

方壺詩餘二卷 （宋）汪莘撰

臞軒詩餘一卷補遺一卷 （宋）王邁撰

後村長短句五卷附校記 （宋）劉克莊撰

矩山詞一卷 （宋）徐經孫撰

箕窗詞一卷 （宋）陳耆卿撰

退庵詞一卷補遺一卷 （宋）吳淵撰

履齋先生詩餘一卷續集一卷補遺一卷別集
二卷附校記 （宋）吳潛撰

彞齋詩餘一卷 （宋）趙孟堅撰

白雲小稿一卷 （宋）趙崇嶓撰

蓬萊鼓吹一卷 （宋）夏元鼎撰

夢窗詞集一卷補遺一卷小箋一卷 （宋）吳
文英撰 小箋 朱祖謀撰

方是閒居士詞一卷 （宋）劉學箕撰

秋堂詩餘一卷 （宋）柴望撰

本堂詞一卷　（宋）陳著撰

秋聲詩餘一卷　（宋）衛宗武撰

陵陽詞一卷　（宋）牟巘撰

須溪詞一卷補遺一卷附校記　（宋）劉辰翁撰

蘋洲漁笛譜二卷集外詞一卷附校記　（宋）

周密撰　（清）江昱考證并輯集外詞

水雲詞一卷　（宋）汪元量撰

雙溪詞一卷　（宋）馮取洽撰

日湖漁唱一卷附校記　（宋）陳允平撰

西麓繼周集一卷附校記　（宋）陳允平撰

竹山詞一卷附校記　（宋）蔣捷撰

勿軒長短句一卷　（宋）熊禾撰

山中白雲八卷附錄一卷附校記　（宋）張炎撰　（清）江昱疏證

龜溪二隱詞一卷　（宋）李彭老撰

在軒詞一卷　（宋）黃公紹撰

白雪遺音一卷　（宋）陳德武撰

寧極齋樂府一卷　（宋）陳深撰

則堂詩餘一卷　（宋）家鉉翁撰

北游集一卷　（宋）汪夢斗撰

心泉詩餘一卷　（宋）蒲壽宬撰

蘭雪詞一卷　（宋）張玉孃撰

拙軒詞一卷　（金）王寂撰

莊靖先生樂府一卷　（金）李俊民撰

遺山樂府三卷附校記　（金）元好問撰

遯庵樂府一卷　（金）段克己撰

菊軒樂府一卷　（金）段成己撰

磻溪詞一卷　（金）丘處機撰

魯齋詞一卷　（元）許衡撰

稼村樂府一卷　（元）王義山撰

瓢泉詞一卷　（元）朱晞顏撰

秋澗樂府四卷附校記　（元）王惲撰

勤齋詞一卷　（元）蕭㪺撰

牧庵詞二卷補遺一卷　（元）姚燧撰

青山詩餘一卷補遺一卷　（元）趙文撰

水雲邨詩餘一卷　（元）劉壎撰

養蒙先生詞一卷　（元）張伯淳撰

中庵詩餘一卷　（元）劉敏中撰

樵庵詞一卷　（元）劉因撰

樵庵樂府一卷　（元）劉因撰

雲峰詩餘一卷　（元）胡炳文撰

定宇詩餘一卷　（元）陳櫟撰

漢泉樂府一卷　（元）曹伯啓撰

養吾齋詩餘一卷　（元）劉將孫撰

樂庵詩餘一卷　（元）吳存撰

芳洲詩餘一卷　（元）黎廷瑞撰

順齋樂府一卷　（元）蒲道源撰

無絃琴譜二卷　（元）仇遠撰

玉斗山人詞一卷　（元）王奕撰

桂隱詩餘一卷　（元）劉詵撰

默庵樂府一卷　（元）安熙撰

道園樂府一卷　（元）虞集撰

貞一齋詞一卷　（元）朱思本撰

貞居詞一卷補遺一卷　（元）張雨撰

蘭軒詞一卷　（元）王旭撰

清庵先生詞一卷　（元）李道純撰

此山先生樂府一卷　（元）周權撰

古山樂府二卷　（元）張埜撰

梅花道人詞一卷　（元）吳鎮撰

王文忠詩餘一卷　（元）王結撰

去華山人詞一卷　（元）洪希文撰

圭齋詞一卷　（元）歐陽玄撰

圭塘樂府四卷別集一卷　（元）許有壬撰

蛻岩詞二卷附校記　（元）張翥撰

趙待制詞一卷　（元）趙雍撰

藥房樂府一卷　（元）吳景奎撰

燕石近體樂府一卷　（元）宋褧撰

龜巢詞一卷補遺一卷　（元）謝應芳撰

雙溪醉隱詩餘一卷　（元）耶律鑄撰

寓庵詞一卷　（元）李庭撰

石門詞一卷　（元）梁寅撰

書林詞一卷　（元）袁士元撰

貞素齋詩餘一卷　（元）舒頔撰

可庵詩餘一卷　（元）舒遜撰

竹窗詞一卷　（元）沈禧撰

柘軒詞一卷　（明）凌雲翰撰

韓山人詞一卷　（元）韓奕撰

益齋長短句一卷　（朝鮮）李齊賢撰

景刊宋金元明本詞四十種附三種

吳昌綬輯　陶湘續輯

清宣統三年至民國六年仁和吳氏雙照樓刻民國六年至十二年武進陶氏涉園續刻本　叢書綜錄910頁

叙錄一卷　陶湘撰

歐陽文忠公集近體樂府三卷　（宋）歐陽修撰　宣統三年據宋吉州本景刻

醉翁琴趣外篇六卷　（宋）歐陽修撰　據宋本景刻

閑齋琴趣外篇六卷　（宋）晁元禮撰　據宋本景刻

晁氏琴趣外篇六卷　（宋）晁補之撰　據宋本景刻

酒邊集一卷　（宋）向子諲撰　據宋本景刻

蘆川詞二卷　（宋）張元幹撰　民國元年據宋本景刻

于湖居士文集樂府四卷　（宋）張孝祥撰　民國四年據宋本景刻

渭南文集詞二卷　（宋）陸游撰　據宋本景刻

重校鶴山先生大全文集長短句三卷　（宋）魏了翁撰　據宋本景刻

可齋雜稿詞四卷續稿詞三卷　（宋）李曾伯撰　據宋本景刻

石屏長短句一卷　（宋）戴復古撰　據宋本景刻

梅屋詩餘一卷　（宋）許棐撰　據宋本景刻

知常先生雲山集殘一卷（存卷三）　（元）姬翼撰　民國二年據元延祐本景刻

花間集十卷　（後蜀）趙崇祚輯　民國三年據明正德仿宋本景刻

增修箋注妙選群英草堂詩餘前集二卷後集二卷　（宋）□□輯　（□）□□注　民國四年據明洪武遵正書堂本景刻

中州樂府一卷　（金）元好問輯　據元至大本景刻

精選明儒草堂詩餘三卷　（元）鳳林書院輯　據元本景刻

東山詞殘一卷（存卷上）　（宋）賀鑄撰　據宋本景刻

山谷琴趣外篇三卷　（宋）黃庭堅撰　據宋本景刻

詳注周美成詞片玉集十卷　（宋）周美成撰（宋）陳元龍集注　據宋本景刻

稼軒詞甲集一卷乙集一卷丙集一卷　（宋）辛棄疾撰　據宋本景刻

稼軒長短句十二卷　（宋）辛棄疾撰　據小草齋鈔本景刻

于湖先生長短句五卷拾遺一卷　（宋）張孝祥撰　據宋本景刻

虛齋樂府二卷　（宋）趙以夫撰　據宋本景刻

竹山詞一卷　（宋）蔣捷撰　據元鈔本景刻

後村居士集詩餘二卷　（宋）劉克莊撰　據宋本景刻

秋崖先生小稿詞四卷　（宋）方岳撰　據元本景刻

棲霞長春子丘神仙磻溪集詞一卷　（金）丘處機撰　據金本景刻

二妙集樂府（遯庵先生）一卷　（金）段克己撰　據元本景刻

二妙集樂府（菊軒先生）一卷　（金）段成己撰　據元本景刻

遺山樂府三卷　（金）元好問撰　據明弘治高麗晉州本景刻

松雪齋文集樂府一卷　（元）趙孟頫撰　據元本景刻

靜修先生文集樂府一卷　（元）劉因撰　據元本景刻

道園遺稿樂府一卷　（元）虞集撰　據元本景刻

此山先生詩集樂府一卷　（元）周權撰　據

元本景刻

漢泉曹文貞公詩集樂府一卷　（元）曹伯啓撰　據元本景刻

楚國文憲公雪樓程先生文集樂府一卷　（元）程鉅夫撰　據元本景刻

秋澗先生大全文集樂府四卷　（元）王惲撰　據元本景刻

絕妙詞選十卷　（宋）黃昇輯　據宋本景刻

天下同文一卷　（元）□□輯　據明毛氏汲古閣鈔本景刻

附

方是閑居小稿一卷　（宋）劉學箕撰　據元本景刻

蟻術詞選四卷　（元）邵亨貞撰　據明隆慶本景刻

寫情詞四卷　（明）劉基撰　據明洪武本景刻

惜陰堂叢書一百八十六種

趙尊岳編

民國間趙氏惜陰堂刻本　叢書廣録 1035 頁　叢書綜録 913 頁（僅著録五種）

青霞詞一卷　（明）沈鍊撰

趙文蕭公詞一卷　（明）趙貞吉撰

心遠堂詞一卷　（明）王永積撰

射陽先生詞一卷　（明）吳承恩撰

坐隱先生精訂草堂餘意二卷　（明）陳鐸撰

東江別集三集　（明）沈謙撰

倪文僖公詞一卷　（明）沈謙撰

西郊笑端詞一卷　（清）董紀撰

萃屏詞一卷　（明）張以寧撰

鄱陽詞一卷　（明）劉炳撰

鳴盛詞一卷　（明）林鴻撰

楊文敏公詞一卷　（明）楊榮撰

毅齋詩餘一卷　（明）王洪撰

容春堂詞一卷　（明）邵寶撰

歸田詞一卷　（明）謝遷撰

抑庵詩餘一卷　（明）王泰撰

頤庵詩餘一卷　（明）胡儼撰

虛舟詞一卷　（明）王偁撰

震澤詞一卷　（明）王鏊撰

整庵詩餘一卷　（明）羅欽順撰

翠渠詞一卷　（明）周瑛撰

蒼谷詩餘一卷　（明）王尚絅撰

石門詞一卷　（明）梁寅撰

華泉詞一卷　（明）邊貢撰

東海詞一卷　（明）張弼撰

未軒詞一卷　（明）黃潛撰

楓山先生詞一卷　（明）章懋撰

瓊臺詞一卷　（明）丘濬撰

懷麓堂詞一卷　（明）李東陽撰

菉竹堂詞一卷　（明）葉盛撰

寓庵詞一卷　（明）葉蘭撰

坦齋先生詞一卷　（明）劉三吾撰

周恭肅公詞一卷　（明）周用撰

勉齋詞一卷　（明）鄭滿撰

平山堂詩餘一卷　（明）劉應賓撰

圭峰先生詞一卷　（明）羅玘撰

雙江詩餘一卷　（明）聶豹撰

苑洛集一卷　（明）韓邦奇撰

古山詞一卷　（明）桂華撰

執齋詩餘一卷　（明）劉玉撰

湘皋詞一卷　（明）蔣冕撰

鏡山詩餘一卷　（明）李汎撰

鍾山獻詩餘一卷　（明）楊宛撰

弇州山人詞一卷　（明）王世貞撰

北海詞一卷　（明）馮琦撰

聖雨齋詩餘二卷　（明）周拱辰撰

天益山堂詞一卷　（明）馮元仲撰

采隱詩餘一卷　（明）莫秉清撰

晚聞堂詞一卷　（明）余紹祉撰

龍湖先生詞一卷　（明）張治撰

鼓棹初集二卷　（清）王夫之撰

瀟湘怨詞一卷　（清）王夫之撰

窺詞管見一卷　（清）李漁撰

笠翁詩餘一卷　（清）李漁撰

盧忠烈公詞一卷 （明）盧象昇撰

蜃園詩餘一卷 （明）李天植撰

黃忠端公詞一卷 （明）黃道周撰

祁忠愍公詞一卷 （明）祁彪佳撰

錦囊詩餘一卷 （明）商景蘭撰

茗齋詩餘二卷 （明）彭孫貽撰

誠意伯詞一卷 （明）劉基撰

嘯雪庵詩餘一卷 （明）吳綃撰

絡緯吟一卷 （明）徐媛撰

舜和先生詞一卷 （明）來繼韶撰

君庸先生詞一卷 （明）沈自徵撰

倘湖詩餘一卷 （明）來鎔撰

季先生詞一卷 （明）季來之撰

蔡忠烈公詞一卷 （明）蔡道憲撰

中州草堂詞一卷 （明）陳子升撰

顧頡詞一卷 （明）吳騏撰

孫文忠公詞一卷 （明）孫承宗撰

巽隱詩餘一卷 （明）程本立撰

半江詞一卷 （明）趙寬撰

林見素詞一卷 （明）林俊撰

費文憲公詞一卷 （明）費宏撰

改亭詩餘一卷 （明）方鳳撰

登州詞一卷 （明）林唐臣撰

思玄詞一卷 （明）桑悅撰

顧文康公詞一卷 （明）顧鼎臣撰

何文簡公詞一卷 （明）何孟春撰

東軒詞一卷 （明）聶大年撰

運甓詞一卷 （明）李禎撰

荷亭詩餘一卷 （明）盧格撰

方洲詩餘一卷 （明）張寧撰

峴泉詞一卷 （明）張宇初撰

青溪詩餘一卷 （明）倪岳撰

滄浪櫂歌一卷 （元）陶宗儀撰

解學士詩餘一卷 （明）解縉撰

馬端肅公詞一卷 （明）馬文升撰

梓溪詞一卷 （明）舒芬撰

簡平子詩餘一卷 （明）王道通撰

鸝吹一卷 （明）沈宜修撰

樂府遺音一卷 （明）瞿佑撰

遂谷詞一卷 （明）戴冠撰

憑几詞一卷 （明）顧璘撰

山中詞一卷 （明）顧璘撰

浮湘詞一卷 （明）顧璘撰

東洲詞一卷 （明）崔桐撰

石田詩餘一卷 （明）沈周撰

名山藏詞一卷 （清）葛筠撰

葵軒詞一卷 （明）夏暘撰

江南春詞集一卷 （元）倪瓚 （明）沈周
等撰

南湖詩餘一卷 （明）張綖撰

具茨詩餘一卷 （明）王立道撰

儼山詞一卷 （明）陸深撰

山帶閣詞一卷 （明）朱曰藩撰

歸雲詞一卷 （明）陳士元撰

芳芷樓詞一卷 （明）高濂撰

沁南詞一卷 （明）胡汝嘉撰

徐文長先生詞一卷 （明）徐渭撰

遵岩先生詞一卷 （明）王慎中撰

方山先生詞一卷 （明）薛應旂撰

六如居士詞一卷 （明）唐寅撰

十美詞紀一卷 （明）鄒樞撰

幾亭詩餘一卷 （明）陳龍正撰

鈐山堂詞一卷 （明）嚴嵩撰

二餘詞一卷 （明）陳如綸撰

水南詞一卷 （明）陳霆撰

長春競辰餘稿一卷 （明）朱讓栩撰

海壑吟稿一卷 （明）趙完璧撰

山海漫談詞錄一卷 （明）任環撰

癡山詞一卷 （明）陳孝逸撰

支機集三卷 （清）蔣平階 （清）周積賢
（清）沈億年撰

內臺詞一卷 （明）王廷相撰

穀庵詞一卷 （明）姚綬撰

匏翁詞一卷 （明）吳寬撰

休庵詞一卷 （清）盛于斯撰

林下詞選一卷 （清）周銘輯

嘯餘譜二十九卷 （明）程明善輯

蘂淵詞一卷 （明）卓人月撰

艷雪篇一卷 （明）葛一龍撰

丹峰詞一卷 （明）徐子熙撰

平山詞一卷 （明）徐應豐撰

十賚堂詞一卷 （明）茅維撰

式齋詞一卷 （明）陸容撰

斗南先生遼陽詩餘一卷 （明）黃正色撰

貴希函詩餘一卷 （明）官撫辰撰

静觀堂詞一卷 （明）顧潛撰

寶綸堂佚詞一卷 （清）陳洪綬撰

恬致堂詩餘一卷 （明）李日華撰

輪廖館詩餘一卷 （明）范允臨撰

麗崎軒詩餘一卷 （明）查應光撰

仁宗皇帝御製詞一卷 （明）仁宗朱高熾撰

夢庵詞一卷 （明）張冑撰

陶庵詩餘一卷 （明）張岱撰

古今詞匯二編四卷 （清）卓回輯

明詞綜十二卷 （清）王昶輯

類編箋釋國朝詩餘五卷 （明）錢允治輯
（明）陳仁錫釋

秋水庵花影詞一卷 （明）施紹莘撰

昱育堂詞一卷 （明）吳脉彮撰

西林詞一卷 （明）安紹芳撰

寶綸樓詞一卷 （明）傅冠撰

緱山詞一卷 （明）王衡撰

陳白陽先生詞一卷 （明）陳淳撰

秋佳軒詩餘□卷 （明）易震吉撰

詩餘圖譜二卷 （明）萬惟檀撰

夏內史詞一卷 （明）夏完淳撰

返生香一卷 （明）葉小鸞撰

溉園詩餘一卷 （明）萬時華撰

吳長興伯詞一卷 （明）吳易撰

湘中草一卷 （明）湯傳楹撰

陳忠裕公詞一卷 （明）陳子龍撰

射山詩餘一卷 （明）陸鈺撰

憑西閣長短句一卷 （清）陸宏定撰

道援堂詞一卷 （清）屈大均撰

佳日樓詞一卷 （明）方于魯撰

旅堂詩餘一卷 （明）胡介撰

消喝詞二卷 （明）夏樹芳撰

幔亭詞一卷 （明）徐𤏶撰

鷃適軒詞一卷 （明）王樂善撰

餐微子詞一卷 （明）岳和聲撰

楊忠介公詞一卷 （明）楊爵撰

楊忠烈公詞一卷 （明）楊璉撰

落落齋詞一卷 （明）李應昇撰

復宿山房詞一卷 （明）王家屏撰

自娛集一卷 （明）俞琬綸撰

去僞齋詞一卷 （明）呂坤撰

陳眉公詩餘一卷 （明）陳繼儒撰

程仲權詞一卷 （明）陳可中撰

澹園詞一卷 （明）焦竑撰

六松堂詩餘一卷 （清）曾燦撰

桴亭詞一卷 （清）陸世儀撰

張尚書詞一卷 （明）張煌言撰

和珠玉詞一卷 （清）張祥齡　王鵬運　況
周頤撰

蕙風詞二卷　況周頤撰

證璧集四卷　況周頤撰

雲自在龕彙刻名家詞十七種附錄一種

繆荃孫編

民國間雲自在龕刻本　續四庫叢部 168 頁

立山詞一卷 （清）張琦撰

竹鄰詞一卷 （清）金式玉撰

齊物論齋詞一卷 （清）董士錫撰

香草詞二卷 （清）宋翔鳳撰

洞簫詞一卷 （清）宋翔鳳撰

碧雲盦詞二卷 （清）宋翔鳳撰

柳下詞一卷 （清）周青撰

萬善花室詞一卷 （清）方履籛撰

金梁夢月詞二卷 （清）周之琦撰

懷夢詞一卷 （清）周之琦撰

三十六陂漁唱一卷 （清）王敬之撰

冰蠶詞一卷 （清）承齡撰

汀鷺詩詞一卷　（清）楊傳第撰

湖海草堂詞一卷　（清）樊景升撰

水雲樓詞二卷　（清）蔣春霖撰

蘭紉詞一卷　（清）陸志淵撰

匏落詞一卷　（清）陸志淵撰

附樂府餘論一卷　（清）宋翔鳳撰

廣川詞錄十種

董康輯

民國二十九年武進董氏刻本　叢書綜錄917
頁　續四庫叢部169頁

蒼梧詞十二卷　（清）董元愷撰

玉梟詞二卷　（清）董俞撰

蓉渡詞三卷　（清）董以寧撰

漱花詞一卷　（清）董潮撰

玉椒詞一卷　（清）董基誠撰

蘭石詞一卷　（清）董祐誠撰

齊物論齋詞一卷　（清）董士錫撰

蛻學齋詞二卷　（清）董毅撰

碧雲詞一卷　董受祺撰

課花盦詞一卷　誦芬室主人（董康）撰

滄江樂府七種

錢溯耆輯

民國五年錢溯耆刻本　叢書綜錄920頁

以恬養智齋詞錄一卷　（清）程庭鷺撰

簫材琴德廬詞稿一卷　（清）朱燾撰

春水船詞鈔一卷　（清）楊敬傳撰

碧梧秋館詞鈔一卷　（清）沈穆孫撰

墨壽閣詞鈔一卷　（清）汪承慶撰

尺雲樓詞鈔一卷　（清）陳升撰

紫芳心館詞一卷　（清）錢恩榮撰

清季四家詞

薛志澤輯

一九四九年成都薛崇禮堂刻本　叢書綜錄
920頁

半塘定稿一卷　（清）王鵬運撰

樵風樂府二卷　鄭文焯撰

蕙風詞二卷　況周頤撰　一九四九年刻

彊邨語業三卷　朱孝臧（祖謀）撰　民國
三十七年刻

粵西詞四種

陳柱輯

民國二十三年北流十萬卷樓刻本　叢書綜錄
882頁

雪波詞一卷　（清）蘇汝謙撰

彭子穆先生詞集一卷　（清）彭昱堯撰

槐廬詞學一卷　（清）龍繼棟撰

校夢龕集一卷　（清）王鵬運撰

四種詞

（清）胡延等編

民國間成都存古書局刻本　叢書廣錄853頁

白石道人歌曲一卷　（宋）姜夔撰

日湖漁唱一卷　（宋）陳允平撰

蘋洲漁笛譜一卷　（宋）周密撰

花外集一卷補遺一卷　（宋）王沂孫撰

別集之屬

稼軒詞疏證六卷

（宋）辛棄疾撰　（清）梁啓超輯　梁啓勳疏證
民國間曼殊室刻本　滬國拍09春6

雪山詞一卷

（宋）王質撰

民國間刻本　嘉德四季19期3505（2009年）

葵窗詞稿不分卷

（宋）周端臣撰

民國三十七年金陵盧氏刻本　江蘇刻書480
頁　真德2012首拍673

遺山先生新樂府五卷補遺一卷

（金）元好問撰

民國三十年刻本　海王村10年53期348

升庵長短句三卷

（明）楊慎撰　楊崇煥校刊

民國二十六年新都楊氏小紫陽閣刻本　海王村 10 年春 660

玲瓏簾詞

（清）吳焯撰　吳用威校輯

民國十三年吳用威刻本　海王村 08 年春 304

鐵琴銅劍樓詞草一卷

（清）瞿紹堅撰

民國間刻藍印本　總目 3387 頁

攬雲閣詞一卷

（清）徐灝撰

清宣統三年南京刻民國十四年北京補刻朱印本　總目 3391 頁

香蘭詞一卷

（清）袁毓麟著

民國二十一年刻本　海王村 07 年秋 2　卓德 12 秋 2344　西泠 13 秋 59

霜紅詞一卷

胡士瑩撰

民國二十年揚州刻本　保利 12 秋 9739　卓德 11 春 2170　滬國拍 09 秋 6

瘦碧詞二卷

鄭文焯撰

民國六年吳中刻本　販書 553 頁

彊邨語業二卷

朱孝臧撰

民國十三年託鵑樓刻本　販書 553 頁

縮紅軒詞鈔二卷花間箏語一卷聯珠詞一卷

郐長濬撰

民國十一年刻本　販書 553 頁

石蓮闇詞一卷

吳重憙撰

民國四年刻本　販書 554 頁

湘雨樓詞五卷

（清）張祖同撰

民國三年精刻本　販書 554 頁

渌水餘音一卷

徐禮輔撰

民國十八年香山徐氏刻本　販書 554 頁

玉藤仙館詞存一卷續集一卷

（清）余焜撰

民國六年刻本　販書 554 頁

悔龕詞一卷

夏孫桐撰

民國十五年刻本　販書 554 頁

玨庵詞初集二卷（枯桐怨語　消息詞）

壽鑈撰

民國十九年自刻本　販書 554 頁

柳邊詞（玨庵詞第三）

壽鑈撰

民國間刻本　海王村 12 年 59 期 499

隨山館詞鈔一卷

（清）汪瑔撰

民國三十二年刻本　滬國拍 09 秋 8

片玉山莊詞存一卷詞略一卷

（清）朱彥臣撰

民國二十四年刻本　泰和 11 年 2 月 512　金諾 11 年 7 月 099

歗紅廔詞一卷

（清）梁鼎芬著

民國二十一年刻本　保利 11 春 1679

清安室詞甲乙稿

（清）張清揚撰

民國十年福州刻本　婦女著作考 521 頁　滬國拍 11 秋 107

綴芬閣詞一卷

（清）左又宜撰

民國二年刻本　婦女著作考 264 頁　滬國拍 11 年八期常規 491

留村詞一卷課鵾詞一卷攝閑詞一卷鳳車詞一卷
（清）吳棠禎等撰
民國六年西泠印社寫刻本　工美 12 秋 794

賓香詞一卷
（清）湯寶榮撰
民國十四年湯氏家刻本　嘉泰 06 春 1399

井眉軒長短句一卷
（清）吳曾源撰
民國二十二年刻本　滬國拍 10 秋 37　博古齋 10 年初夏 1509

香宋詞三卷
趙熙撰
民國間成都刻本　嘉泰 08 春 195　德寶 12 年 5 月 276

野棠軒詞集四卷
爽良撰
民國十八年北平文模齋刻本　販書 554 頁

寄榆詞一卷
魏羬撰
民國二十六年剡溪濟美堂袁氏刻本　經眼錄 53 頁

和小山詞不分卷
趙尊岳著
民國十二年珍重閣刻本　嘉德 13 秋 2901

秋雁詞一卷
鄧鴻荃著
民國七年成都刻本　滬國拍 09 秋 5　博古齋 11 年春 1128

清寂詞錄五卷
林思進撰
民國三十二年成都刻本　嘉德四季 29 期

5175（2012 年）

夢坡詞存二卷
周慶雲撰
民國二十二年刻本　嘉德四季 39 期 2652（2014 年）

寸灰詞不分卷
（清）桑靈直撰
民國三十三年宣氏法喜龕刻本　博古齋 12 年秋 0713　嘉德四季 39 期 2664（2014 年）

紅樹白雲山館詞草一卷
張默君撰
民國二十三年南江邵氏叢刊本　保利 11 春 1605

勺廬詞一卷
洪汝闓撰
民國間尹山堂刻本　嘉泰 13 秋 1204　中山 11 春 666

雁村詞一卷外一卷
蔡晋鏞撰
民國二十二年吳縣徐氏卓觀齋刻本　博古齋 14 年 4 月常 443

鏗爾詞二卷
（清）彭貞隱撰
民國間發華館刻本　婦女著作考 627 頁

揚荷集四卷
邵瑞彭撰
民國十九年雙玉蟬館刻本　清人別集 1337 頁　經眼錄 41 頁　嘉泰 06 春 1121

山禽餘響不分卷
邵瑞彭撰
民國二十五年聚月狀學堂刻本　海王村 10 年秋 54

波外樂章四卷

喬曾劬撰
民國二十九年成都茹古書局刻本　翰海 10
秋 693　海王村 14 秋 617

叢碧詞二卷續一卷
張伯駒撰
民國二十七年刻本　海王村 99 秋 18

樂静詞二編一卷
俞陛雲撰
民國間刻本　泰和 10 春 23

古槐書屋詞
俞平伯撰　許寶錄寫刻
民國間俞氏刻本　海王村 09 年春 569

蒼齋詞錄一卷
劉得天撰
民國三十年劉氏嘉遯室刻本　中山 11 春 532
華辰 11 秋 1874

瀼溪漁唱不分卷
林葆恒撰
民國二十七年閩縣林氏刻本　清人別集 1376 頁
博古齋 14 季拍二期 16　泰和 13 年 7 月 676

柳溪長短句一卷
向迪琮撰
民國十八年自刻本　販書 554 頁

柳溪長短句一卷二集一卷
向迪琮撰
民國二十八年文楷齋刻本　滬國拍 10 秋 38

總集之屬

宋詞三百首二卷
朱孝臧編
民國三十三年薛崇禮堂刻本　海王村 12 年
60 期 496

閩詞徵六卷
林葆恒輯

民國十九年訒盦刻本　販書 556 頁

集宋四家詞聯不分卷
林葆恒輯
民國二十五年刊藍印本　經眼錄 116 頁

花行小集一卷
趙熙輯
民國十八年刻本　博古齋 14 季拍二期 7

蓼辛詞一卷外集一卷
石凌漢等撰
民國二十年刻本　書刊拍賣目錄 95–01 年
648 頁

樂府補題後集二卷
徐致章編
民國十一年白雪詞社刻本　清人別集 1881
頁　泰和 13 年 3 月 811

詞譜詞韵詞話之屬

白香詞譜箋四卷
（清）舒夢蘭原輯　（清）謝朝徵箋
民國間志古堂刻本　德寶 13 年 11 月 243
工美 12–4 月 74 屆 434

詞韵諧聲表四卷
陳任中編訂
民國二十三年雲在山房刻本　販書 558 頁　文
音訓書目 308 頁

清詞玉屑十二卷
郭則澐撰
民國二十五年郭氏蟄園刻本　海王村 10 年
春 658

蕙風詞話五卷詞二卷
況周頤撰
民國十四年武進趙尊岳刻本　江蘇刻書 521 頁

曲　類

戲曲之屬

飲虹簃所刻曲三十種

盧前輯

民國二十五年金陵盧氏刻本　叢書綜録 923
頁　綜録續編 363 頁

中州樂府音韵類編一卷附校記一卷　（元）
卓從之撰　**校記**盧前撰

自然集一卷　（元）□□撰

雲莊張文忠公休居自適小樂府一卷補遺一卷
附校記一卷　（元）張養浩撰　**校記**盧前撰

喬夢符小令一卷　（元）喬吉撰

張小山小令二卷　（元）張可久撰

誠齋樂府二卷　（明）朱有燉撰

秋碧樂府一卷　（明）陳鐸撰

梨雲寄傲一卷　（明）陳鐸撰

沜東樂府二卷　（明）康海撰

碧山樂府二卷　（明）王九思撰

雙溪樂府二卷　（明）張錬撰

柏齋先生樂府一卷　（明）何瑭撰

南曲次韵一卷　（明）李開先（明）王九思撰

苑洛集一卷　（明）韓邦奇撰

常評事寫情集二卷　（明）常倫撰

蕭爽齋樂府二卷　（明）金鑾撰

樂府餘音一卷　（明）楊廷和撰

陶情樂府四卷　（明）楊慎撰

楊夫人樂府三卷　（明）黃峨撰

玲瓏倡和一卷　（明）楊慎等撰

鷗園新曲一卷　（明）夏言撰

詞臠一卷　（明）劉效祖撰

蓮湖樂府一卷　（明）夏文範撰

射陽先生曲存一卷　（明）吳承恩撰

筆花樓新聲一卷　（明）顧仲方撰

步雪初聲一卷　（明）張瘦郎撰

鈍吟樂府一卷　（清）馮班撰

黍離續奏一卷　（明）沈自晉撰

越溪新咏一卷　（明）沈自晉撰

不殊堂近草一卷補遺一卷　（明）沈自晉撰

飲虹簃癸甲叢刻十七種

盧前編

民國三十四年南京盧氏刻本　叢書廣録 867 頁

宋詞賞心録一卷　（清）端木埰撰

睢景臣詞一卷　（元）睢景臣撰

雲林先生樂府一卷　（元）倪瓚撰

秋澗樂府一卷　（元）王惲撰

九山樂府一卷　（元）顧德潤撰

醉邊餘興一卷　（元）錢霖撰

詩酒餘音一卷　（元）曾瑞撰

金縷新聲一卷　吳仁卿撰

長春競辰樂府一卷　（明）朱讓栩撰

林石逸興一卷　（明）薛論道撰

隅園集一卷　（明）陳與郊撰

太平清調迦陵音一卷　葉華撰

灤函樂府一卷　葉奕繩撰

晚宜樓雜曲一卷　毛瑩撰

鶴月瑤笙四卷　（明）周履靖撰

霞外清聲一卷

閒雲逸調一卷

鴛湖漁唱一卷

梅里樵歌一卷

獄中草一卷附年譜一卷　（明）夏完淳撰

小疏小令一卷　盧前撰

暖紅室彙刻傳劇三十種附刊六種別行一種

劉世珩輯

民國八年貴池劉氏暖紅室刻本　叢書綜録
940 頁　綜録續編 361 頁

董解元西廂一本圖一卷附考據一卷　（金）
董解元撰　考據　劉世珩輯

西廂記五劇五本附考據一卷　（元）王實甫
撰　（元）關漢卿續　考據　劉世珩輯

附

重編會真雜録二卷　劉世珩輯

商調蝶戀花詞一卷　（宋）趙令畤撰

西廂記五劇五本解證一卷　（明）凌濛初撰

北西廂記釋義字音大全一卷　（明）徐逢吉撰

西廂記古本校注一卷　（明）王驥德撰

西廂記釋義字音一卷　（明）陳繼儒撰

五劇箋疑一卷　（明）閔齊伋撰

絲竹芙蓉亭一折　（元）王實甫撰

圍棋闖局一折　（元）晚進王生撰

錢塘夢一折　（元）白樸撰

園林午夢一折　（明）李開先撰

南西廂記二卷　（明）李日華撰

南西廂記二卷　（明）陸采撰

批評釋義音字琵琶記二卷圖一卷附札記二卷　（元）高明撰　（明）陳繼儒評　札記（清）梅溪釣徒輯

注釋拜月亭二卷（一名幽閨記）（元）施惠撰　（明）羅懋登注釋

荊釵記二卷　（明）朱權撰

白兔記二卷　□□撰

殺狗記二卷　（明）徐𤲬撰

金印合縱記二卷（一名黑貂裘）（明）蘇復之撰　（明）高一葦訂證

四聲猿四卷附校記　（明）徐渭撰

　　狂鼓史漁陽三弄一卷

　　玉禪師翠鄉一夢一卷

　　雌木蘭替父從征一卷

　　女狀元辭凰得鳳一卷

紅拂記二卷附音釋二卷　（明）張鳳翼撰音釋　（明）陳繼儒撰

霞箋記二卷

玉茗堂還魂記二卷圖一卷　（明）湯顯祖撰　附格正牡丹亭還魂記詞調二卷　（明）鈕少雅撰

紫釵記二卷　（明）湯顯祖撰

邯鄲記二卷　（明）湯顯祖撰

玉茗堂南柯記二卷　（明）湯顯祖撰

新編十錯認春燈謎二卷　（明）阮大鋮撰

批點燕子箋二卷　（明）阮大鋮撰（清）湯

若士評

西園記二卷　（明）吳炳撰

情郵記二卷　（明）吳炳撰

綠牡丹二卷　（明）吳炳撰

畫中人二卷　（明）吳炳撰

療妒羹記二卷　（明）吳炳撰

通天臺一本附曲譜一卷　（清）灌隱主人（吳偉業）撰　曲譜　枕雷道士（劉世珩）定

臨春閣一本附曲譜一卷　（清）灌隱主人（吳偉業）撰　曲譜　枕雷道士（劉世珩）定

秣陵春（一名雙影記）二卷　（清）灌隱主人（吳偉業）撰

荷花蕩二卷　（清）擷芳主人（馬佶人）撰

天馬媒二卷　（清）劉芳撰

長生殿二卷　（清）洪昇撰

小忽雷二卷大忽雷一卷曲譜一卷附雙忽雷本事一卷　（清）夢鶴居士（顧彩）（清）岸堂主人（孔尚任）撰　曲譜　雙忽雷本事劉世珩輯

桃花扇二卷　（清）孔尚任撰

附刊

新編錄鬼簿二卷　（元）鍾嗣成撰

曲品二卷　（明）東海鬱藍生（呂天成）撰

傳奇品二卷　（清）高奕撰

北詞廣正譜十八卷

南詞新譜二十六卷

崑曲正律　（清）王正祥撰

別行

江東白苧二卷續二卷　（明）梁辰魚撰

雜劇三集（雜劇新編）三十四種

（清）鄒式金輯

民國三十年武進董氏誦芬室刻本　叢書綜錄948頁

　　通天臺一卷　（清）灌隱主人（吳偉業）撰

　　臨春閣一卷　（清）吳偉業撰

　　讀離騷一卷　（清）尤侗撰

　　吊琵琶一卷　（清）尤侗撰

空堂話一卷　（清）鄒兌金撰

蘇園翁一卷　（明）茅僧曇撰

秦廷筑一卷　（明）茅僧曇撰

金門戟一卷　（明）茅僧曇撰

醉新豐一卷　（明）茅僧曇撰

鬧門神一卷　（明）茅僧曇撰

雙合歡一卷　（明）茅僧曇撰

半臂寒一卷　（清）南山逸史撰

長公妹一卷　（清）南山逸史撰

中郎女一卷　（清）南山逸史撰

京兆眉一卷　（清）南山逸史撰

翠鈿緣一卷　（清）南山逸史撰

鸚鵡洲一卷　（清）鄭瑜撰

汨羅江一卷　（清）鄭瑜撰

黃鶴樓一卷　（清）鄭瑜撰

滕王閣一卷　（清）鄭瑜撰

眼兒媚一卷　（明）孟稱舜撰

孤鴻影一卷　（清）周如璧撰

夢幻緣一卷　（清）周如璧撰

續西廂一卷　（清）查繼佐撰

不了緣一卷　（清）碧蕉軒主人撰

櫻桃宴一卷　（清）張源撰

昭君夢一卷　（清）薛旦撰

旗亭讌一卷　（清）張龍文撰

餓方朔一卷　（清）孫源文撰

城南寺一卷　（清）黃家舒撰

西臺記一卷　（清）陸世廉撰

衛花符一卷　（清）堵廷棻撰

鯁詩讖一卷　（清）土室道民撰

風流塚一卷　（清）鄒式金撰

霜厓三劇

吳梅撰

民國二十二年刻本　叢書綜録 955 頁

　　湘真閣一卷附譜一卷

　　無價寶一卷附譜一卷

　　惆悵爨一卷附譜一卷

還魂記不分卷

（明）湯顯祖撰　改編者不詳

民國七年刻本　12-07-19 孔網拍賣

金陵曲鈔三卷

盧前輯

民國三十七年金陵盧氏刻本　江蘇刻書 479 頁

山居咏一卷後一卷

（明）王徵撰　（明）張炳璿撰

民國三十五年盧氏飲虹簃刻本　工美 13 秋 519　海王村 66 期 457

霓裳艷傳奇二卷

曲隱道人填詞

民國十一年刻本　販書 562 頁　傳奇經眼 187 頁

黃金世界五齣

楊子元著

民國間浦江連珊書屋刻本　傳奇經眼 175 頁

女界天八齣

楊子元著

民國五年浦江連珊書屋刻本　傳奇經眼 176 頁

明金陵二名家樂府

盧前編

民國二十五年南京市通志館刻本　叢書廣録 1042 頁

　　秋碧樂府一卷　（明）陳鐸撰

　　梨雲寄傲一卷　（明）陳鐸撰

　　蕭爽齋樂府二卷　（明）金鑾撰

朝野新聲太平樂府九卷

（元）楊朝英輯

民國十二年武進陶氏影元刻本　海王村 99 春 223

南峰樂府不分卷

（明）楊循吉撰

民國二十六年北平文禄堂刻本　總目 3581 頁

曲雅不分卷

盧前輯

民國十九年刻本　博古齋 12 年秋 0481

俗曲之屬

擊筑餘音不分卷

（明）熊開元撰

民國十三年沔陽盧氏慎始基齋刻本　海王村
06 年秋 306

百勿得

□□撰

清末民國初揚州聚盛堂刻本　總目 3589 頁

江西賣雜貨

□□撰

清末民國初刻本　總目 3590 頁

戒烟十更調

□□撰

清末民國初吳興聚文齋刻本　總目 3590 頁

賣橄欖

□□撰

清末民國初揚州聚盛堂刻本　總目 3590 頁

賣油郎獨占花魁女二卷

□□撰

清末民國初聚盛堂刻本　總目 3590 頁

謀財傷命

□□撰

清末民國初黔省熊氏大盛堂刻本　總目 3590 頁

謀害蓮英

□□撰

清末民國初刻本　總目 3590 頁

南京飯店（火燒南京飯店）

□□撰

清末民國初揚州聚盛堂刻本　總目 3590 頁

平調説唱閻大姐活捉張三郎

□□撰

清末民國初刻本　總目 3590 頁

三姑娘倒貼

□□撰

清末民國初揚州聚盛堂刻本　總目 3591 頁

三姑娘拾大好功勞

□□撰

清末民國初揚州聚盛堂刻本　總目 3591 頁

殺子報

□□撰

清末民國初揚州聚盛堂刻本　總目 3591 頁

盛杏蓀抄家五更（盛宮保抄家五更）

□□撰

清末民國初申江文元堂刻本　總目 3591 頁

十二杯酒

□□撰

清末民國初刻本　總目 3591 頁

十看姐

□□撰

清末民國初刻本　總目 3591 頁

十禮拜

□□撰

清末民國初刻本　總目 3591 頁

十勸郎

□□撰

清末民國初吳興聚文齋刻本　總目 3591
頁　09-06-05 孔網拍賣

時調賣草囤（大賣草囤）二卷

□□撰

清末民國初吳興聚文齋刻本　總目 3591 頁

時調怕跳槽對口滿江紅

□□撰

清末民國初揚州聚盛堂刻本　總目 3591 頁

雙林碼頭

□□撰

清末民國初揚州聚盛堂刻本　總目 3591 頁

雙林山歌

□□撰

清末民國初揚州聚盛堂刻本　總目 3591 頁

蘇州景致

□□撰

清末民國初揚州聚盛堂刻本　總目 3592 頁

蘇州碼頭

□□撰

清末民國初揚州聚盛堂刻本　總目 3592 頁

嘆十聲二卷

□□撰

清末民國初揚州聚盛堂刻本　總目 3592 頁

特別勸戒鴉片景致

□□撰

清末民國初吳興聚文齋刻本　總目 3593 頁

五更十送

□□撰

清末民國初揚州聚盛堂刻本　總目 3593 頁

西方十座山

□□撰

清末民國初吳興聚文齋刻本　總目 3593 頁

西良月

□□撰

清末民國初揚州聚盛堂刻本　總目 3593 頁

王瞎子調情

□□撰

清末民國初揚州聚盛堂刻本　總目 3594 頁

王瞎子算苦命

□□撰

清末民國初揚州聚盛堂刻本　總目 3594 頁

小姑娘別情

□□撰

清末民國初揚州聚盛堂刻本　總目 3594 頁

諸商謀生計嘆十聲一套

□□撰

民國元年刻本　總目 3603 頁

繪圖紅梅閣（紅梅記）六卷五十六回

□□撰

清末民國初刻本　總目 3613 頁

勸世道情

□□撰

清末民國初刻本　總目 3705 頁

新刻下盤棋湖北調

□□撰

清末民國初揚州聚盛堂刻本　總目 3747 頁

戰萬山姑蘇臺

□□撰

清末民國初刻本　總目 3758 頁

時調唱本

□□撰

清末民國初刻本　總目 3765 頁

　　傲郎

　　白洋洋

　　采茶古人山歌

　　單相思

　　改良十八摸

　　湖州橋名山歌

　　花園欄杆妓女嘆十聲

　　黃慧如嘆十六聲

　　蔣老五

　　蔣老五唱春新聞

　　梁山伯十二月花名

兩相做戲（大著身）

十二條汗巾

十二月大花名

十條扁擔

十枝清香

梳粧檯京調

梳粧檯十送

特別新出泗州調

西湖欄杆嘆十聲

小姐想郎

小尼僧下山

小女子告狀

小著身（喜樂談心）

新編泗州調

新出改良泗州調

新出和尚采花山歌

新出上海鬧五更

新刻青陽扇調打茶會

新刻情女哭沈香

新刻上海山歌

新刻十杯茶

新刻十二雙繡鞋山歌

新刻十雙快靴

新刻俞調義男哭沈香

繡荷包

楊柳青

玉美人

重刻九連環

私訪傳奇唱本十種

□□撰

民國間刻本　嘉德 96 秋 1276

彭大人私訪廣東

彭大人私訪九龍山

彭大人私訪蓮花廳

彭大人私訪湘北

彭大人私訪蘇州

陶大人私訪江南

吳大人私訪武昌

吳大人私訪九人頭二卷

馬大人私訪華容

時調小唱本

□□撰

民國間刻本　嘉德 96 秋 1277

下盤棋

小放牛

快樂歌

私懷胎

新送郎歌

賞月花

想郎歌

喜姐歌

纏山姐歌

十二月道思情

望郎歌

雙嘆妹

愛郎歌

白牡丹

洗菜心

問巧姐歌

新十月嫖

孟姜女歌春

嘆妹

十八條好漢

送表妹

新調兵

羊雀歌

罵山姐歌

金蓮調叔

新贊床

新贊茶

怪歌奇歌

十條手巾

新十杯酒

白牡丹小曲等

唱本五種

□□撰

民國間刻本　海王村 07 年 41 期 446

　火焰駒全本
　浪子哭廟
　上門樓
　余二姐求子
　還陽寶傳

新出龍舟歌

□□輯

清末民國初廣州成文堂、五桂堂刻本及鉛印本　總目 3767 頁

初顧茅廬

□□輯

清末民國初刻本　總目 3767 頁

　義釋華容
　龍鳳配
　殺家告廟
　經堂殺妻
　處道還姬
　東窗修本
　何立回話
　審頭許親
　邠州回書
　鬧市入院
　二怕背凳

二度梅等花鼓詞三種

□□撰

民國間刻本　嘉德 96 秋 1278

　二度梅
　瓦車篷
　繡像三元記花鼓調

新諭條章

撰者不詳

民國十五年刻本　孔網已售 11-06-30

新盤諭文

撰者不詳

民國十八年刻本　孔網已售 11-06-30

催選佳音

撰者不詳

民國二十二年刻本　孔網已售 12-06-02

新十八摸

撰者不詳

民國二十九年和記書莊刻本　德寶 13 年 1 月 432

引蒙捷路

撰者不詳

民國三十六年刻本　15-04-21 孔網拍賣

孫臏看桃

民國十九年刻本　滬國拍 11 年七期常規 267

新刊打骨牌

民國五年刻本　09-06-05 孔網拍賣

打花古

民國間刻本　09-06-05 孔網拍賣

新刻王小姐烏金記四卷全部

民國間刻本　12-05-28 孔網拍賣

呂蒙正討飯

清末民國初彰德四義書局刻本　13-12-06 孔網拍賣

新造秦士美全歌

民國間刻本　05-09-02 孔網拍賣

楊八郎探母（河南梆子唱詞）

民國間德元堂書局刻本　09-12-08 孔網拍賣

張良辭朝

民國十五年彰德明善堂刻本　12-10-27 孔網拍賣

男女戒規歌

民國十年長沙善書流通處刻本　12-11-01 孔網拍賣

包醫不孝

民國三年刻本　孔網數據 10-05-07

新刻潛龍太子鸚鵡記

民國三十六年刻本　15-07-13 孔網拍賣

齊家九宜歌

民國八年普安堂刻本　15-08-08 孔網拍賣

三元記四卷

民國二十五年華文書局刻本　孔網數據 15-08-23

八仙圖

撰者不詳

民國二十五年魏泉記書社刻本　15-10-11 孔網拍賣

寶卷之屬

白侍郎寶卷（又名指謎覺悟）

民國二十四年南海普陀山協泰刻本　民國間南海普陀山佛經流通處刻本　附刊《天如祖師醒世言》《花名寶卷》　寶卷 6 頁

百壽百卷

民國三年順天（北京）刻本　寶卷 14 頁

報恩因果寶卷

民國二十二年浙江紹興尚德齋書莊刻本　寶卷 16 頁

報母血盆經（卷末附《蓮花樂》）

民國六年務善堂書局刻本　寶卷 16 頁

寶頭盧寶卷附載《三皈五戒》

民國間松江廣明橋文魁齋刻本　寶卷 18 頁

刺心寶卷（全名浙江省嘉興府秀水縣刺心寶卷）

民國十九年杭州慧空經房重刻本　寶卷 18 頁

敕封空王古佛如來寶卷

民國九年燕三省堂刻本　寶卷 31 頁

大聖彌勒化度寶卷一卷十二品

民國十八年浙江普善堂刻本　寶卷 36 頁

定劫寶卷

民國坊刻本　寶卷 40 頁

度世寶卷四卷

民國六年刻本　寶卷 40 頁

達摩寶卷（又名達摩祖卷　達摩寶傳　達摩祖師寶卷）

民國六年刻本　民國八年漢口張述古刻本　民國敘府一洞天黃聚賢堂刻本　民國刻本《達摩寶傳》　民國刻本二卷《達摩寶傳》　寶卷 42 頁

古佛天真收圓結果龍華寶懺八卷四十八品（簡名龍華寶懺　龍華懺經）

民國七年四川合川縣慈善會重刻本　寶卷 62 頁

古佛天真收圓結果龍華道經

上海中國道德總會龍華道場編

民國十九年上海中國道德總會刻本　寶卷 63 頁

關聖帝君覺世真經

民國二十七年周道斌重刻本　寶卷 66 頁

化劫寶卷

薛慧上撰

民國二十六年鹽城觀音寺刻本　寶卷 71 頁

何仙姑寶卷二卷（又名呂祖師度何仙姑因果卷）

民國四年鼓山經樓刻本附載《曾二娘經》　民國六年沙市文善堂刻本　民國八年上海翼化堂善書局刻本　民國十五年鎮江寶善堂刻本　民國十七年杭州西湖昭慶寺慧空經房刻本　民國間刻本　寶卷 79 頁

何仙寶傳（又名何仙度世寶卷　何仙寶卷）

民國七年蘭省務本堂重刻本　民國七年蘭州曹家廳新會館刻本　寶卷 81 頁

花名寶卷（一）

民國二十四年南海普陀山協泰刊《白侍郎寶卷》附刻本　寶卷 82 頁

皇極開玄出谷西林寶卷三卷三十六品（簡名西林寶卷）

（清）無雲子（周惟清）撰

民國二十二年浙江紹興屬德昇等重刻、尚德齋印本　民國二十三年尚志齋刻本　寶卷 86 頁

黃糠寶卷（又名報恩寶卷　黃糠欺貧卷　欺貧重富寶卷　欺貧寶卷）

民國六年上海翼化堂善書局刻本　寶卷 96 頁

懷胎經

民國七年山西武鄉樂善堂刻本　寶卷 105 頁

金母説超生度死消愆避劫金丹寶懺三卷

民國十三年揚州刻本　寶卷 113 頁

結緣寶懺

民國十六年長沙寶慶經房刻本　寶卷 125 頁

老母典地附老母十勸文

民國間山西武鄉坊刻本　寶卷 137 頁

李翠蓮拾金釵大轉皇宮（又名還陽寶傳　還魂寶卷）

民國六年戰家莊静修壇刻本　寶卷 137 頁

還陽傳不分卷

民國十六年刻本　萬隆 04 年春 227

李恒志救母寶卷

民國十五年刻本　寶卷 139 頁

柳蔭記寶卷

民國間四川涼記書莊刻本　寶卷 140 頁

洛陽橋寶卷（又名受生寶卷　洛陽受生寶卷

洛陽造橋　洛陽大橋）

民國十八年朱明孝等捐資刻本　民國十八年杭州瑪瑙經房刻本　寶卷 140–142 頁

輪回寶卷（又名輪回寶傳）

民國三年沙市文善堂刻本　民國十五年務善堂書局刻本　寶卷 151 頁

劉香女寶卷二卷（全名太華山紫金嶺兩世修行劉香寶卷　又名大乘法寶劉香寶卷）

民國二年衛輝府刻本　民國十年寧波三寶經房刻本　民國十一年寧波三餘堂書莊刻本　寶卷 153–155 頁

目連三世寶卷三卷（又名目連救母三世寶卷　目連寶卷）

民國十一年上海翼化堂善書坊刻本　封題《目連寶卷》　寶卷 167 頁

妙英寶傳（妙英寶卷）

民國三年刻本　09–11–15 孔網拍賣

孟姜女長城找夫（簡名長城找夫）

民國七年彰德明善堂刻本　民國十六年刻本　寶卷 174 頁

孟姜仙女寶卷（簡名孟姜寶卷　孟姜女卷）

雲山風月主人編　瑯琊松堂氏評訂

民國元年上海翼化堂刻本　民國四年嶺南永裕謙刻本　寶卷 175 頁

麻姑寶卷

民國七年周口道德堂善書局重刻本　寶卷 183 頁

彌勒佛説地藏十王寶卷二卷（簡名十王寶卷　地藏十王寶卷）

民國十七年同安頂茅蓬刻本　寶卷 184 頁

彌勒出西寶卷一卷十八品（簡名出西寶卷）

（清）普善撰

民國十三年臨安縣益善堂刻本　寶卷 185 頁

破謎醒世附太白仙乩語
民國間山西武鄉刻本　寶卷 191 頁

彭公鏡（又名彭公録　彭公寶卷　末附倡刻
明心鏡靈驗記　印送明心鏡靈驗記）
民國十四年積善壇刻本　寶卷 193 頁

普静如來鑰匙寶卷六卷五十四分（又名普静
如來鑰匙通天寶卷）
（明）普静（鄭光祖）撰
民國十六年臨安（杭州）壹善堂刻本　寶卷
195 頁

辟邪歸正消災延壽立願寶卷（簡名立願寶卷）
民國元年化堂善書局刻本　嘉德四季 31 期
4788（2012 年）

辟邪歸正消災延壽立願寶卷（簡名立願寶卷）
民國十二年刻本　寶卷 197 頁

龐公寶卷
民國二十二年重刻本　寶卷 201 頁

清净寶卷（又名無爲清净）
民國間寧波大酉山房刻本　寶卷 207 頁

清太祖出家掃塵緣（又名清太祖掃塵緣　掃
塵緣）
民國十五年德州城東三官莊重刻本　寶卷
207 頁

清源寶卷二卷
民國十三年小稠普利堂刻本　寶卷 207 頁

如如佛祖度王文寶卷
民國四年刻本　寶卷 217 頁

三世修行黃氏寶卷二卷（簡名黃氏寶卷　黃氏
女寶卷）
民國八年杭州瑪瑙經房刻本　寶卷 224 頁

孫臏上壽
民國十一年洛邑明善堂重刻本　寶卷 230 頁

十佛接引原人後昇天寶卷
民國十八年儒聖堂刻本　寶卷 233 頁

升運寶卷
薛星福撰
民國六年刻本　寶卷 238 頁

昇蓮寶卷
民國六年序刻本附《竈君寶卷》　寶卷 239 頁

善才龍女寶卷（簡稱善才寶卷）
（清）烟波釣徒撰
民國元年上海翼化堂善書局刻本　民國周洪
源刻本　寶卷 245 頁

天仙聖母源流泰山寶卷五卷（簡名聖母寶卷
天仙聖母源流寶卷）
（明）普光撰
民國十四年北京永盛齋刻字鋪刻本　民國十四
年張至德、張至芳刻本　寶卷 264 頁

天醫寶卷附鬼箭瘋靈方（全名慈悲普濟天醫
寶卷）
民國二十七年天申壇刻本　寶卷 265 頁

天真寶卷
民國十四年苗青雲重刻本　寶卷 265 頁

螳螂寶卷（又名螳螂作親寶卷）
民國間維新社刻本　寶卷 277 頁

五祖黃梅寶卷二卷（又名黃梅五祖寶卷　黃梅
寶卷）
民國十一年杭州西湖慧空經房重刻本　民國
十六年重刻本　寶卷 281–282 頁

仙姑勸世寶卷（又名何仙姑勸婦女）
民國十三年梅墟萬華印刷所刻本　寶卷 295 頁

玄天上帝真武祖師修行成聖寶卷二卷
民國二年山西萬善堂書莊刻本　寶卷 297 頁

孝女寶卷四卷二十五回（又名何仙姑孝女寶

卷　何仙姑傳）

民國六年衍慶堂刻本　民國七年長清朱家樓雙修壇刻本　民國七年德州五官莊衍慶堂惜字社刻本　民國十年同善書局重刻本　寶卷300頁

孝子報恩拜燭寶卷

民國間刻本　寶卷301頁

杏花寶卷（又名積穀寶卷　杏花得道）

民國間寧波大酉山房刻本　寶卷302頁

秀女寶卷（全名山西平陽府平陽村秀女寶卷）

民國三年杭州瑪瑙經房刻本　民國十八年杭州西湖慧空經房重刻本　卷末附《安士咒》《搜箭咒》　民國間普陀同和佛經部刻本　寶卷304頁

香山寶卷二卷（簡名香山卷　又名觀世音菩薩本行經等）

題（宋）天竺普明禪師編集

民國元年蘇郡瑪瑙經房重刻本　民國元年蘇郡瑪瑙經房刻本重印本（收入《瑪瑙經房叢書》）　寶卷307–309頁

消災延壽閻王經（又名消災延壽閻王寶卷　呂祖師降諭遵信玉歷鈔傳閻王經）

民國間刻本　寶卷313頁

雪山寶卷（又名雪山太子寶卷）

民國八年浙省瑪瑙明臺經房刻本　寶卷315頁

許狀元祭塔寶卷

民國十九年磁縣明善堂書局刻本　寶卷318頁

湘子問道寶卷（又名韓仙問道）

民國間鎮江沙市育嬰堂刻本　民國二年中湘書局刻本　封題《韓仙問道》　寶卷318頁

賢良詞

民國十四年湖南永州三一堂刻本　寶卷329頁

陰陽通明

民國九年養真仙苑重刻本　寶卷340頁

鸚歌寶卷（一）（又名鸚兒寶卷　鸚歌孝母寶卷）

民國二十五年黨公祠刻本　寶卷345頁

元始天尊新演還鄉寶卷（又名文昌帝君還鄉寶卷）

民國五年濟世堂刻本　民國七年刻本　寶卷347頁

玉歷至寶鈔勸世文寶卷（簡名玉歷寶卷）

張正芳撰

民國二十七年徐九堂刻本　寶卷348頁

岳山寶卷

民國十三年銅梁新堂刻本　寶卷352頁

魚籃寶卷（全名魚籃觀音二次臨凡度金沙灘勸世修行寶卷　又名金沙灘卷　魚籃長生卷）

民國八年上海翼化堂刻本　寶卷352頁

雲香寶卷（又名雲香寶傳）

民國十年德善堂刻本　寶卷353頁

竈君寶卷

民國六年序刊《昇蓮寶卷》附刻本　民國十一年上海翼化堂善書坊刻本　民國十一年上海翼化堂善書坊刻本重印本（收入《瑪瑙經房叢書》）　民國十一年上海邑廟園刻本　民國十一年上海宣化堂刻本　民國二十年浙紹嵩壩龍會山尚真齋刻本附《竈司經》　寶卷358頁

竈君經（又名竈王經　竈王真經）

民國十一年北京前門外楊梅竹斜街永盛善書局刻本　（卷名《竈王經》）　附《敬竈要規》等　寶卷359頁

竈司經

民國二十年浙紹龍會山尚真齋刊《竈君寶卷》附刻本　寶卷359頁

曾二娘經

民國四年鼓山涌泉寺經樓刊《何仙姑寶卷》附刻本　寶卷 361 頁

珍珠塔寶卷（又名珍珠寶卷　珠塔寶卷　彩娥寶卷　三美團圓卷）

民國間洪江刻本　民國間武岡州刻本　寶卷 367 頁

衆妖魔大戰元神傳

民國二十三年北京永盛齋刻字鋪重刻本　寶卷 375 頁

張氏三娘賣花寶卷（簡名張氏寶卷　賣花寶卷　張氏賣花寶卷）

民國十三年杭州慧空經房刻本　民國十七年上海太性堂重刻本卷名《張氏寶卷全集》　寶卷 376 頁

回文寶傳

（清）錢果順撰

民國二十七年常州樂善堂刻本　嘉德四季 31 期 4794（2012 年）

洛陽寶卷二卷

民國十八年浙江杭州瑪瑙經房刻本　嘉德四季 31 期 4795（2012 年）

趙氏賢孝寶卷二卷

清末民國間刻本　嘉德四季 31 期 4823（2012 年）

瑤池金母至真妙道復命歸根寶卷四卷

民國間刻本　同方 14 春 099

慈生篇

民國十一年刻本　12-04-26 孔網拍賣

延壽寶傳

民國二十三年刻本　11-01-21 孔網拍賣

挽回造化

民國十年明善堂刻本　10-10-21 孔網拍賣

老母度世

民國十八年合善堂刻本　09-04-08 孔網拍賣

驚惺黃粱四卷

民國二十年刻本　08-02-18 孔網拍賣

便人自便

民國七年山西省潞安府刻本　14-08-17 孔網拍賣

正宗科儀寶卷

民國二年刻本　12-10-31 孔網拍賣

財神寶卷

民國十四年信邑刻本　海王村 08 年春 339-44

湘子全傳二十回

民國十年刻本　海王村 08 年春 339-76

醒世編文

清末民國初刻本　海王村 08 年春 339-100

菩薩賣藥

民國五年虞邑守身堂刻本　海王村 08 年春 339-128

醒謎陰陽寶傳

民國五年臨汾王曲村清涼寺刻本　海王村 08 年春 339-132

觀音點化

民國二十八年解州北關衆一心堂刻本　海王村 08 年春 339-134

調賢八則

民國二十五年解州東觀一心堂刻本　海王村 08 年春 339-135

守節真樂經

民國十四年同興堂刻本　海王村 08 年春 339-149

天冰涼

民國十七年山西萬泉縣隸姚莊朝陽洞永真堂

刻本　海王村 08 年春 339–152

回陽醒世錄

民國七年新降縣西韓堡明善堂刻本　海王村 08 年春 339–155

鄉約變馬

民國三十五年榮河同善堂刻本　海王村 08 年春 339–170

地母真經

民國十三年山西運城同善會刻本　海王村 08 年春 339–175

勸婦守節真樂經

民國六年芮邑福善堂刻本　海王村 08 年春 339–176

苦修傳附夢游寶錄

民國十六年山西萬泉縣東姚莊永真堂刻本　海王村 08 年春 339–196　萬隆 04 年春 323

指謎金箴

民國二十三年萬善堂刻本　海王村 08 年春 339–198

醒心勸世

民國四年刻本　海王村 08 年春 339–205

度世歸真四卷

民國三年續善堂刻本　海王村 08 年春 339–215

岳山寶傳

民國三十六年刻本　海王村 08 年春 339–238

節孝格天

民國十七年磁縣明善堂書局刻本　海王村 08 年春 339–242

醒夢大炮

民國三年磁州明善堂刻本　海王村 08 年春 339–243

修道惺夢

民國五年明善堂刻本　海王村 08 年春 339–249

惺世俚言

民國十年磁縣明善堂刻本　海王村 08 年春 339–256

鳳山磻道

民國間樂善堂刻本　海王村 08 年春 339–257

守節篇

民國間刻本　海王村 08 年春 339–258

九層天

民國二年彰府西關劉金刻本　民國五年刻本　海王村 08 年春 339–259

坤道必讀

民國十一年彰德明善堂刻本　海王村 08 年春 339–263

無生老母十指家書

民國十一年北京永盛齋刻本　海王村 08 年春 339–274

普度天梯寶卷換魂寶傳

民國間刻本　德寶 15 迎春 512

太上感應寶卷

民國十三年刻本　15–06–05 孔網拍賣

七真天仙寶傳

民國五年刻本　15–06–06 孔網拍賣

十囑修真篇

李明新著
民國九年明善堂刻本　09–04–01 孔網拍賣

貞烈動天

民國十七年刻本　15–07–12 孔網拍賣

雲游醒世

民國十二年刻本　04–01–04 孔網拍賣

坤道芳規

撰者不詳

民國間刻本　07–09–27 孔網拍賣

救命船

民國五年刻本　11–05–14 孔網拍賣

白驢吐骨訴苦驚世編

民國十年彰德明善堂刻本　15–07–15 孔網拍賣

百歲修行經

民國六年陳尚初刻本　10–05–29 孔網拍賣

西游路引

崆峒子著

民國十二年刻本　15–10–09 孔網拍賣

羅狀元醒世詩

（明）羅洪先撰

民國二年刻本　08–09–03 孔網拍賣

韓仙寶傳

民國十四年刻本　孔網數據 15–05–20

群花仙卷

民國三年文魁閣刻本　嘉德 05 秋 1219

韓仙全傳

民國十三年博文堂刻本　孔網已售 11–05–11

挽回天意

民國六年四川資中寶石庵刻本　15–01–16 孔網拍賣

曲評曲話之屬

曲律易知二卷

許之衡撰

民國十一年飲流齋刻本　販書 563 頁

叢書部

雜纂類

宋元

儒學警悟六種

（宋）俞鼎孫 （宋）俞經輯

民國十一年武進陶氏刻本 叢書綜錄1頁

總目1頁

　石林燕語辨十卷 （宋）汪應辰撰

　演繁露六卷 （宋）程大昌撰

　嬾真子錄五卷 （宋）馬永卿撰

　考古編十卷 （宋）程大昌撰

　捫蝨新話上集四卷下集四卷 （宋）陳善撰

　螢雪叢說二卷 （宋）俞成撰

百川學海一百種

（宋）左圭輯

民國十六年武進陶氏據宋咸淳本影刻缺卷據

明弘治華氏覆宋本摹補十九年依宋本目次編

印 叢書綜錄1頁 總目1頁

　甲集

　前定錄一卷續一卷 （唐）鍾輅撰（宋本缺
　以華氏本校補）

　中華古今注三卷 （後唐）馬縞撰

　庚溪詩話二卷 （宋）西郊野叟撰（宋本缺
　以華氏本校補）

　善誘文一卷 （宋）陳錄撰

　釋常談三卷 （宋）□□撰

　高宗皇帝御製翰墨志一卷 （宋）高宗撰

　九經補韻一卷 （宋）楊伯嵒撰

　官箴一卷 （宋）呂本中撰

　雞肋一卷 （宋）趙崇絢撰

　梅譜一卷 （宋）范成大撰

　乙集

　厚德錄四卷 （宋）李元綱撰

　河東先生龍城錄二卷 （唐）柳宗元撰

　竹坡老人詩話三卷 （宋）周紫芝撰（宋本
　缺以華氏本校補）

　文正王公遺事一卷 （宋）王素撰

　書簾緒論一卷 （宋）胡太初撰

　法帖譜系二卷 （宋）曹士冕撰

　翰林志一卷 （唐）李肇撰

　茶經三卷 （唐）陸羽撰

　酒譜一卷 （宋）竇苹撰

　竹譜一卷 （晋）戴凱之撰

　丙集

　東坡先生志林集一卷 （宋）蘇軾撰

　晁氏客語一卷 （宋）晁說之撰

　許彥周詩話一卷 （宋）許顗撰（宋本缺以
　華氏本校補）

　耕祿稿一卷 （宋）胡錡撰

　聖門事業圖一卷 （宋）李元綱撰（宋本缺
　以華氏本校補）

　書譜一卷 （唐）孫過庭撰（宋本缺以華氏本
　校補并以真迹校正）

　鼠璞一卷 （宋）戴埴撰

　歐陽文忠公試筆一卷 （宋）歐陽修撰

　開天傳信記一卷 （唐）鄭棨撰

　菊譜一卷 （宋）范成大撰

　丁集

　宋朝燕翼詒謀錄五卷 （宋）王栐撰

　螢雪叢說二卷 （宋）俞成撰

　後山居士詩話一卷 （宋）陳師道撰

　孫公談圃三卷 （宋）孫升述 （宋）劉延

世録

可談一卷　（宋）朱彧撰

續書譜一卷　（宋）姜夔撰

四六談麈一卷　（宋）謝伋撰

洛陽牡丹記一卷　（宋）歐陽修撰

香譜二卷　（宋）洪芻撰

菊譜二卷　（宋）史正志撰

戊集

濟南先生師友談記一卷　（宋）李廌撰

因論一卷　（唐）劉禹錫撰

司馬溫公詩話一卷　（宋）司馬光撰

東谷所見一卷　（宋）李之彥撰

春明退朝錄三卷　（宋）宋敏求撰

法帖刊誤二卷　（宋）黃伯思撰

祛疑說一卷　（宋）儲泳撰

李涪刊誤二卷　（唐）李涪撰

東溪試茶錄一卷　（宋）宋子安撰

菊譜一卷　（宋）劉蒙撰

己集

淳熙玉堂雜紀三卷　（宋）周必大撰

獨斷二卷　（漢）蔡邕撰

珊瑚鉤詩話三卷　（宋）張表臣撰

王文正公筆錄一卷　（宋）王曾撰

國老談苑二卷　（宋）王君玉撰

米元章書史一卷　（宋）米芾撰

煎茶水記一卷　（唐）張又新撰

菌譜一卷　（宋）陳仁玉撰

笋譜一卷　（宋）釋贊寧撰

本心齋疏食譜一卷　（宋）陳達叟撰

庚集

蘇黃門龍川略志十卷　（宋）蘇轍撰

王公四六話二卷　（宋）王銍撰

劉攽貢父詩話一卷　（宋）劉攽撰

獻醜集一卷　（宋）許棐撰

隋遺錄二卷　（唐）顏師古撰

書斷列傳三卷雜編一卷　（唐）張懷瓘撰

名山洞天福地記一卷　（前蜀）杜光庭撰

硯史一卷　（宋）米芾撰

古今刀劍錄一卷　（南朝梁）陶弘景撰

海棠譜三卷　（宋）陳思撰

辛集

子略四卷目一卷　（宋）高似孫撰

宋景文公筆記三卷　（宋）宋祁撰

東萊呂紫微詩話一卷　（宋）呂本中撰

漁樵對問一卷　（宋）邵雍撰

選詩句圖一卷　（宋）高似孫集（宋本缺以華氏本校補）

寶章待訪錄一卷　（宋）米芾撰

南方草木狀三卷　（晋）嵇含撰

蟹譜二卷　（宋）傅肱撰

歙州硯譜一卷歙硯說一卷辨歙石說一卷（宋）唐積撰　（元）曹紹撰

茶錄一卷　（宋）蔡襄撰

壬集

騷略三卷　（宋）高似孫撰

韓忠獻公遺事一卷　（宋）強至撰

石林詩話三卷　（宋）葉夢得撰

揮麈錄二卷　（宋）楊萬里（一題王明清）撰

文房四友除授錄一卷　（宋）鄭清之等撰

法帖釋文十卷　（宋）劉次莊撰

師曠禽經一卷　（周）師曠撰　（晋）張華注

橘錄三卷　（宋）韓彥直撰

端溪硯譜一卷　（宋）□□撰　（宋）葉樾訂

牡丹榮辱志一卷　（宋）丘璿撰

癸集

學齋占畢四卷　（宋）史繩祖撰（宋本缺以華氏本校補）

欒城先生遺言一卷　（宋）蘇籀記

六一居士詩話一卷　（宋）歐陽修撰

西疇老人常言一卷　（宋）何坦撰

道山清話一卷　（宋）王□撰

海岳名言一卷　（宋）米芾撰

丁晋公談錄一卷　（宋）丁謂撰

荔枝譜一卷　（宋）蔡襄撰

揚州芍藥譜一卷　（宋）王觀撰

硯譜一卷　（宋）李之彥撰

清代後期

榕園叢書六十二種續刻三種

（清）張丙炎輯 （清）張允顗重輯

清同治中真州張氏廣東刻民國二年重修印本

叢書綜録 195 頁 總目 513 頁

甲集

易略例一卷 （三國魏）王弼撰（唐）邢璹注

易説六卷 （宋）司馬光撰

易象意言一卷 （宋）蔡淵撰

尚書大傳三卷補遺一卷續補遺一卷 （漢）

伏勝撰（漢）鄭玄注 補遺 續補遺 （清）

盧文弨輯

敷文書説一卷 （宋）鄭伯熊撰

禹貢指南四卷 （宋）毛晃撰

洪範統一一卷 （宋）趙善湘撰

詩譜一卷 （漢）鄭玄撰 （清）李光廷輯

絜齋毛詩經筵講義四卷 （宋）袁燮撰

書繹一卷 （清）廖翱撰

詩繹二卷 （清）廖翱撰

箴膏肓起廢疾發墨守一卷 （漢）鄭玄撰

（清）王復輯

春秋傳説例一卷 （宋）劉敞撰

春秋金鎖匙一卷 （元）趙汸撰

左傳義法舉要一卷 （清）方苞述 （清）

王兆符（清）程崟録

儀禮釋宮一卷 （宋）李如圭撰

古本大學解二卷 （清）溫鳳撰

爾雅古義十二卷 （清）黃奭輯

爾雅犍爲文學注一卷 （漢）□□撰

爾雅注一卷 （漢）樊光撰

爾雅注 （漢）李巡撰

爾雅注 （漢）劉歆撰 以上合一卷

爾雅音注一卷 （三國魏）孫炎撰

爾雅音義一卷 （晋）郭璞撰

爾雅圖贊一卷 （晋）郭璞撰

爾雅集注一卷 （晋）沈旋撰

爾雅音注一卷 （南朝陳）施乾撰

爾雅音注一卷 （南朝陳）謝嶠撰

爾雅音注一卷 （南朝梁）顧野王撰

爾雅衆家注二卷

孝經一卷 （漢）孔安國傳 （日本）太宰

純音

孝經鄭注一卷 （漢）鄭玄撰 （日本）岡

田挺之輯

孝經刊誤一卷 （宋）朱熹撰

駁五經異議一卷補遺一卷 （漢）鄭玄撰

（清）王復案

乙集

兩漢刊誤補遺十卷附録一卷 （宋）吳仁

傑撰

鄴中記一卷 （晋）陸翽撰

釣磯立談一卷 （宋）史□撰

燕翼貽謀録五卷 （宋）王栐撰

漢官舊儀二卷補遺一卷 （漢）衛宏撰

翰林志一卷 （宋）李肇撰

續翰林志二卷 （宋）蘇易簡撰

麟臺故事五卷 （宋）程俱撰

翰苑遺事一卷 （宋）洪遵撰

嶺表録異三卷 （唐）劉恂撰

吳郡圖經讀記三卷 （宋）朱長文撰

長春真人西游記一卷附録一卷 （元）李志

常撰

西使記一卷 （元）劉郁撰

西藏賦一卷 （清）和寧撰

普法戰紀輯要四卷 （清）張宗良譯 （清）

王韜撰 （清）李光廷輯

舊聞證誤四卷 （宋）李心傳撰

丙集

鶡冠子三卷 （宋）陸佃注

治要節鈔五卷附録一卷 （唐）魏徵等輯

（清）李光廷節鈔

意林五卷 （唐）馬總輯

化書六卷 （南唐）譚峭輯

公是先生弟子記四卷 （唐）劉敞撰

郁離子二卷 （明）劉基撰

元包經傳五卷 （北周）衛元嵩撰 （唐）
蘇源明傳 （唐）李江注 （宋）韋漢卿音
釋 附元包數總義二卷 （宋）張行成撰
述書賦二卷 （唐）竇臮撰 （唐）竇蒙注
圖畫寶鑑五卷補遺一卷 （元）夏文彥撰
刊誤二卷 （唐）李涪撰
蘇氏演義二卷 （唐）蘇鶚撰
金華子二卷 （南唐）劉崇遠撰
王文正筆錄一卷 （宋）王曾撰
宋景文筆記三卷 （宋）宋祁撰
春明退朝錄三卷 （宋）宋敏求撰
師友談記一卷 （宋）李廌撰
珍席放談二卷 （宋）高晦叟撰
卻掃篇三卷 （宋）徐度撰
朝野類要五卷 （宋）趙升撰
澄懷錄二卷 （宋）周密撰
離騷經注一卷九歌注一卷 （清）李光地撰
離騷草木疏四卷 （宋）吳仁傑撰
樂府古題要解二卷 （唐）吳兢撰
主客圖一卷 （唐）張爲撰

續刻

揚州足徵錄二十七卷 （清）焦循輯
儒林傳稿四卷 （清）阮元撰 清光緒十一
年刻
陽宅闢謬一卷 （清）梅漪老人（姚文田）撰

清風室叢刊（清風堂叢書）二十種

（清）錢保塘輯
清同治十年至民國二十五年海寧錢氏清風室
刻本 叢書綜錄 212 頁 總目 579 頁
清風堂文鈔十二卷詩鈔五卷 （清）錢保塘
撰 民國二年刻 詩鈔 清宣統三年刻
吳越雜事詩錄三卷 （清）錢保塘撰 民國
三年刻
鏡海樓詩集四卷 （清）楊鳳翰撰 清光緒
二十一年刻
江月松風集十二卷續集一卷補遺一卷附文一
卷附錄一卷 （元）錢惟善撰 清光緒八年刻

李西崖擬古樂府一卷 （明）李東陽撰 清
光緒二十一年刻
涪州石魚題名記一卷 （清）錢保塘撰 清
光緒四年刻
小學盦遺書四卷 （清）錢馥撰 清光緒
二十一年刻
傅子二卷附錄一卷 （晋）傅玄撰 （清）
錢保塘撰 清光緒八年刻
物理論一卷 （晋）楊泉撰 （清）孫星衍
集校 （清）錢保塘重校
農桑衣食撮要二卷 （元）魯明善撰 清光
緒十五年刻
醫學總論一卷附一卷 （清）陸汝衛撰 清
光緒二十一年刻
婦學一卷 （清）錢保塘輯 清光緒二十一
年刻
女英傳四卷 （清）錢保塘輯 清同治十年刻
光緒輿地韵編一卷 （清）錢保塘輯 清光
緒十九年刻
海寧縣志略一卷附錄一卷 （清）范驤撰
清光緒八年刻
錢氏考古錄十二卷補遺一卷 （清）錢保塘
輯 民國六年刻
春秋疑年錄一卷 （清）錢保塘輯 清光緒
二十一年刻
辨名小記一卷 （清）錢保塘輯 清光緒
二十一年刻
字林考逸八卷 （清）錢保塘輯 清光緒七
年章氏刻
歷代名人生卒錄八卷 （清）錢保塘輯 民
國二十五年排印

晋石厂叢書十種

（清）姚慰祖輯
清光緒七年歸安姚氏粤東藩署刻民國二十三
年海虞瞿氏鐵琴銅劍樓重修印本 叢書綜錄
215 頁 總目 534 頁
七錄序目一卷 （南朝梁）阮孝緒撰

九經誤字一卷　（清）顧炎武撰

鄭學書目一卷　（清）鄭珍撰

古今僞書考一卷　（清）姚際恒撰

吳興藏書録一卷　（清）鄭元慶撰　（清）范鍇輯

讀書叢録節鈔一卷　（清）洪頤煊撰

南江文鈔一卷　（清）邵晋涵撰

經籍跋文一卷　（清）陳鱣撰

竹汀先生日記鈔一卷　（清）錢大昕撰（清）何元錫輯

非石日記鈔一卷　（清）鈕樹玉撰　（清）王頌蔚輯

天壤閣叢書二十種增刊六種

（清）王祖源　（清）王懿榮輯

清同治、光緒間福山王氏刻民國十六年一雲精舍重印本　叢書綜録197頁　總目543頁綜録補正43頁

夏小正正義一卷　（清）王筠撰　清光緒五年刻

爾雅直音二卷　（清）孫侚撰　（清）王祖源校正　清光緒六年刻

弟子職正音一卷　（清）王筠撰　清光緒七年刻

弟子職一卷　（清）許瀚音　清光緒七年刻

急就篇直音一卷急就篇四卷正文一卷　（清）王祖源撰　（清）錢保塘補音　急就篇　正文　（漢）史游撰　（唐）顏師古注　（宋）王應麟補注　清光緒六年刻

説文逸字二卷附録一卷　（清）鄭珍撰　附録　（清）鄭知同撰

説文聲讀表七卷　（清）苗夔撰

古今韵考四卷附記一卷切韵一卷　（清）李因篤撰　附記　（清）楊傳第撰　切韵　（明）潘之淙撰　清光緒六年刻

疑年録四卷續疑年録四卷　（清）錢大昕撰　續疑年録　（清）吳修撰　清同治元年刻

麟角集一卷附録一卷　（唐）王棨撰　清光

緒十年刻

莆陽黃御史集二卷別録一卷附録一卷　（唐）黃滔撰　清光緒十年刻

聲調三譜　（清）王祖源輯　清光緒八年刻
　然鐙記聞一卷　（清）王士禛選　（清）何世璂録
　律詩定體一卷　（清）王士禛選
　小石帆亭著録五卷　（清）翁方綱撰
　聲調前譜一卷後譜一卷續譜一卷　（清）趙執信撰
　談龍録一卷　（清）趙執信撰

漁洋山人秋柳詩箋一卷　（清）王祖源輯　清同治五年刻

東古文存一卷　（朝鮮）金正喜輯

内功圖説一卷　（清）潘霨撰　清光緒八年刻

求雨篇一卷　（清）紀大奎撰　清光緒六年刻

明刑弼教録六卷　（清）王祖源輯　清光緒六年刻

讀律心得三卷　（清）劉衡撰

爽鳩要録二卷　（清）蔣超伯輯

公門不費錢功德録一卷　（清）□□撰

增刊

正俗備用字解四卷附一卷　（清）王兆琛撰　清咸豐五年刻

周公年表一卷　（清）牟庭撰　清同治十年刻

簠齋傳古別録一卷　（清）陳介祺撰　清光緒五年刻

木皮子詞一卷　（明）賈鳬西撰

王太常集二卷　（清）王澍撰　清光緒八年刻

王布政集二卷　（清）王顯緒撰　清光緒八年刻

心矩齋叢書八種

（清）蔣鳳藻輯

清光緒中長洲蔣氏刻民國十四年蘇州文學山房重印本　總目564頁　綜錄補正47頁

漢志水道疏證四卷　（清）洪頤煊撰　清光緒十四年刻

姑蘇名賢小記二卷　（明）文震孟撰　清光緒八年刻

南江札記一卷　（清）邵晉涵撰　清光緒十四年刻

蘇詩查注補正四卷　（清）沈欽韓撰　清光緒十四年刻

鐵橋漫稿八卷　（清）嚴可均撰　清光緒十一年刻

札樸十卷　（清）桂馥撰　清光緒九年刻

經傳釋詞補一卷　（清）孫經世撰　清光緒十四年刻

六九齋饌述稿三卷　（清）陳璪撰

翠琅玕館叢書七十四種

黃任恒重輯

民國五年據劉氏藏修堂叢書刊版重編本　叢書綜錄223頁　總目568頁

經部

李氏易解賸義三卷　（清）李富孫撰

尚書蔡注考誤一卷　（明）袁仁撰

詩氏族考六卷　（清）李超孫撰

夏小正傳二卷　（漢）戴德撰　（清）孫星衍校

春秋金鎖匙三卷　（元）趙汸撰

春秋胡傳考誤一卷　（明）袁仁撰

史部

南唐書合刻四十八卷

南唐書三十卷　（宋）馬令撰

南唐書十八卷附音釋一卷　（宋）陸游撰　音釋（元）戚光撰

昭代名人尺牘小傳二十四卷　（清）吳修撰

金石文字跋尾六卷　（清）朱彝尊撰

芳堅館題跋四卷　（清）郭尚先撰

南漢金石志二卷　（清）吳蘭修撰

九曜石刻録一卷　（清）周中孚撰

子部

張仲景注解傷寒百證歌五卷　（宋）許叔微撰

壽親養老新書四卷　（宋）陳直撰　（元）鄒鉉續

傷寒六經定法一卷問答一卷　（清）舒詔撰

丹溪朱氏脈因證治二卷　（元）朱震亨撰

脈藥聯珠四卷　（清）龍柏撰

脈藥聯珠古方考四卷　（清）龍柏撰

藥證忌宜一卷　（清）陳澂撰

曉庵新法六卷　（清）王錫闡撰

少廣正負術内篇三卷外篇三卷　（清）孔廣森撰

靈棋經二卷　（漢）東方朔撰　（晉）顏幼明（南朝宋）何承天注　（元）陳師凱（明）劉基解

月波洞中記一卷　（三國吳）張仲遠傳本

御覽書苑菁華二十卷　（宋）陳思撰

張氏四種　（明）張丑撰

法書名畫見聞表一卷

南陽名畫表一卷

南陽法書表一卷

清河秘篋書畫表一卷

顏書編年録四卷　（清）黃本驥撰

藝舟雙楫六卷　（清）包世臣撰

玉臺書史一卷　（清）厲鶚撰

苦瓜和尚畫語録一卷　（清）釋道濟撰

畫訣一卷　（清）龔賢撰

雨窗漫筆一卷　（清）王原祁撰

東莊論畫一卷　（清）王昱撰

浦山論畫一卷　（清）張庚撰

山南論畫一卷　（清）王學浩撰

畫訣一卷　（清）孔衍栻撰

寫竹雜記一卷　（清）蔣和撰

繪事津梁一卷　（清）秦祖永撰

二十四畫品一卷　（清）黃鉞撰

畫筌析覽一卷　（清）湯貽汾撰

廣川畫跋六卷　（宋）董逌撰

惲南田畫跋六卷　（清）惲格撰

板橋題畫一卷　（清）鄭燮撰

冬心畫題記　（清）金農撰

　　冬心先生畫竹題記一卷

　　冬心畫梅題記一卷

　　冬心畫馬題記一卷

　　冬心畫佛題記一卷

　　冬心自寫真題記一卷

小山畫譜二卷　（清）鄒一桂撰

無聲詩史七卷　（清）姜紹書撰

玉臺畫史五卷別錄一卷　（清）湯漱玉輯

周櫟園印人傳三卷　（清）周亮工撰

飛鴻堂印人傳八卷　（清）汪啓淑撰

摹印傳燈二卷　（清）葉爾寬撰

紅術軒紫泥法一卷　（清）汪鎬京撰

琴學八則一卷　（清）程雄撰

裝潢志一卷　（清）周嘉冑撰

桐埜副墨一卷　（明）黎遂球撰

南村觴政一卷　（清）張惣撰

錢譜一卷　（宋）董逌（一題明董遹）撰

墨表四卷　（清）萬壽祺撰

雪堂墨品一卷　（清）張仁熙撰

漫堂墨品一卷　（清）宋犖撰

觀石錄一卷　（清）高兆撰

水坑石記一卷　（清）錢朝鼎撰

陶說六卷　（清）朱琰撰

陽羨茗壺系一卷　（明）周高起撰

獸經一卷　（明）黃省曾撰

虎苑二卷　（明）王穉登撰

洞山岕茶系一卷　（明）周高起撰

幽夢影二卷　（清）張潮撰

藏書紀要一卷　（清）孫從添撰

清秘藏二卷　（明）張應文撰

集部

薛濤詩一卷　（唐）薛濤撰

詒晉齋集八卷後集一卷隨筆一卷　（清）永瑆撰

寶綸堂文鈔八卷　（清）齊召南撰

南海百咏續編四卷　（清）樊封撰

遼詩話二卷　（清）周春撰

凹園詩鈔二卷詞一卷　黃榮康撰

振綺堂叢刊八種

□□輯

清嘉慶至光緒間汪氏振綺堂刻民國十二年浙江省立圖書館重印本　總目 569 頁

　北隅掌錄二卷　（清）黃士珣撰　清道光二十五年汪氏振綺堂刻

　湖船錄一卷　（清）厲鶚撰　清道光二十七年汪氏振綺堂刻

　振綺堂詩存一卷　（清）汪憲撰　清光緒十五年汪氏振綺堂刻

　松聲池館詩存四種　（清）汪璐撰　清光緒十五年汪氏振綺堂刻

　二如居贈答詩二卷　（清）汪鉽撰　清光緒十七年汪氏振綺堂刻

　二如居贈答詞一卷　（清）汪鉽撰　清光緒十七年汪氏振綺堂刻

　滄江虹月詞三卷　（清）汪初撰　清嘉慶九年汪氏振綺堂刻

　蓮子居詞話四卷　（清）吳衡照撰　清道光十二年汪氏振綺堂刻

崇文書局彙刻書（一名三十三種叢書）

（清）崇文書局輯

清光緒元年湖北崇文書局刻本　民國元年鄂官書處重刻本　叢書綜錄 231 頁　今古齋 11 秋 398

　周易姚氏學十六卷　（清）姚配中撰

　尚書大傳四卷附補遺一卷續補遺一卷考異一卷　（漢）伏勝撰　（漢）鄭玄注　補遺續補遺　（清）盧文弨輯并撰考異

　周書十卷逸文一卷　（清）朱右曾集訓校釋

　韓詩外傳十卷　（漢）韓嬰撰

　左傳舊疏考正八卷　（清）劉文淇撰

　春秋繁露十七卷　（漢）董仲舒撰

儀禮古今文疏義十七卷　（清）胡承珙撰

相臺書塾刊正九經三傳沿革例一卷　（宋）岳珂撰

刊謬正俗八卷　（唐）顏師古撰

隋經籍志考證十三卷　（清）章宗源撰

御覽闕史二卷　（唐）參寥子（高彥休）撰

鑑誡錄十卷　（後蜀）何光遠撰

涑水紀聞十六卷補遺一卷　（宋）司馬光撰

古列女傳七卷續列女傳一卷　（漢）劉向撰續　（□）□□撰　（明）黃魯曾贊

高士傳三卷　（晉）皇甫謐撰

水經注四十卷　（漢）桑欽撰　（北魏）酈道元注

今水經一卷表一卷　（清）黃宗羲撰

意林五卷補遺一卷　（唐）馬總輯　補遺（清）張海鵬錄

老學庵筆記十卷　（宋）陸游撰

世說新語六卷　（南朝宋）劉義慶撰　（南朝梁）劉孝標注

淮南天文訓補注二卷　（清）錢塘撰

酉陽雜俎二十卷續集十卷　（唐）段成式撰

人譜正篇一卷續篇一卷三篇一卷　（明）劉宗周撰

人譜類記增訂六卷　（明）劉宗周撰

葬經內篇一卷　（晉）郭璞撰　（□）□□注

黃帝宅經二卷　（□）□□注

楚辭集注八卷辯證二卷　（宋）朱熹撰

離騷集傳一卷　（宋）錢杲之撰

離騷草木疏四卷　（宋）吳仁傑撰

離騷箋二卷　（清）龔景瀚撰

文心雕龍十卷　（南朝梁）劉勰撰

烟畫東堂小品二十三種

繆荃孫輯

民國九年江陰繆氏刻本　叢書綜錄237頁　總目598頁

　康熙朝品級考一卷　（清）□□撰

　圓明園記一卷　（清）黃凱鈞撰　**附陳氏安**

瀾園記一卷　（清）陳璂卿撰

周世宗實錄一卷

後村雜記一卷　（宋）劉克莊撰

簡莊隨筆一卷　（清）陳鱣撰

讀金石萃編條記一卷　（清）沈欽韓撰

攝山紀游集一卷　（清）□□輯

公車徵士小錄一卷　（清）全祖望撰

東林同難錄一卷同難列傳一卷同難附傳一卷　（清）繆敬持撰

國史貳臣傳表一卷　清乾隆五十六年官撰

保舉經學名單一卷　（清）□□輯

南宋江陰軍乾明院羅漢尊號碑一卷　（明）高道素輯

王貽上與林吉人手札一卷王貽上與汪于鼎手札一卷　（清）王士禛撰

題嵩洛訪碑圖一卷　（清）翁方綱撰

復初齋王漁洋詩評一卷　（清）翁方綱撰

星伯先生小集一卷　（清）徐松撰　繆荃孫輯

瞿木夫文集一卷　（清）瞿中溶撰

順德師著述三種　（清）李文田撰

　　西游錄注一卷

　　和林金石考一卷

　　朔方備乘札記一卷

稽瑞樓文草一卷　（清）陳揆撰

吳山子遺文一卷　（清）吳育撰

學宛堂詩稿一卷　（清）董威撰

思庵閒筆一卷　（清）嚴虞惇撰

京本通俗小說殘七卷（存卷十至十六）

廣雅書局叢書一百五十九種

（清）廣雅書局輯

清光緒中廣雅書局刻民國九年番禺徐紹棨彙編重印本　叢書綜錄240頁　總目708頁

　經類

　周易解故一卷　（清）丁晏撰　清光緒十九年刻

　易釋四卷　（清）黃式三撰

　易緯略義三卷　（清）張惠言撰

象數論六卷 （清）黃宗羲撰

易林釋文二卷 （清）丁晏撰 清光緒十六年刻

尚書伸孔篇一卷 （清）焦廷琥撰 清光緒十四年刻

禹貢班義述三卷附漢潕水入尚龍溪考一卷 （清）成蓉鏡撰 清光緒十四年刻

書蔡傳附釋一卷 （清）丁晏撰 清光緒二十年刻

書集傳附釋一卷 （清）丁晏撰 清光緒二十年刻

毛詩傳箋通釋三十二卷 （清）馬瑞辰撰 清光緒十四年刻

毛詩後箋三十卷 （清）胡承珙撰 （清）陳奐補 清光緒十六年刻

毛詩天文考一卷 （清）洪亮吉撰 清光緒十七年刻

禮書綱目八十五卷首三卷 （清）江永撰 清光緒二十一年刻

儀禮古今文異同疏證五卷 （清）徐養原撰 清光緒十七年刻

儀禮私箋八卷 （清）鄭珍撰 清光緒十七年刻

輪輿私箋二卷附圖一卷 （清）鄭珍撰 圖 （清）鄭知同繪 清光緒十七年刻

大戴禮記解詁十三卷 （清）王聘珍撰 清光緒十三年刻

禮記天算釋一卷 （清）孔廣牧撰 清光緒十五年刻

春秋規過考信三卷 （清）陳熙晋撰 清光緒十五年刻

春秋述義拾遺八卷附河間劉氏書目考一卷 （清）陳熙晋撰 清光緒十七年刻

春秋公羊注疏質疑二卷 （清）何若瑶撰 清光緒二十年刻

孟子趙注補正六卷 （清）宋翔鳳撰 清光緒十七年刻

孟子劉注一卷 （漢）劉熙撰 （清）宋翔鳳輯

爾雅匡名二十卷 （清）嚴元照撰 清光緒十六年刻

爾雅補注殘本一卷 （清）劉玉麐撰 清光緒十四年刻

爾雅注疏本正誤五卷 （清）張宗泰撰 清光緒二十六年刻

小學

說文引經證例二十四卷 （清）承培元撰 清光緒二十一年刻

潛研堂說文答問疏證六卷 （清）薛傳均撰

廣潛研堂說文答問疏證八卷 （清）承培元撰

說文本經答問二卷 （清）鄭知同撰 清光緒十六年刻

小爾雅訓纂六卷 （清）宋翔鳳撰 清光緒十六年刻

輶軒使者絕代語釋別國方言箋疏十三卷附校勘記一卷 （清）錢繹撰 校勘記 （清）何翰章撰 清光緒十六年刻

釋名疏證八卷續釋名一卷補遺一卷附校議一卷 （清）畢沅撰 校議 （清）吳翊寅撰 清光緒二十年刻

釋穀四卷 （清）劉寶楠撰 清光緒十四年刻

急就章考異一卷 （清）莊世驥撰 清光緒十七年刻

汗簡七卷 （後周）郭忠恕撰 （清）鄭珍箋注 清光緒十五年刻

漢碑徵經一卷 （清）朱百度撰 清光緒十五年刻

雜著

吳氏遺箸五卷附錄一卷 （清）吳凌雲撰 附錄 （清）王宗淶撰 清光緒十七年刻

　經說三卷

　小學說一卷

　廣韵說一卷

句溪雜箸六卷 （清）陳立撰 清光緒十四

年刻

劉氏遺書八卷 （清）劉台拱撰 清光緒十五
年刻

　論語駢枝一卷

　經傳小記一卷

　國語補校一卷

　荀子補注一卷

　淮南子補校一卷

　方言補校一卷

　漢學拾遺一卷

　文集一卷

愈愚錄六卷 （清）劉寶楠撰 清光緒十五
年刻

學詁齋文集二卷 （清）薛壽撰 清光緒十五
年刻

廣經室文鈔一卷 （清）劉恭冕撰 清光緒
十五年刻

幼學堂文稿一卷 （清）沈欽韓撰

白田草堂存稿八卷 （清）王懋竑撰 清光
緒二十年刻

陳司業遺書三卷 （清）陳祖范撰 清光緒
十七年刻

　掌錄二卷

　經咫一卷

東塾遺書四種 （清）陳澧撰

　水經注西南諸水考三卷

　弧三角平視法一卷

　摹印述一卷

　三統術詳說四卷

無邪堂答問五卷 （清）朱一新撰 清光緒
二十一年刻

親屬記二卷 （清）鄭珍撰 清光緒十八年刻

先聖生卒年月日考二卷 （清）孔廣牧撰
清光緒十五年刻

朱子語類日鈔五卷 （清）陳澧輯 清光緒
二十六年刻

人範六卷 （清）蔣元輯 清光緒二十七年刻

小學集解六卷 （清）張伯行撰 清光緒

二十七年刻

少室山房集六十四卷 （明）胡應麟撰 清
光緒二十二年刻

少室山房筆叢四十八卷

　經籍會通四卷

　丹鉛新錄八卷

　史書佔畢六卷

　藝林學山八卷

　九流緒論三卷

　四部正訛三卷

　三墳補逸二卷

　二酉綴遺三卷

　華陽博議二卷

　莊岳委談二卷

　玉壺遐覽四卷

　雙樹幻鈔三卷

詩藪內編六卷外編四卷雜編六卷

史學

史記索隱三十卷 （唐）司馬貞撰 清光緒
十九年刻

史記志疑三十六卷附錄三卷 （清）梁玉繩
撰 清光緒十三年刻

史記三書正訛三卷 （清）王元啓撰 清光
緒十六年刻

史記月表正訛一卷 （清）王元啓撰 清光
緒二十年刻

史表功比說一卷 （清）張錫瑜撰 清光緒
十四年刻

史記注補正一卷 （清）方苞撰 清光緒
二十年刻

史記毛本正誤一卷 （清）丁晏撰 清光緒
十八年刻

史漢駢枝一卷 （清）成孺（蓉鏡）撰 清
光緒十四年刻

漢書辨疑二十二卷 （清）錢大昭撰 清光
緒十三年刻

漢書注校補五十六卷 （清）周壽昌撰 清
光緒十七年刻

漢書水道疏證四卷 （清）洪頤煊撰 清光緒十八年刻

漢書西域傳補注二卷 （清）徐松撰 清光緒二十年刻

人表考九卷補一卷附録一卷 （清）梁玉繩撰 清光緒十四年刻

漢書人表考校補一卷 （清）蔡雲撰

後漢書補注二十四卷 （清）慧棟撰 清光緒二十年刻

後漢書辨疑十一卷 （清）錢大昭撰 清光緒十四年刻

續漢書辨疑九卷 （清）錢大昭撰 清光緒十四年刻

後漢書注補正八卷 （清）周壽昌撰 清光緒十七年刻

後漢書注又補一卷 （清）沈銘彝撰 清光緒十四年刻

後漢書補注續一卷 （清）侯康撰 清光緒十七年刻

前漢書注考證一卷 （清）何若瑤撰 清光緒二十年刻

後漢書注考證一卷 （清）何若瑤撰

後漢郡國令長考一卷 （清）錢大昭撰 清光緒十七年刻

三國志辨疑三卷 （清）錢大昭撰 清光緒十五年刻

三國志考證八卷 （清）潘眉撰 清光緒十五年刻

三國志旁證三十卷 （清）梁章鉅撰 清光緒十六年刻

三國志補注續一卷 （清）侯康撰 清光緒十七年刻

三國志注證遺四卷補四卷 （清）周壽昌撰 清光緒十七年刻

晉書地理志新補正五卷 （清）畢沅撰 清光緒二十年刻

新校晉書地理志一卷 （清）方愷撰 清光緒二十一年刻

晉書校勘記五卷 （清）周家禄撰 清光緒十四年刻

晉書校勘記三卷 （清）勞格撰 清光緒十八年刻

晉宋書故一卷 （清）郝懿行撰 清光緒十七年刻

宋州郡志校勘記一卷 （清）成孺（蓉鏡）撰 清光緒十四年刻

魏書校勘記一卷 王先謙輯 清光緒十七年刻

新舊唐書互證二十卷 （清）趙紹祖撰 清光緒十七年刻

宋遼金元四史朔閏考二卷 （清）錢大昕撰 （清）錢侗增補 清光緒十七年刻

遼史拾遺二十四卷 （清）厲鶚撰 光緒二十六年刻 附遼史拾遺補五卷 （清）楊復吉撰 清光緒二十六年刻

金史詳校十卷末一卷 （清）施國祁撰 清光緒二十年刻

元史譯文證補三十卷（原缺卷七、八、十三、十六至十七、十九至二十一、二十五、二十八） （清）洪鈞撰 清光緒二十六年刻

史記天官書補目一卷 （清）孫星衍撰 清光緒十三年刻

楚漢諸侯疆域志三卷 （清）劉文淇撰 清光緒十五年刻

後漢書補表八卷 （清）錢大昭撰 清光緒十七年刻

後漢三公年表一卷 （清）華湛恩撰 清光緒十七年刻

補後漢書藝文志四卷 （清）侯康撰 清光緒十七年刻

補續漢書藝文志一卷 （清）錢大昭撰 清光緒十四年刻

補三國藝文志四卷 （清）侯康撰 清光緒十三年刻

補三國疆域志二卷 （清）洪亮吉撰 清光緒十七年刻

三國職官表三卷　（清）洪飴孫撰　清光緒十七年刻

三國紀年表一卷　（清）周嘉猷撰　清光緒十七年刻

補晋兵志一卷　（清）錢儀吉撰　清光緒十七年刻

補晋書藝文志四卷補遺一卷附録一卷附刊誤一卷　丁國鈞撰　丁辰注并撰刊誤

東晋疆域志四卷　（清）洪亮吉撰　清光緒十七年刻

十六國疆域志十六卷　（清）洪亮吉撰　清光緒十七年刻

東晋南北朝輿地表二十八卷　（清）徐文范撰　清光緒二十四年刻

補梁疆域志四卷　（清）洪齮孫撰　清光緒十七年刻

補宋書刑法志一卷　（清）郝懿行撰　清光緒十七年刻

補宋書食貨志一卷　（清）郝懿行撰　清光緒十七年刻

南北史年表一卷　（清）周嘉猷撰　清光緒十八年刻

南北史世系表五卷　（清）周嘉猷撰　清光緒十八年刻

南北史帝王世系表一卷　（清）周嘉猷撰　清光緒十八年刻

五代紀年表一卷　（清）周嘉猷撰　清光緒十七年刻

補五代史藝文志一卷　（清）顧櫰三撰　清光緒十七年刻

宋史藝文志補一卷　（清）黃虞稷撰　（清）倪燦撰　（清）盧文弨録　清光緒十七年刻

補遼金元藝文志一卷　（清）倪燦撰　（清）盧文弨録　清光緒十七年刻

補三史藝文志一卷　（清）金門詔撰　清光緒十七年刻

補元史藝文志一卷　（清）錢大昕撰　清光緒十九年刻

元史氏族表三卷　（清）錢大昕撰　清光緒二十年刻

十七史商榷一百卷　（清）王鳴盛撰　清光緒十九年刻

廿二史考異一百卷　（清）錢大昕撰　清光緒二十年刻

廿二史札記三十六卷補遺一卷　（清）趙翼撰　清光緒二十年刻

諸史考異十八卷　（清）洪頤煊撰　清光緒十五年刻　附　讀書叢録七卷　（清）洪頤煊撰

歷代史表五十九卷　（清）萬斯同撰　清光緒十五年刻

欽定歷代職官表七十二卷　清乾隆四十五年敕撰　清光緒二十二年刻

歷代地理沿革表四十七卷　（清）陳芳績撰　清光緒二十一年刻

廿一史四譜五十四卷　（清）沈炳震撰　清光緒二十二年刻

九史同姓名略七十二卷補遺四卷　（清）汪輝祖撰　清光緒二十三年刻

三史同名録四十卷　（清）汪輝祖輯　（清）汪繼培補

西魏書二十四卷附録一卷　（清）謝啓昆撰

續唐書七十卷　（清）陳鱣撰　清光緒二十一年刻

晋書輯本十種　（清）湯球輯

　晋書十七卷補遺一卷　（南朝齊）臧榮緒撰

　晋書十一卷　（晋）王隱撰

　晋書一卷　（晋）虞預撰

　晋書一卷　（晋）朱鳳撰

　晋書一卷　（南朝宋）謝靈運撰

　晋書一卷　（南朝梁）蕭子雲撰

　晋史草一卷　（南朝梁）蕭子顯撰

　晋書一卷　（南朝梁）沈約撰

　晋中興書七卷　（南朝宋）何法盛撰

　晋諸公別傳一卷

晋紀輯本七種　（清）湯球輯

晋紀一卷　（晋）干寶撰

晋紀一卷　（晋）陸機撰

慧帝起居注一卷　（晋）陸機撰

晋紀一卷　（晋）曹嘉之撰

晋紀一卷　（晋）鄧粲撰

晋紀一卷　（南朝宋）劉謙之撰

晋紀一卷　（南朝宋）裴松之撰

晋陽秋輯本二種　（清）湯球輯

　晋陽秋三卷　（晋）孫盛撰

　續晋陽秋二卷　（南朝宋）檀道鸞撰

漢晋春秋輯本二種　（清）湯球輯

　漢晋春秋三卷　（晋）習鑿齒撰

　晋春秋一卷　（唐）杜延業撰

三十國春秋輯本十八種　（清）湯球輯

　三十國春秋一卷　（南朝梁）蕭方等撰

　三十國春秋一卷　（南朝宋）武敏之撰

　蜀李書一卷　（晋）常璩撰

　漢趙記一卷　（前趙）和苞撰

　趙書一卷　（□燕）田融撰

　趙書一卷　（□）吳篤撰

　二石傳一卷　（晋）王度撰

　燕書一卷　（□燕）范亨撰

　秦書一卷　（前秦）車頻撰

　南燕書一卷　（□燕）王景暉撰

　秦記一卷　（南朝宋）裴景仁撰

　後秦記一卷　（北魏）姚和都撰

　涼記一卷　（□燕）張諮撰

　西河記一卷　（晋）喻歸撰

　涼記一卷　（北涼）段龜龍撰

　燉煌實録一卷　（北魏）劉昞撰

　南燕書一卷　（□燕）張詮撰

　燕志一卷　（北魏）高閭撰

晋書地道記一卷　（晋）王隱撰　（清）畢沅輯　清光緒二十年刻

晋太康三年地記一卷　（晋）□□撰　（清）畢沅輯　清光緒二十一年刻

十六國春秋輯補一百卷年表一卷　（清）湯球輯　清光緒二十一年刻

十六國春秋纂録校本十卷附校勘記一卷（北魏）崔鴻撰　（清）湯球輯　校勘記　（清）吳翊寅撰　清光緒二十年刻

太常因革禮一百卷（原缺卷五十一至六十七）附校識二卷　（宋）歐陽修等撰　校識　（清）廖廷相撰

大金集禮四十卷附校刊識語一卷校勘記一卷　（金）張瑋等撰　校刊識語　（清）廖廷相撰　校勘記　繆荃孫撰　清光緒二十一年刻

中興小記四十卷　（宋）熊克撰　清光緒十七年刻

建炎以來繫年要録二百卷　（宋）李心傳撰　清光緒二十六年刻

國語翼解六卷　（清）陳瑑撰

戰國策釋地二卷　（清）張琦撰　清光緒二十六年刻

吉林外紀十卷　（清）薩英額撰　清光緒二十六年刻

黑龍江外記八卷　（清）西清撰　清光緒二十六年刻

集部

屈子離騷彙訂三卷雜文箋略二卷首一卷（清）王邦采撰　清光緒二十六年刻

屈子賦注七卷通釋二卷附音義三卷　（清）戴震撰　音義　（清）汪梧鳳撰　清光緒十七年刻

楚辭天問箋一卷　（清）丁晏撰

韓集補注一卷　（清）沈欽韓撰　（清）胡承珙訂　清光緒十七年刻

蘇詩查注補正四卷　（清）沈欽韓撰　清光緒二十年刻

范石湖詩集注三卷　（清）沈欽韓撰　清光緒十九年刻

觀古堂彙刻書十九種

葉德輝輯

清光緒二十一年至民國元年長沙葉氏刻民國

八年重編印本　叢書綜録 247 頁　總目 617 頁

第一集

三家詩補遺三卷　（清）阮元撰　清光緒
二十四年刻

爾雅圖贊一卷　（晋）郭璞撰　（清）嚴可
均輯　清光緒二十一年刻

山海經圖贊二卷　（晋）郭璞撰　（清）嚴
可均輯　清光緒二十一年刻

爾雅補注四卷　（清）周春撰　清光緒二十四
年刻

説文段注校三種　葉德輝輯　清光緒二十八
年刻

　徐星伯説文段注札記一卷　（清）徐松撰
　（清）劉肇隅録

　龔定庵説文段注札記一卷　（清）龔自珍
　撰　（清）劉肇隅録

　桂未谷説文段注鈔一卷補鈔一卷　（清）
　段玉裁撰　（清）桂馥鈔

華陽陶隱居内傳三卷　（宋）賈嵩撰　清光
緒二十九年刻

華陽陶隱居集二卷　（南朝梁）陶弘景撰
（清）嚴可均輯　清光緒二十九年刻

義烏朱氏論學遺札一卷　（清）朱一新撰　葉
德輝輯　清光緒二十四年序刻

佛説四十二章經注一卷　（宋）真宗趙恒注

附

　題焚經臺詩　（唐）太宗李世民撰　清光
　緒三十一年刻

佛説十八泥犁經一卷　（漢）釋安世高譯
清光緒三十三年序刻

佛説鬼問目蓮經一卷　（漢）釋安世高譯
清光緒三十三年刻

餓鬼報應經一卷　（晋）□□譯　清光緒
三十三年刻

佛説雜藏經一卷　（晋）釋法顯譯　清光緒
三十三年刻

第二集

沈下賢文集十二卷　（唐）沈亞之撰　清光

緒二十年刻

金陵百咏一卷　（宋）曾極撰　清光緒二十九
年刻

嘉禾百咏一卷　（宋）張堯同撰　清光緒
二十九年刻

曝書亭刪餘詞一卷曝書亭詞手稿原目一卷附
校勘記一卷　（清）朱彝尊撰　校勘記　葉
德輝撰　清光緒二十九年刻

嚴東有詩集十卷　（清）嚴長明撰　民國元
年刻

疑雨集四卷　（清）王彦泓撰　清光緒三十一
年刻

**郎園先生全書一百二十九種（標明民國刻本
十八種）**

葉啓倬輯

民國二十四年長沙中國古書刊印社彙印本
叢書綜録 249 頁　總目 618 頁

月令章句四卷　（漢）蔡邕撰　葉德輝輯
清光緒三十年刻

古今夏時表一卷附易通卦驗節侯校文一
卷　葉德輝撰　清光緒二十九年刻

天文本單經論語校勘記一卷　葉德輝撰
清光緒二十八年刻

孟子章句一卷附劉熙事迹考一卷　（漢）劉
熙撰　葉德輝輯　清光緒二十八年刻

六書古微十卷　葉德輝撰　民國五年刻

同聲假借字考二卷　葉德輝撰　民國十二
年刻

釋人證疏二卷　葉德輝撰　清光緒二十八
年刻

説文讀若字考七卷附説文讀同字考一卷
葉德輝撰　民國十二年刻

説文籀文考證二卷補遺一卷　葉德輝撰
民國十九年刻

山公啓事一卷佚事一卷　葉德輝輯　清光
緒二十六年刻

宋趙忠定奏議四卷　（宋）趙汝愚撰　葉德

輝輯　清宣統二年刻

宋忠定趙周王別錄八卷　葉德輝輯

秘書省續編到四庫闕書目二卷　宋紹興中
改定　葉德輝考證　清光緒二十九年刻

藏書十約一卷　葉德輝撰

書林清話十卷　葉德輝撰　民國九年刻

傅子三卷附訂訛一卷　（晋）傅玄撰　葉德
輝輯并撰訂訛　清光緒二十八年刻

鶡子二卷　（周）鶡熊撰　葉德輝輯

瑞應圖記一卷　（南朝梁）孫柔之撰　葉德
輝輯　清光緒二十七年刻

郭氏玄中記一卷　（□）郭□撰　葉德輝輯

淮南鴻烈閒詁二卷　（漢）許慎撰　葉德輝輯

淮南萬畢術二卷　（漢）劉安撰　葉德輝輯

游藝卮言二卷　葉德輝撰

晋司隸校尉傅玄集三卷　（晋）傅玄撰　葉
德輝輯

古泉雜咏四卷　葉德輝撰　清光緒二十七
年刻

消夏百一詩二卷　葉德輝撰　清光緒三十四
年刻

觀畫百咏四卷　葉德輝撰　民國六年刻

昆崙曲咏二卷　葉德輝撰　清光緒三十年刻

昆崙集一卷續一卷釋文一卷附一卷　葉德
輝輯

曲中九友詩一卷　葉德輝撰

觀古堂詩集九卷　葉德輝撰

郋園山居文錄二卷　葉德輝撰

觀古堂文外集一卷　葉德輝撰

觀古堂駢儷文一卷　葉德輝撰　民國十九
年刻

石林遺事三卷附錄一卷　葉德輝輯

石林居士建康集八卷　（宋）葉夢得撰　清
宣統三年刻

疏香閣遺錄四卷　葉德輝撰

郋園論學書札一卷　葉德輝撰

三家詩補遺三卷　（清）阮元撰

爾雅補注四卷　（清）周春撰　清光緒三十四

年刻

爾雅圖贊一卷　（晋）郭璞撰　（清）嚴可
均輯

説文段注校三種　葉德輝輯　清光緒二十八
年刻

　徐星伯説文段注札記一卷　（清）徐松撰
　（清）劉肇隅録

　龔定庵説文段注札記一卷　（清）龔自珍
　撰　（清）劉肇隅録

　桂未谷説文段注鈔一卷補鈔一卷　（清）
　段玉裁撰　（清）桂馥鈔

元朝秘史十卷續集二卷　（元）□□撰　清
光緒三十四年刻

華陽陶隱居内傳三卷　（宋）賈嵩撰　清光
緒二十九年刻

南岳總勝集三卷　（宋）陳田夫撰　清光緒
三十二年據宋本景刻

南廱志經籍考二卷　（明）梅鷟撰　清光緒
二十八年刻

萬卷堂書目四卷　（明）朱睦㮮撰　清光緒
二十九年刻

古今書刻二卷　（明）周弘祖撰　清光緒
三十二年據明本景刻

百川書志二十卷　（明）高儒撰　民國四
年刻

絳雲樓書目補遺一卷　（清）錢謙益撰　清
光緒二十八年刻

静惕堂書目宋人集一卷元人文集一卷　（清）
曹溶撰　清光緒二十八年刻

徵刻唐宋秘本書目一卷附考證一卷徵刻書
啓五先生事略一卷　（清）黃虞稷　（清）
周在浚撰　**附葉德輝撰**

佳趣堂書目不分卷　（清）陸漻撰　民國八
年刻

孝慈堂書目不分卷　（清）王聞遠撰　民國
十年刻

潛采堂宋人集目錄一卷元人集目錄一卷
（清）朱彝尊撰　清宣統三年刻

求古居宋本書目一卷附考證一卷　（清）黃
丕烈撰　考證　雷愷撰　民國七年刻

竹崦盦傳鈔書目一卷　（清）趙魏撰　清光
緒三十年刻

結一廬書目四卷附宋元本書目一卷　（清）
朱學勤撰　清光緒二十八年刻

別本結一廬書目一卷　（清）朱學勤撰

次柳氏舊聞（一名明皇十七事）一卷考異一
卷　（唐）李德裕撰　考異　葉德輝撰　清
光緒三年刻

唐人小傳三種　葉德輝輯　清宣統三年刻
　梅妃傳一卷　（唐）曹鄴撰
　楊太真外傳二卷　（宋）樂史撰
　高力士外傳一卷　（唐）郭湜撰

李林甫外傳一卷　（唐）□□撰　清宣統
三年刻

安祿山事迹三卷校記一卷　（唐）姚汝能
撰　校記　繆荃孫撰　清宣統三年刻

山海經圖贊二卷　（晋）郭璞撰　（清）嚴
可均輯　清光緒二十一年刻

青樓集一卷　（元）雪蓑漁隱（夏庭芝）撰

板橋雜記三卷　（清）余懷撰　清光緒三十四
年刻

吳門畫舫録一卷　（清）西溪山人撰　清光
緒三十四年刻

燕蘭小譜五卷　（清）安樂山樵（吳長元）
撰　清宣統三年刻

海鷗小譜一卷　（清）秋古老人（趙執信）
撰　清宣統元年刻

三教源流搜神大全七卷　（宋）□□輯　清
宣統元年據明本景刻

古局象棋圖一卷　（宋）司馬光撰　清光緒
三十二年據明正德本景刻

投壺新格一卷　（宋）司馬光撰　清光緒
三十二年據事文類聚本景刻

譜雙五卷附録一卷　（宋）洪遵撰　清光緒
三十二年據明正德本景刻

打馬圖經一卷　（宋）李清照撰　清光緒

三十二年據明正德本景刻

除紅譜一卷　（宋）朱河撰　清光緒三十二
年據明萬歷本景刻

辛丑銷夏記五卷　（清）吳榮光撰　民國
十四年刻

華陽陶隱居集二卷　（南朝梁）陶弘景撰
（清）嚴可均輯　清光緒二十九年刻

沈下賢文集十二卷　（唐）沈亞之撰

唐女郎魚玄機詩一卷附録一卷　（唐）魚玄
機撰　清光緒三十三年據南宋書棚本景刻

嘉禾百咏一卷　（宋）張堯同撰　清光緒
二十九年刻

金陵百咏一卷　（宋）曾極撰　清光緒二十九
年刻

疑雨集四卷　（清）王彥泓撰　清光緒三十一
年刻

嚴東有詩集十卷　（清）嚴長明撰　民國元
年刻

觀戲絕句三卷　（清）金德瑛撰　葉德輝輯
清光緒三十四年刻

修辭鑑衡二卷　（元）王構撰　民國七年刻

乾嘉詩壇點將録一卷　（清）舒位撰　清光
緒三十三年刻

東林點將録一卷　（明）王紹徽撰

重刻足本乾嘉詩壇點將録一卷　（清）舒位
撰　清宣統三年刻

曝書亭删餘詞一卷曝書亭詞手稿原目一卷
校勘記一卷　（清）朱彝尊撰　校勘記　葉
德輝撰　清光緒二十九年刻

木皮散人鼓詞一卷　（明）賈鳧西撰　清光
緒三十三年刻　附萬古愁曲一卷　（清）歸
莊撰

石林家訓一卷　（宋）葉夢得撰　清宣統
三年刻

石林治生家訓要略一卷　（宋）葉夢得撰

禮記解四卷　（宋）葉夢得撰　清宣統元年刻

石林燕語十卷附校一卷　（宋）葉夢得撰
（宋）宇文紹奕考異　附　葉德輝撰

石林燕語辨十卷　（宋）汪應辰撰　清光緒三十四年刻

玉澗雜書一卷　（宋）葉夢得撰　清宣統元年刻

岩下放言三卷　（宋）葉夢得撰　清光緒三十年刻

避暑録話二卷　（宋）葉夢得撰　清宣統元年刻

老子解二卷　（宋）葉夢得撰　清宣統元年刻

石林詩話三卷拾遺一卷拾遺補一卷附録一卷附録補遺一卷　（宋）葉夢得撰　拾遺附録　（清）葉廷琯輯　拾遺補　附録補遺　葉德輝輯　清光緒三十四年刻

石林詞一卷　（宋）葉夢得撰　清宣統三年刻

鸝吹二卷附集一卷梅花詩一卷　（明）沈宜修撰

愁言（一名芳雪軒遺集）一卷附集一卷　（明）葉紈紈撰

返生香（一名疏香閣附集）一卷附集一卷　（明）葉小鸞撰

鴛鴦夢一卷　（明）葉小紈撰

窈聞一卷續一卷　（明）葉紹袁撰

伊人思一卷　（明）沈宜修撰

百旻遺草一卷附集一卷　（明）葉世偁撰

秦齋怨一卷　（明）葉紹袁撰

屺雁哀一卷　（明）葉紹袁撰

彤奩續些二卷　（明）葉紹袁撰

靈護集一卷附集一卷　（明）葉世俗撰

瓊花鏡一卷　（明）葉紹袁撰

已畦文集二十二卷詩集十卷殘餘詩稿一卷附原詩四卷　（清）葉燮撰　民國六年刻

汪文摘謬一卷附校記一卷　（清）葉燮撰　校記　葉德輝撰　民國四年刻

葉學山先生詩稿十卷　（清）葉舒穎撰　民國八年刻

分干詩鈔四卷　（清）葉舒璐撰　民國七年刻

義烏朱氏論學遺札一卷　（清）朱一新撰

葉德輝輯

佛説四十二章經注一卷　宋真宗注　清光緒三十一年刻

佛説十八泥犁經一卷　（漢）釋安世高譯

佛説鬼問目蓮經一卷　（漢）釋安世高譯

餓鬼報應經一卷

佛説雜藏經一卷　（晉）釋法顯譯

甌鉢羅室書畫過目考四卷首一卷附一卷　（清）李玉棻撰　清光緒二十三年刻

典禮質疑六卷　（清）杜貴墀撰　清光緒二十六年刻

巴陵人物志十五卷　（清）杜貴墀撰　清光緒二十八年刻

漢律輯證六卷　（清）杜貴墀撰　清光緒二十五年刻

讀書法彙一卷　（清）杜貴墀撰

桐華閣文集十二卷　（清）杜貴墀撰

桐華閣詞鈔二卷　（清）杜貴墀撰　清光緒二十六年刻

隨盦徐氏叢書十種續編十種

徐乃昌輯

清光緒至民國間南陵徐氏刻本　叢書綜録255頁　總目602頁

詞林韻釋一卷　（宋）□□撰　清光緒二十九年據宋蒙斐軒本景刻

吳越春秋十卷附札記一卷逸文一卷　（漢）趙曄撰　（宋）徐天祐音注　札記　徐乃昌撰并輯逸文　清光緒三十二年據元大德本景刻

蒼崖先生金石例十卷附札記一卷　（元）潘昂霄撰　札記　繆荃孫撰　據元至正鄱陽本景刻

中朝故事一卷　（南唐）尉遲偓撰　據景宋鈔本景刻

雲仙散録十卷附札記一卷　（唐）馮贄撰　札記　徐乃昌撰　據宋嘉泰本景刻

述異記二卷　（南朝梁）任昉撰　清光緒

三十年據宋書棚本景刻

離騷集傳一卷　（宋）錢杲之撰　清光緒三十年據宋本景刻

唐女郎魚玄機詩一卷　（唐）魚玄機撰　清光緒三十一年據宋書棚本景刻

篋中集一卷附札記一卷　（唐）元結輯　札記　徐乃昌撰　據宋書棚本景刻

樂府新編陽春白雪前集五卷後集五卷　（元）楊朝英輯　清光緒三十一年據元本景刻

續編民國五年刻

補漢兵志一卷附札記一卷　（宋）錢文子撰　札記　徐乃昌撰　據景宋鈔本景刻

呂氏鄉約一卷儀一卷　（宋）呂大忠撰　據宋嘉定本景刻

劉涓子鬼遺方五卷　（南朝齊）龔慶宣撰　據宋本景刻

廣成先生玉函經一卷　（前蜀）杜光庭撰（宋）黎民壽注　據宋本景刻

三曆撮要一卷　（宋）□□撰　據宋本景刻

忘憂清樂集一卷　（宋）李逸民輯　據宋本景刻

酒經三卷　（宋）大隱翁（朱肱）撰　據宋本景刻

白虎通德論十卷　（漢）班固撰　據元大德本景刻

風俗通義十卷　（漢）應劭撰　據元大德本景刻

續幽怪錄四卷附札記一卷佚文一卷　（唐）李復言撰　札記　佚文　徐乃昌撰并輯　據宋書棚本景刻

鶴壽堂叢書二十四種

（清）王士濂編

清光緒二十四年高郵王氏刻民國間孫殿起印本　叢書綜錄 258 頁　總目 607 頁

　韓詩一卷

　毛詩國風定本一卷　（唐）顏師古撰（清）□□輯

毛詩注疏校勘記校字補一卷　（清）茆泮林撰

周禮注疏校勘記校字補一卷　（清）茆泮林撰

三禮經義附錄一卷　（清）茆泮林撰

呂氏春秋補校一卷　（清）茆泮林撰

何承天纂要文徵遺一卷　（南朝宋）何承天撰　（清）茆泮林撰

唐月令續考一卷　（清）茆泮林撰　（清）成蓉鏡增訂

唐月令注續補遺一卷　（清）茆泮林撰（清）成蓉鏡增訂

唐月令注跋一卷　（清）成蓉鏡撰

觚園經說三卷（原缺卷二）　（清）宋綿初撰

左傳通釋十二卷（原缺卷五至十、十二）（清）李惇撰

春秋世族譜一卷附補正一卷　（清）陳厚耀撰　（清）王士濂考證并撰補正

左傳同名彙紀一卷　（清）王士濂輯

左女彙紀一卷　（清）王士濂輯

左女同名附紀一卷　（清）王士濂輯

左淫類紀一卷　（清）王士濂輯

周末列國有今郡縣考一卷補一卷　（清）閔麟嗣撰　（清）王士濂輯

四書集注考證九卷　（清）王士濂撰

四書集釋就正稿一卷　（清）王士濂撰

經說管窺一卷　（清）王士濂撰

廣雅疏證拾遺二卷　（清）王士濂撰

說文新附考六卷　（清）鄭珍撰

春秋屬辭比事記四卷　（清）毛奇齡撰

玉海堂景宋元本叢書二十種別行二種

劉世珩編

清光緒至民國間貴池劉氏玉海堂影刻本　總目 626 頁　叢書廣錄 210 頁　綜錄續編 67 頁

　宋大字本周易本義十二卷　（宋）朱熹撰

　元至正本大戴禮記十三卷　（漢）戴德撰

　宋蜀大字本春秋經傳集解三十卷　（晉）杜

預撰

元元貞間本論語注疏解經十卷附札記
（三國魏）何晏集解　（宋）邢昺疏

宋百衲本史記一百三十卷　（漢）司馬遷撰
（南朝宋）裴駰集解

宋蜀大字本宋書一百卷附札記　（南朝梁）
沈約撰

宋小字本五代史記七十四卷　（宋）歐陽修
撰　（宋）徐無黨注

宋建陽麻沙本六子全書六十二卷

宋蜀大字本孔子家語十卷附札記　（三國
魏）王肅注

金大定本銅人腧穴針灸圖經五卷　（宋）王
惟一撰

元延祐覆宋本景德傳燈録三十卷　（宋）釋
道原撰

宋寶祐本五燈會元二十卷　（宋）釋普濟撰

宋乾道本夢溪筆談二十六卷附札記　（宋）
沈括撰

元覆宋本箋注陶淵明集十卷　（晉）陶潛撰
（宋）李公焕箋注

宋咸淳本李翰林集三十卷附札記　（唐）李
白撰

宋本王狀元集百家注編年杜陵詩史三十二
卷附札記　（唐）杜甫撰　（宋）王十朋集注

宋天聖本鉅鹿東觀集十卷　（宋）魏野撰

宋紹熙本坡門酬唱集二十三卷　（宋）邵
浩撰

宋端平本渠陽詩注　（宋）魏了翁撰

元本草堂雅集十三卷附札記　（元）顧瑛輯

別行二種

宋淳熙貴池本昭明文選六十卷附異同札記
（南朝梁）蕭統輯

宋淳熙貴池本昭明集五卷附考異札記　（南
朝梁）蕭統撰

問影樓叢刻初編九種

胡思敬輯

清光緒至民國間新昌胡氏刻本排印本　叢書
綜録255頁　總目664頁

鈍吟集三卷　（清）馮班撰　清光緒三十四
年排印

四溟山人詩集十卷　（明）謝榛撰　清宣統
元年排印

宜靖備史四卷　（明）陳霆撰　民國二年刻

後梁春秋二卷　（明）姚士粦撰　民國二
年刻

崇禎五十宰相傳一卷　（清）曹溶撰　民國
四年刻

齊物論齋文集五卷　（清）董士錫撰　民國
二年刻

退廬疏稿四卷　胡思敬撰　民國二年刻

王船山讀通鑑論辨正二卷　胡思敬撰　民
國二年刻

驢背集四卷　胡思敬撰　民國二年刻

**西京清麓叢書正編三十二種續編二十七種外
編二十九種（續編一種外編一種爲民國刻本）**
（清）賀瑞麟輯

清同治至民國間傳經堂刻本　叢書綜録259
頁　總目632頁

正編

四書章句集注十九卷　（宋）朱熹撰　清光
緒十二年刻

周易本義十二卷周易本義考一卷　（宋）朱熹
撰　（宋）吕祖謙音訓　周易本義考　（清）
劉世灝輯　清光緒元年刻

易學啓蒙四卷啓蒙五贊一卷　（宋）朱熹撰
清光緒元年刻

書集傳六卷書序集傳一卷　（宋）蔡沈撰
清光緒十三年刻

詩集傳八卷首一卷詩序辨説一卷附集傳考
異　（宋）朱熹撰　清光緒十三年刻

春秋四卷附録一卷　清光緒十三年刻

儀禮經傳通解三十七卷續二十九卷　（宋）
朱熹撰　續　（宋）黃榦撰　清光緒二年述

經堂刻

周子全書四卷　（宋）周敦頤撰　清光緒十三
年刻

二程全書六種　（宋）程顥　程頤撰　（宋）
朱熹輯　清光緒十八年刻

　河南程氏遺書二十五卷附錄一卷

　河南程氏外書十二卷

　明道文集五卷伊川文集八卷遺文一卷附錄
　一卷　（宋）程顥撰　遺文　附錄　（元）
　譚善心輯

　伊川易傳四卷　（宋）程頤撰

　伊川經說八卷　（宋）程頤撰

　二程粹言二卷　（宋）楊時訂定　（宋）
　張栻編次

張子全書十五卷　（宋）張載撰　**附** 張子年
譜一卷　（清）武澄撰　清光緒十七年刻

和靖尹先生文集八卷附集二卷　（宋）尹焞
撰　清光緒九年刻

小學六卷附考異　（宋）朱熹撰　清光緒
十年刻

近思錄十四卷附考異　（宋）朱熹　呂祖謙
輯　清光緒十年刻

朱子大全文集一百卷續集五卷別集七卷
（宋）朱熹撰　附　文集正訛一卷文集記疑一
卷正偽記疑補遺一卷　（清）賀瑞麟撰　清
光緒二年刻

朱子遺書重刻合編十一種附一種　（宋）朱
熹撰　（清）賀瑞麟輯　清光緒十二年刻

　國朝諸老先生論孟精義二十四卷

　中庸輯略二卷　（宋）石𡼛輯　（宋）朱熹
　刪定

　四書或問三十九卷

　易學啓蒙四卷啓蒙五贊一卷

　詩序辨說一卷

　詩經刊誤一卷

　近思錄十四卷

　延平李先生師弟子答問一卷後錄一卷
　（宋）朱熹輯

　雜學辨一卷附錄一卷

　伊洛淵源錄十四卷

　上蔡先生語錄三卷　（宋）謝良佐撰（宋）朱
　熹輯　附　朱子遺書重刻記疑一卷　（清）
　賀瑞麟撰

朱子語類一百四十卷　（宋）朱熹撰　（宋）
黎靖德輯　附　正訛一卷記疑一卷　（清）
賀瑞麟撰　清光緒二年刻

資治通鑑綱目五十九卷凡例一卷　（宋）朱
熹撰　附重刊朱子通鑑綱目原本改字備考一
卷　（清）賀瑞麟撰　清光緒二年述荊堂刻

程朱行狀二種　（清）賀瑞麟輯

　程明道先生行狀一卷　（宋）程頤撰

　朱子行狀一卷　（宋）黃榦撰

陳北溪先生文集十四卷補遺一卷　（宋）陳
淳撰　清光緒九年刻

北溪字義二卷補遺一卷嚴陵講義一卷
（宋）陳淳撰　清光緒十三年刻

許文正公遺書十二卷首一卷末一卷　（元）
許衡撰　清光緒十三年刻

讀書錄十一卷續錄十二卷　（明）薛瑄撰
清光緒二十年柏經正堂刻

胡敬齋先生文集三卷　（明）胡居仁撰　清
同治八年刻

胡敬齋先生居業錄四卷　（明）胡居仁撰
清同治八年刻

三魚堂文集十二卷外集六卷附錄一卷　（清）
陸隴其撰　清光緒十五年柏經正堂刻

陸清獻公（隴其）年譜一卷補遺一卷　（清）
吳光酉撰　（清）賀瑞麟補遺

松陽講義十二卷　（清）陸隴其撰　清光緒
十四年柏經正堂刻

復齋錄八卷　（清）王建常撰　清光緒元年
述荊堂刻

朱子五書二卷　（宋）朱熹撰

信好錄四卷　（清）賀瑞麟輯　清光緒十六
年柏經正堂刻

清麓文集二十三卷日記五卷　（清）賀瑞麟

撰　附　賀復齋先生行狀一卷　（清）馬鑑源撰　清光緒二十五年刻

清麓答問四卷遺語四卷遺事一卷　（清）謝化南輯　清光緒元年正誼書院刻

續編

學庸集疏六卷　（清）張秉直撰　清光緒三十四年柏經正堂刻

四書集疏附正二十二卷論語緒言一卷（清）張秉直撰　清光緒十二年刻

四書凝道録十九卷　（清）劉紹攽撰　清光緒二十年文在堂刻

禮記集説十卷　（元）陳澔撰　清光緒二十六年刻

禮記傳十六卷　（宋）呂大臨撰　清宣統三年藍田芸閣學舍刻

楚辭集注八卷末一卷辯證二卷末一卷後語六卷末一卷　（宋）朱熹撰　清光緒十八年刻

東萊先生音注唐鑑二十四卷　（宋）范祖禹撰　（宋）呂祖謙音注　附　音注考異一卷　（清）楊鳳詔撰　清光緒十六年柏經正堂刻

唐陸宣公翰苑集二十四卷首一卷末一卷（唐）陸贄撰　（清）張佩芳注釋　清光緒十八年柏經正堂刻

宋名臣言行録前集十卷後集十四卷續集八卷別集二十六卷外集十七卷外集附一卷（宋）朱熹纂集　續集　別集　外集　外集附　（宋）李幼武撰　清光緒十三年刻

韓文考異四十卷外集考異十卷遺文考異一卷首一卷末一卷　（宋）朱熹撰　（宋）王伯大音釋　清光緒十八年刻

四忠集　（明）賀瑞麟編　清同治十二年述經堂刻

　諸葛忠武侯文集六卷首一卷　（三國蜀）諸葛亮撰

　宋宗忠簡公文集四卷補遺一卷遺事二卷　（宋）宗澤撰

　岳忠武王文集八卷首一卷末一卷　（宋）岳飛撰

　史忠正公文集四卷首一卷　（明）史可法撰

伊川擊壤集二十卷補遺一卷　（宋）邵雍撰　清光緒三年述荆堂刻

小學句讀記六卷首一卷　（清）王建常撰　清同治十二年刻

近思續録十四卷　（宋）蔡模輯　清光緒元年正誼書院刻

御纂性理精義十二卷　（清）李光地等輯　清光緒元年刻

大學衍義四十三卷　（宋）真德秀撰　清光緒十三年柏經正堂刻

真文忠公心經一卷政經一卷　（宋）真德秀撰　清光緒元年述荆堂刻

楊忠愍公全集四卷　（明）楊繼盛撰　清光緒二十一年柏經正堂刻

松陽鈔存二卷　（清）陸隴其撰

開知録十四卷　（清）張秉直撰　清光緒元年刻

治平大略四卷　（清）張秉直撰　清光緒元年刻

辨學七種　（清）賀瑞麟編　清光緒十八年刻

　閑闢録十卷　（明）程瞳輯

　學蔀通辯十二卷　（明）陳建撰

　王學質疑五卷附録一卷　（清）張烈撰　附録　（清）陸隴其輯

　朱子爲學次第考二卷　（清）童能靈撰　清光緒十九年刻

　明辨録一卷　（清）陳法撰

　漢學商兌三卷　（清）方東樹撰　清光緒二十年刻

　姚江學辨二卷　（清）羅澤南撰　清光緒二十年刻

九畹古文十卷　（清）劉紹攽撰　清同治十二年刻

衛道編二卷　（清）劉紹攽輯注　清光緒元年帶經堂刻

薛仁齋先生遺集八卷附錄一卷 （清）薛于瑛撰　清光緒十四年刻

養蒙書九種附二種 （清）賀瑞麟編　清同治十二年刻

　弟子規一卷 （清）李毓秀撰

　真西山先生教子齋規一卷 （宋）真德秀撰

　程董二先生學則一卷 （宋）程端蒙　董銖撰　（宋）饒魯輯

　朱子童蒙須知一卷 （宋）朱熹撰

　朱子訓子帖一卷 （宋）朱熹撰

　白鹿洞揭示一卷 （宋）朱熹撰

　敬齋箴一卷 （宋）朱熹撰

　朱子訓蒙詩百首一卷 （宋）朱熹撰

　程蒙齋性理字訓一卷 （宋）程端蒙撰

附

　文公朱先生感興詩一卷 （宋）朱熹撰（宋）蔡模注

　武夷櫂歌一卷 （宋）朱熹撰（宋）陳普注

養正叢編十八種 （清）賀瑞麟編

　太極圖集解一卷 （清）王建常撰　清同治十二年刻

　桐閣性理十三論一卷 （清）李元春撰　清同治十二年刻

　學旨要略一卷 （清）楊樹椿撰　清同治十二年刻

　曾子點注二卷 （清）雷柱撰　清同治十二年刻

　聖學入門書一卷 （清）陳瑚撰　清光緒二十一年刻

　袁氏世範三卷 （宋）袁采撰　清光緒二十一年刻

　四書字類釋義六卷 （清）李毓秀撰　清光緒十六年柏經正堂刻

　書考辯二卷 （宋）蔡傳撰　清同治十二年刻

　誨兒編二卷 （清）賀瑞麟輯　清光緒十六年勉學堂刻

　訓蒙詩輯解一卷 （清）張元勳撰　民國

八年尊經堂刻

　小學韵語一卷 （清）羅澤南撰　清光緒九年柏經正堂刻

　西銘講義一卷 （清）羅澤南撰　清光緒十七年柏經正堂刻

　訓蒙千文注一卷 （清）何桂珍撰　清光緒十三年刻

　楊園訓子語一卷 （清）張履祥撰　清勉學堂刻

　訓蒙千文一卷 （清）賀瑞麟書　清光緒十六年刻

　清麓訓詞一卷 （清）賀瑞麟撰

　經世家禮鈔一卷 （清）劉光蕡撰　清光緒二十年柏經正堂刻

　四禮翼一卷 （明）呂坤撰　清光緒二十五年柏經正堂刻

外編

周易詳説十八卷 （清）劉紹攽撰

春秋通論六卷 （清）劉紹攽撰　清同治十二年刻

春秋筆削微旨二十六卷 （清）劉紹攽撰　清同治十二年刻

孟子要略五卷附錄一卷 （宋）朱熹撰 （清）劉傳瑩輯 （清）曾國藩按　清光緒十年刻

孝經本義一卷 （清）劉光蕡撰　清光緒三十一年刻

歷代職官表六卷　清乾隆四十五年敕撰　清光緒二十四年柏經正堂刻

國學講義二卷 （清）王蘭生撰　清同治十二年刻

聖祖仁皇帝庭訓格言一卷　清世宗胤禛述　清光緒十六年柏經正堂刻

福永堂彙鈔二卷 （清）賀瑞麟輯　清光緒二十六年柏經正堂刻

程氏家塾讀書分年日程三卷 （宋）程端禮撰　清光緒二十三年柏經正堂刻

耻言一卷 （明）徐禎稷撰　清光緒十六年柏經正堂刻

地球韵言四卷　（清）張士瀛撰　清光緒二十九年柏經正堂刻

學韵紀要二卷　（清）劉瀛賓撰

音學辨微一卷　（清）江永撰　清宣統二年正誼書院刻

四聲切韵表一卷　（清）江永撰　清宣統二年清麓精舍刻

池陽吟草二卷續草一卷　（清）余庚陽撰

鄭谷詩存八卷　（清）劉世奇撰

二南遺音四卷續集一卷　（清）劉紹攽輯　清同治十二年刻

蒙養書十三種　（清）賀瑞麟編

　弟子規一卷　清同治五年刻

　明吕近溪先生小兒語一卷　（明）吕德勝撰

　吕新吾先生演小兒語一卷　（明）吕坤撰

　廣三字經一卷　清光緒十四年刻

　二語合編一卷　（清）牛樹梅輯　清光緒十七年刻

　　吕近溪小兒語　（明）吕德勝撰

　　吕新吾續小兒語　（明）吕坤撰

　天谷老人小兒語補　（□）天谷老人撰

　李西漚老學究語　（清）李惺撰

　宫南莊醒世要言　（□）宫南莊撰

　吕新吾訓子詞　（明）吕坤撰

　吕新吾好人歌　（明）吕坤撰

　聖室錄感一卷　（清）李顒撰

　父師善誘法二卷　（清）唐彪撰

　帝王甲子記一卷　（清）王在鎬輯

訓俗簡編一卷

儀小經一卷　（清）李因篤撰　清光緒十年刻

衡門芹一卷　（明）辛全撰　清光緒二十五年柏經正堂刻

半半山莊農言著實一卷　（清）楊秀沆撰　清光緒二十三年柏經正堂刻

握奇經訂本一卷　（清）李光地注　（清）劉紹攽訂

女學七種　（清）賀瑞麟編

　訓女三字文一卷　（清）賀瑞麟書

　吕近溪女兒語一卷　（明）吕德勝撰

　女兒經一卷　清同治九年刻

　女訓約言一卷　（清）陳宏謀撰

　宋尚宫女論語一卷　（唐）宋若昭撰

　雙柏齋女史吟一卷續一卷附女史吟一卷　（清）劉世奇撰　女史吟　（清）楊秀芝撰　清光緒三年刻

　四言閨鑑二卷　（清）馮樹森輯

家禮五卷附錄一卷　（宋）朱熹撰

關學原編四卷首一卷續編三卷　（明）馮從吾撰　續編　（□）王爾緝等撰　清光緒十七年灃西草堂刻

損齋文鈔十五卷外集鈔一卷首一卷　（清）楊樹椿撰　清光緒十九年柏經正堂刻

清麓（賀瑞麟）年譜二卷　張元勳撰　民國十一年刻

清麓叢書正編三種續編三十七種外編二十九種
西安清麓書局輯
民國七年西安清麓書局刻本　綜錄續編79頁
正編
　陸清獻公年譜一卷　（清）吳光西撰
　北溪字義二卷補遺附嚴陵講義　（宋）陳淳撰
　三魚堂文集十二卷外集六卷附錄一卷　（清）陸隴其撰
續編
漢學商兌三卷　（清）方東樹撰
唐鑑二十四卷　（唐）范祖禹撰　（宋）吕祖謙注
史忠正公文集四卷　（明）史可法撰
閑闢錄十卷　（明）程瞳輯
四書字類釋義六卷　（清）李毓秀輯
明辨錄一卷　（清）陳法撰
王學質疑一卷附錄一卷　（清）張烈撰
文廟通考六卷首末各一卷
唐陸宣公翰苑集二十四卷附考正記　（唐）陸贄撰（清）張佩芳注釋

學蔀通辯十二卷　（明）陳建撰

心經一卷　（宋）真德秀撰

政經一卷　（宋）真德秀撰

朱子增損呂氏鄉約一卷　（宋）呂大忠撰
（宋）朱熹訂

學旨要略一卷　（清）楊樹椿撰

小學韵語一卷　（清）羅澤南撰

桐閣性理十三論一卷　（清）李元春撰

聖室録感一卷　（清）李顒撰

朱子行狀一卷　（宋）黃榦撰（清）薛于瑛
評注

誨兒編一卷附訓子語　（清）賀瑞麟纂

姚江學辨二卷　（清）羅澤南撰

擊壤集二十卷附補遺　（宋）邵雍撰

楊忠愍公全集四卷　（明）楊繼盛撰

大學衍義四十三卷　（宋）真德秀撰

關學原編四卷　（明）馮從吾撰

關學續編三卷　（□）王爾緝撰

論語緒言一卷　（清）張秉直撰

訓蒙千文一卷　（清）何桂珍撰

楚辭後語六卷

藍川牛先生教子語一卷

孝經朱子刊誤一卷

廣三字經一卷　（清）□□增輯

松陽鈔存二卷　（清）陸隴其撰

九畹古文十卷　（清）劉紹攽撰

衛道編二卷　（清）劉紹攽編注

近思録十四卷　（宋）朱熹　（宋）呂祖謙輯
（清）張伯行集解

近思續録十四卷　（宋）蔡模撰

蒙養書十三種　（清）賀瑞麟輯

外編

春秋筆削微旨二十六卷　（清）劉紹攽撰

二南遺音四卷續集一卷　（清）劉紹攽撰

國學講義二卷　（清）王蘭生撰

春秋通論六卷　（清）劉紹攽撰

歷代職官表六卷　（清）乾隆四十五年敕撰

程氏家塾讀書分年日程三卷　（元）程端

禮撰

音學辨微一卷　（清）江永撰

鄭谷詩存八卷　（清）劉世奇撰

半半山莊農言著實一卷　（清）楊秀元撰

明呂近溪先生小兒語一卷　（明）呂得勝
撰　吳文桂輯

宋尚宮女論語一卷　（唐）宋若昭撰

經世家禮鈔一卷　（清）劉光蕡撰　（清）伯
森輯

儀小經一卷　（清）李因篤撰

四言閨鑑二卷　（清）馮樹森撰

書考辯二卷　（清）劉紹攽撰

庭訓格言一卷　（清）聖祖撰

曾文正公水陸行軍練兵志四卷　（清）王定
安撰

訓女三字文注一卷

女孝經一卷　（唐）鄭□□撰

訓俗簡編一卷

握奇經訂本一卷　（清）李光地注　（清）劉
紹攽訂

弟子規一卷　（清）李毓秀撰

曾子點注二卷　（清）雷柱點注

四禮翼一卷　（明）呂坤撰

四書讀書樂一卷　（明）河汾野人（辛全）撰

父師善誘法二卷　（清）唐彪撰

孟子要略五卷附録一卷　（宋）朱熹撰　（清）
劉傳瑩輯

四聲切韵表一卷　（清）江永撰

池陽吟草三卷續草一卷　（清）余庚陽撰

蒙養釋義四種

李堯民輯

民國十三年唐□□裕德社重刻本　綜録續編
81頁

　　三字經注釋一卷　（明）趙南星撰

　　覺世經注釋一卷　（□）□□撰

　　太上感應篇注釋一卷　（清）慧棟撰

　　陰騭文注釋一卷　（清）朱珪箋注

粟香室叢書四十八種

金武祥編

清光緒至民國間江陰金氏刻本　總目 923 頁

陽羨風土記一卷附校刊記一卷補輯一卷續補輯一卷考證一卷　（晋）周處撰　（清）王謨輯　校刊記　補輯　續補輯　金武祥校輯　（清）章宗源考證　清光緒二十年刻

宜齋野乘一卷　（宋）吳枋撰　清光緒十四年刻

北郭集六卷補遺一卷續補遺一卷　（元）許恕撰　清光緒十六年刻

滄螺集六卷　（明）孫作撰　清光緒十五年刻

青晹集四卷補遺一卷　（明）張宣撰　清光緒十五年刻

陽羨茗壺系一卷　（明）周高起撰　清光緒十四年刻

洞山岕茶系一卷　（明）周高起撰　清光緒十四年刻

江陰李氏得月樓書目摘錄一卷　（明）李鶚翀撰　清光緒十四年刻

藏説小萃七種　（明）李鶚翀撰　清光緒十四年刻

　　公餘日録一卷　（明）湯沐撰

　　宦游紀聞一卷　（明）張誼撰

　　水南翰記一卷　（明）張袞撰

　　存餘堂詩話一卷　（明）朱承爵撰

　　暖姝由筆一卷　（明）徐充撰

　　延州筆記一卷　（明）唐覲撰

　　戒庵漫筆一卷　（明）李詡撰

延州筆記四卷　（明）唐覲撰　清光緒十七年刻

名家詞集十種　（清）侯文燦編　清光緒十三年刻

　　二主詞一卷　（南唐）李璟　李煜撰

　　陽春集一卷　（南唐）馮延巳撰

　　子野詞一卷　（宋）張先撰

　　東山詞一卷　（宋）賀鑄撰

　　信齋詞一卷　（宋）葛郯撰

　　竹洲詞一卷　（宋）吳儆撰

　　虛齋樂府一卷　（宋）趙以夫撰

　　松雪齋詞一卷　（元）趙孟頫撰

　　天錫詞一卷　（元）薩都剌撰

　　古山樂府一卷　（元）張埜撰

江南春詞集一卷附録一卷附考一卷　（明）朱之蕃輯　（清）梁廷柟考　清光緒十七年刻

江上孤忠録一卷　（清）黃明曦撰　（清）黃懷孝　龔丙吉重訂　清光緒十七年刻

江上遺聞一卷　（清）沈濤撰　清光緒十四年刻

李仲達被逮紀略一卷　（明）蔡士順撰　清光緒十九年刻

荔枝譜一卷附録一卷　（清）陳鼎撰　附録金武祥撰　清光緒十九年刻

守一齋筆記四卷客牎二筆一卷　（清）金捧閶撰　清光緒十六年刻

讀書瑣記一卷　（清）鳳應韶撰　清光緒十二年刻

鸚亭詩話一卷附録一卷　（清）屠紳撰　清光緒十五年刻

笏巖詩鈔一卷　（清）屠紳撰　清光緒十五年刻

讀雪山房唐詩凡例一卷　（清）管世銘撰　清光緒十二年刻

讀雪山房雜著一卷　（清）管世銘撰　清光緒十二年刻

雲溪樂府二卷　（清）趙懷玉撰　清光緒十二年刻

玉塵集二卷　（清）藕莊氏（洪亮吉）撰　清光緒十六年刻

冰甌詞一卷　（清）承齡撰　清光緒十六年刻

端溪硯坑記一卷　（清）李兆洛撰　清光緒二十年刻

勇盧閒詰評語一卷　（清）周繼煦撰　清光

緒十九年刻

篤慎堂爐餘詩稿二卷文稿一卷 （清）金諤
撰 清光緒十一年至十三年刻

松筠閣貞孝録一卷附録一卷 金武祥輯
清光緒十八年刻

澹盦自娛草二卷詞賸一卷附録一卷 （清）
金應澍撰 清光緒十九年刻

仲安遺草一卷 （清）金和撰 清光緒十九
年刻

存齋古文一卷續編一卷 （清）黃懷孝撰
清光緒十四年刻

傳忠堂學古文一卷 （清）周星譽撰 清
光緒十二年刻

鷗堂賸稿一卷補遺一卷 （清）周星譽撰
清光緒十二年刻

東鷗草堂詞二卷補遺一卷附録一卷 （清）
周星譽撰 清光緒十二年刻

鷗堂日記三卷 （清）周星譽撰 清光緒
十二年刻

水雲樓賸稿一卷 （清）蔣春霖撰 清光緒
十四年刻

玉紀一卷玉紀補一卷 （清）陳性撰 （清）
劉心珤補 清光緒十五年刻

冰泉唱和集一卷續和一卷再續和一卷閏集
一卷附録一卷 金武祥輯 清光緒二十七
年刻

江陰藝文志二卷校補一卷 金武祥輯 清
光緒十七年刻

赤溪雜志二卷 金武祥撰 清光緒十七
年刻

霞城唱和集一卷 金武祥輯 清光緒十七
年刻

灘江雜記一卷 金武祥撰 清光緒二十三
年刻

灘江游草一卷 金武祥撰 清光緒二十三
年刻

表忠録一卷 金武祥輯 清光緒二十八
年刻

陶廬雜憶一卷續咏一卷補咏一卷 金武祥
撰 清光緒十三年刻續咏二十四年刻補咏
三十一年刻

陶廬六憶一卷 金武祥撰 民國七年刻

粟香隨筆八卷二筆八卷三筆八卷四筆八卷
五筆八卷 金武祥撰 清光緒七至二十一
年刻

粟香室叢書五十八種（民國刻本一種）

金武祥編

清光緒至民國間江陰金氏刻本 叢書綜録
263頁 總目925頁

陽羨風土記一卷附校刊記一卷補輯一卷續
補輯一卷考證一卷 （晋）周處撰（清）王
謨輯 校刊記 補輯 續補輯 金武祥校
輯 （清）章宗源考證 清光緒二十年刻

宜齋野乘一卷 （宋）吳枋撰 清光緒十四
年刻

北郭集六卷補遺一卷續補遺一卷 （元）許
恕撰 清光緒十六年刻

滄螺集六卷 （明）孫作撰 清光緒十五
年刻

青暘集四卷補遺一卷 （明）張宣撰 清光
緒十五年刻

陽羨茗壺系一卷 （明）周高起撰 清光緒
十四年刻

洞山岕茶系一卷 （明）周高起撰 清光緒
十四年刻

江陰李氏得月樓書目摘録一卷 （明）李鶚
翀撰 清光緒十四年刻

藏說小萃七種 （明）李鶚翀撰 清光緒
十四年刻

　公餘日録一卷 （明）湯沐撰

　宦游紀聞一卷 （明）張誼撰

　水南翰記一卷 （明）張袞撰

　存餘堂詩話一卷 （明）朱承爵撰

　暖姝由筆一卷 （明）徐充撰

　延州筆記一卷 （明）唐覲撰

戒庵漫筆一卷　（明）李詡撰

延州筆記四卷　（明）唐覯撰　清光緒十七年刻

名家詞集十種　（清）侯文燦編　清光緒十三年刻

　二主詞一卷　（南唐）李璟　李煜撰

　陽春集一卷　（南唐）馮延巳撰

　子野詞一卷　（宋）張先撰

　東山詞一卷　（宋）賀鑄撰

　信齋詞一卷　（宋）葛郯撰

　竹洲詞一卷　（宋）吳儆撰

　虛齋樂府一卷　（宋）趙以夫撰

　松雪齋詞一卷　（元）趙孟頫撰

　天錫詞一卷　（元）薩都剌撰

　古山樂府一卷　（元）張埜撰

江南春詞集一卷附錄一卷附考一卷　（明）朱之蕃輯　（清）梁廷柟考　清光緒十七年刻

江上孤忠錄一卷　（清）黃明曦撰　（清）黃懷孝　龔丙吉重訂　清光緒十七年刻

江上遺聞一卷　（清）沈濤撰　清光緒十四年刻

李仲達被逮紀略一卷　（明）蔡士順撰　清光緒十九年刻

荔枝譜一卷附錄一卷　（清）陳鼎撰　附錄金武祥撰　清光緒十九年刻

經書言學指要一卷　（清）楊名時撰　清光緒三十二年刻

守一齋筆記四卷客牕二筆一卷　（清）金捧閶撰　清光緒十六年刻

春及堂稿一卷　（清）謝聘撰　清光緒二十三年刻

讀書瑣記一卷　（清）鳳應韶撰　清光緒十二年刻

鶚亭詩話一卷附錄一卷　（清）屠紳撰　清光緒十五年刻

笏巖詩鈔一卷　（清）屠紳撰　清光緒十五年刻

讀雪山房唐詩凡例一卷　（清）管世銘撰　清光緒十二年刻

讀雪山房雜著一卷　（清）管世銘撰　清光緒十二年刻

雲溪樂府二卷　（清）趙懷玉撰　清光緒十二年刻

玉麈集二卷　（清）藕莊氏（洪亮吉）撰　清光緒十六年刻

冰鹽詞一卷　（清）承齡撰　清光緒十六年刻

端溪硯坑記一卷　（清）李兆洛撰　清光緒二十年刻

開方之分還原術一卷　（清）宋景昌補草（清）鄒安鬯補圖　清光緒二十三年刻

勇盧閒詰評語一卷　（清）周繼煦撰　清光緒十九年刻

篤慎堂爐餘詩稿二卷文稿一卷　（清）金諤撰　清光緒十一年至十三年刻

松筠閣貞孝錄一卷附錄一卷　金武祥輯　清光緒十八年刻

緯青遺稿一卷　（清）張繡英撰　清光緒二十三年刻

澹盦自娛草二卷詞賸一卷附錄一卷　（清）金應澍撰　清光緒十九年刻

仲安遺草一卷　（清）金和撰　清光緒十九年刻

存齋古文一卷續編一卷　（清）黃懷孝撰　清光緒十四年刻

傳忠堂學古文一卷　（清）周星譽撰　清光緒十二年刻

沈子磻遺文正編一卷外編一卷　（清）沈銘石撰　清光緒三十四年刻

鷗堂賸稿一卷補遺一卷　（清）周星譽撰　清光緒十二年刻

東鷗草堂詞二卷補遺一卷附錄一卷　（清）周星譽撰　清光緒十二年刻

鷗堂日記三卷　（清）周星譽撰　清光緒十二年刻

水雲樓賸稿一卷　（清）蔣春霖撰　清光緒

十四年刻

玉紀一卷玉紀補一卷　（清）陳性撰　（清）劉心珤補　清光緒十五年刻

教孝編一卷　（清）姚廷傑撰　清宣統三年刻

表忠録一卷附録一卷　金武祥輯　清光緒二十八年刻

思忠録不分卷　金武祥撰輯　清光緒三十二年刻

冰泉唱和集一卷續和一卷再續和一卷閏集一卷附録一卷　金武祥輯　清光緒二十七年刻

江陰藝文志二卷校補一卷　金武祥輯　清光緒十七年刻

灘江雜記一卷　金武祥撰　清光緒二十三年刻

灘江游草一卷　金武祥撰　清光緒二十三年刻

赤溪雜志二卷　金武祥撰　清光緒十七年刻

霞城唱和集一卷　金武祥輯　清光緒十七年刻

陶廬雜憶一卷續咏一卷補咏一卷　金武祥撰　清光緒十三年刻續咏二十四年刻補咏三十一年刻

陶廬後憶一卷　金武祥撰　清宣統元年刻

陶廬五憶一卷　金武祥撰　清宣統三年刻

陶廬六憶一卷　金武祥撰　民國七年刻

粟香隨筆八卷二筆八卷三筆八卷四筆八卷五筆八卷　金武祥撰　清光緒七至二十一年刻

胡文忠公手翰不分卷

念劬堂叢書二十三種

李天根編

清光緒至民國間刻本、排印本　叢書廣録983頁

　讀書餘録二卷　（清）俞樾撰

　兒笘録四卷　（清）俞樾撰

太炎教育譚二卷　章炳麟撰

太炎學説二卷　章炳麟撰

習字要訣六卷　題瞿上農人撰

關壯繆文集八卷　李天根輯

岳忠武文集十二卷　李天根輯

國文構成法一卷　李天根撰

學文隨見録一卷　李天根撰

籤園叢書七種　（清）張慎儀撰

　詩經異文補釋十六卷

　續方言新校補二卷

　方言別録四卷

　蜀方言二卷

　廣釋親一卷附録一卷

　厩叟撝筆四卷

　今悔庵詩一卷補録一卷文一卷詞一卷

諸子平議三十五卷補録二十卷　（清）俞樾撰

評中國哲學史大綱一卷　（清）梁啓超撰

評評中國哲學史大綱一卷　張煦撰

討論作文方法淺説一卷附段生成績一卷　李天根撰

討論作對聯方法淺説一卷　李天根撰

念劬堂對聯彙存三卷續編一卷　李天根撰

審音一卷　李天根撰

文字鎔十卷　李天根撰

孟子讀法四卷　李天根撰

古書疑義舉例七卷　（清）俞樾撰

史餘二十卷補餘一卷　陳東喬撰（排印）

秋雁詞二卷　鄧鴻荃撰（排印）

聽秋詞二卷　江子愚撰（排印）

民國以來

誦芬室叢刊二十二種

董康輯

清光緒三十四年至民國十四年武進董氏刻本　叢書綜録268頁　總目722頁

初編

　中吳紀聞六卷　（宋）龔明之撰　民國五年

據元至正本景刻

新雕皇明類苑七十八卷 （宋）江少虞撰
清宣統三年據日本元和活字本景刻

青瑣高議十卷後集十卷別集七卷 （宋）劉斧撰

大元聖政國朝典章六十卷新集至治條例不分卷 （元）□□撰 清光緒三十四年據元鈔本景刻

元音十二卷 （明）孫原理輯 民國八年據明建文本景刻

中州集十卷附中州樂府一卷 （金）元好問輯 民國九年據元本景刻

金臺集二卷 （元）迺賢輯 民國十一年據元本景刻

鐵崖先生古樂府十卷復古詩集六卷 （元）楊維楨撰 復古詩集 （元）黃溍評（元）章琬注 民國十年據明本景刻

鐵崖先生詩集十卷 （元）楊維楨撰 民國十一年刻

蛻庵詩四卷 （元）張翥撰 （明）釋大杼輯 據明洪武本景刻

江東白苧二卷續二卷 （明）梁辰魚撰 民國四年刻

蕭爽齋樂府二卷 （明）金鑾撰 民國四年刻

梅村家藏稿五十八卷詩補遺一卷文補遺一卷 （清）吳偉業撰 清宣統三年刻 **附**

梅村先生年譜四卷世系一卷 （清）顧師軾撰

梅村先生樂府三種 （清）吳偉業撰 民國五年刻

　秣陵春傳奇（一名雙影記）二卷

　通天臺一卷

　臨春閣一卷

二編

讀曲叢刊 董康輯 民國六年刻

　魏良輔曲律一卷 （明）魏良輔撰

　曲律四卷 （明）王驥德撰

顧曲雜言一卷 （明）沈德符撰

衡曲麈譚一卷 （明）騷隱居士撰

南詞叙錄一卷 （明）徐渭撰

新編錄鬼簿二卷 （元）鍾嗣成撰

劇説六卷 （清）焦循撰

盛明雜劇三十種 （明）沈泰等輯 民國七年刻

　高唐夢一卷 （明）汪道昆撰

　五湖游一卷 （明）汪道昆撰

　遠山戲一卷 （明）汪道昆撰

　洛水悲一卷 （明）汪道昆撰

　四聲猿 （明）徐渭撰

　　漁陽三弄一卷

　　翠鄉夢一卷

　　雌木蘭一卷

　　女狀元一卷

　昭君出塞一卷 （明）陳與郊撰

　文姬入塞一卷 （明）陳與郊撰

　袁氏義犬一卷 （明）陳與郊撰

　霸亭秋一卷 （明）沈自徵撰

　鞭歌妓一卷 （明）沈自徵撰

　簪花髻一卷 （明）沈自徵撰

　北邙説法一卷 （明）葉憲祖撰

　團花鳳一卷 （明）葉憲祖撰

　桃花人面一卷 （明）孟稱舜撰

　死裏逃生一卷 （明）孟稱舜撰

　中山狼一卷 （明）康海撰

　鬱輪袍一卷 （明）王衡撰

　紅綫女一卷 （明）梁辰魚撰

　昆崙奴一卷 （明）梅鼎祚撰

　花舫緣一卷 （明）孟稱舜原本 （明）卓人月重編

　春波影一卷 （明）徐士俊撰

　廣陵月一卷 （明）汪廷訥撰

　真傀儡一卷 （明）綠野堂（王衡）撰

　男王后一卷 （明）秦樓外史（王驥德）撰

　再生緣一卷 （明）蘅蕪室撰

　一文錢一卷 （明）破慳道人（徐復祚）撰

齊東絕倒一卷　（明）竹癡居士撰

盛明雜劇二集三十種　（明）沈泰輯　民國
十四年刻

　風月牡丹仙一卷　（明）朱有燉撰

　香囊怨一卷　（明）朱有燉撰

　武陵春一卷　（明）許潮撰

　蘭亭會一卷　（明）許潮（誤題楊慎）撰

　寫風情一卷　（明）許潮撰

　午日吟一卷　（明）許潮撰

　南樓月一卷　（明）許潮撰

　赤壁游一卷　（明）許潮撰

　龍山宴一卷　（明）許潮撰

　同甲會一卷　（明）許潮撰

　易水寒一卷　（明）葉憲祖撰

　夭桃紈扇一卷　（明）葉憲祖撰

　碧蓮繡符一卷　（明）葉憲祖撰

　丹桂鈿合一卷　（明）葉憲祖撰

　素梅玉蟾一卷　（明）葉憲祖撰

　有情癡一卷　（明）徐陽輝撰

　脫囊穎一卷　（明）徐陽輝撰

　曲江春一卷　（明）王九思撰

　魚兒佛一卷　（明）釋湛然原本　（明）
寓山居士重編

　雙鶯傳　（清）幔亭仙史（袁于令）撰

　不伏老一卷　（明）馮惟敏撰

　虯髯翁一卷　（明）凌濛初撰

　英雄成敗一卷　（明）孟稱舜撰

　紅蓮債一卷　（明）古越函三館（陳汝元）撰

　絡冰絲一卷　（明）徐士俊撰

　錯轉輪一卷　（明）太室山人（祁元孺）撰

　蕉鹿夢一卷　（明）舜水蘧然子（車任遠）撰

　櫻桃園一卷　（明）會稽澹居士（王澹
翁）撰

　逍遙游一卷　（明）王應遴撰

　相思譜一卷　（明）吳中情奴撰

石巢傳奇四種　（明）百子山樵（阮大鋮）
撰　民國八年刻

　詠懷堂新編勘蝴蝶雙金榜記二卷

　詠懷堂新編燕子箋記二卷

　詠懷堂新編十錯認春燈謎記二卷

　遙集堂新編馬郎俠牟尼合記二卷

新編五代史平話殘八卷　（宋）□□撰　據
宋本景刻

剪燈新話四卷　（明）瞿佑撰　民國六年刻

剪燈餘話五卷　（明）李昌祺撰　民國六年刻

醉醒石十五卷　（明）古狂生撰　民國六年刻

宸翰樓叢書八種

羅振玉輯

民國三年上虞羅氏重編刻本　叢書綜録270
頁　總目654頁

　周易舉正三卷　（唐）郭京撰　據獨山莫氏
景鈔宋本景刻

　東漢書刊誤四卷　（宋）劉攽撰　據宋本
景刻

　宋季三朝政要六卷　（元）□□撰　據元皇
慶本景刻

　三輔黃圖六卷　（漢）□□撰　據元余氏勤
有堂本景刻

　一切如來尊勝陀羅尼一卷　據敦煌唐刻本
景刻

　肇論中吳集解三卷　（宋）釋净源撰　據宋
本景刻

　圖繪寶鑑五卷補遺一卷　（元）夏文彥撰
據元至正本景刻

　二李唱和集一卷　（宋）李昉　（宋）李至
撰　據清光緒中貴陽陳田刻版補刻重印

聚德堂叢書十二種

陳伯陶輯

民國間東莞陳氏刻本　叢書綜録276頁　綜
録續編121頁　總目1033頁

　琴軒集十卷　（明）陳璉撰　民國十九年刻

　學蔀通辯前編三卷後編三卷續編三卷終編
三卷　（明）陳建撰　民國十年刻

　治安要議六卷　（明）陳建撰　民國九年刻

　擬古樂府通考二卷　（明）李東陽撰　（明）

陳建通考　民國八年刻

懸榻齋詩集一卷文集一卷　（明）陳履撰
民國九年刻

陳獻孟遺詩一卷附錄一卷　（清）陳阿平
撰　民國八年刻

長春道教源流八卷　（清）陳銘珪撰

浮山志五卷　（清）陳銘珪撰

荔莊詩存一卷　（清）陳銘珪撰　民國七
年刻

勝朝粵東遺民錄四卷補遺一卷附一卷　九
龍真逸（陳伯陶）輯　民國五年刻

宋東莞遺民錄二卷詩文補遺一卷　九龍真
逸（陳伯陶）輯　民國五年刻

宋臺秋唱三卷附錄一卷　蘇澤東輯　民國
六年東莞黃瀚華刻

峭帆樓叢書（峭帆樓叢刊　峭帆樓叢刻）十八種

趙詒琛輯

清宣統三年至民國八年新陽趙氏刻本　叢書
綜錄 276 頁　總目 702 頁

嚴永思先生通鑑補正略三卷　（明）嚴衍撰
（清）張敦仁輯錄　民國三年刻

晉唐指掌　（明）張大齡撰　民國六年刻
　晉五胡指掌二卷
　唐藩鎮指掌二卷

陽山志三卷　（明）岳岱撰　民國四年刻

明懿安皇后外傳一卷　（清）龔鼎孳撰　（清）
紀昀刪訂　民國四年刻

雞窗叢話一卷　（清）蔡澄撰　民國四年刻

蕙櫋雜記一卷　（清）嚴元照撰　民國五
年刻

柿葉軒筆記一卷　（清）胡虔撰　民國五
年刻

教孝編一卷　（清）姚廷傑撰　民國五年刻

鉅鹿東觀集十卷補遺一卷附錄一卷　（宋）
魏野撰　清宣統三年刻

昆山雜詠三卷　（宋）龔昱撰　民國三年刻

重編紅雨樓題跋二卷　（明）徐燉撰　繆荃

孫重輯　民國三年刻

重編桐庵文稿一卷　（明）鄭敷教撰　趙詒
琛重輯　民國七年刻

雲間三子新詩合稿九卷　（明）陳子龍
（明）李雯　（明）宋徵輿撰　（明）夏完淳
輯　民國二年刻

離憂集二卷　（清）陳瑚輯　民國元年刻

從游集二卷　（清）陳瑚輯　民國元年刻

頑譚詩話二卷補遺一卷附錄一卷　（清）陳
瑚輯　民國六年刻

星湄詩話二卷　（清）陳傳詩撰　清宣統
三年刻

晚香書札二卷　（清）潘道根撰　民國八
年刻

又滿樓叢書十六種

趙詒琛輯

民國九至十四年昆山趙氏刻本　叢書綜錄
276 頁　總目 703 頁

徐巡按揭貼一卷　（明）徐吉撰　民國九
年刻

民抄董宦事實一卷　（明）□□撰　民國
十三年刻

辛丑紀聞一卷　（清）□□撰　民國九年刻

寒夜叢談三卷　（清）沈赤然撰　民國十三
年刻

龔安節先生遺文一卷　（明）龔詡撰　民國
十一年刻

龔安節先生年譜一卷　（明）龔綎編　民國
九年刻

歸玄恭先生（莊）年譜一卷　趙經達編　民
國十三年刻

汪堯峰先生（琬）年譜一卷　趙經達編　民
國十四年刻

林外野言二卷補遺一卷　（元）郭翼輯　民
國十二年刻

紅葉村詩稿六卷補遺一卷　（明）梁逸撰
民國十年刻

校正萬古愁（一名擊筑餘音）一卷 （清）
歸莊撰　黃鈞校正　民國九年刻

新樂府二卷 （清）萬斯同撰　民國十二
年刻

殢花詞一卷 （清）唐祖命撰　民國十二
年刻

鶯邊詞一卷 （清）張思孝撰　民國十二
年刻

留漚唅館詞存一卷 （清）沈鎣撰

紅蕉詞一卷 （清）江標撰　民國十二年刻

對樹書屋叢刻六種

趙詒琛輯

民國二十一至二十五年昆山趙氏對樹書屋刻
本　叢書綜録 277 頁　總目 704 頁

元史弼違二卷 （明）周復俊撰

草莽私乘一卷附刻一卷 （元）陶宗儀輯
民國二十一年刻

爨龍顔碑考釋一卷　趙詒琛輯　民國二十五
年刻

怡松軒金石偶記一卷　陳洙輯　民國二十三
年刻

顧千里先生（廣圻）年譜二卷　趙詒琛編
民國二十一年刻

野古集三卷 （明）龔詡撰　民國二十三
年刻

枕碧樓叢書十二種

沈家本輯

清宣統元年至民國二年歸安沈氏刻本　叢書
綜録 277 頁　總目 672 頁

南軒易説五卷 （宋）張栻撰

雙峰先生内外服制通釋七卷 （宋）車垓
撰　清宣統三年刻

刑統賦解二卷 （宋）傅霖撰 （元）郇□
韻釋 （元）王亮增注　清宣統三年刻

粗解刑統賦一卷 （宋）傅霖撰 （元）孟
奎解　清宣統三年刻

別本刑統賦解一卷 （元）□□輯　清宣統

三年刻

刑統賦疏一卷 （元）沈仲緯撰　清宣統
三年刻

無冤録二卷 （元）王與撰　清宣統元年刻

河汾旅話四卷 （清）朱維魚撰　清宣統
二年刻

河南集三卷遺事一卷附穆參軍遺事一卷
（宋）穆修撰

吳興沈夢麟先生花溪集三卷 （元）沈夢麟
撰　清宣統二年刻

來鶴亭集九卷 （元）呂誠撰　清宣統三年刻

玉斗山人文集三卷 （元）王奕撰　清宣統
三年刻

熊刻四種

熊羅宿輯

民國二至五年豐城熊氏刻本　叢書綜録 278
頁　總目 678 頁

切韵指掌圖一卷檢圖之例一卷 （宋）司馬
光撰 （元）邵光祖補

音學辨微一卷 （清）江永撰　民國五年刻

戊戌履霜録四卷　胡思敬撰　民國二年刻

堅兵志一卷光宣僉載一卷　魏元曠撰

適園叢書十二集七十四種

張鈞衡輯

民國二至六年烏程張氏刻本　叢書綜録 278
頁　總目 665 頁

第一集

百宋一廛書録一卷 （清）黃丕烈撰　民國
二年刻

魏書地形志校録三卷 （清）温日鑑撰　民
國三年刻

漢石經考異補正二卷 （清）瞿中溶撰　民
國三年刻

敬鄉録十四卷 （元）吳師道撰　民國三
年刻

内閣藏書目録八卷 （明）孫能傳 （明）
張萱等撰　民國二年刻

大唐郊祀録十卷 （唐）王涇撰 民國四年刻

月隱先生遺集四卷外編二卷 （明）祝淵撰

古泉山館金石文編殘稿四卷 （清）瞿中溶撰 民國五年刻

爐宮遺録二卷 （明）□□撰 民國二年刻

對客燕談一卷 （明）邵寶撰 民國二年刻

魯春秋一卷 （清）查繼佐撰 民國三年刻

附

　　北征紀略一卷 （明）張煌言撰

　　使臣碧血一卷 （明）錢𣏾撰

第二集 民國二年刻

千頃堂書目三十二卷 （清）黃虞稷撰

第三集

後村先生題跋十三卷 （宋）劉克莊撰 民國二年刻

後村詩話前集二卷後集二卷續集四卷新集六卷 （宋）劉克莊撰 民國二年刻

攻媿題跋十卷 （宋）樓鑰撰 民國三年刻

國初群雄事略十二卷 （清）錢謙益撰 民國二年刻

文館詞林殘二十三卷（存卷一百五十二、一百五十六至一百五十八、一百六十、三百四十六、三百四十七、四百十四、四百五十二至四百五十三、四百五十七、四百五十九、六百六十二、六百六十四至六百七十、六百九十一、六百九十五、六百九十九、附殘簡二）（唐）許敬宗等輯 民國三年刻

第四集 民國三年刻

唐大詔令集一百三十卷（原缺卷十四至二十四、八十七至九十八）（宋）宋敏求輯

第五集

廣川書跋十卷 （宋）董逌撰 民國三年刻

廣川畫跋六卷 （宋）董逌撰 民國四年刻

建炎以來朝野雜記甲集二十卷乙集二十卷逸文一卷 （宋）李心傳撰 逸文 張鈞衡輯 民國三年刻

東都事略校勘記一卷 （清）錢綺撰 民國二年刻

東都事略校記一卷 繆荃孫撰 民國三年刻

歷代職源撮要一卷 （宋）王益之撰 民國三年刻

續吳郡志二卷 （明）李詡撰 民國五年刻

蔣子萬機論一卷 （三國魏）蔣濟撰 （清）嚴可均輯

桓氏世要論一卷 （三國魏）桓範撰 （清）嚴可均輯

劉氏政論一卷 （三國魏）劉廙撰 （清）嚴可均輯

典語一卷 （三國吳）陸景撰 （清）嚴可均輯

杜氏篤論 （三國魏）杜恕撰 （清）嚴可均輯

第六集 民國五年刻

西吳里語四卷 （明）宋雷撰

五代史記補考二十四卷 （明）徐炯撰

滋溪文稿三十卷 （元）蘇天爵撰

第七集

得樹樓雜鈔十五卷 （清）查慎行撰 民國三年刻

山谷先生（黃庭堅）年譜三十卷 （宋）黃𦫼撰 民國三年刻

圍鑪詩話六卷 （清）吳喬撰 民國四年刻

西崑發微三卷 （清）吳喬撰 民國四年刻 附 談龍録一卷 （清）趙執信撰

滄浪嚴先生吟卷三卷 （宋）嚴羽撰 民國五年刻

新編醉翁談録八卷 （宋）金盈之撰 民國二年刻

湖西遺事一卷 （清）彭孫貽撰 民國四年刻

虔臺節略一卷 （清）彭孫貽撰 民國四年刻 附 彭節愍公家書一卷 （明）彭期生撰

左傳杜解集正八卷 （清）丁晏撰 民國三年刻

出塞圖畫山川記一卷 （清）溫睿臨撰 民國三年刻

閩行隨筆一卷 （清）范光文撰 民國四年刻

逸經補正三卷 （清）朱彝尊撰 （清）馮登府補 民國四年刻

嶺海焚餘三卷 （明）金堡撰 民國二年刻

第八集 民國五年刻

汪氏珊瑚網法書題跋二十四卷 （明）汪砢玉撰

汪氏珊瑚網名畫題跋二十四卷 （明）汪砢玉撰

第九集

後山先生集三十卷 （宋）陳師道撰 民國三年刻

遺山遺稿二卷補遺一卷附錄一卷 （元）楊奐撰 民國四年刻

貞一齋雜著一卷詩稿一卷 （元）朱思本撰 民國三年刻

珊瑚木難八卷 （明）朱存理撰 民國四年刻

春秋禮儀徵十卷 （清）朱大韶撰 民國四年刻

第十集

求是齋碑跋四卷 （清）丁紹基撰 民國五年刻

太平治迹統類三十卷 （宋）彭百川撰 民國三年刻

第十一集

孟子師説七卷 （清）黃宗羲撰 民國五年刻

簡莊疏記十七卷 （清）陳鱣撰 民國四年刻

花村談往二卷補遺一卷 （清）花村看行侍者撰 民國三年刻

藏一話腴甲集二卷乙集二卷 （宋）陳郁撰 民國三年刻

廣元遺山（好問）年譜二卷 （清）李光廷撰 民國五年刻

祗欠庵集八卷 （明）吳蕃昌撰 民國五

年刻

後漢藝文志四卷 （清）姚振宗撰 民國五年刻

第十二集

三國藝文志四卷 （清）姚振宗撰 民國五年刻

重刊湖海新聞夷堅續志前集二卷後集二卷補遺一卷 （元）□□撰 民國三年刻

鐙下閑談二卷 （宋）□□撰 民國六年刻

成都氏族譜一卷 （元）費著撰 民國五年刻

桐譜二卷 （宋）陳翥撰 民國六年刻

新纂香譜二卷 （宋）陳敬撰 民國六年刻

吹景集十四卷 （明）董斯張撰 民國五年刻

深柳堂文集一卷 （清）沈登瀛撰 民國五年刻

疊翠居文集一卷 （清）紀慶曾撰 民國五年刻

勘書巢未定稿一卷 （清）溫日鑑撰 民國五年刻

秋水文叢外集（一名古宮詞注）三卷 （清）張鑑撰 （清）桂榮注 民國五年刻

魚計軒詩話一卷 （清）計發撰 民國五年刻

擇是居叢書六種

張鈞衡輯

民國二年張氏景宋元刻本 綜録續編 76 頁

　樂書正誤一卷 （宋）釋文瑩（樓鑰）撰

　九經三傳沿革例一卷 （宋）岳珂撰

　唐書直筆新例四卷新例須知一卷附校記（宋）呂夏卿撰

　湘山野録四卷續二卷 （宋）釋文瑩撰

　反離騷一卷 （漢）揚雄撰

　此山先生詩集十卷附此山堂題咏一卷 （元）周權撰

擇是居叢書初集十九種

張均衡輯

清光緒至民國間刻民國十五年吳興張氏彙印本　叢書綜録 280 頁　總目 668 頁

尚書注疏二十卷附校勘記一卷　（漢）孔安國撰　（唐）陸德明音義　（唐）孔穎達等疏　校勘記　張鈞衡撰　據宋本景刻

樂書正誤一卷　（宋）樓鑰撰　據宋本景刻

相臺書塾刊正九經三傳沿革例一卷　（宋）岳珂撰　據景宋鈔本景刻

唐書藝文志四卷　（宋）歐陽修　（宋）宋祁等撰　據宋建安魏氏本景刻

孫諫議唐史記論三卷　（宋）孫甫撰　據景鈔宋本景刻

唐書直筆新例四卷新例須知一卷附校記一卷　（宋）吕夏卿撰　校記　張鈞衡撰　據景鈔宋本景刻

南朝史精語十卷附札記一卷　（宋）洪邁撰　札記　繆荃孫撰　繆氏對雨樓據鈔本景刻

吳郡志五十卷附校勘記一卷　（宋）范成大撰　校勘記　張鈞衡撰　據宋紹定本景刻

經子法語二十四卷　（宋）洪邁輯　據景鈔宋本景刻

荀子考異一卷　（宋）錢佃撰　繆氏對雨樓據鈔本景刻

改正湘山野録三卷續一卷　（宋）釋文瑩撰　據宋本下卷及續元鈔本景刻

却掃編三卷　（宋）徐度撰　據宋鈔宋書棚本景刻

賓退録三卷　（宋）趙與時撰　繆氏對雨樓據景鈔宋書棚本景刻

茅亭客話十卷　（宋）黃休復撰　繆氏對雨樓據穴硯齋鈔本景刻

反離騷一卷　（漢）揚雄撰　據宋書棚本景刻

寒山詩集一卷附豐干拾得詩一卷　（唐）釋寒山撰　附（唐）釋豐干　（唐）釋拾得撰　據景鈔宋書棚本景刻

范文正公政府奏議二卷　（宋）范仲淹撰　據元本景刻

此山先生詩集十卷　（元）周權撰　據元至正本景刻

詩品三卷　（南朝梁）鍾嶸撰　繆氏對雨樓據明正德元年退翁書院鈔本景刻

密韵樓景宋本七種

蔣汝藻輯

民國間烏程蔣氏樂地盦刻本　叢書綜録 280 頁　總目 716 頁

吳郡圖經續記三卷　（宋）朱長文撰　民國十二年據宋本景刻

曹子建文集十卷　（三國魏）曹植撰　據宋大字本景刻

歌詩編四卷　（唐）李賀撰　據北宋本景刻

草窗韵語六卷　（宋）周密撰　民國十一年據宋本景刻

雪巖吟草甲卷忘機集一卷　（宋）宋伯仁撰　據宋本景刻

青山集三十卷　（宋）郭祥正撰　民國十三年據宋本景刻

竇氏聯珠集一卷　（唐）竇常　（唐）竇牟　（唐）竇群　（唐）竇庠　（唐）竇鞏撰　（唐）褚藏言輯撰　民國十三年據宋本景刻

鐵琴銅劍樓叢書十三種

瞿啓甲輯

清光緒至民國間刻本影印本　叢書綜録 280 頁　總目 716 頁

洪氏集驗方五卷　（宋）洪遵撰　民國據宋乾道本景印

離騷集傳一卷　（宋）錢杲之撰　民國七年據宋本景印

歌詩編四卷　（唐）李賀撰　民國據金本景印

朱慶餘詩集一卷　（唐）朱慶餘撰　民國據宋書棚本景印

李丞相詩集二卷　（南唐）李建勳撰　民國

七年據宋書棚本景印

周賀詩集一卷 （唐）周賀撰 民國據宋書棚本景印

注鶴山先生渠陽詩一卷 （宋）王德文撰 民國據宋本景印

中原音韵一卷 （元）周德清輯 民國十一年據元本景印

宋金元本書影不分卷 瞿啓甲輯 民國十一年景印本

鐵琴銅劍樓藏書目録二十四卷 （清）瞿鏞撰 清光緒二十四年刻

容安齋詩集八卷 （清）汪應銓撰 清乾隆中刻民國修補印本

秋影樓詩集九卷 （清）汪繹撰 清光緒二十三年刻

楊太后宮詞一卷 （宋）楊皇后撰 （宋）潛夫（周密）輯 民國十三年據宋鈔本景刻

龍溪精舍叢書六十種
鄭國勳輯
民國六年潮陽鄭氏刻本 叢書綜録 281 頁 總目 679 頁

經部
韓詩外傳十卷補逸一卷 （漢）韓嬰撰 （清）趙懷玉校并輯補逸

蔡氏月令二卷 （漢）蔡邕撰 （清）蔡雲輯

春秋繁露十七卷 （漢）董仲舒撰 （清）凌曙注

釋名八卷 （漢）劉熙撰

小爾雅訓纂六卷 （清）宋翔鳳撰

史部
山海經箋疏十八卷圖贊一卷訂訛一卷叙録一卷 （清）郝懿行撰

穆天子傳六卷 （晋）郭璞注 （清）洪頤煊校

世本一卷 （漢）宋衷注 （清）茆泮林輯

譙周古史考一卷 （三國蜀）譙周撰 （清）章宗源輯

越絶書十五卷附札記一卷 （漢）袁康撰 札記 （清）錢培名撰

吴越春秋十卷附札記一卷逸文一卷 （漢）趙曄撰 （宋）徐天祐音注 **札記**徐乃昌撰并輯逸文

列女傳補注八卷叙録一卷校正一卷 （清）王照圓撰

新序十卷 （漢）劉向撰

説苑二十卷 （漢）劉向撰

楚漢春秋一卷附疑義一卷 （漢）陸賈撰 （清）茆泮林輯

前漢紀三十卷考一卷 （漢）荀悦撰

後漢紀三十卷 （晋）袁宏撰

兩漢紀字句異同考一卷 （清）蔣國祚撰

華陽國志十二卷附補華陽國志三州郡縣目録一卷校勘記一卷 （晋）常璩撰 補郡縣目録 （清）廖寅撰 校勘記 （清）顧觀光撰

鄴中記一卷 （晋）陸翽撰

古孝子傳一卷 （清）茆泮林輯
　孝子傳 （漢）劉向撰
　孝子傳 （晋）蕭廣濟撰
　孝子傳 （□）王歆撰
　孝子傳 （南朝宋）王韶之撰
　孝子傳 （□）周景式撰
　孝子傳 （南朝宋）師覺授撰
　孝子傳 （□）宋躬撰
　孝子傳 （□）虞盤佑撰
　孝子傳 （南朝宋）鄭緝之撰
　孝子傳
　孝子傳補遺

高士傳三卷 （晋）皇甫謐撰

三輔黃圖六卷補遺一卷 （漢）□□撰 （清）畢沅校

三輔決録一卷 （漢）趙岐撰 （晋）摯虞注（清）張澍輯

三秦記一卷 （□）辛□撰 （清）張澍輯

三輔舊事一卷 （清）張澍輯

三輔故事一卷　（清）張澍輯

洛陽伽藍記鈎沈五卷　唐晏（震鈞）撰

子部

陸子新語校注二卷　唐晏（震鈞）撰

新書十卷　（漢）賈誼撰

孔叢子三卷　（漢）孔鮒撰

鹽鐵論十卷附考證一卷　（漢）桓寬撰　考證　（清）張敦仁撰

桓子新論一卷　（漢）桓譚撰　（清）孫馮翼輯

申鑑五卷附錄一卷　（漢）荀悅撰　（明）黃省曾注

典論一卷　魏文帝撰　（清）黃奭輯

徐幹中論二卷附札記二卷逸文一卷　（漢）徐幹撰　札記　逸文　（清）陳鱣撰并輯

人物志三卷　（三國魏）劉邵撰　（北魏）劉昞注

伏侯古今注三卷補遺一卷又補遺一卷　（漢）伏無忌撰　（清）茆泮林輯

獨斷二卷　（漢）蔡邕撰　（清）盧文弨校

論衡三十卷　（漢）王充撰

風俗通義十卷　（漢）應劭撰　（清）盧文弨校

風俗通姓氏篇二卷　（漢）應劭撰　（清）張澍輯注

物理論一卷　（晋）楊泉撰　（清）孫星衍輯

新論二卷　（北齊）劉晝撰

夢書一卷　（清）王照圓輯

焦氏易林十六卷　（漢）焦贛撰

世說新語三卷　（南朝宋）劉義慶撰　（南朝梁）劉孝標注

金樓子六卷　（南朝梁）梁元帝撰

顏氏家訓七卷注補并重校一卷注補正一卷壬子年重校一卷　（北齊）顏之推撰（清）趙曦明注　注補并重校　（清）盧文弨撰　注補正　（清）錢大昕撰

西京雜記二卷　（漢）劉歆（一題晋葛洪）撰　（清）盧文弨校

博物志十卷　（晋）張華撰　（宋）周日用等注

淮南萬畢術一卷補遺一卷再補遺一卷　（漢）劉安撰　（清）茆泮林輯

列仙傳校正本二卷贊一卷　（漢）劉向撰（清）王照圓校

佛國記一卷　（晋）釋法顯撰

計然萬物錄一卷補遺一卷　（周）辛文撰（清）茆泮林輯

齊民要術十卷　（北魏）賈思勰撰

修文御覽殘一卷　（北齊）祖珽等撰

集部

古文苑二十一卷　（宋）章樵注

文心雕龍十卷附補注一卷　（南朝梁）劉勰撰　（清）黃叔琳注　附　（清）李詳撰

兩漢三國學案十一卷　唐晏（震鈞）撰

嘉業堂叢書五十七種

劉承幹輯

民國間吳興劉氏嘉業堂刻本　叢書綜錄282頁　總目719頁

經部

周易正義十四卷附校勘記二卷　（唐）孔穎達等撰　校勘記　劉承幹撰　民國三年刻

尚書正義二十卷附校勘記二卷　（唐）孔穎達等撰　校勘記　劉承幹撰　民國五年刻

毛詩正義四十卷（原缺卷一至七）附校勘記三卷　（唐）孔穎達等撰　校勘記　劉承幹撰　民國七年刻

禮記正義殘二卷（存卷三至四）附校勘記一卷　（唐）孔穎達等撰　校勘記　劉承幹撰　民國三年刻

儀禮疏五十卷　（唐）賈公彥等撰　民國八年刻

春秋正義殘十二卷（存卷一至九、三十四至三十六）附校勘記二卷　（唐）孔穎達等撰　校勘記　劉承幹撰　民國八年刻

春秋公羊疏殘七卷（存卷一至七）附校勘記一卷　（唐）徐彥撰　校勘記　劉承幹撰　民

國十七年刻

穀梁疏殘七卷（存卷六至十二）附校勘記二卷 （唐）楊士勛撰　校勘記　劉承幹撰　民國五年刻

史部

明史考證攟逸四十二卷補遺一卷附錄一卷 （清）王頌蔚撰　王季烈補　民國五年刻

炎徼紀聞四卷 （明）田汝成撰　民國四年刻

三垣筆記三卷補遺三卷附識三卷附識補遺一卷 （清）李清撰　民國六年刻

安龍逸史二卷 （清）屈大均撰　民國五年刻

天寥道人自撰年譜一卷續一卷 （明）葉紹袁撰　民國二年刻

附

　年譜別記一卷 （明）葉紹袁撰

　甲行日注八卷 （明）葉紹袁撰

查東山（繼佐）年譜一卷 （清）沈起撰（清）張濤 （清）查穀注　民國五年刻

附

　書湖州莊氏史獄一卷 （清）翁廣平撰

東山外記二卷 （清）劉振麟（清）周驤撰　民國九年刻

白茆山人（閻爾梅）年譜一卷附寅賓錄一卷 （清）魯一問撰　民國四年刻

顧亭林先生（炎武）年譜一卷附校補一卷 （清）張穆撰　校補　繆荃孫撰　民國七年刻

查他山先生（慎行）年譜一卷補遺一卷 （清）陳敬璋撰　民國二年刻

厲樊榭先生（鶚）年譜一卷附錄一卷 （清）朱文藻撰　繆荃孫訂　民國四年刻

瞿木夫先生自訂年譜一卷 （清）瞿中溶撰　繆荃孫校訂　民國二年刻

武進李先生（兆洛）年譜三卷先師小德錄一卷 （清）蔣彤撰　民國二年刻

歲貢士壽臧府君（徐同柏）年譜一卷 （清）徐士燕撰　民國二年刻

言舊錄一卷 （清）張金吾撰　民國二年刻

味水軒日記八卷 （明）李日華撰　民國十二年刻

南唐書注十八卷附錄一卷 （清）周在浚撰　民國四年刻

南唐書補注十八卷　劉承幹撰　民國四年刻

雲南水道考五卷滇南山水辨誤一卷 （清）李誠撰　民國五年刻

中書典故彙記八卷 （清）王正功撰 （清）趙輯寧校補　民國五年刻

重詳定刑統三十卷附錄一卷校勘記一卷 （宋）竇儀等撰　校勘記　劉承幹撰　民國十年刻

金石錄三十卷附札記一卷今存碑目一卷 （宋）趙明誠撰　札記　碑目　繆荃孫撰

台州金石錄十三卷甎錄五卷金石甎文闕訪目四卷 （清）黃瑞撰　王棻校正　民國三年刻

嚴州金石錄三卷 （清）鄒柏森撰　民國十九年刻

子部

授時曆故四卷 （清）黃宗羲撰　民國十二年刻

訂訛類編六卷續補二卷 （清）杭世駿撰　民國七年刻

樸學齋筆記八卷 （清）盛大士撰　民國九年刻

重刊增廣分門類林雜說十五卷 （金）王朋壽撰　民國九年刻

雲溪友議三卷附校勘記三卷 （唐）范攄撰　校勘記　劉承幹撰　民國十九年刻

玉堂薈記四卷 （明）楊士聰撰　民國四年刻

閒漁閒閒錄九卷 （清）蔡顯撰　民國四年刻

道德真經注疏八卷 （南朝齊）顧歡撰　民國八年刻

集部

張説之文集二十五卷補遺五卷 （唐）張
説撰

劉賓客文集三十卷外集十卷 （唐）劉禹
錫撰

司空表聖文集十卷詩三卷附録一卷校記一
卷 （唐）司空圖撰 校記 繆荃孫等撰
詩附録 民國三年刻 校記 民國五年刻

王荆公詩集李壁注勘誤補正四卷王荆公文
集注八卷 （清）沈欽韓撰 民國十六年刻

廣陵先生文集二十卷拾遺一卷補遺一卷附
録一卷 （宋）王令撰 民國十一年刻

松隱文集四十卷 （宋）曹勛撰 民國九年刻

漫塘文集三十六卷附録一卷 （宋）劉宰撰
民國十五年刻

閬風集十二卷附録一卷 （宋）舒岳祥撰
民國四年刻

彝齋文編四卷補遺一卷 （宋）趙孟堅撰
民國三年刻

傅與礪詩集八卷文集十一卷附録一卷 （元）
傅若金撰 民國三年刻 附緑窗遺稿一卷
（元）孫淑撰

友石山人遺稿一卷附録一卷 （元）王翰撰
民國八年刻

聞過齋集八卷遺詩一卷 （元）吳海撰 民
國二年刻

王静學先生文集三卷補遺一卷附録一卷
（明）王叔英撰 民國九年刻

翁山文外十六卷 （清）屈大均撰 民國九
年刻

句餘土音補注六卷 （清）全祖望撰 （清）
陳銘海補注 民國十一年刻

復初齋集外詩二十四卷集外文四卷 （清）
翁方綱撰 民國六年刻 附翁比部詩鈔一
卷 （清）翁樹培撰 民國十三年刻

咄咄吟二卷附録一卷 （清）貝青喬撰 民
國三年刻

留餘草堂叢書十一種

劉承幹輯

民國間吳興劉氏嘉業堂刻本 叢書綜録 284
頁 總目 719 頁

聖祖仁皇帝庭訓格言一卷 清世宗述 民
國九年刻

家範十卷 （宋）司馬光撰 民國十一年刻

黃忠節公甲申日記一卷 （明）黃淳耀撰
民國十三年刻

四書説約三十三卷 （明）鹿善繼撰 民國
十年刻

大學二卷

中庸四卷

論語二十卷

孟子七卷

中庸切己録二卷 （清）謝文洊撰 民國
十四年刻

事天諟一卷 （宋）張載撰

程山先生日録三卷 （清）謝文洊撰 民國
十一年刻

聖學入門書三卷 （清）陳瑚撰 民國十一
年刻

荆園小語一卷進語一卷 （清）申涵光撰
民國十年刻

耐俗軒新樂府一卷 （清）申頲撰 民國
十一年刻

向惕齋先生集八卷 （清）向璿撰 民國
十二年刻

求恕齋叢書三十一種

劉承幹輯

民國間吳興劉氏嘉業堂刻本 叢書綜録 284
頁 總目 721 頁

周易集義八卷 （清）强汝諤撰

毛詩多識二卷 （清）多隆阿撰

喪服鄭氏學十六卷 張錫恭撰

庚子西行記事一卷 唐晏（震鈞）撰

漢管處士（寧）年譜一卷 （清）管世駿撰

玉溪生（李商隱）年譜會箋四卷　張采田撰

司馬溫國文正公（光）年譜八卷末一卷遺事一卷　（清）顧棟高撰

王荊國文公（安石）年譜三卷末一卷遺事一卷　（清）顧棟高撰

金稷山段氏二妙（成己、克己）年譜二卷　孫德謙撰

水經注正誤舉例五卷　（清）丁謙撰

漢書地理志水道圖説補正二卷　（清）吳承志撰

今水經注四卷　（清）吳承志撰

京師五城坊巷衖衕集一卷　（明）張爵撰

京師坊巷志十卷附考證一卷　繆荃孫（清）朱一新撰

唐賈耽記邊州入四夷道里考實五卷　（清）吳承志撰

渤海國志四卷　唐晏（震鈞）撰

渤海疆域考二卷　（清）徐相雨撰

禮議二卷　曹元忠撰

四庫全書表文箋釋四卷　（清）林鶴年撰

垜積衍術四卷　（清）强汝詢撰

橫陽札記十卷　（清）吳承志撰

蕉廊脞録八卷　吳慶坻撰

山海經地理今釋六卷　（清）吳承志撰

天問閣文集四卷　（明）李長祥撰　附海棠居詩集一卷　（明）姚淑撰

傳經室文集十卷賦鈔一卷　（清）朱駿聲撰

心嚮往齋詩文集十三卷附録一卷　（清）孔繼鑅撰

附

　絅齋隨筆一卷　（清）孔毓焞撰

　勿二三齋詩集一卷飲冰子詞存一卷　（清）孔廣牧撰

　紹仁齋浦游吟一卷　（清）孔昭宲撰

　林風閣詩鈔一卷　（清）劉淑曾撰

通義堂文集十六卷　（清）劉毓崧撰

校經室文集六卷補遺一卷　孫葆田撰

遜齋文集十二卷　（清）吳承志撰

王文敏公遺集八卷　（清）王懿榮撰

雪橋詩話十二卷二集八卷三集十二卷餘集八卷　楊鍾羲撰

松鄰叢書二十種

吳昌綬輯

民國六至七年仁和吳氏雙照樓刻本　叢書綜録 285 頁　總目 682 頁

甲編

元西湖書院重整書目一卷　（元）胡師安等撰

南雝志經籍考二卷　（明）梅鷟撰

内板經書紀略一卷　（明）劉若愚撰

四庫全書薈要目一卷　清乾隆中敕撰

南薰殿尊藏圖像目一卷　清乾隆中敕撰

茶庫藏貯圖像目一卷　清乾隆中敕撰

藏逸經書一卷　（明）釋道開撰

道藏闕經目録二卷　（元）□□撰

儒藏説一卷　（清）周永年撰

孝獻莊和至德宣仁溫慧端敬皇后行狀一卷附傳一卷　（清）世祖撰　傳　（清）金之浚撰

大清孝定景皇后事略一卷　（清）紹英撰

東朝崇養録四卷　（清）徐松撰

徑山游草一卷　（清）吳焯撰

雁影齋詩一卷　（清）李希聖撰

乙編

繡谷亭薰習録經部一卷集部二卷　（清）吳焯撰

清吟閣書目四卷　（清）瞿世瑛撰

寶書閣著録一卷　（清）丁白撰

一角編二卷　（清）周二學撰

賞延素心録一卷　（清）周二學撰

玉雨堂書畫記四卷　（清）韓泰華撰

果齋叢刻六種

（清）劉爾炘編　清光緒至民國間刻本鉛印本　總目 683 頁

　小兒語

　果齋一隙記

果齋日記

果齋前集續集別集

拙修子太平書

讀書鐙文鑰

房山山房叢書十一種

陳洙輯

清宣統至民國間江浦陳氏刻民國九年彙印本
叢書綜録 297 頁　總目 713 頁

　　讀易雜説一卷　（清）陳世鎔撰　民國七
　　年刻

　　康熙朝品級考一卷　（清）□□撰　民國七
　　年刻

　　大正博覽會參觀記一卷　王維亮撰

　　漢魏碑考一卷　（清）萬經撰

　　拙存堂題跋一卷　（清）蔣衡撰　清宣統
　　二年刻

　　石泉書屋金石題跋一卷　（清）李佐賢撰
　　清宣統三年刻

　　跋南雷文定一卷　（清）方東樹撰　清宣統
　　元年刻

　　玉井搴蓮集一卷　（清）嚴長明撰

　　岱游集一卷　（清）陳文述撰　清宣統元年刻

　　同文集一卷　（清）黃超曾撰

　　嬬雅堂詩集八卷　（清）趙文哲撰

怡蘭堂叢書八種

唐鴻學輯

清光緒二十七年至民國十一年大關唐氏成都
刻本　叢書綜録 298 頁　總目 714 頁

　　春秋左傳杜注校勘記一卷　（清）黎庶昌撰

　　孝經鄭氏注一卷　（漢）鄭玄撰（清）嚴可
　　均輯　清光緒二十九年刻

　　聖賢高士傳贊一卷　（三國魏）嵇康撰（清）
　　嚴可均輯　唐鴻學補輯　清光緒二十七年刻

　　四民月令一卷　（漢）崔寔撰　唐鴻學輯

　　古今注三卷　（晋）崔豹撰

　　道德真經指歸十三卷（原缺卷一至六）附
　　録一卷　（漢）嚴遵撰（唐）谷神子（鄭還

　　古）注　民國十一年刻

　　費氏遺書三種　（清）費密撰　民國九年刻

　　弘道書三卷

　　荒書一卷附校記一卷　校記　唐鴻學撰

　　燕峰詩鈔一卷

　　唐公年譜一卷附録三卷　唐鴻學述

慎始基齋叢書十一種

盧靖輯

清光緒中沔陽盧氏刻民國十二年彙印本　叢書
綜録 299 頁　總目 715 頁

　　四庫全書序一卷　清乾隆四十七年敕撰

　　姚彥長觀書例一卷　（清）姚晉圻撰

　　田隴初觀書後例一卷　（清）田明昶撰

　　四川省城尊經書院記一卷　（清）張之洞撰

　　輶軒語一卷　（清）張之洞撰

　　書目答問不分卷附校勘記一卷　（清）張之
　　洞撰　校勘記　趙祖銘撰

　　三通序一卷　盧靖録

　　經義韵言一卷　（清）喻祥麟撰

　　古今偽書考一卷　（清）姚際恒撰

　　天文歌略一卷　（清）葉瀾撰

　　地學歌略一卷　（清）葉瀚（清）葉瀾撰

食舊堂叢書二十一種

（清）汪大鈞輯

民國十四年錢塘汪氏刻本　叢書綜録 299 頁
總目 718 頁

　　爾雅校義二卷　（清）劉玉麐撰

　　鄭志三卷補遺一卷　（三國魏）鄭小同編
　　（清）王復輯　（清）武億校

　　駁五經異義一卷補遺一卷　（漢）鄭玄撰
　　（清）王復輯　（清）武億校

　　箴膏肓一卷　（漢）鄭玄撰　（清）王復輯
　　（清）武億校

　　起廢疾一卷　（漢）鄭玄撰（清）王復輯
　　（清）武億校

　　發墨守一卷　（漢）鄭玄撰　（清）王復輯
　　（清）武億校

竹崦盦金石目録五卷 （清）趙魏撰

論語鄭氏注十卷 （漢）鄭玄撰 （清）宋
翔鳳輯

論語孔子弟子目録一卷 （漢）鄭玄撰
（清）宋翔鳳輯

論語師法表一卷 （清）宋翔鳳撰

瞥記七卷 （清）梁玉繩撰

讀歐記疑五卷 （清）王元啓撰

道古堂外集十二集 （清）杭世駿撰

    禮經質疑一卷

    經史質疑一卷

    石經考異二卷

    史記考證七卷

    三國志補注六卷

    晋書補傳贊一卷

    諸史然疑一卷

    續方言二卷

    榕城詩話三卷

    漢書蒙拾三卷

    後漢書蒙拾二卷

    文選課虛四卷

石鼓然疑一卷 （清）莊述祖撰

賞雨茅屋外集一卷 （清）曾燠撰

孟塗駢體文二卷 （清）劉開撰

金梁夢月詞二卷 （清）周之琦撰

懷夢詞一卷 （清）周之琦撰

鴻雪詞二卷 （清）周之琦撰

退庵詞一卷 （清）周之琦撰

儀禮堂文集二卷 （清）孔廣森撰

志古堂叢書五種

□□輯

民國四至十六年刻本 叢書綜録 301 頁 總
目 727 頁

    述學六卷校勘記一卷附汪容甫先生遺文一
卷附鈔一卷 （清）汪中撰 民國十六年刻

    澄懷園語四卷 （清）張廷玉撰 民國十五
年刻

聰訓齋語二卷附恒産瑣言一卷飯有十二合
説一卷 （清）張英撰 民國四年刻

人譜一卷人譜類記增訂六卷 （明）劉宗周
撰 民國九年刻

人範六卷 （清）蔣元撰 民國十四年刻

三餘堂叢刻十二種

林仕荷輯

民國十六年鄞縣林氏據舊刻版彙印本 叢書
綜録 301 頁 總目 727 頁

    二十四孝原編一卷 （宋）朱熹撰

    二十四孝別集一卷 （清）高月槎撰

    痧脹玉衡書三卷後一卷 （清）郭志邃撰

    疫痧草一卷 （清）陳耕道撰

    時疫白喉捷要一卷 （清）張紹修撰

    嘉興徐子默先生吊脚痧論一卷 （清）徐
緘撰

    江氏百問目講禪師地理書一卷地理索隱一
卷 （明）釋目講撰 清光緒二十三年鄞縣
趙氏刻

  附

    羅盤解一卷 （清）趙榆森撰

    梅花神數一卷

    爛柯神機一卷 （清）于國柱撰

    雜字便覽一卷 （清）□□撰

    佛説大乘金剛經論一卷 清光緒二十九年
南海妙芳等刻

    毗陵天寧普能嵩禪師净土詩一卷附臨終舟楫
要語一卷 （清）釋普能撰 清光緒二十九
年甘露庵刻

壁經堂叢書二十種

胡洤編

民國十一至十六年刻本 總目 728 頁 綜録
續編 81 頁

  第一集 民國十一年刻

  蜀王本紀一卷 （漢）揚雄撰 （明）鄭樸輯

  白居易判二卷 （唐）白居易撰

  花品一卷 （清）王再咸撰 周濟民校

柴扉集拾餘一卷　（清）杜關撰

南游吟草一卷　熊兆渭撰

前後蜀雜事詩二卷　（清）張祥齡撰　周濟
民校

中聲樓初稿一卷　劉崇仁撰　劉崇光校

蜀破鏡五卷補遺一卷　（清）孫鍈撰

臨溪集二卷　羅家龍撰　羅家光校

樂水集一卷　李家學撰　歐守福校

第二集　民國十二年刻

浣花草堂志八卷首一卷末一卷　（清）何明
禮輯

青城山記二卷　（清）彭洵編輯

長安宮詞一卷　（清）胡延撰

熙燼集七卷　黃紹驤撰　黃郁周　鄭大才校

第三集

成都鞠部題名（諸伶小傳）二卷　愚叟編

澄清初集一卷　黃文魁撰　杜長庚校

第四集　民國十六年刻

吳孝廉集一卷　吳克讓撰　胡永光校

潛齋漫集五卷　陳經撰

壁經堂文集二卷　胡淦撰

清代駢文名家徵略六卷　胡永光輯

龍潭精舍叢刻十五種

劉海涵輯

民國十至二十年刻本　叢書綜錄302頁　總
目753頁　綜錄續編80頁

信陽詩鈔十二卷首一卷　劉海涵輯　民國
十年刻

何大復先生（景明）年譜一卷附錄三卷　劉
海涵撰　民國十一年刻

師竹堂尺牘二卷　（明）王祖嫡撰　民國
十一年刻

報慶紀行一卷　（明）王祖嫡撰　民國十二
年刻

談錄一卷　（明）王詔撰　民國十二年刻

汝南遺事二卷　（明）李本固撰　民國十二
年刻

冷語一卷質語一卷　（清）何家琪撰　民國
十二年刻

王師竹先生（祖嫡）年譜一卷附錄一卷　劉
海涵撰　民國十二年刻

學約書程一卷　（明）何景明撰　民國十一
年刻

龍潭小志二卷　劉海涵輯　民國十四年刻

賢首紀聞二卷　劉海涵輯　民國十七年刻

龍潭清話一卷　劉海涵輯　民國十八年刻

兩龍潭主人藏鏡圖一卷題詞一卷　劉海涵
輯　民國十八年刻

龍潭文存一卷　劉海涵撰　民國二十年刻

兩龍潭主人藏硯圖一卷　劉海涵輯　民國
二十年刻

託跋廎叢刻十種

陶湘輯

民國十三至十七年武進陶氏涉園刻本　叢書
綜錄302頁　總目730頁

童蒙訓三卷　（宋）呂本中撰　民國十四年
據宋紹定本景刻

元城先生語錄三卷附錄一卷　（宋）馬永卿
輯　民國十五年據明嘉靖本景刻

會稽三賦一卷　（宋）王十朋撰　（宋）周
世則注　（宋）史鑄增注　民國十三年據宋
本景刻

草莽私乘一卷　（元）陶宗儀輯　民國十六
年據鈔校本景刻

髹飾錄二卷附箋證二卷　（明）黃成撰
（明）楊明注　箋證　闞鐸撰　民國十六年
據舊鈔本景刻

豐溪存稿一卷　（唐）呂從慶撰　民國十七
年據鈔校本景刻

春卿遺稿一卷續編一卷　（宋）蔣堂撰　民
國十七年據舊鈔本景刻

張大家蘭雪集二卷附錄一卷　（宋）張玉孃
撰　民國十七年據舊鈔本景刻

陳剛中詩集三卷附錄一卷　（元）陳孚

撰　民國十七年據明洪武本景刻

慮得集四卷附錄二卷　（明）華宗韡撰　民國十六年據明嘉靖本景刻

白堅堂叢書十四種

鄔慶時編

民國十七至二十二年廣州鄔氏刻本　叢書綜錄 304 頁　總目 752 頁

　王制通論一卷　程大璋撰　民國十八年廣州刻

　王制義按三卷　程大璋撰　民國十九年廣州刻

　古今僞書考書後一卷　程大璋撰　民國十九年刻

　無終始齋詩文集三卷　程大璋撰　民國十七年廣州刻

　南橘廬詩草二卷　譚頤年撰

　四十叢存一卷　鄔慶時撰

　經學導言一卷　鄔慶時撰

　自然略説四卷　鄔慶時撰

　鼎樓詩草二卷　鄔慶時撰

　南村草堂筆記四卷　鄔慶時撰

　番禺隱語解一卷　鄔慶時撰

　白桃花館雜憶一卷　鄔慶時撰

　四六叢存七種十三卷　鄔慶時撰

　　聽雨樓隨筆四卷

　　東齋雜志一卷

　　番禺未業志四卷

　　窮忙小記一卷

　　九峰采蘭記一卷

　　白鵝洲小志一卷

　　齊家淺説一卷

　鄔家初集十種

　　鄉賢公遺著一卷　（宋）鄔大昕撰

　　詩學要言三卷附行述　（清）鄔啓祚撰

　　耕雲別墅詩話一卷　（清）鄔啓祚撰

　　耕雲別墅詩集一卷　（清）鄔啓祚撰

　　達庵隨筆一卷　（清）鄔寶理撰

　　明珠一卷附家傳　（清）鄔寶珍撰

　　吉祥錄一卷　（清）鄔寶珍撰

　　智因閣詩集一卷　（清）鄔寶珍撰

　　治家要義一卷附行述　屈鳳竹撰

　　立德堂詩話一卷附家傳　（清）鄔以謙撰

曲石叢書二十種

李根源輯

民國十二至二十一年騰衝李氏蘇州刻本　叢書綜錄 304 頁　總目 754 頁

　騰越杜亂紀實一卷　曹琨撰　民國十二年刻

　滇西兵要界務圖注三卷　李根源撰

　文氏族譜續集一卷　（清）文含撰

　鎮揚游記一卷　李根源撰

　吳郡西山訪古記五卷　李根源撰

　九保金石文存一卷　李根源輯　民國十九年刻

　九保詩錄一卷　李根澐輯　民國十九年刻

　九保節孝錄略一卷　李根澐輯　民國十九年刻

　虎阜金石經眼錄一卷補一卷　李根源撰

　洞庭山金石二卷　李根源撰　民國十八年刻

　闕塋石刻錄一卷補遺一卷岳峙山石刻一卷　李根源撰　民國十八年刻

　觀貞老人壽序錄一卷　李根源輯　民國十四年刻

　觀貞老人哀輓錄二卷　孫光庭輯　民國十七年刻

　娛親雅言一卷　李根源輯　民國十五年刻

　羅生山館詩集五卷治平吟草四卷文稿一卷　李學詩撰　民國十七年至二十年刻

　附

　　李希白先生（學詩）年譜一卷　李根源撰

　東齋詩鈔一卷續鈔一卷文鈔二卷續鈔一卷　民國十三年刻十七年續刻

　焦尾集一卷　賀宗章撰

　罔措齋聯集一卷　（清）釋普荷撰　民國十九年刻

陳圓圓事輯一卷續一卷　況周頤輯　李根源續輯　民國二十年刻

交養軒殘集一卷　（清）金澤撰　民國二十一年刻

渭南嚴氏孝義家塾叢書十一種

嚴式誨輯

民國九至二十年渭南嚴氏刻本　叢書綜録305頁　總目753頁

　曾子問講録四卷　（清）毛奇齡撰

　曾子十二篇十二卷　（北周）盧辯注　（清）孔廣森補注　民國九年刻

　曾子十篇注釋十卷　（清）阮元注釋　民國九年刻

　重校稽古樓四書　民國十五年刻

　　大學一卷　（漢）鄭玄注　（宋）朱熹章句

　　中庸一卷　（漢）鄭玄注　（宋）朱熹章句

　　論語十卷　（三國魏）何晏集解　（宋）朱熹集注

　　孟子七卷　（漢）趙岐注　（宋）朱熹集注

　飲虹五種　盧前撰　民國二十年刻

　　琵琶賺雜劇一卷

　　茱萸會雜劇一卷

　　無爲州雜劇一卷

　　仇宛娘雜劇一卷

　　燕子僧雜劇一卷

　顏氏家訓七卷附補校注一卷　（北齊）顏之推撰　（清）趙曦明注　（清）盧文弨補注　嚴式誨補校注　民國十七年刻

　重訂穀梁春秋經傳古義疏十一卷釋范一卷起起穀梁廢疾一卷　廖平撰　廖宗澤疏　民國二十年刻

　傷寒論條辨八卷或問一卷痙書一卷痙書或問一卷本草鈔一卷　（明）方有執撰　民國十四年刻

　賁園詩鈔五卷附故清遺老嚴雁峰先生行狀、文學處士嚴君墓志銘家傳　（清）嚴遨撰

　賁園書庫目録輯略一卷　（清）張森楷撰

民國十四年刻

費氏遺書三種　（清）費密撰　民國九年刻

　弘道書三卷

　荒書一卷

　燕峰詩鈔一卷

崇雅堂叢書初編十二種二編嗣出

甘鵬雲輯

民國十一至二十四年潛江甘氏崇雅堂刻本　叢書綜録306頁　綜録續編80頁　總目985頁

　談經九卷附録一卷　（明）郝敬撰　民國二十三年刻

　魯文恪公集十卷　（明）魯鐸撰　民國十一年刻

　大隱樓集十六卷補遺一卷附録二卷校勘記一卷　（明）方逢時撰　校勘記　甘鵬雲等輯　民國十一年刻

　晋陵先賢傳四卷　（明）歐陽東鳳撰　民國二十一年刻

　素風居士集攟遺二卷附録一卷　（明）歐陽東鳳撰　民國二十二年刻

　逸樓論史一卷　（清）李中黃撰　民國二十一年刻

　楚師儒傳八卷　甘鵬雲撰　民國二十一年刻

　潛江舊聞八卷　甘鵬雲撰　民國二十三年刻

　潛廬類稿十三卷　甘鵬雲撰　民國二十三年刻

　潛廬詩録六卷　甘鵬雲撰　民國二十年刻

　潛廬隨筆十三卷　甘鵬雲撰　民國二十二年刻

　　菱湖日記八卷

　　北游日記一卷

　　南旋日記一卷

　　沙頭答問一卷

　　豫游紀行一卷

　　鷄林瑣記一卷

　潛江貞石記八卷　甘鵬雲撰　民國二十四年刻

二編 十二種嗣出

梅中丞遺集八卷附録一卷

魚山賸稿八卷

黃離草十卷

逸樓論禪一卷

國學叢談一卷

潛江書徵四卷

潛江詩徵十六卷

潛江文徵十六卷

潛廬續稿十二卷

家諧二卷

塾語二卷

耐公言事二卷

滄海叢書十八種

張伯楨輯

民國二年至二十四年東莞張氏刻本　叢書綜録 306 頁　總目 758 頁　綜録續編 220 頁

第一輯

萬木草堂叢書目録一卷　康有爲撰

袁督師遺集三卷附録一卷　（明）袁崇煥撰

張文烈遺集六卷附録一卷　（明）張家玉撰

附

　寒木居詩鈔一卷　（明）張家珍撰

袁督師配祀關岳議案七卷　張伯楨輯

第二輯

哀烈録一卷　康有爲輯

汪兆銘庚戌被逮供詞一卷　張伯楨録

寄禪遺詩一卷　釋敬安撰

焚餘草一卷　張伯楨撰

愁思集一卷　張伯楨撰

篁溪家譜一卷附録二卷　張伯楨撰

篁溪歸釣圖題詞一卷　張伯楨輯

南海康先生傳一卷　張伯楨撰

第三輯　張伯楨撰　民國二十三年刻本

達賴喇嘛傳一卷

班禪額爾德尼傳一卷附録一卷

西藏大呼畢勒罕考一卷

西藏聖迹考一卷

附

諸佛出世事迹考一卷

北京雍和宮宗喀巴祖師銅像開光説法（榮武佛開光説法録）一卷

榮武佛傳一卷

白尊者普仁傳一卷

白尊者普仁舍利塔銘一卷

佛法靈感記一卷

甲戌雜感一卷

第四輯　民國二十四年番禺汪氏北平刻本

明薊遼督師袁崇煥傳四卷附録一卷　張伯楨撰

明張文烈公家玉傳一卷　張伯楨撰

芋園叢書一百三十種

黃肇沂輯

民國二十四年南海黃氏據舊版彙印本　叢書綜録 308 頁　總目 759 頁

經部

易經解五卷　（宋）朱長文撰

李氏易解賸義三卷　（清）李富孫撰

金氏尚書注十二卷　（宋）金履祥撰

尚書注考一卷　（明）陳泰交撰

尚書蔡注考誤一卷　（明）袁仁撰

泰誓答問一卷　（清）龔自珍撰

詩經通義十二卷首一卷　（清）朱鶴齡撰

詩經叶音辨訛八卷首一卷　（清）劉維謙撰

詩深二十六卷首二卷　（清）許伯政撰

詩氏族考六卷　（清）李超孫撰

禮經奧旨一卷　（宋）鄭樵撰

月令七十二侯集解一卷　（元）吳澄撰

夏小正傳二卷　（清）孫星衍校

輪輿私箋二卷附圖一卷　（清）鄭珍撰　圖（清）鄭知同繪

春秋會義十二卷　（宋）杜諤撰

春秋金鎖匙三卷　（元）趙汸撰

春秋胡傳考誤一卷　（明）袁仁撰

春秋左傳服注存二卷 （清）沈豫撰

論語鄭氏注輯二卷 （宋）王應麟撰

論語異文考證十卷 （清）馮登府撰

小學鈎沈十九卷 （清）任大椿輯

　倉頡篇二卷附倉頡訓詁倉頡解詁

　三倉二卷附三倉訓詁三倉解詁

　凡將篇 （漢）司馬相如撰

　古文官書附古文奇字郭訓古文奇字 （漢）

　衞宏撰　附 （□）□□撰

　勸學篇 （漢）蔡邕撰

　聖皇篇 （漢）蔡邕撰　以上合一卷

　通俗文二卷 （漢）服虔撰

　埤倉二卷 （三國魏）張揖撰

　古今字詁 （三國魏）張揖撰

　雜字 （三國魏）張楫撰　以上合一卷

　聲類一卷 （三國魏）李登撰

　辨釋名 （三國吳）韋昭撰

　韵集 （晋）呂靜撰　以上合一卷

　雜字解詁 （三國魏）周成撰

　周成雜字 （三國魏）周成撰

　小學篇 （晋）王義撰

　字苑 （晋）葛洪撰

　字指 （晋）李彤撰

　音譜 （南朝宋）李概撰　以上合一卷

　篆文一卷 （南朝宋）何承天撰

　篆要　梁元帝撰

　文字集略 （南朝梁）阮孝緒撰

　字略 （北魏）劉世良撰

　廣蒼 （三國魏）樊恭撰　以上合一卷

　字統 （北魏）楊承慶撰

　韵略 （北齊）陽休之撰

　證俗音 （北齊）顏之推撰

　文字指歸 （隋）曹憲撰

　切韵 （隋）陸法言撰　以上合一卷

　字書二卷

　字體

　異字苑

　字類

　字諟

　古今字音

　聲譜

　證俗文

　異字音　以上合一卷

説文管見三卷 （清）胡秉虔撰

説文釋例二卷 （清）江沅撰

説文辨疑一卷 （清）顧廣圻撰

古文四聲韵五卷 （宋）夏竦撰

切韵指南一卷 （元）劉鑑撰

史部

兩漢刊誤補遺十卷 （宋）吳仁傑撰

兩漢朔閏表二卷太初以前朔閏表一卷 （清）張其翮撰

全史日至源流三十卷首三卷 （清）許伯政撰

通鑑綱目釋地糾繆六卷 （清）張庚撰

通鑑綱目釋地補注六卷 （清）張庚撰

穆天子傳注疏六卷首一卷末一卷 （晋）郭璞撰 （清）檀萃撰

南唐書三十卷 （宋）馬令撰

南唐書十八卷附音釋一卷 （宋）陸游撰

音釋 （元）戚光撰

靖炎兩朝見聞録二卷 （宋）陳東撰

使金録一卷 （宋）程卓撰

辛巳泣蘄録一卷 （宋）趙與襄撰

平宋録三卷 （元）劉敏中撰

今言四卷 （明）鄭曉撰

石渠紀餘六卷 （清）王慶雲撰

宋南渡十將傳十卷 （宋）章穎撰

昭代名人尺牘小傳二十四卷 （清）吳修撰

歷代宅京記二十卷 （清）顧炎武撰

岳陽風土記一卷 （宋）范致明撰

岳陽紀勝彙編四卷 （明）梅淳撰

南海百咏續編四卷 （清）樊封撰

金德運圖説一卷　金貞祐中官撰

金石文字跋尾六卷 （清）朱彝尊撰

九曜石刻録一卷 （清）周中孚撰

南漢金石志二卷 （清）吳蘭修撰

子部

養蒙大訓一卷 （元）熊大年輯

樗庵日録一卷 （明）王燁撰

素問入式運氣論奧三卷 （宋）劉温舒撰

黄帝内經素問遺篇一卷 （宋）劉温舒原本

張仲景注解傷寒百證歌五卷 （宋）許叔
微撰

壽親養老新書四卷 （宋）陳直撰 （元）
鄒鉉續

丹溪朱氏脉因證誤二卷 （元）朱震亨撰

傷寒六經定法一卷問答一卷 （清）舒詔撰

脉藥聯珠四卷 （清）龍柏撰

脉藥聯珠古方考四卷 （清）龍柏撰

藥證忌宜一卷 （清）陳澈撰

天文精義五卷 （元）岳熙載撰

靈棋經二卷 （漢）東方朔撰 （晋）顔幼
明（南朝宋）何承天注 （元）陳師凱（明）
劉基解

月波洞中記一卷 （三國吳）張仲遠傳本

御覽書苑菁華二十卷 （宋）陳思撰

童學書程一卷 （明）豐坊撰

顔書編年録四卷 （清）黄本驥撰

藝舟雙楫六卷 （清）包世臣撰

芳堅館題跋四卷 （清）郭尚先撰

玉臺書史一卷 （清）厲鶚撰

張氏四種 （明）張丑撰

　法書名畫見聞表一卷

　南陽名畫表一卷

　南陽法書表一卷

　清河秘篋書畫表一卷

名畫獵精録三卷 （唐）張彦遠撰

廣川畫跋六卷 （宋）董逌撰

苦瓜和尚畫語録一卷 （清）釋道濟撰

南田畫跋六卷 （清）惲格撰

畫訣一卷 （清）龔賢撰

雨窗漫筆一卷 （清）王原祁撰

東莊論畫一卷 （清）王昱撰

畫訣一卷 （清）孔衍栻撰

浦山論畫一卷 （清）張庚撰

冬心畫題記五種 （清）金農撰

　冬心先生畫竹題記一卷

　冬心先生畫梅題記一卷

　冬心先生畫馬題記一卷

　冬心先生畫佛題記一卷

　冬心先生自寫真題記一卷

小山畫譜二卷 （清）鄒一桂撰

寫竹雜記一卷 （清）蔣和撰

板橋題畫一卷 （清）鄭燮撰

山南論畫一卷 （清）王學浩撰

二十四畫品一卷 （清）黄鉞撰

畫筌析覽一卷 （清）湯貽汾撰

繪事津梁一卷 （清）秦祖永撰

無聲詩史七卷 （清）姜紹書撰

玉臺畫史五卷別録一卷 （清）湯漱玉輯

周櫟園印人傳三卷 （清）周亮工撰

飛鴻堂印人傳八卷 （清）汪啓淑撰

摹印傳燈二卷 （清）葉爾寬撰

紅朮軒紫泥法定本一卷 （清）汪鎬京撰

琴學八則一卷 （清）程雄撰

錢譜一卷 （宋）董逌（一題明董遹）撰

墨表四卷 （清）萬壽祺撰

雪堂墨品一卷 （清）張仁熙撰

漫堂墨品一卷 （清）宋犖撰

觀石録一卷 （清）高兆撰

水坑石記一卷 （清）錢朝鼎撰

陶説六卷 （清）朱琰撰

陽羨茗壺系一卷 （明）周高起撰

膳夫經一卷 （唐）楊曄撰

雲林堂飲食制度集一卷 （元）倪瓚撰

洞山岕茶系一卷 （明）周高起撰

獸經一卷 （明）黄省曾撰

虎苑二卷 （明）王穉登撰

清秘藏二卷 （明）張應文撰

裝潢志一卷 （清）周嘉冑撰

藏書紀要一卷 （清）孫從添撰

同書四卷 （清）周亮工撰

文選編珠二卷　（清）石韞玉撰

羅氏識遺十卷　（宋）羅璧撰

醉翁談録八卷　（宋）金盈之撰

徐氏筆精八卷　（明）徐㶿撰

明語林十四卷　（清）吳肅公撰

過庭記餘三卷　（清）陶樾撰

桐埜副墨一卷　（明）黎遂球撰

南村殤政一卷　（清）張惣撰

幽夢影二卷　（清）張潮撰

集部

薛濤詩一卷　（唐）薛濤撰

寶綸堂文鈔八卷　（清）齊召南撰

詒晋齋集八卷後集一卷隨筆一卷　（清）永瑆撰

凹園詩鈔二卷續鈔三卷　黃榮康撰

清宮詞本事一卷　黃榮康撰

擊劍詞一卷　黃榮康撰

文選紀聞三十卷　（清）余蕭客撰

堯山堂偶雋七卷　（明）蔣一葵撰

遼詩話二卷　（清）周春撰

抱經堂叢書八種

朱遂翔編

民國二十四年杭州朱氏抱經堂彙印本　總目762頁　綜録續編85頁　叢書廣録224頁

金石文鈔八卷續鈔二卷　（清）趙紹祖撰

説文校議三十卷　（清）嚴可均　姚文田撰

説文韵譜校五卷　（清）姚文田撰

説文偏旁舉略一卷　（清）姚文田輯

安素軒讀畫集一卷　（清）鮑家瑞撰

簡莊綴文六卷　（清）陳鱣撰

陳仲魚集二卷　（清）陳鱣撰

慈暉館詩草一卷詞草一卷（一名慈暉館詩詞鈔）瑶花夢影録一卷　（清）阮恩灤撰

三教心法十種

題（清）月光老人輯撰

民國九年合川會善堂慈善會重刻本　叢書廣録211頁

四書説約　題（清）月光老人撰

真傳的旨　題（清）月光老人重輯

真傳要録續刻　題（清）月光老人重輯

反經録　題（清）月光老人撰

陰符經注　題（清）月光老人注

金剛一貫論

中庸論

諫心表

學古薪傳

養性詩

南園叢書十一種

簡照南輯

民國間南海簡氏刻本　叢書綜録326頁　總目772頁

吾師録一卷　（明）黃淳耀撰

繇己録二卷　（明）黃淳耀撰

懺摩録一卷　（清）彭兆蓀撰

家矩一卷　（明）陳龍正撰

劉屏山先生聖傳論一卷　（宋）劉子翬撰

耐俗軒新樂府一卷　（清）申頲撰

孫鍾元先生答問一卷　（清）孫奇逢撰

人範六卷　（清）蔣元輯

藥言一卷賸稿一卷　（清）李惺撰

銅匋館刓書二卷補二卷附老學究語一卷　（清）李惺撰

冰言一卷補一卷　（清）李惺撰

周氏師古堂所編書五十六種

周學熙編

民國十至三十年至德周氏師古堂刻本及鉛印影印本　叢書綜録334頁　總目732頁

周愨慎公全集提要一卷　孫雄輯　民國二十四年刻

周愨慎公全集十種　周馥撰　民國十年秋浦周氏刻

周愨慎公奏稿五卷

周愨慎公電稿一卷

周愨慎公公牘一卷

玉山文集二卷

玉山詩集四卷

易理彙參十二卷首一卷

治水述要十卷

河房雜著四卷　民國十一年刻本

　　黃河沿流考一卷

　　水府諸神祀典記一卷

　　黃河工段文武兵夫記略一卷

　　國朝河臣記一卷

　　負暄閒語二卷

　　周愨慎公自著年譜二卷

周愨慎公節錄身世金箴不分卷　周馥選
民國間周氏影印

周氏師古堂書目提要四卷　周學熙輯　民
國二十五年刻

周氏師古堂課選十二卷　（清）俞壽滄輯
民國二十七年鉛印

易理匯參臆言二卷　周馥撰

周易注二卷　（清）李士鉁撰　民國二十五
年刻

蛻私軒易說二卷　姚永樸撰

繫辭一得二卷　周明焯撰　民國二十二年刻

讀易隨筆一卷　周明焯撰　民國二十二年刻

書經衷論四卷　（清）張英撰

三經誼詁　（清）馬其昶撰

　孝經誼詁一卷

　大學誼詁一卷

　中庸誼詁一卷

論語分類講誦六卷　周學熙撰　民國三十
年刻

孟子要略五卷附錄一卷　（宋）朱熹撰　（清）
劉傳瑩輯　（清）曾國藩按

經傳簡本　周學熙輯　民國二十一年刻

　易經音訓一卷

　書經音訓一卷

　詩義折中四卷附詩經音注一卷

　禮記節本六卷

　左傳經世鈔約選四卷

七經精義纂要十一卷　周學熙撰　民國
二十四年刻

韓王二公遺事　周學熙輯　民國二十三年刻

　韓忠獻公遺事一卷　（宋）強至撰

　王文正公遺事一卷　（宋）王素撰

聖域述聞二十八卷續編一卷　（清）龍光甸
修　（清）黃本驥輯　續編　（清）范迪襄
輯　民國二十五年刻　續編二十三年刻

鏡古錄四卷　（清）俞壽滄撰　民國十八
年刻

經世文粹八卷續編八卷　（清）賀長齡輯
續　（清）盛康輯　（清）俞壽滄節錄　民
國二十五年排印

醇親王巡閱北洋海防日記一卷　周馥錄
民國二十七年刻

聖學入門書一卷　（清）陳瑚撰　民國二十五
年刻

閨範四卷　（明）呂坤注　民國二十三年
排印

養正遺規二卷補編一卷　（清）陳弘謀撰
民國二十五年刻

教女遺規三卷　（清）陳弘謀撰　民國二十五
年刻

淑艾錄一卷　（清）張履祥撰　（清）祝洤
輯　民國二十五年刻

人極衍義一卷　（清）羅澤南撰　民國二十五
年刻

弟子箴言十六卷　（清）胡達源撰　民國
二十三年刻

弟子規一卷　（清）李毓秀撰　民國二十八
年刻

求志集四卷　（清）陳弇輯

古訓粹編十三種　周馥節錄　周學熙續錄
民國二十一年刻

　身世金箴一卷　（清）蕊崖老人輯

　近思錄十四卷　（宋）朱熹（宋）呂祖謙
　輯　（清）江永集注

　呻吟語二卷　（明）呂坤撰

庭訓格言一卷　清世宗胤禛撰

聰訓齋語一卷　（清）張英撰

澄懷園語一卷　（清）張廷玉撰

荊園小語一卷　（清）申涵光撰

荊園進語一卷　（清）申涵光撰

課子隨筆一卷　（清）張師載撰

求闕齋日記一卷　（清）曾國藩撰

菜根譚一卷娑羅館清語一卷　（明）洪應
明撰

陽明理學三卷　（明）王守仁撰

格言聯璧一卷　（清）金纓撰

聖哲微言六卷　周學熙輯　民國二十二年刻

歷代聖哲學粹十八卷後編二十六卷　姚永璞
輯　後編　陳朝爵　李大防輯　民國二十三
年至二十四年刻

先正嘉言約鈔二卷　姚永璞輯

邇言二卷　姚永璞輯　民國二十四年刻

南華經解選讀二卷　（清）宣穎注　周學熙
選　民國二十一年刻

性理精言一卷　周學熙選錄　民國二十一
年刻

魯齋遺書約鈔二卷　（元）許衡撰　周學熙
節錄

中學正宗四種　周學熙選

　爲學大指一卷　（清）倭仁撰

　朱子語類日鈔一卷　（清）陳澧輯

　養正遺規一卷　（清）陳弘謀撰

　東熟讀書記一卷　（清）陳澧撰

畜德錄選二卷　（清）席啓圖輯　周學熙節
錄　民國二十一年刻

讀書樂趣約選二卷　（清）伍涵芬輯　周學
熙節錄　民國二十二年刻

閱微草堂筆記約選二卷　（清）紀昀撰　周
學熙節錄

女千字文一卷　（清）□□撰

淺近錄六卷　（清）張鑑輯　民國二十五
年刻

童蒙須知一卷　（宋）朱熹撰　民國三十
年刻

宋五子節要四種　周馥選錄　民國二十六
年刻

　周濂溪太極圖説一卷　（宋）周敦頤撰

　二程語錄二卷文集一卷　（宋）程顥撰
（宋）程頤撰

　張橫渠文集一卷　（宋）張載撰

　朱子語類一卷文集二卷　（宋）朱熹撰

觀省錄二卷　周馥輯　民國二十八年刻

李菉猗女史全書　（清）李晚芳撰　民國據
清乾隆本景印

　女學言行纂三卷

　讀史管見三卷

　菽堂分田錄一卷　（清）梁煒撰

周中丞集一卷　（唐）周繇撰　民國十九
年刻

蛻軒集五卷續三卷　姚永璞撰　民國十年刻

古文辭類纂約選十三卷　（清）姚鼐纂　周
學熙選　民國二十一年刻

張文端公詩文選二卷　（清）張英撰　周學
熙選　民國二十三年刻

小學弦歌約選一卷　（清）李元度輯　周學
熙選　民國二十五年刻

八家閒適詩選　周學淵選

　淵明閒適詩選一卷　（晉）陶潛撰

　香山閒適詩選二卷　（唐）白居易撰

　蘇州閒適詩選一卷　（唐）韋應物撰

　少陵閒適詩選一卷　（唐）杜甫撰

　東坡閒適詩選二卷　（宋）蘇軾撰

　劍南閒適詩選六卷　（宋）陸游撰

　朱子閒適詩選一卷　（宋）朱熹撰

　擊壤集選一卷　（宋）邵雍撰

唐詩矩五卷　（清）黃生撰　民國二十五
年刻

文辭養正舉隅二卷　周學熙輯　民國三十
年刻

私立北泉圖書館叢書八種

民國私立北泉圖書館輯

民國間怡蘭堂刻本　叢書綜録 381 頁　總目 858 頁

　　詩經論旨一卷　（清）姚際恒撰
　　左傳杜注校勘記一卷　（清）黎庶昌撰
　　孝經鄭氏注一卷　（漢）鄭玄注　（清）嚴可均輯
　　經傳釋詞補一卷　（清）孫經世撰
　　聖賢高士傳贊一卷　（三國魏）嵇康撰
　　老子道德經注二卷　（三國魏）王弼撰　嚴復評點
　　四民月令一卷附札記一卷　（漢）崔寔撰　唐鴻學輯并撰札記
　　古今注三卷　（晋）崔豹撰

咫園叢書五種
宗惟恭輯
民國三十七年合衆圖書館得版編印本　叢書綜録 383 頁　總目 867 頁

　　金陵古金石考目一卷　（明）顧起元撰
　　刻碑姓名録三卷　（清）黃錫蕃撰
　　官閣消寒集一卷　（清）嚴長明撰
　　江淮旅稿一卷　（清）嚴長明撰
　　嘉蔭簃集二卷　（清）劉喜海撰　陳乃乾宗惟恭輯

黃流黃氏茹古齋校刊書三種
黃致祥編
民國三十七年成都黃氏茹古書局刻本　總目 867 頁

　　聖哲畫像記一卷　（清）曾國藩撰
　　秦嘉徐淑詩文合鈔一卷　（漢）秦嘉　（漢）徐淑撰
　　蘭陵女兒行一卷　（清）金和撰

復性書院叢刊二十七種
馬浮輯
民國二十九至三十七年刻本及鉛印本　叢書綜録 383 頁　總目 866 頁

群經統類
初編
　　春秋胡氏傳三十卷首一卷附録一卷　（宋）胡安國撰　民國三十二年鉛印
甲編
　　周易繫辭精義二卷　（宋）呂祖謙輯　民國三十三年刻
　　嚴氏詩緝三十六卷附校記一卷　（宋）嚴粲撰　葉渭清校
　　大學纂疏一卷中庸纂疏一卷論語纂疏十卷孟子纂疏十四卷　（宋）趙順孫撰　民國三十七年刻
乙編
　　絜齋毛詩經筵講義四卷　（宋）袁燮撰　民國三十四年刻
　　易學濫觴一卷　（元）黃澤撰　民國三十三年刻
　　春秋師説一卷附録二卷　（元）趙汸輯　民國三十三年刻

儒林典要
第一輯
　　太極圖説述解一卷　（明）曹端撰　民國二十九年刻
　　通書述解一卷　（明）曹端撰　民國二十九年刻
　　西銘述解一卷　（明）曹端撰　民國二十九年刻
　　正蒙注解二卷　（清）李光地撰　民國二十九年刻
　　上蔡語録三卷校記一卷　（宋）謝良佐撰　（宋）朱熹輯　校記　張立民　劉錫嘏撰　民國二十九年刻
　　延平答問一卷後録一卷補録一卷　（宋）朱熹輯　民國二十九年刻
　　胡子知言六卷疑義一卷附録一卷　（宋）胡宏撰　疑義　附録　（明）程敏政撰　民國二十九年刻
　　公是弟子記四卷　（宋）劉敞撰　民國二十九

年刻

明本釋三卷　（宋）劉荀撰　民國二十九年刻

聖傳論一卷附錄一卷　（宋）劉子翬撰　民國二十九年刻

第二輯

先聖大訓六卷　（宋）楊簡撰　民國三十三年刻

慈湖家記十卷　（明）秦鉞撰　民國三十三年刻

盱壇直詮二卷　（明）曹胤儒撰　民國三十一年刻

周易六龍解一卷　（明）管志道撰

東溟粹言一卷　（明）管志道撰

第三輯

朱子讀書法四卷　（宋）張洪（宋）齊熙輯　民國三十五年刻

吹萬集一卷　張立民輯

泰和宜山會語合刻二卷附錄一卷　馬浮撰　民國二十九年刻

復性書院講錄六卷　馬浮撰　民國三十一年刻

爾雅臺答問一卷續編六卷　王培德　劉錫嘏輯　續編　王培德　張立民輯　民國三十二年刻

蟫隱廬叢書十八種

羅振常輯

清宣統至民國間上虞羅氏謄寫排印民國三十三年吳興周延年彙編本　叢書綜錄385頁　總目862頁

　殷商貞卜文字考一卷　羅振玉撰　清宣統二年玉簡齋石印

　悉曇字記一卷　（唐）釋智廣撰　民國五年據日本寬治鈔本景印

　新唐書斠議一卷　羅振常撰　民國二十五年蟫隱廬謄寫版印

　庚辛壬癸錄二卷　（明）吳應箕撰　民國二十四年蟫隱廬謄寫版印

流寇陷巢記（原名沈存仲再生紀異錄）一卷　（明）沈常撰　民國二十五年蟫隱廬謄寫版印

韌叟自訂年譜一卷　勞乃宣撰　民國十一年排印

明太學經籍志一卷　（明）郭磐撰　民國五年蟫隱廬刻

雁影齋讀書記一卷　（清）李希聖撰　民國二十五年蟫隱廬謄寫版印

藏書絕句一卷　（清）楊守敬撰　民國十六年排印

碑帖紀證一卷　（明）范大澈撰　民國十二年排印

默厂金石三書　鮑鼎撰

　窓齋集古錄校勘記二卷　民國二十一年蟫隱廬謄寫版印

　襄殘守缺齋藏器目一卷　民國二十二年謄寫版印

　漢賈夫人馬姜墓石刻考釋一卷　民國二十二年謄寫版印

太極連環刀法一卷　（清）王餘佑撰　蟫隱廬謄寫版印

春雨樓雜文一卷詩一卷采香詞二卷附錄一卷　（清）沈彩撰　民國十三年蟫隱廬謄寫版印

初日樓稿一卷　羅莊撰　民國十年蟫隱廬排印

龍洲詞一卷附懷賢錄一卷　（宋）劉過撰　懷賢錄　（明）沈愚輯　羅振常訂補　民國十二年蟫隱廬排印

遜渚唱和集一卷拾遺一卷　孫運錦輯　拾遺　羅振常輯　民國八年蟫隱廬排印

甕珠室集聯一卷　（清）張開模撰　民國二十五年蟫隱廬謄寫版印

博古葉子一卷　（清）陳洪綬繪　民國十九年謄寫版印

濟忠堂叢書八種

黃啓良編

民國間雙流黃氏濟忠堂刻本　總目 863 頁

　　毛詩重言一卷　（清）王筠撰

　　毛詩雙聲疊韵説一卷　（清）王筠撰

　　毛詩正韵一卷　丁以此撰

　　毛詩古音考四卷　（明）陳第撰

　　屈宋古音義三卷　（明）陳第撰

　　太炎手訂三字經一卷　章炳麟訂

　　文概一卷　（清）劉熙載撰

　　瀔溳囊（獻匪紀略）五卷　（清）李馥榮撰

茹古齋叢書十三種

黃啓良編

民國三十三年雙流黃氏濟忠堂刻本　總目 864 頁

　　毛詩古音考四卷　（明）陳第撰

　　屈宋古音義三卷　（明）陳第撰

　　毛詩正韵一卷　丁以此撰

　　毛詩雙聲疊韵説一卷　（清）王筠撰

　　毛詩重言一卷　（清）王筠撰

　　孝經不分卷

　　重訂三字經一卷　章炳麟訂

　　瀔溳囊（獻匪紀略）五卷　（清）李馥榮撰

　　文概一卷　（清）劉熙載撰

　　聰訓齋語二卷附恒産瑣言一卷飯有十二合説一卷　（清）張英撰

　　中興鼓吹二卷　盧前撰

　　小疏小令二卷　盧前撰

　　穉荃三十以前詩一卷　黃穉荃撰

敬躋堂叢書五種

郭則澐編

民國三十四年刻本　總目 864 頁

　　元朝秘史十五卷附元秘名蒙語原文九十五功臣名一卷　沈曾植注

　　菰中隨筆不分卷首一卷　（清）顧炎武撰

　　附

　　　亭林著書目錄一卷　（清）顧衍生撰

　　菰中隨筆三卷附詩律蒙告一卷校記一卷

（清）顧炎武撰

　　菰中隨筆校勘記一卷　周肇祥撰

　　菰中隨筆三校記一卷　周肇祥撰

敬躋堂叢書六種

古學院輯

民國間古學院刻本　續四庫叢部 30 頁

　　經學博采錄十二卷　（清）桂文燦撰

　　周官證古二卷　（清）桂文燦撰

　　東塾雜俎十四卷　（清）陳澧撰

　　毛詩注疏毛本阮本考異四卷　（清）謝章鋌撰

　　韓詩外傳校議一卷　（清）許瀚撰

　　大戴禮記斠補三卷　（清）孫詒讓撰

輯佚類

黃氏逸書考（漢學堂叢書）二百七十四種附六種

（清）黃奭輯

清道光中甘泉黃氏刊民國十四年王鑑修補印本　民國二十三年江都朱長圻據甘泉黃氏原版補刻印本　叢書綜錄 404 頁　總目 883 頁

　　漢學堂經解一百一種

　　　子夏易傳一卷　（周）卜商撰

　　　易章句一卷　（漢）孟喜撰

　　　易章句一卷　（漢）京房撰

　　　易傳一卷　（漢）馬融撰

　　　易章句一卷　（漢）劉表撰

　　　易注一卷　（漢）宋衷撰

　　　易言一卷　（漢）荀爽撰

　　　易章句一卷　（三國魏）董遇撰

　　　易注一卷　（三國魏）王肅撰

　　　易述一卷　（三國吳）陸績撰

　　　易注一卷　（三國吳）虞翻撰

　　　易注一卷　（三國吳）姚信撰

　　　易注一卷　（晋）干寶撰

　　　易傳一卷　（唐）陸希聲撰

易音注一卷　（晋）徐邈撰

莊氏易義一卷　（□）莊□撰

九家易集注一卷

易義一卷　（□）翟玄撰

易注一卷　（晋）張璠撰

易義一卷　（晋）向秀撰

易注一卷　（晋）王廙撰

易集解一卷　（晋）張璠撰

易注一卷　（晋）黄穎撰

易注（一名蜀才易注）一卷　（三國蜀）

范長生撰

乾坤義一卷　（南朝齊）劉瓛撰

繫辭疏一卷　（南朝齊）劉瓛撰

易注一卷　（南朝梁）褚仲都撰

易注一卷　（南朝陳）周弘正撰

周易講疏一卷　（隋）何妥撰

易注一卷　（□）侯果撰

易探玄一卷　（唐）崔憬撰

易音注一卷　（□）薛虞撰

盧氏易注一卷　（□）盧□撰

易雜家注一卷

尚書章句一卷　（漢）歐陽生撰

尚書義疏一卷　（隋）顧彪撰

魯詩傳一卷　（漢）申培撰

齊詩傳一卷　（漢）轅固撰

韓詩内傳一卷　（漢）韓嬰撰

毛詩注一卷　（漢）馬融撰

毛詩注一卷　（三國魏）王肅撰

毛詩申鄭義一卷　（三國魏）王基撰

毛詩異同評一卷　（晋）孫毓撰

周官傳一卷　（漢）馬融撰

周官注一卷　（晋）干寶撰

儀禮喪服經傳一卷　（漢）馬融撰

儀禮喪服注一卷　（三國魏）王肅撰

喪服變除圖一卷　（三國吳）射慈撰

禮記音義隱一卷　（三國吳）射慈撰

儀禮喪服經傳略注一卷　（南朝宋）雷次

宗撰

禮記解詁一卷　（漢）盧植撰

月令章句一卷　（漢）蔡邕撰

月令問答一卷　（漢）蔡邕撰

明堂月令論一卷　（漢）蔡邕撰

三禮圖一卷　（漢）阮諶撰

三禮義宗一卷　（漢）崔靈恩撰

春秋左氏解詁一卷　（漢）賈逵撰

春秋左氏傳解誼一卷　（漢）服虔撰

春秋土地名一卷　（晋）京相璠撰

春秋左氏傳述義一卷　（隋）劉炫撰

春秋盟會圖一卷　（漢）嚴彭祖撰

春秋穀梁傳注一卷　（三國魏）糜信撰

穀梁傳例一卷　（晋）范甯撰

春秋後傳一卷　（晋）樂資撰

五經通義一卷　（漢）劉向撰

五經要義一卷　（南朝宋）雷次宗撰

五經然否論一卷　（三國蜀）譙周撰

五經疑問一卷　（北魏）房景先撰

規過一卷　（隋）劉炫撰

孟子注一卷　（漢）劉熙撰

爾雅古義十二卷

　爾雅犍爲文學注一卷　（漢）□□撰

　爾雅注一卷　（漢）樊光撰

　爾雅注　（漢）李巡撰

　爾雅注　（漢）劉歆撰　　以上合一卷

　爾雅音注一卷　（三國魏）孫炎撰

　爾雅音義一卷　（晋）郭璞撰

　爾雅圖贊一卷　（晋）郭璞撰

　爾雅集注一卷　（南朝梁）沈旋撰

　爾雅音一卷　（南朝陳）施乾撰

　爾雅音一卷　（南朝陳）謝嶠撰

　爾雅音一卷　（南朝梁）顧野王撰

　爾雅衆家注二卷

辨釋名一卷　（三國吳）韋昭撰

倉頡篇一卷

蒼頡訓纂一卷　（漢）揚雄撰

三倉解詁一卷　（晋）郭璞撰

倉頡解詁一卷　（晋）郭璞撰

廣倉一卷 （三國魏）樊恭撰

坤倉一卷 （三國魏）張揖撰

凡將篇一卷 （漢）司馬相如撰

通俗文一卷 （漢）服虔撰

勸學篇一卷 （漢）蔡邕撰

古今字詁一卷 （三國魏）張揖撰

字指一卷 （晉）李彤撰

文字集略一卷 （南朝梁）阮孝緒撰

纂文一卷 （南朝宋）何承天撰

纂要一卷 梁元帝撰

文字指歸一卷 （隋）曹憲撰

字略一卷 （北魏）宋世良撰

字統一卷 （北魏）楊承慶撰

桂苑珠叢一卷 （隋）諸葛穎撰

新字林一卷 （唐）陸善經撰

字書一卷

小學一卷

聲類一卷 （三國魏）李登撰

開元文字音義一卷 唐玄宗撰

音譜一卷附聲譜一卷 （南朝宋）李槩撰

韻略一卷 （北齊）陽休之撰（王鑑本）

韻集一卷 （晉）呂靜撰

唐韻二卷 （唐）孫愐撰

韻海鏡源一卷 （唐）顏真卿撰

切韻一卷 （唐）李舟撰

通緯六十六種附讖五種

河圖一卷

河圖緯一卷

河圖秘徵

河圖帝通紀

河圖著命

河圖説徵

河圖考靈曜

河圖真鈎

河圖提劉

河圖會昌符

河圖天靈

河圖要元

河圖叶光紀

河圖絳象

河圖皇參持

河圖闓苞授

河圖合古篇

河圖赤伏符

河圖括地象一卷附括地圖

河圖帝覽嬉一卷

河圖稽命徵一卷

河圖稽耀鈎一卷

河圖握矩記一卷

河圖禄運法一卷

河圖挺佐輔一卷

河圖玉板一卷

龍魚河圖一卷

河圖始開圖一卷

洛書一卷

洛書甄曜度一卷

洛書靈准聽一卷

洛書摘六辟一卷

易緯一卷

易乾鑿度鄭氏注一卷 （漢）鄭玄撰

易乾坤鑿度鄭氏注一卷 （漢）鄭玄撰

易是類謀鄭氏注一卷 （漢）鄭玄撰

易坤靈圖鄭氏注一卷 （漢）鄭玄撰

易乾元序制記鄭氏注一卷 （漢）鄭玄撰

易辨終備鄭氏注一卷 （漢）鄭玄撰

易稽覽圖鄭氏注一卷 （漢）鄭玄撰

易通卦驗鄭氏注 （漢）鄭玄撰

尚書緯一卷

尚書考靈曜一卷

尚書璇璣鈐一卷

尚書帝命驗一卷

尚書刑德放一卷

尚書運期授一卷

尚書中候一卷

詩緯一卷

詩含神霧一卷

詩推度災一卷

詩汎歷樞一卷

禮緯一卷

禮含文嘉一卷

禮稽命徵一卷

禮斗威儀一卷

樂緯一卷

樂協圖徵一卷

樂動聲儀一卷

樂稽耀嘉一卷

春秋一卷

春秋演孔圖一卷

春秋説題辭一卷

春秋元命苞一卷

春秋文耀鈎一卷

春秋運斗樞一卷

春秋感精符一卷

春秋合誠圖一卷

春秋考異郵一卷

春秋保乾圖一卷

春秋佐助期一卷

春秋握誠圖一卷

春秋潛潭巴一卷

春秋命厤序一卷

春秋内事一卷

論語摘輔象一卷

論語摘衰聖一卷

孝經一卷

孝經緯一卷

　孝經中契

　孝經左契

　孝經右契

　孝經契

　孝經古秘

　孝經威嬉拒

　孝經章句

孝經鈎命決一卷

孝經援神契一卷

孝經内記圖一卷

附識

河圖聖洽符一卷

論語撰考識一卷

論語比考識一卷

孝經雌雄圖一卷

遁甲開山圖一卷　（□）榮□撰

子史鈎沈八十五種

典論一卷　魏文帝撰

物理論一卷　（晋）楊泉撰

六韜一卷　（周）吕望撰

法經一卷　（周）李悝撰

公羊治獄一卷　（漢）董仲舒撰

法訓一卷　（三國蜀）譙周撰

范子計然一卷

神農本草經三卷　（三國魏）吴普等述

乾象術一卷　（漢）劉洪撰

洪範五行傳一卷　（漢）劉向撰

易雜占條例法一卷　（漢）京房撰

易洞林一卷　（晋）郭璞撰

易元包一卷　（北周）衛元嵩撰　（唐）

蘇源明撰　（唐）李江注

淮南王萬畢術一卷　（漢）劉安撰

鐘律書一卷　（漢）劉歆撰

琴操一卷　（漢）蔡邕撰

古今樂録一卷　（南朝陳）釋智匠撰

魏皇覽一卷　（三國魏）劉劭　（三國魏）

王象撰

逸莊子一卷　（周）莊周撰

莊子注一卷　（晋）司馬彪撰

淮南子注一卷　（漢）許慎撰

竹書紀年一卷

尚書百兩篇一卷　（漢）張霸撰

國語解詁一卷　（漢）鄭衆撰

國語注一卷　（漢）賈逵撰

國語注一卷　（三國吴）唐固撰

國語章句一卷　（三國魏）王肅撰

國語注一卷　（晋）孔晁撰

國語注一卷 （三國吳）虞翻撰

春秋後語一卷 （晋）孔衍撰

楚漢春秋一卷 （漢）陸賈撰

古史考一卷 （蜀）譙周撰

後漢書一卷 （三國吳）謝承撰　民國
二十三年刻 （朱長圻本）

漢後書一卷 （晋）薛瑩撰

後漢書注一卷 （晋）華嶠撰

後漢書一卷 （晋）謝沈撰

後漢書一卷 （晋）袁山松撰

後漢紀一卷 （晋）張璠撰

晋書一卷 （晋）虞預撰

晋書一卷 （晋）朱鳳撰

晋中興書一卷附徵祥説 （南朝宋）何法
盛撰

晋書一卷 （南朝宋）謝靈運撰

晋書一卷 （南朝齊）臧榮緒撰

晋書一卷附惠帝起居注一卷 （晋）陸機撰

晋書一卷附晋書地道記一卷 （晋）王隱撰

晋紀一卷 （晋）干寶撰

漢晋春秋一卷 （晋）習鑿齒撰

晋紀一卷 （晋）鄧粲撰

晋紀一卷 （南朝宋）劉謙之撰

晋安帝紀一卷 （南朝宋）王韶之撰

晋紀一卷 （晋）徐廣撰

晋紀一卷 （晋）曹嘉之撰　民國二十三
年刻 （朱長圻本）

晋陽秋一卷 （晋）孫盛撰

續晋陽秋一卷 （南朝宋）檀道鸞撰

晋起居注一卷 （南朝宋）劉道薈撰

衆家晋史一卷

　晋紀 （南朝宋）裴松之撰

　晋書 （南朝梁）蕭子雲撰

　晋史草 （南朝梁）蕭子顯撰

　晋書 （南朝梁）沈約撰

　晋録

　晋要事

　晋朝雜事

建武故事

晋世譜

晋官品令

王朝目録

晋泰始起居注 （晋）李軌撰

晋咸寧起居注 （晋）李軌撰

晋泰康起居注 （晋）李軌撰

晋山陵故事

晋武帝起居注 （晋）□□撰

晋永安起居注 （晋）□□撰

晋建武起居注 （晋）□□撰

晋太興起居注 （晋）□□撰

晋咸和起居注 （晋）李軌撰

晋咸康起居注 （晋）□□撰

晋康帝起居注 （晋）□□撰

晋永和起居注 （晋）□□撰

晋孝武帝起居注 （晋）□□撰

晋太元起居注 （晋）□□撰

晋隆安起居注 （晋）□□撰

晋義熙起居注 （晋）□□撰

晋書（三國志注引）

晋書（世説注引）

晋紀（文選注引）

晋紀（北堂書鈔引）

晋紀（初學記引）

晋書（群書治要所載）

晋紀（白帖引）

晋紀（御覽引）

晋諸公贊一卷 （晋）傅暢撰

晋後略一卷 （晋）荀綽撰

晋八王故事一卷 （晋）盧綝撰

晋四王遺事一卷 （晋）盧綝撰

伏侯古今注一卷 （漢）伏無忌撰

英雄記一卷 （魏）王粲撰

戰略一卷 （晋）司馬彪撰

九州春秋一卷 （晋）司馬彪撰

郭氏玄中記一卷 （□）郭□撰

渚宮舊事一卷 （唐）余知古撰

括地志一卷　（唐）李泰等撰

晋太康三年地記一卷　（晋）□□撰

喪服要記一卷　（三國魏）王肅撰

三輔决録一卷　（漢）趙岐撰　（晋）摯
虞注

孝子傳一卷　（漢）劉向撰

孝子傳一卷　（晋）蕭廣濟撰

孝子傳一卷　（南朝宋）師覺授撰

漢官解詁一卷　（漢）王隆撰　（漢）胡
廣注

漢官一卷　（漢）□□撰

漢官儀一卷　（漢）應劭撰

漢官典儀一卷　（漢）蔡質撰

漢儀一卷　（三國吳）丁孚撰

晋百官名一卷

晋公卿禮秩一卷附晋故事一卷　（晋）傅
暢撰

晋百官表注一卷　（晋）荀綽撰

石渠禮論一卷　（漢）戴聖撰

漢舊儀一卷　（漢）衛宏撰

問禮俗一卷　（三國魏）董勛撰

唐明皇月令注解一卷　（唐）李林甫等撰

通德堂經解十七種附六種　（漢）鄭玄撰
（清）黃奭輯

周易注一卷

尚書大傳注一卷

尚書古文注一卷

毛詩譜一卷

答臨孝存周禮難一卷

魯禮禘祫義一卷

喪服變除一卷

三禮目録一卷

駁五經異義一卷

孝經解一卷

箴左氏膏肓一卷

釋穀梁廢疾一卷

發公羊墨守一卷

六藝論一卷

鄭志一卷　（三國魏）鄭小同編　（清）黃
奭輯

論語篇目弟子一卷

論語注一卷附鄭司農（玄）年譜一卷
（清）孫星衍撰

附六種

不波山房詩鈔一卷　（清）王甲曾撰（朱
長圻本）

聽秋山房賸稿一卷　（清）王爾銘撰（朱
長圻本）

雲史日記一卷　（清）王爾銘撰

逸珊王公（甲曾）行略一卷　（清）桂邦
傑撰（朱長圻本）

宋史李重進列傳注一卷　（朱長圻本）

懷荃室詩存五卷　王鑑撰（朱長圻本）

郡邑類

屏廬叢刻十五種

金鉞輯

民國十三年天津金氏刻本　叢書綜録 410 頁
總目 911 頁

詩禮堂雜纂二卷　（清）王又樸撰

介山自定年譜一卷　（清）王又樸撰

蓮坡詩話三卷　（清）查爲仁撰

銅鼓書堂詞話一卷　（清）查禮撰

畫梅題記一卷　（清）查禮撰

書法偶集一卷　（清）陳玠撰

南宗抉秘一卷　（清）華琳撰

天台雁蕩紀游一卷　（清）金玉岡撰

愨思録一卷　（清）欒立本撰

竈嫗解一卷　（清）沈峻撰

篷窗附録二卷　（清）沈兆澐撰

吟齋筆存三卷　（清）梅成棟撰

耄學齋晬語一卷　（清）楊光儀撰

古泉叢考（一名藏雲閣識小録）四卷　（清）
徐士鑾撰

金剛愍公表忠録一卷　（清）金頤增輯　金
鉞重輯

虞山叢刻十一種

丁祖蔭輯

民國四至八年常熟丁氏刻本　叢書綜録417
頁　總目918頁

甲集

天啓宮詞一卷附校語一卷　（明）秦蘭徵
撰　校語　丁祖蔭撰

崇禎宮詞二卷附校記一卷　（清）王譽昌撰
（清）吳理注　校記　丁祖蔭撰　民國四年刻

霜猿集四卷附校記一卷　（明）周同谷撰
校記 丁祖蔭撰　民國五年刻

吾炙集一卷　（清）錢謙益輯

東山酬和集二卷　（清）錢謙益輯

乙集

和古人詩一卷和今人詩一卷和友人詩一卷

野外詩一卷　（明）毛晉撰　民國五年刻

隱湖題跋二卷　（明）毛晉撰

以介編二卷　（清）張宗芝（清）王澐輯

丙集

松窗快筆十卷補一卷補注一卷　（明）龔立
本撰　民國八年刻

烟艇永懷三卷附録一卷　（明）龔立本撰
民國八年刻

虞鄉雜記不分卷　（明）毛晉撰　民國八
年刻

橫山草堂叢書二十二種附三種

陳慶年輯

清宣統至民國間丹徒陳氏刻本　叢書綜録
421頁　總目930頁

第一集

戴叔倫詩集二卷　（唐）戴叔倫撰　民國三
年刻

許丁卯詩真迹録一卷　（唐）許渾撰　民國
二年刻

丁卯集二卷　（唐）許渾撰　民國三年刻

嘉定鎮江志二十二卷附録一卷校勘記二卷
首一卷　（宋）盧憲撰　校勘記　（清）劉

文淇撰　清宣統二年刻

海岳名言一卷　（宋）米芾撰　民國三年刻

二王帖評釋三卷　（宋）許開撰　民國三
年刻

芸窗詞一卷　（宋）張榘撰　清宣統三年刻

芸隱倦游稿一卷橫舟稿一卷　（宋）施樞
撰　民國三年刻

存悔齋詩一卷補遺一卷續補遺一卷附録一
卷　（元）龔璛撰　補遺　（明）朱存理輯　續
補遺　陳慶年輯　民國三年刻

雲山日記二卷　（元）郭畀撰　清宣統三年刻

快雪齋集一卷補一卷　（元）郭畀撰　補陳
慶年輯　民國三年刻

孤篷倦客集一卷補一卷　（元）陳方撰　補
陳慶年輯　民國三年刻

京口三山志十卷　（明）張萊撰　清宣統
三年刻

陸右丞蹈海録一卷附録一卷　（明）丁元吉
輯　民國四年刻

西征日録一卷　（明）楊一清撰　民國三
年刻

制府雜録一卷　（明）楊一清撰　民國三
年刻

開沙志二卷　（清）王錫極撰　（清）丁時
霈增修　民國八年刻

第二集

遭亂紀略一卷　（清）解漣撰　民國七年刻

焦東閣日記一卷　（清）周伯義撰　民國七
年刻

億堂文鈔一卷　（清）羅志讓撰

橫山保石牘存一卷　陳慶年撰　民國八年刻

崇德窯捐牘存一卷　陳慶年撰　民國八年刻

佛地考證三種　（清）丁謙撰

晋釋法顯佛國記地理考證一卷　清宣統
三年刻

魏宋雲釋惠生西域求經記地理考證一
卷　清宣統三年刻

釋辯機大唐西域記地理考證二卷五印度

疆域風俗制度考略一卷　民國二年刻

楚州叢書第一集二十三種

冒廣生輯

民國十年如皋冒氏刻本　叢書綜録 422 頁
總目 930 頁

枚叔集一卷　（漢）枚乘撰　（清）丁晏輯

陳孔璋集一卷　（漢）陳琳撰　（清）丁晏輯　段朝端校補　冒廣生補

渭南詩集二卷補遺一卷　（唐）趙嘏撰　段朝端校補

節孝先生集三十卷語録一卷事實一卷附載一卷　（宋）徐積撰

清尊録一卷　（宋）廉布撰

陸忠烈公遺集一卷　（宋）陸秀夫撰

龜城叟集輯一卷附録一卷　（宋）龔開撰　冒廣生輯

畫鑑一卷　（元）湯垕撰

射陽先生文存一卷　（明）吳承恩撰　（清）吳進輯　段朝端補

書法約言一卷　（清）宋曹撰

毛朱詩説一卷　（清）閻若璩撰

濟州學碑釋文一卷　（清）張弨撰

葦間老人題畫集一卷　（清）邊壽民撰　羅振玉等輯

赤泉元筌一卷　（清）任瑗撰

山陽志遺四卷　（清）吳玉搢撰

十憶詩一卷　（清）吳玉搢撰

易蘊二卷　（清）楊禾撰

寄生館駢文一卷附録一卷　（清）蕭令裕撰　冒廣生輯

永慕廬文集二卷　（清）蕭文業撰

徐集小箋三卷　段朝端撰

徐節孝先生（積）年譜一卷　段朝端撰

張力臣先生（弨）年譜一卷　段朝端撰

吳山夫先生（玉搢）年譜一卷　段朝端撰

海陵叢刻二十三種

韓國鈞編

民國八至十四年鉛印本及刻本石印本　總目 931 頁　叢書綜録 423 頁

退庵筆記十六卷附宋石齋筆談一卷六客之廬筆談一卷　（清）夏荃輯　民國八至九年鉛印

梓里舊聞八卷　（清）夏荃輯　民國八年鉛印

退庵錢譜八卷附歷代錢譜考一卷歷代年號重襲考一卷　（清）夏荃撰　民國八年鉛印

海陵集二十三卷外集一卷　（宋）周麟之撰　民國九年鉛印

林東城文集二卷　（明）林春撰　民國九年鉛印

小學駢支八卷　（清）田寶臣撰　民國九年石印

運氣辯不分卷　（清）陸儋辰撰　民國九年石印

依歸草初刻十卷二刻二卷遺文一卷　（清）張符驤撰　民國十年刻遺文十四年刻

敬止集三卷　（明）陳應芳撰　民國十一年鉛印

春雨草堂別集八卷庭聞州世説六卷續一卷先進風格一卷　（清）宮偉鏐撰　民國九年鉛印

微尚録存六卷　（清）宮偉鏐撰　民國九年鉛印

春秋長曆十卷　（清）陳厚耀撰　民國十二年鉛印

海安考古録四卷　（清）王葉衢撰　民國十一年鉛印

繪事微言四卷　（明）唐志契撰　民國十三年鉛印

陸筊泉醫書六卷　（清）陸儋長撰　民國十二年鉛印

柴墟文集十五卷附録一卷　（明）儲巏撰　民國十二年鉛印

東皋先生詩集五卷附録一卷　（元）馬玉麟撰　民國十三年鉛印

發幽録一卷 （清）沈默撰 民國十三年鉛印

雙虹堂詩合選不分卷 （清）張幼學撰 民國九年鉛印

先我集四卷 （清）陳文田輯 民國十四年鉛印

保越録一卷 （元）徐勉之撰

北轅録一卷 （宋）周煇撰 丁祖蔭校

袁景寧集二卷附録一卷傳一卷 （清）袁淡生撰 附録 傳 （清）李詳撰

揚州叢刻二十四種

陳恒和輯

民國十九至二十三年揚州陳恒和書林刻本

叢書綜録 422 頁 總目 932 頁

揚州名勝録四卷 （清）李斗撰 民國二十二年刻

邗記六卷 （清）焦循撰 民國二十二年刻

揚州鼓吹詞序一卷 （清）吳綺撰 民國二十一年刻

項羽都江都考一卷 （清）劉文淇撰 民國二十一年刻

揚州輿地沿革表一卷 （清）楊丕復撰 民國十九年刻

揚州城守紀略一卷 （清）戴名世撰 民國二十一年刻

揚州十日記一卷 （明）王秀楚撰 民國二十一年刻

揚州夢記一卷 （唐）于鄴撰 民國二十年刻

杜牧之揚州夢一卷 （元）喬吉撰 民國十九年刻

揚州禦寇録三卷 （清）倪在田撰 民國二十二年刻

揚城殉難續録二卷 （清）鄭章雲撰 民國二十一年刻

揚州畫苑録四卷 （清）汪鋆撰 民國二十年刻

揚州竹枝詞一卷 （清）董偉業撰 民國十九年刻

望江南百調一卷 （清）惺庵居士撰 民國二十一年刻

瓊花集五卷 （明）曹璿輯 民國二十一年刻

揚州芍藥譜一卷 （宋）王觀輯 民國二十年刻

廣陵小正一卷 民國二十年刻

揚州蜀岡勝覽一卷 （清）釋源印輯 民國二十年刻

揚州水利論一卷 （清）□□撰 民國十九年刻

治下河水論一卷 （清）張鵬翮撰 民國二十三年刻

洩湖水入江議一卷 （清）葉機撰 民國二十三年刻

高家堰記一卷 （清）俞正燮撰 民國二十三年刻

運河水道編一卷 （清）齊召南撰 民國二十三年刻

揚州北湖續志六卷 （清）阮先撰 民國二十三年刻

貴池先哲遺書（唐石簃叢書 唐石簃彙刻貴池先哲遺書）二十種附刻一種續刊一種附一種

劉世珩輯

清光緒二十四年至民國九年貴州劉氏唐石簃刻民國十五年續刻彙印本 叢書綜録 427 頁 總目 938 頁

貴池唐人集十種 劉世珩輯

劇談録二卷附逸文一卷 （唐）康駢撰

費冠卿詩一卷 （唐）費冠卿撰

張處士詩集五卷 （唐）張祜撰

周繇詩一卷 （唐）周繇撰

顧雲詩一卷文一卷 （唐）顧雲撰

張喬詩一卷文一卷 （唐）張喬撰

唐風集三卷補遺一卷 （唐）杜荀鶴撰

松窗雜記一卷　題(唐)杜荀鶴撰

殷文圭詩一卷文一卷　(唐)殷文圭撰

武喬詩一卷　(南唐)武喬撰

翠微南征錄十一卷雜錄一卷　(宋)華岳撰
清光緒二十八年刻

翠微先生北征錄十二卷　(宋)華岳撰　清
光緒二十八年刻

李行季遺詩一卷詩餘一卷　(明)李達撰

東林本末三卷　(明)吳應箕撰

啓禎兩朝剝復錄十卷附札記一卷　(明)
吳應箕撰　札記　劉世珩撰　清光緒二十八
年刻

留都見聞錄二卷南都應試記一卷　(明)吳
應箕撰　清光緒二十八年刻

讀書止觀錄五卷　(明)吳應箕撰　清光緒
二十八年刻

貴池二妙集四十七卷　劉世珩輯　清光緒
二十六年刻

樓山堂集二十七卷首一卷　(明)吳應箕撰

嶧桐集二十卷　(明)劉城撰　附劉先生
(城)年譜一卷　劉世珩撰

化碧錄一卷　(清)曹大鎬撰　民國元年刻

楚漢帝月表一卷　(清)吳非撰　民國二年
跋刻

三唐傳國編年五卷　(清)吳非撰　清宣統
元年跋刻

一草亭讀史漫筆二卷　(清)吳孟堅撰　清
光緒三十三年跋刻

偶存草一卷雁字和韻詩一卷　(清)吳孟堅
撰　清宣統二至三年跋刻

杏花村志十二卷首一卷末一卷　(清)郎隧
輯　民國八年跋刻

莊子解十二卷　(清)吳世尚撰　民國七年
跋刻

幼科鐵鏡六卷　(清)夏鼎撰　民國三年
跋刻

南湖集鈔十二卷　(清)章永祚撰　民國四
年跋刻

秀山志十八卷　(清)陳竑纂　(清)釋方
略重輯　民國六年跋刻

靜觀書屋詩集七卷　(清)章鶴齡撰　民國
八年跋刻

附刻　清光緒二十七年刻

齊山岩洞志二十六卷首一卷　(清)陳蔚撰

續刊　民國十五年刻

建文遜國之際月表二卷　(清)劉廷鑾撰

附

　　貴池先哲遺書待訪目一卷　劉世珩撰

秋浦雙忠錄五種
劉世珩編

民國二十八年貴池劉氏刻本　總目939頁

翠微南征錄十一卷雜錄一卷　(宋)華岳撰

翠微先生北征錄十二卷　(宋)華岳撰

啓禎兩朝剝復錄十卷附札記一卷　(明)吳
應箕撰　札記　劉世珩撰

留都見聞錄二卷南都應試記一卷　(明)吳
應箕撰

讀書止觀錄五卷　(明)吳應箕撰

檇李叢書五種
金兆蕃輯

民國二十年嘉興金氏刻本　總目958頁

第一集

春秋平義十二卷　(清)俞汝言撰

春秋四傳糾正一卷　(清)俞汝言撰

采山堂遺文二卷　(清)周篔撰　余霖輯

寒松閣談藝瑣錄六卷　(清)張鳴珂撰

第二集

嘉禾徵獻錄五十卷外紀六卷　(清)盛楓撰

檇李叢書九種
金兆蕃輯

民國二十至二十五年嘉興金氏刻本　叢書綜
錄434頁　總目958頁

春秋平義十二卷　(清)俞汝言撰

春秋四傳糾正一卷　(清)俞汝言撰

嘉禾徵獻録五十卷外紀六卷　（清）盛楓撰

古禾雜識四卷　（清）項映薇撰　（清）王壽補　吳受福續補

寒松閣談藝瑣録六卷　（清）張鳴珂撰

衍石齋晚年詩稿五卷　（清）錢儀吉撰　錢振聲輯

采山堂遺文二卷　（清）周篔撰　余霖輯

萬松居士詞一卷　（清）錢載撰

茮聲館詞一卷　（清）朱爲弼撰

吳興叢書六十六種

劉承幹輯

民國間吳興劉氏嘉業堂刻本　叢書綜録435頁　總目959頁

易小傳六卷繫辭補注一卷　（宋）沈該撰　民國十一年刻

周易通解三卷釋義一卷　（清）卞斌撰　民國十一年刻

周易消息十四卷　（清）紀磊撰　民國十三年刻

虞氏逸象考正一卷續纂一卷　（清）紀磊撰　民國十二年刻

九家易象辨證一卷　（清）紀磊撰　民國十二年刻

虞氏易義補注一卷附録一卷　（清）紀磊撰　民國十二年刻

周易本義辨證補訂四卷　（清）紀磊撰　民國十二年刻

漢儒傳易源流一卷　（清）紀磊輯　民國十二年刻

禮記集説七十卷　（清）鄭元慶撰　民國十三年刻

經典通用考十四卷　（清）嚴章福撰　民國六年刻

易書詩禮四經正字考四卷　（清）鍾麐撰　民國五年刻

論語注二十卷　（清）戴望撰

説文校議議三十卷　（清）嚴章福撰　民國

七年刻

五代史記纂誤補四卷　（清）吳蘭庭撰　民國十一年刻

竹書紀年辨證二卷補遺辨證一卷　（清）董豐垣撰　民國十一年刻

七國考十四卷　（明）董説撰　民國八年刻

臺灣鄭氏始末六卷　（清）沈雲撰　（清）沈垚撰　民國八年刻

吳興志二十卷　（宋）談鑰撰　民國三年刻

吳興備志三十二卷　（明）董斯張撰　民國三年刻

吳興掌故集十七卷　（明）徐獻忠輯　民國三年刻

寶前兩溪志略十二卷　（清）吳玉樹撰　民國十一年刻

湖録經籍考六卷　（清）鄭元慶撰　民國九年刻

鄭堂讀書記七十一卷　（清）周中孚撰　民國十年刻

温忠烈公遺稿二卷附録一卷　（明）温璜撰　民國十一年刻

顏氏學記十卷　（清）戴望撰

管子校正二十四卷　（清）戴望撰

爨桐盧算賸二卷　（清）方貞元撰　民國十年刻

須曼精盧算學二十四卷　（清）楊兆鋆撰　民國五年刻

兩山墨談十八卷　（明）陳霆撰　民國八年刻

權齋老人筆記四卷　（清）沈炳巽撰　民國五年刻

月河所聞集一卷　（宋）莫君陳撰　民國十八年刻

沈忠敏公龜溪集十二卷附録一卷　（宋）沈與求撰　民國二年刻

陵陽先生集二十四卷　（宋）牟巘撰　民國十年刻

弁山小隱吟稿二卷　（元）黃玠撰　民國

十二年刻

水南集十七卷 （明）陳霆撰 民國八年刻

泌園集三十七卷 （明）董份撰

董禮部集六卷尺牘二卷 （明）董嗣成撰 民國十七年刻

静歗齋遺文四卷 （明）董斯張撰 民國十三年刻

豐草庵詩集十一卷文前集三卷後集三卷寶雲詩集七卷禪樂府一卷 （明）董說撰

南山堂自訂詩十卷 （清）吳景旭撰 民國十二年刻

使交集一卷吳太史遺稿一卷 （清）吳光撰 民國十年刻 遺稿十一年刻

慈壽堂文鈔八卷 （清）沈樹德撰 民國五年刻

權齋文稿一卷 （清）沈炳巽撰 民國十二年刻

山子詩鈔十一卷 （清）方燾撰 民國十年刻

孔堂初集二卷文集一卷私學二卷 （清）王豫撰

胥石詩存（原名南雪草堂詩集）四卷文存（原名族譜稿存）一卷附錄一卷 （清）吳蘭庭撰 民國十年刻

冬青館甲集六卷乙集八卷 （清）張鑑撰 民國四年刻

蛻石文鈔一卷 （清）蔡壽臧撰 民國十二年刻

落帆樓文集二十四卷補遺一卷 （清）沈垚撰 民國七年刻

遼宮詞一卷金宮詞一卷元宮詞一卷 （清）陸長春撰 民國五年刻

夢花亭駢體文集四卷 （清）陸長春撰

天隱堂文錄二卷 （清）凌霞撰

歐餘山房文集二卷 （清）丁桂撰 民國十一年刻

楓江草堂詩集十卷文集一卷楓江漁唱一卷

清湘瑤瑟譜一卷續譜一卷 （清）朱紫貴

撰 民國四年刻

遲鴻軒詩棄四卷補遺一卷文棄二卷補遺一卷詩續一卷文續一卷 （清）楊峴撰 民國二年刻

藐叟年譜一卷續一卷 （清）楊峴自撰 續劉繼增撰 民國二年刻

玉鑑堂詩集六卷 （清）汪曰楨撰 民國十年刻

葭洲書屋遺稿一卷 （清）劉安瀾撰

同岑集十二卷 （清）李夏器撰 民國十一年刻

歷代詩話八十卷 （清）吳景旭撰 民國三年刻

詩筏一卷 （清）吳大受撰 民國十一年刻

吳興詩話十六卷 （清）戴璐撰 民國五年刻

春雪亭詩話一卷 （清）徐熊飛撰 民國五年刻

湖州詞徵三十卷 朱祖謀輯

國朝湖州詞錄六卷 朱祖謀輯 民國九年刻

渚山堂詞話三卷 （明）陳霆撰 民國五年刻

四明叢書一百六十七種

張壽鏞輯

民國間四明張氏約園刻本 叢書綜錄436頁 總目961頁

第一集 民國二十一年刻

任子一卷 （漢）任奕撰

虞秘監集四卷 （唐）虞世南撰 張壽鏞輯

賀秘監集一卷外紀三卷 （唐）賀知章撰 馮貞群 張壽鏞輯

豐清敏公詩文輯存一卷奏疏輯存一卷 （宋）豐稷撰 張壽鏞輯

　　附豐清敏公遺事一卷遺事附錄一卷遺事新增附錄一卷遺事續增附錄一卷遺事校勘記一卷 （宋）李朴撰 新增附錄（明）豐慶輯 續增附錄校勘記 張壽鏞輯并撰

楊氏易傳二十卷 （宋）楊簡撰

史略六卷 （宋）高似孫撰

子略四卷目一卷 （宋）高似孫撰

騷略三卷 （宋）高似孫撰

夢窗甲稿一卷乙稿一卷丙稿一卷丁稿一卷

夢窗詞補遺一卷文英新詞稿一卷夢窗詞稿

附録一卷附夢窗詞校勘記一卷夢窗詞集小

箋一卷夢窗詞校議二卷補校夢窗新詞稿一

卷 （宋）吳文英撰　校勘記詞集小箋　朱孝

臧（祖謀）撰　校議　鄭文焯撰　補校　張

壽鏞撰

四明文獻集五卷深寧先生文鈔摭餘編三卷

補遺一卷 （宋）王應麟撰

深寧先生（王應麟）年譜一卷 （清）錢大

昕撰

王深寧先生年譜一卷 （清）陳僅撰

王深寧先生年譜一卷 （清）張大昌撰

古今紀要逸編一卷 （宋）黃震撰

戊辰修史傳一卷 （宋）黃震撰

畏齋集六卷 （元）程端禮撰

積齋集五卷 （元）程端學撰

剡源文鈔四卷 （元）戴表元撰 （清）黃

宗羲選

管天筆記外編二卷 （明）王嗣奭撰

春酒堂文存四卷詩存六卷詩話一卷外紀一

卷 （清）周容撰　外紀　馮貞群輯

杲堂詩鈔七卷文鈔六卷 （清）李鄴嗣撰

石經考一卷 （清）萬斯同撰

漢書地理志稽疑六卷 （清）全祖望撰

樗盦存稿八卷 （清）蔣學鏞撰

東井文鈔二卷 （清）黃定文撰

詩誦五卷 （清）陳僅撰

群經質二卷 （清）陳僅撰

第二集　民國二十三年刻

孫拾遺文纂一卷外紀一卷 （唐）孫郃撰　外

紀　張壽鏞輯

雪窗先生文集二卷附録一卷 （宋）孫夢

觀撰

弁山小隱吟録二卷 （元）黃玠撰

清溪遺稿一卷不朽録一卷清溪公題詞一

卷 （明）錢啟忠撰

陳忠貞公遺集三卷附録二卷 （明）陳良謨

撰　張壽鏞撰

過宜言八卷附録一卷 （明）華夏撰

錢忠介公集二十卷首一卷附録六卷 （明）

錢肅樂撰　附錢忠介公年譜一卷　馮貞群撰

雪翁詩集十四卷補遺一卷附録二卷 （明）

魏畊撰

愚囊彙稿二卷補遺一卷 （明）宗誼撰

張蒼水集九卷附録八卷 （明）張煌言撰

馮侍郎遺書八卷附録三卷 （明）馮京第撰

　蘭易二卷 （宋）鹿亭翁撰（上卷）（明）

　簟溪子（馮京第）撰（下卷）

　蘭史一卷

　簟溪自課一卷

　讀書燈一卷

　三山吟一卷

　簟溪集二卷

王侍郎遺著一卷附録一卷 （明）王翊撰

馮王兩侍郎墓録一卷　馮貞群輯

六經堂遺事一卷附録一卷　屠用錫輯

吞月子集三卷附録一卷 （明）毛聚奎撰

雪交亭正氣録十二卷 （明）高宇泰撰 （清）

何樹崙附注　張壽鏞　馮貞群補注

海東逸史十八卷 （清）翁洲老民撰

宋季忠義録十六卷附録一卷補録一卷

（清）萬斯同撰　補録　張壽鏞撰

現成話一卷 （清）羅喦撰

管邨文鈔內編三卷 （清）萬言撰

千之草堂編年文鈔一卷 （清）萬承勳撰

寸草廬贈言十卷 （清）張嘉禄輯

第三集　民國二十四年刻

春秋集注四十卷 （宋）高閌輯

尚書講義二十卷 （宋）史浩撰

范文正公（仲淹）年譜一卷附補遺一

卷 （宋）樓鑰撰　補遺 （□）□□撰

慈湖詩傳二十卷附錄一卷 （宋）楊簡撰

先聖大訓六卷 （宋）楊簡撰

棠陰比事一卷 （宋）桂萬榮撰

月令解十二卷 （宋）張虙撰

四明它山水利備覽二卷附校勘記一卷 （宋）魏峴撰 校勘記 （清）徐時棟撰

蒙齋中庸講義四卷 （宋）袁甫撰

六藝綱目二卷附錄二卷附校勘記一卷 （元）舒天民撰 （元）舒恭注 （明）趙宜中附注 校勘記 張壽鏞撰

春草齋集十二卷 （明）烏斯道撰

寧波府簡要志五卷 （明）黃潤玉撰 附 南山著作考一卷 張壽鏞輯

海涵萬象錄四卷附考證一卷 （明）黃潤玉撰 考證 馮貞群撰

讀易一鈔易餘四卷 （明）董守諭撰

儒林宗派十六卷 （清）萬斯同撰 （清）王梓材增注

鄞志稿二十卷 （清）蔣學鏞撰

甬上水利志六卷 （清）周道遵撰

第四集　民國二十五年刻

舒文靖公類稿四卷附錄三卷 （宋）舒璘撰 附錄 （清）徐時棟輯校

定川遺書二卷附錄四卷 （宋）沈煥撰 張壽鏞輯

慈湖先生遺書十八卷續集二卷補編一卷附新增附錄一卷 （宋）楊簡撰 （明）周廣輯 補編 （清）馮可鏞輯 新增附錄 張壽鏞輯 附慈湖先生（楊簡）年譜二卷 （清）馮可鏞 （清）葉意深撰 慈湖著述考一卷 張壽鏞撰

絜齋毛詩經筵講義四卷 （宋）袁燮撰

袁文獻公遺文鈔二卷附錄三卷 （宋）袁燮撰 （清）袁士杰輯

鼠璞二卷 （宋）戴埴撰

戴仲培先生詩文一卷 （宋）戴埴撰

困學紀聞補注二十卷 （清）張嘉禄撰

丁鶴年集三卷續集一卷附錄一卷 （元）丁鶴年撰

醫閭先生集九卷 （明）賀欽撰

白齋詩集九卷竹里詩集三卷竹里文略一卷 （明）張琦撰

聞見漫錄二卷 （明）陳槐撰

拘虛集五卷後集三卷詩談一卷 （明）陳沂撰

游名山錄四卷 （明）陳沂撰

皇極經世觀物外篇釋義四卷 （明）余本撰

書訣一卷 （明）豐坊撰

陳後岡詩集一卷文集一卷 （明）陳束撰

碣石編二卷 （明）楊承鯤撰

銅馬編二卷 （明）楊德周撰

夷困文編六卷 （明）王嗣奭撰

襄雲文集二卷補遺一卷 （明）周齊曾撰

四明山志九卷 （清）黃宗羲撰

深省堂詩集一卷 （清）萬斯備撰

歷代紀元彙考八卷附續編一卷 （清）萬斯同撰 孫鏘校補 續編 （清）李哲濬撰

石園文集八卷 （清）萬斯同撰

分隸偶存二卷 （清）萬經撰

審定風雅遺音二卷 （清）史榮撰 （清）紀昀審定

玉几山房吟卷三卷 （清）陳撰撰

讀易別錄三卷 （清）全祖望撰

月船居士詩稿四卷附錄一卷 （清）盧鎬撰

春雨樓初刪稿十卷 （清）董秉純撰

存悔集一卷 （清）范鵬撰

四明古迹四卷 （清）陳之綱輯

瞻袞堂文集十卷 （清）袁鈞撰

襄陵詩草一卷詞草一卷種玉詞一卷 （清）孫家穀撰

世本集覽一卷 （清）王梓材撰

補園賸稿二卷 （清）包履吉撰

古今文派述略一卷 （清）陳康黼撰 張世源注

第五集　民國二十六年刻

宋元學案補遺一百卷首一卷別附三卷序錄

一卷 （清）王梓材 （清）馮雲濠輯

第六集　民國二十九年刻

穹天論一卷 （晋）虞聳撰

虞徵士遺書六卷 （晋）虞喜撰

　論語虞氏贊注一卷

　志林新書一卷

　廣林一卷

　釋滯一卷

　通疑一卷

　安天論一卷

鼎錄一卷 （南朝梁）虞荔撰

頤庵居士集二卷 （宋）劉應時撰

勸忍百箴考注四卷 （元）許名奎撰 （明）

釋覺澄考注

貞白五書十五卷 （明）馮柯撰

　三極通二卷

　小學補一卷

　質言七卷

　迴瀾正論一卷

　求是編四卷

林衣集六卷 （明）秦舜昌撰

留補堂文集選四卷 （明）林時對撰

小天集二卷 （清）秦遵宗撰

純德彙編七卷首一卷續刻一卷 （清）董華鈞撰

甬東正氣集四卷 （清）董琅輯

四明詩幹三卷 （清）董慶酉輯

四明宋僧詩一卷元僧詩一卷 （清）董濂輯

全校水經酈注水道表四十卷 （清）王楚材輯

明堂考一卷 （清）胡夤撰

射侯考一卷 （清）胡夤撰

明明子論語集解義疏二十卷 （清）胡夤撰

切音啓蒙一卷 （清）胡夤撰

大衍集一卷附約仙遺稿一卷 （清）胡夤撰

四明人鑑三卷 （清）劉慈孚輯 （清）虞琴繪圖

養園賸稿三卷 （清）盛炳緯撰

第七集　民國二十九年刻

會稽典録二卷存疑一卷 （晋）虞預撰　周樹人（魯迅）輯

魏文節遺書一卷附録一卷 （宋）魏杞撰　魏頌唐輯

絜齋家塾書鈔十二卷附録一卷 （宋）袁燮撰

洪範統一一卷 （宋）趙善湘撰

西麓詩稿一卷西麓繼周集一卷附校記曰湖漁唱一卷附校記 （宋）陳允平撰　校記　朱孝臧（祖謀）撰

趙寶峰先生文集二卷附録一卷 （元）趙偕撰

符臺外集二卷 （明）袁忠徹撰

楊文懿公文集三十卷 （明）楊守陳撰

碧川文選八卷補遺一卷 （明）楊守阯撰

養心亭集八卷 （明）張邦奇撰

灼艾集二卷續集二卷餘集二卷別集二卷 （明）萬表撰

玩鹿亭稿八卷 （明）萬表撰

續騷堂集一卷 （清）萬泰撰

補歷代史表十四卷 （清）萬斯同撰

昌國典咏十卷 （清）朱緒曾撰

夏小正求是四卷 （清）姚燮撰

漢書讀十二卷首一卷辨字二卷常談二卷 （清）張恕撰

見山樓詩集四卷 （清）張翊僎撰

季仙先生遺稿一卷補遺一卷 （清）徐時棟撰

寸草廬奏稿二卷 （清）張嘉禄撰

小謨觴館文集注四卷 （清）彭兆蓀撰 （清）張嘉禄注

孔賈經疏異同評一卷附録一卷　陳漢章撰

鶴巢文存四卷詩存一卷 （清）忻江明撰

第八集　民國三十七年刻

虞預晋書一卷 （晋）虞預撰 （清）湯球輯

舒嬾堂詩文存三卷補遺一卷附録一卷 （宋）舒亶撰　張壽鏞輯

石魚偶記一卷　（宋）楊簡撰

安晚堂詩集十二卷（原缺卷一至卷五）補遺一卷輯補一卷補編二卷　（宋）鄭清之撰　輯補（清）李之鼎輯　補編（宋）陳起輯

梅讀先生存稿十卷附錄五卷　（明）楊自懲撰

徐徐集二卷　（明）王棨撰

攝生眾妙方十一卷　（明）張時徹撰

白岳游稿一卷　（明）沈明臣撰

碑帖紀證一卷　（明）范大澈撰

西漢節義傳論二卷　（清）李鄴嗣輯

杲堂文續鈔四卷附錄一卷　（清）李鄴嗣撰

甬上高僧詩二卷　（清）李鄴嗣撰

廟制圖考一卷　（清）萬斯同撰

四明文徵十六卷　（清）袁鈞輯

徐偃王志六卷　（清）徐時棟輯

味吾廬詩存一卷文存一卷首一卷外紀一卷（清）江仁徵撰　外紀　張壽鏞輯

容膝軒文集八卷詩草四卷　（清）王榮商撰

峽源集一卷　（清）毛宗藩撰

台州叢書後集十七種

楊晨輯

民國四年黃巖楊氏刻本　叢書綜錄441頁　總目968頁

古禮樂述一卷附錄一卷　（清）李誠撰

臨海記一卷　（清）洪頤煊輯

臨海異物志一卷　（吳）沈瑩撰　楊晨輯

尊鄉錄節要四卷　（明）王弼撰

修復宋理學二徐先生祠墓錄一卷　楊晨輯

三國會要二十二卷　楊晨撰

台州藝文略一卷　楊晨撰

台州金石略一卷　楊晨撰

任蕃小集一卷　（唐）任蕃撰

項子遷詩一卷　（唐）項斯撰

章安集一卷　（宋）楊蟠撰

委羽居士集一卷　（宋）左緯撰　王棻輯

丹邱生稿一卷　（元）柯九思撰

南村詩集四卷　（元）陶宗儀撰

陳寒山子文一卷　（明）陳函輝撰

小寒山自序年譜（一名孤忠遺稿）一卷（明）陳函輝撰

赤誠別集五卷　楊晨輯

金華叢書七十種

（清）胡鳳丹輯

清同治、光緒間永康胡氏退補齋刻民國間補刻本　叢書綜錄441頁　總目971頁

金華叢書書目提要八卷　（清）胡鳳丹撰

經部

東萊呂氏古易一卷　（宋）呂祖謙編　清同治八年刻

周易音訓二卷　（宋）呂祖謙撰

禹貢集解二卷　（宋）傅寅撰　清同治八年刻

增修東萊書說三十五卷首一卷　（宋）呂祖謙撰（宋）時瀾修定　清同治八年刻

書疑九卷　（宋）王柏撰　清同治八年刻

尚書表注二卷　（宋）金履祥撰　清同治八年刻

讀書叢說六卷　（元）許謙撰　清同治十一年刻

呂氏家塾讀詩記三十二卷　（宋）呂祖謙編　清同治十二年刻

詩疑二卷　（宋）王柏撰　清同治八年刻

詩集傳名物鈔八卷　（元）許謙撰　清同治八年刻

左氏傳說二十卷首一卷　（宋）呂祖謙撰　清同治八年刻

東萊先生左氏博議二十五卷　（宋）呂祖謙撰　清同治七年刻

大學疏義一卷　（宋）金履祥撰　清同治十二年刻

論語集注考證十卷　（宋）金履祥撰　清同治十二年刻

孟子集注考證七卷首一卷　（宋）金履祥撰　清同治十二年刻

讀四書叢説八卷 （元）許謙撰 清同治十一年刻

史部

大事記十二卷通釋三卷解題十二卷 （宋）呂祖謙撰 清同治十二年刻

西漢年紀三十卷 （宋）王益之撰 清同治十二年刻

青溪寇軌一卷 （宋）方勺撰 清同治九年刻

西征道里記一卷 （宋）鄭剛中撰 清同治八年刻

涉史隨筆二卷 （宋）葛洪撰 清同治八年刻

洪武聖政記二卷 （明）宋濂撰 清同治八年刻

明朝國初事迹一卷 （明）劉辰撰 清同治八年刻（民國補刻）

旌義編二卷 （元）鄭濤撰 清同治九年刻

浦陽人物記二卷 （明）宋濂撰 清同治八年刻

蜀碑記十卷首一卷附辨譌考異二卷 （宋）王象之撰 辨譌考異 （清）胡鳳丹撰 清同治八年刻

唐鑑二十四卷附音注考異一卷 （宋）范祖禹撰 （宋）呂祖謙音注 考異 （清）胡鳳丹撰 清同治十年刻

子部

少儀外傳二卷 （宋）呂祖謙撰 清同治九年刻

研幾圖一卷 （宋）王柏撰 民國補刻

楓山章先生語録一卷附考異一卷 （明）章懋撰 考異 （清）胡鳳丹撰 清同治十三年刻

日損齋筆記一卷附考證一卷 （元）黃溍撰 考證 （清）陳熙晉撰 清同治九年刻

青岩叢録一卷 （清）王褘撰 清同治九年刻

華川巵辭一卷 （清）王褘撰 清同治八年刻

帝王經世圖譜十六卷附録一卷 （宋）唐仲友撰 清同治十二年刻

詩律武庫十五卷後集十五卷 （宋）呂祖謙撰

泊宅編十卷 （宋）方勺撰 清光緒八年刻

泊宅編三卷 （宋）方勺撰 清同治八年刻（民國補刻）

玄真子三卷 （唐）張志和撰 清同治八年刻

臥游録一卷 （宋）呂祖謙撰 清同治九年刻

螢雪叢説二卷 （宋）俞成撰 清同治八年刻

龍門子凝道記三卷 （明）宋濂撰 清光緒元年刻

集部

駱丞集四卷附辨譌考異二卷 （唐）駱賓王撰 辨譌考異 （清）胡鳳丹撰 清同治八年刻

禪月集十二卷 （唐）釋貫休撰 清同治八年刻

忠簡公集七卷附辨譌考異一卷 （宋）宗澤撰 辨譌考異 （清）胡鳳丹撰 清同治八年刻

北山文集三十卷末一卷 （宋）鄭剛中撰 清同治十二年刻

香溪集二十二卷 （宋）范浚撰 清光緒元年刻

呂東萊先生文集二十卷首一卷 （宋）呂祖謙撰 清同治七年刻

龍川文集三十卷首一卷附録一卷辨譌考異二卷 （宋）陳亮撰 辨譌考異 （清）胡鳳丹撰 清同治七年刻

何北山先生遺集三卷附録一卷 （宋）何基撰 清光緒八年刻（民國補刻）

魯齋集十卷 （宋）王柏撰 民國補刻

仁山先生金文安公文集五卷 （宋）金履祥撰 清同治十三年刻

白雲集四卷首一卷 （元）許謙撰

淵穎集十二卷 （元）吳萊撰 清光緒元年刻

黃文獻公集十卷補遺一卷附録一卷 （元）黃溍撰 清光緒二年刻

純白齋類稿二十卷首一卷附録二卷 （元）

胡助撰　清同治十二年刻

鹿皮子集四卷　（元）陳樵撰　清光緒元年刻

青村遺稿一卷附録一卷　（元）金涓撰　清光緒二年刻

九靈山房集三十卷補編二卷　（元）戴良撰　清同治九年刻

九靈山房遺稿詩四卷文一卷首一卷補編一卷　（元）戴良撰　清同治十二年刻

宋學士全集三十二卷補遺八卷附録二卷（明）宋濂撰　清同治十三年刻

王忠文公集二十卷　（明）王禕撰　清同治九年刻

蘇平仲集十六卷首一卷　（明）蘇伯衡撰　清光緒元年刻

胡仲子集十卷　（明）胡翰撰　清同治十二年刻

楓山章先生集九卷附實紀八卷　（明）章懋撰　實紀　（明）章接輯

附

　楓山章先生年譜二卷　（明）阮鶚撰

漁石集四卷　（明）唐龍撰　民國補刻

古文關鍵二卷　（宋）呂祖謙撰　清同治十年刻

月泉吟社三卷　（宋）吳渭輯　清同治十年刻

濂洛風雅六卷首一卷　（宋）金履祥撰　清光緒三年刻（民國補刻）

石洞貽芳集二卷補遺一卷附考異一卷　（明）郭鈇輯　（清）郭鍾儒重輯　考異　（清）胡鳳丹撰　清光緒三年刻

續金華叢書六十種

胡宗楙輯

民國十三年永康胡氏夢選樓刻本　叢書綜録443頁　總目973頁

經部

周易窺餘十五卷　（宋）鄭剛中撰

書集傳或問二卷　（宋）陳大猷撰

義門鄭氏家儀一卷　（元）鄭泳撰

左氏傳續説十二卷　（宋）呂祖謙撰

春秋經傳辨疑一卷　（明）童品撰

史部

孫威敏征南録一卷　（宋）滕元發撰

敬鄉録十四卷附考異一卷　（元）吳師道撰　考異　胡宗楙撰

金華賢達傳十二卷　（明）鄭柏撰

金華先民傳十卷　（明）應廷育撰

義烏人物記二卷　（明）金江撰

金華赤松山志一卷　（宋）倪守約撰

職源撮要一卷　（宋）王益之撰

子部

麗澤論説集録十卷　（宋）呂喬年輯

格致餘論一卷　（元）朱震亨撰

局方發揮一卷　（元）朱震亨撰

丹溪先生金匱鈎玄三卷　（元）朱震亨撰

重修革象新書五卷　（元）趙友欽撰　（明）王禕删定

地理葬書集注一卷　（元）鄭謐撰　附　葬書問對一卷　（元）趙汸撰

欒城先生遺言一卷　（宋）蘇籀記

野服考一卷　（宋）方鳳撰

物異考一卷　（宋）方鳳撰

歷代制度詳説十五卷　（宋）呂祖謙撰

齊諧記一卷　（南朝宋）東陽無疑撰　（清）馬國翰輯

善慧大士傳録三卷附録一卷　（宋）樓穎輯

周易參同契通真義三卷　（後蜀）彭曉撰

集部

絳守居園池記注一卷　（宋）樊宗師撰（元）趙元羣（元）吳師道（元）許謙注

默成文集四卷　（宋）潘良貴撰

東萊呂太史文集十五卷別集十六卷外集五卷附録三卷附考異四卷　（宋）呂祖謙撰　考異　胡宗楙撰

金華唐氏遺書十四卷　（宋）唐仲友撰

　詩解鈔一卷

　九經發題一卷

魯軍制九問一卷

愚書一卷

悦齋文鈔十卷補一卷

香山集十六卷 （宋）喻良能撰

倪石陵書一卷附考異一卷 （宋）倪樸撰
考異 胡宗楙撰

癖齋小集一卷 （宋）杜旃撰

靈岩集十卷 （宋）唐士耻撰

雲溪稿一卷 （宋）吕皓撰

敏齋稿一卷 （宋）吕殊撰

魯齋王文憲公文集二十卷附考異一卷 （宋）
王柏撰 考異 胡宗楙撰

學詩初稿一卷 （宋）王同祖撰

史咏詩集二卷 （宋）徐鈞撰

存雅堂遺稿五卷 （宋）方鳳撰

紫岩于先生詩選三卷 （元）于石撰

竹溪稿二卷 （元）吕浦撰

淵穎吳先生集十二卷附録一卷附考異一卷
（元）吳萊撰 考異 胡宗楙撰

金華黄先生文集四十三卷 （元）黄溍撰

柳待制文集二十卷附録一卷 （元）柳貫撰

吳禮部文集二十卷附録一卷 （元）吳師
道撰

屏岩小稿一卷 （元）張觀光撰

藥房樵唱三卷 （元）吳景奎撰

樵雲獨唱詩集六卷 （元）葉顒撰

白石山房逸稿二卷補録一卷 （明）張孟
兼撰

尚絅齋集五卷 （明）童冀撰

繼志齋集二卷 （明）王紳撰

瞳齋稿一卷 （明）王稱撰

齊山稿一卷 （明）王汶撰

竹澗先生文集八卷奏議四卷 （明）潘希
曾撰

少室山房類稿一百二十卷 （明）胡應麟撰

庚溪詩話二卷 （宋）西郊野叟（陳岩肖）撰

吳禮部詩話一卷 （元）吳師道撰

龍川詞一卷補一卷 （宋）陳亮撰

竹齋詩餘一卷 （宋）黄機撰

燕喜詞一卷 （宋）曹冠撰

三怡堂叢書二十種

張鳳臺輯

清光緒三十二年至民國十二年河南官書局刻
本 叢書綜録 445 頁 總目 944 頁

輶軒博紀續編四卷 邵松年撰 民國十一
年刻

豫變紀略八卷 （清）鄭廉撰 民國十一
年刻

如夢録一卷 （明）□□撰 民國十五年刻

黄谷謏談四卷 （清）李蓘撰 民國十八年刻

玉楮集八卷附録一卷 （宋）岳珂撰 民國
十一年刻

圭塘小稿十三卷別集二卷附録一卷續集一
卷附録一卷 （元）許有壬撰 民國十二
年刻

孟有涯集十七卷 （明）孟洋撰 民國十一
年刻

過庵遺稿十三卷 （明）陳卜撰 民國十二
年刻

東京夢華録十卷 （宋）孟元老撰 民國
十四年刻

汴京遺迹志二十四卷 （明）李濂撰 民國
十一年刻

李子田詩集二卷 （明）李蓘撰 民國十二
年刻

師竹堂集三十卷 （明）王祖嫡撰 民國
十二年刻

石魚齋詩選二卷 （清）李維世撰

岳起齋詩存二卷 （清）吳振周撰

汴宋竹枝詞二卷 （清）李于潢撰 民國
十一年刻

天根文鈔四卷文法一卷續集一卷詩鈔二卷
（清）何家琪撰 清光緒三十二年刻

紫山大全集二十六卷 （元）胡祇遹撰 民
國十二年刻

師竹堂尺牘二卷 （明）王祖嫡撰

報慶紀行一卷 （明）王祖嫡撰

王師竹（祖嫡）年譜一卷附錄一卷 劉海涵撰

海昌叢載甲編八種

（清）羊復禮編

清光緒間海昌羊氏傳卷樓粵東刻民國六年陝西圖書館重印本　總目 956 頁

容庵遺文鈔一卷存稿鈔一卷 （明）許令瑜撰　清光緒十三年刻

止溪文鈔一卷詩集鈔一卷 （清）朱嘉徵撰　清光緒十三年刻

乾初先生文鈔二卷遺詩鈔一卷 （清）陳確撰　清光緒十三年刻

補庵遺稿一卷詩鈔一卷 （清）陳枚撰　清光緒十三年刻

敬齋詩鈔一卷 （清）陳翼撰　清光緒十三年刻

雲怡詩鈔一卷 （清）陳克邕撰　清光緒十三年刻

簡莊文鈔六卷續編二卷河莊詩鈔一卷 （清）陳鱣撰　清光緒十四年刻

新坂土風一卷 （清）陳鱣撰　清光緒十八年刻

沔陽叢書十二種

盧弼輯

民國十一至十五年沔陽盧氏慎始基齋刻二十年彙印本　叢書綜錄 447 頁　總目 985 頁

沔陽州志十八卷 （明）童承敘撰　民國十五年刻

内方先生集八卷附鈔一卷附錄一卷 （明）童承敘撰

市隱園集三十卷附錄一卷 （明）費尚伊撰

默耕詩選二卷 （清）李何煒撰　民國十四年刻

補希堂文集四卷附錄一卷 （清）張泰來撰

玩草園詩鈔一卷文集一卷附錄一卷 （清）

劉梂撰

陸文節公奏議五卷附錄一卷 （清）陸建瀛撰　民國十五年刻

聽春草堂詩鈔二卷附錄一卷 （清）周揆源撰　民國十五年刻

海岳行吟草十卷附錄一卷 （清）劉興樾撰

子銘先生遺集二卷 （清）李皋撰　民國十一年刻

萬里游草殘稿三卷 （清）陸光祖撰　民國十三年刻

展碧山房駢體文選二卷 （清）邵樹忠撰　民國十三年刻

湖南叢書九種

孫文昱等輯

民國十四至十五年湖南叢書處刻本　叢書綜錄 448 頁　總目 986 頁

周易總義二十卷附考證一卷 （宋）易祓撰　考證　孫文昱撰

周禮總義六卷附考證一卷 （宋）易祓撰　考證　孫文昱撰

東州草堂金石跋五卷 （清）何紹基撰

學林十卷附考證一卷 （宋）王觀國撰　考證　孫文昱撰

唐劉蛻集六卷補遺一卷 （唐）劉蛻撰

李群玉詩集三卷詩後集五卷補遺一卷 （唐）李群玉撰

隋唐石刻拾遺二卷關中金石記隋唐石刻原目一卷 （清）黃本驥撰

北海三考六卷 （清）胡元儀撰

大隱居士集二卷 （宋）鄧深撰

黔南叢書六十一種

任可澄等編

民國十一至三十二年貴陽文通書局鉛印本及刻本　總目 990 頁　叢書綜錄 453 頁

第一集　民國十一年鉛印

淮海易談四卷 （明）陳應鰲撰

易箋八卷首一卷 （清）陳法撰

儀禮私箋八卷　（清）鄭珍撰

第二集　民國十三年鉛印

黔塗日記二卷　（明）徐宏祖撰

黔志一卷　（明）王士性撰

黔游略一卷　（明）邢慈静撰

黔游記一卷　（清）陳鼎撰

滇行紀程摘鈔一卷　（清）許纘曾撰

黔書二卷　（清）田雯撰

續黔書八卷　（清）張澍撰

黔軺紀行集一卷　（清）蔣攸銛撰

黔記四卷　（清）李宗昉撰

黔語二卷　（清）吳振棫撰

第三集　民國二十五年鉛印

雪鴻堂詩蒐逸三卷附録一卷補一卷　（明）謝三秀撰

敝帚集十卷　（明）吳中蕃撰

桐埜詩集四卷　（清）周起渭撰

秋烟草堂詩稿三卷　（清）曹石撰

碧山堂詩鈔十六卷附録一卷　（清）田榕撰

瑟廬詩草三卷　（清）章永康撰

十五弗齋詩存一卷文存一卷　（清）丁寶楨撰

樹蕙背遺詩一卷　（清）鄭叔昭撰

第四集　民國二十五年鉛印

春蕪詞三卷　（清）江闓撰

夢硯齋詞一卷　（清）唐樹義撰

香草詞五卷附五卷附録一卷　（清）陳鍾祥撰

酊餗吟詞一卷　（清）石贊清撰

海粟樓詞一卷　（清）章永康撰

影山詞二卷外集一卷　（清）莫友芝撰

青田山廬詞一卷　（清）莫庭芝撰

蒔烟亭詞四卷　（清）黎兆勳撰

琴洲詞二卷　（清）黎庶燾撰

雪鴻詞二卷　（清）黎庶蕃撰

枯桐閣詞二卷　（清）張鴻績撰

姑聽軒詞一卷　（清）劉藻撰

師古堂詞一卷　（清）傅衡撰

夢悔樓詞一卷　（清）趙懿撰

牟珠詞一卷補遺一卷　鄧潛撰

弗堂詞二卷菉猗曲一卷庚午春詞一卷　姚華撰

第五集　民國二十七年鉛印

靖夷紀事一卷　（明）高拱撰

安龍紀事一卷　（明）江之春撰

安龍逸史二卷　（清）屈大均撰

黔囊一卷　（清）檀萃撰

苗疆聞見録一卷　（清）徐家幹撰

古州雜記一卷　（清）林溥撰

都濡備乘二卷　（清）楊宗瀛撰

平黔紀略二十卷　（清）羅文彬　王秉恩撰

第六集　民國三十年鉛印

孫山甫督學文集四卷補輯雜文一卷　（明）孫應鰲撰

江辰六文集九卷　（清）江闓撰

定齋先生猶存集八卷　（清）陳法撰

別集　民國二十五年刻

汗簡箋正七卷目録一卷　（清）鄭珍撰

唐寫本説文解字木部箋異一卷　（清）莫友芝撰

古音類表九卷　（清）傅壽彤撰

河干問答一卷　（清）陳法撰

定齋河工書牘一卷　（清）陳法撰

塞外紀程一卷　（清）陳法撰

劉貴陽遺稿四種四卷　（清）劉書年撰

　黔亂紀實一卷

　滁濫軒詩鈔一卷

　黔行日記一卷

　歸程日記一卷

永城紀略一卷　（明）馬士英撰　民國三十一年鉛印

永牘一卷　（明）馬士英撰

訓真書屋詩存一卷文存一卷　（清）黃國瑾撰　民國三十二年鉛印

西笑山房詩鈔三種　（清）于鍾岳撰　民國三十二年鉛印

　黔南集一卷

正安集一卷

集外詩（西笑山房詩鈔蒐逸）一卷

于鍾岳別傳一卷　邢端撰　民國三十二年鉛印

伯英遺稿三卷　（清）于鍾岳撰

豫章叢書六十種附一種

胡思敬輯

民國四至九年南昌豫章叢書編刻局刻本　叢書綜録448頁　總目977頁

元三家易説　胡思敬輯

易纂言外翼八卷附校勘記一卷　（元）吳澄撰　校勘記　魏元曠撰　民國五年刻

讀易考原一卷附校勘記一卷　（元）蕭漢中撰　校勘記　魏元曠撰　民國四年刻

易學變通六卷附校勘記一卷校勘續記一卷　（元）曾貫撰　校勘記　魏元曠撰　續記　胡思敬撰　民國五年刻

周易通略一卷附校勘記一卷　（明）黃俊撰　校勘記　胡思敬撰　民國八年刻

券易苞十二卷附校勘記一卷校勘續記一卷　（明）章世純撰　校勘記　魏元曠撰　續記　胡思敬撰　民國六年刻

詩故十卷附校勘記一卷校勘續記一卷（明）朱謀㙔撰　校勘記　魏元曠撰　續記　胡思敬撰　民國四年刻

周官集傳十六卷附校勘記一卷校勘續記一卷　（元）毛應龍撰　校勘記　魏元曠撰　續記　胡思敬撰　民國八年刻

四書疑節十二卷附校勘記一卷校勘續記一卷　（元）袁俊翁撰　校勘記　魏元曠撰　續記　胡思敬撰

四書經疑貫通八卷附校勘記一卷校勘續記一卷　（元）王充耘撰　校勘記　魏元曠撰　續記　胡思敬撰　民國五年刻

騈雅七卷　（明）朱謀㙔撰　民國九年刻

石經考文提要十三卷　（清）彭元瑞撰　民國六年刻

説文蒙求六卷　（清）劉庠撰　民國六年刻

宋人小史三種　胡思敬輯　民國四年刻

五代史補五卷附校勘記一卷　（宋）陶岳撰　校勘記　胡思敬撰

松漠紀聞一卷續一卷補遺一卷附考異一卷校勘記一卷　（宋）洪皓撰　考異　（清）洪佩聲撰　校勘記　胡思敬撰

江南野史十卷附録一卷附校勘記一卷（宋）龍袞撰　附録校勘記　胡思敬撰

資治通鑑問疑一卷　（宋）劉義仲撰　民國五年刻

經幄管見四卷附校勘記一卷　（宋）曹彥約撰　校勘記　胡思敬撰　民國五年刻

明人小史八種　胡思敬輯　民國四年刻

庚申外史二卷附校勘記一卷　（明）權衡撰　校勘記　胡思敬撰

故宮遺録一卷　（明）蕭洵撰

姜氏秘史五卷附校勘記一卷　（明）姜清撰　校勘記　胡思敬撰

備遺録一卷附校勘記一卷　（明）張芹撰　校勘記　胡思敬撰

北征録一卷附校勘記一卷　（明）金幼孜撰　校勘記　胡思敬撰

北征後録一卷　（明）金幼孜撰

否泰録一卷　（明）劉定之撰

北征事迹一卷　（明）袁彬撰　（明）尹直録

復辟録一卷　（明）楊瑄撰

朝鮮賦一卷附校勘記一卷　（明）董越撰　校勘記　魏元曠撰　民國四年刻

明季逸史二種　胡思敬輯　民國四年刻

潯陽紀事一卷　（清）袁繼咸撰

庭聞録六卷附録一卷附校勘記一卷校勘續記一卷　（清）劉鍵撰　校勘記　魏元曠撰　續記　胡思敬撰

陳節愍公奏稿二卷附録一卷　（明）陳泰來撰　民國八年刻

咸賓録八卷附校勘記二卷校勘續記一卷

（明）羅日褧撰　校勘記　魏元曠撰　續記
胡思敬撰　民國六年刻

廬山紀事十二卷　（明）桑喬撰　民國九年刻

浙西水利書三卷　（明）姚文灝撰

理學類編八卷附校勘記一卷　（明）張九韶
撰　校勘記　胡思敬撰　民國四年刻

胡子衡齊八卷　（明）胡直撰　民國五年刻

藏一話腴內編二卷外編二卷附校勘記一卷
校勘續記一卷　（宋）陳郁撰　校勘記　魏
元曠撰　續記　胡思敬撰　民國五年刻

拾遺錄一卷附校勘記一卷校勘續記一卷
（明）胡爌撰　校勘記　魏元曠撰　續記
胡思敬撰　民國五年刻

東谷贅言二卷附校勘記一卷　（明）敖英
撰　校勘記　魏元曠撰　民國五年刻

慎言集訓二卷　（明）敖英撰　民國六年刻

兵迹十二卷附校勘記一卷　（清）魏禧撰
校勘記　劉家立撰　民國四年刻

寒夜錄二卷附校勘記一卷校勘續記一
卷　（清）陳宏緒撰　校勘記　魏元曠撰
續記　胡思敬撰　民國五年刻

喻氏遺書三種　（清）喻昌撰　校勘記　魏
元曠撰　續記　盧耿撰　民國六年刻

　　尚論張仲景傷寒論四卷首一卷後篇四卷
　　附校勘記一卷校勘續記一卷

　　醫門法律六卷附校勘記一卷校勘續記
　　一卷

　　寓意草四卷附校勘記一卷校勘續記一卷

天仙正理二卷附錄一卷　（明）伍守陽撰
民國九年刻

天問天對解一卷　（宋）楊萬里撰　民國六
年刻

激書二卷附校勘記一卷　（清）賀貽孫撰
校勘記　胡思敬撰　民國六年刻

袁州二唐人集　胡思敬輯　民國六年刻

　　雲臺編三卷拾遺一卷附校勘記一卷
　　（唐）鄭谷撰　校勘記　胡思敬撰

　　文標集三卷補遺一卷附校勘記一卷

（唐）盧肇撰　校勘記　胡思敬撰

四宋人集　胡思敬輯

　　王魏公集八卷附校勘記一卷校勘續記一
　　卷　（宋）王安禮撰　校勘記　魏元曠撰
　　續記　胡思敬撰　民國八年刻

　　曲阜集四卷附校勘記一卷　（宋）曾肇
　　撰　魏元曠校　校勘記　胡思敬撰　民
　　國八年刻

　　溪堂集十卷附校勘補遺一卷　（宋）謝逸
　　撰　魏元曠校　校勘　補遺　胡思敬撰
　　民國四年刻

　　日涉園集十卷附補遺一卷　（宋）李彭撰
　　民國八年刻

九宋人集　胡思敬輯

　　雲莊集五卷附校勘記一卷　（宋）曾協
　　撰　校勘記　胡思敬撰　民國九年刻

　　飄然集三卷附校勘記一卷校勘續記一卷
　　（宋）歐陽澈撰　校勘記　魏元曠撰　續
　　記　胡思敬撰　民國四年刻

　　格齋四六二卷補一卷附校勘記一卷
　　（宋）王子俊撰　校勘記　胡思敬撰　民
　　國八年刻

　　義豐集一卷附校勘記一卷　（宋）王阮撰
　　校勘記　胡思敬撰　民國八年刻

　　野處類稿二卷集外詩一卷附校勘記二
　　卷　（宋）洪邁撰　校勘記　魏元曠撰
　　胡思敬撰　民國四年刻

　　應齋雜著六卷附校勘記一卷　（宋）趙善
　　括撰　校勘記　胡思敬撰　民國八年刻

　　自鳴集六卷附校勘記一卷　（宋）章甫
　　撰　校勘記　胡思敬撰　民國八年刻

　　竹林愚隱集一卷　（宋）胡夢昱撰　民國
　　四年刻

　　自堂存稿四卷　（宋）陳杰撰　民國四年刻

龍雲先生文集三十二卷附錄一卷　（宋）劉
弇撰　民國四年刻

宋宗伯徐清正公存稿六卷附校勘記二卷
（宋）徐鹿卿撰　校勘記　劉家立　胡思敬

撰　民國四年刻　徐清正公年譜一卷　（明）
徐鑑撰

雪坡舍人集五十卷補遺一卷附校勘記一卷
校勘續記一卷校勘後記一卷　（宋）姚勉
撰　校勘記　魏元曠撰　續記後記　胡思
敬撰　民國五年刻

須溪集七卷附校勘記一卷校勘續記一卷
（宋）劉辰翁撰　校勘記　魏元曠撰　續
記　胡思敬撰　民國六年刻

碧梧玩芳集二十四卷附校勘記一卷　（宋）
馬廷鸞撰　校勘記　胡思敬撰　民國四年刻

誠齋策問二卷附校勘記一卷校勘續記一
卷　（宋）楊萬里撰　校勘記　魏元曠撰　續
記　胡思敬撰　民國五年刻

吉州二義集　胡思敬輯　民國九年刻
　　梅邊集一卷補一卷　（宋）王炎午撰
　　澗谷遺集三卷　（宋）羅椅撰

元二大家集　胡思敬輯　民國九年刻
　　范德機詩集七卷附校勘記一卷　（元）范
　　梈撰　校勘記　胡思敬撰
　　揭文安公詩集八卷續集一卷文集九卷補
　　遺一卷附校勘記一卷　（元）揭傒斯撰
　　校勘記　胡思敬撰

四元人集　胡思敬輯
　　芳古集三卷附校勘記一卷　（元）徐明善
　　撰　校勘記　胡思敬撰　民國九年刻
　　石初集十卷附錄一卷　（元）周霆震撰
　　民國八年刻
　　山窗餘稿一卷附校勘記一卷　（元）甘復
　　撰　校勘記　胡思敬撰　民國九年刻
　　吾吾類稿三卷　（元）吳皋撰　民國九年刻

靜居集四卷附錄一卷補遺一卷附校勘記一
卷校勘續記一卷　（明）張羽撰　校勘記
魏元曠撰　續記　胡思敬撰　民國五年刻

張來儀先生文集一卷補遺一卷　（明）張羽
撰　民國五年刻

半廬文稿二卷詩稿一卷　（清）李騰蛟撰　民
國八年刻

明季六遺老集　胡思敬輯
　　朱中尉詩集五卷附校勘記一卷校勘續記
　　一卷　（明）朱議𩰚撰　校勘記　魏元曠
　　撰　續記　胡思敬撰　民國四年刻
　　六松堂詩集九卷詩餘一卷文集三卷尺牘
　　一卷　（清）曾燦撰　民國四年刻
　　懷葛堂集八卷外集附錄一卷附校勘記一
　　卷　（清）梁份撰　校勘記　胡思敬撰　民
　　國八年刻
　　礜山文鈔二卷附錄一卷補遺一卷附校勘
　　記一卷校勘續記一卷　（明）宋惕撰　校
　　勘記　魏元曠撰　續記　胡思敬撰　民
　　國五年刻
　　四照堂文集十二卷詩集四卷附校勘記一
　　卷校勘記補一卷　（清）王猷定撰　校勘
　　記　胡思敬撰　校勘記補　魏元曠撰
　　溉園詩集五卷　（明）萬時華撰　民國五
　　年刻

字雲巢文集六卷　（清）盛大謨撰　民國九
年刻

恥夫詩鈔二卷附校勘記一卷　（清）楊垕撰
校勘記　魏元曠撰　民國六年刻

鄱陽五家集十五卷附校勘記一卷校勘續記
一卷　（清）史簡撰　校勘記　魏元曠撰
續記　胡思敬撰　民國八年刻
　　芳洲集三卷　（宋）黎廷瑞撰
　　樂庵遺稿二卷　（元）吳存撰
　　松巢漫稿三卷　（宋）徐瑞撰
　　寓庵詩集二卷　（元）葉蘭撰
　　春雨軒集四卷　（明）劉炳撰

附
　　僅存集一卷　（元）葉懋撰

豫章詩話六卷附校勘記一卷　（明）郭子章
撰　校勘記　胡思敬撰　民國八年刻

清江三孔集三十四卷附校勘記一卷　（宋）
王蓮輯　校勘記　胡思敬撰　民國六年刻
　　舍人集二卷　（宋）孔文仲撰
　　宗伯集十七卷　（宋）孔武仲撰

朝散集十五卷　（宋）孔平仲撰

暢谷文存八卷附校勘記一卷　（清）宋昌悦撰　校勘記　胡思敬撰　民國六年刻

妙絶古今四卷　（宋）湯漢輯

皇明西江詩選十卷　（明）韓陽輯　民國九年刻

主客圖一卷圖考一卷　（唐）張爲撰　圖考（清）袁寧珍輯　民國九年刻

宜春張氏所著書二種　胡思敬輯　民國四年刻

 芭山文集二十二卷詩集一卷附校勘記一卷　（明）張自烈撰　校勘記　魏元曠胡思敬撰

 綱目續麟彙覽三卷附案一卷　（明）張自勳撰

達觀樓遺著二種　（明）鄒維璉撰　民國八年刻

 讀史雜記二卷

 自敬錄一卷

萬載李氏遺書四種　（清）李榮陛撰　民國九年刻

 禹貢山水考二卷

 黑水考證四卷　民國四年刻

 江源考證一卷附校勘記　校勘記　胡思敬撰

 年曆考二卷附校勘記一卷　校勘記　胡思敬撰

附

四庫著録江西先哲遺書鈔目四卷　豫章叢書編刻局輯

雲南叢書初編一百四十一種二編三十七種

趙藩　陳榮昌等輯

民國間雲南叢書處刻本　叢書綜録454頁　總目991頁

初編　民國三年刻

經部

周易標義三卷　（清）李彪撰

觀象反求録一卷　（清）甘仲賢撰

誦詩小識三卷　（清）趙容撰

詩經原始十八卷首二卷　（清）方玉潤撰

齊風説一卷　李坤撰

勿自棄軒遺稿一卷　（清）華嶸撰

泰律十二卷外篇三卷　（明）葛仲選選

韵略易通一卷　（明）蘭茂撰

等音聲位合彙二卷　（清）高奣映撰

切韵正音經緯圖一卷　（清）釋宗常撰

歌麻古韵考四卷　（清）吳樹聲撰

史部

滇雲歷年傳十二卷　（清）倪蜕撰

宙載二卷　（明）張合撰　民國十三年刻

史筌五卷首一卷　（清）楊銘柱撰

武昌紀事一卷　（清）陳徽言撰

關中奏議全集十八卷　（明）楊一清撰

滇南山水綱目二卷　（清）趙元祚撰

滇小記一卷　（清）倪蜕撰

滇繫不分卷　（清）師範撰

雲南備徵志二十一卷　（清）王崧輯

南越游記三卷　（清）陳徽言撰

鼎堂金石録三卷　（清）吳樹聲撰

子部

二艾遺書二卷　陳榮昌輯

 艾雲蒼語録一卷　（明）艾自新撰

 艾雪蒼語録一卷　（明）艾自修撰

養蒙圖説一卷　（明）塗時相撰

鏡譚一卷　（清）張錦蘊撰

道南録初稿一卷　（清）遲祚永撰

孝弟録二卷　（清）李文耕撰

銖寸録八卷　（清）竇垿撰

續理學正宗四卷　（清）何桂珍撰

何文貞公千字文一卷　（清）何桂珍撰

楊劉周三先生語録合鈔三卷　何秉智輯

 知陋軒迂談一卷　（清）楊鳳昌撰

 藏拙居遺文一卷　（清）劉誼撰

 郁雲語録一卷　（清）周文龍撰

反身要語一卷　（清）鄒澤撰

存真録一卷　（清）吳昌南撰

尚志齋慎思記一卷訟過記一卷　（清）吕存德撰

醫門擎要二卷　（明）蘭茂撰

滇南本草三卷　（明）蘭茂撰

信古齋句股一貫述四卷雜述一卷　（清）宋演撰

籌算法一卷　（清）李瀓撰

皇極經世心易發微八卷（原缺卷七、八）首一卷末一卷附補遺一卷　（明）楊體仁撰民國五年刻

澹一齋章譜一卷　（清）孫璐撰　石印

介庵印譜一卷　（清）釋湛福撰　石印

書學印譜二卷　（清）王綏刻

十瓶齋石言不分卷　（清）孫鑄撰

味秋吟館紅書一卷　（清）谷清撰

南園漫録十卷　（明）張志淳撰

育書一卷　（清）張登瀛撰

説緯六卷　（清）王崧撰

增訂發蒙三字經一卷　（宋）王應麟撰　（清）許印芳增訂

冷官餘談二卷　（清）袁嘉謨撰

滇釋紀四卷　（清）釋圓鼎撰

集部

朝天集一卷　（明）釋法天撰

聲律發蒙一卷　（明）蘭茂撰

石淙詩鈔十五卷附諸公詩一卷　（明）楊一清撰

楊弘山先生存稿十二卷　（明）楊士雲撰

張愈光詩文選八卷附録一卷　（明）張含撰

中溪家傳彙稿十卷首一卷　（明）李元陽撰

凝翠集四卷　（明）王元翰撰　附墓志銘一卷　（明）劉宗周等撰

北征集一卷　（明）禄洪撰

烟坪詩鈔二卷　（清）陸天麟撰

居易軒詩遺鈔一卷文遺鈔一卷　（清）趙炳龍撰　光緒十四年刻

澹生詩鈔一卷文鈔一卷　（清）高應雷撰

陳翼叔詩集五卷附石棺集一卷　（明）陳佐才撰

蒼雪和尚南來堂詩集四卷附録一卷　（清）釋讀徹撰

擔當遺詩七卷附録一卷　（清）釋普荷撰

梅柳詩合刻一卷　（明）釋大錯（錢邦芑）撰

呈貢文氏三遺集合鈔　趙藩輯

　陽明山房遺詩一卷遺文一卷　（明）文祖堯撰

　餘生隨咏一卷醉禪草一卷　（明）文俊得撰

　晚春堂詩八卷　（清）文化遠撰

讀書堂綵衣全集四十六卷　（清）趙士麟撰光緒十九年浙江書局刻

釜水吟二卷　（清）李崇階撰

賜硯堂詩稿四卷附補遺一卷　（清）許賀來撰

李中丞遺集三卷　（清）李發甲撰

南村詩集八卷　（清）孫鵬撰

留硯堂詩選六卷　（清）張漢撰

汗漫集三卷　（清）萬友正撰

蜕翁詩集六卷文集二卷　（清）倪蜕撰

李氏詩存十四卷　（清）李浩輯

　稜翁詩鈔二卷　（清）李治民撰

　鶴峰詩鈔二卷　（清）李因培撰

　衣山詩鈔三卷　（清）李翔撰

　蘭溪詩鈔二卷　（清）李翻撰

　雲華詩鈔五卷　（清）李翮撰

藏密詩鈔五卷　（清）傅爲詝撰

錢南園先生遺集八卷補遺一卷　（清）錢灃撰

菉竹堂詩存一卷　（清）余萃文撰

拾草堂詩存一卷　（清）李觀撰

芋栗園遺詩二卷　（清）朱奕簪撰

寄庵詩文鈔三十三卷　（清）劉大紳撰

西阿先生詩草三卷附九峰園會詩一卷漱芳亭詩鈔一卷　（清）谷際岐撰

師荔扉先生詩集二十八卷　（清）師範撰

民國十一年刻

保山二袁遺詩十二卷　趙藩輯

　　陶村詩鈔一卷　（清）袁文典撰

　　時畲堂詩稿十一卷　（清）袁文揆撰

點蒼山人詩鈔八卷　（清）沙琛撰

觸懷吟二卷　（清）錢允濟撰

小清閟閣詩鈔一卷　（清）倪玢撰

樂山集二卷　（清）王崧撰

紅茗山房詩存十卷詩餘一卷　（清）嚴烺撰

喜聞過齋文集十三卷　（清）李文耕撰

程月川先生遺集十五卷　（清）程含章撰

藍尾軒詩稿四卷　（清）王毓麟撰

即園詩鈔十五卷　（清）李於陽撰

玉案山房詩草二卷　（清）尹尚廉撰

鄧虹橋遺詩一卷　（清）鄧學先撰

王眉仙遺著二卷　（清）王壽昌撰

雪樓詩選二卷　（清）馬之龍撰

朱丹木詩集一卷　（清）朱腠撰

晚翠軒詩鈔八卷續鈔八卷三鈔八卷四鈔八
卷五鈔八卷漫稿五卷　（清）戴淳撰

味雪齋詩鈔十卷文鈔甲集十卷乙集八卷
（清）戴絅孫撰

抱真書屋詩鈔九卷　（清）陸應穀撰

廣縵堂集八卷　（清）何彤雲撰

知蔬味齋詩鈔（一名蜀游草）四卷　（清）
黃琮撰

何文貞公遺集六卷　（清）何桂珍撰

　　補輯朱子大學講義二卷

　　何文貞公文集二卷首一卷附錄一卷

趙文恪公遺集二卷　（清）趙光撰

廿我齋詩稿二卷　（清）尹藝撰

呈貢二孫遺詩八卷　（清）□□輯

　　抱素堂遺詩六卷補遺一卷　（清）孫清
元撰

　　吉人詩鈔一卷　（清）孫清士撰

不冷堂遺集四卷附錄一卷　（清）張舜琴撰

思過齋雜體詩存十二卷　（清）蕭培元撰

一笑先生詩鈔二卷文鈔一卷　（清）李玉
湛撰

悔齋詩稿四卷　（清）畢應辰撰

補過齋遺集二卷　（清）甘雨撰

李叔豹遺詩一卷　（清）李熙文撰

陶詩彙注四卷首一卷末一卷　（清）吳瞻泰
撰　（清）許印芳增訂

五塘詩草六卷　（清）許印芳撰

五塘雜俎三卷　（清）許印芳撰

穆清堂詩鈔三卷續集五卷　（清）朱庭珍撰

天船詩集二卷　（清）張星柳撰

香雪館遺詩一卷　（清）張瑩撰

思亭詩鈔六卷文鈔二卷　李玶撰

滄海遺珠四卷　（明）沐昂輯

選詩補遺二卷　（明）唐堯官輯

滇南詩略四十七卷　（清）袁文典　（清）袁
文揆輯

滇南文略四十七卷　（清）袁文揆輯

滇詩嗣音集二十卷補遺一卷　（清）黃琮輯

麗郡詩徵十二卷文徵八卷　（清）趙聯元輯

滇詩重光集十八卷　（清）許印芳輯

律髓輯要七卷　（元）方回輯　（清）許印
芳摘抄

滇詩拾遺六卷　陳榮昌輯

滇詩拾遺補四卷　李玶輯

明滇南五名臣遺集　李根源輯

　　楊文襄公文集一卷詩集一卷　（明）楊一
清撰

　　孫清愍公文集一卷詩集一卷　（明）孫繼
魯撰

　　楊文毅公文集一卷詩集一卷　（明）楊繩
武撰

　　傅忠壯公文集一卷詩集一卷　（明）傅宗
龍撰

　　王文節公文集一卷詩集一卷　（明）王錫
袞撰

明雷石庵胡二峰遺集合刊　李根源等輯

　　雷石庵尚書遺集一卷　（明）雷躍龍撰

　　胡二峰侍郎遺集一卷　（明）胡璇撰

滇文叢録一百卷首一卷總目二卷作者小傳三卷　雲南叢書處輯

滇詞叢録三卷　趙藩輯

蔭椿書屋詩話一卷　（清）師範撰

酌雅詩話二卷續編一卷　（清）陳偉勳撰

藥欄詩話二卷　（清）嚴廷中撰

詩法萃編十五卷　（清）許印芳輯

詩譜詳說八卷　（清）許印芳撰

筱園詩話四卷　（清）朱庭珍撰

二編

經部

太極明辯三卷　（清）高崟映撰

卦極圖説一卷　（清）馬之龍撰

泰律補一卷　（清）閔爲人撰

六書綱目一卷　（清）吳式釗撰

切音導原一卷　（清）吳式釗撰

史部

重葺楊文襄公事略一卷　（明）謝純撰

趙忠愍公景忠集一卷　（明）趙譔撰　（清）張漢　（清）傅爲詝輯

尹楚珍年譜一卷　（清）尹壯圖自撰

明贈光禄寺卿路南楊公忠節録二卷　袁嘉穀輯

盤龍山紀要四卷　（清）方秉孝撰　民國七年刻　**附行先遺稿一卷**　（清）方秉孝撰

晚聞齋稿待焚録一卷　（清）竇垿撰

子部

制府雜録一卷　（明）楊一清撰

西征日録一卷　（明）楊一清撰

鑑辨小言一卷　（清）趙聯元撰

集部

楊林兩隱君集二卷附録一卷　李文漢　李文林輯　民國八年刻

　蘭隱君集一卷　（明）蘭茂撰

　賈隱君集一卷　（明）賈維孝撰

桃川剩集二卷　（明）王廷表撰

雪山詩選二卷　（明）木公恕撰

大錯和尚遺集四卷　（明）釋大錯（錢邦芑）撰

撫松吟集一卷　（清）張端亮撰

馬悔齋先生遺集二卷　（清）馬汝爲撰　民國十二年刻

檢齋遺集二卷　（清）趙瑗撰

七峰詩選四卷　（清）段時恒撰

昭文遺詩一卷　（清）段煜撰

二餘堂文稿六卷　（清）師範撰

袁陶村文集一卷　（清）袁文典撰　民國七年刻

五之堂詩鈔二卷　（清）李作舟撰　民國十一年刻

岩泉山人詩四選存稿一卷　（清）嚴廷中撰

次民詩稿二卷　（清）朱在勤撰

不冷堂遺集四卷　（清）張舜琴撰　民國十三年刻

夢亭遺集三卷　（清）方學周撰

彊静齋詩録一卷　（清）吳式釗撰

劍川羅楊二子遺詩合鈔二卷　趙藩輯

　夢蒼山館遺詩一卷　（清）羅宿撰

　惜春山房遺詩一卷　（清）楊志中撰

向湖村舍詩二集七卷　趙藩撰

李太白詩選四卷　（明）張含輯

楊文憲公寫韵樓遺像題詞彙鈔一卷　（清）趙惠元輯

錢南園先生守株圖題詞録一卷　趙藩輯

味燈詩話二卷　（清）王寶書撰

夢選樓叢刊九種

胡宗楙纂

民國二十一年夢選樓刻本　續四庫叢部 509 頁

　説文隽言一卷　胡宗楙撰

　段注説文正字二卷　胡宗楙撰

　昭明太子年譜一卷附録一卷　胡宗楙撰

　胡正惠公年譜一卷附録一卷　胡宗楙撰

　東陽記拾遺一卷附考一卷　（南朝宋）鄭緝之撰

永康人物記五卷　胡宗楙撰

張宣公年譜二卷附錄二卷　胡宗楙撰

倚山閣詩二卷　章華撰

淡月平芳館詞一卷　章華撰

中州文獻彙編四種

李時燦編

民國間開封刻本　續四庫叢部 523 頁

中州文哲傳三十七卷

中州藝文錄四十二卷

中州文獻續錄三十八卷

中州詩徵三十卷

氏族類

正定王氏五種

王耕心編

清光緒二十年至民國六年刻民國間彙印本
總目 999 頁

覺華龕詩存一卷　（清）王蔭祜撰　清光緒
二十年刻

椒園居士集六卷　（清）王定柱撰　清光緒
三十二年泰州龍樹精舍刻

懷隱盦賸稿一卷　王世耀　王世永撰　王耕
心輯　清光緒三十二年泰州龍樹精舍刻

尚書徵名二卷　（清）王蔭祜撰　清光緒
三十四年刻

龍宛居士集六卷　王耕心撰　民國六年刻

鄧氏家集四種

鄧邦述編

民國二十一年鄧邦述刻本　總目 999 頁

林屋詩集九卷　（清）鄧旭撰

鄧制軍禁烟防海奏議二卷　（清）鄧廷楨
撰　鄧邦述輯

扁善齋詩存二卷　（清）鄧家緝撰

蹇盦詞二卷　鄧邦述撰

震澤先生別集四種

（明）王永熙輯

民國十年鮮溪王氏刻本　叢書綜錄 457 頁
總目 1000 頁

震澤長語二卷　（明）王鏊撰

震澤紀聞二卷　（明）王鏊撰

續震澤紀聞一卷　（明）王禹聲撰

郢事紀略一卷附一卷　（明）王禹聲撰

玉山朱氏遺書二種

（清）諸可寶編

清光緒二十六年玉山書院刻民國間印本　總
目 1000 頁

觀復堂稿略一卷　（明）朱集璜撰

無欺錄二卷　（清）朱用純撰

如皋冒氏叢書三十四種附二種

冒廣生輯

清光緒至民國間如皋冒氏刻本　叢書綜錄
459 頁　總目 1009 頁　綜錄續編 121 頁

冒伯麔先生集二十五卷　（明）冒愈昌撰
民國十年刻

增定存笥小草四卷　（明）冒日乾撰　民國
十年刻

馭交記十二卷　（明）張鏡心撰　（明）冒
起宗訂　清光緒二十九年刻

簡兮堂文賸一卷　（清）冒超處撰

香儷園偶存一卷　（清）冒襄撰

寒碧孤吟一卷　（清）冒襄撰

泛雪小草一卷　（清）冒襄撰

集美人名詩一卷　（清）冒襄撰

宣爐歌注一卷　（清）冒襄撰

岕茶彙鈔一卷　（清）冒襄撰　民國九年刻

蘭言一卷　（清）冒襄撰　民國九年刻

影梅庵憶語一卷　（清）冒襄撰　民國九
年刻

樸巢詩選一卷文選四卷　（清）冒襄撰

巢民詩集六卷文集七卷　（清）冒襄撰　清
宣統三年刻

鹿樵集葺一卷　（清）冒坦然撰

鑄錯軒詩蓒一卷補一卷　（清）冒褒撰

寒碧堂詩蓒一卷附録一卷　（清）冒嘉穗撰

枕烟亭詩蓒一卷附録一卷　（清）冒丹書撰

婦人集注一卷　（清）陳維崧撰　（清）冒
褒注

婦人集補一卷　（清）冒丹書撰

葚原詩説四卷　（清）冒春榮撰

前後元夕讌集詩二卷　（清）冒篆輯

枕干録一卷附録一卷　（清）冒沅輯

永嘉高僧碑傳集八卷附録一卷補一卷　冒
廣生輯　民國六年刻

鉢池山志六卷志餘一卷　冒廣生撰

疢齋小品　冒廣生撰　民國六年刻

 哥窰譜一卷

 青田石考一卷

 戲言一卷

 癸卯大科記一卷

 于役東陵記一卷

 扈從親耕記一卷

 風懷詩案一卷

 莽鏡釋文一卷

謝康樂集拾遺一卷　（南朝宋）謝靈運撰
冒廣生輯

附

 謝康樂集校勘記一卷　冒廣生撰

 和謝康樂詩一卷　冒廣生撰

如皋冒氏詩略十四卷詞略一卷　冒廣生輯

冒得庵參議（鸞）年譜一卷　冒廣生撰

冒嵩少憲副（起宗）年譜三卷　冒廣生撰

冒巢民徵君（襄）年譜一卷補一卷　冒廣
生撰　民國十二年刻

同人集補一卷　冒廣生輯　民國十二年刻

小三吾亭文甲集一卷詩八卷詞三卷附一卷
冒廣生撰

冠柳詞一卷　（宋）王觀撰　冒廣生輯

附二種

五周先生集　冒廣生輯

 蟄室詩録一卷　（清）周沐潤撰

訒庵遺稿一卷　（清）周悦修撰

傳忠堂學古文一卷　（清）周星譽撰

鷗堂賸稿一卷　（清）周星譽撰

東鷗草堂詞二卷　（清）周星譽撰

窊橫詩質一卷　（清）周星詒撰

外家紀聞一卷　冒廣生撰

新安許氏先集四種
許同莘輯

民國間無錫許氏簡素堂刻本排印本　叢書綜
録 463 頁　總目 1004 頁

 先天集十卷補遺一卷附録二卷　（宋）許月
卿撰　民國十二年刻

 百官箴六卷　（宋）許月卿撰　民國十一
年刻

 許文穆公集十六卷附録一卷　（明）許國
撰　民國十三年刻

 復庵先生集十卷附録一卷　許珏撰　民國
十五年排印

侯官郭氏家集彙刊十一種
郭則澐輯

民國二十三年侯官郭氏刻本　叢書綜録 463
頁　總目 1029 頁

 石泉集四卷　（清）郭柏蔭撰

 天開圖畫樓文稿四卷　（清）郭柏蔭撰

 變雅斷章衍義一卷　（清）郭柏蔭撰

 嘐嘐言六卷續四卷　（清）郭柏蔭撰

 説雲樓詩草二卷　（清）郭式昌撰

 惜齋吟草二卷詞草一卷吟草別存一卷
（清）郭傳昌撰

 匏廬詩存九卷附匏廬賸草一卷　郭曾炘撰

 再槐軒詩草一卷　郭曾炘撰

 郭文安公奏議一卷　郭曾炘撰

 樓居偶録一卷　郭曾炘撰

 邴廬日記二卷　郭曾炘撰

鄔家初集十種
鄔慶時輯

清光緒三十四年至民國十七年刻二十年廣州鄔氏彙印本　叢書綜錄466頁　總目1031頁　綜錄續編119頁

鄉賢公遺著一卷　（宋）鄔大昕撰

詩學要言三卷　（清）鄔啓祚撰　清宣統三年刻

耕雲別墅詩話一卷　（清）鄔啓祚撰　清宣統三年刻

耕雲別墅詩集一卷　（清）鄔啓祚撰　清宣統元年刻

達庵隨筆一卷　（清）鄔寶理撰　清光緒三十四年刻

明珠一卷　（清）鄔寶珍輯　清宣統二年刻

吉祥錄一卷　（清）鄔寶珍撰　清宣統元年刻

智因閣詩集一卷　（清）鄔寶珍撰　清宣統元年刻

治家要義一卷　屈鳳竹撰　民國十七年刻

立德堂詩話一卷　（清）鄔以謙撰　清宣統二年刻

鄔家初集十七種

鄔慶時編

清光緒至民國間刻廣州鄔氏彙印本　總目1031頁

無終始齋詩文集三卷　程大璋撰

南村草堂筆記四卷　鄔慶時撰

自然略説四卷　鄔慶時撰

聽雨樓隨筆四卷　鄔慶時撰

經學導言一卷　鄔慶時撰

番禺未業志四卷　鄔慶時撰

齊家淺説一卷　鄔慶時撰

窮忙小記一卷　鄔慶時撰

白桃花館雜憶一卷　鄔慶時撰

耕雲別墅詩集一卷　（清）鄔啓祚撰

詩學要言三卷　（清）鄔啓祚撰

耕雲別墅詩話一卷　（清）鄔啓祚撰

達庵隨筆一卷　（清）鄔寶理撰

明珠一卷　（清）鄔寶珍輯

吉祥錄一卷　（清）鄔寶珍輯

智因閣詩集一卷　（清）鄔寶珍輯

立德堂詩話一卷　（清）鄔以謙撰

春藻遺芳（番禺鄔氏家集）八種

鄔慶時編

民國二十年廣州鄔氏刻本　總目1031頁

詩學要言三卷　（清）鄔啓祚撰

耕雲別墅詩話一卷　（清）鄔啓祚撰

附

先大父行述一卷　鄔慶時撰

達庵隨筆一卷　（清）鄔寶理撰

明珠一卷　（清）鄔寶珍撰

吉祥錄一卷　（清）鄔寶珍撰

智因閣詩集一卷　（清）鄔寶珍撰

治家要義一卷　屈鳳竹撰

立德堂詩話一卷　（清）鄔以謙撰

半帆樓叢書二十七種

鄔慶時輯

清光緒至民國間刻本　叢書綜錄304頁　總目1032頁

經學導言一卷　鄔慶時撰　民國十七年刻

白鵝洲小志一卷　鄔慶時撰　民國十八年刻

九峰采蘭記一卷　鄔慶時撰　民國十八年刻

鼎樓詩草二卷　鄔慶時撰　民國十六年刻

番禺隱語解一卷　鄔慶時撰

東齋雜志一卷　鄔慶時撰　民國十七年刻

南村草堂筆記四卷　鄔慶時撰　民國九年刻

窮忙小記一卷　鄔慶時撰　民國十七年刻

番禺末業志四卷　鄔慶時撰　民國十八年刻

聽雨樓隨筆四卷　鄔慶時撰　民國十六年刻

齊家淺説一卷　鄔慶時撰　民國十八年刻

自然略説四卷　鄔慶時撰　民國十六年刻

白桃花館雜憶一卷　鄔慶時撰　民國十四年刻

立德堂詩話一卷　（清）鄔以謙撰　清宣統二年刻

智因閣詩集一卷　（清）鄔寶珍撰　清宣統

元年刻

吉祥録一卷 （清）鄔寶珍撰 清宣統元年刻

明珠一卷 （清）鄔寶珍撰 清宣統二年刻

治家要義一卷附録一卷 屈鳳竹撰 民國十七年刻

達庵隨筆一卷 （清）鄔寶理撰

耕雲別墅詩話一卷 （清）鄔啓祚撰

耕雲別墅詩集一卷 （清）鄔啓祚撰

詩學要言二卷 （清）鄔啓祚撰

王制通論一卷 程大璋撰 民國十八年廣州刻

王制義按三卷 程大璋撰 民國十九年廣州刻

無終始齋詩文集三卷 程大璋撰 民國十七年廣州刻

孝經通論四卷 鄔慶時撰 民國十九年刻

古今僞書考書後一卷 程大璋撰 民國十九年刻

番禺鄔氏所刻書二十種

鄔慶時編

清宣統元年至民國十九年刻本 總目 1032 頁

自然略説四卷 鄔慶時撰

經學導言一卷 鄔慶時撰

聽雨樓隨筆四卷 鄔慶時撰

鼎樓詩草二卷 鄔慶時撰

南村草堂筆記四卷 鄔慶時撰

番禺隱語解一卷 鄔慶時撰

白桃花館雜憶一卷 鄔慶時撰

東齋雜志一卷 鄔慶時撰

窮忙小記一卷 鄔慶時撰

番禺未業志四卷 鄔慶時撰

九峰采蘭記一卷 鄔慶時撰

白鵝洲小志一卷 鄔慶時撰

齊家淺説一卷 鄔慶時撰

無終始齋詩文集三卷 程大璋撰

孝經通論四卷 鄔慶時撰

明珠一卷 （清）鄔寶珍輯

吉祥録一卷 （清）鄔寶珍輯

智因閣詩集一卷 （清）鄔寶珍輯

治家要義一卷 屈鳳竹撰

立德堂詩話一卷 （清）鄔以謙撰

崇川劉氏叢書四種

（清）劉長華輯

清同治光緒間刻民國十五年海寧陳氏慎初堂印本 叢書綜録 467 頁 總目 1010 頁 綜録續編 120 頁

遂初齋文集四卷 （清）劉邦鼎撰

漢晋迄明謚彙考十卷皇朝謚彙考五卷 （清）劉長華撰

歷代同姓名録二十二卷補遺一卷 （清）劉長華撰

崇川書香録不分卷 （清）袁景星 （清）劉長華撰

中州叢刻二種

（清）常茂績 常茂徠撰

民國二十二年河南省立圖書館刻本 總目 1017 頁

石田野語一卷

臆見隨筆一卷

富陽夏氏叢刻七種

（清）夏震武 夏鼎武撰

清光緒至民國初刻民國九年彙印本 總目 1021 頁

悔言六卷 （清）夏震武撰 清光緒八年刻

悔言辨正六卷首一卷附記一卷 （清）夏震武撰 附記 （清）夏鼎武撰 清光緒十六年刻

詩序辨一卷 （清）夏鼎武撰

讀禮私記一卷 （清）夏鼎武撰

衰説考誤一卷 （清）夏震武撰

寱言質疑一卷 （清）夏震武撰

庭聞憶略二卷附竹坡先生遺文一卷 （清）

寶廷撰 （清）夏鼎武輯

雙硯齋叢書（群碧樓叢刻）六種

鄧邦述輯

民國八年至十一年江寧鄧氏刻本　叢書綜録
468 頁　總目 999 頁　綜録續編 351 頁

　雙硯齋詩鈔十六卷詞鈔二卷 （清）鄧廷
　楨撰

　詩雙聲疊韵譜一卷 （清）鄧廷楨撰

　許氏説文解字雙聲疊韵譜一卷 （清）鄧廷
　楨撰

　雙硯齋筆記六卷 （清）鄧廷楨撰

　空一切庵詞一卷 （清）鄧嘉純撰　民國九
　年刻

　晴花暖玉詞二卷 （清）鄧嘉縝撰

嘉興譚氏遺書十種

譚新嘉輯

民國元年至二十四年嘉興譚氏承啓堂刻本
叢書綜録 469 頁　總目 1023 頁

　憨山老人年譜自叙實録二卷 （明）釋德清
　撰 （明）福徵（譚貞默）述疏

　曹溪中興憨山肉祖後事因緣一卷附東游集
　法語一卷

　譚子雕蟲二卷校補闕文一卷附録一卷 （明）
　譚貞默撰

　掃庵集一卷 （明）譚貞默撰

　歷代武舉考一卷 （清）譚吉璁撰

　蕭松録一卷 （清）譚吉璁撰

　鴛鴦湖櫂歌一卷續一卷 （清）譚吉璁撰

　續刑法叙略一卷 （清）譚瑄撰

　康熙弋陽縣志節本二卷 （清）譚瑄撰　譚
　新嘉節録

　碧漪集四卷續集二卷三集四卷附録一卷
　譚新嘉輯

蔣氏遺編四種

（清）胡兆春編

清同治十一年刻民國二十五年余家薏印

本　總目 1028 頁

　就正編二卷 （清）蔣鳴奎撰

　望藩存稿一卷 （清）蔣魯封撰

　願學堂詩集二卷 （清）蔣魯傳撰

　摘録漢南詩約一卷 （清）蔣椿撰

錢塘吳氏所刻書六種

吳用成編

民國間錢塘吳氏刻本　續四庫叢部 546 頁

　藥園古體詩一卷 （清）吳焯撰

　藥園今體詩一卷 （清）吳焯撰

　渚陸鴻飛集一卷 （清）吳焯撰　民國十三
　年刻

　玲瓏簾詞一卷 （清）吳焯撰　民國十三
　年刻

　秋聲館吟稿一卷 （清）符之恒撰　清汪沆
　等輯　民國十三年刻

　賞雨茆屋小稿一卷 （清）符曾撰　民國
　十三年刻

獨撰類

明代

王文成公全書三十八卷（一名王陽明全集，又名陽明全書）

（明）王守仁撰

民國十七年刻本　綜録補正 84 頁　12–10–
11 孔網拍賣

　傳習録三卷附朱子晚年定論

　文録五卷

　別録十卷

　外集七卷

　文録續編六卷

　年譜三卷附録二卷 （明）錢德洪撰　附録
　（明）王畿輯

　世德紀一卷附録一卷 （明）錢德洪撰 （明）
　王畿輯

張太岳先生全集四十七卷

（明）張居正撰

民國二十年黃岡徐氏刻本　海王村 07 年秋 19

　詩集六卷

　文集十四卷

　書牘十五卷

　奏疏十一卷

　附

　行實一卷

清代前期

任氏遺書八種

（清）任啓運撰

民國二十年刻本　叢書綜録 497 頁　總目 1124 頁

　尚書章句内篇五卷外篇二卷

　尚書約注四卷末一卷

　朝廟宮室考附圖一卷附校記

　田賦考一卷

　天子肆獻裸饋食禮纂三卷

　禮記章句十卷

　四書約旨十九卷

　　大學約旨一卷

　　中庸約旨一卷

　　論語約旨十卷

　　孟子約旨七卷

　清芬樓遺稿四卷

汪子遺書二種

（清）汪縉撰

清光緒八年刻民國十五年彭清鵬補刻本　叢書綜録 504 頁　總目 1142 頁

　汪子文録十卷附録一卷二録二卷録後一卷附一卷三録三卷詩録四卷

　讀佛祖四十偈私記一卷

章氏遺書七種外編十種

（清）章學誠撰

民國十一年吳興劉氏嘉業堂刻本　叢書綜録 508 頁　總目 1152 頁

　文史通義九卷

　校讐通義四卷

　方志略例二卷

　文集八卷

　湖北通志檢存稿四卷

　外集二卷

　湖北通志未成稿一卷

　外編

　信摭一卷

　乙卯札記一卷

　丙辰札記一卷

　知非日札一卷

　閱書隨札一卷

　永清縣志七卷

　永清文徵三卷

　和州志三卷

　章氏遺書補遺一卷附録一卷　劉承幹輯

　章氏遺書校記一卷　王秉恩撰

槐軒全書二十一種附九種

（清）劉沅撰

清咸豐至民國間刻本　叢書綜録 519 頁　總目 1179 頁

　四書恒解十一卷

　詩經恒解六卷　民國三年刻

　書經恒解六卷書序辨正一卷　清同治十一年刻

　易經恒解五卷首一卷　清同治十一年刻

　周官恒解六卷　清同治十一年刻本

　禮記恒解四十九卷　清同治十一年刻

　儀禮恒解十六卷　清同治十一年刻

　春秋恒解八卷附録餘傳一卷　清同治十一年刻

　史存三十卷　清光緒三十一年刻

　孝經直解一卷　清同治二年刻

　明良志略一卷

　大學古本質言一卷　清光緒三十一年刻

　正訛八卷　清同治三年刻本

子問二卷又問一卷　清咸豐七年刻

拾餘四種　清光緒元年刻

　恒言一卷

　膡言一卷

　家言一卷

　雜問一卷

槐軒雜著不分卷　民國二十二年刻

槐軒約言一卷　清同治四年刻

槐軒俗言一卷　清咸豐四年刻

槐軒蒙訓一卷　清光緒三十年刻

下學梯航一卷　民國三年刻

尋常語一卷　清同治八年刻

附

莊子約解四卷外附一卷　（清）劉鴻典撰
清同治五年刻

遺訓存略二卷　（清）顏續輯　清光緒三十二
年刻

感應篇韵語一卷　（清）劉鴻典撰　清光緒
七年刻

性理吟一卷續性理吟一卷後性理吟一卷
（宋）朱熹撰　續　（清）劉鴻典撰　後
（清）尤侗撰

村學究語一卷　（清）稻香齋村學究撰　清
同治三年刻

醒謎録一卷附一卷　（清）醒謎子撰　清同
治三年刻

戒淫寶訓一卷　（清）傅伯辰撰　清咸豐
九年刻

感應篇注釋四卷　（清）□□撰　清咸豐
八年刻

易知録一卷　民國八年刻

小謨觴館全集三種

（清）彭兆蓀撰　（清）孫元培　（清）孫長熙注
民國十一年蘇州振新書社重印錢塘汪氏刻
本　總目 1180 頁

　小謨觴館詩集八卷續集二卷詩餘一卷續一卷
　文集四卷續集二卷　詩集清光緒二十七年刻

續三十年刻詩餘三十一年刻文集二十二年刻
續二十三年刻

懺摩録一卷　清光緒二十四年刻

潘瀾筆記二卷　清光緒二十四年刻

附録四卷補遺一卷　清光緒二十五年刻

景紫堂全書十一種

（清）夏炘撰
清咸豐同治間刻同治元年王光甲等彙印本
民國十年刻本　總目 1199 頁

第一册

檀弓辨誣三卷

述朱質疑十六卷

附

釋字一卷　（清）王焕奎撰　清咸豐二年刻

第二册

三綱制服尊尊述義三卷　清咸豐三年刻

學禮管釋十八卷　清咸豐十年刻

第三册

讀詩札記八卷附詩章句考一卷詩樂存亡譜
一卷詩經集傳校勘記一卷詩古韵表二十二
部集説二卷　清咸豐三年刻

第四册

學制統述二卷　清咸豐三年刻

六書轉注説二卷　清咸豐三年刻

養痾三編八卷　清同治元年刻

　漢唐諸儒與聞録六卷

　訏謨成竹一卷

　息游咏歌一卷

漢賈誼政事疏考補一卷　清咸豐三年刻

明翰林學士當塗陶主敬先生（安）年譜一
卷　清咸豐三年刻

第五册

景紫堂文集十四卷　清咸豐五年刻

十經齋遺集五種附一種

（清）沈濤撰
民國二十五年建德周氏自莊嚴堪刻本　叢書
綜録 520 頁　總目 1204 頁

柴辟亭詩二集一卷

十經齋文二集一卷

九曲漁莊詞二卷

柴辟亭讀書記一卷

易音補遺一卷

附

絳雲樓印拓本題辭一卷　（清）沈濤輯

李二曲先生全集五種

（清）李顒撰

民國九年陝西公所刻本　總目 1108 頁

二曲全集二十六卷

歷年紀略一卷　（清）慧罴嗣撰

潛確録一卷　（清）李慎言撰

四書反身録論語十卷孟子二卷

四書反身續録二卷

重訂楊園先生全集十九種附一種

（清）張履祥撰

民國二十二年大成會刻本　總目 1090 頁

詩文二十四卷

問目一卷

願學記三卷

讀易筆記一卷

讀史

讀史記

讀諸文集偶記

讀許魯齋心法偶記

讀厚語偶記　　以上合一卷

言行見聞録四卷

經正録一卷附學規

初學備忘二卷

近鑑一卷

備忘録四卷

近古録四卷

訓子語二卷

補農書二卷　（明）沈□撰　（清）張履祥補（下卷）

楊園先生喪葬雜録一卷　（清）張履祥輯

附

葬親社約一卷　（清）張灝儒撰

訓門人語三卷

附

張楊園先生（履祥）年譜一卷　（清）蘇惇元撰

清代後期

振綺堂遺書五種

（清）汪遠孫撰

清道光中刻民國十一年錢塘汪氏彙印本　叢書綜録 528 頁　總目 1207 頁

國語校注本三種　清道光二十六年刻

國語明道本考異四卷

國語三君注輯存四卷

國語發正二十一卷

漢書地理志校本二卷　清道光二十八年刻

借閒生詩三卷詞一卷　清道光二十年刻

列女傳七卷續一卷　（漢）劉向撰　（清）梁端校正　清道光十七年刻

玉臺畫史五卷別録一卷　（清）湯漱玉輯　清道光十七年刻

武陵山人遺書十種續刊二種

（清）顧觀光撰

清光緒九年獨山莫祥芝上海刻本　民國四年金山高煌據莫氏版并高桂續刻二種修補彙印本　叢書綜録 530 頁　總目 1211 頁

六秝通考一卷

九執秝解一卷

回回秝解一卷

算賸初編一卷續編一卷餘稿二卷

九數外録一卷

神農本草經四卷　（三國魏）吳普等述

周髀算經校勘記一卷

傷寒雜病論補注一卷

吳越春秋校勘記一卷

華陽國志校勘記一卷

續刊

七國地理考七卷

國策紀年一卷

小鷗波館集四種

（清）潘曾瑩撰

民國二十六年潘氏歲可堂刻本　　總目 1217 頁

賜錦堂經進文鈔一卷

小鷗波館文鈔二卷

小鷗波館駢體文鈔一卷

紅雲山房畫品一卷

遵義鄭徵君遺著四種

（清）鄭珍撰

民國三年花近樓刻本　　叢書綜録 533 頁

巢經巢文集六卷

巢經巢詩集九卷後集四卷

巢經巢遺詩一卷

附録一卷

附

屈廬詩稿四卷　（清）鄭知同撰

半岩廬所著書九種

（清）邵懿辰撰

清宣統三年至民國二十年仁和邵氏家祠刻
本　叢書綜録 535 頁　總目 1221 頁

尚書傳授同異考一卷　民國十八年刻

尚書通義殘二卷（存卷六至卷七）　民國二十
年刻

禮經通論二卷（原缺卷下）　民國十七年刻

李氏孝經注輯本一卷　民國六年刻

曾子大孝編注一卷

四庫簡明目録標注二十卷　清宣統三年刻

半岩廬遺文二卷補一卷遺詩二卷補一卷附
録一卷　民國十一年刻

明季國初進士履歷跋後一卷　民國六年刻

半岩廬日記五卷　民國二十年刻

獨山莫氏邵亭叢書七種

（清）莫友之撰輯

清咸豐光緒年間莫氏影山草堂刻民國三十三
至三十五年揚州書林陳履恒補刻本　綜録續
編 117 頁　總目 1222 頁

黔詩紀略三十三卷　（清）莫友之輯

宋元舊本書經眼録三卷附録二卷

貞定先生遺集四卷附録一卷　（清）莫與儔輯

唐寫本説文解字木部箋異一卷

邵亭遺文八卷

邵亭詩鈔六卷

邵亭遺詩八卷

通齋全集十種

（清）蔣超伯撰

清同治三年高凉郡齋刻民國二十二年揚州
陳恒和書林重印本　叢書綜録 539 頁　總目
1238 頁

通齋詩集五卷

垂金蔭録軒詩鈔二卷

圃琅岩館詩鈔四卷

通齋文集二卷遺稿一卷外集一卷

曉瀛遺稿二卷　（清）蔣繼伯撰

文苑珠林四卷

榕堂續録四卷

窺豹集二卷

南行紀程一卷

南滑楛語八卷

箋園叢書（張淑威著述）九種

（清）張慎儀撰

清光緒至民國間刻本　叢書綜録 546 頁　總
目 1269 頁

詩經異文補釋十六卷

續方言新校補二卷

方言別録四卷

蜀方言二卷

廣釋親一卷附録一卷　（清）梁□撰　（清）
張慎儀補輯　附録　張驤撰

厥妄撝筆四卷

今悔庵詩一卷補録一卷

今悔庵文一卷

今悔庵詞一卷

香雪崦叢書四種

（清）平步青撰

民國六至十四年刻本及排印本　叢書綜録547
頁　總目1257頁

讀經拾瀋一卷　民國十三年紹興四有書局
排印

讀史拾瀋二卷　民國十四年紹興四有書局
排印

霞外攟屑十卷　民國六年刻

樵隱昔寱二十卷　民國六年刻

香雪崦叢書二十種

（清）平步青撰

民國刻本及排印本　叢書廣録326頁

甲集

讀經拾瀋一卷　民國十三年紹興平氏安越
堂排印

乙集

讀史拾瀋二卷　民國十四年紹興平氏安越
堂排印

宋史叙録一卷

修明史使臣表一卷

文廟從祀議考略二卷

國朝館選爵里諡法考續三卷

上書房行走諸臣考略二卷

南書房行走諸臣考略二卷

召試博學鴻儒諸臣考略一卷

召試博學鴻詞考略一卷

薦舉經學考略一卷

大考翰詹考略不分卷

越中科第表二卷

浙江江陰平氏譜續三卷

司農公年譜一卷

群書校識八十七種（已刻者十種）

丙集

霞外攟屑十種十卷

丁集

樵隱昔寱二十卷

楹帖撷談二卷

浙江山陰平氏捃殘集一卷

張文襄公全集十四種

（清）張之洞撰

民國十七年北平刻本　總目1257頁　續四
庫叢部675頁　清人詩文1718頁

首二卷

奏議七十二卷

電奏十三卷

尺牘三十六卷

電牘八十卷

勸學篇二卷

輶軒語二卷

書目答問不分卷

讀經札記二卷

古文二卷

書札八卷

駢文二卷

詩集四卷

抱冰堂弟子記一卷

家書一卷

宗月鋤先生遺著八種

（清）宗廷輔撰

清光緒間刻民國六年徐兆瑋重印本　叢書綜
録551頁　總目1249頁

壬子秋試行記一卷

趙園觀梅記一卷

辨字通俗編一卷　（清）佛嬾老人（宗廷
輔）輯

三橋春游曲唱和集一卷

丹陽集一卷　（唐）殷璠輯

寓崇雜記一卷

古今論詩絕句一卷　（清）宗廷輔輯

選例彙鈔二卷　（清）宗廷輔輯

廣雅堂四種

（清）張之洞撰

民國間南皮張氏刻本　叢書綜録 551 頁　總目 1258 頁

　　廣雅堂駢體文二卷補遺一卷　民國十年刻
　　廣雅堂散體文二卷附録一卷　民國十年刻
　　廣雅堂雜著四卷　民國十一年刻
　　廣雅堂論金石札五卷

賭棋山莊所著書八種（賭棋山莊全集）

（清）謝章鋌撰

清光緒十年至民國十四年增刻彙印本　叢書綜録 551 頁　總目 1233 頁

　　賭棋山莊集文七卷續二卷文又續二卷詩十四卷酒邊詞八卷　清光緒十年閩縣陳寶璐南昌使廨刻　文續十八年刻　文又續二十四年刻　詩十四年刻　酒邊詞十五年刻
　　賭棋山莊餘集文三卷詩一卷詞一卷　民國十四年沈丹元刻
　　説文閩音通一卷附録一卷　清光緒三十年陳寶璐刻
　　賭棋山莊集詞話十二卷續五卷　清光緒十年陳寶璐刻
　　賭棋山莊筆記　清光緒二十七年刻
　　　圍爐瑣憶一卷
　　　藤蔭客贄一卷
　　　稗販雜録四卷
　　　課餘偶録四卷續録五卷　清光緒二十四年福州刻續録二十六年刻
　　東嵐謝氏明詩略四卷　（清）謝世南輯　清光緒十九年刻
　　勸學淺語一卷　（清）沈源深撰　清光緒二十五年福州致用書院刻
　　賭棋山莊八十壽言一卷　（清）謝章鋌輯　清光緒二十八年董藻翔福州刻

許松濱先生全集六種

（清）許錫祺撰

清光緒十九年劉汝錫等刻民國二十二年補修本　總目 1237 頁

　　寤言三十卷附質疑一卷　（清）夏震武撰
　　周易臆解四卷
　　初學入門一卷
　　許松濱先生條答四卷附評條答　（清）葉裕仁撰
　　許松濱先生詩集二卷文集二卷
　　侍疾日記一卷　（清）周彝撰

于中丞遺書（悚齋遺書）四種

（清）于蔭霖撰

民國十二年北京刻本　叢書綜録 552 頁　總目 1262 頁

　　悚齋奏議十卷
　　悚齋家傳一卷
　　悚齋日記八卷
　　南陽商學偶存一卷

桐城吳先生全書六種附二種

（清）吳汝綸撰

清光緒三十年王恩綬等刻民國間印本　總目 1264 頁

　　經説
　　　易説二卷
　　　尚書故三卷
　　經説附録
　　　夏小正私箋一卷
　　　桐城吳先生文集四卷
　　　桐城吳先生詩集一卷
　　　桐城吳先生尺牘五卷補遺一卷諭兒書一卷　清光緒二十九年刻
　　附
　　　清史本傳一卷
　　　吳先生行狀一卷　賀濤撰

烟霞草堂遺書十七種續刻四種附一種

（清）劉光蕡撰

民國八至十二年王典章思過齋蘇州刻本　叢書綜録 553 頁　總目 1265 頁

立政臆解一卷　民國八年刻

學記臆解一卷　民國八年刻

史記太史公自序注一卷　民國八年刻

前漢書食貨志注二卷　民國十年刻

前漢書藝文志注一卷　民國十年刻

古詩十九首注一卷　民國九年刻

陶淵明閒情賦注一卷　民國九年刻

改設學堂私議一卷附勸設學級言一卷　民國九年刻

大學古義一卷　民國九年刻

孝經本義一卷　民國九年刻

論語時習錄五卷　民國十年刻

孟子性善備萬物圖説一卷　民國十年刻

管子小匡篇節評一卷　民國八年刻

荀子議兵篇節評一卷　民國八年刻

史記貨殖列傳注一卷　民國八年刻

濠塹私議一卷　民國十年刻

團練私議一卷　民國九年刻

續刻　民國十二年王典章思過齋金陵刻

尚書微一卷

修齊直指評一卷

陝甘味經書院志一卷附藏書目錄一卷

養蠶歌括一卷

附

烟霞草堂從學記一卷　張熾章撰

徐茶芩先生著述五種

（清）徐宗亮撰

民國七年徐氏刻本　叢書綜錄 553 頁　總目 1259 頁

徐勇烈公（豐玉）行狀一卷

善思齋文鈔九卷續鈔四卷

善思齋詩鈔七卷續鈔二卷

黑龍江述略六卷

歸廬談往錄二卷

楊仁山居士遺著十三種

（清）楊文會撰

民國六年南京金陵刻經處刻本　民國八年金

陵刻經處增刻本　民國十二年北京西城臥佛寺佛經流通處刻本　總目 1261 頁　叢書廣錄 650 頁（子目略有不同）

大宗地玄文本論略注四卷附金剛五點陣圖

佛教初學課本一卷注一卷

十宗略説一卷

佛説觀無量壽佛經略論一卷

無量壽經優波提舍願生偈略釋一卷

壇經略釋一卷

論語發隱一卷

孟子發隱一卷

陰符經發隱一卷

道德經發隱一卷

冲虛經發隱一卷

南華經發隱一卷

等不等觀雜錄八卷

最樂亭三種

（清）朱福清撰

民國六年嘉興朱氏刻本　叢書綜錄 555 頁　總目 1263 頁

最樂亭詩草二卷

鴛湖求舊錄四卷

求舊續錄四卷

玉津閣叢書（玉津閣集）甲集十二種乙集十二種

（清）胡薇元撰

清光緒至民國間刻本　叢書綜錄 555 頁　總目 1271 頁

甲集

三州學錄二卷

漢易十三家二卷　（清）胡薇元輯　民國十年刻

霜菉亭易説一卷　清光緒三十四年巴州余塈石印

詩緯含神霧訓纂一卷

詩緯氾歷樞訓纂一卷

詩緯推度灾訓纂一卷

公瀍導源一卷

道德經達詁一卷　民國九年刻

湖上草堂詩一卷

壺庵五種曲五卷

　鵲華秋一卷

　青霞夢一卷

　樊川夢一卷

　繙書圖一卷

　壺中樂一卷

夢痕館詩話四卷　民國四年刻

歲寒居詞話一卷

乙集

感應經箋注不分卷

清净經箋注不分卷

有竹居漫録不分卷

授經室述聞不分卷

十萬琅玕精舍讀書記不分卷

玉津閣文略不分卷

授經室文定不分卷

船司空齋詩不分卷

鐵笛詞不分卷

天雲樓詞不分卷

天倪閣詞不分卷

衡門詞不分卷

寫禮廎遺著四種

（清）王頌蔚撰

民國四年鮮溪王氏刻本　叢書綜録 556 頁　總
目 1270 頁

　寫禮廎文集一卷補遺一卷

　寫禮廎詩集一卷

　古書經眼録一卷

　寫禮廎讀碑記一卷

鄒鳳崗先生所著書四種

（清）鄒崿賢撰

民國九年敬齋書室刻本　總目 1271 頁

　易像通釋六卷

　易義經疏二卷

　易學得閒一卷

　敬齋録二卷

湯氏叢書（蠡仙雜著）二十二種

（清）湯蠡仙撰

清光緒至民國間刻本　叢書綜録 561 頁　總
目 1278 頁

　小隱園初集詩二卷文集雜俎一卷詞鈔一卷

　小隱園二集詩十卷

　待園瑣語一卷

　題畫雜言一卷

　蠡仙詩集一卷又二卷又一卷又一卷

　蠡仙泉譜一卷

　蠡仙石品一卷續集一卷石交録一卷

　山水同名録二卷

　楹聯游戲一卷楹聯續刻一卷楹聯聚寶一卷

　楹聯聚寶　清光緒七年金陵一得齋刻

　蠡仙文集一卷又二卷

　金陵百四十八景一卷

　落葉相思小草一卷

　蠡仙小品一卷

　乘化遺安一卷

　蠡仙雜俎一卷

　蠡仙尺牘一卷小隱園尺牘一卷

　書畫筆談一卷　清光緒五年栩栩園刻

　蠡仙絶句一卷

　消夏雜記一卷　（清）販雲翁（湯蠡仙）撰

　栩栩園翔陽集一卷

　栩栩園詞鈔一卷

　栩栩園題畫一卷

是園遺書（傳魯堂遺書）七種

（清）周錫恩撰

民國四至二十八年刻本　叢書綜録 565 頁
總目 1273 頁

　傳魯堂文集六卷　民國二十八年刻

　傳魯堂駢文三卷　民國四年刻

　傳魯堂詩初集三卷　民國四年刻

　傳魯堂詩二集四卷　民國四年刻

　易説二卷　民國四年刻

使陝記三卷　民國四年刻

觀二生齋隨筆一卷楹聯附錄一卷　民國
十九年刻

芝庵四種

（清）陸雲錦撰

民國十一年刻本　總目 1277 頁

　　讀書記四卷

　　雜記四卷

　　夏小正一卷

　　遂初軒詩稿一卷

志學齋集十三種

（清）徐壽基撰

清光緒至民國間武進徐氏刻本　總目 1277 頁

　　經義懸解五卷　清光緒十三年刻

　　春秋釋地韵編五卷首一卷　清光緒十二年
桓臺刻

　　甲子紀年表一卷　清光緒十二年刻

　　續廣博物志十六卷　清光緒十二年刻

　　酉雅堂駢體文集二卷　清光緒十一年桓臺刻

　　曠論一卷　清光緒十二年桓臺刻

　　品芳錄一卷　清光緒十二年桓臺刻

　　漁洋秋柳詩詮一卷　民國九年刻

　　尾聲集偶存一卷　民國九年刻

　　玉譜類編四卷　清光緒十五年刻

　　萬壽亭重建紀事本末一卷

　　知味齋時文縢稿一卷

　　知味齋鄉墨三卷（乙亥、乙卯、庚辰各一卷）

七經樓全集六種

（清）蔣湘南撰

民國間大梁書舍重刻本　叢書廣錄 318 頁

　　七經樓文鈔六卷

　　春暉閣詩鈔六卷

　　卦氣表二卷

　　游藝錄三卷

　　華岳圖經二卷

　　廬山記游一卷

附

　　鄞僧寂然曇隱居草一卷

民國以來

王湘綺先生全集二十六種

王闓運撰

清光緒宣統至民國間刻民國十二年長沙王氏
印本　總目 1280 頁　綜錄續編 179 頁

　　湘綺府君年譜六卷

　　周易説十一卷　清光緒三十二年東洲刻

　　今古文尚書箋三十卷　清光緒二十九年東
洲刻

　　尚書大傳補注七卷　清光緒十一年刻

　　詩經補箋二十卷　清光緒三十二年衡陽東
洲刻

　　周官箋六卷　清光緒二十二年東洲講舍刻

　　禮經箋十七卷　清光緒三十二年東洲講舍刻

　　禮記箋四十六卷　清光緒二十二年東洲講
舍刻

　　春秋公羊何氏箋十一卷　清光緒三十四年刻

　　春秋列表三十八卷　（清）王代豐撰　清光
緒三十四年東洲刻

　　穀梁申義一卷　清光緒十七年刻

　　論語集解訓二十卷　清光緒間刻

　　爾雅集解注十九卷　清光緒二十九年東洲刻

　　莊子內篇注七卷雜篇注二卷

　　墨子注七十一卷　清光緒三十四年江西官
書局刻

　　鶡冠子注一卷　清宣統三年安仁刻

　　楚辭釋十卷附高麗賦注一卷　清光緒二十七
年衡陽刻

　　湘軍志十六卷　清宣統元年東洲刻

　　湘綺樓文集八卷　清光緒二十六年丞陽刻

　　湘綺樓詩集十四卷別集三卷　清光緒三十三
年東洲講舍刻

　　八代詩選二十卷　清光緒十九年刻

　　唐詩選十三卷　清宣統三年東洲刻

　　湘綺樓絕妙好詞選三卷　民國元年零陵刻

湘綺樓詞鈔一卷　民國間刻

湘綺樓箋啓八卷　清光緒三十年衡陽刻

王志二卷　清光緒三十年丞陽刻

沈寄簃先生遺書甲編二種乙編四種

沈家本撰

民國間刻本　叢書綜録 566 頁　總目 1281 頁

甲編

歷代刑法考七十八卷

刑制總考四卷

刑制分考十七卷

赦考十二卷

律令九卷

獄考一卷

刑具考一卷

行刑之制考一卷

死刑之數一卷

唐死罪總類一卷

充軍考一卷

鹽法私礬私茶同居酒禁丁年考合一卷

律目考一卷

漢律摭遺二十二卷

明律目箋三卷

明大誥峻令考一卷

歷代刑官考二卷

寄簃文存八卷

乙編

諸史瑣言十六卷

史記瑣言三卷

漢書瑣言五卷

後漢書瑣言三卷

續漢書志瑣言一卷

三國志瑣言四卷

古書目四種十六卷

文選李善注書目六卷

三國志注所引書目二卷

世說注所引書目三卷

續漢書志注所引書目三卷

日南隨筆八卷

沈碧樓偶存稿十二卷

王葵園四種

王先謙撰

清光緒至民國間長沙王氏刻本　叢書綜録

566 頁　總目 1282 頁

王先謙自定年譜三卷　清光緒三十四年刻

虛受堂書札二卷　清光緒三十三年刻

虛受堂詩存十八卷　民國十年刻

虛受堂文集十六卷　民國十年刻

王文貞集七種附一種

王祖畬撰

民國間刻本　叢書綜録 566 頁　總目 1282 頁

王文貞先生文集十卷別集四卷制義一卷　民

國十年刻

溪山老農自訂年譜二卷續一卷附一卷　民

國七年刻

崇正録一卷　民國八年刻

讀左質疑四卷首一卷　民國七年刻

溪山詩存二卷　民國十一年刻

禮記經注校證二卷

讀孟隨筆二卷　民國十一年刻

附

王文貞先生學案一卷　唐文治撰　油印本

桐鄉勞先生遺稿四種

勞乃宣撰

民國十六年桐鄉盧氏刻本　叢書綜録 566 頁

總目 1282 頁　綜録續編 174 頁

首一卷

韌叟自訂年譜一卷

桐鄉勞先生遺稿八卷

新刑律修正案彙録一卷

拳案三種

義和拳教門源流考一卷

庚子奉禁義和拳彙録一卷

拳案雜存三卷

藝風堂讀書志七種

繆荃孫輯

民國間江陰繆氏刻本　叢書綜録 566 頁　總
目 1282 頁

　　宋校勘五經正義奏請雕版表一卷　（宋）孔
維等撰　繆荃孫録

　　華陽國志巴郡士女逸文一卷　（晋）常璩撰
繆荃孫輯

　　建炎以來朝野雜記逸文一卷　（宋）李心傳
撰　繆荃孫録

　　九國志校一卷　繆荃孫撰

　　九國志逸文一卷　（宋）路振撰　繆荃孫輯

　　剡源集校一卷　繆荃孫撰

　　剡源集逸文一卷　（元）戴表元撰　繆荃孫輯

藝風堂彙刻十六種

繆荃孫撰

光緒至民國年間刻本　綜録續編 174 頁　總
目 1283 頁

　　藝風堂金石文字目十八卷　清光緒三十二
年刻

　　藝風藏書記八卷續記八卷　清光緒二十六
年刻　續記民國元年刻

　　藝風堂文集七卷外篇一卷　清光緒二十六
年刻

　　遼文存六卷　繆荃孫輯　清光緒二十二年刻

　　孔北海年譜一卷　南陵徐氏刻

　　補輯李忠毅公年譜一卷

　　魏文靖公年譜一卷

　　韓翰林詩譜略一卷

　　經義模範一卷　（□）□□輯

　　作義要訣一卷　（元）倪士毅撰

　　四六金鍼一卷　（清）陳維崧撰

　　宋校勘五經正義奏請雕版表一卷　（宋）孔
維等撰　繆荃孫録

　　華陽國志巴郡士女逸文一卷　（晋）常璩
撰　繆荃孫輯

　　建炎以來朝野雜記逸文一卷　（宋）李心傳

撰　繆荃孫録

　　九國志校一卷逸文一卷　（宋）路振撰　繆
荃孫校并輯

　　剡源集校一卷逸文一卷　（元）戴表元撰　繆
荃孫校并輯

緣督廬遺書六種

葉昌熾撰

清末至民國初遞刻蘇州文學山房印本　總目
1283 頁

　　藏書紀事詩七卷

　　語石十卷

　　寒山寺志三卷

　　辛臼簃詩讔三卷

　　奇觚廎文集三卷外集一卷

　　邠州石室録

蕙風叢書七種附一種

況周頤撰

清光緒中刻民國十四年上海中國書店彙印本
叢書綜録 567 頁　總目 1298 頁

　　阮盦筆記五種　清光緒三十三年白門刻

　　　　選庵叢談二卷

　　　　鹵底叢談一卷

　　　　蘭雲菱夢樓筆記一卷

　　　　蕙風簃隨筆二卷

　　　　蕙風簃二筆二卷

　　香東漫筆二卷

　　萬邑西南山石刻記二卷附南浦郡報善寺兩
唐碑釋文一卷　清光緒三十年西岩講院刻

　　薇省詞鈔十卷附録一卷　況周頤輯　清光
緒二十四年金陵刻

　　粤西詞見二卷附玉楸後詞一卷　況周頤輯
清光緒二十二年金陵刻

　　香海棠館詞話一卷

　　弟一生修梅花館詞九卷

附

澹如軒詩一卷　（清）朱鎮撰　清光緒二十五
年武昌刻

義州李氏叢刻七種

李葆恂撰

民國五年李放京師刻本　叢書綜録 568 頁　總目 1297 頁

　　無益有益齋讀畫詩二卷

　　海王村所見書畫録一卷

　　津步聯吟集一卷詞一卷　吳重憙　李葆恂撰

　　紅螺山館詩鈔二卷

　　紅蠃山館遺詩一卷

　　舊學盦筆記一卷

　　三邕翠墨簃題跋四卷

觀古堂所著書二十種

葉德輝撰

清光緒間長沙葉氏刻本（十六種）　清光緒間長沙葉氏刻民國八年重編印本　叢書綜録 569 頁　總目 1303 頁

　　第一集

　　天文本單經論語校勘記一卷　清光緒二十八年刻

　　孟子章句一卷附劉熙事迹考一卷　（漢）劉熙撰　葉德輝輯并考　清光緒二十八年刻

　　月令章句四卷　（漢）蔡邕撰　葉德輝輯　清光緒三十年刻

　　古今夏時表一卷附易通卦驗節侯校文一卷　清光緒二十九年刻

　　六書古微十卷　民國五年刻（重編本）

　　釋人疏證二卷　清光緒二十八年刻

　　山公啓事一卷佚事一卷　（晋）山濤撰　葉德輝輯　清光緒二十六年刻（重編本在第二集）

　　秘書省續編到四庫闕書目二卷　宋紹興中改定　葉德輝考證　清光緒二十九年刻（初刻本）

　　瑞應圖記一卷　（南朝梁）孫柔之撰　葉德輝輯　清光緒二十七年刻（重編本在第二集）

　　第二集

　　鬻子二卷　葉德輝校輯

　　郭氏玄中記一卷　（□）郭□撰　葉德輝輯

　　淮南鴻烈閒詁二卷　（漢）許慎撰　葉德輝輯　清光緒二十一年刻

　　淮南萬畢術二卷　（漢）劉安撰　葉德輝輯

　　傅子三卷附訂訛一卷　（晋）傅玄撰　葉德輝輯并撰訂訛　清光緒二十八年刻

　　晋司隸校尉傅玄集三卷　（晋）傅玄撰　葉德輝輯　清光緒二十八年刻

　　覺謎要録四卷　葉德輝輯　清光緒三十一年刻（以下初刻本）

　　古泉雜咏四卷　清光緒二十七年刻

　　消夏百一詩二卷　清光緒三十四年刻

　　藏書十約一卷　葉德輝撰　（以下重編本）

　　游藝卮言二卷

補過齋全集六種

楊增新撰

民國間刻本　總目 1304 頁

　　補過齋日記二十九卷

　　陰符經一卷

　　讀西銘日記一卷

　　學治要言續編一卷

　　讀老子日記六卷

　　文牘三編六卷

陶廬叢刻二十種

王樹枏撰

清光緒至民國間新城王氏刻本　叢書綜録 571 頁　總目 1285 頁

　　尚書商誼三卷

　　費氏古易訂文十二卷　清光緒十七年青神刻

　　校正孔氏大戴禮記補注十三卷

　　爾雅郭注佚存補訂二十卷　清光緒十八年資陽刻

　　爾雅補疏四卷　清光緒十六年青神刻

　　學記箋證四卷

　　墨子斠注補正二卷

　　歐洲列國戰事本末二十二卷　清光緒二十八年中衛縣署刻

　　歐洲族類源流略五卷　清光緒二十八年中

衛縣署刻

彼得興俄記一卷

武漢戰紀一卷蟄安七篇一卷　民國八年刻

天元草五卷　清光緒十九年成都刻

離騷注一卷

閑閑老人詩集十卷　（金）趙秉文撰

附

　閑閑老人年譜二卷　王樹枏撰

陶廬箋牘四卷

陶廬文集九卷

陶廬外篇一卷

文莫室駢文一卷

文莫室詩集八卷

陶廬詩續集十卷

陶廬叢刻第二集十種

王樹枏撰

清光緒九年至民國十四年新城王氏刻本　總
目 1285 頁

　希臘學案四卷　民國八年刻

　新疆山脉圖志六卷　清宣統元年刻

　新疆國界圖志八卷　清宣統元年刻

　希臘春秋八卷　清光緒三十二年刻

　周易釋貞二卷　民國十三年刻

　新疆禮俗志一卷　民國七年聚珍仿宋印書
　局鉛印

　新疆小正一卷　民國七年聚珍仿宋印書局
　鉛印

　新疆仿古錄二卷　民國聚珍仿宋印書局鉛印

　說文建首字義四卷字讀一卷　民國十三年刻

　詩十月之交日食天之細草二卷

新訂六譯館叢書八十九種

廖平撰

清光緒至民國間刻民國十年四川存古書局彙
印本　叢書綜錄 572 頁　總目 1285 頁　綜
錄續編 176 頁

　小學類

　六書舊義一卷　清光緒十三年刻

論學類

今古學考二卷

古學考一卷　清光緒二十三年尊經書局刻

經話甲編二卷乙編二卷　清光緒二十三年
尊經書局刻

經學初程一卷　廖平　吳之英撰　民國三
年存古書局刻

四益館經學四變記一卷五變記二卷　黃鎔
箋述

孝經類

孝經學凡例一卷

坊記新解一卷

家學樹坊一卷　（清）廖師慎撰　民國三年
存古書局刻

倫理約編一卷附錄一卷　民國三年存古書
局刻

春秋類

王制學凡例一卷

王制訂一卷　清光緒二十三年尊經書局刻

王制集說一卷　（清）范燮筆述　民國三年
存古書局刻

春秋圖表二卷　清光緒二十七年刻

穀梁春秋經傳古義凡例一卷

穀梁春秋經學外篇凡例一卷

釋范一卷　清光緒十一年刻

起起穀梁癈疾一卷　清光緒十一年刻

公羊春秋補證凡例一卷

公羊春秋經傳驗推補證十一卷首一卷擬大
統春秋條例一卷皇帝大同學革弊興利百目
一卷　清光緒三十二年則柯軒刻

何氏公羊春秋十論一卷續十論一卷再續十
論一卷

春秋左經古義凡例五十則一卷春秋左氏傳
漢義補證簡明凡例二十則一卷春秋古經左
氏說後義補證凡例一卷附左氏春秋學外編
凡例一卷　清光緒十二年刻

左氏春秋古經說十二卷　清光緒三十四年
成都中學堂刻

春秋三傳折中一卷　民國六年存古書局刻

禮類

禮經凡例一卷附容經學凡例一卷

分撰兩戴記章句凡例一卷附兩戴記分撰凡例一卷　民國十年存古書局刻

禮說一卷　民國七年存古書局刻

禮記識二卷

尚書類

今文尚書要義凡例一卷

書經大統凡例一卷

尚書今文新義一卷

書經周禮皇帝疆域圖表四十二卷　民國四年存古書局刻

書尚書弘道編一卷　黃鎔筆述

書中侯弘道篇一卷　黃鎔筆述

周官考微凡例一卷周官新義凡例一卷

周禮訂本略注三卷　黃鎔筆述

周禮鄭注商榷一卷

光緒會典（一名周禮今證）四卷會典學十要一卷內閣要義一卷六部總義一卷欽定職官總目一卷職官增減裁并及堂屬簡明表一卷　清光緒中敕撰　民國二年存古書局印

詩經類

今文詩古義疏證凡例一卷

四益詩說一卷　民國七年存古書局刻

詩緯新解一卷　黃鎔補證

大學中庸演義一卷

楚辭講義一卷

離騷釋例一卷

高唐賦新釋一卷

經傳九州通解一卷　黃鎔撰　清光緒三十四年樂書黃氏刻

樂經類

樂經凡例一卷

易經類

易經新義疏證凡例一卷

易經古本一卷　民國四年存古書局刻

四益易說一卷附墨辯解故序一卷　民國七

年存古書局刻

易生行譜例言一卷

尊孔類

論語彙解凡例一卷

尊孔篇一卷附錄一卷

知聖篇二卷　清光緒二十八年刻

群經大義一卷補題一卷　洪陳光輯　民國六年存古書局刻

世界哲理進化退化演說一卷　黃鎔箋釋　民國十年存古書局刻

莊子新解一卷

莊子經說叙意一卷

醫類

黃帝內經明堂一卷　（隋）楊上善注

靈樞隋楊氏太素注本目錄一卷

素問隋楊氏太素注本目錄一卷

黃帝內經太素篇目一卷　廖宗澤輯錄

黃帝內經明堂叙一卷舊鈔太素經校本叙一卷黃帝內經九卷集注叙一卷黃帝內經素問重校正叙一卷　（清）黃以周撰　廖平識

平脉考一卷內經平脉考一卷　民國四年存古書局刻

黃帝內經太素診皮篇補證一卷古經診皮名詞一卷　民國三年存古書局刻

診筋篇補證一卷附十二筋病表一卷　民國五年存古書局刻

診骨篇補證一卷　民國五年存古書局刻

附

　中西骨格辯正一卷　（清）劉廷楨撰

楊氏太素診絡篇補證三卷病表一卷名詞一卷　民國三年存古書局刻

黃帝太素人迎脉口診補證（一名人寸診補證）二卷　民國三年存古書局刻

楊氏太素三部診法補證一卷九侯篇診法補證一卷附十二經動脉表一卷　民國四年存古書局刻

營衛運行楊注補證一卷　民國三年存古書局刻

分方治宜篇一卷　民國四年存古書局刻

靈素五解篇一卷附素問靈臺秘典論篇新解
一卷虛解補證一卷　廖宗澤撰　附廖平撰
民國十年存古書局刻

脉學輯要評三卷　民國三年存古書局刻

脉經考證一卷　民國四年存古書局刻

傷寒總論一卷

太素内經傷寒總論補證一卷太素四時病補
證一卷

傷寒雜病論古本一卷　廖平輯

傷寒古本考不分卷　民國六年刻

補傷寒古本一卷

傷寒評議不分卷附瘟疫評議一卷　民國六
年存古書局刻

傷寒講義一卷附桂枝湯講義一卷

地理類

撼龍經傳訂本注一卷　黄鎔筆述　民國六
年存古書局刻

地理辨正補證三卷都天寶照經一卷　黄鎔
筆述　民國四年存古書局刻

地學答問一卷　民國四年存古書局刻

漢志三統曆表一卷

命理支中藏干釋例一卷

文鈔類

六譯館雜著（原名四益館雜著）不分卷

附

　哲學思想論一卷

　灾異論一卷

　佛學考一卷

　左氏傳長編目録一卷

　隸釋碑目表一卷

　公羊春秋傳例序一卷

六譯館雜著外編不分卷

　與廖季平書一卷廖氏學案序一卷　劉師
　培撰

　四譯戒書目一卷

　中國文字問題一卷　（清）李堯勳撰

　四益館文鈔不分卷

　中外比較改良編序一卷

　孔教袄教之比較一卷

　文學處士嚴君家傳一卷

　何君俶尹六十壽序一卷

　五行論一卷

六譯館叢書七十三種

廖平撰

清光緒至民國間刻民國十四年存古書局彙印
本　總目 1288 頁　綜録續編 177 頁

　易生行譜例言一卷

　春秋三傳折中一卷

　大學中庸演義一卷

　長短經是非篇一卷　（唐）趙蕤撰

　公羊春秋經傳驗推補證十一卷首一卷擬大
　統春秋條例一卷　清光緒三十二年則柯
　軒刻

　何氏公羊春秋十論一卷續一卷再續一卷

　春秋左傳古義凡例一卷　民國十二年存古
　書局刻

　四益館經學四變記一卷五變記二卷　黄鎔
　箋述

　春秋圖表二卷

　四益易説一卷　民國七年存古書局刻

　四益詩説一卷

　詩緯新解一卷　黄鎔補證

　群經凡例不分卷

　尚書今文新義一卷

　書經大統凡例一卷

　書尚書弘道編不分卷書中侯弘道篇不分卷
　黄鎔筆述

　今古學考二卷

　古學考一卷　清光緒二十三年尊經書局刻

　知聖篇二卷

　經學初程一卷　廖平　吳之英撰　民國三
　年存古書局刻

　王制訂一卷　清光緒二十三年尊經書局刻

　世界哲理進化退化演説一卷　黄鎔箋釋

六書舊義一卷　清光緒十三年刻

經話甲編二卷　清光緒二十三年尊經書局刻

起起穀梁廢疾一卷　清光緒十一年刻

易經古本一卷　民國四年存古書局刻

倫理約編一卷　民國三年存古書局刻

坊記新解一卷

分撰兩戴記章句凡例一卷

家學樹坊不分卷　（清）廖師慎撰　民國三年存古書局刻

王制集説一卷　（清）范燮筆述　民國三年存古書局刻

群經大義一卷補題一卷　洪陳光輯　民國六年存古書局刻

尚書周禮黃帝疆域圖表一卷　黃鎔編輯

周禮訂本略注三卷周禮新義凡例一卷　民國六年存古書局刻

地學答問一卷附漢志三統曆表一卷圖一卷漢志三統曆表、圖　廖慶餘撰　民國四年存古書局刻

撼龍經傳訂本注一卷　黃鎔筆述

地理辨正補證四卷　黃鎔筆述

會試硃卷一卷

尊經書院日課題目一卷課題一卷

四益館雜著不分卷文集不分卷

楚辭講義一卷

左氏春秋古經説十二卷　清光緒三十四年成都中學堂刻

經傳九州通解一卷　黃鎔撰　清光緒三十四年樂山黃氏刻

春秋左傳杜注校勘記一卷　（清）黎庶昌撰

翰林學士集存一卷　（唐）□□輯　景日本尾張真福寺藏唐抄卷子本

墨辯解故序一卷

金石苑補目一卷　（清）劉喜海撰

欽定大清會典四卷附會典學十要一卷內閣要義一卷六部總義一卷欽定職官總目一卷職官增減裁并及堂屬簡明表一卷附錄　清光緒間敕撰　廖平錄并輯附錄　民國二年

存古書局刻

黃帝內經明堂一卷附錄一卷　（隋）楊上善注

攝生消息論一卷　（元）丘處機撰

藥治通義輯要二卷　（日）丹波元堅撰

平脉考一卷內經平脉考一卷

黃帝內經太素診皮篇補證一卷古經診皮名詞解一卷釋尺二卷附仲景診皮法一卷楊氏太素論診皮一卷　仲景診皮法　楊氏太素論診皮　廖宗澤纂輯　民國三年存古書局刻

楊氏太素診絡篇補證三卷病表一卷名詞一卷　民國三年存古書局刻

黃帝太素人迎脉口診補證二卷　民國三年存古書局刻

楊氏太素三部診法補證一卷

楊氏太素九侯篇診法補證一卷附十二經動脉表一卷

診骨篇補證一卷附中西骨格辯正一卷　（清）劉廷楨撰　民國五年存古書局刻

診筋篇補正一卷　民國五年存古書局刻

脉學輯要評三卷

難經經釋補正二卷總論一卷

營衛運行楊注補證一卷　民國三年存古書局刻

分方治宜篇一卷　民國四年存古書局刻

靈素五解篇一卷　（清）孫宗澤撰

仲景三部診法一卷九侯診法一卷　民國五年存古書局刻

傷寒總論一卷附太素內經傷寒總論補證一卷太素四時病補證一卷瘧解補證一卷傷寒講義不分卷附錄　（唐）王燾撰　廖平錄并撰附錄

傷寒評議不分卷

傷寒雜病論古本一卷首一卷附古本考一卷附錄　廖平輯并考

巢氏病源補養宣導法一卷　（隋）巢元方等撰　廖平輯

受經堂集一卷　（清）張祥齡撰

子芯詞抄一卷　（清）張祥齡撰

國學學校課藝一卷　廖平輯

孔經哲學發微一卷

重訂六譯館叢書七十八種

廖平撰

清光緒至民國間刻民國十年存古書局彙印本

二十三年王兆榮等重訂編印本　總目 1290 頁

易生行譜例言一卷

楚辭講義一卷

大學中庸演義一卷

長短經是非篇一卷　（唐）趙蕤撰

公羊春秋經傳驗推補證十一卷首一卷

擬大統春秋條例一卷

何氏公羊解詁十論一卷續一卷再續一卷

春秋左經古義凡例一卷

四益館經學四變記一卷

五變記箋述二卷　黃鎔箋述

春秋圖表二卷

四益易說一卷

四益詩說一卷

詩緯新解一卷　黃鎔補證

群經凡例不分卷

尚書今文新義一卷

尊卑表一卷

古學考一卷

知聖篇二卷

經學初程一卷　廖平　吳之英撰

王制訂一卷

世界哲理進化退化演說一卷　黃鎔箋釋

六書舊義一卷

經話甲編二卷

起起穀梁廢疾一卷

釋範一卷

易經古本一卷

倫理約編一卷

坊記新解一卷

分撰兩戴記章句凡例一卷

家學樹坊不分卷　（清）廖師慎撰

禮說一卷

王制集說一卷　（清）范燮筆述

群經大義一卷補題一卷　洪陳光輯

尚書周禮皇帝疆域圖表不分卷　黃鎔編輯

周禮訂本略注三卷周禮新義凡例一卷

地學答問一卷

漢志三統曆表一卷圖一卷　廖慶餘撰

撼龍經傳訂本注一卷　黃鎔筆述

地理辨正補證四卷　黃鎔筆述

會試硃卷一卷

四益館雜著不分卷文集不分卷

春秋三傳折中不分卷

左氏春秋古經說十二卷

莊子新解一卷

三巴金石苑目錄不分卷

光緒會典不分卷

黃帝內經明堂一卷附錄一卷　（隋）楊上

善注

楊上善黃帝內經太素篇目一卷

靈樞楊氏太素注本目錄一卷

素問楊氏太素注本目錄一卷

黃帝內經明堂序　（清）黃以周撰

舊鈔太素經校本敘　（清）黃以周撰

黃帝內經素問重校正序　（清）黃以周撰

圖書集成醫部總目表一卷

平脉考一卷

脉經考證一卷

古經診皮名詞一卷

仲景診皮法一卷

藥治通義輯要一卷

診皮篇補證一卷

人寸診補證二卷

三部九候篇診法補證一卷

診骨篇補證一卷

脉學輯要評三卷

難經經釋補正二卷總論一卷

營衛運行楊注補正一卷

分方治宜篇一卷

靈素五解篇一卷　廖宗澤撰

附

　素問靈臺秘典論篇新解一卷瘧解補證一
　卷　廖平撰

内經平脉考一卷

楊氏太素三部診法補證一卷九侯篇診法補
證一卷

傷寒講議一卷

桂枝湯講議一卷

傷寒平議一卷

瘟疫平議一卷

傷寒雜病論古本一卷

巢氏病源補養宣導法一卷　（隋）巢元方等
撰　廖平輯

傷寒雜病論古本三卷首一卷附古本考一卷
附錄　廖平輯并考

六譯館叢書十三種

廖平撰

民國元年四川存古書局刻重訂本　綜録續編
176 頁

　春秋穀梁古義疏證十一卷

　左氏傳義疏證二十四卷

　易經十翼四朋六首四朋古本不分卷

　詩學提要一卷

　詩緯校定真本一卷

　内經上下經文考訂補易緯不分卷

　雷公十一篇全爲易緯補説不分卷

　易學提要二卷

　藏俞五十八穴府俞七十二穴證詩表不分
　卷　附藏穴五俞分屬五行俞穴分屬六天考
　不分卷

　王啓玄引古經易詩考不分卷

　五運六氣（即易詩緯侯之微）附日本丹波
　氏駁義不分卷

　易三天考不分卷

　六經皆孔子自作篇不分卷

復盦文集五種

曹允源撰

民國十一年曹氏刻本　總目 1292 頁

　復盦類稿八卷　清光緒三十年刻

　復盦類稿續稿四卷　民國十一年刻

　復盦類稿外稿二卷　民國十年刻

　鬻字齋詩略四卷詩續一卷　民國十一年刻

　復盦公牘四卷　民國三年刻

大鶴山房全書十種

鄭文焯撰

清光緒至民國間刻民國九年蘇州交通圖書館
彙印本　叢書綜録 574 頁　總目 1293 頁

　説文引群説故二種二卷

　　揚雄説故一卷

　　揚雄訓纂篇考一卷

　高麗國永樂好大王碑釋文纂考一卷　清光
　緒二十六年平湖朱氏經注經齋刻

　醫故二卷附錄一卷

　詞源斠律二卷

　冷紅詞四卷　清光緒二十二年歸安沈氏藕
　園刻

　樵風樂府九卷　民國二年仁和吳氏雙照樓刻

　比竹餘音四卷　清光緒二十八年刻

　苕雅餘集一卷　民國四年吳興朱氏無著盦刻

　絶妙好詞校録一卷

　瘦碧詞二卷　民國六年吳中刻

彊村遺書六種外編二種附一種

朱孝臧（祖謀）撰

民國二十二年刻本　叢書綜録 574 頁　總目
1293 頁

　雲謠集雜曲子一卷附校記一卷　（唐）□□
　撰　朱孝臧（祖謀）校

　詞勑一卷　朱孝臧（祖謀）輯　張爾田補校

　夢窗詞集一卷　（宋）吳文英撰　朱孝臧（祖
　謀）校

　滄海遺音集十三卷　朱孝臧（祖謀）輯

　　曼陀羅㝛詞一卷　沈曾植撰

香草亭詞一卷　裴維侅撰
郢雲詞一卷　李岳瑞撰
蟄庵詞一卷　曾習經撰
悔龕詞一卷　夏孫桐撰
凌波詞一卷　曹元忠撰
遯盦樂府一卷　張爾田撰
觀堂長短句一卷　王國維撰
海綃詞二卷　陳洵撰
海綃説詞一卷　陳洵撰
回風堂詞一卷　馮幵撰
舊月簃詞一卷　陳曾壽撰

彊邨語業三卷
彊邨棄稿一卷

外編

彊邨詞賸稿二卷
彊邨集外詞一卷

附

彊邨校詞圖題咏一卷
附録一卷

莘廬遺集四種附二種

（清）凌泗撰
民國三年沈廷鏞刻本　叢書綜録 576 頁　總目 1256 頁

莘廬遺詩六卷補遺一卷
浮梅日記一卷
詩餘一卷
文一卷

附

第六水村居稿一卷　（清）凌寶樹撰
小茗柯館詩詞稿一卷　（清）凌寶樞撰

壽櫟廬叢書九種

吳之英撰
民國九年名山吳氏刻本　叢書綜録 577 頁 總目 1294 頁

儀禮奭固十七卷
儀禮奭固禮器圖十七卷首一卷末三卷
儀禮奭固禮事圖十七卷

漢師傳經表一卷
天文圖考四卷
經脉分圖四卷
壽櫟廬文集一卷
壽櫟廬詩集一卷
壽櫟廬卮言和天四卷

桐陰山房叢刻三種

周繼熙撰
民國九年菊飲軒刻本　叢書綜録 577 頁　總目 1249 頁

蕉心閣詞一卷
幽夢影續評一卷
勇盧閒詰評語一卷

甯鄉程氏全書（十髮盦類稿）七種

程頌萬撰
清光緒至民國間甯鄉程氏刻本　叢書綜録 577 頁

鹿川文集十二卷　民國十八年刻
鹿川詩集十六卷　民國二十年刻
楚望閣詩集十卷　清光緒二十七年刻
石巢詩集十二卷　民國十二年刻
定巢詞集十卷　民國十三年刻
美人長壽盦詞集六卷　清光緒二十六年刻
湘社集四卷　程頌萬輯

平齋家言三種

何剛德撰
民國十一至十二年古閩何氏刻本　叢書綜録 577 頁　總目 1292 頁

春明夢録二卷　民國十一年刻
郡齋影事二卷
西江贅語一卷

樵隱集八種

李遵義撰
民國十二年丹徒李氏小藏室刻本　叢書綜録 578 頁　總目 1305 頁

樵隱詩存三卷文存一卷

墾餘讀書録一卷

墾餘聞話一卷

毛詩草名今釋一卷

毛詩魚名今考一卷附嘉魚考

孔子藝事考一卷

種薯經證一卷

銀幣考一卷

月河草堂叢書三種

蔣清瑞撰

民國間歸安蔣氏月河草堂刻本　叢書綜録
580 頁　總目 1312 頁

　　湖州十家詩選一卷　蔣清瑞選

　　柘湖宧游録一卷

　　月河草堂叢鈔一卷

隨盦所著書四種

徐乃昌撰

清光緒間刻民國四年南陵徐氏積學齋彙印本
叢書綜録 580 頁　總目 1311 頁

　　續方言又補二卷

　　續後漢儒林傳補逸一卷　清光緒二十二年刻

　　南陵縣建置沿革表一卷　清光緒十八年刻

　　皖詞紀勝一卷　徐乃昌輯

石遺室叢書十九種附未刊九種

陳衍撰

清光緒至民國間刻本　叢書綜録 580 頁　總
目 1292 頁　綜録續編 175 頁

　　尚書舉要五卷　民國八年刻

　　考工記辨證三卷

　　考工記補疏一卷

　　説文重文管見一卷　（清）蕭道管撰

　　説文解字辨證十四卷　民國八年刻

　　説文舉例七卷　民國八年刻

　　列女傳集注八卷補遺一卷　（清）蕭道管撰

　　平安室雜記一卷　（清）蕭道管撰

　　閩詩録甲集六卷乙集四卷丙集二十三卷丁
　　集一卷戊集七卷　（清）鄭杰原輯　陳衍補

訂　清宣統三年刻

　　感舊集小傳拾遺四卷

　　石遺室文集十二卷續一卷三集一卷

　　木庵文稿一卷　（清）陳書撰

　　木庵居士詩四卷補遺一卷　（清）陳書撰
　　清光緒三十二年刻

　　石遺室詩集六卷補遺一卷續集三卷　清光
緒三十一年刻

　　道安室雜文一卷　（清）蕭道管撰

　　蕭閒堂遺詩一卷　（清）蕭道管撰

　　戴花平安室詞一卷　（清）蕭道管撰

　　朱絲詞二卷

　　元文彙補續十卷

未刊

　　周禮辨證五卷

　　小戴禮記辨證四卷

　　説文解字舉例六卷

　　通鑑紀事本末書後十卷

　　蕭閒堂札記四卷

　　然脂新話三卷

　　元詩紀事四十卷（刊未竣）

　　師友詩録五十卷（刊未竣）

　　拾遺室詩話二十卷（刊未竣）

永豐鄉人稿四種

羅振玉撰

民國間上虞羅氏貽安堂凝清室刻本　叢書綜
録 581 頁　總目 1307 頁

　甲稿

　　雲窗漫稿一卷

　乙稿

　　雪堂校刊群書叙録二卷

　丙稿

　　雪堂金石文字跋尾四卷

　丁稿

　　雪堂書畫跋尾四卷

永豐鄉人雜著八種續編六種附一種

羅振玉撰

民國十一年刻本　叢書綜録 581 頁　總目
1307 頁
　高昌麴氏年表一卷
　補唐書張義潮傳一卷
　唐折衝府考補一卷補遺一卷
　萬年少先生（壽祺）年譜一卷附録一卷
　侯俟齋先生（枋）年譜一卷附録二卷
　海外吉金録一卷補遺一卷
　海外貞珉録一卷
　宋元釋藏刻本考一卷
　續編　民國十二年刻
　補宋書宗室世系表一卷
　道德經考異二卷補遺一卷
　南華真經殘卷校記一卷
　抱朴子校記一卷
　劉子校記一卷
　王子安集佚文一卷附録一卷校記一卷
　附
　古寫經尾題録存一卷附補遺一卷　羅福萇
　輯　補遺　羅福葆輯

覃挈齋三種
趙椿年撰輯
民國間武進趙氏北平刻本　總目 1311 頁
　覃挈齋石鼓十種考釋不分卷　趙椿年撰　民
　國二十五年刻
　覃挈齋詩存二卷附少作一卷　趙椿年撰　民
　國刻
　清聲閣詩餘六卷　呂鳳撰　趙椿年輯　民
　國刻

推十書十二種
劉咸炘撰
民國間刻本　叢書綜録 583 頁
　中書一卷　民國十七年刻
　左書一卷　民國十八年刻
　右書一卷　民國十八年刻
　内書一卷　民國十九年刻
　外書一卷　民國十八年刻

　子疏十四卷學變圖贊一卷　民國十三年刻
　續校讐通義不分卷　民國十七年刻
　史學述林不分卷　民國十八年刻
　校讐述林一卷　民國十九年刻
　文學述林一卷　民國十八年刻
　治記緒論一卷　民國十七年刻
　治史緒論一卷　民國十七年刻

晨風廬叢刊十八種
周慶雲撰
民國間吳興周氏夢坡堂刻本　叢書綜録 583
頁　總目 1304 頁
　晚菘齋遺著一卷　（清）周慶賢撰
　敝帚集一卷　（清）周慶森撰
　西溪秋雪庵志四卷　周慶雲輯
　莫干山志十三卷　周慶雲輯
　之江濤聲一卷
　東華塵夢一卷
　海岸梵音一卷
　天目游記一卷
　旬日紀游一卷
　湯山修禊日記一卷
　潯溪文徵十六卷　周慶雲輯
　壬癸消寒集一卷　周慶雲輯
　甲乙消夏集一卷　周慶雲輯
　晨風廬唱和詩存十卷續集十二卷　周慶雲輯
　淞濱吟社集二卷　周慶雲輯
　經塔題咏二卷　周慶雲輯
　靈峯貝葉經題咏一卷　周慶雲輯
　百和香集一卷　周慶雲輯

魏氏全書三十八種
魏元曠撰
民國二十二年刻本　叢書綜録 583 頁　總目
1294 頁
　潛園正集
　　中憲詩鈔一卷　（清）魏慎餘撰
　　潛園詩集十二卷
　　潛園詞四卷

潜園文集十四卷

　潜園詩續鈔二卷

　潜園詞續鈔一卷

　潜園文續鈔十一卷

潜園統編

類編

述古録

　易獨斷一卷

　春秋通議一卷

　離騷逆志一卷

　史記達旨一卷

酌酌古論四卷

潜書四卷

縢言一卷

潜園讀書法一卷

潜園學説一卷

潜園或問二卷

潜園書牘六卷續稿一卷

雜編

　堅冰志一卷

　光宣僉載一卷

　三臣傳一卷

　匪目記一卷

　黨目記一卷

　南宮舊事一卷

　西曹舊事一卷

　都門懷舊記一卷

　都門瑣記一卷

　居東記一卷

　蕉盦隨筆六卷

　蕉盦詩話四卷續編一卷

　詩話後編八卷

　審判稿一卷

續編

　西山志略六卷

　匡山避暑録一卷

後編

　昭疑録二卷

禮訓纂二卷

　易言隨録一卷

　周書雜論一卷

　大學古本訓一卷

　喪服彙識一卷

王仁安集五種附一種

王守恂撰

民國十年刻本　叢書綜録 584 頁　總目 1304 頁

　仁安詩稿二十一卷

　仁安詞稿二卷

　仁安文稿四卷文乙稿一卷

　仁安筆記四卷

附

杭州雜著

　　仁安自述一卷

　　從政瑣記一卷

　　杭居雜憶一卷

　　鄉人社會談一卷

　説詩求己五卷

章氏叢書十三種

章炳麟撰

民國六至八年浙江圖書館刻本　叢書綜録 585 頁　總目 1311 頁

　春秋左傳讀叙録一卷

　劉子政左氏説一卷

　文始九卷

　新方言十一卷附嶺外三州語一卷

　小敩答問一卷

　説文部首均語一卷

　莊子解故一卷

　管子餘義一卷

　齊物論釋一卷重定本一卷

　國故論衡三卷

　檢論九卷

　太炎文録初編二卷別録三卷補編一卷

　菿漢微言一卷　吳承仕記

章氏叢書續編七種

章炳麟撰

民國二十二年北平刻本　民國三十二年成都薛氏崇禮堂刻本　叢書綜錄 585 頁　總目 1311 頁

　　廣論語駢枝一卷
　　體撰錄一卷
　　太史公古文尚書說一卷
　　古文尚書拾遺二卷
　　春秋左氏疑義答問五卷
　　新出三體石經考一卷
　　菿漢昌言六卷

群碧樓自著書五種

鄧邦述撰

民國間刻本　總目 1312 頁

　　群碧樓詩鈔四卷
　　群碧樓善本書錄六卷
　　寒瘦山房鬻存善本書目七卷
　　漚夢詞四卷
　　綴玉吟不分卷

孫隘堪所著書四種

孫德謙撰

民國十二至十七年元和孫氏四益宧刻本　叢書綜錄 585 頁　總目 1314 頁

　　太史公書義法二卷　民國十四年刻
　　劉向校讎學纂微一卷　民國十二年刻
　　漢書藝文志舉例一卷　民國七年刻
　　六朝麗指一卷　民國十二年刻

退廬全書十二種

胡思敬撰

民國間南昌退廬刻本　叢書綜錄 585 頁　總目 1312 頁

　　退廬文集七卷詩集四卷　民國十三年刻
　　退廬疏稿四卷補遺一卷
　　退廬箋牘四卷　民國十三年刻
　　驢背集四卷　退廬居士（胡思敬）撰　民

國二年刻

　　丙午釐定官制芻論二卷附錄一卷　民國九年刻
　　審國病書一卷　民國十二年刻
　　戊戌履霜錄四卷　退廬居士（胡思敬）撰　民國十二年刻
　　大盜竊國記一卷　民國十二年刻
　　國聞備乘四卷　民國十三年刻
　　九朝新語十六卷十朝新語外編一卷　退廬居士（胡思敬）撰　民國十三年刻
　　王船山讀通鑑論辨正二卷　民國二年刻
　　鹽乘十六卷

水東集初編五種

王照撰

民國十七至十九年刻本　叢書綜錄 586 頁　總目 1298 頁

　　小航文存四卷　民國十九年刻
　　增訂三體石經時代辨誤二卷　民國十九年刻
　　讀左隨筆一卷　民國十九年刻
　　表章先生正論一卷　民國十七年刻
　　方家園雜咏紀事一卷附雜記一卷　民國十七年刻

問琴閣叢書二十二種

宋育仁撰

民國十三年刻本　叢書綜錄 587 頁　總目 1295 頁　綜錄續編 179 頁

　　詩經不分卷　宋育仁注
　　詩經說例一卷
　　禮記不分卷　宋育仁注
　　禮記曲禮上下內則說例一卷
　　學記補注一卷
　　國語一卷　宋育仁輯注
　　國語敬姜論勞逸說例一卷
　　孟子說例一卷附孟子許行畢戰北宮錡問章注一卷　龔道熙撰
　　古本大學一卷
　　大學修身章說例一卷附修身齊家章注一

卷　（清）蒲淵撰　宋育仁監訂

論語學而里仁説例一卷附論語新注一
卷　（清）盧懋撰　宋育仁監訂

孝經正義一卷

爾雅今釋十卷

急就篇一卷　（漢）史游撰　宋育仁句讀

管子弟子職一卷附説例一卷

許氏説文解字説例一卷

小學不分卷

夏小正説例一卷

説文解字部首箋正二卷

研究經籍古書方法一卷

同文略例小篆通古文舉要一卷附録一卷

國學初級普及教科兼女學及補習同訂讀本

庸盦居士四種

陳夔龍撰

民國間陳氏刻本　總目 1296 頁

　　庸盦尚書奏議十六卷

　　松壽堂詩鈔十卷

　　夢蕉亭雜記二卷　民國十四年刻本

　　花近樓詩存十五卷

敏求齋遺書四種

陳觀潯撰

民國三十二年成都陳氏刻本　總目 1320 頁

　　敏求齋經説二卷

　　敏求齋禮考二卷

　　敏求齋雜著一卷

　　敏求齋詩鈔一卷

勵耘書屋叢刻八種

陳垣撰

民國間刻本　叢書綜録 589 頁　總目 1320 頁

第一集

　　元西域人華化考八卷　民國二十三年勵耘
書屋刻

　　元典章校補十卷　民國二十年國立北京大
學研究所刻

　　元典章校補釋例六卷　民國二十三年國立
中央研究院歷史語言研究所刻

第二集

　　史諱舉例八卷　民國二十二年勵耘書屋刻

　　舊五代史輯本發覆三卷　民國二十六年北
京輔仁大學刻

附

　　　薛史輯本避諱例一卷

　　吳漁山先生（歷）年譜二卷　民國二十六
年北京輔仁大學刻

附

　　　墨井集源流考一卷

　　釋氏疑年録十二卷通檢一卷　民國二十八
年輔仁大學刻

　　清初僧諍記三卷表一卷　民國二十三年勵
耘書屋刻

震齋叢書三種

汪濟撰

民國十六年刻本　總目 1321 頁

　　周易卦本反對圖説一卷

　　雜説一卷

　　八角磨盤吟一卷

小雙寂庵叢書十九種

張惟驤撰

民國間武進張氏小雙寂庵刻本及稿本　總目
1321 頁

　　疑年録彙編十六卷附分韵人表一卷　張惟
驤輯　民國十四年刻

　　歷代帝王疑年録一卷　民國十五年刻

　　名人生日表一卷　孫雄撰　張惟驤補　民
國十六年刻

　　名人忌日表一卷　稿本

　　太史公疑年考一卷　民國十六年刻

　　明清巍科姓氏録二卷　民國十九年刻

　　疑年録彙編補遺十卷附分韵人表一卷　稿本

　　清代毗陵名人小傳十卷　稿本

　　清代毗陵書目八卷　稿本

歷代諱字譜二卷　民國二十一年刻

家諱考一卷　民國二十一年刻

清代名人小名録一卷　稿本

續名人生日表一卷　稿本

疑年録外編八卷附分韵人表一卷　稿本

毗陵名人疑年録六卷　稿本

清代名人同姓名略一卷　稿本

重訂名人生日表一卷附分韵人表一卷　稿本

小雙寂庵瑣談二卷　稿本

小雙寂庵文稿四卷詩稿二卷　稿本

雙流劉鑑泉先生遺書（推十書）二百二十種

劉咸炘撰　徐國光　王道相編輯

民國間成都尚友書塾推十圖書經理處刻本及稿本抄本　總目 1328 頁

甲

中書二卷　民國十七年刻

左書六卷　民國十八年刻

右書十三卷　民國十八年刻

內書十一卷　民國十九年刻

外書四卷　民國十八年刻

兩紀一卷　民國二十五年刻

學史散篇一卷

文氏通義識語三卷

先河録二卷附二卷　民國二十五年刻

乙

孟子章類一卷　民國二十五年刻

孟學管窺一卷

概聞録一卷　民國十六年刻

子疏定本二卷　民國二十四年刻

學變圖贊一卷　民國二十六年印

舊書別録八卷　民國二十五年刻

誦老私記一卷　民國二十五年刻

莊子釋滯一卷補一卷　民國二十一年刻

呂氏春秋發微一卷　民國二十年刻

荀子正名篇詁釋補正一卷

禮記温知録一卷　民國二十五年刻

諸子説一卷

不塾録三卷　民國二十六年刻

儒林外史集評六卷附人表

丙

太史公書知意一卷　民國二十年刻

漢書知意一卷　民國二十年刻

後漢書知意一卷　民國二十一年刻

三國志知意一卷　民國二十一年刻

繙史記十三卷

史學述林五卷　民國十八年刻

宋史豫記一卷

金元史緒記一卷

宋史雜記一卷

蜀誦四卷

雙流足徵録八卷

周官略表一卷

漢官表説一卷

唐末東南小割據表一卷

趙宋四川人文補考一卷

趙宋四川世族表一卷

趙宋四川長吏表一卷

明理學文獻録三卷附擬修補明儒學案目叙

君子録六卷

隱士品一卷

道教徵略三卷

訂韓一卷

思丹偶抄二卷

清學者譜十卷叙録一卷

殷鑒録一卷

陽明先生傳外録一卷

丁

續校讎通義不分卷　民國十七年刻

舊書録二卷附録一卷

餘力録三卷

校讎述林四卷　民國十九年刻

校讎叢録二卷

四庫全書提要類叙一卷

校讎餘論一卷

內樓檢書記三卷續二卷

目録學二卷　民國二十三年刻

推十談藝一卷

書目答問續三卷

通志藝文略一卷

重修通志采取書目一卷

推十書類録一卷

緯籀三卷

雜書目一卷

書目三種一卷

重訂瀏覽書目一卷

戊

文式十二卷綱目一卷

文學述林四卷

文林緒論一卷

誦文選記一卷

文心雕龍闡説一卷

文説林二卷附一卷

文派一卷後記一卷

言學三舉三卷　民國二十五年刻

文篇約品一卷

小學文抄六卷

説文僮札一卷

考證文抄三卷

尚友篇一卷

尚論文抄一卷

理文百一録一卷

理文別録一卷

史流百一録一卷

尊典閣有用抄一卷

告語文百一録一卷

古文要删一卷

子篇撰要一卷

子史篇録一卷

百家獵要一卷

駢文省抄三卷

四文定目四卷

幼學讀文目録一卷

古文詞讀本二卷

古文辭類纂選讀一卷

標準誦文一卷

論文書五種五卷

龔定盦文句義一卷

八代文遺珠集一卷

詩系一卷後記一卷賸記一卷附抄之餘一卷

詩派雜記一卷

唐文遺珠集一卷

詩評綜八卷

南畇詩録一卷

乾嘉詩壇點將録一卷

鐵雲論詩絕句一卷

北江詩評一卷

詩初學一卷

十三家詩選目一卷

詩人表一卷

詩本教目一卷

從吾集目一卷

龔定盦詩箋一卷

元王論詩絕句箋一卷

説詩韵語一卷

説詞韵語一卷

風骨集五卷續集五卷

一飽集十二卷

簡摩集四集四卷

唐詩抄補一卷

三秀集三卷

三真集一卷

詞學肄言三卷

詞概一卷

長短言讀一卷

讀曲録一卷

推十文集四卷　民國二十五年刻

推十詩集二卷　民國二十五年刻

窗課抄一卷

自考編三卷

己

學累二卷

書原一卷　民國二十五年刻

書原答問一卷　民國二十五年刻

論學韵語一卷　民國二十五年刻

淺書一卷　民國二十四年刻

淺書續錄二卷　民國二十五年刻

修德簡説一卷　民國二十五年刻

治記緒論一卷　民國十七年刻

治史緒論一卷　民國十七年刻

歷史目錄學教本一卷

明辨略抄一卷

雙聲疊韵便俗表説一卷　民國二十六年刻

成都大學文課題存一卷

戊辰春講語一卷

尚友書塾程作一卷

文譜注原一卷

講史裁篇二卷

史部要目一卷

比數篇一卷

精疏錄一卷

遯翁苦口一卷

學文分劑一卷

陽明先生傳習錄摘一卷

宋學重要問題及其綫索一卷

婦學五卷

尚友書塾少學目三卷

尚友書塾大課目一卷

塾講雜圖表一卷

庚

天道圖説一卷

天官名一卷

鬼神徵三卷

祀孔祭品記一卷　民國二十五年刻

家奠儀一卷　民國二十五年刻

雜儀一卷　民國二十五年刻

誦經私記一卷

神誥詳注一卷

天師科儀一卷

法言會纂箋證二卷

修意抄存二卷

啓疏定補一卷

告法言道士俚語一卷

玄風慶會錄一卷

辛

推十齋札記三卷

内景樓日記三卷

日起錄一卷

辛未南游日記一卷

辛申北游日記一卷

話本三回三卷　民國二十五年刻

説好話一卷

廣忠益一卷　民國二十五年刻

穿鑿附會一卷

甘苦語一卷

小説撰論一卷

壬

讀易私記一卷

易傳廣錄一卷

讀書小箋二卷

誦詩審記九卷

讀小戴記小箋二卷

讀大戴記小箋一卷

讀禮直説一卷

讀史雜記一卷

讀通鑑記一卷

史志土風四卷

觀人錄一卷

弄翰餘瀋一卷

宥齋弄筆一卷

追通錄四卷別錄一卷

蟻儲八卷

齋檢雜圖表一卷

雅言錄一卷　民國十六年刻

清文話二卷

清文科二卷

國朝名文抄讀一卷

國朝名文摘抄一卷

闞袁公案一卷
履似録一卷
隨便謳一卷
下里録一卷
觀畫偶抄一卷
開口笑四卷
書林揚觶評一卷
節抄雜書一卷
雞史三卷
雜志索引一卷
書本瑣抄一卷
癸
增廣賢文正本一卷　民國二十五年刻
附刊　民國二十六年刻
推十書繫年録一卷續一卷
推十全書總目一卷
暫編總目一卷

維摩精舍叢書五種
袁焕仙口授
民國三十三年成都維摩精舍刻經處校刻本
總目 1332 頁
　榴窗隨判不分卷
　黃葉閒譚不分卷
　中庸勝唱二卷
　靈岩語屑不分卷
　酬語不分卷

雲在山房類稿十二種
楊壽枬撰
民國十九年無錫楊氏刻本　綜録續編 179 頁
　思冲齋文鈔一卷補鈔一卷別鈔二卷
　思冲齋駢體文鈔一卷補鈔一卷
　思冲齋詩鈔一卷補鈔一卷
　鉢杜偶存一卷
　鴛摩館詞鈔一卷補鈔一卷
　秋草齋詩鈔一卷
　秋草唱和集二卷續一卷
　藏庵幸草一卷

雲薖詩話一卷
雲薖漫録二卷
覺花寮雜記四卷
貫華叢録一卷

桂林程先生遺書三種
程大璋撰
民國十七年至十九年番禺鄔氏刻本　叢書廣
録 359 頁
　王制通論一卷
　王制義按三卷
　無終始齋詩文集三卷

千一齋全書四十三種（千一齋叢書）
程先甲撰輯
清光緒二十八年至民國二十一年江寧程氏
千一齋陸續刻本　叢書廣録 359 頁
　廣續方言四卷
　選雅二十卷
　金陵賦一卷
　廣續方言拾遺一卷
　續方言類聚五卷
　續方言小記四卷
　小學説苑三卷
　選學管窺二卷
　文選古字補疏八卷
　文選校勘記三卷
　選學源流記二卷
　群雅札記二卷
　許慎淮南注鉤沉一卷
　轉注續考一卷
　賦話一卷
　文種二卷
　中西小學郵議四卷
　西書簡明目録初編四卷
　高等國文學教科書四十卷
　高等學堂倫理科口義六卷
　程一夔文甲集八卷
　程一夔文乙集四卷

程一夔文丙集八卷

千一齋外集十卷

程一夔詩甲集四卷

程一夔詞一卷

千一齋勝録十四卷

千一齋小品八卷

百仙詞四卷

鶴徵續録四卷

唐人五律類編四卷

公牘賸稿二卷

游隴叢記四卷

引申義舉例二卷

程一夔文甲集續編四卷三編四卷

程一夔文乙集續編四卷三編□卷

程一夔詩續集六卷三編□卷

程一夔詩話□卷

程一夔詞話□卷

國學叢刊□卷

貞孝學四卷

游隴集六卷

今方言溯源十卷

辛酉雜纂三種

金鉽撰輯

民國十年刻本　續四庫叢部 690 頁

偶語百聯一卷

屏廬臆説一卷附一卷

漫簡二卷

附録　民國時期活字印本

經部

易　類

讀易札記一卷
（清）關棠撰
民國四年謝鳳孫木活字印本　總目 190 頁

書　類

書經管窺二卷
（清）李景星撰
民國十六年木活字印本　總目 282 頁

禹貢古今注通釋六卷
（清）侯楨輯
民國三年古杼秋館木活字印本　總目 292 頁

詩　類

詩經條貫六卷
（清）李景星撰
民國十六年木活字印本　總目 381 頁

詩經講義七卷
龍廷弼編
民國間船山國學院木活字印本　總目 384 頁

禮　類

儀禮正義正誤

（清）胡肇昕撰
民國九年胡宣鐸木活字印本　總目 457 頁

禮記大學篇古微不分卷
易順豫撰
民國間木活字印本　總目 500 頁

禮文便覽不分卷
撰者不詳
民國間木活字印本　今古齋 12 秋 501　博古齋 15 年 2 期 626

春秋類

枕葄齋春秋問答十六卷末一卷
（清）胡嗣運撰
民國四年鵬南書屋活字印本　天圖活字 7 頁

四書類

孟子札記四卷
翟師彝撰
民國七年木活字印本　總目 846 頁

聖經注解（大學中庸等集注）
撰者不詳
民國間活字印本　江蘇總行 09 春 305

小學類

千字文一卷
（南朝梁）周興嗣編
民國間北京龍光齋活字蘭印本　天圖活字 11

頁　海王村 14 秋 600

史部

紀事本末類

新疆伊犁亂事本末一卷辛亥定變紀略一卷
張開枚撰　辛亥定變紀略　鍾廣生撰
民國元年木活字印本　總目 185 頁

雜史類

瀨江紀事本末不分卷
(明)周廷英撰
民國二十六年周氏亦政堂木活字印本　總目 340 頁

江蘇兵事紀略二卷
(清)陳作霖撰
民國九年江寧龔肇新活字印本　天圖活字 21 頁　近代書目 200 頁　江蘇活字 227 頁

紀縣城失守克復本末四卷
(清)施建烈撰
民國七年無錫圖書館木活字印本　江蘇活字 241 頁

浦江縣議會第二屆常年會議事錄
浦江縣署編
民國二年浦江縣署活字印本　泰和 10 年 7 月 224　恒昌 11 秋 602

東洲敬教堂册(清代書院科舉史料)
撰者不詳
民國三十一年木活字印本　海王村 03 年 25 期 65　08-07-16 孔網拍賣

傳記類

革命黨小傳不分卷
上海自由社編
民國元年上海自由社活字印本　總目 617 頁

史外三十卷卷首一卷
(清)汪有典撰　盧自濱重校
民國十五年夏斯鼎活字印本　天圖活字 23 頁

畫林新咏三卷補遺一卷
(清)陳雲伯撰　碧螺山人編
民國四年西泠印社活字印本　天圖活字 24 頁　嘉德 05 春 1457

東林同難錄二卷
(清)繆敬持輯
民國二十三年陶社木活字印本　江蘇活字 245 頁

名花十友譜不分卷
(清)梁紹壬撰
民國三年西泠印社木活字印本　博古齋 14 春 1194

可園老人(陳作霖)哀思錄一卷
陳詒綏輯
民國九年木活字印本　總目 810 頁

亭秋館哀辭(許僖身)不分卷
陳夔龍輯
民國間木活字印本　泰和 09 秋 539　卓德 13 秋 4829

錫緞堂壽言不分卷
謝天錫輯
民國七年西泠印社木活字印本　總目 830 頁 天圖活字 172 頁

新疆省政府主席楊公(增新)行狀二卷
金樹仁撰
民國十九年木活字印本　總目 832 頁

高忠憲公（攀龍）年譜二卷（又名高子年譜）

（清）高世寧編

民國元年木活字印本　總目 880 頁　江蘇活字 239 頁　天圖活字 28 頁

溧陽宋少司農（晋）年譜一卷

（清）宋文蔚編

民國十八年崇本堂活字印本　總目 922 頁

秦輶日記一卷

（清）潘祖蔭撰

民國三年西泠印社活字印本　天圖活字 31 頁

奇姓通十四卷

（明）夏樹芳輯　（明）陳繼儒校

民國二十二年陶社活字印本　天圖活字 34 頁

毗陵人品記十卷

（明）吳亮撰

民國二十五年毗陵毛氏活字印本　天圖活字 23 頁

陳節愍公忠節錄二卷

（明）陳端甫編

民國六年崇善弘慶堂活字印本　天圖活字 26 頁

夢痕錄要一卷

高鑅泉撰

民國三年木活字印本　天圖活字 30 頁　江蘇活字 240 頁

政書類

貴池清賦芻言二卷

（清）王源瀚撰

民國四年木活字印本　總目 3255—3256 頁

救灾福報一卷

（清）鄭觀應輯

民國二十四年木活字印本　總目 3341 頁

古宣維持會産業清册

徐國珍編

民國六年古宣維持會活字印本　天圖活字 68 頁

軍官學堂學員應守規則一卷

不著撰人

民國間軍諮處活字印本　天圖活字 69 頁

治鄞政略二卷附編二卷静庵詩略一卷

（清）楊懿撰

民國二十四年活字印本　天圖活字 69 頁

中華民國暫行新刑律不分卷

沈家本主持制定

民國間木活字印本　盤古 12 秋 819

國法學不分卷

任衣洲譯

民國間活字印本　天圖活字 82 頁

刑事訴訟法四編

潘承鍔撰

民國初年江蘇法政學堂木活字印本　天圖活字 82 頁　江蘇活字 227 頁

地理類

讀史輿地韵編十二卷

張鴻漸輯

民國二年木活字印本　總目 3700 頁

廬山歸宗寺志四卷

（明）釋德清撰　釋先勤重修

民國三年蕭四聰木活字印本　總目 3860 頁

松滋祠廟事略一卷

（清）邵涵初輯

民國二十三年黃氏譜局木活字印本　總目 3866 頁

昭利廟志六卷

（明）杜翔鳳輯

民國十六年木活字印本　總目 3870 頁

華氏祠墓始末二卷

華學瀚編

民國二十五年木活字印本　總目 3875 頁

東明書院志不分卷

鄭興愷等纂修

民國十一年木活字印本　總目 3884 頁

五峰書院志八卷

（清）程尚斐纂

民國二十五年活字印本　總目 3885 頁

匡山書院孝享錄不分卷

匡山書院編

民國三十一年木活字印本　海王村 11 年秋 249

玉芝園志一卷

許祖熹輯

民國十八年活字印本　天圖活字 62 頁

重刻高山志五卷續一卷

（明）顧世登　（明）顧伯平輯　（明）惲應翼重輯　續　（清）吳鑣輯

民國二十五年吳鑣木活字印本　總目 3897 頁　江蘇活字 239 頁

飛龍山志六卷

千人俊輯

民國三十四年活字印本　天圖活字 58 頁

冶父山志六卷

陳詩重編　章人鏡參訂

民國二十五年活字印本　天圖活字 58 頁

龍鳳山志四卷

廖潤鴻　黃應遠編

民國三十年活字印本　天圖活字 58 頁

東陽八華山志二卷

許鴻烈編

民國二十七年木活字本　西泠 13 春 110

民國江南水利志十卷圖一卷末一卷

沈佺等編

民國十一年木活字印本　販書 174 頁　江蘇活字 242 頁

鄭墅蕩水利全案不分卷

吳國屏等輯

民國十一年活字印本　天圖活字 82 頁

回溪八景不分卷

撰者不詳

民國間木活字套印本　博古齋 12 年夏 0931

白岳游稿一卷

（明）沈明臣輯

民國十年林集虛大酉山房木活字印本　總目 3978 頁

甯海漫記四卷

千人俊撰

民國二十二年活字印本　天圖活字 57 頁

甯海六記一卷

千人俊撰

民國二十三年活字印本　天圖活字 58 頁

小仙都正本學校志

浙江省縉雲縣正本學校編

民國間木活字本　德寶 08 年 4 月 37　真德 13 秋 7552

八都賓興志（學校志）

江西修水縣安峰鄉中心學校編

民國間木活字本　今古齋 11 春 469　恒昌 11 秋 489

吳氏培蘭學校重修學志

培蘭學校編

民國間木活字本　博古齋 15 年 2 期 35

方志類

江蘇省

[宣統]高淳縣鄉土志一卷

吳壽寬編

清宣統三年修民國二年木活字印本　方志目錄 344 頁　總目 4210 頁　江蘇活字 227 頁

[民國]錫金續識小錄六卷

（清）竇鎮編

民國十四年木活字印本　天圖活字 41 頁　方志目錄 337 頁　總目 4237 頁

無錫開化鄉志三卷

（清）王抱承纂　蕭煥梁續纂

民國五年侯學愈木活字印本　方志目錄 337 頁　總目 4238 頁　江蘇活字 240 頁

[民國]相城小志六卷

陶惟坻修　施兆麟纂

民國十九年上藝齋木活字印本　天圖活字 39 頁　方志目錄 321 頁　總目 4245 頁　江蘇活字 232 頁

浙江省

[乾隆]遂安縣志十卷首一卷

（清）鄺錫疇修　（清）方引彥等纂

民國十七年木活字印本　方志目錄 386 頁　總目 4266 頁

[民國]岱山鎮志二十卷首一卷

湯濬纂

民國十六年定海湯氏一煤軒木活字印本　方志目錄 415 頁　總目 4281 頁

[嘉靖]臨山衛志四卷

（明）朱冠　（明）耿宗道纂

明嘉靖四十三年纂民國三年木活字印本　方志目錄 414 頁　總目 4286 頁

[民國]奉化縣補義志十卷

蔣堯裳纂

民國元年奉化趙氏剡曲草堂木活字印本　方志目錄 410 頁　總目 4286 頁

[道光]象山縣志二十二卷首一卷

（清）童立成　（清）吳錫疇修　（清）馮登府等纂

民國四年張鵬霄木活字印本　方志目錄 411 頁　總目 4287 頁

[民國]松陽縣志十四卷首一卷末一卷

呂耀鈴修　高煥然纂

民國十五年木活字印本　方志目錄 441 頁　總目 4310 頁

安徽省

[道光]潁上風物記三卷

（清）高澤生纂

民國十二年木活字印本　方志目錄 457 頁　總目 4316 頁

[民國]渦陽風土記十七卷首一卷

黃佩蘭修　王佩箴等纂

民國十三年木活字印本　方志目錄 455 頁　總目 4317 頁

[民國]全椒縣志十六卷首一卷

張其濬修　江克讓　汪文鼎纂

民國九年木活字印本　方志目錄 462 頁　總目 4320 頁

[嘉慶]蕪湖縣志二十四卷首一卷

（清）梁啟讓修　（清）陳春華纂

民國二年木活字印本　方志目錄 463 頁　總目 4322 頁

[乾隆]潛山縣志二十四卷首一卷

（清）李載陽修　（清）游端友　張必剛纂

民國四年木活字印本　方志目錄 451 頁　總目 4325 頁

[民國]太湖縣志四十卷首一卷末一卷

高壽恒修　李英纂

民國十一年木活字印本　方志目錄 451 頁
總目 4326 頁

[民國]宿松縣志五十六卷首一卷末一卷

俞慶瀾　劉昂修　張燦奎等纂

民國十年木活字印本　方志目錄 450 頁　總
目 4326 頁

福建省

[康熙]松溪縣志十卷首一卷末一卷

(清)潘拱辰纂修　(清)黃鑑補遺

民國十七年施樹模木活字印本　方志目錄
523 頁　總目 4354 頁

江西省

南昌民國初元紀事十四卷首一卷

汪浩修　周德華等纂

民國九年木活字印本　天圖活字 57 頁　方
志目錄 481 頁　總目 4374 頁

[民國]昭萍志略十二卷首一卷末一卷

劉洪闢纂修

民國二十四年木活字印本　方志目錄 482 頁
總目 4383 頁

萬載縣志十一卷首一卷尾一卷文徵詩徵合編
一卷

龍賡言等修

民國二十九年木活字印本　海王村 12 年 60
期 319　滬國拍 08 春 243

[民國]萬載鄉土志一卷

龍賡言編

民國二十六年木活字印本　方志目錄 495 頁
總目 4405 頁

[民國]吉安縣紀事五卷

李士梅修　王祐纂

民國十一年木活字印本　方志目錄 505 頁
總目 4408 頁

湖北省

[民國]英山縣志十四卷首一卷

徐錦修　胡鑑瑩等纂

民國九年木活字印本　方志目錄 617 頁　總
目 4516 頁

[光緒]興國州志三十六卷首一卷

(清)吳大訓等修　(清)陳光亨纂　(清)劉
鳳綸　(清)王鳳池續纂

民國三十二年木活字印本(《陽新縣志》)　方
志目錄 618 頁　總目 4519 頁

湖南省

[民國]寧鄉縣志不分卷附新志四卷

周震麟修　劉宗向纂

民國三十年木活字印本　方志目錄 671 頁
總目 4533 頁

[民國]澧縣縣志十卷

張之覺修　周齡纂

民國二十八年木活字印本　總目 4536 頁

[民國]宜章縣志三十二卷首一卷附文徵三卷

曹家銘修　鄧典謨纂

民國三十年木活字印本　方志目錄 650 頁
總目 4549 頁

[同治]桂東縣志二十卷首一卷

(清)劉華邦修　(清)郭岐勳纂

民國十四年木活字印本　方志目錄 649 頁
總目 4550 頁

[同治]城步縣志十卷

(清)盛鎰源修　(清)戴聯璧　(清)陳志升纂

民國十九年木活字印本　方志目錄 659 頁
總目 4556 頁

[民國]漵浦縣志三十二卷首一卷

吳劍佩　陳整修　舒立洪纂
民國十年木活字印本　方志目錄 662 頁　總
目 4558 頁

金石考古類

遯盦金石叢書十五種

吳隱輯

民國十年山陰吳氏西泠印社木活字印本　叢
書綜錄 687 頁　總目 4785 頁

　蘇齋金石題跋一卷　（清）翁方綱撰
　漢石經殘字考一卷　（清）翁方綱撰
　武林金石記十卷　（清）丁敬輯
　岱巖訪古日記一卷　（清）黃易撰
　海東金石存考一卷　（清）劉喜海撰
　淳化閣帖釋文十卷　清乾隆三十四年敕撰
　宜祿堂收藏金石記六卷　（清）朱士端撰
　金石學錄四卷　（清）李遇孫撰
　東洲艸堂金石跋五卷　（清）何紹基撰
　東洲艸堂金石詩一卷　（清）何紹基撰
　籀經堂鐘鼎文釋題跋尾一卷　（清）陳慶
鏞撰
　山樵書外紀一卷　（清）張開福撰
　枕經堂金石跋三卷　（清）方朔撰
　有萬憙齋石刻跋一卷　（清）傅以禮撰
　校碑隨筆不分卷　方若撰

目錄類

目睹天一閣書錄四卷附編一卷

林集虛編

民國十七年黎照廬木活字印本　總目 4934 頁

叙文彙編七十二卷首一卷

朱烈輯

民國二十五年榮氏大公圖書館木活字印本
天圖活字 71 頁　江蘇活字 243 頁

子部

儒家類

式古編五卷

（清）莊瑤輯

民國七年溧陽周尚德堂木活字印本　天圖活
字 77 頁　江蘇活字 230 頁

義門鄭氏家儀一卷附圖

（元）鄭泳編

民國十一年木活字印本　總目 188 頁

家訓恒言二卷附一卷

（清）蔡鶴齡撰

民國間木活字印本　總目 195 頁　天圖活字
76 頁

鄂鞾堂庭訓一卷

（清）宗心澄撰

民國三年鄂鞾堂木活字印本　總目 203 頁

課子隨筆十卷

（清）張師載輯

民國十一年溧陽周尚德堂木活字印本　總目
242 頁　江蘇活字 230 頁　天圖活字 76 頁

史感一卷物感一卷

（清）李世熊撰

民國七年寧化修志局活字印本　天圖活字
75 頁

裕後格言二卷首一卷

（清）祝邦基撰

民國二十四年陶社木活字印本　天圖活字 76
頁　江蘇活字 245 頁

依園邇言二卷

（清）劉存莊撰　劉昌運編

民國十七年劉氏立生堂活字印本　天圖活字
77 頁

名儒言行録二卷

（清）竇鎮輯

民國十三年無錫文苑閣活字印本　天圖活字
78 頁

修身講義不分卷

撰者不詳

民國間活字印本　海王村 09 年 46 期 188

功過格不分卷

斂江源溪鄒樂善氏敬送

民國十年活字印本　德寶 08 年 7 月 547

兵家類

大元帥訓軍官詞

民國間活字印本　天圖活字 65 頁

軍制學教科書一卷

賀忠良撰

民國間武備研究所活字印本　天圖活字 80 頁

地形偵查一卷

李士鋭輯

民國間北洋武備研究所活字印本　天圖活字
80 頁

改正戰法學□卷

不著撰人

民國間武備研究所活字印本　天圖活字 81 頁

農家類

種桑樹的講究法不分卷

不著撰人

民國間安徽省立蠶業模範場活字印本　天圖
活字 83 頁

勇盧閒詰一卷

（清）趙之謙撰

民國六年無錫圖書館木活字印本　天圖活字
89 頁　農業古籍 53 頁　江蘇活字 240 頁

醫家類

金針三度　三針并度

（清）熊應相撰

民國三年山邑劉遠揚木活字本　中醫聯目
734 頁

稽古摘要（又名新增藥會圖全集）

□□輯

民國三年衡水三義堂活字印本　總目 536
頁　中醫聯目 178 頁

脉訣新編四卷

劉本昌撰

民國間培根堂木活字印本　德寶 07 年 11
月 272

咽喉脉症通論一卷

（清）許榳校正

民國初年無錫文苑閣木活字印本　江蘇活字
239 頁

證治輯要四卷

姚濟蒼撰

民國間衡區同吉祥活字翻印本　博古齋 2011
夏 459　三品堂 11 秋 177

傷寒講義

朱鴻漸編

民國間北洋醫學堂木活字本　中醫聯目 60 頁

傷寒講義

曹運昌編

民國間北洋醫學堂活字本　中醫聯目 60 頁

麻科合璧二卷

（清）尉仲林等撰

民國十五年木活字印本　總目 826 頁

産科心法二卷附福幼編

（清）汪喆撰

民國元年活字本　民國六年木活字本　中醫聯目 460 頁

大生集成五卷

（清）王承謨撰

民國二年南補萬祥齋木活字本　中醫聯目 464 頁　販書續編 142 頁

普濟藥方五卷

著者佚名

民國七年木活字本　中醫聯目 286 頁

周急良方四卷

周汝灼撰　段盛元編

民國十九年湖南湘潭慈源宮華化大文社木活字本　中醫聯目 290 頁

單方新編全集

劉本昌編

民國三十五年湘潭漣南鄉培根堂木活字本 中醫聯目 296 頁

瞻山醫案四卷

（清）任賢斗撰

民國十三年瀏陽文昭堂木活字印本　總目 951 頁　中醫聯目 630 頁

吳鞠通先生醫案五卷

（清）吳瑭撰　裘慶元編

民國五年紹興醫藥學報社木活字本　中醫聯目 650 頁

羅謙甫治驗案

（元）羅天益撰　裘慶元編

民國五年至七年紹興醫藥學報社木活字本 中醫聯目 627 頁

術數類

冰鑑七篇（神骨、剛柔、容貌、情態、眉須、聲音、氣色）

（清）曾國藩撰

民國八年木活字印本　保利 10 秋 457　工美 2012 秋 796

藝術類

蕉窗九錄

（明）項元汴撰

民國三年西泠印社木活字印本　叢書綜錄 747 頁　販書續編 173 頁

　　紙錄一卷
　　墨錄一卷
　　筆錄一卷
　　研錄一卷
　　書錄一卷
　　帖錄一卷
　　畫錄一卷附書訣十則
　　琴錄一卷
　　附
　　　冷仙琴聲十六法一卷　（明）冷謙撰
　　香錄一卷

烟雲供養錄一卷

（清）吳騫撰

民國四年西泠印社吳隱木活字印本　海王村 09 年春 329

海岳題跋不分卷

（宋）米芾撰　（明）毛晉訂

民國十年西泠印社活字印本　天圖活字 87 頁

遯盦印學叢書十七種

吳隱輯

民國十年西泠印社木活字印本　叢書綜錄

743 頁

印史一卷 （明）文彭撰

印説一卷 （清）萬壽祺撰

印談一卷 （明）沈野撰

摹印秘論一卷 （清）汪維堂輯

印典八卷 （清）朱象賢撰

篆刻針度八卷 （清）陳克恕撰

印學集成一卷 （清）馬泌撰

雲莊印話一卷 （清）阮充撰

歷朝印識四卷 （清）馮承輝撰

寶印集六卷 （清）王之佐輯

摹印述一卷 （清）陳澧撰

摹印傳燈二卷 （清）葉爾寬撰

多野齋印說一卷 （清）董洵撰

續語堂論印彙録一卷 （清）魏錫曾輯

三十五舉校勘記一卷 （清）姚觀元撰

葉氏印譜存目二卷 葉銘撰

治印雜説一卷 王世撰

雜家類

碧聲吟館談麈四卷硯辨一卷

（清）許善長撰

清末民國初西泠印社吳氏木活字印本 總目 1762 頁 販書續編 173 頁

桑梓見聞八卷

（清）趙曦明撰

民國二十二年陶社木活字印本 販書續編 171 頁 江蘇活字 245 頁

書林揚觶一卷

（清）方東樹著

民國十四年中國書店木活字本 德寶 11 年 11 月 302

桑梓見聞録三卷

（清）劉鏗撰

民國六年正誼山房活字印本 天圖活字 57 頁

格言聯璧不分卷

（清）金纓編

民國五年活字印本 天圖活字 77 頁

雙節堂庸訓四卷

（清）汪輝祖撰

民國二年活字印本 天圖活字 92 頁

萬載惜字堂册

宋焕奎撰

民國十一年活字印本 天圖活字 96 頁

小説類

開元天寶遺事二卷

（五代）王仁裕撰

清末民國初西泠印社木活字印本 總目 2113 頁

竹隱廬隨筆四卷

（清）鄭永禧輯

民國間木活字印本 總目 2135 頁

師竹廬隨筆二卷

（清）竇鎮撰

民國八年文苑閣木活字印本 民國十年木活字印本 總目 2147 頁 江蘇活字 241 頁

西神叢語不分卷

（清）黃蛟起撰

民國三年無錫文苑閣木活字印本 總目 2189 頁 天圖活字 97 頁 江蘇活字 240 頁

函髻記一卷

盟鷗榭撰

民國間活字印本 天圖活字 97 頁

道家類

太上道祖演説南岳真經闡微全卷

太上道祖演説

民國八年雲南昭通木活字本 卓德 13 秋 4647

太上説三元三官寶經

民國十四年木活字印本　德寶 14 年 8 月 617

諸真濟人舟不分卷

擇善社校刊

民國五年永豐縣明德鄉良村擇善社木活字印本　卓德 13 秋 4810　今古齋 12 秋 499

善化録三卷

鳳善堂輯

民國間木活字本　今古齋 10 春 236

明性歸真三卷

撰者不詳

民國二十二年木活字印本　海王村 12 年 60 期 437　納高 12 年春 3426

慈航渡全集

民國間木活字本　博古齋 15 年 1 期 383

釋家類

往生論注二卷

（北魏）釋曇鸞撰

民國十三年木活字本　德寶 09 年 5 月 689

佛説阿彌陀經（彌陀要旨、無量度人真經、多心經）

濟佛祖師講述

民國間游藝齋木活字本　三品堂 11 夏 191

佛説大乘通玄法華真經十卷

民國十九年呂家秦謹照老本重刊活字印本　今古齋 09 秋 026

高王觀世音五經

民國三十四年同善山房木活字印本　海王村 08 年 42 期 345

大聖五公演説天圖形旨妙經一卷

民國二十四年木活字本　德寶 09 年 1 月 367

南屏佛祖救生度化寶懺一卷

民國十四年游藝齋木活字印本　德寶 11 年 2 月 676

目蓮血盆經懺不分卷

撰者不詳

民國三年體文閣木活字本　今古齋 11 秋 460

新學類

教育暨管理法

泰和學堂編

民國間泰和學堂木活字印本　海王村 08 年 42 期 268

體仁學校册

體仁學校編

民國八年木活字印本　海王村 02 年 19 期 295

高魁小學校册

高魁小學編

民國二年木活字印本　海王村 02 年 19 期 296

成德學校册二卷

成德學校編

民國十三年木活字印本　海王村 10 年 52 期 626　立達 06 秋 096

東洲登瀛堂册二卷

義學學堂編

民國二十三年木活字本　卓德 14 夏 2316

東洲賓興堂册三卷

撰者不詳

民國間木活字本　德寶 08 年 4 月 1361

舒翹堂册

撰者不詳

民國間木活字本　德寶 08 年 4 月 1361

敬教堂册

撰者不詳

民國間木活字本　德寶 08 年 4 月 1361

龍岡育材堂冊

撰者不詳

民國間活字本　中安 08 迎春 291　南京盤龍
07 春 151

保險法

（清）劉德武編

清末民國初木活字印本　滬國拍 05 春 247

國語講義（新式標點教科書）

編者不詳

民國十五年木活字印本　海王村 06 年春 161

成章國文

湖南衡陽成章中學編

民國間木活字印本　海王村 08 年 43 期 649
鼎晟 07 春 230

初等小學國文教科書

雲南教育司編

民國二年木活字印本　海王村 09 年 47 期 172

吉安中學堂講義

吉安中學編

民國間木活字印本　海王村 06 年 36 期 219

寶慶法政學校財政學講義

左受經編

民國間活字本　德寶 10 年 8 月 518　華夏國
拍 13 春 2076

中學地理教科書

第三師范學校編

民國間木活字本　今古齋 11 秋 464

萍鄉中學校第九班畢業同學錄

萍鄉中學校編

民國八年木活字印本　今古齋 11 年 24 期 436

國際公法、戰時國際公法、學法通論

日本法學博士中村進午講述

民國間高等學堂活字本　泰和 12 年 6 月 832

各國近世史各國最近世史（軍官學堂教科書）

邢仲共譯

民國間活字印本　天圖活字 64 頁

集部

別集類

羅豫章先生文集十二卷

（宋）羅從彥撰

民國二年木活字印本　海王村 08 年 42 期 168
山東宏昇 12 秋 3217

倪雲林先生清閟閣詩集六卷清閟閣附集二卷清閟閣志十二卷

（元）倪瓚撰　（明）寒曦輯　附集　（明）倪
峻等撰　諸祖德輯　志　（清）楊殿奎輯

民國六年倪哲夫木活字印本　總目 497 頁
天圖活字 106 頁　江蘇活字 241 頁

溪園遺稿五卷梅花百咏一卷

（明）駱象賢（駱則民）撰

民國四年萬一樓集活字印本　總目 567 頁
天圖活字 109 頁

謝文正公歸田稿八卷附謝文正公年譜一卷

（明）謝遷撰　謝文正公年譜　（明）倪宗正編

民國七年閣老第活字印本　總目 613 頁　天
圖活字 110 頁

張水南文集十一卷張氏吉光集二卷

（明）張袞撰　張氏吉光集　張之純輯

民國三年江陰張氏木活字印本　總目 678 頁

沈青門詩集一卷詩余一卷青門山人文一卷附錄一卷

（明）沈仕撰　附錄　（清）沈祖縣輯

民國七年西泠印社木活字印本　總目 682 頁

沈青門詩集三卷

（明）沈仕撰

民國七年西泠印社木活字印本　總目 683 頁
天圖活字 113 頁

寒螿詩稿存一卷

（明）辛丑年撰

民國五年木活字印本　總目 746 頁　天圖活
字 113 頁

萬一樓集五十六卷續集六卷附溪園遺稿五卷梅花百咏一卷

（明）駱問禮撰　溪園遺稿（明）駱象賢（駱則民）撰

民國四年木活字印本　總目 786 頁　天圖活
字 112 頁

蔬堂文集四卷

（明）曹胤昌撰

民國三年活字印本　總目 989 頁

商文毅公集六卷

（明）商輅撰　（清）張一魁輯

民國八年王家琦活字印本　天圖活字 109 頁

歸震川四書論不分卷

（明）歸有光撰　邵恒照輯

民國間蘇州毛上珍印書局木活字印本　天圖
活字 112 頁　江蘇活字 230 頁

錦鱗詩集十八卷附錄一卷

（明）劉同昇撰　（清）劉逢源訂

民國二十六年活字印本　天圖活字 114 頁
海王村 05 年 30 期 64

崟陽草堂文集十六卷附一卷詩集二十卷

（明）鄭鄤撰

民國二十一年活字印本　天圖活字 240 頁
海王村 01 年秋 189

寒香館遺稿十卷

（明）辛陞撰

民國五年無錫辛氏木活字印本　天圖活字
116 頁　清人別集 972 頁　江蘇活字 240 頁
清人詩文 14 頁

蟋蟀窩詩集五卷

（清）張度撰　（清）姚文燮選

民國八年活字印本　天圖活字 146 頁

蟋蟀窩詩集十卷首一卷增輯一卷遺文一卷附一卷

（清）張度撰

民國十三年增補木活字印本　總目 1063 頁
清人別集 1088 頁　清人詩文 96 頁

頌庵詩稿一卷

（清）高翔撰

民國七年無錫文苑閣木活字印本　天圖活字
148 頁　江蘇活字 241 頁

尋古齋文集十卷（文前集二卷後集四卷詩前集二卷後集二卷）

（清）李繼聖撰

民國四年永盛祥印局木活字本　今古齋 12
春 304

錢存梅先生遺稿詩一卷文一卷詞一卷

（清）錢陸靖撰

民國八年常熟繆氏承古堂木活字印本　總
目 1067 頁　清人別集 1825 頁　清人詩文
103 頁

秋水集詩八卷詞二卷校勘記一卷傳志一卷

（清）嚴繩孫撰

民國六年無錫縣圖書館木活字印本　天圖
活字 117 頁　清人別集 671 頁　江蘇活字
240 頁

呂晚村先生文集八卷附錄一卷

（清）呂留良撰

民國十八年錢振鍠木活字印本　天圖活字117 頁　清人別集 390 頁　江蘇活字 238 頁

愧訥集十二卷

（清）朱用純撰

民國十八年昆山保管祠產委員會木活字本 天圖活字 118 頁　清人別集 426 頁　江蘇活字 234 頁

石渠詩草五卷

（清）夏慶譽撰

民國二十四年夏氏大雅堂活字印本　天圖活字 118 頁

南山集十四卷補遺三卷傳一卷年譜一卷

（清）戴名世撰

民國七年時還書屋活字印本　天圖活字 120 頁

讀易廬詩文集不分卷

（清）華學泉撰　華芳洲輯

民國十七年活字印本　天圖活字 121 頁　清人別集 479 頁

鳳皇山錢陸靖存梅氏遺稿詩一卷詞一卷文一卷

（清）錢介城撰　繆曾湛校

民國八年常熟承古堂木活字印本　天圖活字 122 頁　江蘇活字 234 頁

大宂集五卷

（清）錢龍惕撰　王元覲校

民國八年木活字印本　天圖活字 122 頁　清人別集 1819 頁　清人詩文 68 頁　江蘇活字 234 頁

兩當軒集二十二卷附錄四卷考異二卷補一卷

（清）黃景仁撰　考異　補　（清）黃志述撰

民國十三年篤倫堂活字印本　天圖活字 124 頁

慕岩詩略六卷

（清）夏熙臣撰

民國二十四年夏氏尚忠堂木活字印本　總目

1293 頁　天圖活字 125 頁　清人別集 1770 頁　清人詩文 422 頁

瓠尊山人佚詩一卷

（清）夏熙臣撰

民國二十四年夏氏尚忠堂木活字印本　總目 1294 頁　清人別集 1770 頁　清人詩文 422 頁　天圖活字 125 頁

房仲詩選二卷

（清）沈心撰　（清）姚鼐選

民國八年西泠印社活字印本　天圖活字 128 頁　清人別集 1016 頁

望古集六卷

（清）汪有典撰

民國十六年木活字印本　總目 1349 頁　販書 382 頁　清人別集 996 頁　清人詩文 501 頁

四勿堂詩稿一卷

（清）呂憲斌撰

民國七年木活字印本　總目 1359 頁　清人別集 389 頁　清人詩文 515 頁　天圖活字 157 頁

枕翠樓詩集一卷

（清）王湘撰

民國八年王元覲活字印本　總目 1450 頁　天圖活字 142 頁　清人別集 72 頁

黃琢山房集十卷

（清）吳璜撰

民國八年西泠印社活字本　清人詩文 710 頁 清人別集 859 頁　雍和 13 秋 4260

芷泉遺集二卷

（清）吳俊升撰

民國十九年沅江木活字印本　總目 1594 頁 清人別集 903 頁　滬國拍 09 年四屆常規 267

冶父星祖梅花詩百首一卷山居詩一卷禪師花月詩一卷

（清）釋星祖撰　常明輯

民國二十五年活字印本　天圖活字 143 頁
清人別集 2492 頁

南樓詩草一卷瑣録一卷
（清）龔惺撰
民國十年木活字印錫山龔氏遺詩本　總目
1717 頁　清人別集 2081 頁

松田遺集二卷
（清）陳紀撰
民國七年活字印本　天圖活字 129 頁

卞徵君集七卷
（清）卞萃文撰
民國元年揖峰書屋木活字印本　總目 1788
頁　清人別集 214 頁

種榆仙館詩鈔二卷
（清）陳鴻壽撰
民國四年西泠印社吳隱木活字印本　總目
1791 頁　經眼録 181 頁　清人別集 1313 頁

自適齋詩鈔二卷
（清）李震撰
民國九年借園李氏木活字印本　總目 1847 頁
清人別集 756 頁　清人詩文 1097 頁

寄樵山館集十卷（詩集六卷文集四卷）
（清）吳越壽撰
民國間木活字印本　總目 1957 頁　清人詩
文 1218 頁　清人別集 911 頁

青箱閣詩集不分卷
（清）王廷楷撰　（清）徐兆瑋選
民國八年王元覯木活字印本　總目 1964 頁
清人詩文 1224 頁　天圖活字 142 頁

寒翠簃詩集五卷
（清）鄭彥絪撰　（清）金鶴翔選
民國八年木活字印本　總目 1967 頁　天圖
活字 134 頁　清人別集 1502 頁

癸丑感事詩一卷皖江新樂府一卷
（清）翟柳村撰
民國十五年活字印本　天圖活字 134 頁　清
人別集 2374 頁

淡禄堂雜著二卷
（清）朱蒦撰
民國十七年木活字印本　總目 2111 頁　清
人別集 409 頁　清人詩文 1383 頁

醉墨軒遺稿五卷
（清）張步瀛撰
民國二十三年敬資堂木活字印本　總目 2132
頁　清人詩文 1405 頁　清人別集 1145 頁

水心齋詩鈔二卷附水心齋詩餘一卷
（清）鄭楨　（清）鄭鴻遠撰　鄭樹藩校　詩餘
（清）鄭鴻遠撰
民國八年活字印本　天圖活字 150 頁　清人
別集 1489 頁　清人別集 1504 頁

求慊齋全集二十六卷
（清）張琳撰
民國十九年沅江張敦昌木活字印本　總目 2163
頁　清人別集 1095 頁　清人詩文 1440 頁

受瑄詩詞二卷附劫灰集一卷錦囊佳什詩鈔一卷
（清）承培元撰
民國十六年木樨香館木活字印本　總目 2202
頁　清人詩文 1478 頁　清人別集 1526 頁

適園自娛草二卷附易畫軒題贈詩文彙編三卷
（清）陳式金撰
民國三年木活字印本　總目 2242 頁　清人
別集 1275 頁　江蘇活字 244 頁　清人詩文
1516 頁　天圖活字 135 頁

春草草堂集十八卷前編一卷
（清）謝大舒撰
民國三十年木活字印本　總目 2289 頁　清
人詩文 1564 頁　清人別集 2293 頁

冷紅館全集八卷（冷紅館剩稿四卷冷紅館詩補鈔二卷修修利齋偶存一卷冷紅詞一卷）

（清）秦臻撰

民國九年秦寶瓚游藝齋木活字印本　叢書綜錄 564 頁　總目 2295 頁　天圖活字 203 頁　清人詩文 1569 頁

湖山疊影樓詩鈔六卷

（清）潘錦撰

民國六年木活字印本　總目 2360 頁　清人別集 2406 頁　清人詩文 1635 頁

臥樟書屋集十卷

（清）周發藻撰

民國十四年活字印本　天圖活字 134 頁　清人別集 1456 頁

留雲閣詩草一卷附詞一卷

（清）龔鈴撰

民國十年木活字印錫山龔氏遺詩本　總目 2451 頁　清人別集 2079 頁　清人詩文 1721 頁

小竹里館集二卷

（清）王恩培撰

民國三十一年木活字印本　總目 2459 頁　清人別集 161 頁　清人詩文 1729 頁

冷香館詩鈔二卷

沈廉撰

民國八年活字印本　天圖活字 153 頁　清人詩文 1764 頁

冷香館文鈔二卷

沈廉撰

民國十一年活字印本　天圖活字 153 頁　清人詩文 1764 頁

瘦紅吟草二卷

（清）吳佩瑤撰

民國間木活字印本　總目 2497 頁　清人詩文 1767 頁　清人別集 896 頁

檐慧山房詩草四卷

（清）吳超然撰

民國二十一年小隱草堂活字印本　清人別集 911 頁　清人詩文 1774 頁　書刊拍賣目錄 95-01 年 602 頁

倚芸吟草一卷

方仁淵撰

民國三年倚芸吟館木活字印今雨舊雨詩集附　總目 2507 頁　江蘇活字 232 頁　清人詩文 1776 頁

二琴居詩鈔四卷

王迪中撰

民國十四年盟鷗別墅木活字印本　總目 2524 頁　清人別集 140 頁　天圖活字 156 頁

夢梅仙館吟草一卷

（清）楊藻撰

民國五年木活字印夢梅仙館綠萼軒吟草合鈔本　總目 2537 頁　清人別集 700 頁　清人詩文 1803 頁

師二宗齋遺集二卷附錄一卷

（清）關棠撰　陳三立輯

民國四年木活字印本　總目 2538 頁　天圖活字 138 頁　清人別集 559 頁　清人詩文 1804 頁

小綠天庵文稿二卷楹聯一卷詩草四卷詞草一卷

（清）竇鎮撰

民國八年文苑閣木活字印本　天圖活字 161 頁　清人別集 2333 頁　江蘇活字 241 頁

師竹廬聯話十二卷

（清）竇鎮撰

民國十年文苑閣木活字印本　天圖活字 161 頁　江蘇活字 242 頁

小綠天庵詩文補遺一卷

（清）竇鎮撰

民國九年木活字印本　總目 2538 頁　清人

別集 2333 頁　清人詩文 1804 頁

補梅花館詩稿一卷詞稿一卷
（清）駱元遴撰
民國二十一年亦壽堂木活字印本　總目 2543
頁　天圖活字 151 頁　清人別集 1715 頁　清
人詩文 1809 頁

望雲軒文稿二卷
（清）吳壽寬撰
民國五年木活字印本　總目 2586 頁　販書續
編 290 頁　清人別集 888 頁　江蘇活字 228
頁　清人詩文 1851 頁　天圖活字 155 頁

湖山隨在吟詩稿四卷
（清）曾廣照撰
民國三年木活字印本　總目 2599 頁　清人
別集 2272 頁　清人詩文 1864 頁

綠蕚軒吟草一卷
（清）楊志溫撰
民國五年活字印本　清人別集 714 頁　清人詩
文 1864 頁

評梅閣集三卷（詩二卷詞一卷）
（清）葛遠撰
民國七年康吉堂活字印本　總目 2605 頁　清
人別集 2165 頁　清人詩文 1869 頁　天圖活
字 147 頁

聊復軒詩存一卷
施贊唐撰
民國八年西泠印社木活字印本　總目 2611
頁　清人別集 1660 頁　清人詩文 1875 頁

蛻塵軒詩存二卷
施贊唐撰
民國八年西泠印社木活字印本　總目 2611
頁　清人別集 1660 頁　清人詩文 1875 頁

顏渠詩鈔四卷
（清）李黃琮撰
民國九年借園李氏木活字印本　總目 2642

頁　清人別集 814 頁　清人詩文 1903 頁

不求安居吟草一卷
陳守吾撰
民國間木活字印本　總目 2644 頁　清人別
集 1284 頁　清人詩文 1905 頁

陳芰潭翁遺詩三卷
陳芰潭撰　陳伯平輯
民國九年活字印本　總目 2654 頁　清人別
集 1287 頁　清人詩文 1913 頁

王徵君詩稿三卷
王慈撰
民國十年盟鷗別墅木活字印本　總目 2658
頁　天圖活字 140 頁　清人別集 76 頁　清
人詩文 1918 頁

覺廬遺詩一卷
鄭廷鑑撰
民國十年周毓邠木活字印本　總目 2660 頁
清人別集 1498 頁　清人詩文 1920 頁

師竹吟館初集不分卷
嚴卓卿撰
民國十年嚴氏木活字印本　總目 2660 頁　清
人別集 669 頁　清人詩文 1920 頁

王解元遺稿九卷
（清）王嘉賓撰
民國十九年木活字排印本　總目 2682 頁　清
人別集 183 頁　清人詩文 1939 頁

愛日廬詩鈔一卷
李景祥撰
民國間木活字印本　總目 2687 頁　清人詩
文 1944 頁

寶琴閣詩鈔一卷
沈文莊撰
民國初木活字印本　總目 2703 頁　清人詩
文 1960 頁

養時軒詩稿甲編一卷乙編一卷

張鴦撰

民國六年木活字印本　總目 2704 頁　清人別集 1100 頁　清人詩文 1961 頁

艮盦詩存六卷

吳英銳撰　吳英鋒等校

民國二十七年活字印本　天圖活字 154 頁　清人別集 892 頁

來鷺草堂隨筆不分卷

吳滔撰

民國間西泠印社活字印本　天圖活字 154 頁　清人別集 857 頁

詩庸六卷

（清）謝芳連撰

民國八年謝寶樹堂活字印本　天圖活字 152 頁　清人別集 2297 頁

白玉詩集八卷

吳鑛撰

民國二十一活字印本　天圖活字 154 頁　清人別集 862 頁

青陽文集五卷

吳鑛撰

民國二十六年木活字印本　天圖活字 155 頁　清人別集 862 頁　江蘇活字 239 頁

蚤梅閣詩集七卷詩餘一卷蕼廬文集三卷

蔡培劼撰

民國十二年活字印本　天圖活字 155 頁

慎宜軒筆記十卷

姚永概撰

民國十五年活字印本　天圖活字 156 頁

静妙齋文集三卷詩集二卷詞一卷

莊夢齡撰

民國二十八年願賢堂活字印本　天圖活字 156 頁　清人別集 492 頁

固藴詩稿七卷

王炳章撰

民國十七年活字印本　天圖活字 156 頁　清人別集 157 頁

朱柳亭先生詩文集一卷試帖詩一卷

朱柳亭撰　楊濬川校

民國三十一年活字印本　天圖活字 157 頁　清人別集 440 頁

待盦題畫詩存一卷詩餘偶存一卷摘句一卷

題待盦老人撰

民國三年活字印本　天圖活字 157 頁

寄廬詩草二卷

姚鑑撰　方澍評

民國十四年活字印本　天圖活字 158 頁　清人別集 1693 頁

半日閒齋吟草不分卷

徐玉撰

民國十七年懷德堂活字印本　天圖活字 158 頁　清人別集 1850 頁

小兒戲三卷

陳立樹輯

民國十年迎瑞堂活字印本　天圖活字 158 頁

小梅園吟草一卷

過鯉廷撰

民國九年活字印本　天圖活字 158 頁　清人別集 382 頁

鷄鳴集四卷附錄一卷補編一卷

馮壽梅撰

民國三十六年磬園活字印本　天圖活字 159 頁　清人別集 356 頁

霞觴霓咏初編一卷

楊昌祚撰

民國二年匯南吾廬活字印本　天圖活字 159 頁　清人別集 718 頁

補拙軒遺稿三卷

朱善佐撰

民國間木活字印本　總目 2732 頁　清人詩文 1990 頁　清人別集 450 頁

石林文稿一卷

劉春堂撰

民國五年木活字印本　清人別集 539 頁　總目 2740 頁　清人詩文 1996 頁　天圖活字 160 頁

名山集初集一卷續集九卷三集二十一卷四集□卷五集十卷六集十一卷七集文四卷詩一卷八集十二卷九集七卷九集續四卷

錢振鍠撰

民國間木活字及鉛印本　總目 2748 頁

名山六集補三卷

錢振鍠撰

民國間木活字及鉛印本　總目 2748 頁

名山六集補六卷

錢振鍠撰

民國間木活字及鉛印本　總目 2748 頁

星影樓壬辰以前存稿一卷

錢振鍠撰

民國間陽湖錢氏活字印本　總目 2748 頁

名山詩集五卷

錢振鍠撰

民國間木活字印本　總目 2748 頁　清人詩文 2004 頁

名山詩集十三卷詞一卷續一卷海上詞一卷續一卷三編一卷四編一卷

錢振鍠撰

民國三十六年木活字印本　天圖活字 152 頁　清人別集 1832 頁　總目 2749 頁

名山文集十四卷詩集二卷詞一卷

錢振鍠撰

民國五年木活字印本　天圖活字 153 頁

課徒續草一卷

錢振鍠撰

民國間木活字印本　總目 2749 頁

名山文約十五卷附名山四集九卷

錢振鍠撰

民國五年木活字印本　總目 2749 頁

名山文約續編十卷

錢振鍠撰

民國間木活字印本　總目 2749 頁

思蘭堂詩集五卷

曾紀元撰

民國四年曾廣武木活字印本　總目 2750 頁　清人別集 2275 頁　清人詩文 2005 頁

石頑書屋文鈔六卷

楊福祺撰

民國八年木活字印本　總目 2751 頁　天圖活字 159 頁　清人別集 732 頁　清人詩文 2005 頁

錢癯仙梅册徵文彙刻一卷壺天獨唱集一卷

錢鍾瑜輯　錢育佳等校

民國十五年活字印本　天圖活字 160 頁

蘭陵集一卷京峴集一卷蘭陵隨筆一卷

謝鼎鎔撰

民國三年活字印本　天圖活字 161 頁

天台游草五卷附游天台山十記

千人俊撰

民國二十三年活字印本　天圖活字 161 頁

吳綬卿先生遺詩一卷

吳禄貞撰

民國元年活字印本　天圖活字 162 頁

得天爵齋遺稿文一卷詩一卷詩餘一卷

（清）錢方琦撰

民國十一年錢振鍠木活字排印本　總目 2753

頁　清人別集 1818 頁　天圖活字 160 頁　江蘇活字 236 頁

程一夔文甲集八卷續編三卷文乙集四卷續編三卷詩甲集四卷詩乙集六卷詞一卷

程先甲撰

民國十二年木活字印本　詩集以下石印本

販書 499 頁　清人別集 2227 頁　江蘇活字 227 頁　天圖活字 159 頁

漱石齋詩存二卷附録一卷

吳之焱撰

民國間活字印本　天圖活字 154 頁　清人別集 868 頁

持軒詩不分卷

黃仁基撰

民國三十二年木活字印本　同方 15 秋 205

仙溪爐餘稿不分卷

李錦城撰

民國間木活字印本　海王村 08 年秋 381

二如遺稿二卷首一卷末一卷

（清）何承鑫撰

民國二十三年木活字本　歌德 10 年 11 月 251

海王村 15 秋 818

寄山詩集十卷文集二卷隨筆一卷

毛灝著

民國二十四年木活字本　西泠 13 秋 146

審諤堂文稿一卷

金文田撰

民國間木活字印本　滬國拍 11 年七期常規 616

芝源軒詩稿三卷

（清）胡敦彝撰

民國七年木活字印本　嘉寶一品 11 秋 109

斗酒詩草不分卷

吉郁文撰

民國二年活字本　江蘇總行 11 春 423

總集類

敬修堂叢書十種十二卷附小傳

吳鑲輯

民國二十六年陽湖吳氏木活字印本　天圖活字 164 頁　叢書廣録 757 頁

焚余草二卷　（明）尹嘉賓撰

尹澹如先生小傳

過亭詩存一卷　（清）吳羽翮撰

族祖過亭公小傳　吳鑲撰

椒崖殘稿一卷　（清）陳元撰

陳椒崖先生小傳　吳鑲撰

鶴溪詩鈔一卷　（清）奚寅撰

奚鶴溪先生小傳　（清）李兆洛撰

夫須山館詩稿一卷　（清）承培元撰

承守丹先生小傳　吳鑲撰

晚學軒詩稿一卷　（清）吳一諤撰

吳二安先生小傳　（清）李兆洛撰

聽雲山莊詩詞一卷　（清）承越撰

承曜先生小傳　吳鑲撰

倩亭詩鈔一卷　（清）金安撰

金倩亭先生小傳　吳鑲撰

菊社吟草一卷　（清）承越撰

錫三文稿二卷　（清）奚紹聲撰

奚錫三先生小傳　吳鑲撰

笙磬集二種二卷

王庸昆輯

民國十年王氏慕雲山房活字印本　天圖活字 165 頁　叢書綜録 884 頁

慕雲山房遺稿一卷　（清）王兆雷撰

月媒小史詩稿一卷　（清）王石渠撰

碧城仙館女弟子詩十種

（清）陳文述輯

民國四年西泠印社活字印本　叢書廣録 810 頁　婦女著作考 863 頁

曇紅閣詩　王蘭修撰

瘦雲館詩　（清）辛絲撰

支機石室詩　張襄撰

沅蘭閣詩　汪琴雲撰

曉仙樓詩　吳規臣撰

花簾書屋詩　（清）吳藻撰

崇蘭館詩　陳滋曾撰

夢雲軒詩　錢守樸撰

織素軒詩　于月卿撰

停琴佇月樓詩　史靜撰

江上詩鈔一百七十五卷卷首一卷

顧季慈輯

民國二十年陶社木活字印本　天圖活字 166 頁　江蘇刻書 510 頁

今雨舊雨詩集二卷附倚雲吟草一卷

方仁淵輯

民國三年倚雲吟館木活字印本　天圖活字 166 頁　清人別集 230 頁　江蘇活字 240 頁

太平鄉訓稿不分卷

不著撰人

民國十九年活字印本　天圖活字 167 頁

太湖雜咏不分卷

陳夔龍等撰

民國間活字印本　天圖活字 170 頁

天南鴻雪不分卷

姜可欽等撰

民國四年活字印本　天圖活字 171 頁

五喜唱龢集不分卷

孫齎周編

民國九年南陵賓卿齋活字印本　天圖活字 171 頁

春靄軒稀齡唱和集不分卷

惲榮輯

民國十三年活字印本　天圖活字 172 頁

知非唱和集一卷

莊遷輯

民國三十二年活字印本　天圖活字 172 頁

濡須詩選一卷

方澍輯　姚鑑校

民國十四年活字印本　天圖活字 176 頁

吳興家粹輯存一卷

施贊唐輯

民國間木活字印本　博古齋 14 秋 1160　保利 14 春 3533　西泠 14 秋 2503

棠陰紀念一卷（題咏）

彭繩祖輯

民國間木活字印本　嘉寶一品 11 秋 320

扶桑日全集四卷

多人撰

民國間宣化壇木活字本　泰和 10 秋 1392　今古齋 12 秋 503

畫中九友歌附松陵畫友詩一卷

（清）趙彥修輯　附　（清）秦炳文撰

民國六年西泠印社活字印本　清人別集 1725 頁　德寶 10 年 11 月 319

聖宋九僧詩一卷補遺一卷

（宋）陳起輯

民國六年上海醫學書局活字印本　天圖活字 167 頁

梁溪文鈔四十卷文續鈔六卷

（清）周有壬編　續鈔　侯學愈編

民國三年無錫游藝齋木活字印本　總目 2037 頁　販書 523 頁　清人詩文 1303 頁　江蘇活字 239 頁　天圖活字 172 頁

永嘉四靈詩四卷

上海醫學書局編

民國六年上海醫學書局木活字本　天圖活字
175 頁

　芳蘭軒集一卷　（宋）徐照撰

　二薇亭集一卷　（宋）徐璣撰

　葦碧軒集一卷　（宋）翁卷撰

　清苑齋集一卷　（宋）趙師秀撰

天台詩選六卷補遺一卷續補遺一卷

（明）許鳴遠輯

民國元年活字印本　天圖活字 175 頁

昭文昭氏聯珠集五種

（清）邵震亨輯

民國初年木活字印本　叢書綜錄 888 頁　江
蘇活字 233 頁

　凝道堂集一卷　（清）邵齊烈撰

　玉芝堂詩集一卷　（清）邵齊燾撰

　隱几山房詩集一卷　（清）邵齊熊撰

　聊存草一卷　（清）邵齊然撰

　樂陶閣集一卷　（清）邵齊鰲撰

秦氏三府君集三種

秦毓鈞輯

民國十八年味經堂木活字印本　叢書綜錄
892 頁　天圖活字 181 頁

　修敬詩集二卷附錄一卷　（明）秦旭撰

　鳳山詩集二卷附錄一卷　（明）秦金撰

　從川詩集二卷附錄一卷　（明）秦瀚撰

謝氏家集八種

錢振鍠編

民國元年陽湖錢氏木活字本　叢書廣錄 819 頁

　剪紅軒詩稿一卷附錄一卷　（清）謝秉文撰

　吉羊止止室膌稿一卷　（清）謝璜撰

　運甓小館吟稿一卷附錄一卷　（清）謝秉
彝撰

　寄雲閣詩鈔四卷附錄一卷　（清）謝祖芳撰

　雙存書屋詩草一卷　錢蕙蓀撰

　覆瓿遺文一卷　（清）謝植范撰

　青山草堂詞鈔一卷詩鈔一卷　（清）謝仁撰

　瓶軒詞鈔一卷詩草一卷　（清）謝泳撰

蓉門倪氏詩集八卷

諸祖德輯　楊壽杓校

民國六年木活字印本　天圖活字 178 頁　江
蘇活字 240 頁

漢川林氏文徵十四卷

林其奐輯

民國七年敦本堂活字印本　天圖活字 178 頁

張氏吉光集三種

張之純輯

民國三年活字印本　天圖活字 181 頁

　宦游紀聞　（明）張誼撰

　水南翰紀　（明）張袞撰

　先代遺詩　張之純輯

詞　類

毗陵三少年詞

錢振鍠輯

民國間木活字排印本　叢書綜錄 917 頁

　青山草堂詞鈔一卷　（清）謝仁撰

　瓶軒詞鈔一卷　（清）謝泳撰

　留我相庵詞一卷　（清）藥伽撰　民國二
年刻

彈指詞二卷

（清）顧貞觀撰

民國間海寧陳氏木活字印本　滬國拍 09 秋 20
海王村 13 年春 863

東海漁歌三卷補遺一卷

（清）顧太清撰

民國三年西泠印社木活字本　婦女著作考
801 頁　海王村 02 年 21 期 183　博古齋 10
年春 1420

藕湖詞一卷

（清）蔣學沂撰

民國二十五年木活字印本　販書續編 325 頁
江蘇活字 239 頁

栖香閣詞二卷

（清）顧文婉撰

民國四年木活字印本　天圖活字 186 頁　江
蘇活字 240 頁

縣桐館詞一卷

（清）楊調元撰

民國三年活字印本　天圖活字 186 頁

雪堂詞鈔一卷

金榜撰

民國十九年活字印本　天圖活字 186 頁

擊缶詞一卷（困學厂叢刊）

甘大昕撰

民國二十三年木活字本　鼎晟 09 年 4 月 0187

織餘瑣述二卷

（清）況卜娛撰

民國八年西泠印社木活字印本　經眼錄 189
頁　西泠 14 春 1942

秀道人修梅清課不分卷

況周頤撰

民國九年木活字印本　博古齋 09 年秋 0386

曲　類

**樂譜選萃、小曲集（收貴妃醉酒、孟姜女等名
劇小段）**

浙江野人醉伶子特刊

民國三十七年冰玉山房木活字本　博古齋 15
春 1334

龐公寶卷

不著撰人

民國二十五年雲林閣刊刷處活字印本　天圖
活字 188 頁　寶卷 201 頁

苦志修身平仙寶卷一卷

不著撰人

民國三十五年東陽鳳凰山活字印本　天圖活
字 189 頁

錢孝子寶卷二卷（又名孝心寶卷　閣老訪兒卷）

（清）毛芷元（今吾）編

民國十三年木活字印本　寶卷 212 頁

昇蓮寶卷

民國元年樂善堂活字印本　寶卷 239 頁

五常寶卷

民國十八年木活字印本　寶卷 278 頁

現世寶卷二卷

民國四年古越剡西靜心庵中印刷所活字印
本　寶卷 313 頁

延壽寶卷（一）

民國二十二年仙居中和堂木活字印本　寶卷
335 頁

周吳寶卷

民國間木活字印本　寶卷 366 頁

叢書部

雜纂類

遯盦叢編甲集四種乙集七種

吳隱輯

民國二至五年西泠印社木活字印本　叢書綜
錄 277 頁　總目 678 頁

　甲集

　　召對紀實一卷　（清）楊山松撰

被難紀略一卷 （清）楊山松撰

海外慟哭記一卷 （清）黃宗羲撰

霜猨集一卷 （明）周同谷撰 民國二年印

乙集

校碑隨筆不分卷 方若撰

金石學録四卷 （清）李遇孫撰

越畫見聞三卷 （清）陶元藻撰 民國三年印

須靜齋雲烟過眼録一卷 （清）潘世璜撰
民國三年印

敦交集一卷 （元）魏士達輯

東洲艸堂金石跋五卷 （清）何紹基撰 民國五年印

武林金石記十卷 （清）丁敬撰 民國五年印

江氏聚珍版叢書（文學山房叢書）二十九種

江杏溪輯

民國十三年蘇州文學山房木活字印本 叢書綜録 299 頁 總目 716 頁

初集

唐才子傳十卷 （元）辛文房撰

古今僞書考一卷 （清）姚際恒撰

思適齋集十八卷 （清）顧廣圻撰

藝芸書舍宋元本書目二卷 （清）汪士鐘撰

別下齋書畫録七卷 （清）蔣光煦輯

墨緣小録一卷 （清）潘曾瑩撰

持靜齋藏書紀要二卷 （清）莫友芝撰

［歷朝］印識一卷歷朝印識補遺一卷國朝印識二卷近編一卷 （清）馮承輝撰

二集

南濠居士文跋四卷 （明）都穆撰

鐵函齋書跋四卷 （清）楊賓撰

拜經樓藏書題跋五卷附録一卷 （清）吳壽暘撰

小鷗波館畫識三卷畫寄一卷 （清）潘曾瑩撰

遲鴻軒所見書畫録四卷 （清）楊峴輯

國朝書畫家筆録四卷 （清）竇鎮輯

三集

程氏考古編十卷 （宋）程大昌撰

歷代壽考名臣録不分卷 （清）洪梧等輯

雕菰樓集二十四卷 （清）焦循撰

附

蜜梅花館文録一卷附録一卷 （清）焦廷琥撰

知聖道齋讀書跋二卷 （清）彭元瑞撰

經傳釋詞十卷 （清）王引之撰

古書疑義舉例七卷 （清）俞樾撰

四集

經讀考異八卷補一卷 （清）武億撰

句讀叙述二卷補一卷 （清）武億撰

四書考異一卷 （清）翟灝撰

群經義證八卷 （清）武億撰

讀書脞録七卷 （清）孫志祖撰

家語證僞十一卷 （清）范家相撰

聲類四卷 （清）錢大昕撰

書林揚觶一卷 （清）方東樹撰

西圃題畫詩一卷 （清）潘遵祁撰

陶社叢書三十一種

祝廷華編

民國二十至二十四年江陰陶社木活字印本 總目 755 頁

第一集

答問語要一卷 （清）李顒撰

江陰節義略一卷 （明）張佳圖撰

借竹軒唱和詞一卷 （清）陳玄等撰

曹恭愨公賸稿一卷 （清）曹毓瑛撰

徐給諫賸稿一卷 （清）徐士佳撰

吳給諫賸稿一卷 （清）吳鴻甲撰

曼生隨筆一卷 （清）張廷壽撰

燕僑齋文賸一卷詞一卷 （清）陳熙治撰

劫海吟一卷 （清）吳希鄂撰

附

文學吳君葦青傳一卷

絅齋賸稿一卷 （清）吳曾俅撰

大覺禪師遺文一卷

勺軒文鈔三卷 章廷華撰

附

　　福建南安縣知事章君墓志銘一卷

憶蓉堂詩草一卷　楊壽榛撰

第二集

葛文康小品一卷　（清）葛勝仲撰

葛文字文賸一卷　（清）葛泌撰

丘文定文賸一卷　（清）丘嵩撰

圓覺居士賸稿一卷　（清）張有譽撰

楊文定公條記一卷　（清）楊名時撰

枕虛齋文賸一卷　（清）陳士安撰

懷椒糈館雜著一卷　（清）汪廷桂撰

微月清光室志聞一卷　（清）汪廷桂撰

擷秀軒隨筆一卷　（清）陳靜英撰

徐侍御奏議一卷　（清）徐文泂撰

陳副憲奏稿一卷　（清）陳名侃撰

字本義一卷　（清）錢榮國撰

蓉江詩序腋一卷　（清）顧季慈撰

無名氏詩一卷

悔榆齋雜著一卷　（清）祝善詒撰

避亂追憶記一卷　（清）祝善詒撰

餘杭大獄記一卷　（清）祝善詒撰

謝孝子侍疾圖題詞二卷附錄一卷　章鍾祚輯

藜照廬叢書十五種

林集虛輯

民國二十四年木活字印本　叢書綜錄 310 頁
總目 762 頁

續千字文一卷　（清）龔璁撰

廣千字文一卷　（□）況澄撰

黑韃事略一卷　（宋）彭大雅撰　（宋）徐
霆疏證

范運吉傳一卷　（明）徐養正撰

黃氏家錄一卷　（清）黃宗羲撰

楊龜山先生（時）年譜考證一卷　（清）黃
璋輯

四明山游錄一卷　（清）黃宗會撰

餘慶錄一卷　（明）徐天衡撰

康熙御製百家姓一卷　清聖祖撰

道德經注一卷　（明）張位撰

青錦園賦草一卷附廣連珠一卷　（明）葉憲
祖撰

南雷文定五集四卷　（清）黃宗羲撰

定泉詩話五卷　（清）陳梓撰

閩詞雜怨一卷　（清）黃千人撰

宜園詞一卷　（清）黃璋撰

郡邑類

江陰先哲遺書四種

謝鼎鎔輯

民國二十三年陶社鉛印及木活字印本　叢書
綜錄 421 頁　總目 929 頁

讀史諍言四卷　（清）章詒燕撰

未庵初集四卷　（清）曹禾撰

奇姓通十四卷　（明）夏樹芳撰　民國二十二
年鉛印

二介詩鈔

黃介子詩鈔四卷首一卷　（明）黃毓祺撰

李介立詩鈔四卷首一卷　（清）李寄撰

赤城遺書彙刊十六種

金嗣獻輯

民國四年太平金氏木活字印本　叢書綜錄
440 頁　總目 968 頁

陳子高遺詩一卷補遺一卷附錄一卷　（宋）
陳克撰

赤誠詞一卷　（宋）陳克撰

四六談塵一卷　（宋）謝伋撰

密齋筆記一卷續記一卷　（宋）謝采伯撰

書簾緒論一卷　（宋）胡太初撰

深雪偶談一卷　（宋）方岳撰

待清軒遺稿一卷　（元）潘音撰

介石稿一卷附錄一卷　（明）許伯旅撰

全室外集九卷續集一卷　（明）釋宗泐撰

捫清稿四卷附錄一卷　（明）張羽撰

定軒存稿十六卷附錄一卷拾遺一卷　（明）

黄孔昭撰

緑天亭詩集三卷文集一卷 （清）林之松撰

葵圃存草一卷 （清）林漢佳撰

地理枝言一卷 （清）洪枰撰

小有天園雜著一卷 （清）金壽祺撰

棣香館詩鈔一卷 （清）陳琛撰

蜀阜文獻彙刊九種附一種

徐仲達編

民國十六年木活字印本　總目 975 頁

蜀阜存稿一卷 （宋）錢時撰

地理真訣二卷　徐宗顯撰

地理件目二卷　徐宗顯撰

徐純齋公文集五卷 （明）徐鑑撰

徐康懿公餘力稿五卷 （明）徐貫撰

大參吾溪詩集一卷 （明）徐楚撰

鳳谷公詩集一卷 （明）徐應簧撰

蜀阜小志一卷 （明）徐楚撰

蜀阜徐氏文獻録一卷 （明）徐應簧撰

附

百梅詩一卷 （明）徐應簧撰

獨撰類

華胥赤子遺集六種

方鑄撰

民國十一年桐城翰寶齋木活字印本　叢書綜録 574 頁　總目 1283 頁

周易觀我三卷首一卷末一卷

論語傳二卷

古今體詩十卷

文集二卷附三經合説一卷

奏章一卷

尺牘一卷

悔晦堂叢刻六種

吳恭亨撰

民國三年木活字印本　叢書綜録 576 頁

悔晦堂詩集四卷

悔晦堂尺牘七卷

悔晦堂日記十卷

悔晦堂對聯三卷

悔晦堂雜詩三卷

悔晦堂文集四卷

名山全集三十四種

錢振鍠撰

民國間木活字印本　叢書綜録 586 頁　總目 1314 頁　綜録續編 178 頁　天圖活字 204 頁

名山集文十四卷詩二卷

名山續集九卷附前集正誤一卷　民國七年印

語類二卷

名山小言十卷

名山叢書七卷

名山書論一卷

辛亥道情一卷

名山聯語一卷

祥桂堂詩草四卷 （清）劉秉衡撰

名山三集二十一卷　民國十二年鉛印

名山四集九卷

名山五集十卷

名山六集十一卷

名山七集文四卷詩一卷詞續一卷詩話一卷

小言一卷名山録一卷

錢氏家語一卷

謫星筆談三卷

良心書一卷

課徒草一卷續草一卷三刻二卷四刻一卷

文省一卷

名山文約十五卷續編十卷三編六卷

晚邨集偶證一卷

名山詩話一卷

謫星説詩一卷

謫星詞一卷

名山詞一卷

江陰節義略一卷 （明）張佳圖撰　民國十二年鉛印

梅泉詩選一卷　（朝鮮）黄玹撰　錢振鍠輯

衛荎賸稿一卷　（清）芮長恤撰　錢振鍠輯

肯哉文鈔一卷　（清）吳堂撰　錢振鍠輯

棲香閣藏稿一卷　（清）李藻撰

名山語類七卷

名山八集一卷　鉛印

雲在軒詩集二卷附録一卷筆談一卷　錢希撰

求拙齋遺詩一卷　蔣南棠撰

海上羞客詩稿一卷

海上詞一卷

丙子小言一卷

丁丑避難記一卷

錢振鍠雜著六種

錢振鍠撰

民國間木活字印本　總目 1315 頁

海上羞客詩四編一卷

海上詞四編一卷

名山九集續一卷

羞語一卷

聯語一卷

名山六集小言一卷

養吾齋叢著六種

陳淵撰

民國十五年木活字印本　總目 1324 頁

陳子文籤十二卷首一卷末一卷

小言一卷

詞林拾遺二卷　陳淵輯

茶餘酒後録一卷

芸窗課藝一卷

詩文評注一卷　陳淵輯

書名筆畫索引

五畫

六畫

九畫

十一畫

十二畫

十三畫

十五畫

十六畫

十八畫

二十畫

二十五畫

二十六畫

二十八畫

二十九畫